DIREITO DE NEGÓCIOS

Dicionário Inglês-Português

(Direito Financeiro e Bancário, de Mercado de Capitais,
Económico, de Meio Ambiente, de *Torts*, de *Project* e *Corporate Finance*)

3.ª Edição Actualizada e Ampliada

REVISÃO TÉCNICA:
Jorge Humberto Fernandes Mota
Lucinda Dias Fernandes dos Santos
Economistas

J. A. FERREIRA DA COSTA

Advogado

DIREITO DE NEGÓCIOS

Dicionário Inglês-Português

(Direito Financeiro e Bancário, de Mercado de Capitais, Económico, de Meio Ambiente, de *Torts*, de *Project* e *Corporate Finance*)

3.ª Edição Actualizada e Ampliada

REVISÃO TÉCNICA:

Jorge Humberto Fernandes Mota
Lucinda Dias Fernandes dos Santos

Economistas

DIREITO DE NEGÓCIOS
Dicionário Inglês-Português

AUTOR
J. A. FERREIRA DA COSTA

EDITOR
EDIÇÕES ALMEDINA, SA
Av. Fernão Magalhães, n.º 584, 5.º Andar
3000-174 Coimbra
Tel.: 239 851 904
Fax: 239 851 901
www.almedina.net
editora@almedina.net

PRÉ-IMPRESSÃO │ IMPRESSÃO │ ACABAMENTO
G.C. – GRÁFICA DE COIMBRA, LDA.
Palheira – Assafarge
3001-453 Coimbra
producao@graficadecoimbra.pt

Abril, 2008

DEPÓSITO LEGAL
273799/08

Os dados e as opiniões inseridos na presente publicação
são da exclusiva responsabilidade do(s) seu(s) autor(es).

Toda a reprodução desta obra, por fotocópia ou outro qualquer
processo, sem prévia autorização escrita do Editor, é ilícita
e passível de procedimento judicial contra o infractor.

Biblioteca Nacional de Portugal - Catalogação na Publicação

COSTA, J. A. Ferreira da

Direito de negócios : dicionário inglês-português : direito financeiro e
bancário, de mercado de capitais, económico, de meio ambiente, de
project e corporate finance. – 3ª ed. actualiz. e ampliada
ISBN 978-972-40-3473-7

CDU 347
346
349

"Os dicionários e as enciclopédias ensinam muito – tanto a quem os consulta como aos que os compilam, organizam e escrevem.
Resta saber quem, dos dois tipos de pessoas, aprende mais com isso."

ASLAN YUREKLI, Istambul. 1776.

"Dictionaries are like watches – the worst is better than none; the best cannot be expected to go quite true"

SAMUEL JOHNSON, Staffordshire. 1782

To all of those who still believe life is a permanent school of experience.

À **Margarida** e ao **Appio** na confirmação da certeza que *há mais coisas entre o céu e a terra do que simples palavras.*

Ao **Jorge, Marlene, Lucinda** e **Isabel**, num abraço que não pode ser traduzido em palavras.

Aos meus amigos e colegas do outro lado do Atlântico, **Drª. Cláudia Maria Iaconelli da Silva** e **Dr. António Carlos Figueiredo**, sempre presentes na curta distância do pensamento que une Portugal e Brasil.

Od pirotskih planina do dolina gde sam Vas sve sreo i upoznao, draga Irena, Maja, Dragana Dragan, Ielena i Gorane, uvek cujem eho prirodno toplog prijateljstva i sirokog osmeha cak i kad su me drugi glasovi ocaja i ledenih vetrova okruzivali. Neka ove stranice pokazu da nikad necu zaboraviti nijednog od Vas.

Günlerin, sayfaların ve fikirlerin ötesinde kalıcı ve hiç eskimeyen bir bağı yeşerten *Esen* 'e ve Mahmud Birsell bey´e.

AGRADECIMENTOS / ACKNOWLEDGMENTS

Na minuciosa pesquisa e actualização a que um Dicionário leva, os *recifes submersos* ainda devoram mais qualquer navio que nele se atreva a navegar quando a matéria é ampla e de permanente evolução como a que deixo nestas páginas. Não poderia assim deixar de agradecer profundamente as notas e observações que recebi de diversos colegas, seja ao confirmar uma nova expressão ou tema, seja ao rectificá-los seja ainda ao indicar-me o caminho de novas pesquisas.

In the scope of research and update work induced by a Dictionary, *the hidden rocks* forcely and easily smash and turn into a wreck any saling vessel. Moreover when we deal with such global and evolutionary subject as that I tried to summarized ahead. I can not therefore prevent myself from deeply acknowledging and addressing my thankfulness for the comments and notes I was the recipient from colleagues and friends, either confirming my findings, correcting them or pointing me into the path of new researches.

Na Alemanha / In Germany:	**Karl Obersteiner, Helmut Brennen.**
Na Argentina / In Argentina:	**Hector Mairal.**
No Brasil / In Brazil:	**António Carlos Figueiredo.**
No Canadá / In Canada:	**Jonathan McGregor, Ivette Delacroix.**
Na China / In China:	**Fen Chan Juang.**
No Egipto / In Egypt:	**Marwan Alkaddish.**
Nos EUA / In the US:	**James C. Reynolds, Michael B. Ashley, Patricia Burtis, William Holmes, Lori Piddick, Robert Terrell, Gregory D. Link.**
Em França / In France:	**Jean Michel Autard, Antoine Clément Roissy, Madeleine Louise Charpentier.**
Na Itália / In Italy:	**Roberto Menotti, Giancarlo Scorcese.**
No Japão / In Japan:	**Sadahiro Tanaka.**
No México / In Mexico:	**Carlos Cuellar.**
Na Noruega / In Norway:	**Paal Bakken.**
No Reino Unido / In the UK:	**Sally Ramage, Mark Twindel-Smith, Philip May-Brighton, Thomas E. Black.**
Na Sérvia / In Serbia:	**Vladimir Ivanovic, Dragan Spasic.**
Na Turquia / In Turkey:	**Prof. Mahmud Birsell, Esra Karaosmanoglu, Guniz Göcke.**

Obrigado. Thank you.

PREFÁCIO

Estava longe de prever que após a última edição deste Dicionário[1], a vida profissional me abrisse as portas a uma experiência tão renovada e ampla – desta vez o Leste Europeu, a Turquia e a Ásia Central. O que desde 2003 nestes países como no resto da Europa e no mundo anglo-saxónico em geral, se modificou em Direito de Negócios são factos que falam por si. A rapidez de tais mudanças foi tão intensa e sinusal que achei ser o momento de colocar nas mãos do leitor, tradutor e consultor, o que de mais recente me passou pelas mãos, mantendo as linhas mestras anteriores mas ampliadas e corrigidas. E, ao mesmo tempo dar-lhes um carácter mais pragmático, deixando outras áreas nas mãos de especialistas. Esta actualização e alterações são assim algo profundas:

- começam pela Editora (agora aos bons cuidados da Editora Almedina);
- conforme sugerido, concordei em chamar-lhe **Direito de Negócios**, o que pode ser acusado de aportuguesamento de *Business Law*[2];
- cerca de 500 novas entradas (abreviaturas e verbetes gerais) e sistemas de análise métrica de gestão empresarial (ex. *BOSTON MATRIX* e *SCORECARD*);
- as regras de protecção ambiental sustentado, aplicadas por instituições financeiras (*Equator Principles*) e de protecção do meio ambiente (*greenhouse effects, Kyoto Protocol*, etc.);
- a regulamentação dos direitos dos accionistas, investidores bem como da transparência, objectividade e rigor da informações a estes transmitidas (*Corporate Governance*);
- a matéria jurídico-financeira ligada a *Seguros* e de *Bolsas de Valores*, tão importantes no mundo financeiro;
- a estrutura geral da ONU, suas agências e sub-agências bem como listas exemplificativas das principais *IGOs* (*Intergovernmental Organizations*) e *NGOs* (*Non Govermental Organizations*) que trabalham nas áreas cobertas por este Dicionário;
- novos aspectos da defesa dos direitos dos consumidores e de *Privacy* contra o acesso abusivo e criminoso de arquivos infomáticos, nomeadamente no âmbito do *Patriot Act*;

---

[1] 2ª edição, com o título *Dicionário e Glossário (Inglês-Português) Bancário, de Economia, de Ecologia, Informática, Jurídico-Financeiro e de Mercado de Capitais*, 2002, Lisboa, SPB Editores.

[2] Será. Mas a verdade é que o campo jurídico-económico que inclui *Project* e *Corporate Finance*, engenharia financeira, mercado de capitais e outras ciências afins, constitui um indiscutível universo em expansão e a meu ver, "*Business Law*" traduz muito bem a síntese pragmática dessa realidade.

- actualização dos princípios gerais e normas regulamentares de auditoria e contabilidade (*International Accounting Standards*) e descrição do papel inicial e actual das *PPPs- Public Private Partnerships*;

- comparação sempre que julgada oportuna, dos conceitos já existentes e agora aplicados na União Europeia, no Brasil e PALOPs, etc.

Talvez desnecessário notar que temas como *Accounting, Corporate Governance, Project Finance, Capital Markets, Corporate Finance, Capital Markets, Torts,* etc. são mais do que justo motivo de Dicionários e Glossários específicos, devido à sua complexidade. Espero apenas que esta edição continue a ser o que alguns colegas tiveram a amabilidade de referir – um livro que consultam com frequência.

Duas palavras de profundo reconhecimento. A primeira pela ajuda e colaboração minuciosa que me deram os meus ex-alunos Drs. Jorge *Humberto Fernandes Mota* e *Lucinda Dias Fernandes dos Santos* na revisão técnica dos aspectos de matemática e gestão financeira e de diversos parágrafos que requeriam o seu conhecimento especializado.

A segunda para a *NERVIR – Associação Empresarial (Trás os Montes)* na pessoa da Ex.ma Srª D. *Isabel Vieira* que me proporcionou um conhecimento único das Pequenas e Médias Empresas naquela região de Portugal e que confirmou ser muito importante ver como a adaptação de conceitos e fórmulas anglo-saxónicas é interpretado e aplicado no nosso país pelas novas gerações de economistas, gestores e empresários.

Uma última nota para saudar o esforço editorial que tenho notado em Portugal quanto a obras e livros técnicos relacionados com *Project Finance* e *Corporate Finance* e a alguns cursos especializados de bom nível académico. Enquanto os lamentáveis agouros saramaguianos não se confirmarem – e esperemos que <u>nunca</u> se confirmem –, Portugal nunca passará a simples província espanhola e precisa deste tipo de conhecimentos a caminho da nossa modernização económica e empresarial.

Quanto ao conteúdo desta edição, qualquer contribuição, pedido de esclarecimento ou comentário que o leitor queira prestar ou solicitar, serão sempre benvindos.

Istambul, Belgrado, Washington,
Colónia, Munique,
Mealhada e Cascais.

Novembro de 2005/Março de 2008

J.A. FERREIRA DA COSTA

BREVE NOTA EXPLICATIVA

(1ª EDIÇÃO – Excerto)

Como escreveu Meredith-Merritt, todo o Dicionário corre o risco de ser um conjunto de **"sentences without commencements running to abrupt endings and smog, like waves against a seawall…".** *Ficará o leitor avisado que lhe poupo semelhante trauma – confesso, mea culpa, que o propósito original deste trabalho era tão só o de propiciar um instrumento de pesquisa aos meus alunos de Economia Internacional da Universidade Lusíada do Porto. (…)*

O encorajamento deles recebido fizeram-me ponderar que estas notas poderiam também servir a quantos tenham profissionalmente que se aventurar por tais latitudes. Mas ao fazê-lo, deixa-se desde já o aviso aos navegantes – este Dicionário nunca pretendeu ser (nem é) exaustivo. (…).

Em pouco ajuda o hermetismo das definições e termos contratuais à necessidade de se orientarem pelos pontos cardeais de um mundo económico-financeiro cuja mutação, por vezes vertiginosa, parece indiscutível.

Reconheço que, segundo a sabedoria popular, de boas intenções estarão os infernais caldeirões repletos mas, seja como fôr, espero ardentemente que o Leitor não encontre aqui apenas o nevoeiro espesso a que se refere Meredith-Merritt. E, muito menos, embata nos rochedos de Dover…

Guia, Cascais
Março de 1997/Junho de 1999

J. A. FERREIRA DA COSTA

PARTE I
ABREVIATURAS
(Genéricas)

PARTE II
DICIONÁRIO

Termos de Direito Económico, Direito Bancário e Financeiro, Meio Ambiente, Mercado de Capitais, *Project Finance*, Direitos Reais, de Sociedades Comerciais, Direito Fiscal, Criminal, *Torts* e Contratos Internacionais.

PARTE III
GLOSSÁRIO

ABREVIATURAS (Monetárias)
LISTAS PORMENORIZADAS DE DEFINIÇÕES
TEXTOS DESENVOLVIDOS DE CONCEITOS
TEXTOS EXEMPLIFICATIVOS

PARTE IV
BIBLIOGRAFIA

TERMOS DE REFERÊNCIA

Termos de Referência usados no presente trabalho:

Abr.	....	Abreviatura
B.	....	Termo de Direito Bancário
C.	....	Termo de Contratos
CF.	....	Termo de *Corporate Finance*
CO.	....	Termo Contabilístico
CR.	....	Termo de Direito Criminal
DC.	....	Termo de Direito Comercial
DIP.	....	Termo de Direito Internacional Público ou Privado (conforme o caso)
DP.	....	Termo de Direito Processual
DR.	....	Termo de Direitos Reais
DS.	....	Termo de Direito de Sociedades Comerciais
DT.	....	Termo de Direito do Trabalho
DF.	....	Termo de Direito Fiscal
EC.	....	Termo de Economia
ENV.	....	Termo de Ecologia/Meio Ambiente.
EUA	....	Estados Unidos da América.
FIP.	....	Termo de Finanças Públicas
L.	....	Do Latim
OMD.	....	ONU e Organismo(s) Multilateral(ais) de Desenvolvimento
MC.	....	Termo de Mercado de Capitais
PF.	....	Termo de *Project Finance*
T.	....	Termo de *Torts*
UE	....	União Europeia
UK.	....	Termo usado no Reino Unido
USA.	....	Termo usado nos Estados Unidos
V.	....	Ver (referências complementares/adicionais)
(*)	....	Texto mais desenvolvido nas *Partes II ou III do Dicionário*)
Bank	....	Denominação social de empresa, multinacional, OMD
<u>Word</u>	....	Termo cujo significado já foi definido no Dicionário e para onde se remete o leitor.

Notas: 1. As palavras e expressões em Inglês não precedidas de qualquer *Termo de Referência*, designam conceitos genéricos citações (*quotations*) ou termos de linguagem comum.

2. Certos termos como ***Activo, Passivo, Opções,*** etc. estão escritas em maiúscula para as diferenciar do seu sentido em linguagem comum.

PARTE I

ABREVIATURAS
(Genéricas)

Abreviaturas (Genéricas)

Principais abreviaturas jurídicas, bancárias, económico-financeiras, comerciais, ecológicas, geográfico-comerciais[3] e de Mercado de Capitais usadas no Reino Unido e nos Estados Unidos da América e noutros países de economia desenvolvida:

a – *Acre*, acre (corresponde a 0,4047 hectares).
A – *MC*. Sigla inserida no sistema da **Nasdaq** para mencionar que os Valores Mobiliários (**securities**) nela mencionados são Acções Classe "A" da empresa emissora. Normalmente este tipo de Acções distingue-se das demais por terem pleno direito de voto ou atribuirem aos seus titulares um regime especial de dividendos. **V. Shares.**
AA – *UK. Advertising Association*, Associação das Empresas de Publicidade.
AAA – 1. *B. CO.* O mais alto nível de crédito de um cliente, banco ou produto financeiro (**credit rating**); 2. *USA. CO. American Accounting Association*, Associação Norte-Americana de Contabilistas; 3. *CO. Australian Accounting Association*, Associação Australiana de Contabilistas; 4. *USA. American Automobile Association*.
AAAA – 1. *USA. American Association of Advertising Agencies*, Associação Norte-Americana de Agências de Publicidade; 2. *Australian Association of Advertising Agencies*, Associação Australiana de Agências de Publicidade. **V. Advertising**.
AAAM – *USA. American Association of Aircraft Manufacturers*, Associação Norte-Americana de Construtores de Aviões.
AACB – *B. Association of African Central Banks*, Associação dos Bancos Centrais Africanos.
AA – *USA*. **Affirmative Action**.
AAD – *At a discount*, com desconto.
AAIA – *CO. Associate of the Association of International Accountants*, membro da Associação Internacional de Contabilistas.

---

[3] Estas últimas, utilizadas em documentos e correspondência jurídica, comercial e de negócios.

Direito de Negócios – Dicionário Inglês-Português

A&A – C. Additions and Amendments, aditivos e alterações contratuais ou documentais.

A&C – C. Addenda and Corrigenda, anexos/aditivos e correcções contratuais/documentais.

A&F – B. C. Pagamento de juros devidos em Agosto e Fevereiro de cada ano. Alternativas (conforme os meses escolhidos) – J & J para Junho e Janeiro, **A&O** para Agosto e Outubro, etc. *V.* **Instalment, JOJA, JAJO, JSDM.**

a.&h. – DC. *(Insurance) Accidents and Health, seguro de saúde e* contra acidentes pessoais. *V.* **Insurance (*).**

A.&P. – PC. Advertising and Promotion, publicidade e promoção de marcas e produtos. *V.* **Advertising**.

AAP – USA. Affirmative Action Program. V. Affirmative Action.

aar – Against all risks, cobrindo todos os riscos. *V.* **Insurance**.

AASB – DS. USA. American Association of Small Business, Associação Americana das Pequenas Empresas. *V.* **maior desenvolvimento no Glossário deste Dicionário (*).**

Ab. – About, relativo a, aproximadamente.

AB ou A.B. – DS. Aktiebolaget, termo para designar uma sociedade por acções constituída na Suécia. *V.* **Aktb, AS, ANSA.**

ABA – USA. 1. American Bar Association, Ordem de Advogados Norte-Americanos; **2. American Bankers Association**, Associação dos Bancos Norte-Americanos.

ABB – B. Association des Banques Belges, Associação dos Bancos Belgas. *V.* **BVB.**

Abbr. – Abreviation, abreviatura. Sinónimo- **Acronym.**

ABC – 1. Alfabeto; **2.** Os elementos ou dados básicos de uma situação, assunto, raciocínio ou análise; **3. Always Be Closing**, técnica de **marketing** de manter o cliente ou o consumidor sob a permanente pressão de oferta de produtos e serviços.

ABC – USA. DS. American Broadcasting Company.

ABCC – UK. DC. Association of the British Chambers of Commerce, Associação das Câmaras de Comércio Britânicas.

ABF – FIP. B. Asian Bond Fund. V. Índice próprio.

ABI – 1. UK. Association of British Insurers, Associação das Companhias de Seguros Britânicas. *V. maior desenvolvimento no Glossário deste Dicionário (*)*; **2. B. ABI - Association of Italian Bankers,** Associação dos Bancos Italianos; **3. MC. Absolute Breadth Index.** Indicador de mercado que determina o grau de volatibilidade de um valor mobiliário mas sem que envolva necessariamente qualquer transacção. É calculado levando em conta o saldo entre os valores mobiliários **(securities)** que, no momento do cálculo, apresentam subidas e os que apresentam descidas. Normalmente um saldo apreciável de subidas leva a alterações do mercado nas semanas seguintes, já que os investidores procuram obter as mais valias correspondentes.

ABS – 1. PF. CF. MC. Assets Backed Securities, valores mobiliários (**securities**) garantidos pelos activos da empresa emissora; *V.* **Assets; 2. MC. Automated Bond System**, sistema informático de Obrigações (**bonds**); **3. USA. DC. American Bureau of Shi-**

pping, Departamento Norte-Americano de Navegação; **4. Australian Bureau of Statistics**, Instituto Australiano de Estatística.

a.b.s – *aux bon soins de...*, *aos cuidados de...*, expressão nos endereços de cartas e correspondência em França, Canadá e países francófonos. O mesmo que **Att.**

A/C – *B. CO. Account Current*, conta à ordem. *V.* **Account, Deposit.**

ACA – *UK. CO. **Associate of the Institute of Chartered Accountants**,* membro do Instituto de Contabilistas Credenciados (o equivalente aos nossos *ROC – Revisores Oficiais de Contas*).

ACCT – *B. CO. Account*, conta. *V.* **Account.**

ACE – *USA. DS. Advanced Computing Environments Inc..*

ACH – *UK. DC. **Automated clearing-house***, instituição afiliada no sistema global de compensação automática de valores mobiliários (**securities**), futuros e **hedging**.

ACIB – *UK. DC. **Associate of the Corporation of the Insurance Brokers***, membro da Associação dos Correctores de Seguros. *V.* **Insurance (*).**

Ack. (ou **ackn.**) – *DC. **Acknowledge, Acknowledged***, ciente, tomado conhecimento.

ACLU – *USA. **American Civil Liberties Union**,* União Americana de Liberdades Cívicas, entidade defensora dos direitos dos cidadãos norte-americanos, nomeadamente das minorias étnico-religiosas. *V.* **Affirmative Action.**

ACP – **1.** *Advanced computer program*, programa de computador específico; **2.** *EC*. **African, Caribbean and Pacific (countries)**, países africanos, das Caraíbas[4] e do Pacífico.

ACRS – *PF. CF. **Accelerated Cost Recovery System***, sistema de recuperação acelerada de custos (seja incorridos de forma geral, seja quanto à fracção de aumento de custos verificado).

ACT – *MC.USA. **Automated Confirmation Transaction Service**,* sistema informático que regista, documenta e informa a compensação de transacções (**clearing**) no mercado da **Nasdaq.**

ACV – *CF. CO. **Actual Cash Value***, valor real dos fluxos de caixa, ou seja, descontando os encargos operacionais e valores transitórios diários. *V.* **Cash Flow**.

AD (ou **Ad**) – *Akcije Akcionarskog Dršustva*, sociedade anónima por acções, de responsabilidade limitada nos termos das legislações dos paises que constituiam a antiga Jugoslávia (Sérvia, Montenegro, Bósnia-Herzegovina, Croácia, Macedónia, Eslovénia e território do Kosovo).[5]

ad – **1.** *DC. After date*, depois da data, após a data de pagamento; **2.** (ou **AD**) *Andorra (Principality of)*, Principado de Andorra (*Principat d'Andorra*).

ADB – *OMD. **African Development Bank**,* Banco Africano do Desenvolvimento.

ADC – *EC. **Advanced Developing Countries***, países com grande desenvolvimento económico.

---

[4] *Caribe*, no Brasil.
[5] Em Fevereiro de 2008, o Kosovo declarou unilateralmente a sua independência.

Direito de Negócios – Dicionário Inglês-Português

ADDIE – *PF. Analysis, Design, Development, Implementation and Evaluation,* Análise, Concepção, Desenvolvimento, Realização e Avaliação; a forma sumária de sintetizar as frases de um novo projecto ou negócio.

ADHD – *Attention Deficit Hyperactivity Disorder.* V. Índice próprio.

ADP – *Administrative Data Processing,* Processamento de dados administrativos.

ADR – *C. DC. Alternative Dispute Resolution.* V. Índice próprio.

ADRs – *USA. MC. American Deposit Receipts.* V. Índice próprio.

ADT – *Average Daily Traffic,* Média de Trânsito Diário.

ADTV – *MC. Average Daily Trading Volume,* a média de um Valor Mobiliário (**securities**) negociada num determinado dia e durante um certo período de tempo. Se a **ADTV** desse Valor Mobiliário fôr alta, apresenta boa liquidez e possível mais valia.

AE – *United Arab Emirates,* Emiratos Árabes Unidos.

AEA – *DC. Association of European Airlines,* Associação de Transportadoras Aéreas Europeias.

AEG – *DS. Allgeimene Elektrizitäts Gesellschaft.*

AER – *CF. B. Annual Equivalent Rate.* V. Índice próprio.

AF (ou **af**) – *Afghanistan (Islamic Republic of),* República Islâmica do Afeganistão.

AFFE – *MC. Acquired Fund Fees And Expenses,* anotação específica num **Prospectus** de um Fundo de Investimento global (*fund-of-funds*) ou seja, que inclui e opera diversos Fundos de Investimento ou sub-Fundos, informando os custos operacionais que irão ser debitados a cada um dos sub-Fundos. Obrigação legal desde Janeiro de 2007.

AFL-CIO – *USA. DT. American Federation of Labor and Congress of Industrial Organizations* – Federação Americana do Trabalho e Congresso das Organizações Industriais.

AFLO – *USA. Another Flipping Learning Opportunity,* erro substancial que foi cometido; tarefa que requere esforços acima dos esperados.

AFO – *CF. Ask For The Order,* técnica básica de **marketing** no sentido de levar o cliente ou o consumidor, a fazer e enviar a encomenda do produto ou bem que se pretende vender.

Afr. – *Africa, African,* África, Africano.

AFRASEC – *EC. OMD. Afro-Asian Organization for Economic Cooperation,* Organização de Cooperação Económica Afro-Asiática.

AG – 1. *USA. Attorney General,* o equivalente a Procurador Geral da República, o mais alto representante do Ministério Público num Estado norte-americano; **2. DS.** *Aktiengesellschaft,* sociedade por Acções nos termos da lei alemã.

Ag. – *EC.* Prata (do latim, *argentum*).

AGFA – *DS. Aktien Gesellschaft für Analinfabrikation.*

AGIP – *DS. Agenzia Generale Italiana Petroli,* empresa pública italiana de petróleo e produtos derivados.

AGM – *DS. Annual General Meeting,* Assembleia-Geral Anual.

Agt e **Ag´y** – *DC. Agent,* agente; e *Agency,* agenciamento, respectivamente.

a.h.r – *PF. ENV. Acceptable hazardous rate,* sigla para designar a margem de risco aceitável em projectos industriais, infra-estrutura, sector de transportes ou quaisquer actividades que envolvam o manuseamento de materiais ou substâncias tóxicas ou inflamáveis. **V. HAZMAT.**

AHT – *MC. After-Hours Trading,* transacções de <u>securities</u> depois do encerramento do mercado. Também conhecido como *after-hours market.* Reservado até recentemente aos investidores (<u>institutional investors</u>) que efectuam volumes substanciais de transacções das suas carteiras, está agora aberto a outro tipo de investidores que queiram negociar os seus papéis com operadores de mercado (**market makers**) através de redes informáticas específicas (**electronic communication networks** ou **ECNs**). Como tal, tendem a oferecer menos liquidez, devendo por isso ser usadas apenas para pequeno volume de papéis.

AI – *B. CO. Accrued interest,* juros acumulados. *V.* **Interest**.

AIBD – *MC. Association of International Bond Dealers*, Associação Internacional dos Correctores de Obrigações (<u>bonds</u>). Fundada em 1969 pelos profissionais do mercado internacional de *euro-bonds*.

AICP – *USA. CO. American Institute of Certified Accountants*, instituição de classe de contabilistas, técnicos oficiais e revisores oficiais de contas.

AID – *USA. OMD.* – *V.* **Agency for International Development**.

AIDA – *USA. CF.* **Attention, Interest, Desire, Action**. Atenção, Interesse, Vontade e Acção, um dos esquemas básicos de <u>marketing</u> e <u>advertising</u>. Uma variante é **AIDCA** em que a letra '*C*' significa "**Conviction**" (convencimento) quanto aos efeitos da divulgação do produto ou serviço junto ao consumidor final. Também conhecida como **Hierarchy of Effects.**

AIDS – *Acquired immune deficiency syndrome* or *acquired immunodeficiency syndrome*; corresponde em português a *SIDA- Síndrome de Imuno-Deficiência Adquirida.*

AIM – *MC. UK. Alternative Investment Market*. **V. London Stock Exchange.**

AIP – *MC. Automatic Investment Plan,* Plano de Investimento Automático. Permite aos pequenos clientes de um banco ou fundo de investimento investir no mercado, ao lhes ser deduzido mensalmente das suas contas bancárias uma pequena quantia (usualmente, o equivalente a um mínimo de 20 Euros ou 30 Dólares). O rendimento e mais valias desses investimentos são depois transferidos para a conta de reforma complementar do cliente ou outras finalidades de poupança.

AK. – *EUA. Alaska.*

AKA – *USA.* Abreviatura original da Escócia para referir "...também conhecido como..." (*also known as...*), para designar pessoas com duplo nome, identificação ou alcunha. Equivalente também nos EUA, a *"alias"*. **V. Alias.**

Aktb – *DS. Aktiebolaget. V.* **A/B**.

AL – *1. CO. DF. Average life,* duração média de vida útil de um bem ou equipamento, calculada para efeitos de <u>Depreciation</u> ou <u>Net Asset Value</u>. *V.* **Useful Life, Depreciate, ELV**; **2.** *Alabama,* EUA ; **3.** *Alfa Laval,* empresa multinacional sueca.

Direito de Negócios – Dicionário Inglês-Português　　　　　　　　　　　　26

Alb. (ou **AL**) – *Albania (Republic of)*, República da Albânia (*Republika e Shqipërisë*).

ALF – *USA. Always Listen First*, técnica psicológica de **marketing** e de negociação ao deixar o cliente ou consumidor, explicar primeiro o que necessita ou está disposto a adquirir.

ALJ – *USA. DP. Administrative Law Judge*, Juiz de Painel Administrativo da **OSHA** que julga queixas de funcionários contra empresas acusadas de discriminação social racial e sexual.

ALS (ou **a.l.s.**) – Carta ou documento manuscrito ou assinado pelo punho do remetente.

Alt. – *Alternate*, substituto, adjunto.

ALTX – *MC. Alternative Exchange.* V. JSE.

a.m. – *Ante meridiem*, antes do meio-dia.

AM – 1. **Armenia (Republic of)**, República da Arménia (*Hayastani Hanrapetut'yun*). V. ARM; 2. *Airmail*, correio aéreo; 3. *Assistant Manager*, sub-gerente; 4. *Associate Member*, membro de uma associação profissional ou sindicato; 5. *American*, americano. Também se usa neste último caso, **am**.

a/m – *above mentioned*, acima mencionado.

AMA – *PF. CF. CO. MC. Asset Management Account*, conta de gestão de activos. **V. Account**.

AMC – *USA. DS. American Motors Corporation.*

Amer. – *America.*

AMEX – *USA. DS. B.* **AM***erican* **EX***press.*

Amt. – *Amount*, quantia.

Ank. – *Ankara*, capital da Turquia.

ANS – *DS. Ansvarlig Selskap*, sociedade por acções de responsabilidade limitada constituída na Noruega e Dinamarca.

ANSI – *EC. DS. American National Standards* **Institute**, o organismo público norte-americano que define os padrões de qualidade técnica industrial dos produtos, por forma a assegurar que os mesmos correspondem aos determinados pela *ISO – International Standards Organization*.

Ant. (ou *aq*) – *Antartica*, Antártica.

ANZUS – Denominação da comunidade económica, financeira e de estratégia de defesa militar conjunta da Austrália, Nova Zelândia e Estados Unidos.

ao – *Angola (Republic of)*, República de Angola.

AOB – *DC. C. Any Other Business*, quaisquer outros temas/ assuntos não necessariamente relacionados ou similares ao tema/ assunto em análise; se o forem, a abreviatura usada é *AOCB - Any other Competent Business* ou *AORB - Any Other Relevant Business*.

AOM – *MC. Australian Options Market*, Mercado de Opções da Austrália. **V. Options**.

AON – *DC. All or None*, encomenda/pedido de entrega que é aceite pela sua totalidade ou não interessa.

AP – *DS. Associated Press.*

ap. – *MC. Additional premium*, prémio extra ou adicional; termo usado tanto na área de seguros como no âmbito de Mercado de Capitais e de Futuros.

A/P – *CO. Authority to Purchase* ou *Authority to Pay*, autorizado a comprar, autorizado a pagar.

APE – *USA. Attentive, Peripheral, Empathic*, estar atento; participar no diálogo de um grupo de trabalho ou audiência e ter empatia com os participantes – três regras básicas numa negociação ou projecto. A empatia (*empathic listening*) é considerada a fase em que se entende que o participante em causa:

(i) percebeu o que se discute; e

(ii) apresenta argumentos construtivos para a solução do tema em debate, sem exibicionismo nem confronto de personalidades.

APL – *Acute Promyelocytic Leukemia*, leucemia em estado avançado.

APPROX – *Approximately*, aproximadamente.

Apr. – *April*, Abril.

APR – *B. Annual Percentage Rate*, taxa (anual) efectiva de juros. *V.* **Índice próprio**.

APY – *B. CF. Annual Percentage Yield*, percentagem anual de juros ou rendimentos auferidos.

AQ – *EC. Achievement Quoficient*, equivalente a *Coeficiente de Realização* (**CR**).

aq. (ou Ant.) – *Antartica*, Antártica.

AR – 1. *As requested*, conforme pedido ou solicitado; **2.** *CO. Accounts Receivable*, contas a receber; **3.** *DF. Annual Return*, rendimentos auferidos anualmente pelo contribuinte; *V.* **PYR e Accounts Receivable; 4. AR.** – *USA.Arkansas;* **5.** *Argentina.V.* **arg**.

A/R – O mesmo que **aar**.

Arb. – 1. *DC. Arbitrageur*, técnico/especialista nomeado para um painel de arbitragem comercial, jurídica ou técnica; **2. (ou Ar.)** – *Arabic*, Árabe.

ARC – *USA. DS. American Red Cross*, Cruz Vermelha Americana.

ARCN – *MC. Adjustable Rate Convertible Note*, valor mobiliário convertível em acções com taxa de juros variável. *V.* **Note**.

Arg. (ou *ar***)** – *Argentina* **(Republic of)**, República da Argentina, **(***República Argentina* **ou** *Nación Argentina).*

ARI – *CO. Accounting Rate of Interest*, Taxa Contabilizada de Juros. *V. Interest Rate.*

ARM – 1. *B. Adjustable Rate Mortgage*, empréstimo hipotecário com taxa de juros variável. *V.* **Adjust; 2. Armenia. V. Am.**

ARMEX (ou 36 ARMEX) – *MC. Armenian Stock Exchange*, Bolsa de Valores da Arménia; com sede em Yerevan.

ARP – *USA. DS. Adjustable Rate Preferred Stock. V.* **Adjust**.

ARPU – *Annualised Revenues Per User*. *V.* **Índice próprio**.

ART – *DC. Annual Renewable Term Insurance*, modalidade de seguro de vida que oferece a garantia de ser renovado durante um determinado período de anos, embora os prémios sejam actualizados ano a ano, ou seja, à medida que a pessoa enve-lhece. É por isso preferentemente usado para seguros de vida a curto ou médio prazo. *V. Insurance.*

Art. – *Article.* 1. *C.* Capítulo, parte de lei ou contrato que inclui disposições ou cláusulas relativas a determinado tema. Em alguns casos, a própria cláusula; 2. *DS.* Estatutos de uma empresa. *V.* **Articles of Agreement, Articles of Incorporation**.

A&S – *UK. DT. DC. Accident & Sickness Insurance.* **V. Insurance (*).**

AS – 1. *Anglo-Saxon*, anglo saxónico; 2. *USA. American Samoa,* Samoa Ameri-cana.

AŞ – *Anonim Şirketi*, Sociedade Anónima de Responsabilidade Limitada consti-tuída na Turquia.

A/S – *DS. Aktieselskap*, termo jurídico para designar uma sociedade por acções constituída na Noruega e na Dinamarca. **V. ANS.**

ASA – *DS. Norske allmennaksjeselskaper*, sociedade cotada e listada na Bolsa de Valores de Oslo, Noruega.

ASAP (ou **asap**) – *DC. As soon as possible*, assim que seja possível, urgente.

ASDB – *OMD. Asian Development Bank*, Banco de Desenvolvimento para a Ásia, instituição similar ao **ADB**.

ASEAN – *OMD. Association of South East Nations.* **V. Índice próprio.**

ASHRAE – *USA. DS. American Society of Heating, Refrigerating and Air-condi-tioner Engineers, Inc.*

ASR – *ENV. Auto Shredder Residue*, máquinas de corte de automóveis fora de circulação (**End of Live Vehicle** ou **ELV**) e em estado decrépito, a que se segue a sepa-ração de metais e redução a granulagem metálica (**granulate**) ou compactação para fins de reciclagem.

ASTRO – *USA. Always Stating the Really Obvious*, raciocínio ou factos de conhe-cimento público ou já conhecidos por todos os participantes de uma reunião/apresen-tação.

ASX – *MC. Australian Stock Exchange*, Bolsa de Valores da Austrália, com sede em Sidney.

AT – *PF. Alternative Technology*, a tecnologia alternativamente mais adequada a um determinado investimento. Nos EUA usa-se também *"Appropriate Technology"*.

ATA – *USA. DC. Air Transport Association*, Associação Nacional de Transportes Aéreos. Reúne as principais transportadoras aéreas dos EUA.

AT. & T. – *USA. DS. American Telephone & Telegraph Inc.*

ATC – 1. *Air Traffic Control*, Controlo de Tráfego Aéreo; 2. *(Computing) Authori-zation to Copy Software*, autorização por parte do detentor da respectiva licença a que um terceiro copie um programa de *software*.

ATHEX – *MC. Athens Stock Exchange* (Χρηματιστήριο Αξιών Αθηνών ou ΧΑΑ), Bolsa de Valores de Atenas. A Grécia tem ainda a *Bolsa de Valores de Tessalonika*. **V. TSEC.**

ATNA – *USA. All Talk No Action,* sigla que refere negociação em que o cliente/participante discute e argumenta exaustivamente em fraca ou nenhuma proporção quanto aos resultados práticos daí obtidos.

A3 – *USA. Any time, Any place, Anywhere,* Expressão originária dos finais dos anos 60 que refere:

(i)   a mobilidade dos meios de comunicação nos negócios de uma empresa ou investidor, independentemente do fuso horário, hora ou local onde os mesmos se desenrolem;

(ii) a tendência para mudar rapidamente de opinião numa negociação, por forma a acompanhar ou associar-se à tendência de mercado ou à decisão que parece ser a predominante. **V. Groupthink;**

(iii) a mudança de opinião da grande maioria dos meios políticos, a fim de ganhar votos ou por simples oportunismo.

Atl. – *Atlantic,* Atlântico.

ATM – *B. Automatic Teller Machine,* terminal de Multibanco (Portugal), Caixa Eletrônica ou *Terminal Electrônico* (**Brasil**). *V.* **PIN.**

Att. (ou **attchd.**) – *C. Attached,* em anexo, peça adicional de um documento.

Attn. (ou **att.**) – *Attention,* à atenção de alguém, termo usado em correspondência. *V. a.b.s.*

AU – **African Unity,** a nova denominação da ex-*Organização de Unidade Africana;*

Au. – *Aurum,* ouro.

Aug. – *August,* Agosto.

AUM – *MC . Assets Under Management,* o valor de mercado dos Activos (**assets**) que um Banco, Fundo de Investimento ou corrector administra, em nome e no interesse dos seus clientes. O termo tem alguma amplitude – em certos casos inclui depósitos bancários, fundos mútuos e saldos credores de transacções no mercado de **securities** e de futuros; noutros, são limitados aos Activos especificamente indicados para o efeito pelos respectivos investidores e clientes.

Aus. – *Áustria (Republic of),* República da Áustria (*Republik Österreich*).

Austral. – *Australia (Commonwealth of),* Comunidade da Austrália.

Avg. – *DC. PF. CO. Average,* média.

AV – *1. DC. Authorized Version,* cópia autorizada; *2. Autovisual.*

AWOL – *DT. Absent Without Leave,* funcionário ou trabalhador ausente do local de trabalho e sem justificação ou licença/baixa médica ou autorização que explique essa ausência. Um dos elementos básicos para o cálculo de absentismo numa empresa.

AZ. – *1. Azerbaijan (Republic of),* República do Azerbaijão (*Azərbaycan Respublikası*); *2. USA.Arizona.*

B

B (ou B.) – *Billion*, mil milhões (Portugal), biliões (Brasil).

BA. – 1. *Bosnia and Herzegovina (Republic of)*, República de Bósnia e Herzego-vina (*Republika Bosna i Hercegovina* ou Республика Босна и Херцеговина); 2. *Buenos Aires*, capital da Argentina.

B.Acc. – *UK. CO. Bachelor of Accountancy*, licenciado em contabilidade.

BACO – *DS. British Aluminium Company, Ltd*.

BACS – *UK. B. Bankers´ Automaded Clearing Service*, serviço automático de com-pensação bancária.

BAPCPA – *USA. DC. Bankruptcy Abuse Prevention and Consumer Protection Act.* V. Índice próprio, **Chapter XI.**

BAS – *Business as usual*, indicação de que (i) uma empresa retomou as suas activi-dades normais depois de uma greve ou incidente laboral; ou (ii) um profissional liberal regressa ao trabalho após doença ou precalço pessoal ou familiar.

BASF – *DS. Badische Anilin-und Sodafabrik*.

Bav. – *Bavaria*, Baviera (*Bayern*), região da Alemanha.

BB – 1. *Barbados*; 2. *UK. Barclays Bank plc.*; 3. *Börse Berlin*, Bolsa de Valores de Berlim.

BBAISR – *B.* **British Bankers Association Interest Settlement Rate,** Taxa de Juros de Inter-Compensação da Associação de Bancos Britânicos. **V. Interest Rate.**

BBC – *UK. British Broadcasting Corporation*.

BBI – *MC. Bond Buyer Index*, índice de compra de Obrigações.**V. Bond.**

BBF – *MC. Bolsa Brasileira de Futuros*.

BBV – *MC. Bolsa Boliviana de Valores*.

B&C – *DC. (Insurance of) Building and Contents*, seguro de casa, habitação ou escritório e respectivo recheio.**V. Insurance (*).**

BC – 1. (ou B/C) *B. Bill for Collection*, factura/conta para cobrança; 2. *DC. Bankruptcy court*, tribunal da falências; 3. *British Columbia*, Província do Canadá; 4. *Before Christ*, Antes de Cristo.

BCBA – *MC. Buenos Aires Stock Exchange* (*Bolsa de Comercio de Buenos Aires*), Bolsa de Valores de Buenos Aires. Actua em toda a Argentina.

BCSE – *MC. Belarus Currency and Stock Exchange,* Bolsa Cambial e de Valores da Bielorússia; com sede em Minsk.

BCV – *MC. Bolsa Centroamericana de Valores,* Tegucigalpa, Honduras.

Direito de Negócios – Dicionário Inglês-Português

BD – *Bangladesh (People's Republic of)*, República Popular do Bangladesh (*Gônoprojatontri Bangladesh*).

B/D – *B. Bills Discounted*, facturas/letras descontadas (em banco).

Bd. – Budapest, Budapeste, capital da Hungria.

BDU – *USA. Brain Dead User,* termo irónico usado nos meios informáticos para identificar um erro humano e não proveniente do **hardware** ou **software** utilizados, como sendo a causa do problema em análise.

B/E – 1. *B. Bill of Exchange*, letra de câmbio; **2.** *CO. CF. Break Even*, não ter lucro nem prejuízo.

BE (ou Belg.) – *Belgium (Kingdom of)*, Reino da Bélgica **(***Koninkrijk België* ou *Royaume de Belgique).*

BEcon. – *UK. Bachelor of Economists*, licenciado em economia.

BEd. – *UK. Bachelor of Education*, licenciado em pedagogia.

BEER – *USA. DT. PF. Behaviour, Effect, Expectation and Results,* Comportamento, *Efeito, Expectativa e Resultados,* sigla que sintetiza a análise do desempenho de uma equipa, funcionário, projecto de uma empresa.

Bel-20 – *MC.* Index da Bolsa de Valores de Bruxelas. **V. Brussels Euronext.**

BELEX – *MC. Belgrade Stock Exchange (Beogradska Berza, a.d.)* Bolsa de Valores de Belgrado. Actua em toda a Sérvia.[6]

BEMs – *EC. Big Emerging Markets.* **V. Índice próprio.**

BENDWIMP – *USA. DT. PF. Beliefs, Evidence, Needs, Desires, Wounds, Interests, Mentors, Proud of.* Certezas, Evidência, Necessidade, Vontade, Percalços, Interesses, Orientadores e Ficar Satisfeito com os Resultados. Matriz relativamente recente que tenta identificar os objectivos e motivações dos investidores de um projecto, as fases e os orientadores do seu processamento bem como os resultados obtidos. Mais utilizada em projectos de bio-química.

BEPG – *UE. EC. Broad Economic Policy Guidelines.* **V. Índice próprio.**

Berks. – *UK. Berkshire.*

BESA – *MC. Bond Exchange of South Africa.* **V. JSE.**

BEXA – *UK. DC. British Exports Association*, Associação Britânica de Exportações.

BF – 1. *L. Bonum Factum*, aprovado; **2.** *B. Bank of France*, Banco (Central) da França.

BF – *Burkina Faso (Republic of)*, República de Burkina Faso.

BFB – *MC. Baku Stock Exchange* **(***Baki Fond Birjasi***),** Bolsa de Valores de Baku; actua em todo o Azerbaijão.

b/g – *DC. Bonded Goods*, mercadorias sob garantia de entrega.

BGS – *EC. Balance of Goods and Services*, balança de bens e serviços. *V.* **Balance of Payments**.

---

[6] De notar que existe frequentemente alguma confusão na utilização desta sigla, já que os operadores de mercado locais apenas usam *BSE*.

BHNC – USA. Big Hat No Cattle, referência a uma empresa em que o seu maior accionista, presidente (**chairman**) do __Board of Directors__ ou principal gestor financeiro usa mais na gestão da empresa, o seu parentesco, influência política ou relações pessoais do que propriamente conhecimentos técnico-profissionais.

BI – *Burundi (Republic of)*, República do Burundi.

B.I. – *B. DS. Banca d'Italia*.

BIA – *USA. Board of Immigration Appeals*, organismo que ouve e decide sobre recursos relativos a casos de imigração.

BID – 1. *L. USA. Bis in Die*, duas vezes por dia; **2. *USA. Break It Down*,** ensinar ou explicar um tema ou desenvolver um programa de formação a um grupo de funcionários por módulos ou partes, por forma a assegurar que assimilem o seu conteúdo de forma gradual mas segura, em vez de o transmitir de uma única vez.

BIMBO – *DS. PF.* Buy-In Management Buyout, forma combinada de __management buy-in__ e __management buy-out__. Ocorre quando a administração de uma empresa, juntamente com investidores ou gestores externos, decide adquirir essa empresa. A parte a ser adquirida pelos administradores intermos corresponde ao *buy-out*; a parte a ser adquirida por terceiros, corresponde ao __buy-in__.

Ainda que ambos os lados tenham contribuições importantes para a empresa, a *BIMBO* nem sempre é fácil de estruturar, já que origina naturais tensões entre os funcionários e gestores internos de menor poder económico que temem o domínio e controlo da nova gerência externa.

BIN – *B. DS. Banca di Interesse Nazionale*.

BIS – *DS. B. Bank for International Settlements*. V. Índice próprio.

BISF – *UK. DC. British Iron and Steel Federation*, Federação Britânica das Indústrias Siderúrgicas.

Bit – *MC. Borsa Italiana*, Bolsa de Valores da Itália, localizada em Milão.

BJ – *Benin. (Republic of)*, República de Benin.

Bkkg – *CO. Bookeeping*, contabilidade.

Bkpt (ou bkrpt) – *DC. Bankruptcy*, falência. **V. Índice próprio.**

BL – *DC. Bill of Landing*, conhecimento de embarque. *V.* **Índice próprio.**

Blg. – *Belgrad*, *Belgrado*, capital da Sérvia.

Blm. – *Berlim*, capital da Alemanha.

BLSE – *MC. Banja Luka Stock Exchange*, Bolsa de Valores de Banja Luka (parte norte da Bósnia-Herzegóvina), uma das duas do país. A outra é a *Bolsa de Valores de Sarajevo*. **V. SASE.**

BM – 1. *Bermuda, the Bermuda Islands* ou *The Somers Isles*, território britânico das Bermudas; **2. *MC. Börse München*,** Bolsa de Munique.

BMA – *MC. Borsa Malta*, Bolsa de Valores de Malta. Localizada em Valetta.

BMAL – *MC. Stock Exchange of Malaysia* (desde Abril de 2004, *Bursa Malaysia Berhad*), Bolsa de Valores da Malásia. Com sede em Kuala Lumpur.

BMFMS – *MC. Sibiu Stock Exchange*, Bolsa de Valores de Sibius, Roménia. *V.* **BVB.**

Direito de Negócios – Dicionário Inglês-Português

BMV – MC. *Bolsa Mexicana de Valores,* com sede na cidade do México. Em Outubro de 2007 era a segunda maior Bolsa de Valores da América Latina apenas precedida pela *Bolsa de S. Paulo* (**Bovespa**).

BMW – 1. *DS. Bayerishe Motorwerke Gmbh.;* **2.** *USA. DT. Bitch, Moan and Whinge,* Insultar, resmungar e ficar apático. Situação que desmotiva e leva ao desinteresse dos trabalhadores de uma empresa. Uma das técnicas mais recomendadas para enfrentar *uma situação de BMW* consiste em estimular o diálogo, identificar os problemas e não apenas assacar culpas individuais ou colectivas. *V.* **Corporate Anorexia**.

BNA – *B. DS. Banca Nazionale dell'Agricoltura.*

BNL – *B. DS. Banca Nazionale del Lavoro.*

BNP – *B. DS. Banque National de Paris.*

BNS – *MC. Buyers No Sellers*, posição no mercado da Bolsa em que as ordens de compra excedem em tal grau as ordens de venda, que praticamente as últimas se tornam insignificantes.

BO – *Bolivia (Republic of)*, República da Bolívia.

B/O – 1. *UK. CO. Bookeeping*, contabilidade; **2.** *Buyer´s Option*, opção de compra.

b.o. – 1. *B. DS. Branch Office*, agência; **2.** *B. Back Order*, ordem de cancelamento; **3.** *MC. Broker´s order*, ordem de compra ou venda dada por um corrector de valores; **4.** *DC. MC. Buyer´s Option*, opção de compra.

BÖAG – *MC. Börse Hamburg und Hannover,* Bolsa de Valores de Hamburgo de Hanover.

Bobl – *MC. Bundesobligation,* **bond** emitida pelo Governo da Alemanha com vencimento a 5 anos.

BOD – 1. *DS. Board of Directors*, o Conselho de Administração de uma empresa, eleito pelos accionistas em Assembleia-Geral. **V. Índice próprio; 2.** *ENV. Biochemical Oxygen Demand,* procura de oxigénio bio-químico.

bom – *Beginning of month*, princípio do mês.

boe – *DC. Barrels of oil equivalent*, equivalente a barris de petróleo.

BOG – *DS. Board of Governors*, Conselho de Governadores, corpo consultivo que revê, analisa, recomenda ou rejeita políticas, planos estratégicos, fusões, incorporações ou planos plurianuais de investimento submetidos pelo **BOD-Board of Directors** para posterior aprovação pela Assembleia-Geral de accionistas.

BOGOFF – *USA. DC. Buy One Get One For Free,* compre um e leve outro de graça. Tem dois significados: (i) forma de promoção de vendas e de escoar o *stock* de uma mercadoria e gerar urgentes fluxos de caixa (**cash flows**); e (ii) *a contrario sensu*, o que se deve evitar numa empresa, enfatizando a necessidade de inovar a sua política de **marketing** e de vendas.

BOJ (ou BoJ) – *B. Bank of Japan*, Banco (Central) do Japão.

BONUS – *PF. B. Borrower´s Option for Notes and Underwritten Stand-by,* linha de crédito ou financiamento pela qual o financiado tem a opção, de emitir valores mobiliários (**securities**), com garantia de subscrição pelas respectivas instituições financeiras. *V.* **Underwritings**.

BOP – *EC. Balance of Payments*, balança de pagamentos. *V.* **Índice próprio**.

BOT – **1.** *PF. Build, Operate and Transfer* – *V.* **Índice próprio**; **2.** *PF. Balance of Trade*, balança comercial. *V.* **Balance of Payments**; e **3.** *Bought*, comprado/adquirido.

BOVESPA – *MC. Bolsas de Valores de São Paulo*, Brasil.

BP – **1.** *MC. B. Basis Point*; **2.** *DS. British Petroleum plc.*; **3.** *Blood Pressure*, tensão arterial.

BPO – *USA. PF. Business Process Outsourcing.* O crescente universo de actividades que repassadas por uma empresa a outras, em vez daquela as desempenhar directamente. Os exemplos são múltiplos – Recursos Humanos (recrutamento, selecção, administração de salários, formação, etc), serviços informáticos, telemarketing, controlo de qualidade, logística, promoção de vendas, **catering**, **R&D**, etc.

BR – *Brazil* **(Federative Republic of),** República Federativa do Brasil).

Bras. – *Brasilia,* Brasília, capital do Brasil.

Braz. – *Brazil, Brazilian,* cidadão brasileiro, processo judicial ou tema jurídico sujeito à jurisdição brasileira.

Brit. – *Britanic,* britânico, pessoa de nacionalidade britânica; processo judicial ou tema jurídico sujeito à jurisdição britânica.

Bros. – **1.** *Brothers,* irmãos; **2.** *DS. "e Irmãos",* termo que faz parte da denominação social de uma empresa (ex. *Warner Bros*); em certos casos, empresa de carácter familiar e por quotas.

B/S (ou **b.s**) – **1.** *DC. Bill of Sale*; **2.** *CO. Balance Sheet. V.* **Índices próprios**.

BSC – *EC. PF. CF. Balanced Scorecard. V.* **Capítulo especial na Parte II deste Dicionário (*)**.

BSE – *MC.* **1.** *Bulgarian Stock Exchange* **(Българска фондова борса - София,** ou *Balgarska fondova borsa – Sofiya),* Bolsa de Valores da Bulgária, localizada na capital, Sofia; **2.** *Budapest Stock Exchange,* (*Budapesti Értékõzde*), Bolsa de Valores de Budapeste; actua em toda a Hungria; **3.** *USA. Boston Stock Exchange,* Bolsa de Valores de Boston; **4.** *NSE* – *MC. Bombay Stock Exchange,* Bolsa de Valores de Bombaim; *V. NSE.*; **5.** *Botswana Stock Exchange,* Bolsa de Valores do Botswana; com sede em Gaborone.[7]

BSSE – *MC. Bratislava Stock Exchange,* Bolsa de Valores de Bratislava; actua em toda a Eslováquia.

Bt – *Bought,* comprado, adquirido. *V.* **BOT.**

BRVJ – *MC. Bolsa de Valores do Rio de Janeiro. V. Bovespa.*

BT – **1.** *Buthan (Kingdom of),* Reino do Butão; **2.** *UK. DS. British Telecommunications plc* (também simplesmente denominada *British Telecom*)

BTAN – *MC. Bons du Trésor d´Intêret Annuel Normalis,* títulos do tesouro francês **(treasury notes)**.

---

[7] Como é de calcular, a série de Bolsas de Valores que usa para efeitos de imagem e logotipo, a sigla *"BSE"* tem dado origem a frequentes problemas de identificação, ainda que do ponto de vista operacional, cada uma delas tenha o seu próprio código de acesso informático.

Direito de Negócios – Dicionário Inglês-Português

B2B – *PF. Business to Business*, expressão de **marketing** e *Project Finance* para referir que o desenvolvimento de um negócio ou actividade económica, atrai outras áreas de negócios.

BTP – *MC. Buoni del Tesoro Poliennali*, títulos de dívida pública italiana.

BTU – *UK. British Thermal Unit*, unidade térmica britânica.

BTW (ou **btw) –** *By the way..., a propósito..., já agora...*

BUBOR – *B. Budapest Interbank Offered Rate*, taxa de juros interbancária de Budapeste, Hungria. Actualmente substituída pela **Euribor**.

Buc. – *Bucarest*, Bucareste, capital da Roménia.

Bulg. (ou **bg)** – *Bulgaria (Republic of Bulgaria)*, República da Bulgária (Република България ou *Republika Balgariya)*.

B/V – *CO. Book Value. V.* **Índice próprio**.

B.V. – *DS. Besloten Vennootschap*, denominação de uma sociedade privada de responsabilidade limitada, constituída nos termos das leis holandesas. À data deste Dicionário exigia o mínimo de cerca de €18.000 de capital.

BVA – *USA. Breathing Valuable Air*. 1. *ENV*. Ar valioso respirável. Sigla usada inicialmente na área de Los Angeles, EUA e depois estendida a todos os EUA para designar os espaços verdes de regiões metropolitanas norte-americanas que sempre apresentam altos índices de poluição do ar; **2**. *DT*. Termo que passou também a ser usado genericamente pelos funcionários das empresas cujos directores e gerentes são incompetentes e deviam *"deixar esse ar valioso e respirável"* ser usado por outros, ou seja, serem despedidos.

BVB – *MC* **1.** *Belgische Vereniging van Banken*, Associação dos Bancos Belgas. **V. ABB; 2.** *Bucharest Stock Exchange (Bursa de Valori Bucuresti)*, Bolsa de Valores de Bucareste, capital da Roménia. O país opera ainda duas outras Bolsas de Valores Mobiliários e de mercado de futuros – *Rasdaq* (localizada em Bucareste) e *Sibiu Stock Exchange* (ou *BMFMS)*, localizada em Sibiu).

BVC – *MC. Bolsa de Valores de Colombia*. Criada em Julho de 2001, pela fusão de três Bolsas de Valores - *Bolsa de Bogotá, Bolsa de Medellín* e *Bolsa de Occidente (Cali)*.

BVCV – *MC. Bolsa de Valores de Cabo Verde*. Inicou as suas actividades em Dezembro de 2005. Tem o apoio operacional da **Euronext Lisboa**.

BVL – *MC. Bolsa de Valores de Lima*; opera em todo o Perú.

BVM – *MC*. **1.** *Bolsa de Valores de Maputo* (ou *Maputo Stock Exchange)*, a primeira Bolsa de Valores de Moçambique, começou a funcionar em Outubro de 1999, com o apoio da **Euronext Lisbon** e do Banco Mundial (**World Bank**); **2.** *Bolsa de Valores de Montevideo*; opera em todo o Uruguai.

BVMA – *MC. Bourse des Valeurs Mobiliéres d'Alger*, Bolsa de Valores de Argel. Opera em toda a Argélia.

BVMT – *MC. Bourse des Valeurs Mobilières de Tunis* ou *Bourse de Tunis*, Bolsa de Valores de Tunes; opera em toda a Tunísia.

BVN – *MC. Bolsa de Valores Nacional S.A.;*opera em toda a Guatemala.

BVQ – *MC. Bolsa de Valores de Quito*; opera em todo o Equador.

BX – *MC. Bern eXchange*, Bolsa de Valores de Berna. **V. SWX.**

BW – 1. *Botswana*; 2. *MC. Bid Wanted*, pedido de oferta de preço/quotação de um Valor Mobiliário (<u>**securities**</u>), seja em Bolsa de Valores, seja no mercado secundário.

BY – *Belarus (Republic of)*, República da Bielorússia (**Республика Беларусь**).

BZ – *Belize.*

C

C – 1. _PF._ Terceira categoria em termos de qualidade, catálogo de uma certa mercadoria ou produto; **2. _DC._** O mesmo que o símbolo © ou **_copyright_**, código/marca de produto, obra sujeitos a direitos de autor cuja exclusividade foi devidamente registada; **3. _Celsius_,** uma das escalas de temperaturas;

Ca – 1. _ENV. Calcium_, cálcio; **2. _Circa_,** data aproximada, _"por volta de"_ (dia ou ano);

CA – 1. <u>Current Assets</u>; 2. <u>Current Account</u>; 3. <u>Capital Account</u>; 4. Canada; _V. Can;_ **5. _USA. California_.**

CAD – _DC. Cash Against Documents_, pagamento em dinheiro contra a entrega de documentos. _V._ **Incoterm.**

CAF – _DC. Cost and Freight_, custo e frete. _V._ **Incoterm.**

CAM – _CF._ Communications, Advertising and Marketing, _Comunicações, Publicidade e Marketing._

Camb. – _UK. Cambridge_.

Can. – _Canada, Canadian_, Canadá, canadiano. **V. CA.**

C.&D. – (ou **c. & d.**) _DC. Collection and Delivery_, cobrança e entrega de mercadoria.

C&I – 1. _PF. CP Commerce and Industry_, comércio e indústria; **2. _PF. CF. Commercial and Industrial_,** comercial e industrial.

c.&m. – _PF. CF. Care and Maintenance_, estado do conjunto do equipamento, bens imóveis e máquinas de uma empresa bem como da manutenção necessária para os utilizar em bom estado de funcionamento.

c. & p. – _DC. Carriage and package_, transporte e embalagem.

CAP – _Cover All Possibilities_, análise que tenta abordar todos os possíveis ângulos e perspectivas de um tema ou assunto.

CAR (ou **c.a.r**) **– _B. CF. CO. Compounded Annual Rate_,** taxa anual capitalizada.

CARIBANK ou **CDB – _OMD. Caribbean Development Bank_,** Banco de Desenvolvimento das Caraíbas.[8]

CARIFTA – _EC. DIP. Caribbean Free Trade Area_, Zona de Comércio Livre das Caraíbas.[9]

---

[8] _"Caribe"_, no Brasil.
[9] Idem.

Direito de Negócios – Dicionário Inglês-Português

CASE – *MC. Cairo & Alexandria Stock Exchange,* Bolsa de Valores do Egipto. É constituída por duas Bolsas – a do Cairo e de Alexandria mas administradas pelos mesmo **board of directors**.

CATs – *USA. MC. Certificates of Accrual on Treasury Securities,* certificados de Obrigações do Tesouro com juros capitalizáveis. *V.* **Bonds**.

CAVT – *Cable Television,* televisão por sistema de cabo.

CB – 1. *CO.* **Cash Book**; 2. *MC.* **Currency Bond**, moeda em que uma Obrigação é emitida.

CBC – *DS. Canadian Broadcasting Corporation.*

CBD – *DC. Cash Before Delivery,* pagamento em dinheiro antes da entrega.

CBF – *B. Central Bank Facility,* créditos concedidos por Bancos Centrais para ajudar bancos ou instituições financeiras com problemas de liquidez.

CBS – *USA.DS. B. Columbia Broadcasting System.*

CBW – *ENV. Chemical and Biological Warfare. V.* **Índice próprio.**

CC – 1. *B.* **Cashier's Check**; 2. *B.* **Credit Card**, cartão de crédito; 3. *Chamber of Commerce,* Câmara de Comércio.

CCA – *DS. Computer Corporation of America.*

CCIFP – *B. MC. Chambre de Compensation des Instruments Financiers de Paris. V.* **Clearing** e **Clearing house.**

CCL – *Critical Consumption Level,* nível crítico de consumo.

CCTV – *Closed Circuit TeleVision,* televisão em circuito fechado.

CD – 1. *B. MC. Certificate of Deposit,* título de depósito a prazo; 2. *B.* **Cash Discount**, saque, levantar dinheiro de um banco.

CDC – *UK. OMD. Commonwealth Development Corporation,* instituição financeira pública de desenvolvimento que financia empresas e projectos nos países da Comunidade Britânica (**Commonwealth**). Moçambique é um dos países membros.

CD-ROM – *Compact Disk Read Only Memory.*

CdT – *UE. Translation Centre for the Bodies of the European Union. V.* **European Union Agencies.**

CEDEFOP – *UE. European Centre for the Development of Vocational Training. V.* **European Union Agencies.**

CDI – *B. MC.* **Certificado de Depósito Interbancário,** Brasil.

CEO – *DS. Chief Executive Officer,* gerente executivo;administrador-geral.

CERN – *UE. European Organization for Nuclear Research,* Organização Europeia de Pesquisa Nuclear.

CF – 1. *Central African Republic,* República Central Africana; 2. *DC. Cost and Freight,* custo e frete. *V.* **Incoterm**; 3. *Commercial Finance,* financiamento comercial.

CFA – *PF. CO Chartered Financial Analyst,* analista financeiro autorizado/registado.

CFCA – *UE. Community Fisheries Control Agency. V.* **European Union Agencies.**

CFO – *DC. Cancel former order,* instruções para cancelar Ordem de Encomenda anterior.

CFR – *USA. Code of Federal Regulations*, Código de Regulamentos Federais.

CFTC – *USA. Commodity Futures Trading Commission. V.* **Commodities.**

CGT – *DF.* <u>Capital Gains</u> *Tax.* V. **Tax.**

CGCT – *DS. Compagnie Génerale de Constructions Téléphoniques*, França.

CGE – *DS. Compagnie Génerale d'Electricité*, França.

CHAOS – *USA. DT. Chief Has Arrived On Scene*, sigla humorística para infomar que o patrão ou chefe acabaram de chegar ao escritório de uma empresa e que daí em diante estarão *de olho* nos funcionários.

CHAPS – *UK. B. MC. Clearing House Automated Payment System*, sistema de compensação de pagamentos interbancários do Reino Unido. **V. Clearing.**

Ches. – *UK. Cheshire*.

CH – *Switzerland*, Suiça (Confederação Helvética). **V. Switz.**

Chi. – *China.* V. **CN.**

CHIPS – *USA. B. Clearing House Interbank Payment System*, sistema de compensação de pagamentos interbancários dos EUA. **V. Clearing.**

CHM – *DIP. EC. Common Heritage of Mankind. V.* **Índice próprio.**

Ch. ppd – *B. PF. DC. Charges Prepaid*, pagamento antecipado de despesas/comissões financeiras.

CIDA – *OMD. Canadian International Development Agency*, instituição pública canadiana para o desenvolvimento internacional.

CI – **1.** *Côte d'Ivoire (Republic of)*, em inglês, *Ivory Coast*, República do Costa do Marfim; **2.** *CF. Certificate of Indebtedness*, certificado de endividamento; **3.** *DC. Cost and Insurance*, custo e seguro. *V.* **Incoterm**.

CIF – *DC. Cost, Insurance and Freight*, custo, seguro e frete. *V.* **Incoterm**.

CIS – *Commonwealth of Independent States. V.* **Índice próprio.**

CITES – *ENV. Convention on International Trade in Endangered Species*, Convenção sobre o Comércio Internacional de Espécies Ameaçadas de Extinção. *V.* **UNESCO, UNEP, Mapa Geral da ONU no Glossário deste Dicionário (*).**

CL – **1.** *Chile (República do)*; **2.** <u>Current Liabilities</u>, dívidas a curto prazo; **3.** *Commercial Loan*, empréstimo/financiamento comercial.

Cl. B/L – *DC. Clean Bill of Landing*, conhecimento de embarque sem ressalvas. *V.* **Incoterm**.

CJC – *USA. DP. Code of Judicial Conduct*, Código (federal) de Padrões e Normas Éticas da Magistratura.

CJS – *USA. DP. Corpus juris secundum*, colectânea das decisões judiciais norte-americanas que constituem jurisprudência (*overruling the precedent*).

Cld. – *Cleared*, aprovado, visto, revisto.

Clev. – *Cleveland*, EUA.

CLM – *USA. DT. Career Limiting Move.* Os factores de antiguidade no emprego, idade, mercado de trabalho, situação económica geral e pessoal e demais factores que levam um funcionário a ponderar os riscos de voluntariamente mudar de emprego. **V. Unemployment.**

Direito de Negócios – Dicionário Inglês-Português

CLP – *Common Law Procedure*, processo próprio da **Common Law**.

CM – *Cameroon (Republic of)*, República dos Camarões.

CMS – *OMD. MC. World Bank Capital Markets System*, Sistema de Mercado de Capitais do Banco Mundial. *V.* **International Bank for Reconstruction and Development (World Bank) e Mapa da Estrutura da ONU no Glossário deste Dicionário (*).**

CMV – *MC.* **Current Market Value**, Valor Actual de Mercado.

CN (ou **ci**) – *China (People's Republic of)*, República Popular da China.

C/N – **1.** *CO. Consignment Note*, nota de consignação; **2.** *C. Contract Note*, nota contratual; **3.** *CO. B. Credit Note*, nota de crédito.

CNN – *USA. DS. Cable News Network.*

CNR – **1.** *DS. Canadian National Railways;* **2.** *ENV. Carrier to Noise Ratio*, rácio entre a capacidade do motor de um veículo pesado e o ruído que este causa no meio ambiente e junto às comunidades por onde o veículo passa.

CO – **1.** *Care of*, ao cuidado, à atenção de alguém (também se usa **C/O**); **2.** *B. Cash Order*, ordem de pagamento em dinheiro; **3.** *Company*, Companhia; **4.** *USA. Colorado.*

COB – *C. DC. Close Of Business*, a hora a que encerram em determinado local ou praça os escritórios de empresas ou bancos para atendimento ao público ou para negócios em geral.

COBRA – *USA. Consolidated Omnibus Budget Reconciliation Act. V. Insurance no Glossário deste Dicionário (*).*

COC – *Chamber of Commerce*, câmara de comércio.

COD – **1.** *PF. C.* **Condition of Disbursement**, condição a ser cumprida pelo devedor para que possa efectuar o saque, a utilização de um crédito ou financiamento; **V.Índice próprio**; **2.** *DC. Collect on Delivery*, instruções específicas do vendedor ao transportador para que este não entregue as mercadorias ao comprador sem que este último as pague. *V.* **Incoterm.**

COE – *C.* **Condition of Effectiveness**, condição prévia para que um contrato se torne vinculativo e efectivo entre as partes.

COG – *DC. C. MC.* **Corporate Governance** (*).

COLA – *DT. Cost of Living Adjustment*, aumentos salariais e de remuneração, com base no reajuste dos índices macroeconómicos de custo de vida.

Comecon /CMEA – V. **Índice próprio.**

Comm. – **1.** *B. Commission*, comissão, taxa bancária; **2.** *Commercial*, commerce; **3.** *Committee*, comité; **4.** *Common*, comum; **5.** *Commonwealth*, comunidade (como sinónimo de Estado - ex. *Commonwealth of Virginia, Commonwealth of Australia*); **6.** *Community*, comunidade (como sinónimo de conjunto de habitantes de uma localidade); **7.** *Communication*, comunicação.

comp. – **1.** *Comparative*, comparativo; **2.** *Compensation*, compensação, reembolso; **3.** *Compiled*, compilado; **4.** *CO. Compound*, agregado; **5.** *Comprehensive*, sintético; **6.** *DS. Comptroller. V.* **Índice próprio.**

Conn. ou **CT.** – *USA. Connecticut.*

cons. – 1. *CO. Consolidate; V.* Índice próprio; 2. *Consultant*, consultor; 3. *Constitutional*, constitucional.

Consol. – *B. CO. Consolidate. V.* Índice próprio.

contr. – 1. *Contract*, contrato; 2. *Contrary*, oposto, contrário; 3. *Control*, controlo.

conv. – 1. *MC. Convertible*, convertível (em acções ou noutro tipo de valores mobiliários); 2. *Convocation*, convocação.

CO – *Colombia (República da).*

COO – *DS. Chief Operating Officer*, Director Geral de Operações.

corp. – *DS.* Corporation.

COS – *DC. Cash on Shipment*, pagamento em dinheiro contra embarque. *V.* Incoterm.

Cos – Abreviatura coloquial de *because*, porque.

CP. – *Cape Province*, Província do Cabo, África do Sul.

CPA – *CO. Certified Public Accountant*, Técnico Oficial de Contas, o nosso *TOC*.

CPE – *EC. Central Planned Economy*, Economia Centralizada Planificada.

CPI – *EC. Consumer Price Index*, índice de preços do consumidor final.

CPFF – *MC. Cost Plus Fixed Fee*, custo adicionado de comissão fixa.

CPP – 1. *EC. PF. Current Purchasing Price*, preço real de compra; 2. *DT. Canada Pension Plan*, programa canadiano de Previdência Social; equivalente ao **Social Security** norte-americano. Na Província do Quebéc é denominado **Quebéc Pension Plan** ou **QPP**.

CPR – *Canadian Pacific Railway.*

CPT, CPI and CPC – *USA. CF. Cost Per Thousand, Cost Per Inquiry and Cost Per Conversion.* Termos aplicáveis (em percentagem) aos custos de **advertising**, **telemarketing** e publidade em geral:

- **CPT** refere os custos incorridos junto a cada unidade de mil clientes de uma carteira (**target audience**);
- **CPI** é o custo de cada contacto, apurado ao dividir o custo total incorrido pelo número de contactos efectuados; e
- **CPC** é o custo incorrido por cada venda efectuada.

CPVO – *UE. Community Plant Variety Office.* **V. European Union Agencies.**

CR. – 1. *Costa Rica (República da);* 2. *USA. DP. Superior Court Civil Rules*, colectânea de decisões em matéria de Direito Civil , pronunciadas por Tribunais Superiores (de Recursos).

CRC – 1. *USA. – Civil Rights Commission*, Comissão de Direitos Civis; 2. *Convention on the Rights of the Child*, Convenção sobre os Direitos da Criança, aprovada em 1989 e ratificada por 179 países, até à data desta edição. A **UNICEF** fiscaliza e regulamenta a sua aplicação. *V.* **UNICEF e Mapa da Estrutura da ONU no Glossário deste Dicionário (*).**

Cresc. (ou **cres.**) – *Crescent*, crescente.

CS – *Computer/Computing Science*, ciência infomática.

Direito de Negócios – Dicionário Inglês-Português

CSE – *MC.* **1.** *Cyprus Stock Exchange,* Bolsa de Valores de Chipre; tem a sua sede em Nicósia; **2.** *Caracas Stock Exchange* (ou *Bolsa de Valores de Caracas* (**BVC**)), a Bolsa de Valores da Venezuela, depois da sua fusão com outra Bolsa de Valores em 1974. **3.** *Casablanca Stock Exchange* (*La Bourse de Casablanca*), Bolsa de Valores de Casablanca; actua em todo o Marrocos.

CSR – *DS. Corporate Social Responsibility.* **V. Corporate Governance.**

CSCE – *MC. DC. EUA. Coffe, Sugar and Cocoa Exchange,* Bolsa de Mercadorias de café, açúcar e cacau. **V. Commodities, Futures.**

CTA – *MC. Commodity Trading Advisor,* professional ou empresa especialista nas àreas de **commodities** e de **futures**. Têm que estar inscritos e registados nas respectivas **Commodity Futures Trading Commissions** e recebem os seus honorários pelos conselhos e opiniões que emitem.

CTC – *USA. Chevron Texaco Company.*

ctd – *DC. Cheapest to deliver,* preço mais baixo de mercadoria para entrega imediata.

CU – *Cuba (República de).*

Cum – *Cumulative,* cumulativo.

Curr. – *Currency,* moeda. Também se usa **Cy.**

CV – **1.** *Cabe Verde,* Cabo Verde (República de); **2.** *Curriculum Vitae,* currículo profissional/pessoal.

CY – **1.** *Cyprus (Republic of),* República de Chipre (*Kypriakī̄ Dīmokratía; Kıbrıs Cumhuriyeti*); **2.** *Calendar year,* ano civil; **3.** *Currency,* moeda, cambial.

CZ. – **1.** *Czech Republic,* República Checa (*Česká republika*); **2.** *Panama Canal Zone,* Zona (Franca) do Canal do Panamá.

D

d. 1. *date*, data; **2.** *dividend*, dividendo; **3.** *died*, morreu.

D – DT. Classe de trabalhador braçal, menos qualificado ou que carece de formação.

D/A – 1. *DC. Days after acceptance*, dias após o aceite (de título ou letra de crédito); **2.** *DC. Delivery On Acceptance*, entrega contra o aceite (de título ou letra de crédito).

DA – 1. *B.* **Deposit Account**, conta de depósito à ordem; **2.** *DC. Documents Against Acceptance*, entrega de documentos mediante a assinatura de títulos de créditos (letras, livranças, etc); **3.** *DC. Documents for Acceptance*, documentos remetidos ao comprador ou importador para aceite ou assinatura; **4.** *B. CO. Discretionary Account*, conta discricionária. *V.* **Account**.

d.a.c. – *DC. Deductible average clause*, cláusula de dedução de prémio em contratos e apólices de seguros.

DAF – *DS. Van Doorne's Automobiel Fabriek*, empresa holandesa fabricante de automóveis.

Dan. – *Danish*, Dinamarquês.

DANIDA – *OMD. Danish International Development Agency*, instituição dinamarquesa de cooperação para o desenvolvimento económico.

DARE – *EC. PF. Demand and Research Evaluation*, avaliação e análise da pesquisa de oferta.

d.&s. – *EC. Demand and Supply*, procura e oferta. *V.* **Demand**.

DAS – 1. *PF. Development Advisory Service*, serviços de consulta para a promoção do desenvolvimento económico e empresarial; **2.** *DC. Delivery Alongside the Ship*, entrega da mercadoria no cais, ao lado do navio. *V.* **Incoterms**.

DAX – *MC. Deutsche Aktienindex*, índice de cotação de Acções da Alemanha.

DB – 1. *DS. Deutsches Bundesbank*, banco central da República Federal Alemã; **2.** *DS. Deutsche Bahn*, caminhos de ferro alemães.

d/b/a – *Doing business as…*, tendo como actividade comercial, tendo como negócio.

DC. – *USA. District of Columbia*, Distrito de Columbia, área onde se situa Washington.

dcf – *PF.* **Discounted cash flow**, fluxo de caixa descontado. *V.* **Cash Flow**.

DD (ou dd) – 1. *Due date*, data de pagamento; **2.** *DC. Delivery Date*, data de entrega; **3.** *Delayed Delivery*, atraso na entrega.

DDD – *USA. Direct Distance Dialing*, sistema de **telefones de discagem directa nacional.**

Direito de Negócios – Dicionário Inglês-Português

DE – *Deutschland,* Federal Republic of Germany **(Bundesrepublik Deutschland),** República Federal da Alemanha.

d.e. – *CO. Double Entry,* lançamento (contabilístico) duplo.

DEA – *USA. Drug Enforcement Agency,* departamento público de combate ao tráfico de drogas.

Deb. (ou **Debs**) – *MC.* **Debentures**.

dec. – **1.** *Decrease,* redução, diminuição; **2.** *Declaration,* declaração; **3.** *Deceased,* morto, falecido

def. – **1.** *DP. Defendant,* réu, acusado; **2.** *C. Default,* falta de cumprimento; **3.** *Deferred,* postergado, adiado; **4.** *Defined, definition,* definido, definição.

Del. – *Delaware,* EUA .

dely. – *Delivery,* entrega. Também se usa **dy**.

dep. – **1.** *Departure,* partida; **2.** *Department,* departamento; **3.** *Deposit,* depósito.

depr. – *PF.* **Depreciation,** depreciação, amortização.

DER ou **DTER** – *PF.* **Debt to Equity Ratio,** rácio de endividamento. **V. Ratios.**

DESA – *DIP. OMD. Department of Economic and Social Affairs,* Departamento da ONU directamente afecto ao Secretariado daquela organização. **V. Mapa da Estrutura da ONU no Glossário deste Dicionário (*).**

Devon. – *Devonshire,* Reino Unido.

DF – *Damage Free,* sem prejuízos, sem danos.

DFC – *B. Development Finance Company,* instituição financeira de desenvolvimento.

DFI – *B. Development Finance Institution,* o mesmo que **DFC**.

DFN – *Deutsche Forschungsnetz Verein,* Associação Alemã das Redes de Pesquisa (informática).

DHSS – *UK. Department of Health and Social Security.*

DIN – **1.** *USA. Do it now.* Aproveitar uma boa oportunidade de negócio, não hesitar. Corresponde ao nosso *"não deixar para amanhã o que se pode fazer hoje";* **2.** *Deutsches Institut fur Normung,* Instituto Alemão para Normatização (Industrial)

DINA – *USA. DT. Description is Not Analysis.* Incentivar os participantes de uma reunião ou programa de formação a serem creativos nas suas respostas orais ou escritas e não se limitarem a ouvir o que o instrutor, formador, gerente ou técnico explica e descreve.

DINGO – *FIP. Discounted Investment in Negotiated Government Obligations,* gestão de carteira de títulos que fazem parte da dívida pública:

1. obrigatoriamente subscritos por bancos e instituições financeiras, para manter margens razoáveis de liquidez interna e reforçar as reservas obrigatórias nos termos da legislação bancária aplicável; ou
2. para renegociar os vencimentos dos títulos públicos cujo pagamento entretanto se verifique.

Dip. – *DC. Delayed in payment,* não pago no vencimento ou data ajustada.

Disbs. – *B. Disbursements,* desembolsos, saques. **V. CODs**.

disc. – *B. Discount*, desconto.

DIT – *DF. Double Income Tax*, imposto duplo sobre rendimentos. **V. Tax.**

DIY – *USA. Do It Yourself, Faça você próprio*, expressão que refere a auto-iniciativa de instalar ou reparar alguma coisa em casa ou no emprego.

DJ – *Djibouti*.

DJIA – *MC. Dow-Jones Industrial Average*, Índice Médio Dow-Jones. **V. NYSE.**

DK – *Denmark (Kingdom of)*, Reino da Dinamarca (*Kongeriget Danmark*).

DM – *Dominica (Commonwealth of)*, Ilha-Estado das Caraíbas.[10]

DMC – *PF. CO. Direct Manufacturing Costs*, custos diretos de produção.

DMV – *USA. Department of Motor Vehicles*, departamentos públicos de cada Estado norte -americano onde são emitidas e renovadas as cartas de condução (**driving license**) e feitos exames que habilitem a condução de veículos. De notar que uma *driving license* e o cartão de **social security** são os dois documentos identificativos básicos de qualquer cidadão norte-americano.

DO – *Dominican Republic*, República Dominicana.

D/O – *DC. Delivery order*, ordem de entrega.

DOB – *USA. Date Of Birth*, data de nascimento.

Docs. – *Documents*, documentos.

DOE (ou **d.o.e.**) – *DT. Depends on experience*, oferta que depende da experiência do candidato; sigla usada em anúncios de oferta de emprego.

Dors. – *Dorset*, Reino Unido.

DPI – *OMD. Department of Public Information*, Departamento da ONU de relações públicas e informação em geral, directamente afecto ao Secretariado daquela organização. *V.* **Mapa da Estrutura da ONU no Glossário deste Dicionário (*).**

DPN – *MC. Deferred purchase note*, Valor Mobiliário de compra diferida. *V.* **Note, Securities**.

DPS – *DS. MC. Dividend per share*, dividendos pagos por Acção. *V.* **Dividends, Share**.

DR – 1. *B. Deposit receipt*, recibo de depósito; **2.** *B. CF.* **Discount Rate**, taxa de desconto.

DRIVE – *PF. Define, Review, Identify, Verify, Execute, Definir, Identificar, Verificar e Executar*, quatro dos princípios básicos da qualidade de boa gestão de uma empresa (**quality management**). *V.* **Management, Scorecard (*).**

DRM – *USA. DC. Digital Rights Management.V. Índice próprio e Intellectual Property.*

DSCR – *PF.* **Debt Service Coverage Ratio** (*), rácio de serviço de dívida. **V. Ratios.**

DSE – *MC. Dar es Salaam Stock Exchange,* Bolsa de Valores de Dar-es- Salam, Tanzania. Começou as suas actividades em 1998.

DSX – *MC. Douala Stock Exchange,* Bolsa de Valores de Doula, Camarões.

---

[10] *Caribe*, no Brasil.

DTB – *MC. Deutsche Terminborse*, Bolsa de Derivativos Alemã; localizada em Frankfurt.

Dub. – *Dublin*, capital da Irlanda.

Dur. – *Durban*, África do Sul.

DUT – *PF. Device Under Test*, máquina/equipamento em fase de testes.

DUTCHIE – *USA. DC. Defer Until The Christmas Holiday Is Ended*, referência à redução das actividades de muitas empresas durante o período de cerca de três a quatro semanas (antes do período do Natal, Natal, Ano Novo e até cerca de dez dias depois).

DVP – *DC. Delivery versus payment*, entrega contra pagamento.

DWI – *USA. Driving While Intoxicated*, pessoa que foi detida pelas autoridades, a conduzir sob estado de embriaguez ou de consumo de drogas.

DWT – *Deadweight tonnage*, tonelagem do peso morto, de tara de um veículo.

Dy. – *Delivery*, entrega.

DZ – *Algeria (Democratic and People´s Republic of)*, República Democrática e Popular da Argélia (*République Algérienne Démocratique et Populaire)*.

E

E – 1. *English,* Inglês; **2.** Espanha. **V. Sp., Esp.; 3.** *Equity, V.* **Índice próprio; 4.** *Empty,* vazio; **5.** *Error,* erro; **6.** *End,* fim; **7.** *Energy,* energia; **8.** *Ea - each,* cada; **9.** *DT.* Categoria profissional de mão de obra temporária e funcionários públicos em sistema de licença sem vencimento (longo prazo); **10.** *DC.* Navio de 2ª classe e como tal matriculado nas respectivas capitanias bem como no *Lloyds Register;* **11.** *USA.* Nota de exame corrrespondente à classificação de "mau", ou seja, abaixo de medíocre. Sistema ainda usado em alguns Estados norte-americanos.

E [*nºxyz]* – *DC.* Abreviatura composta da letra "E" (para *Europe,* Europa) e do número de índex/catálogo oficial da UE, identificativo dos aditivos e substâncias de um artigo alimentar de consumo público.

EA – *DT. DS. Enterprise Allowance,* pagamentos de ajudas de custo (alimentação, transporte, etc.) aos trabalhadores/funcionários de uma empresa ou instituição.

EAGGF – *UE. European Agricultural Guidance and Guaranty Fund,* Fundo Europeu de Orientação e Garantia Agrícola (*FEOGA*). *V.* **IFAD no Mapa da Estrutura da ONU** *no Glossário* **deste Dicionário (*).**

EAL – *PF. Export Adjustment Loan,* financiamento para ajuste de exportações. *V.* **Export.**

E & O – *DC. Errors and Omissions Excepted.* Sigla inserida no final de facturas (**invoices**) e documentos de entrega de mercadorias, que indica a exclusão de qualquer responsabilidade por partte do produtor quanto a possíveis erros e lacunas. **V. Liability, Torts (*).**

EASA – *UE. European Aviation Safety Agency.*V. **European Union Agencies.**

EBIAT – *CF. CO. Earnings Before Interest after Taxes,* Lucros apurados antes de deduzir juros mas após deduzir impostos. *V.* **EBIT, EBITD, EBT, Earnings, Interest, Tax, Ratios.**

EBIT – *CF. CO. Earnings Before Interest and Taxes.* Lucros apurados antes de deduzir juros e impostos. *V.* **EBIAT, EBITD, EBITDA, EBT, Earnings,Interest, Tax, Ratios.**

EBITD – *CF. CO. Earnings Before Interest, Taxes and Depreciation.* Lucros apurados antes de deduzir juros, impostos, e depreciação. *V.* **EBIAT, EBIT, EBITDA, EBT, Earnings,Interest, Taxes, Depreciation, Ratios.**

EBITDA – *CF. CO. Earnings Before Interest, Taxes, Depreciation, and Amortization.* Lucros apurados antes de deduzir juros, impostos, depreciação e amortização. *V.* **EBT, EBIAT. EBIT, Earnings, Interest, Taxes, Depreciation, Amortization, Ratios.**

Direito de Negócios – Dicionário Inglês-Português

EBT – *CF. CO. Earnings Before Taxes.* Lucros apurados antes de deduzir impostos. *V.* **EBIAT, EBIT, EBITD, EBITDA, Tax, Ratios.**

EBRD – *B. OMD. European Bank for Reconstruction and Development.*

East End – *UK. East End*, parte leste de Londres.

EC – *Ecuador (Republic of)*, República do Equador.

ECDC – *EU. European Centre for Disease Prevention and Control.* **V. European Union Agencies.**

ECG – *ElectroCardioGram*, electro cardiograma.

ECHA – *UE. European Chemicals Agency.* **V. European Union Agencies.**

ECJ – *UE. European Court of Justice*, Tribunal de Justiça Europeu. O Supremo Tribunal dos países membros da UE e cujas decisões são vinculativas tanto para os orgãos institucionais internos da UE como para os países membros. Criado em 1951, viu as suas funções alargadas pelo **Maastricht Treaty** e tem dado provas de independência relativamente a pressões políticas e dos grandes grupos económicos.

ECMA – *UE. DS. European Computer Manufacturers Association*, Associação Europeia de Produtores de Computadores.

ECOA – *USA. Equal Credit Opportunity Act*, lei que penaliza a discriminação na concessão de crédito ou financiamentos.

ECO ou ecol. – *ENV. Ecological*, ecológico.

Econ. – *Economics*, Economia.

ECP – *MC. Eurocommercial Paper. V.* **Commercial Paper**.

EDC – *OMD. Export Development Corporation*, Companhia de Desenvolvimento de Exportações do Canadá.

e.d.c – *Error detection and correction*, identificação e correcção de erros informáticos.

EDP – *Electronic Data Processing*, Processamento Informático de Dados.

EDD – *DC. Estimated delivery date*, data prevista de entrega.

EDF – *UE. OMD. European Development Fund*, Fundo de Desenvolvimento Europeu.

EE – 1. *Estonia (Republic of)*, República da Estónia (*Eesti* ou *Eesti Vabariik*); 2. *Electric Engineer*, engenheiro de electricidade.

EEA – *UE. European Environment Agency.* **V. European Union Agencies.**

EEO – *USA. DT. Equal Employment Opportunity*, lei que penaliza a discriminação no acesso a emprego. *V.* **Equal Employment**.

EEZ – *DC. Exclusive Economic Zone*, Zona Económica Exclusiva.

EFRA – *UE. European Fundamental Rights Agency.* **V. European Union Agencies.**

EFSA – *UE. European Food Safety Authority.* **V. European Union Agencies.**

EFT – 1. *B. Electronic Funds Transfer*, transferência informática de fundos. *V.* **EFTS, EFTP**; 2. *UE. European Training Foundation.* **V. European Union Agencies.**

EFTA – *UE. European Free Trade Association*, Associação Europeia de Comércio Livre. Já extinta.

EFTP – *B. Electronic Funds Transfer at Point Of Sale.* Uma variante de **EPOS** - **Electronic Point Of Sale**), ou seja, onde o terminal electrónico do vendedor (**retailer or seller point of sales system**) permite o débito ou crédito na sua conta por via de comunicação com o sistema informático da agência do banco onde esse vendedor é titular da conta.*V.* **Electronic, E-Commerce, EFT.**

EFTS – *B. Electronic Funds Transfer System,* Sistema de transferência automática de fundos. **V. Electronic, EFT.**

EG – *Egypt (Arab Republic of),* República Àrabe do Egipto, (*Gumhūriyyat Miṣr al-'Arabiyyah*)

EGAM – *DS. EGAM – Extraordinary General Assembly Meeting,* Assembleia Geral Extraordinária. **V. Shareholders´ Meeting.**

EGM – *DS. Extraordinary General Meeting,* Assembleia Geral Extraordinária. Também conhecida como *ESM – Extraordinary Shareholders´Meeting* e *EGAM – Extraordinary General Assembly Meeting.*

EGmbh. *DS. – Eingetragene Gesellschaft mit beschränkter Haftung,* sociedade alemã (registada em Bolsa ou com pedido de registo), de responsabilidade limitada.

EGR – *EC. DT. Earned Growth Rate,* taxa do aumento de rendimento efectivamente auferido. Termo normalmente usado em programas de poupança para pequenos investidores como complemento das suas reformas e pensões da previdência social.

EIA – *ENV. PF. Enviromental Impact Analysis (ou Assessment),* análise dos factores de protecção ao meio ambiente, ecológicos e de saúde pública que são obrigatoriamente levados em consideração na realização de um projecto público ou privado e como condição do seu financiamento e realização. *V.* **Equator Principles e UNEP no Mapa da Estrutura da ONU no Glossário deste Dicionário.**

EIB – *UE. OMD. European Investment Bank,* Banco Europeu de Investimentos (BEI).

EIRR – *PF. Economic Internal Rate of Return,* taxa de lucro económica interna. *V.* **FIRR**.

Elem. – *Elementary,* elementar, básico.

ELR – *DIP. DC. Export Licenses Regulations,* regulamentos de licenças de exportação.

ELV – *ENV. End of Life Vehicles,* (em português, **VFV – Veículos em Fim de Vida***)* veículos automóveis obsoletos ou em estado decrépito cujo desmantelamento e reciclagem constitui uma das grandes prioridades actuais tanto nos EUA como na UE. *V.* **índice próprio, ASR**.

EMC – *DS. Exxon Mobile Corporation* ou *ExxonMobile.*

EMI – *DS. Electric and Musical Industries Ltd.*

EMCCDA – *UE. European Monitoring Centre for Drugs and Drug Addiction;* tem a sua sede em Lisboa. **V. European Union Agencies.**

EMEA – *UE. European Medicines Agency.* **V. European Union Agencies.**

Direito de Negócios – Dicionário Inglês-Português 52

EMI – *B.* **Equated Monthly Installment,** quantia fixa a ser paga pelo devedor a um credor numa determinada data, normalmente mensal ou trimestral. Inclui parte do capital e juros do empréstimo ou financiamento.

EMP – *UE. Euro-Mediterranean Partnership* (ou **EMP**).

EMSA – *UE. European Maritime Safety Agency;* tem a sua sede em Lisboa. **V. European Union Agencies.**

EMU – *UE. EC. European Monetary Union,* União Monetária Europeia – UME.

Eng. (ou **eng.**) – **1.** *English,* pessoa de nacionalidade inglesa; **2.** Termo em lingua inglesa; **3.** *Engineering,* engenharia.

Eng. – *England,* Inglaterra.

ENISA – *UE. European Network and Information Security Agency.* **V. European Union Agencies.**

ENT – *ENV. DT. Ears, Nose and Throat,* Ouvidos, nariz e garganta, termo usado para avaliar de forma permanente, as condições de saúde de trabalhadores que sejam especialmente afectados por fumos, cheiros e/ou ruídos ou vibrações produzidos por máquinas e equipamento industrial.

EO – *USA.* **1.** *Executive Order,* despacho/ordem de execução (presidencial); **2.** *USA. UK. Equal Opportunity,* igualdade na titularidade de um direito ou acesso a um direito/profissão.

EOE – *EC. DS. DT. Equal Opportunity Employer,* empresa/entidade empregadora que aplica a política de igualdade de direitos e de oportunidades pessoais e profissionais.

eom – *End of month,* final do mês.

EOQC – *UE. OMD. European Organization for Quality Control,* Organização Europeia para o Controlo de Qualidade.

EP – **1.** *PF. Earnings – Price Ratio,* Rácio de Lucros e Preços; **V. Ratios; 2.** *UE. European Parliament,* Parlamento Europeu.

EPOS – *DC. B. Electronic Point of Sale.* **1.** Endereço/*web site* onde se efectua a venda de um produto ou serviço através de **E-commerce; 2.** Identificação através de leitor da barras (**bar code**) de um produto ou artigo, ao ser apresentado pelo cliente junto à máquina registadora de uma loja. O EPOS além de permitir um rápido atendimento, trouxe grandes vantagens para os comerciantes e empresas em geral, na medida em que simultaneamente informa:

(i)   as existências e controlo de **stocks** das mercadorias;
(ii) necessidade de compra e reposição de **stocks;**
(iii) níveis e valores de vendas por dia, produto e loja;
(iv) preferências dos consumidores (**market research**);
(v)   eficiência dos funcionários por ponto de venda/terminal de vendas; e
(vi) sistema de pagamento (em dinheiro, cartão de débito em conta – o nosso Multibanco – ou cartão de crédito), etc.

V. Electronic, EFTP, EFT.

EPS – *MC. DS. Earnings Per Share,* lucros por Acção. *V.* **Return on Equity, Share.**

EPU – *UE. European Payments Union*, União Europeia de Pagamentos. Extinta em 1958.

EPZ – *EC. Export Processing Zone,* Zona de Processamento de Exportações.

ERA – *UE. European Reconstruction Agency.* **V. European Union Agencies.**

ERISA – *USA. DT. Employment Retirement Income Security Act* de 1974 – Lei que regula os planos privados de reforma (**private pension plans**).

ERP – 1. *EC. European Recovery Program,* o chamado *Plano Marshal;* 2. *Export Rehabilitation Project,* Projecto de Reabilitação de Exportações.

ERR – *CF. Economic Rate of Return,* Taxa de Retorno Económico. **V. Ratios.**

ESL – *DT. English as Second Language,* indicativo em anúncios de oferta de emprego que o candidato deve saber inglês como sua segunda língua.

ESM – *DS. Extraordinary Shareholders´ Meeting,* Assembleia Geral Extraordinária de Accionistas; <u>Termos equivalentes</u>: <u>*EAM – Extraordinary Assembly Meeting*</u> e *EGAM – Extraordinary General Assembly Meeting.*

ESOP – *DT. DS. Employee Stock Option Plan/Program,* Plano ou Programa de Participação no Capital por parte dos Funcionários (de uma empresa). *V.* **Índice próprio**.

ESPRIT – *DIP. EC. European Strategic Programme for Research and Development in Information Technology,* Programa Europeu Estratégico para a Pesquisa e Desenvolvimento de Informação Tecnológica. *V.* **UNITAR no Mapa da Estrutura da ONU no Glossário deste Dicionário (*).**

Esp. – Espanhol; cidadão ou empresa de nacionalidade espanhola; processo ou tema sujeito à jurisdição espanhola. **V. E., sp.**

Esq. – *USA. C. Esquire,* denominação já um tanto em desuso, identificando um profissional de advocacia ou da área jurídica.

ET – *Ethiopia (Federal Democratic Republic of),* República Federal Democrática da Etiópia.

ETA – *DC. Estimated Time of Arrival,* hora prevista de chegada. Usado em transporte aéreo de passageiros e/ou carga. **V. ETD.**

Et.al – *L. C. Et altera* ou *et alli,* e outros(as) temas, pessoas ou coisas. Equivalente ao nosso "etc" ou em alemão ao *u.a. (und andere).*

ETD – *DC. Estimated Time of Departure,* hora prevista de saída/embarque. Usado em transporte aéreo de passageiros e/ou carga. **V. ETA.**

ETH – *DS. Eidgnöessiche Technische Hochschule,* Instituto Federal (Suiço) de Tecnologia.

Et seq. – *L. C. Et seq* (ou *Et seqq.), et sequentia,* termo indicativo do número da página de um documento, processo ou contrato em análise e que o mesmo continua nas páginas seguintes.

EU – *UE. European Union,* União Europeia.

EULA – *DC.C. End-User License Agreement,* contrato de licença para usuário final.

Eur. – *Europe, European,* Europa, Europeu.

EURATOM – *UE. European Atomic Energy Community*, Comunidade Europeia de Energia Atómica – CEEA. *V.* **IAEA no Mapa da Estrutura da ONU no Glossário deste Dicionário (*).**

EURIBOR – *B.* V. Índice próprio.

EUROFOUND – *UE. European Foundation for the Improvement of Living and Working Conditions;* V. **European Union Agencies.**

Euronext – *MC.* V. Índice próprio.

Ex. – **1.** *Example*, exemplo; **2.** *Exchange*, câmbio, troca; **3.** *Executive*, executivo(a); **4.** *Express*, expresso; **5.** *Extra*, adicional, extra; **6.** *Excluding* ou *Excluded*, excluindo; excluído, deduzido.

Ex D (ou **Ex Divs.**) – *MC.* <u>Ex Dividends</u>, sem dividendos. *V.* **Ex R.** e **Ex W.**

EXIMBANK – *USA. B. Export-Import Bank of the United States.*

Ex R (ou **Ex Rts.**) – *MC.* <u>Ex Rights</u>, sem direito de voto ou de dividendos (quanto a valores mobiliários). *V.* **XR.**

Ex W (ou **Ex. Warr.**) – *MC.* <u>Ex Warrants</u>, sem garantias. *V.* **XW, Warrant.**

F

f. – **1.** *Following*, seguinte, a seguir, subsequente (também usado **f.f.**); **2.** *Female*, do sexo feminino; **3.** *Fahrenheit*, sistema de medição de temperatura contraposto ao da escala de Celsius e pela qual 0 (zero) graus Celsius correspondem a 32 graus **Fahrenheit (F)**, e 100 graus Celsius (ponto de ebulição da água) corresponde a 212 graus **F**. Basicamente apenas usado hoje em dia nos EUA e seus territórios adjacentes (ex. Porto Rico).

FA – **1.** *PF.* <u>Fixed Assets</u>, Activos Imobilizados; **2.** *DT. EC. Financial Adviser*, consultor financeiro.

FAA – *USA. Federal Aviation Administration*, Agência Federal de Aviação Comercial.

FABI – *B. DS. Federazione Autonoma Bancari Italiani.*

FANGS – *USA. MC. FIP. V. Índice próprio.*

FAO – *OMD. DIP. Food and Agricultural Organization of the United Nations*, Organização das Nações Unidas para a Alimentação e Agricultura. **V. Mapa da Estrutura da ONU no Glossário deste Dicionário (*).**

F. & A.P. – *DC. Fire and Allied Perils*, sigla usada em seguros para mencionar a cobertura de *Fogo e Riscos Associados*. **V. Insurance (*).**

FAQ – *DC.* <u>Fair Average Quality</u>, qualidade média e razoável.

FAS – *CO. Financial Accounting Standards*, regras e normas de contabilidade internacional emitidas pelo <u>**FASB**</u>.

FASB – *USA. CO. Financial Accounting Standards Board*, organismo independente norte-americano que define as regras e normas de contabilidade internacional (**FAS**) aplicadas nos EUA; de notar que continua muito activo relativamente a corrigir os erros e fraudes que causaram os últimos escândalos finaneiros (*Enron, Webcom*, etc) envolvendo empresas de auditoria e contabilidade internacionais. **V. FAS e Sarbannes--Oxley Act.**

FAT – *DC. Final Acceptance Testing.* Parte final de um estudo de mercado de um bem ou serviço que perante os resultados das pesquisas e reacções de possíveis consumidores conclui pelo nível e probabilidade de sucesso ou insucesso de explorar esse mercado. Também usado em pesquisas de opinião no que se refere a campanhas políticas, sondagens de eleições ou campanhas de interesse institucional.

F. & T. – *DC. Fire and Theft*, sigla usada em seguros para mencionar a cobertura de *Fogo e Roubo*. **V. Insurance (*).**

FAZ – *Frankfurter Allgemeine Zeitung*, jornal diário alemão que normalmente contém a informação mais detalhada e minuciosa das cotações e preços de mercados de valores mobiliários, futuros, **commodities** etc., a nível da UE e mundial, e como tal, fonte de referência considerada segura.

FBO – *USA. Failing Better Offer,* sigla aplicável a oportunidades de negócios que não sendo as mais desejadas e lucrativas, são as existentes naquele momento e como tal, de aceitar.

FBT – *DF. Fringe Benefits Tax*, imposto sobre serviços e regalias oferecidos aos funcionários de uma empresa mas excluído dos seus salários (ex. viagens oferecidas às esposas acompanhando estes nas suas viagens profissionais, uso de carros adquiridos pela empresa para uso exclusivo dos funcionários, etc). *V.* **Fringe Benefits, Tax.**

FCC – 1. *USA. DC. Federal Communications Commission*, Comissão Federal de Comunicações; 2. *UK. USA. Fellow of Chamber of Commerce*, membro de uma Câmara de Comércio.

f.d. – *DC. Free delivery*, entrega sem despesas de transporte ou seja, onde estas correm por conta do vendedor.

FDA – *USA. Food and Drug Administration*, agência federal norte- americana que regula e fiscaliza a produção, comercialização e venda ao público de substâncias quími-cas, farmacêuticas, produtos de alimentação/nutrição e similares.

FDIC – *USA. B.* <u>**Federal Deposit Insurance Corporation**</u>.

Fe. – **ENV.** Ferro, do Latim *ferrum*.

FEAR – *USA. DT. Forget Everything and Run,* situação em que perante o *stress* e cansaço causado pela complexidade e extensão de um tema ou negociação, as proba-bilidades de erro de análise e decisão aumentam, ao ponto de ser mais benéfico para o profissional envolvido e para a própria empresa, suspender de momento (**put on hold**) essa tarefa.

FEBS – *FIP. Full Employment Budget Surplus,* Saldo Orçamental em Situação de Pleno Emprego. *V.* **Unemployment, Budget**.

FED – *USA.* <u>**Federal Reserve System**</u>.

FEER – *EC. FIP. Fundamental Equilibrium Exchange Rate*, taxa cambial básica de equilíbrio orçamental. Usada basicamente em finanças públicas. **V. Budget.**

FEMA – *USA. Federal Emergency Management Agency*, Agência Federal para Ges-tão de Emergências; criada em 1979 para intermediar conflitos entre companhias de seguros e beneficiários de apólices de seguros que pretendem ser indemnizados no caso de catástrofes ou desastres das forças da natureza (terramotos, inundações, explosões, etc.). A FEMA tende cada vez mais a usar a **Alternative Dispute Resolution** (ou **ADR**) como forma de dirimir tais conflitos de forma mais rápida e pacífica. **V. Insurance (*).**

FHC– *B. DS. Financial Holding Company*, empresa controladora de um grupo financeiro ou bancário.

FI – 1. *Finland (Republic of)*, República da Finlândia (*Suomen Tasavalta*); 2. *B. PF. Financial Institution,* instituição financeira.

FIAT – *DS. Fabbrica Italiana Automobili Torino*.

FINNIDA – *OMD. Finnish Department of International Development Coopera-tion*, instituição pública finlandesa para o desenvolvimento.

FIRR – *FIP. Finantial Internal Rate of Return.* **V. EIRR.**

FIST – *USA. MC. First In Stays There,* sigla indicativa da intenção de não comprar nem vender, de momento, os valores mobiliários (**securities**) de uma carteira de títulos, à espera de melhor tendência de mercado.

f.i.t. – *DF. Free of income tax,* isento de imposto sobre rendimentos.**V.Tax.**

FJ – *Fiji, Republic of the Fiji Islands* , República das Ilhas Fidji.

FL. – *EUA. Florida.*

Flem. – *Flemish,* Flamengo.

FLS – *EC. Front-Line States.* **V. Índice próprio.**

FMC – *USA. Ford Motor Company.*

FMCG – *DR. CF. Fast Moving Consumer Goods,* bens, produtos e mercadorias com grande procura e correspondente volume de colocação e venda. **V. Goods.**

FMO – *OMD. Nerderlandese Financierings Maatschappij voor Ontwikkelings-landen N.V.,* também conhecida como *Netherlands Development Finance Company,* instituição pública holandesa de financiamento do desenvolvimento.

FMV – **Fair Market Value,** valor justo do mercado. *V.* **Market Value** e **Fair.**

FNA – *DS. Federazione Nazionale Assicuratori.* **V. Insurance (*)**

FO – *MC. Formal Offer,* oferta de compra de Acções ou valores mobiliários feita aos accionistas no caso de uma fusão ou incorporação. *V.* **Shares, Securities.**

FOC – *B. DC. Free of Charges,* sem encargos. *V.* **Incoterm.**

FOCUS(ED) – *USA. Futuristic Observation Creates Unique Solutions (Enabling Development).* Sigla de programas de formação e de treino enfatizando como é importante a visualização e animação de imagens, *slides,* quadros e gráficos para criar e desenvolver soluções que levem ao desenvolvimento profissional dos funcionários de uma empresa. *V.* **Scorecard (*).**

FOD – *DC. Free of Damages,* isento de danos. *V.* **Incoterm.**

FOE – *ENV. Friends of the Earth,* uma ONG protectora do meio ambiente e ecologia em geral. *V.* **Lista de NGOs no Glossário deste Dicionário (*).**

FOIA – *USA. Freedom of Information Act,* lei federal norte-americana que assegura aos cidadãos o direito de acesso a documentação e informação pública. **V. Amendments.**

FOM – *MC.* **Finnish Options Market,** Mercado de Opções da Finlândia.

FORCE – *USA. PF. Focus On Reducing Costs Everywhere.* Termo usado na indústria norte-americana tendo como objectivo básico e constante, a redução e controlo de custos financeiros, de produção, manutenção e operacionais.

FORD – *USA. PF. Found On Roadside, Dead*. Sigla de mercado para designar um projecto ou plano que está encostado *"à beira da estrada e morto",* ou seja, inviável, com poucas probabilidades de ter sucesso e provavelmente apenas levado ao fracasso. Não tem rigorosamente nada a ver com a famosa marca de automóveis norte--americana.

FP – **1.** *French Polynesia,* Polinésia Francesa; **2.** *B. CD. Fully Paid,* totalmente pago, liquidado. Normalmente usado para referir pagamento de Acções ou de títulos

Direito de Negócios – Dicionário Inglês-Português

mobiliários. *V.* **Fy. Pd., Securities; 3.** *DC. Fire Policy,* apólice de seguro contra riscos de incêndio; **V. Insurance (*).**

Fps – *Feet per second,* pés por segundo.

FR. – 1. *France (Republic of), République Française,* República Francesa; 2. *French,* francês; 3. *Father,* pai; 4. *Friday,* sexta-feira.

FRC, FRDC ou FRENDS – *B. Floating Rate Certificate of Deposit,* certificado de depósito com taxa de juros flutuante. *V.* **Certificate of Deposit (*).**

FRG – *Federal Republic of Germany,* República Federal Alemã. **V. DE.**

Frk. – *Frankfurt,* Alemanha.

FRNs – *B. Floating Rate Notes,* Obrigações com taxa de juros flutuante. *V.* **Interest Rate, Note, Bond**.

f.r.o. – *DC. Fire risk only,* apólice de seguro exclusivamente contra o risco de incêndio. **V. Insurance (*).**

FRONTEX – *UE. European Agency for the Management of Operational Cooperation at the External Borders of the Member States of the European Union.* **V. European Union Agencies.**

FRS – *USA. B.* <u>Federal Reserve System</u>.

FS – 1. *PF.* <u>Feasibillity Study</u> **(*),** estudo de viabilidade (económica, financeira, industrial, etc) de um projecto. Uma das fases iniciais de <u>Project Finance</u>; 2. *CO.* <u>Financial Statement</u>, balanço, balancete, conta de razão, etc.

FSIA – *USA. DIP. Foreign Sovereign Immunity Act,* lei que regula os limites da soberania de outros Estados soberanos na jurisdição federal norte-americana, quanto a actos desses Estados afectarem interesses norte-americanos ou causarem prejuízos ou danos aos EUA.

FT – *Financial Times,* o conhecido jornal financeiro inglês e norte-americano.

FTZ – *DC. Free Trade Zone,* zona franca de comércio.

FUD – *USA. DC. Fear, Uncertainty and Doubt.* Os factores psicológicos resultantes de uma crise económica, política ou de segurança nacional (*ex. os dramáticos acontecimentos de 11 de Setembro de 2001)* ou de especial impacto num produto ou serviço (ex. a recente descoberta de que alguns brinquedos exportados pela China eram pintados com produtos tóxicos; a recolha de uma série ou modelo de automóvel, devido ao tipo de avarias verificadas, etc.) que podem levar uma estratégia de **marketing** ou de negócios a não terem sucesso.

FWB – *MC. Frankurt Stock Exchange,* Bolsa de Valores de Frankfurt.

fwd. – *Forward,* adiante, em frente; encaminhar para alguém; dar ordem de remessa ou de compra/venda de valores mobiliários (<u>securities</u>) ou de moeda/cambial.

4WD – *Four Wheel Drive,* veículo com tracção às quatro rodas.

FWD – 1. *Front Wheel Drive,* veículo com tracção nas rodas dianteiras; 2. *Forward, para enviar* (documento ou mensagem).

FX – *B. PF. Foreign exchange,* câmbio em moeda estrangeira. **V. Índice próprio.**

FY – *DS. DF. Fiscal Year,* ano fiscal.

FYEO – *For Your Eyes Only*, documento ou informação de acesso restrito e exclusivo do destinatário.

FYI – *For Your Information*, anotação que se faz em documento ou mensagem de email de texto dirigido a alguém mas para simples conhecimento de terceiro. O mesmo que "c/c".

Fy. Pd. – *Fully Paid*, liquidado, pago na totalidade. *V.* **FP.**

G

g. – 1. *Gram(s)*, grama(s); **2.** *Gravity*, força de gravidade e de aceleração causada por esta.

GA – 1. *Gabon (Republic of)*, República do Gabão (*République Gabonaise*); **2. DC.** *General Agent*, representante comercial/agente comercial geral de uma empresa para determinada área ou região.

GAAT – DC. EC. *General Agreement on Tariffs and Trade*, Acordo Geral Sobre Direitos Aduaneiros e Comércio; substituída pela *WTO - World Trade Organization.* **V. Mapa da Estrutura da ONU no Glossário deste Dicionário (*).**

GAAP – CO. <u>Generally Accepted Accounting Principles</u>, Princípios Contabilísticos Genericamente Aceitáveis. Praticamente substituídos na UE pelos <u>**I.A.S. – International Accounting Principles**</u>.

GAAR – DF. *General Anti-Avoidance Rule,* princípio básico de estratégia fiscal de uma empresa, tentando, dentro da legalidade, reduzir ao máximo o valor de impostos a pagar. *V.* **Tax.**

GAAS – CO. *Generally Accepted Auditing Standards*, Padrões de Auditoria Genericamente Aceitáveis. *V.* **Auditor, IAS (*).**

GASP – USA. ENV. *Group Against Smokers Pollution,* sigla de construção onomatopaica (*"gasp"* é uma popular expressão norte-americana de repulsa gustativa ou olfactiva) que designa um Grupo Contra a Poluição (causada) pelos Fumadores. **V. Lobby.**

GAV – CO. *Gross Annual Value*, valor bruto anual.

GAW – DT. *Guaranteed Annual Wage(s),* salário anual garantido.

GB – 1. *Great Britain*, Grã-Bretanha; **2.** *GigaByte* .

GBC– USA. *General Body Crumble,* situação física de pessoa de idade avançada (*senior citizen*) que embora não padeça de doença específica, dá claros sinais de crescente debilidade.

GC – ENV. *Garbage Collection*, recolha de lixo.

GCI – DS. *General Capital Increase*, aumento do capital aberto a todos os accionistas. *V.* **Capital**.

GCHQ – *Government Communications Headquarters*, local onde se centralizam as comunicações de um governo em caso de emergência nacional.

GD – DC. *Good Delivery*, entrega de mercadoria considerada como bem recebida.

Direito de Negócios – Dicionário Inglês-Português

GDP – *EC. FIP. Gross Domestic Product*, Produto Nacional Bruto (PNB). *V.* **Gross National Product**.

GDR – *German Democratic Republic*, República Democrática Alemã (hoje extinta).

GDY – *EC. FIP. Gross Domestic Income*, rendimento doméstico bruto (RDB). *V.* **Gross National Income**.

GE – 1. *Georgia (Republic of)*, República (ex União Soviética) da Geórgia (*Sakartvelo*); 2. *USA. Georgia*.

GEC – *General Electric Company, Inc.*

GEFANUC – **Joint venture** entre a **GEC** e a *FANUC* do Japão que produz e vende nos EUA, *programmable logic controls.*

Ger. – *Germany, German*, Alemanha, alemão.

GFE – *FIP. Government-Furnished Equipment*, equipamento fornecido por um governo.

GG – *FIP. Government Guaranteed*, garantido por um governo.

GH – **Ghana (Republic of)**, República do Ghana.

GHG – *ENV. Greenhouse Gas. V.* **Índice próprio, Kyoto Protocol, Greenhouse Effect.**

GHQ – *DS. General Headquarters*, sede de uma empresa. Também referido como **HD** – **headquarters**.

GHz – *Giga HertZ* , unidade de frequência de 1.000.000,000 ciclos por segundo.

GI – 1. **Gibraltar,** Reino Unido; 2. *Galvanized Iron*, ferro galvanizado; 3. *General Issue*, assunto ou tema de carácter geral; 4. *Government Issue*, assunto ou tema de competência do Governo.

GibEX – *MC. Gibraltar Stock Exchange***,** Bolsa de Valores de Gibraltar.

Ginnie Mae – *USA. DR.* Designação para *Government National Mortgage Association. V.* **Índice próprio.**

GL – **Greenland,** Groenlândia.

GM – 1. *Gambia (Republic of)*, República da Gâmbia; 2. *DS. General Manager*, gerente de uma empresa ou estabelecimento; administrador-geral; 3. *ENV. Green Movements*. *V.* **Índice próprio.**

GMC – *General Motors Company.*

GmbH – *DS. Gesellschaft mit beschkränkter Haftung*, sociedade privada alemã de responsabilidade limitada.

GMD – *DS. Gesellschaft für Mathematik und Datenverarbeitung,* Instituto Alemão de Matemática e Processamento de Dados

GMO – *ENV. Genetically Modified Organism.* **V. Índice próprio.** organismos vivos, plantas e cereais transgénicos, ou seja, cuja estrutura foi alterada através de técnicas de engenharia bio-genética com base na chamada tecnologia de reformulação do DNA (*recombinant DNA technology*).

GMT – **Greenwich Mean Time**, tempo médio de Greenwich. Em português *TMG.*

GN – **Guinea** *(Republic of)***,** República da Guiné.

GNI – *EC. FIP. Gross National Income*, rendimento nacional bruto (RNB).

GO – *USA*. **1.** *General Obligation*, obrigação/compromisso genérico; **2.** *MC. Government Obligation Bond*, Obrigação emitida por um governo ou instituição pública. *V.* **Bond**.

g.o.b – *DC. Good Ordinary Brand*, marca de boa qualidade.

GOCO – *USA. PF. Government-Owned, Contractor-Operated*, serviço, empreendimento ou máquinas, equipamentos públicos mas administrados/operados por uma entidade privada, contratada para o efeito. Um dos pilares de projectos do tipo **BOT** e **PPPs** (*).

GOK – *USA. PF. God Only Knows, só Deus sabe*. Sigla que expressa dúvidas sobre o resultado final de um investimento de alto risco, grave crise política ou macro-económica ou sobre o estado de saúde de alguém gravemente doente.

GOSPA – *USA. PF. Goals, Objectives, Strategies, Plans, Activities, Metas, Objectivos, Estratégias, Planos e Actividades*, um dos pilares pentagonais de **business planning.** *V.* **Business, Scorecard** (*).

Govt. – *Government*, Governo. Também se usa **GVT**.

GPD – *USA. DC. Gallons Per Day*, consumo diário de galões. Usa-se também **GPH** (*Gallons Per Hour*) consumo horário de galões, **GPM** (*Gallons Per Minute*) consumo de galões por minuto e **GPS** (*Gallons Per Second*) consumo de galões por segundo.

GPO – **General Post Office**, estação central de correios.

GR – *Greece, Hellenic Republic,* República Grega (Ελληνική Δημοκρατία **ou** *Ellinikī Dimokratía*).

GRI – *DT. FIP. Guaranteed Retirement Income*, pensão de reforma mínima garantida.

GRID – *PF. CF. Guaranteed Recovery of Investment Principal*, recuperação garantida do capital investido.

Gro. t. – *DC. Gross ton/tonnage*, tonelada/tonelagem bruta.

GRT – *DC. Gross Registered Tonnage*, tonelagem bruta registada.

Gr. wt. – *Gross weight*, peso bruto.

GSE – **1.** *USA. Government Sponsored Entreprise*, empresa com o apoio financeiro ou administrativo de um governo ou instituição pública; **2.** *Georgia Stock Exchange*, Bolsa de Valores da República da Geórgia; **3.** (ou **GTSE**) *GhanaStock Exchange*, Bolsa de Valores do Ghana.

GSM – **1.** *DC. DT. General Sales Manager*, director geral de vendas; **2.** *Global System for Mobile communications* (nome original *Groupe Spécial Mobile*), o sistema mundial mais usado de comunicações por telemóveis.[11]

GT – *Guatemala (Republic of)*, República de Guatemala.

---

[11] Em Novembro de 2007 estimava-se que cerca de 82% do mercado global de telemóveis (cerca de 2 mil milhões de pessoas em 172 países) usava o sistema padrão GSM, ou seja, permitindo que através de *roaming* internacional operado através de uma rede de operadores de diversos países, se possa usar o mesmo telemóvel em qualquer parte do mundo.

GTE – *DS. General Telephone and Electric.*

Gtd. – *B. DC. C. Guaranteed*, garantido, assegurado. *V.* **Guar**.

Gtd.B. – *MC. Guaranteed Bond*, Obrigação garantida. *V.* **Bond**.

Gtd.N. – *MC. Guaranteed Note*, **Note** garantida. *V.* **GUN**.

Guar. – *DC. B. Guaranteed*, garantido, lastreado por garantia. *V.* **Gtd**.

GU – *USA, Guam.*

GUN – *MC. Guaranteed Underwritten Note*, **Note** garantida e colocada no mercado através de uma tomada firme (**underwriting**).

GW – **1.** *Guinea Bissau (Republic of)*, República de Guiné-Bissau; **2. Ghostwriting**.

GWP – *EC. FIP. Gross World Product*, Produto Bruto Mundial.

GY – *Guyana (Co-operative Republic of)*, República Cooperativa da Guiana.

H

H. – 1. *Half*, metade; **2.** *Harbor*, porto; **3.** *High*, alto; **4.** *Hour*, hora; **5.** *Humidity*, humidade; **6.** *Hundred*, cem.

ha – *Hectare*, hectare.

Hants. – *Hampshire*, Reino Unido.

Hb – **HemogloBin**, hemoglobina.

HBO – *USA. DS. Home Box Office*, uma das mais conhecidas produtoras e distribuidoras internacionais de filmes de **cable tv.**

hc – *Honoris causae*, título académico honorífico.

HCF – *EC. Highest Common Factor*, factor comum (económico ou financeiro) com maior impacto/efeito numa determinada análise ou estudo. Exemplo: controlo de custos, nível de qualidade de um produto, etc.

HCL – *EC. Highest Cost of Living*, o custo de vida mais elevado.

HDC – *EC. Heavy and Chemical Industries*, **indústrias químicas pesadas.**

HELOC – *V.* **Home Equity Loan.**

HEW – *UK. DT. High Earning Worker*, sigla de *Trabalhador com Alto Poder de Compra*. Baseada nos dados de 2006 da *Future Foundation*, segundo os quais cerca de 534,000 trabalhadores do Reino Unido ganhavam em média £100,000 por família de 3 a 4 membros e no entanto ainda se consideravam parte da chamada "classe operária" (**working class**). *V.* **HNWI.**

HEX – *MC. Helsinki Stock Exchange*, Bolsa de Valores de Helsinquia, Finlândia. À data deste Dicionário detinha parte do capital da *OMX*, juntamente com mais seis Bolsas de Valores nórdicas.

Hg. – 1. *ENV. Mercury*, mercúrio (do greco, *hydrargycicom*); **2.** *Hectogram*, hectograma.

HGV – *DC. Heavy Goods Vehicle*, veículo pesado de transporte de mercadorias.

HI – *EUA. Hawaii*, Havai.

HIBOR – *B. Hong-Kong Interbank Offered Rate*, taxa inter-bancária de juros cotada em Hong-Kong.

HICP – *UE. EC. B. Harmonized Index of Consumer Prices*, índice de inflação usado pelo *Banco Central Europeu* (**European Central Bank**).

Hind. – *Hindi, Hindustani*, Indú, Industânico.

HIP – *DC. High Involvement Product*, bem, produto ou serviço que requere uma maior análise de custos por parte do comprador (ex. compra de uma casa, de um carro, de férias prolongadas, etc.). *V.* **Marketing.**

Direito de Negócios – Dicionário Inglês-Português

HK – *Hong-Kong,* **(Special Administrative Region of),** Região Administrativa Especial da República Popular da China. A outra *Região Administrativa Especial* é Macau.

HKE – *MC. Stock Exchange of Hong Kong,* Bolsa de Valores de Hong Kong. Hong Kong dispõe ainda da *Hong Kong Futures Exchange,* Bolsa de Valores de Futuros e Derivativos.

HL – *UK. House of Lords,* Câmara dos Lordes.

HMAN – *how many…?,* quantos/quantas?

HMCH – *how much…?,* quanto custa?

HMO – *USA. Health Maintenance Organization. V. Insurance (*).*

HN – *Honduras (Republic of),* República de Honduras.

HNWI – *USA. EC.* **B. High Net Worth Individual,** Pessoa de Grande Poder Económico Líquido; de Grande Liquidez Económico-Financeira. Sigla usada por diversas instituições financeiras dos EUA para identificar uma pessoa ou família de grande poder económico e vasto património (**new worth**). Ainda que o conceito não tenha parâmetros precisos, indica meios de liquidez imediata ou a curto prazo em valor substancial. Cada instituição financeira usa a sua própria, mas a mais comum era (Outubro de 2007), um mínimo de 1 milhão de Dólares, ainda que, em alguns casos, 300.000 Dólares já fosse uma "plataforma aceitável". Resta dizer que pessoas ou famílias que excedessem (i) 5 Milhões de Dólares, entravam na classe ainda mais especial de "**VHWI**" (*VERY HNWI*) e (ii) 50 milhões de Dólares, "**UHWI**" (*ULTRA HNWI*). **V. HEW.**

HO – *DS. Home Office* ou *Head Office,* sede de uma empresa. *V.* **HQ, GHQ.**

Hon. – *Honorable,* meretíssimo (grau honorífico).

HP – **1.** *DT. Half Pay,* metade/parte de salário mensal; **2.** *High Pressure,* alta pressão; **3.** *DT. Hire,* contratar (os serviços); **4.** *Horsepower,* força motriz.

HQ – *DS. Headquarters,* a sede de uma empresa. *V.* **HO, GHQ.**

hr – *Hour,* hora.

HR – **1.** *Croatia (Republic of),* República da Croácia (*Republika Hrvatska);***2.** *USA. – House of Representatives,* um dos corpos legislativos dos EUA e de cada Estado norte-americano. O outro é o Senado Federal/Estadual.

HRM – *DT. DS. Human Resources Management,* gerentes ou admistradores de recursos humanos de uma empresa ou instituição.

HT – *Haiti, Republic of),* República do Haiti *(République d'Haïti* ou *Repiblik d'Ayiti).*

ht. – *Height,* altura;

hth – *USA. Hope this Helps,* espero que isto ajude. Sigla que encerra uma mensagem de **email** ou de **chat,** enviando um documento ou dando uma explicação sobre uma pergunta ou dúvida manifestada pela pessoa a quem essa correspondência ou comunicação é agora endereçada.

HU – *Hungria (Republic of),* República da Hungria **(Magyar Köztársaság).**

HUD – *USA. Department of Housing and Urban Development*, Departamento de Habitação e Desenvolvimento Urbano.

HV – *High Voltage*, alta voltagem.

HVAC – *PF. EC. Heating, Ventilation, and Air Conditioning*, sector industrial de Caloríferos, Ventilação e Ar Condicionado.

hvy. – *Heavy*, pesado.

hw. – *How*, como.

I

i. – **1.** *Industrial*, industrial; **2.** *Intensity*, intensidade; **3.** *Interstate*, inter-estadual (normalmente aplicado às auto-estradas dos EUA); **4.** *Island*, ilha.

IA. – *EUA. Iowa.*

IADB – *OMD. Inter-American Development Bank*, Banco Inter-Americano de Desenvolvimento; financia primordialmente países e empresas (estas últimas através de instituição financeira associada) das Caraíbas[12], América Central e América do Sul. O Brasil é membro com direito a voto e Portugal membro como simples país observador.

IAEA – *DIP. International Atomic Energy Agency*, Agência Internacional de Energia Atómica. **V. Mapa da Estrutura da ONU no Glossário deste Dicionário (*).**

IAS – *EC. PF. CF. International Accounting Standards*. **V. Parte II deste Dicionário (*)**

IASB – *CO. IASB - International Accounting Standards Board*. **V. IASC e Parte II deste Dicionário (*)**

IASC – *CO. International Accounting Standards Committee*, organização europeia que emitiu e definiu os **IAS** – **International Accounting Standards** até 2001, data em que tais funções foram transferidas para o **IASB** – **International Accounting Standards Board**, ainda que o **IASC** continue a supervisionar as regras e normas do **IASB** com a participação do **SIC** – **Standing Interpretations Committee**. **V. SIC e Glossário deste Dicionário (*)**

IATA – *DC. International Air Transport Agency*, Agência Internacional de Transportes Aéreos. **V. ICAO no Mapa da Estrutura da ONU no Glossário deste Dicionário (*).**

IB – **1.** *EC. Industrial Business*, actividades industriais; **2.** *CO. Invoice Book*, livro de facturas.

IBF – *B. International Bank Facility*, linha de crédito bancária internacional. **V. Credit Line, Syndicate.**

IBBR – *EC. B. Interbank Bid Rate*, taxas de juros fixadas através de sistema de leilão interbancário.

IBI – *B. DS. Istituto Bancario Italiano.*

IBM – *USA. DC. IBM* – *International Business Machines Incorporated.*

---

[12] *"Caribe"*, no Brasil.

Direito de Negócios – Dicionário Inglês-Português

IBRD – *OMD*. <u>*International Bank for Reconstruction and Development*</u>, Banco Internacional para a Reconstrução e Desenvolvimento (BIRD), o Banco Mundial. ***V.* Mapa da Estrutura da ONU no Glossário deste Dicionário (*).**

IBNR – *CO. DC. Incurred (But Not Reported) claims reserve. V.* **Insurance (*).**

ICANN – *DC. DS. Internet Corporation for Assigned Names and Numbers*, Empresa de Distribuição e Uso de Nomes e Números na Internet, entidade não lucrativa que administra, gere, atribui e arquiva os nomes e números dos utentes da **Internet**.

ICAO – *OMD. International Civil Aviation Organization*, organismo da ONU. ***V.* IATA e Mapa da Estrutura da ONU no Glossário deste Dicionário (*).**

ICC – **1.** *DC. DS. International Chamber of Commerce*, Câmara Internacional do Comércio; **V. Incoterms**; **2.** *DIP. International Criminal Court*, Tribunal Criminal Internacional, cujos estatutos foram aprovados em 1994 pela *International Law Commission* e ratificados em 1998 pelo chamado *Rome Statute*.

ICE – *USA. In Case of Emergency*, sigla que abre um arquivo ou pasta pessoal de documentos de computador, agenda electrónica, telemóvel, etc., e que inclui os nomes dos membros de família, médicos ou amigos mais próximos do portador, incluindo os seus números de telefone, endereços, contactos, etc., para serem usados em caso de emergência. Também se usa **SET- Should Emergency Take (Place).**

ICEX – *MC. Iceland Stock Exchange*, Bolsa de Valores da Islândia, localizada na sua capital Reykjavik. Operada pela <u>**OMX.**</u>

ICHCA – *DC. DS. International Cargo Handling Co-ordination Association*, Associação Internacional de Coordenação no Manuseamento de Carga.

ICI – *UK. DS. Imperial Chemical Industries plc*.

ICJ – *DP. International Court of Justice*, o Tribunal Internacional de Justiça, uma entidade da ONU sediada em Haia. ***V.* Mapa da Estrutura da ONU no Glossário deste Dicionário (*).**

ICS – *UK. DC. DS. Institute of Chartered Shipbrokers*, Instituto de Despachantes Marítimos Autorizados.

ICSID – *OMD. International Center for the Settlement of Investment Disputes*, Centro Internacional para a Resolução de Litígios de Investimento.**V. Mapa da Estrutura da ONU no Glossário deste Dicionário (*).**

ID – **1.** (ou **Indon.**) – *Indonesia (Republic of)*, República da Indonésia (*Republik Indonesia*); **2.** *Identity*, carteira de identificação, bilhete de identidade; **3.** *USA. Idaho*.

IDA – *OMD*. <u>*International Development Association*</u>, Associação para o Desenvolvimento Internacional. ***V.* Mapa da Estrutura da ONU no Glossário deste Dicionário.**

IDD – *International Direct Dialing*, ligação telefónica internacional por via directa (ou seja, sem necessidade de operadora). **V. DDD.**

IDEAL – *USA. EC. PF. Identify, Define, Explore, Action, Lookback*, Matriz sequencial na solução de problemas de uma empresa ou de um sector económico-financeiro: **Identificar** o problema; **Defini-lo; Explorar** possíveis soluções e seus **Efeitos; Acção** a ser tomada; e **Rever** (*Look back*) os resultados obtidos. *V.* **Scorecard (*).**

IDS – 1. *MC. International Disclosure Standards,* Padrões Internacionais de Informação Obrigatória (relativos a valores mobiliários). *V.* **IOSCO, Disclosure**; **2.** *UK. Institute of Development Studies,* Instituto de Estudos de Desenvolvimento (Económico).

IDT – *PF. Industrial Design Technology,* tecnologia de *design* industrial.

IDX – *MC. Indonesian Stock Exchang (Bursa Efek Indonesia)* Bolsa de Valores da Indonésia, com sede em Jakarta. Resulta da fusão em Setembro de 2007 da *Jakarta Stock Exchange* e da *Surabaya Stock Exchange.*

IE – *Ireland (Republic of),* República da Irlanda (*Éire*).

i.e. – *That is, isto é…, ou seja…* (expressão exemplificativa).

IENC – *DF. CO. EC. Income Earned Not Collected,* rendimentos auferidos mas sobre os quais ainda não foram pagos os impostos devidos.

IET – *DF. CO. Interest Equalization Tax,* imposto incidente sobre a equalização de juros. Basicamente usado no financiamento pelos próprios correctores de **swaps** e de mercado de futuros. *V.* **Tax.**

IEX – *MC. Irish Enterprise Exchange. V.* ISE ou ISEQ.

IFC – *OMD. International Finance Corporation,* Sociedade Financeira Internacional (SFI). *V.* **Índice próprio e Mapa da Estrutura da ONU no Glossário deste Dicionário (*).**

IFO – *DC. Ignore and Fob-Off, Ignorar e Despachar (o cliente).* Sigla usada para um mau serviço de atendimento a clientes ou sector de reclamações de uma empresa. Sinónimo: **IPATTAP.** Antónimos: **LAST** e **LEDO.**

IFRIC – *CO. International Financial Reporting Interpretations Committee,* suborganismo europeu que revê as interpretações técnicas emitidas por **International Accounting Standards Board (IASB).** *V.* **IAS, IASC (*).**

IFSE – *MC. DS. International Federation of Stock Exchanges,* Federação Internacional de Bolsas de Valores.

IGO – *DIP. OMD. Inter-Governmental Organization,* Organização inter-governamental. *V.* **Índice próprio.**

IKEA – *DS. Ingvar Kamprad, Elmtaryd, Agunnaryd.* A sigla da empresa vem de **Ingvar Kamprad,** um cidadão sueco residente num local chamado **Elmtaryd,** em **Agunnaryd,** Suécia.

IKIWISI – *USA. I'll Know It When I See It, só acredito nisso quando vir.* Sigla ao final de um **email,** expressando dúvidas sobre a veracidade de uma afirmação ou facto relatado noutro **email** ou documento. Variante: **IKWISWISI- I'll Know What I Want When I See It,** *acredito no que quero (saber) quando o vir.*

IL. – 1. (ou Isr). – *Israel (State of),* Estado de Israel (*Medīnat Yisrā'el* ou *Dawlat Isrā'īl*); **2.** *USA. Illinois.*

ILO – *DIP. DT. International Labour Organization,* Organização Mundial do Trabalho. *V.* **Mapa da Estrutura da ONU no Glossário deste Dicionário (*).**

IMF – *OMD. International Monetary Fund,* Fundo Monetário Internacional (FMI). *V.* **Mapa da Estrutura da ONU no Glossário deste Dicionário (*).**

Direito de Negócios – Dicionário Inglês-Português

IMO – *DIP. DC. International Maritime Organization*, Organização Marítima Internacional, uma sub-agência da ONU. *V.* **Mapa da Estrutura da ONU no Glossário deste Dicionário (*).**

IMS – *PF. Information Management System*, sistema de gestão de informação. Normalmente mais usado para identificar os processos internos de gestão administrativa, financeira e operacionais de uma empresa. Um dos instrumentos de análise empresarial global no âmbito do **Scorecard (*)**, etc.

Imp. – *Imperative*, imperativo, obrigatório.

IN. – (ou **IND**) *India (Republic of)*, República da India *(Bhārat Gaṇarājya)*; 2. *USA. Indiana*.

INC – 1. *DS. Incorporated*, sigla identificativa de sociedade por Acções, devidamente constituída e registada. *V.* **Corporation**. 2. *Income*, rendimentos, receitas.

ING – *B. DS. ING Groep N.V.* , banco holandês.

INGO – *DIP. International Non-Governmental Organization* V. **Índice próprio**.

Ins. – *Insured*, seguro/segurado. **V. Insurance (*).**

INSTRAW – *DIP. International Research and Training Institute for the Advancement of Women*, Instituto Internacional para a Pesquisa e Formação do Desenvolvimento da Mulher, uma sub-agência da ONU. *V.* **Mapa da Estrutura da ONU e Lista de NGOs no Glossário deste Dicionário (*).**

Int. – *B. Interest*, juros.

Inv. – 1. *Investment*, investimento; 2. *Invoice*, factura.

IO – *B. Interest Only*, apenas juros.

IOU – "*I Owe you…*", *Devo-lhe…*; recibo, documento de pagamento.

IP – *Intellectual Property*. V. **Digital Rights Management (ou DRM) e Índice próprio.**

IPATTAP – *USA. DC. Interrupt, Patronise, Argue, Threaten, Terminate, Apply Penalties*, ou seja, *Interromper e assumir ares de superioridade* (com o Cliente), *Discutir, Ameaçar, Despachar* (o Cliente) e *Aplicar Multas*. Sigla usada para um mau serviço de atendimento a clientes ou sector de reclamações de uma empresa. Sinónimo: **IFO**. Antónimos: **LAST** e **LEDO.**

IPE – 1. *DC. MC International Petroleum Exchange*, bolsa de valores do mercado do petróleo (futuros, opções, etc). Fundada em 1980; 2. *EC. International Political Economy. V.* **Índice próprio.**

IPO – *MC. Initial Public Offering*, Início de Oferta Pública.

IQ – *Iraq (Republic of)*, República do Iraque *(Jumhooriyat ul-'Irāq).*

IRR – *EC.* **Internal Rate of Return**, taxa/percentagem interna de retorno.

IR – 1. *Iran (Islamic Republic of)*, República Islâmica do Irão *(Jomhūrī-ye Eslāmī-ye Īrān)*; 2. *Information Retrieval*, retenção de dados; 3. *DF.* O mesmo que *IRS*. V. **Tax.**

IRS – *USA. DF. Internal Revenue Service*, Departamento de Impostos norte-americano. **V. Tax.**

Irred. – *Irredeemable*, não redimível.

Irrev. – *Irrevocable*, irrevogável.

IS (e Icel.) – *Iceland (Republic of)*, República da Islândia (*Lýðveldið Ísland* ou *Ísland*).

ISDA – *MC. International Swap Dealers Association*, Associação dos Correctores e Intermediários do Mercado de **Swaps**.

ISE – **1.** *MC.* (ou **ISEQ**) *Irish Stock Exchange*, Bolsa de Valores da Irlanda, localizada na sua capital, Dublin. A Irlanda dispõe ainda da *Irish Enterprise Exchange* ou **IEX.**; **2.** *Istanbul Stock Exchange (İstanbul Menkul Kıymetler Borsası)*, Bolsa de Valores de Istambul, a única da Turquia; **3.** *Islamad Stock Exchange (Guarantee) Ltd.*, uma das três Bolsas de Valores do Paquistão. *V. KSE e LSE*.

ISSN – *DC. International Standard Serial Number*, número de série padronizado internacionalmente.

Ist. – *Istambul*, Turquia.

IT – **Italy (Republic of)**, República da Itália (*Repubblica Italiana*).

It. – *Iterim* (Latim), durante, no decurso, no decorrer de uma fase ou processo.

ITLS – *DC. International Tribunal for the Law of the Sea*, Tribunal Internacional Marítimo, orgão jurisdicional internacional que interpreta e aplica as disposições da **UNCLOS** e resolve conflitos dela emergentes. *V.* **UNCLOS e Mapa da Estrutura da ONU no Glossário deste Dicionário (*)**.

ITM – **1.** *MC. In the Money*, opção que a ser exercida dará lucro ao seu titular. *V.* **Option**; **2.** *B. In Trust (for) Account*, conta bancária em que o seu titular designa um ou mais beneficiários em caso do falecimento do mesmo titular. *V.* **Account**.

ITT – *DC. International Telephone and Telegraph Corporation*.

ITU – *DIP. International Telecommunications Union*, União Internacional de Telecomunicações, uma sub-agência da ONU. *V.* **Mapa da Estrutura da ONU no Glossário deste Dicionário (*)**.

J

j. – **1.** *Judge*, juíz; **2.** *Justice*, justiça; juíz conselheiro do Supremo Tribunal (EUA); **3.** *Journal*, jornal, diário, revista.

J/A – *B. Joint Account*, conta conjunta. *V.* **Account**.

JAJO – *B.* Pagamento de juros trimestrais em Janeiro, Abril, Julho e Outubro. *V.* **JOJA**, **JSDM** e **Instalment**.

J&S – *C. B. Joint and Several*, obrigação conjunta e solidária.

JD – **1.** *USA. DS. Justice Department*, o equivalente a Ministério de Justiça; **2.** *B.* Pagamento de juros semestrais em Junho e Dezembro. *V.* **Instalment**.

JDB – *B. OMD. Japan Development Bank*, Banco de Desenvolvimento do Japão.

JETRO – *DIP. Japan External Trade Organization*, Instituto do Comércio Externo do Japão.

JIT – *DC. PF. Just in Time*, **1.** em tempo, atempadamente (quanto à conclusão de inventário); ou **2.** Processo de produção de uma empresa ao reduzir as despesas de armazenagem e manutenção ao só produzir as mercadorias mediante encomendas prévias com garantia de pagamento. *V. Índice próprio*.

JJ – Pagamento de juros semestrais em Janeiro e Junho. *V.* **Instalment**.

JM (ou **Jam.**) – *Jamaica*.

JO – **1.** *Jordan (the Hashemite Kingdom of)*, Reino Ashemita da Jordânia *(Al-Mamlakah al-Urdunniyyah al-Hāšimiyyah;* **2.** *DC. Job Order*, ordem/pedido de encomenda/produção.

JOJA – *B.* Pagamento de juros trimestrais em Julho, Outubro, Janeiro e Abril. *V.* **JAJO**, **JSDM** e **Instalment**.

JP (ou **Jpn.**) – *Japan*, Japão *(Nippon-koku)*.

jr. – *Junior* (dívida subordinada). *V.* **Jun.**, **Debt (Subordinated)**.

JSDM – *B.* Pagamento de juros trimestrais em Junho, Setembro, Dezembro e Março. *V.* **JAJO**, **JOJA** e **Instalment**.

JSE – *MC. Johannesburg Stock Exchange*, Bolsa de Valores de Johannesburg, Àfrica do Sul. O país dispõe ainda da *Alternative Exchange*, da *Bond Exchange of South Africa* e da *South Afican Futures Exchange (SAFEX)*

JTIC – *USA. MC. B. Joint Tenants in Common*, conta conjunta (em nome de pelo menos duas pessoas) de Valores Mobiliários ou de dinheiro. A conta é aberta junto a um corrector ou Banco autorizados e qualquer dos seus titulares pode dispor livremente dos títulos ou valores nela depositados. A não ser que se disponha de outra forma, não existe direito de sucessão obrigatório (**rights of survivorship**) no caso de falecimento de um dos titulares da conta. Ou seja, cada titular da conta poderá decidir livremente o destino a dar à sua parte no saldo existente (normalmente 50%). **V. Account, JTRS.**

JTRS – *USA. MC. Joint Tenants with Right of Survivorship,* conta conjunta (em nome de pelo menos duas pessoas) de Valores Mobiliários ou de dinheiro. A conta é aberta junto a um corrector ou Banco autorizados e qualquer dos seus titulares pode dispor livrememente dos títulos ou valores nela depositados. Em caso de falecimento de um titular, os demais ficam com a titularidade de todo o saldo existente. **V. Account, JTIC.**

Jul. – *July,* Julho.

Jun. – 1. *June,* Junho; 2. *Junior,* junior; dívida/crédito subordinado.

JV – *DC. PF.* **Joint-Venture.**

K

k. – **1.** *Karat*, carat; **2.** *King*, rei.

K 1. (ou **Kg**) – *Kilo*, quilo, quilograma; **2.** (ou **Ky, K byte**), *Kilo bytes*, 1.024 bytes (medida da dimensão de memória informática).

KAIST – **DS.** *Korean Advanced Institute of Science and Technology*, Instituto Coreano para o Desenvolvimento da Ciência e Tecnologia.

K.A.P.A. – *Knowledge At a Point Action*, Conhecimento do momento de interacção métrica de **marketing** da carteira de um cliente, em função da experiência de contactos, níveis de vendas, introdução de novos produtos, controlo da concorrência, etc.

KAS – *USA. DT. Knowledge, Attitude, Skills.* Elementos que contam para a avaliação e desempenho de um funcionário. Se bem que conhecimento (*knowledge*) e qualidades (*skills*) possam ser naturalmente desenvolvidos e objecto de formação, já quanto à atitude, depende de factores a que, com excepção do meio ambiente de trabalho (*working environment*), a empresa é alheia (nacionalidade, personalidade, carácter emocional e afectivo, condicionalismos familiares e pessoais, etc.). Variante: **Knowledge, Attitude, Skills, Habits.**

KASE – *MC. Kazakhstan Stock Exchange*, Bolsa de Valores do Casaquistão, localizada em Alamaty.

KB – *PF. Knowledgment Base*, fonte/origem da informação tecnológica ou de **know-how** baseada na qual um projecto é inciado ou desenvovido.

k.b.k.b. – *PF. CF. MC.* **KA-BUMP-KA-BUMP. V. Índice próprio.**

Kc – *Kilocycle*, quilociclo;

kc/s – *Kilocycles Per Second*, quilociclos por segundo.

Kcal – *Kilocalorie*, quilograma-caloria, quilocaloria.

KE – *Kenya (Republic of)*, República do Quénia (*Jamhuri ya Kenya*).

KFAED – *OMD. Kwait Fund for Arab Economic Development*, Fundo do Kuweit para o Desenvolvimento Económico Árabe.

KG – *Kyrgyzstan (Republic of)*, República do Quirguistão (**Кыргыз Республикасы**, *Kırgız Respublikası ou Kyrgyzskaya Respublika).*

Kg. – **1.** *King*, rei; **2.** *Kilo*, quilo.

KH – *Cambodia (Kingdom of)*, *Reino do Camboja* (**Preăh Réachéanachâkr Kâmpŭchea).**

Khz. – *Kilohertz*, mil hertz.

KIBOR – *B. Kuwait Interbank Offered Rate*, taxa inter-bancária usada no Kuwait.

KK – *DS. Kabushiki Kaisha*, sociedade japonesa por quotas.

KLOE – *UK. Key Lines Of Enquiry,* políticas e regulamentos internos da **UK Auditing Commission** para auditarem os serviços públicos britânicos.

Km. – *Kilometer,* quilómetro.

KLM – *DS. Koninklijke Luchtvaart Maatschappij,* a companhia aérea holandesa.

Kph – *Kilometers per Hour,* quilómetros por hora.

Kmps – *Kilometers Per Second,* quilómetros por segundo.

Kn. – *Knots,* nós (medida de velocidade de navegação marítima).

KP – 1. *Korea (Democratic People´s Republic of),* República Democrática Popular da Coreia (*Chosŏn Minjujuŭi Inmin Konghwaguk*); **2.** *ENV. Kyoto Protocol. V. Greenhouse Effect, Grenhouse Gas.*

KPH – *Kilometers Per Hour,* quilómetros por hora.

KPI (ou KSI) – *EC. CF. Key Performance Indicator/Key Success Indicator.* Índice, métrica ou padrão usado para dimensionar e aperfeiçoar o desempenho de uma actividade, processo ou projecto.

KR – *Korea (Republic of),* República da Coreia (*Daehan Minguk).*

KRX – *MC. Korean Exchange,* Bolsa de Valores da Coreia do Sul, com sede em Seul.

KS. – *USA. Kansas.*

KSE – 1. *MC. Khartoum Stock Exchange.* Bolsa de Valores de Cartum, Sudão; **2.** *Karashi Stock Exchange (Guarantee) Ltd.,* Bolsa de Valores de Karashi, uma das três Bolsas de Valores do Paquistão. *V. LSE e ISE;* **3.** *Kuwait Stock Exchange,* Bolsa de Valores do Kuwait

KSI – *V.* **KPI.**

KW – **Kuwait (State of),** Estado do Kuwait *(Dawlat al-Kuwayt).*

kw. – *Kilowatt,* quilowate; **Kwh.** – *Kilowatt hour,* quilowates por hora.

KY. – *USA. Kentucky.*

KZ – **Kazakhstan (Republic of),** República do Casaquistão (Қазақстан Республикасы, *Qazaqstan Respublïkası* ou *Respublika Kazakhstan).*

L

l. – 1. *Late*, tarde; 2. *Land*, terra; 3. *Low*, baixo; 4. *Little*, pequeno(a); 5. *Left*, esquerda; 6. *Lenght*, comprimento; 7. *Line*, linha; 8. *Litre(s)*, litro(s).

LA. – 1. **LAOS (People´s Democratic Republic of)**, República Popular Democrática do Laos (*Sathalanalat Paxathipatai Paxaxon Lao*); 2. *USA. Los Angeles*; 3. *USA. Louisiana;4. Low Altitude*, baixa altitude.

Lab. – *Labrador*, Canadá.

L. & D. – *DC. CO. Losses and Damages*, Perdas e Danos.

LAMP – *DC. CO. Large Account Management Process. V. Account.*

LAST – *USA. DC. Listen, Advise, Solve, Thank. Ouvir, Aconselhar, Resolver e Agradecer.* Sigla usada para um bom serviço de atendimento a clientes ou sector de reclamações de uma empresa. Outras siglas de mercado por antínomia, referem os sistemas **IFO** e **IPATTAP**. Sinónimo – **LEDO**.

Lat. – *Latitude*, latitude.

LB – *DS. Lucas Bols B.V.,* multinacional holandesa de bebidas alcoólicas e licores.

LB (ou Leb.) – *Lebanon (Republic of),* República do Líbano (*Al-Jumhūriyyah al-Lubnāniyyah* ou *La République Libanaise*.

LBO – *DS. Leveraged Buyout. V.* **Buy-out**.

LBS – *Pounds*, libras (medidas de peso).

LC – 1. **Saint Lucia** (*Commenwealth of*), Santa Lúcia; 2. *USA. Library of Congress*, Biblioteca do Congresso; 3. *B. DC.* (também *L/C* ou *l.c.*) **Letter of Credit**, carta de crédito.

LCL – *DC. Less than Container Load*, contentor parcialmente carregado.

LD – 1. *DT. Learning Disability*, inferioridade física ou mental de aprendizagem / escolaridade; 2. *CR. ENV. Lethal Dose*, dose fatal (envenenamento).

LDC – 1. *PF.* **Less Developed Country**, país em vias de desenvolvimento; 2. *DS. Local Distribution Company*, empresa distribuidora meramente local / regional.

LEDO – *USA. DC. Listen, Empathise, De-personalise, Offer.* Ouvir, *Simpatizar, Dar tratamento profissional e Oferecer (Contrapartida ao Cliente).* Sigla usada para um bom serviço de atendimento a clientes ou sector de reclamações de uma empresa. Outras siglas de mercado por antínomia, referem os sistemas **IFO** e **IPATTAP**. Sinónimo – **LAST**.

Leg. – 1. *Legal*, legal; 2. *Legislative*, legislativo; 3. *Legislature*, legislatura.

Legis. – 1. *Legislation*, legislação; 2. *Legislative*, legislativo; 3. *Legislature*, legislatura.

Leic. – *UK. Leicester.*

LESS – *DC. Least-cost Estimating and Scheduling*, menor custo de avaliação e calendarização na entrega de uma mercadoria ou serviço.

LF – Low Frequency, baixa frequência (30-300KHz).

LI – *Liechtenstein (Principality of)*, Principado de Liechtenstein *(Fürstentum Liechtenstein)*.

LIFFE – *UK. London International Financial Futures and Options Exchange*, Bolsa Internacional de Londres de Mercado de Futuros e Opções.

LJSE – *MC. Ljubljana Stock Exchange*, Bolsa de Valores de Ljubljana, capital da Eslovénia.

LIRMA – *UK. London International Insurance and Reinsurance Market Association*, Associação Internacional de Londres do Mercado de Seguros e Resseguros.

Lit. – *Literally*, literalmente.

LK – *Sri Lanka* **(Democratic Socialist Republic)**, República Socialista Democrática de Sri Lanka

LL (ou l.l.) – *UK. DS. Limited Liability*, sigla para designar uma empresa de responsabilidade limitada no Reino Unido. **V. Ltd.**

LLB – *Bachelor of Laws*, Licenciado em Direito.

LLD – *Doctor of Laws*, Professor em Direito.

LLM – *UK. Master in Laws*, Mestre em Direito.

LLS – *DIP. EC. V. Landlocked States.*

LMO – *ENV. Living Modified Organisms*, Organismos Vivos Modificados. **V. GMOs.**

Lnk. – *Link*, ligação (em rede); relacionamento argumentativo de factos ou de números.

Loa – *Lay out arguments*, definir a estratégia de uma negociação ou negócio.

Lond. – **1.** *UK. London*; **2.** *Londonderry*, *República da* Irlanda.

Long. – *Longitude*, longitude.

LONI – *USA. DC. Lights On, Nobody In*, embora o escritório ou estabelecimento de uma empresa estejam cheios de funcionários, não há ninguém disponível para atender os clientes.

LPG – **1.** *Low Pressure Gas*, gás a baixa pressão; **2.** *Liquefied Petroleum Gas*, mistura de gases (propano, butano, etc.) provenientes de combustíveis liquefeitos sob pressão para facilitar o transporte rodoviário e/ ou marítimo.

LR – *Liberia (Republic of)*, República da Libéria.

LRMC – *PF. Long-Run Marginal Cost*, custo marginal a longo prazo.

LS – *Lesotho (Kingdom of)*, Reino do Lesotho *(Muso oa Lesotho)*.

LSE – *MC.* **1.** *London Stock Exchange.* **V. Índice específico** ; **2.** *Lahore Stock Exchange (Guarantee) Ltd.*, uma das três Bolsas de Valores do Paquistão. *V. KSE e ISE.*

LT – *Lithuania (Republic of)*, República da Lituânia *(Lietuvos Respublika)*.

ltd. – *DS. Limited*, limitada, indicação do tipo de responsabilidade dos sócios de uma empresa. Também se usa l̲d̲. *V.* **LL.**

LTPR – *B. Long-Term Prime Rate*, taxa preferencial de juros a longo prazo. *V.* **Interest Rate**.

LTDER – *PF. Long-Term Debt to Equity Ratio*, rácio de endividamento a longo prazo. *V.* **Debt** e **Ratios**.

LU – *Luxembourg (Grand Duchy of)*, Grão-Ducado do Luxemburgo *(Groussherzogtum Lëtzebuerg, Grand-Duché de Luxembourg* ou *Großherzogtum Luxemburg)*.

LV (ou **Lat.**) – *Latvia (Republic of)*, República da Letónia *(Latvijas Republika)*.

lwa–*Long Waited Answer*, resposta aguardada há muito tempo; resposta demorada.

LY – *Libya (Great Socialist People's Libyan Arab Jamahiriya)*, Grande República Àrabe Socialista e Popular da Líbia.).

M

m. – **1.** *Male, Masculine,* do sexo masculino (também se usa **Masc.**); **2.** *Married,* casado; **3.** *Meridien,* meridiano; **4.** *Meter,* metro; **5.** *Middle,* meio; **6.** *Mile,* milha; **7.** *Month,* mês.

M. – **1.** *March,* Março; **2.** *May,* Maio; **3.** *Medium,* médio; **4.** *Million,* milhão; **5.** *Master,* Mestre (título académico).

MA. – **1.** MA (ou **Mor.**) – *Morocco (Kingdom of),* Reino do Marrocos (*Al-Mamlaka al-Maghribiyya*); **2.** *USA. Massachusetts.*

m/a – CO. B. *My Account,* conta pessoal (bancária ou comercial).

MAN. – *Manitoba,* Canadá

MAN – DS. *Maschinenfabrik Augsburg-Nürnberg,* empresa alemã de veículos pesados e tractores.

Manuf. – **1.** *Manufacture,* indústria transformadora. **2.** *Manufacturer,* fabricante, produtor.

MARPOL – *V.* **Índice próprio**.

Math. – *Mathematics,* matemática.

MATIF – MC. *Marché Terme d'Instruments Financiers,* Bolsa de Futuros e Derivativos localizada em Paris e operada pela **Euronext**.

Max. – *Maximum,* máximo.

MB – *MegaByte.*

MBA – *Master of Business Administration,* grau universitário de mestrado (*master's degree in business administration*) originário dos EUA nos finais do século XIX. Estuda as diversas técnicas e científicas de gestão e administração económica-financeira.

MBO – PF. *Management by Objectives.* V. **Management.**

MBWA – USA. PF. *Management By Walking About (ou Wandering Around).* Tipo de gestão empresarial que pode ou não ser positivo – se por um lado, o circular frequentemente pela empresa permite ao seu gestor/administrador, um maior diálogo com os funcionários apercebendo-se dos seus problemas e das suas actividades, por outro e se não houver um justo equilíbrio, pode levar esse administrador/gestor a se dispersar, estar ausente quando a sua presença se torna necessária ou a não ter tempo para as funções de controlo e supervisão que lhe competem. *V.* **Management e Lista de termos no Glossário deste Dicionário (*).**

MC – **1.** *Monaco (Principality of),* Principado de Mónaco (*Principauté de Monaco*); **2.** *USA. Member of Congress,* membro do Congresso. *V.* **Congress.**

Direito de Negócios – Dicionário Inglês-Português

MCE – *MC. Macedonia Stock Exchange* (МакеДонсkta БерЗа), Bolsa de Valores da Macedónia, localizada na capital Skopje.

MD – 1. *Moldova (Republic of)*, República da Moldávia (*Moldova Republik)*; 2. *Doctor in Medicine*, médico; 2. *USA. Maryland*; 3. *Medical Department*, Departamento de Saúde, Departamento Médico.

ME – 1. **Montenegro (Republic of)**; 2. *Mechanical Engineer*, engenheiro de máquinas; 3. *USA. Maine*; 3. *Montreal Exchange* (ou *Bourse de Montréal*, e que anteriormente se chamava *Montreal Stock Exchange*), Bolsa de Futuros, **Options** e Derivativos de Montreal, Canadá.

Med. – *Mediterranean*, Mediterrâneo.

meas. – *Measure*, medida.

MEFF – *MC. Mercado Oficial Español de Futuros y Opciones.* Localizado em Madrid.

MELVIN – *USA. DT. Mediocrity, Ego, Limits, Vanity, Incompetence, Namecalling;* gíria (*no, we have no MELVIN here in our company; não, aqui na empresa, não temos um ambiente MELVIN*) para designar um mau ambiente de trabalho numa empresa, caracterizado por *Mediocridade, Egocentrismo, Limites (quanto à possibilidade de crescimento profissional), Vaidade, Incompetência e uso habitual e interno de Nomes ofensivos.* **V. Corporate Anorexia, Scorecard (*).**

mem. – 1. *Member*, membro; 2. *Memorial*, monumento ou cerimónia dedicado(a) à memória de alguém ou celebrando a efeméride de um acontecimento histórico.

MERCOSUR – *EC. DIP. V.* **Índice próprio.**

met. – 1. *Metereology*, metereologia; 2. *Metropolitan*, metropolitano relativo a grande cidade ou área vizinha de grande centro urbano (ex. *the metropolitan area of Chicago*).

metal. – 1. *Metallurgical*, metalúrgico; 2. *Metallurgy*, metalurgia.

METO – *Middle East Treaty Organization*, Organização do Tratado do Médio Oriente (OTMO).

MF – *Medium Frequency*, Frequência Média (300-3000KHz)

mfd. – *PF. Manufactured*, manufacturado; produzido por indústria transformadora.

MFN – *DC. Most Favoured Nation*, (regime de) país mais favorecido.

MG – 1. *Madagascar (Republic of)*, República de Madagascar (*Repoblikan'i Madagasikara* ou *République de Madagascar)*; 2. *Minas Geraes*, Brasil.

Mg. – *ENV. Magnesium*, magnésio.

mg. – *Miligram*, miligrama.

MGM – *USA. DS. Metro-Goldwyn Mayer*, a conhecida produtora e distribuidora de filmes.

MHz – *Mega HertZ*, unidade de frequência de 1.000.000 ciclos por segundo.

mgr. – *Manager*, gerente.

mgt. – *DS. Management*, gerência.

MI. – *USA. Michigan*.

MIB – *MC. Indice azionario della Borsa valori di Milano*. **V. Bit.**

MICEX – *MC. Moscow Interbank Currency Exchange*, Bolsa Cambial, e Derivativos (Московская межбанковская валютная биржа) de Moscovo. *V. RTS e SPBEX*.

mid. – *Middle*, meio.

Middx. – *UK. Middlesex*.

MIGA – *OMD. Multilateral Investment Guarantee Agency*, instituição associada ao Banco Mundial que garante o risco político de investidores estrangeiros. *V.* **IBRD e Mapa da Estrutura da ONU e Insurance no Glossário deste Dicionário (*)**.

MILE – *USA. DC. Maximum Impact, Little Effort,* efeito ou Impacto Máximo com pouco (ou um mínimo) de Esforço. Gíria que expressa optimismo quanto à produção e volume de vendas num sector considerado de boa margem de lucro (**high-yield areas**). Normalmente usado na área de formação de vendas e de <u>marketing</u>. V. **Yield.**

min. – 1. *Minimum,* mínimo; 2. *Mining,* minério; 3. *Minister,* ministro; 4. *Minor,* menor; 5. *Minute,* minuto.

misc. – *C. Miscellaneous*, diversos, variados.

MIT – *USA. DS. Massachusetts Institute of Technology*.

MK – *Macedonia (Republic of)*, República da Macedónia (Република Македонија ou *Republika Makedonija*). [13]

Mkt. – *Market,* mercado.

ML – *Mali (Republic of)*, República do Mali *(République du Mali)*.

M-LEC – *USA. MC. B. Master Liquidity Enhancement Conduit*. V. **Índice próprio.**

MM – *Myanmar (Union of)*, União de Myammar, também denominado simplesmente como *Burma*.

MMA – *B. Money Market Account*. *V.* **Account**.

MMF – *B. MC.* **Money Market Fund**. *V.* **Índice próprio**.

MMM (ou 3 Ms) *USA. PF. DT.* – *Measurable, Manageable, Motivational, Mensurável, Manejável* (possível de ser gerida) e que Motiva (o funcionário) – os três conceitos básicos de delegação de funções (**delegated task**) numa empresa ou de um contrato de <u>outsourcing</u>.

MN. – 1. **Mongolia,** Mongólia *(Mongol uls)*; 2. *USA.* **Minnesota.**

MNC – *EC. DC. Multinational Corporation,* uma multinacional.

MNSE – *MC. Stock Exchange of Montenegro,* Bolsa de Valores de Montenegro, localizada na sua capital, Podgorica. O país tem ainda a *New Securities Stock Exchange of Montenegro* ou *NEX*.

MNT – *MC. Mongolian Stock Exchange* (Монголын Хөрөнгийн Бирж/*Mongolyn Khöröngiin Birj*), Bolsa de Valores da Mongólia, com sede na capital, Ulan Bator. Criada em 1991, era em Novembro de 2007 a mais pequena do mundo em termos de capital.

---

[13] A Macedónia foi admitida na ONU em 1993 sob o nome provisório de **Former Yugoslav Republic of Macedonia (FYROM)**, por pressão da Grécia que alega ser sua, uma parte do território macedónico. No entanto um número crescente de Estados e organizações internacionais reconhecem o país apenas como *"República da Macedónia"*.

Direito de Negócios – Dicionário Inglês-Português

MO – 1. *Mail Order*, ordem postal; 2. *Modus Operandi*, forma de proceder; 3. **B.** **Money Order**, transferência monetária; 4. *USA. Missouri*; 5. *Macao*, Macau.

MOM – *Middle of Month*, meio do mês.

MOP – *USA. DT. Measure of Performance*, avaliação de desempenho.

MP – 1. *UK. Member of Parliament*, membro do Parlamento Britânico; 2. *Metropolitan Police*, polícia de área metropolitana. *V.* **Metropolitan**; 3. *Military Police*, polícia militar.

mph – *Miles per hour*, milhas por hora.

mpm – *Meters per minute*, metros por minuto.

mps – *Meters per second*, metros por segundo.

MR – *Mauritania (Islamic Republic of)*, República Islâmica da Mauritânia (*Al-Jumhūriyyah al-Islāmiyyah al-Mūrītāniyyah*).

MS. – *USA. Mississippi*.

ms – *Millisecond*, milésimo de segundo.

MSC – *DS. MicroSoft Corporation*.

MSE – *MC. Malawi Stock Exchange*, Bolsa de Valores do Malawi, com sede em Blamtyre. Entrou em actividade em Novembro de 1996, com a ajuda financeira e operacional da **International Finance Corporation**, e do **FMO**.

MSF – *DS. Médecins Sans Frontières*. Criada em 1971 por um grupo de ex-técnicos de saúde da Cruz Vermelha Internacional, constitui hoje em dia uma das maiores **NGOs** do mundo, trabalhando em directa cooperação com a Cruz Vermelha, a ONU e outras instituições internacionais prestando assistência médica de emergências (**emergency medical relief**). **V. Lista de NGOs na no Glossário deste Dicionário (*).**

MT. – 1. *Malta (Republic of)*, República de Malta *(Repubblika ta' Malta)*; 2. *USA. Montana.*

MTBCM – *USA. PF. Mean Time Between Changes of Mind*, a fase de um projecto em que, embora tenham sido dadas as instruções ou fornecidos os dados necessários, a tendência da administração ou dos corpos gerentes da empresa para mudar de opinião é tão frequente que o funcionário em causa decide dar um tempo de espera razoável antes de iniciar o trabalho.

MTTF – *Mean Time To Failure*, tempo médio que se calcula irá uma máquina, equipamento ou sistema a deixar de funcionar.

MTTR – *Mean Time To Recovery*, tempo médio que se calcula irá uma máquina, equipamento ou sistema ainda demorar para que volte a funcionar.

MTTR – *Mean Time To Repair*, tempo médio que se calcula irá necessitar uma máquina, equipamento ou sistema a ser reparado.

mtg – *Meeting*, reunião, assembleia.

mtge. – *Mortgage*, hipoteca.

MTO – *DC. Made to Order*, produzido à medida, de acordo com as instruções específicas do cliente.

Mun – *Munich*, Munique, Alemanha.

mun. – *Municipal*, municipal.

MV – 1. *Maldives (Republic of)*, República das Maldivas; **2. (ou m.v.)** *DC. Merchant Vessel*, navio mercante; **3.** *CO. Market value*, valor de mercado.

Mwta – *midway to an agreement*, quase-acordo, negociações que estão no bom caminho de finalização.

MX (ou **Mex.**) – *United Mexican States (Estados Unidos Mexicanos).*

MW – *Malawi (Republic of)*, República do Malawi (*Dziko la Malaŵi.*)

mxd – *Mixed*, misturado.

MY – *Malasya*, Malásia.

MYRA – *EC. FIP. Multi-Year Rescheduling Agreement*, Contrato de Reescalonamento Pluri-Anual de Dívida.

MZ – *Mozambique (Republic of)*, República de Moçambique.

N

n. – 1. *Name*, nome; **2.** *Noon*, meio dia; **3.** *Normal*, normal; **4.** *North*, norte; **5.** *Note*, nota; **6.** *Number*, número.

NA – 1. *Namibia (Republic of)*, República da Namibia; **2.** *New Account*, conta nova; **3.** *North America*, América do Norte. Também se usa *N.Am.*

n.a. – 1. *Non applicable*, não aplicável; **2.** *Non available*, não disponível, inexistência de *stock*.

NACCP – *USA. National Association for the Advancement of Colored People*, Associação Nacional para o Progresso das Etnias de Côr, organismo de direitos civis para protecção de minorias, nomeadamente de origem africana (*afro-american*). **V. Lista de ONGs no Glossário deste Dicionário (*).**

NAFTA – *DIP. DC. North-American Free Trade Agreement*, Tratado de Livre Comércio da América do Norte. Inclui os EUA, México e Canadá e foi negociado entre 1991 e 1993. **V. Mercosur.**

NAIC – *USA. MC. CF. National Association of Investors Corporation*, *Sociedade de Associação Nacional de Investidores*. Uma instituição não lucrativa, dedicada a investir na educação e promover e financiar cursos no sector financeiro, Mercado de Capitais e de investimento em geral. Tem a sua sede em Michigan.

NAIRU – *EC. Non-Acceleration Inflation Rate of Unemployment* , Taxa não-inflacionária de desemprego.

NAK (ou **nak**) – *Negative Acknowledgment*, recebimento de mensagem não confirmado.

NAREID – *USA. National Association Of Real Estate Investment Trusts*, Associação Nacional de Fundos de Investimento Imobiliário. Representa e defende os interesses das empresas que actuam ou investem no sector, estejam ou não cotadas em Bolsa de Valores.

NASA – *USA. National Aeronautic and Space Administration*, Agência Nacional da Aeronáutica e do Espaço.

NASDAQ – *USA. MC. National Association of Securities Dealers Automated Quotation*, a segunda maior Bolsa de Valores dos EUA. **V. Unlisted Securities Market.**

nat. – 1. *Natural*, natural (não artificial); **2.** *Natural* (originário); **3.** *National*, nacional; **4.** *Native*, nascido em.

NATO –1. *North Atlantic Treaty Organization*, Organização do Tratado do Atlântico Norte; **2.** *USA. DT. Not a Team Operator*, gíria para designar um funcionário com tendências individualistas e com dificuldades de trabalhar em grupo.

Direito de Negócios – Dicionário Inglês-Português

nav. – 1. *Naval*, naval; **2.** *Navigable*, navegável; **3.** *Navigation*, navegação.

NAV – *PF.CO*. <u>Net Asset Value</u>, Valor Líquido do Activo. *V*. **Assets**.

NBK – *B. National Bank of Kuwait*, Banco Nacional (Central) do Kuwait.

NBV – *CF. CO*. <u>Net Book Value</u>, valor líquido contabilizado.

NC – *B. DC*. **1.** *No Credit*, sem crédito; **2.** *B. DC. No Charge*, sem encargos, sem despesas; **3.** *USA. North Carolina*.

NCV – *DC. No Commercial Value*, amostra sem valor comercial.

ND – 1. *USA. North Dakota*; **2. (ou n.d)** *No Date*, sem data; **3.** *EC. National Debt*, dívida nacional; **4.** *DC. Non- Delivery*, não entrega.

NE – 1. *Niger (Republic of)*, República do Niger *(République du Niger)*; **2.** *USA. Nebraska*.

N/E – 1. *B. Non-Effects*, sem fundos, sem provisão; **2.** *CO. Non- entered*, não lançado, não contabilizado.

NEPSE – *MC. Nepal Stock Exchange*, Bolsa de Valores do Nepal, localizada na capital, Katmandu.

NER – *Net Energy Ratio*, rácio líquida de energia.

NES – *DC. Not Elsewhere Specified*, não especificado em parte alguma.

NEX – *MC. New Securities Stock Exchange of Montenegro*, localizada na capital, Podgorica. O país dispõe ainda da *Stock Exchange of Montenegro* ou <u>MNSE</u>.

NF – 1. *Newfoundland*, Terra Nova, Canadá;

NF... – *USA. T. Normal For....*, sigla discriminatória relativamente a alguém a quem se aponta ter menos inteligência ou capacidade profissional em função da sua nacionalidade, local de nascimento ou residência, etnia, opção sexual, etc. As variações são múltiplas: *NFC – Normal for California; NFE – Nornal for Europeans*, etc., ou seja, é uma fonte de <u>Harrassment</u> e <u>Mental Distress</u> em matéria de <u>Torts</u> (*) mas em especial quando se usa o critério de nacionalidade, etnia, raça, sexo (sobretudo o feminino) e opções sexuais.

NFS – *DC. Not for Sale*, indisponível para venda. O mesmo que *Non – Available*.

NFZ – *ENV. Nuclear-Free Zone.* **Ver Índice próprio.**

NG – 1. *Nigeria (Federal Republic of)*, República Federal da Nigéria (*Republik Federaal bu Niiseriya*); **2.** *No Good*, de má qualidade.

NGO – *DIP. Non-Governmental Organization*, Organização Não Governamental (OGN).

NH – *USA. New Hampshire*.

NI – *Nicaragua (Republic of)*, República de Nicaragua.

NIC – *PF. <u>New Industrialized Country</u>*, país recém-industrializado.

NIE – *DC. Not Included Elsewhere*, não incluído em parte alguma.

NIEO – *EC. New International Economic Order.* *V*. **Índice próprio.**

NIF – *B. PF. Note Issue Facility*, linha de crédito através da emissão de <u>Notes</u>.

NIH – *USA. National Institute of Health*, Instituto Nacional de Saúde, um dos principais institutos de pesquisa médica, biológica e científica dos EUA.

NINJA – USA. B. No Income, No Job or Assets. *Sem rendimentos, Sem Emprego e sem Bens.* Sigla recente (verão de 2007) para designar e criticar a facilidade com que crédito bancário é concedido nos EUA a clientes com falta de liquidez que habilite pagar os empréstimos concedidos, directamente ou na forma de cartões de crédito, sobretudo face a uma subida das taxas de juros. *V.* **Interest Rate, Loan.**

NINO – *No Inspector, No Operator*, sistema operacional normalmente automático, ou seja sem fiscal, inspector ou controlador humano/individual.

nitc – *not in that context*, não tem a ver com o assunto ou ponto específico em análise.

NJ – *USA. New Jersey.*

N/K – *PF. New Benefit Investment Ratio*, Rácio de Benefícios Líquidos de Investimento.

NL (ou Neth.) – *Netherlands (Kingdom of the)*, Reino dos Países Baixos *(Koninkrijk der Nederlanden).*

NM – *USA. New Mexico.*

NMI – *No Middle Initial*, nome completo sem nome intermédio (ex. *John Milton em vez de John P. Milton*).

NMW – *EC. DT. National Minimum Wage*, salário mínimo nacional.

NO (ou Nor.) – *Norway, (Kingdom of)*, Reino da Noruega, *(Kongeriket Norge* ou *Kongeriket Noreg.*)

NOIBN – *DC. Not Otherwise Indexed by Name*, não especificado nominalmente de outra forma.

nom. – *Nominative*, nominativo.

NOP – *DC. Not Otherwise Provided for*, não previsto/providenciado de outra forma. O mesmo que **NPF**.

NORAD – *OMD. Norwegian Agency for International Development*, instituição pública norueguesa de desenvolvimento internacional.

NOS – *DC. Not Otherwise Specified*, não especificado de outra forma. *V.* **NOIBN**

NOW – *B. DC.* **1.** *Negotiable Order of Withdrawal*, Ordem de Saque Negociável; **2.** *USA. National Organization for Women*, organização feminista.

NP – 1. *Nepal (Kingdom of), Reino do Nepal*[14]; **2.** *Notary Public*, notário público.

NPF – *DC. C. Not Provided For*, não previsto, não providenciado. Também se usa **NOP**.

NPV – *CO. PF.* **Net Present Value**, valor presente líquido.

NR - *DC. No Risk*, sem riscos (termo usado em apólices de seguros).

nr – 1. *Near*, próximo; **2.** *C. Number*, número.

NRR – *EC. Net Reproduction Rate*, taxa de crescimento populacional.

---

[14] Em 27 de Dezembro de 2007, o Parlamento do Nepal aprovou uma lei pela qual o país passa a ser (mas ainda dependendo do Referendo marcado para Abril de 2008) uma *república federal democrática*. Se assim ocorrer, o actual monarca será o último.

Direito de Negócios – Dicionário Inglês-Português

NS – 1. *Not Specified*, sem especificação; **2.** *Not Sufficient*, insuficiente; **3.** *Nova Scotia*, Nova Escócia, Canadá.

NSE – MC. 1. *National Stock Exchange of India*, Bolsa de Valores da India. O país dispõe ainda da *Bombay Stock Exchange*, Bolsa de Valores de Bombaim. **V. BSE; 2.** *Nairobi Stock Exchange*, Bolsa de Valores de Nairobi, Quénia; **3.** *Nigerian Stock Exchange*, Bolsa de Valores da Nigéria, com sede em Lagos. Constituída em 1960; **4.** *Nagoya Stock Exchange* (*Nagoya Shōken Torihikijo*), Bolsa de Valores de Najoya, Japão. **V. TSE, e OSE.** [15]

NSFW – USA. DT. *Not Safe For Work*. Sigla para os comportamentos e atitudes dos funcionários de uma empresa que podem afectar o seu auto-crescimento e promoção profissional (**self risk behaviours**). O conjunto de tais comportamentos é amplo – infidelidades conjugais entre os próprios funcionários ou entre estes e os administradores; uso abusivo de **emails** pessoais, consulta de **webites** e jogos de computadores; roupas e estilos de cabelo extravagantes, tatuagens, consumo de drogas, etc.

NSTC – DC. *National Television System Committee*, o sistema de TV e vídeo usado nos EUA e Canadá. **V. PAL e SECAM.**

NTT – DS. *Nippon Telephone & Telegraph*, Companhia de Telefones e Telégrafos do Japão.

NU – *Name Unknown*, nome desconhecido.

NUF – DS. *Norskregistrerte Utenlandske Foretak*, qualquer sociedade estrangeira registada e a operar na Noruega.

Num. – *Numbers*, números.

NV – 1. DS. *Non voting*, sem direito a voto; termo aplicado a Acções ou títulos mobiliários com direito preferencial no pagamento de dividendos e como tal, sem direito de voto, excepto em circunstâncias especiais (ex. falência, insolvência, fusão, etc); **2. USA.** *Nevada*.

N/V – B. *No Value*, sem valor, sem efeito.

Nwt wt. (ou nt. wt) – DC. *Net weight*, peso líquido.

NYC – USA. *New York City*, cidade de Nova Iorque.

NYSE – MC. *New York Stock Exchange*, a Bolsa de Valores de Nova Iorque. **V. Índice próprio**

NZ. – *New Zealand*, Nova Zelândia.

NZX – MC. *New Zealand Exchange Limited*, Bolsa de Valores da Nova Zelândia, com sede em Wellington.

---

[15] Deparamos aqui com a mesma situação referida na nota de rodapé relativa a **"BSE"**.

O

O. – **1.** *Old*, velho, antiquado; **2.** *Oxygen*, oxigénio.

OA – *Objective Analysis*, **1.** análise objectiva; **2.** *Operational Analysis*, análise operacional; **3.** *Overall*, geral, no seu conjunto, considerando todos os factores.

OAP – *Over Anxious Person*, pessoa que foi vítima de grande pressão e *stress* profissional.

OAS – *OMD. Organization of the American States*, Organização dos Estados Americanos (OEA). Portugal é membro observador.

OAU – *OMD. Organization of African Unity*, Organização da Unidade Africana (OUA).

OB – *DC. Ordinary Business*, (i) negócios normais (termo de cláusula de risco em apólices de seguros); (ii) reinício normal das actividades de uma empresa após uma greve, incêndio, etc.). Também usado **BAS – Business as usual**.

ob. – termo indicativo de que a pessoa faleceu (do Latim, *obiit*).

o/b – *On or before*, na data indicada ou antes da mesma.

OB (ou **OBø**) – *MC. Oslo Børs*, Bolsa de Valores de Olso, capital da Noruega. Operada pela **OMX**.

Oct. – *October*, Outubro.

OECD – *OMD. EC. Organization for Economic Cooperation and Development*. Organização para o Desenvolvimento e Cooperação Económica (OCDE). Portugal é país membro.

OCC – *PF. Opportunity Cost of Capital*. *V.* **Capital**.

o/d – **1.** *DC. On Demand*, a pedido, de acordo com pedido de encomenda; **2.** *B. Overdraft*, saque.

OECF – *OMD. Overseas Economic Cooperation Fund*, Fundo de Cooperação Económica com o Estrangeiro (Japão).

OEM – *PF. DC. Original Equipment Manufacturer*, empresa cujos produtos finais incluem peças ou componentes produzidos por uma terceira parte contratada para esse efeito (**sub contracting**).

OEX – *MC.* Índice de referência dos 100 Valores Mobiliários seleccionados por *Standard & Pool*.

Off. – **1.** *Office*, escritório, instalações; **2.** *Officer*, funcionário (público ou privado), policia.

OGM – *DS. Ordinary General Meeting*, Assembleia Geral Ordinária. *V.* **Shareholders´ Meeting**.

Direito de Negócios – Dicionário Inglês-Português

OH – *USA. Ohio*.

OHG – *AL. Offene Handelsgesellchaft*, sociedade alemã em nome colectivo, similar à **partnership**.

OHCHR – *DIP. OMD. Office of the United Nations High Commissioner for the Human Rights*, Escritório do Alto Comissário das Nações Unidas para os Direitos Humanos. **V. Mapa da Estrutura da ONU no Glossário deste Dicionário (*).**

OHIM – *UE. Office for Harmonisation in the Internal Market (Trade Marks and Designs)*. V. European Union Agencies.

OIDC – *PF. Oil Importing Developing Country*, país desenvolvido importador de petróleo.

OJT – *DT. On the Job Training*, actividade profissional de formação ou estágio no próprio local de trabalho.

OK – *USA. Oklahoma*.

O & M – *PF. DS*. 1. *Operations & Methods*, Operação e Métodos; **2. *Operations & Maintenance*,** Operação e Manutenção.

OLAF – *UE. European Anti-fraud Office*. V. Índice próprio.

OMX – *MC. OMX AB (Aktiebolaget Optionsmäklarna/Helsinki Stock Exchange)* ou **Nordic Exchange.** Instituição sueco-finlandesa que à data deste Dicionário operava as transacções de Valores Mobiliários (**securities**) de oito Bolsas de Valores europeias:
– Islândia (**Iceland Stock Exchange**);
– Dinamarca (**Copenhagen Stock Exchange**);
– Suécia (**Stockholm Stock Exchange** mas excluindo o *Nordic Growth Market*);
– Noruega (**Oslo Stock Exchange**);
– Finlândia (**Helsinki Stock Exchange;**
– Letónia (**Riga Stock Exchange**);
– Lituânia (**Vilnius Stock Exchange**) e;
– Estónia (**Tallinn Stock Exchange**).

Em Abril de 2007, a *Bolsa de Valores da Arménia* (Yerevan) anunciou também a sua adesão. **V. Euronext, ARMEX.**

OMX Helsinki – *MC*. Helsiki Stock Exchange *(Helsingin Pörssi),* Bolsa de Valores de Helsiquia. **V. OMX.**

OMXV – *MC. Vilnius Stock Exchange*, Bolsa de Valores de Vilnius, capital da Lituânia. Operada pela *OMX*.

ON (ou Ont.) – *Ontario*, Canadá.

OO – *Out of Order*, tema ou assunto que por não estar incluído numa agenda ou reunião, não deve ser considerado.

op. – 1. *Out of print*, não reeditado, retirado do mercado de publicações; **2. *Operational*,** operacional.

OPEC – *Organization of Petroleum Exporting Countries*, Organização dos Países Exportadores de Petróleo. Criada em 1960 por cinco Estados: Iraque, Irão, Kuwait, Arábia Saudita e Venezuela.

OPIC – *USA. OMD*. <u>*Overseas Private Investment Corporation*</u>.

OR – *USA. Oregon.*

ORO – *USA. CO. Office Records Only.* Termo pelo qual a cópia de um lançamento contabilístico de um custo não precisa de ser enviada para o repectivo cliente, já que o mesmo estará incluído no preço final a pagar. **V. "Pay" no Glossário deste Dicionário (*).**

OS (ou **o/s**) – **1.** *DC. Out of Stock,* não disponível em armazém, esgotado; **2.** *PF. Operational System,* sistema operacional.

OSE – **MC.** *Osaka Securities Exchange Co., Ltd.* (*Kabushiki-gaisha Ōsaka Shōken Torihikijo*), Bolsa de Valores de Osaka, Japão. **V. TSE e NSE.**

OSHA – *USA. DT. Occupational Safety and Health Administration,* Agência de Segurança e Saúde no Trabalho, instituição pública que recebe e investiga queixas de trabalhadores que se sentem prejudicados ao serem discriminados pelas respectivas empresas ou entidades patronais em função de preconceito racial, social ou de sexo ou por terem denunciado (**whistle blowing**) ilegalidades ou irregularidades internas que revelam corrupção ou actos atentatórios dos princípios de **Corporate Governance**. *V.* **Sarbanne-Oxley Act.**

OSRAM – *DS. Maschinenfabrik Augsburg-Nürnberg,* fabricante alemã de lâmpadas e equipamento de iluminação.

OT – *DT. Over time,* horas extraordinárias.

Ot. – *Ottawa,* Otava, capital do Canadá

OTA – *Office of Technical Assistance,* sector ou departamento (de uma empresa ou instituição) de Assistência e Apoio Técnico.

OTC – *MC. Over The Counter.* **V. Securities.**

OTD – *DC. On Time Delivery,* entrega da mercadoria no prazo/data aprazada.

o/w – *Of which…,* do qual/dos quais…

Oxon. – *UK. Oxford.*

P

p. – 1. *Page*, página; 2. *Part*, parte; 3. *Principle*, princípio; 4. *Power*, poder (político); energia, força motriz; 5. *Pressure*, pressão; 6. *Pro*, a favor de; 7. *Phosphorus*, fósforo (substância química); 8. *page*, página.

pa – *B. PF. Per annum*, anual, por ano.

PA – 1. (ou **Pan.**), **Panama (Republic of)**, República do Panamá; 2. *CO. DC.* 1. *Particular Average*, média especial, específica; 3. *DT. Professional Association*, associação profissional; 4. *DC. Purchasing Agent*, agente comprador; 5. *B. Personal Account*, (a) conta bancária individual (em vez de conta conjunta ou solidária); (b) *UK.* Conta bancária de um investidor profissional em vez de utilizar os fundos da conta da respectiva empresa ou firma; *V.* **Account**; 6. *B. CO. UK. Private Account*, conta bancária específica, sujeita a um tipo ainda que limitado de sigilo bancário; *V.* **Account**; 7. *USA. Public Accountant*, funcionário de contabilidade pública, inspector de finanças; 8. *USA. Pennsylvania*.

PAC – *PF. MC.* **Put and Call Option**, opção de compra e venda. *V.* **Option.**

PAL – *DC. Phase Alternate Line*, o sistema de vídeo e TV usado na UE. V. NSTC, SECAM.

p. and h. – *Postage and handling*, despesas de correio e de entrega.

P. and L. – *CO. DC. Profit and Loss*, lucros e perdas.

p. and p. – **Postage and Package**, despesas de embalagem e correio.

Par. – *C. Paragraph*, parágrafo.

Part. – *C. Particular*, específico(a).

Pass. – *Passenger*, passageiro(a).

Pat. – *DC. Patent*, patente.

Payt. ou **pmt.** – *DC. B. PF. Payment*, pagamento.

PBS – *USA. DS. Public Broadcasting System*, sistema público de rádio e televisão de cada Estado norte-americano que sobrevive basicamente de contribuições das comunidades locais.

PC – 1. *B. Percent*, por cento; 2. *B. Percentage*, percentagem; 3. *Personal Computer*, computador pessoal; 4. *Politically Correct*, de acordo com a opinião ou critério político em voga ou com actuais bons níveis de popularidade; 5. *Process Control*, controlo dos processos ou do processamento estratégico de uma empresa.

P/C – *CO.* **Petty Cash**, fundo de maneio.

PCRI – *Please Check Requested Information*…, verifique por favor a informação que pediu…

Direito de Negócios – Dicionário Inglês-Português

pct.(ou pc.) – 1. *B. Percent*, por cento; 2. *B. Percentage*, percentagem.

pd. – *B. DC. Paid*, pago.

PD – 1. *B. DC. Per Diem*, por dia; 2. *DR. Public Domain*, domínio público; 3. *DC. Property Damage*, termo usado em seguros para referir os prejuízos sofridos por uma propriedade ou bem imóvel.

P/D – *DS. MC. PF. Price/Dividend*, rácio do preço de compra de um valor mobiliário e do(s) dividendo(s) por ele obtido(s).

PDD – *B. DC. Past Due Date*, dia de pagamento já vencido.

PDF – *DS. Preferred Stock*, acções preferenciais, capital preferencial, ou seja, sem direito a voto mas com preferência no pagamento de dividendos e de receber quantias resultantes da liquidação da empresa. *V.* **Shares.**

p.d.q. – *Pretty, Damned Quick*, urgente, rapidamente, sem demora.

PDR – *V.* **P/D**.

PE – 1. *Peru* **(Republic of)**, República do Peru; 2. *Personnel effects*, termo usado em seguros para denominar os prejuízos pessoais (mas não patrimoniais) sofridos pelo segurado; *V.* **PI.**; 3. *CO. Probable Error*, erro provável. Também usado com frequência em análises estatísticas; *V.* **PER;** 4. *Printer Error*, erro da impressora.

PEP – 1. *DC. MC. Personal Equity Plan*, plano de investimentos pessoais em valores mobiliários, carteira de investimentos pessoal; 2. *DIP. Political and Economic Planning*, planeamento político e macro-económico.

per. – 1. *Person*, pessoa (*V.* **pers**); 2. *Period*, período.

PER – *PF. Price-Earning Ratio*, rácio preço / receitas. *V.* **PE**.

Perf. – 1. *Perfect*, perfeito; 2. *Performance*, rendimento, actuação.

perm. – *Permanent*, permanente.

pers. – 1. *Person*, pessoa (*V.* **per**); 2. *Personal*, pessoal (privado, individual, íntimo);3. *Personnel*, relativo a funcionários ou empregados (ex: *Personnel Department*).

Pers.n.gt. **(**ou **p.n.g)** – *Persona non grata*, expressão do Latim para designar pessoa impopular, rival, inimigo.

pert. – *Pertaining*, pertencente, propriedade de.

pet – *ENV. Petroleum*, petróleo.

PIF – *DC. Paid in full*, pago na totalidade. **V. "Pay" no Glossário deste Dicionário (*).**

PIT – *CF. B. Principal, Interest and Taxes*, Capital, Juros e Impostos. **V. Capital, Interest e Tax.**

pf ou **pfd**. – *DS. MC. Preferred*, preferencial, preferido.

P5 – *DIP*. Gíria para designar os cinco membros permanentes do Conselho de Segurança da **ONU** (EUA, Rússia, França, China e Reino Unido). *V.* **Mapa da ONU no Glossário deste Dicionário (*).**

P4 – *PF. DC. Purpose, People, Planet, Probity. V. Índice próprio.*

PFP – *Personal Financial Planning*, gestão e planeamento dos recursos financeiros individuais de uma pessoa ou investidor. Também usado na variante *FFP- Family Financial Planning*.

PHILIPS – *DS. Koninklijke Philips Electronics N.V.*

PG – *Papua New Guinea (Independent State of)*, Estado Independente da Papua Nova Guiné (**Papua Niugini)**.

PH – 1. *Phillipines (Republic of)*, República das Filipinas (*Republika ng Pilipinas)*; 2. *Public Health*, saúde pública.

Pg. – *Portugal, Portuguese*, Portugal, português. *V.* **Port**. **e PT.**

ph – *Phase*, fase.

pH – *ENV.* Grau alcalino,/de acidez de uma substância.

phr – *Phrase*, frase.

PI (ou **p.i.)** – *DC. Personal (professional) Insurance*, seguro profissional/individual. *V.* **PE, Insurance (***).

PID – *DT. Personal Identification Device*, sistema/equipamento de identificação pessoal usado por uma empresa ou instituição pública. *V.* **PIN**.

PII – *USA. DC. Personally Identifiable Information*, informação pessoal identificável; o conjunto de dados pessoais, familares, profissionais, de crédito, fiscais e bancários, etc. que se consideram estar cobertos pela **Privacy**, ou seja, não autorizados a serem acedidos ou consultados (nomeadamente por via infomática) por parte de terceiros ou fontes não legalmente habilitadas a tal acesso. *V.* **Privacy, Phishing, Torts(***).

PIK– *Payment in Kind.* 1. *MC.* Tipo de Obrigação (**bond**) emitida por uma empresa a longo prazo, com um único pagamento de capital e juros no vencimento final e que flexibiliza o **cash flow** da mesma; **2.** *CF. B.* Forma de financiamento usado em **Private Equity**. *V.* **Índice próprio**.

PIN – *B. Personal Identification Number*, código normalmente de 4 digitos que permite o acesso a **ATM Machines**, ou mais especificamente o equivalente ao *"Código de Acesso"* no *Multibanco* (Portugal) ou *"Senha"* em *Caixa Eletrônica* ou *Terminal Eletrônico* (Brasil). *V.* **ATM, Privacy**.

PINS – *USA. DT. Persons in Need of Supervision*, mão de obra que precisa de supervisão.

PINT – *DT. Persons in Need of Training*, trabalhadores/mão de obra que precisa de formação.

PK – *Pakistan (Islamic Republic of)*, República Islâmica do Paquistão *(Islāmī Jumhūrīyah Pākistān).* .

pkg. – *DC. Package*, embalagem, pacote.

pl. – **1.** *Plural*, plural; **2.** *Place*, lugar/local.

PL – **1.** *Poland (Republic of)*, República da Polónia (**Rzeczpospolita Polska)**; **2.** *PF. CO. Partial Loss*, perda/prejuízo parcial; **3.** *DC. Product Liability*, responsabilidade resultante de defeitos do produto ou processo de fabrico.

plc – **1.** *DR. PF. CO. Product Life Cycle*, período de duração útil de um bem, equipamento ou produto; **2.** *UK. DS. Public Limited Company*.

plf. – *DP. Plaintiff*, queixoso, autor (de acção judicial).

plmk – *Please Let Me Know, por favor dê-me uma resposta.*

PLO – *DIP. Palestine Liberation Organization.* Criada em 1964.

Direito de Negócios – Dicionário Inglês-Português

PLS (ou pls) – *Please…*, por favor...

pm ou **prem** – *MC. DS. Premium*, prémio, bónus. *V.* **Bond**.

PM – 1. *UK. Prime Minister*, Primeiro Ministro; 2. *Post Meridiem*, depois do meio-dia; 3. *Postmortem*, relativo a factos relacionados ou subsequentes à morte de alguém; 4. *Paymaster*, pagador geral de salários (militar ou instituição pública).

pmh – *DT. PF. Per-man-hour*, horas de trabalho consumidas por um trabalhador numa determinada tarefa.

PN – *DC. B. MC. Promissory Note*, Nota Promissória, Letra.

POD – *Pay on Delivery*, pagamento contra a antrega.

POE – *Port of Embarkation, Port of Entry*, porto(s) de embarque, de entrada.

Pop – 1. *Population*, população.

POPS – *ENV. Persistent Organic Polluants*, substâncias poluidoras de efeito prolongado. *V.* **UNEP, Equator Principles**.

p.o.r – *DC. Payable On Receipt*, a ser pago/pagamento contra entrega de recibo. Sinónimo - **p.u.r.**

Port. – **Portugal, Portuguese**, Portugal, português. *V.* **Pg.**, **PT**.

Pos. – 1. *Positive*, positivo; 2. *Position*, posição, localização.

PO – *DC. Point of Sale*, local final de venda/de entrega para venda de um produto. *V.* **EPOS, POST**.

POST – *DC. Point of Sale Terminal*, terminal electrónico onde se situa um local final de venda ou de entrega para venda de um produto. *V.* **EPOS, PO**.

pot. – *Potential*, capacidade, potencial.

pp. – 1. *Pages*, páginas; 2. *L. Per Procurationem*, por procuração.

ppa. – *C. DC. Per Power of Attorney*, por procuração. *V.* **Índice próprio**.

PPB (ou PPBS) – *PF. Planning, Programming, Budgeting System*, sistema de planeamento, programação estratégica e orçamentação de uma empresa ou projecto. *V.* **Scorecard (*)**.

p.p.d. – 1. *Post-paid*, a ser pago após entrega; 2. *Prepaid*, pago antecipadamente. Para diferenciar os termos, em si mesmo antagónicos, também se usa *po.p.d* (para *post-paid*) e *pr.p.d* (para *prepaid*).

PPP – *DS. PF. Private Public Partnerhsips*, Parcerias Público-Privadas. *Offentlig Privat Samarbeid*, nos países nórdicos europeus. **V. mais desenvolvimento no Glossário deste Dicionário (*)**.

PPPP – *DC. Product, Price, Promotion, Place.* Os componentes essenciais de **marketing**: Produto, Preço, Promoção e Colocação do produto.

PQ. – 1. *Previous Question*, pergunta anterior; 2. **PQ** – *Province of Quebec*, Província do Quebec.

PR. – 1. *DT. Payroll*, total de pagamentos de salários de uma empresa; 2. *Proportional Representation*, representação (política) proporcional; 3. *Public Relations*, relações públicas; 4. *USA. Puerto Rico*.

pr. – 1. *MC. Pair*, valor ao par (valores mobiliários); 2. *Price*, preço; 3. *Printed*, impresso.

PRC – *People's Republic of China*, República Popular da China.

Prec – *Preceding*, que antecedeu, imediatamente anterior.

Pres – 1. *Present*, presente; 2. *President*, presidente.

Prev– 1. *Previous*, prévio; 2. *Previously*, previamente, anteriormente.

Prf – *DP. Proof*, prova.

Prim – 1. *Primary*, primária (eleição); *B.* 2. *Primitive*, original, inicial, grosseiro, não elaborado.

Princ – 1. *Principal*, principal, capital; 2. *Principle*, princípio (conceito fundamental).

Priv – 1. *Private*, privado; 2. *Privately*, privado; 3. *Privative*, privativo.

PRN – *L. DP. Pro Re Nata, as needed (for the emergency)*, como foi ou é necessário actuar para fazer face a uma emergência ou resolver um problema.

PRO – *Public Record Office*, conservatória, instituição/departamento de registos públicos.

Prob – 1. *Probable*, provável; 2. *Problem*, problema.

Proc – *DP. Proceedings*, procedimentos judiciais/processuais.

Prod – *DC. PF. Production*, produção.

Prof – *DT. Professional*, profissional; *Profession*, profissão.

Prop – *DR.* 1. *Property*, propriedade; 2. *Proposition*, proposta.

PQ – *Province of Quebéc*, Província do Quebec, Canadá.

PS – 1. *PF. Power Station*, unidade (industrial) de produção de energia; 2. *L. (Postscriptum), Postscript*, nota complementar a um texto principal.

PSV – *UK. Public Service Vehicle*, veículo público, ao serviço do Estado.

PT (ou **Por.**) – *Portugal.V. Port., Pg.*

Pt – 1. *B. DC. Payment*, pagamento; 2. *Platinum*, platina; 3. *Part*, parte; 4. *DT. Part-time*, trabalho de horário parcial ou pago à hora.

PTO – 1. *USA. DC. Patent and Trademark Office*, Departamento de Registo de Marcas e Patentes; 2. *Please Turn Over, por favor vire a folha.*

p.u. – *DC. Paid up*, pago, liquidado. *V.* **pd**.

Pub – 1. *Public*, público; 2. *Publication*, publicação; 3. *Published*, publicado, editado; 4. *Publisher*, editor.

PUD – *DC. Pickup and Delivery*, recolha e entrega.

p.u.r – *DC. CO. Payable Upon Receipt. V.* **p.o.r**.

PURE – *USA. PT. Previously Undiscovered Recruiting Error*, sigla descrevendo a situação em que um funcionário recém-contratado, não está a corresponder às expectativas da empresa.

PVT – *Pressure, Volume and Temperature*, pressão, volume e temperatura.

PX – *MC. Prague Stock Exchange*, Bolsa de Valores de Praga, capital da República Checa.

PY – *Paraguay (Republic of)*, **República do** Paraguai *(República del Paraguay* ou **Tetã Paraguái).**

PYR – *Per Your Request*, de acordo com o seu pedido. *V.* **AR**.

Q

Q. (ou q.) – 1. *CO. PF. Quarterly*, trimestralmente.

QA – *Qatar.*

QC – *Quality Control*, controlo de qualidade.

QD – **(Latim,** *quaque die***)**, diariamente.

QED – **(Latim,** *Quod era Demonstrandum***),** *what needs to be proven*, o que ainda precisa ser provado.

QEF – **(Latim,** *quod erat faciendum***),** *which was to be done*, o que era suposto ter sido feito.

QF – *DC. Quite Fair*, bastante justo, razoável. *V.* **VF.**

QID – **(Latim,** *quater in die***),** *four times a day*, quatro vezes por dia.

Qld. – *Queensland*, Austrália

Qp – **(Latim,** *quantum placet***),** *as much as you please*, como preferir, como quiser.

QPP – *DT. Quebéc Pension Plan,* programa de Previdência Social da Província do Quebec. No resto do Canadá denomina-se *Canada Pension Plan* ou **CPP.**

Qtr. – *Quarter*, trimestre.

Qual. (ou Qlty) – *Quality*, qualidade.

QUALGO – *Quasi Autonomous Local Government Organization*, Organizações de Governo Regional, com razoável independência política relativamente ao Governo central. Aplicado sobretudo a Estados com estrutura federal.

QUANGO – *Quasi Autonomous Non-Governmental Organization,* Organizações Não Governamentais com grande poder de actuação e participação comunitária ou pública (a nível nacional ou internacional) e independência política. Ex. *Cruz Vermelha Internacional, International Amnesty.*

Quant. (ou Qty) – *Quantity*, quantidade.

QWF – *EC. Quality of Working Life*, qualidade de vida do trabalhador.

Qy. – *Query/Question*, pergunta, questão.

R

r. – 1. *Range*, área de alcance; **2.** *Repeat*, repetir; **3.** *Right*, direita (oposto a esquerda), direito; **4.** *Received*, recebido. *V.* **Rdc**.

R. – 1. *Radical*, radical; **2.** *Regular*, regular; **3.** *DC. Registered*, registado. *V.* **Reg**.

Ra. – *ENV. Radium*, símbolo químico de Rádio.

RAR – *USA. DF. Revenue Agent´s Report*, relatório entregue ao contribuinte pelas finanças, comunicando-lhe terem sido apurados desajustes entre os valores por ele declarados e as quantias efectivamente devidas. *V.* **Tax**.

RC. – *Red Cross*, Cruz Vermelha.

Rcd. – *Received*, recebido. *V.* **r.** e **Recd**.

R&D – *PF. Research and Development*, Pesquisa e Desenvolvimento (de matérias-primas, materiais, produtos, tecnologias, <u>**know-how**</u>, etc.) de uma empresa ou projecto.

Rd. – 1. *Road*, estrada; **2.** *Round*, redondo, ida e volta (*roundtrip*).

RD – 1. *DC. Rural Delivery*, entrega de mercadoria/produto numa área rural.

RDA – *DT. Recommended Daily Allowance*, ajudas de custo diárias recomendadas.

r.d.d. – *DC. Required Delivery Date*, data contratada de entrega.

Rec. – 1. *DC. Receipt*, recibo (também **Rect.**); **2.** *DR. DP. Record*, registo.

Recd. – *DC. Received*, recebido, pago, liquidado. *V.* **r.** e **Rec**.

Recip. – *C. Reciprocal*, recíproco.

Rec. Sec. – *DP.DS. Recording Secretary*, secretário de uma empresa, responsável por certos registos e preparação de certos documentos. *V.* **RS**.

Red. – *Reduce, Reduction*, reduzir, redução.

Ref. – 1. *Reference*, referência; **2.** *Referred*, referido; **3.** *Reformed*, reformado, refeito; **4.** *B. Refunding* (também **Rf.**), reembolso de pagamento por mercadoria devolvida.

Reg. – 1. *Region*, região; **2.** *DR. Register, Registration, Registered* (também **Regd.**), registar, registo (acto de), registado. *V.* **R**.

REI – *DR. Real Estate Investment*, investimento imobiliário.

REIF – *DR. Real Estate Investment Fund*, Fundo de Investimentos Imobiliários. *V.* **Fund**.

Rel. – 1. *Relative*, parente; **2.** *Relating*, relacionado; **3.** *Released*, solto, livre; **4.** *Religion*, religião.

Rep. – 1. *Representative*, representante, respeitante a; **2.** *Repair*, reparação; **3.** *Report* (também **Rept.**), relatório; **4.** *Republic*, República; **5.** *USA. Republican*, membro do Partido Republicano.

Direito de Negócios – Dicionário Inglês-Português   106

Repl. – *Replace, Replacement*, substituir, substituição.

Req. – *Request, Require*, pedido, pedir, requerer.

Res. – **1.** *Resident*, residente; **2.** *Research*, pesquisa; **3.** *DS. Resolution*, deliberação; **4.** *Reserve*, reserva.

Resp. – **1.** *Respective*, respectivo; **2.** *Respectively*, respectivamente.

Ret. – **1.** *Retain*, reter; **2.** *DT. Retired*, reformado, aposentado.

Rev. – **1.** *Revenue*, rendimento; **2.** *Reverse*, inverter o sentido, o movimento de uma acção ou objecto; **3.** *Review*, rever; **4.** *Revolution*, revolução (seja como acontecimento social seja como fracção de momento que uma peça demora a girar sobre si própria).

RFQ – *DC. Request For Quotation*, pedido de quotação de preços. *V.* **RPQ e RQ**.

RGA/RMA – *DC. Returned Goods/Material Authorization* –Autorização para que um cliente devolva um produto ou mercadoria ao vendedor. *V. Goods.*

RI. – *USA, Rhode Island.*

RIWNF – *DC. Requested Information Was Not Found…*, a informação que pediu não foi encontrada...

RJ – *Rio de Janeiro.*

Rm. – *Rome, Roma.*

ROA – *PF. Return on Assets*, rendimento dos Activos. *V.* **Assets**.

ROC. – *Republic of China – Taiwan (Jhonghuá Mínguó)*, Formosa.

ROCE – *UK. PF. Return on Capital Employed,* basicamente o mesmo que **Return on Equity** mas avaliado em termos da percentagem de capital investido em si mesmo e sem considerar o valor contabilizado quanto aos Activos adquiridos com tal investimento, já que estes são por natureza, tendentes a desvalorização.

ROE – *PF.* **Return on Equity**, rendimento do capital investido. *V.* **Equity, ROI**.

ROG – *DC. Receipt of Goods*, recibo de mercadorias.

RO – *Romania (Republic of)*, Roménia (*România*).

ROI – *PF. MC.* **Return On Investment**, rendimento de um investimento. *V.* **ROE, Yield, Ratio**.

RONA – *PF. CF. Return On Net Assets*, rendimento sobre Activos líquidos. *V.* **Assets e Ratios**.

ROP – *PF. Record on Production*, registo de produção.

RORO – *DC. Roll On Roll Off.* Sistema de transporte fluvial e marítimo (tipo **ferry-boat**), em que os veículos entregues pela fábrica embarcam numa extremidade do navio para entrega à rede revendedora e desembarcam pela outra extremidade do navio.

ROS – *PF. Return on Sales*, rendimento de/retorno sobre vendas. **V. Ratio**.

RP – **1.** *MC. DR. C. Repurchase Agreement*, contrato de recompra; **2.** *Reply Paid*, resposta paga; **3.** *Reprinting, Reprint*, reimpressão, reimprimir;

RPM – **1.** *UK. DC. Resale Price Maintenance,* política comercial que tenta manter, o preço de venda dos produtos o mais próximo possível dos preços a custo de produção, o que requere a participação activa e frequente dos respectivos fornecedores e produtores; **2.** *Revolutions Per Minute*, rotações por minuto.

RPQ – *DC. Request for Price Quotation*, o mesmo que **RFQ**. *V.* **RFQ, e RQ**.

RPS – *Revolutions Per Second*, rotações por segundo.

Rpt. – *Repeat*, repetir, repita.

RQ – *DC. Request for Quotation. V.* RFQ e RPQ.

RR – *Rail Road*, caminho de ferro. O mesmo que **Railway**.

RRP – *DC. Recommended Retail Price*, preço recomendado de venda a retalho.

RS. – **1.** *DR. DP. Recording Secretary*, secretário/escrivão que redige actas de reuniões, depoimentos de testemunhas ou actas de julgamentos judiciais; **2.** *DS. Revised Statutes*, regulamentação revista, estatutos de uma empresa após terem sido alterados; **3.** *Right Side*, lado direito.

RSE – *MC. Riga Stock Exchange*, Bolsa de Valores de Riga, capital da Letónia. Operada pela **OMX**.

RTA – *DIP. DC. Reciprocal Trade Agreement*, contrato de comércio recíproco ou bi-lateral.

RTBA – *B. Rate to Be Agreed*, taxa de juros a ser acordada.

Rte. – *Route*, estrada.

RTS – *MC. Russian Trading System*, Bolsa de Mercadorias localizada em Moscovo *V. MICEX e SPBEX.*

RU – *Russian Federation*, Federação Russa. **V. Russ.**

RUF – *B. MC. Revolving Underwriting Facility*, linha de crédito rotativa de **Underwritings** (tomada firme ou de melhor esforços).

Russ. – *Russian (Federation)*, Federação Russa (**Российская Федерация** ou *Rossiyskaya Federatsiya V. RU.*

RW – *Rwanda (Republic of)*, República de Ruanda (*Repubulika y'u Rwanda* ou *République du Rwanda*).

Rwy. ou **ry.** – *Railway*, caminho de ferro. *V.* **RR**.

S

S – *Sweden (Kingdom of)*, Reino da Suécia (*Konungariket Sverige*). *V. SE, SIDA*.

s. – 1. *Satisfactory*, satisfatório; 2. *Short*, breve, curto; 3. *Secondary*, secundário; 4. *Section*, cláusula contratual ou artigo de lei ou regulamento *V. Article*; 5. *Senate*, Senado; 6. *Society*, sociedade; 7. *Subject*, tema; 8. *South*, sul;

SA. – 1. *South America*, América do Sul; 2. *South Africa (Republic of)*, República da África do Sul (*Republiek van Suid-Afrika* ou *IRiphabliki yaseNingizimu Afrika*); 3. *South Australia*, sul da Austrália.

S/A (ou **s.a.**) – *B. DC. Subject to Acceptance*, (pagamento) sujeito à mercadoria ser aceite pelo comprador em bom estado; 2. *Subject to Approval*, sujeito à aprovação.

S.A. – *DC. Société Anonyme*, Sociedade Anónima.

SAAB – *DC. Svensk Aeroplan Aktiebolag*.

SACs – *UE. ENV. Special Areas of Conservation*. **Ver Natura 2000.**

SAFEX – *MC. The South African Futures Exchange*, Bolsa de Valores de Futuros da Àfrica do Sul. **V. JSE.**

SAI – *DS. Società Assicuratrice Industriale*.

SAIBOR – *B. Saudi Arabia Interbank Offered Rate*, taxa de juros inter-bancária cotada na Arábia Saudita.

S&FA – *DC. Shipping and Forwarding*, (custos de) embarque e remessa dos documentos de uma mercadoria.

S&H – *DC. Shipping and Handling*, (custos de) embarque e entrega de uma mercadoria.

SASE – *MC. Sarajevo Stock Exchange* **(Sarajevska Berza)**, Bolsa de Valores de Sarajevo, capital da Bósnia-Herzegovina; uma das duas Bolsas da Valores do país – a outra é a *Bolsa de Valores de Banja Luka*. **V. BLSE.**

Sat. – *Saturday*, sábado.

s.a.v. – *DC. CO. Stock at Valuation*, *stock* de bens ou mercadorias em estado de avaliação/balanço.

S.A.Y.E. – *B. Save As You Earn*, poupança em função dos rendimentos auferidos, rendimentos exclusivamente destinados a poupança.

sb. – *Substantive*, substantivo.

SAL – *FIP. Structural Ajustment Loan*, Empréstimo de Ajuste Estrutural.

SBA – *USA. Small Business Administration*, Agência de Apoio às Pequenas Empresas.

SC – 1. *Seychelles*; 2. *USA. South Carolina*.

Direito de Negócios – Dicionário Inglês-Português

Scan. – *Scandinavia,* Escandinávia.

SCI – *DS. Special Capital Increase,* aumento de capital especial (ex. para preparar uma Oferta Pública de Acções, para efectivar uma fusão ou incorporação, etc.). *V.* **Capital** e **Merger**.

Sct. – *UK. Scotland,* Escócia.

SCVT – *State of the Vatican City,* Cidade-Estado do Vaticano *(Status Civitatis Vaticanae* ou *Stato della Città del Vaticano).*

SD – 1. *Sudan Republic of),* República do Sudão *(Jumhūriyyat as-Sūdān);* **2.** *DC. Sea-damaged,* mercadoria destruída ou estragada por efeitos de transporte marítimo; **V. Insurance (*); 3.** *DC. Short Delivery,* pequena encomenda; **4.** *DC. Special Delivery,* entrega ou remessa de mercadoria com prioridade/urgência; **5.** *B. Sight Draft,* saque (de letra/título de crédito) à vista; **6.** *USA. South Dakota.*

s.d. – *Sine Die* (Latim), adiado e sem data prevista para recomeço, marcação ou reinício do acto interrompido ou que não teve lugar.

SDC – *OMD. Swiss Development Corporation,* instituição pública suiça para o desenvolvimento.

SDR – *FIP. Special Drawing Right,* direito especial de saque de fundos a longo-prazo por parte de um país junto ao Fundo Monetário Internacional. *V.* **International Monetary Fund**.

SE – 1. *Sweden,* Suécia. *V. S.;* **2. (ou S/E)** *Southeast,* sudeste; **3.** *MC. Stock Exchange,* Bolsa de valores.

SEC – *USA. MC. Securities and Exchange Commission,* instituição pública reguladora e fiscalizadora do mercado de capitais. Equivalente à *CVM* Brasileira e *CMVM* Portuguesa.

Sec. – 1. *Seconds,* segundos (seja como medida de tempo, seja por ordem de classificação); **2. (ou secy.) –** *Secretary,* secretário(a).

SECAM – *DC. Systéme Electronique Couleur Avec Mémoire. V. NSTC e PAL.*

SEM – *MC. Stock Exchange of Mauritius,* Bolsa de Valores das Ilhas Maurícias. Com sede em Port Louis, foi fundada em 1988.

Sen. – *USA.* **1.** *Senate,* Senado; **2.** *Senator,* senador.

Sept. – *September,* Setembro.

Seqq. – *The following ones,* os seguintes.

Serb. – 1. *Serbia (Republic of),* República da Sérvia (**Република Србија** ou *Republika Srbija). V. Srb., SB. SCG;* **2.** *Serbian,* cidadão ou empresa sérvios; processo ou tema sujeito à jurisdição sérvia.

SES – *MC. Singapore Stock Exchange,* Bolsa de Valores de Singapura.[16]

SET – 1. *DF. Selective Employment Tax,* imposto sobre certas actividades profissionais de maior rendimento; critério fiscal de fazer incidir maior peso tributário sobre actividades liberais, do mercado intermediário financeiro/mercado de capitais, etc.);

---

[16] *Cingapura,* no Brasil.

2. Should Emergency Take (Place). V. ICE; 3. MC. Stock Exchange of Thailand, Bolsa de Valores da Tailância, com sede em Bangkok.

SFO – UK. DF. MC. Serious Fraud Office, departamento público encarregue de investigar grandes fraudes fiscais ou na colocação e negociação de valores Mobiliários.

SG – Singapore, Singapura. [17]

sgd. – C. Signed, assinado.

S/HE – DC. Sundays and Holidays Excepted, inexistência de transporte/entrega de mercadorias e correspondência comercial aos domingos e feriados.

SHELL – DS. Royal Dutch Shell plc.

Shet. – UK. Shetland.

Shipt. – DC. Shipment, embarque.

sht. – sheet, folha.

shtg. – Shortage, falta (de liquidez, bens, recursos humanos, matéria-prima, etc.).

SI – Slovenia (Republic of), República da Eslovénia (*Republika Slovenija*).

s.i. – DC. Sum Insured, quantia coberta por seguro.

SIBOR – B. Singapore Interbank Offered Rate, taxa de juros flutuante usada em Singapura.[18]

SIC – 1. UK. DS. Society in Commandite, sociedade em comandita; **2. CO. Standing Interpretations Committee,** interpretações técnicas das normas internacionais de contabilidade emitidas pelo **International Accounting Standards Committe**. *V.* **IAS (*), IASC, IASB**.

SIDA – OMD. Swedish International Development Cooperation Agency, uma organização pública sueca de desenvolvimento que presta assistência técnica e financia os países sub-desenvolvidos em África, Ásia, América Latina e países do Leste Europeu. Normalmente canaliza os seus fundos através de outras OMDs, organismos da **ONU** ou de **NGOs** (**Non-Governmental Organizations** (*)) devidamente credenciadas e em cooperação com a União Europeia.

SIF. – MC. B. Swap Insurance Facility, linha de crédito para seguros de **Swaps**.

SINA – USA. DT. Safety Is No Accident, *a segurança não acontece por acaso.* Lema usado com frequência nas instalações industriais norte-americanas.

SINOAP – USA. DT. Solution In Need Of A Problem, *temos as soluções mas precisamos de um problema.* Sigla usada quando uma empresa ou sector da uma empresa com alta capacidade técnica e/ou bom equipamento tem falta de encomendas ou de tarefas específicas.

SIPC – USA. Securities Investor Protection Corporation, instituição de capital misto (semi-pública) de protecção ao investidor de valores mobiliários. *V.* **Corporate Governance**.

SK – Slovakia (Republic of), República da Eslováquia (*Slovenská republika*).

SL – Sierra Leone (Republic of), República de Serra Leoa.

---

[17] Em português do Brasil, *Cingapura*.
[18] Cingapura, no Brasil.

Direito de Negócios – Dicionário Inglês-Português   112

SLA – 1. *Strategic Link Analysis;* 2. *Services Level Agreement.* V. Índices próprios.

SM – *San Marino (Most Serene Republic of)*, Sereníssima República de S. Marino, *(Serenissima Repubblica di San Marino)*.

sm. – *Small*, pequeno.

SMSEs – *EC. PF. Small and Medium-Scale Entreprises*. Pequenas e Médias Empresas, ou seja, empresas cujos valores máximos de capital e de negócios são pré-definidos para beneficiar de incentivos fiscais, empréstimos ou investimentos de capital por parte de bancos de desenvolvimento ou **OMD**s, ou participar do *Unlisted Securities Market*, etc. A UE tem também regulado de forma bastante frequente esta matéria. *V.* **Parte II deste Dicionário (*)**.

SMSIs – *PF. Small and Medium-Scale Industries*. O mesmo que *SMSEs* mas focado na vertente da actividade industrial desenvolvida pela empresa em questão. *V.* **Small and Medium-Scale Entreprises (*)**.

SN – *Senegal (Republic of)*, República do Senegal *(République du Senegal)*.

SNB – *MC. Sellers No Buyers*, posição no mercado da Bolsa em que as ordens de venda excedem tanto as ordens de compra que as últimas se tornam praticamente insignificantes. *V.* **BNS**.

SNCF – *DS. Société National des Chemins de Fer*, caminhos de ferro franceses.

SNIF – *B. Short-Term Notes Issuance Facility*, linha de crédito que financia a emissão de Notas de Crédito a curto prazo.

SO – 1. **Somalia (Republic of),** República da Somália *(Soomaaliya)*; 2. *MC. DC. Seller´s Option*, opção do vendedor; 3. *DC. Shipping Order*, ordem de embarque.

SOE – *EC. DS. State-Owned Enterprise*, empresa pública.

SOFFEX – *MC. Swiss Options and Financial Futures Exchange*, Bolsa suiça de Opções e de mercado de futuros.

SOHO – *USA. DT. Small Office/Home Office.* Sigla cada vez mais usada para mencionar os profissionais que trabalham nos seus próprios domicílios, seja em regime de consultoria, de *outsourcing* ou **telemarketing**, graças ao sistema informático e de comunicações (**virtual office**) das suas casas. Uma forma típica do chamado *small business*. Quando se trate de advogado que trabalhe a partir de sua casa, denonomina-se **SOLO**.

Sol. – 1. *UK. Solicitor*, advogado; 2. *Solution*, solução.

SONAR – *SOund NAvigation and Ranging*.

SOX - *DIP. EC. MC. CF. Sarbanne-Oxley Act*, Lei de Julho de 2002 que estabeleceu regras rigorosas financeiras, contabilísticas e de defesa dos pequenos investidores após os escândalos da *Enhron* e *Arthur Andersen*. *V.* Índice próprio.

SP – *São Paulo*, Brasil.

Sp. – 1. *Special*, especial; 2. *Specific*, específico; 3. *B. Sub Protest*, Letra, título de crédito sob protesto por falta de pagamento; 4. Espanha, espanhol. *V. E., Esp.*

SPA – 1. USA. MC. *Special Purchase Authority.* Negociar um preço especial na compra de certas tipo de Acções como forma de melhorar a rentabilidade de outras **securities** ou **commodities;** 2. Instalações de piscina, banhos a vapor, sauna, etc.

Spa – *DS. Società Per Azioni,* expressão italiana para designar sociedades por Acções.

SPAs – *UE. ENV. Special Protection Areas.* **V. Natura 2000.**

SPDA – *MC. DS. Single-Premium Deferred Annuity,* prémio/bónus a ser pago ao titular de um valor mobiliário de forma diferida mas num único pagamento anual.

SPEX – *MC. Saint Petersburg Stock Exchange,* Bolsa de Valores de S. Petersburgo, Russia. *V. MICEX e RTS.*

SPQR – *PF. CF. Small Profits and Quick Returns,* política de investimento que visa a obtenção de pequenos lucros a curto prazo. Normalmente usado para gerir *cash-flows* que paguem encargos a curto prazo de uma empresa.

SR – *Suriname (Republic of),* República do Suriname *(Republiek Suriname).*

S/R – *DC. Sale or Return,* venda ou devolução (de uma mercadoria normalmente entregue à consignação).

Srb. – *Serbia,* Sérvia. **V. Serb., SB, SGC.**

SRG – *Serbia and Montenegro (Srbja Crna Gora),* denominação do Estado confederado que unia a Sérvia e Montenegro e que após o recente referendo montenegrino (2006), se separou da Sérvia.

Srl. – *DS. Società a responsabilita limitada,* denominação para identificar empresas italianas de responsabilidade limitada.

SRR – *EC. Social Rate of Return,* Taxa de Retorno Social.

SS – *USA. Social Security,* Sistema de Previdência Social dos EUA.

ss. – *One half,* metade.

SSA – *USA. Social Security Administration,* Agência de Previdência Social.

SSDD (ou **S2D2) –** *USA. DT. Same Stuff Different Day, o mesmo tipo de trabalho ou tarefa ... só o dia é que muda.* Sintoma da força da rotina num emprego pouco motivador.

SSE – 1. *DS. Small Scalle Enterprise,* empresa pequena, de pequeno porte; **2.** *MC. Santiago Stock Exchange (Bolsa de Comercio de Santiago),* fundada em 1893.; **3.** *MC. Shanghai Stock Exchange (Shànghǎi Zhèngquàn Jiāoyìsuǒ),* Bolsa de Valores de Shangai, era a 5ª do mundo em Novembro de 2007, no que se refere a volume anual de transacções.

SSI – *EC. Small Scalle Industry,* pequena indústria.

SSM – *MC. Swaziland Stock Market,* Bolsa de Valores da Suazilândia.

SSN – *DC. Standard Serial Number,* número padrão de série (de um produto ou mercadoria).

ST – *Sao Tome and Principe (Republic of),* República de São Tomé e Príncipe.

St. – **1.** *Street,* rua; **2.** *Stiftelse,* qualquer instituição, entidade colectiva, organização ou fundação não lucrativa constituída na Noruega.

STAGS – *UK. MC. Sterling Transferable Accruing Government Securities,* Obrigações emitidas (pelo Estado) em libras esterlinas e garantidas por fundos do tesouro

Direito de Negócios – Dicionário Inglês-Português

nacional. Normalmente são compradas com desconto à cabeça, não vencendo juros. *V.* **Securities, Bonds**.

Stat – (do Latim, *statim*) *Immediately*, imediatamente, urgente.

STC – *MC. Stock Trading Center of Vietnam*, Bolsa de Valores do Vietname, localizada na cidade de Ho Chi Minh. Começou a operar em Julho de 2000.

SUNOCO – *DS. SUN Oil Company.*

SUB – *USA. DT. Supplemental Unemployment Benefits*, subsídio de desemprego.

Sun. – *Sunday*, domingo.

Sup. – 1. *Superior*, superior hierárquico; de óptima qualidade ou desempenho; 2. *Supplement*, suplemento; 3. *Supply*, fornecer.

Suss. – *UK. Sussex*.

SV – *El Salvador (Republic of)*, República de El Salvador.

s.v – *DC. Surrendered value*, valor entregue.

Svgs. – *Savings*, poupança, aforro.

SWA. – *South-West Africa*.

SWIFT – *B. Society for Worldwide Interbank Financial Transmission*, sociedade que gere as transferência bancárias internacionais mediante a definição de códigos atribuídos a cada banco participante por forma a acelerar as transferência de fundos de forma informática.

Switz. – *Swiss Confederation* ou *Switzerland*, Confederação Helvética ou Suiça *(Schweizerische Eidgenossenschaft, Confédération Suisse, Confederazione Svizzera)*. **V. CH**.

SWOT – *CF. Strengths, Weaknesses, Opportunities, Threats*. Um dos sistemas mais conhecidos de análise e métrica de economia empresarial. **V. Scorecard (*)**.

SWX – *MC. Swiss Exchange*, Bolsa de Valores suiça. Localizada em Zurique. **V. BX**.

SX – *DC. Sundays Excepted*, inexistência de entrega e transporte de mercadorias e correspondência comercial aos Domingos.

SY – *Syrian Arab Republic*, República Árabe da Síria.

Syn. – *Synonim*, sinónimo.

SZ – *Swaziland (Kingdom of)*, Reino da Suazilândia (**Umbuso we Swatini.**)

T

t. – 1. *Term*, termo, fim de prazo; **2.** *Territory*, território (designação dada a áreas dos EUA antes de se tornarem Estados); **3.** *Title*, título, cargo, função; **4.** *True*, verdadeiro; **5.** *Temperature*, temperatura.

TA – *DF.* *Table of Allowances*, lista de despesas e custos que são dedutíveis para efeitos de declaração de impostos.

TAC – *DC.* *Total Allowable Catch*, quotas de pesca atribuídas a um determinado país. *V.* **UNCLOS**.

TASE – *MC.* *Tel Aviv Stock Exchange*, Bolsa de Valores de Telavive, Israel.

TASI – *MC.* *Tadawul*, a Bolsa de Valores da Arábia Saudita.

TBs. – *MC.* <u>Treasury Bills</u>, Obrigações do Tesouro. Também denominado *T. Bonds*. *V.* **Bonds**.

Tb – *CO.* *Trial balance*, balancete provisório.

t.b.a. – 1. *To be announed*, a ser informado (normalmente ao público em geral); **2.** *To be agreed*, a ser acordado/negociado; **3.** *To be advised*, a ser sujeito à opinião de terceiros, de peritos.

TC – 1. *USA.* *United States Tax Court*, tribunal fiscal federal; **2.** *B.* *Traveller´s Checks*, cheques de viagem.

tce – *Ton of Coal Equivalent,* equivalente a uma tonelada de carvão.

toe – *Ton of Oil Equivalent,* equivalente a uma tonelada de petróleo.

T-CUP – *USA. DT.* **Total Control Under Pressure,** Controlo Absoluto Sob Pressão; sigla que enfatiza a necessidade de concentração profissional.

TD – 1. *Tchad* (ou *Chad*) *(Republic of),* República do Tchade **(***République du Tchad* ou *Jumhūriyyat Tshād***); 2.** *USA.* *Treasury Department,* Departamento do Tesouro norte-americano; **3.** *Trust Deed*, escritura de fideicomisso. *V.* **Trusts**.

T&E – 1. *PF.* *Test and Evaluation*, teste e avaliação de desempenho de um equipamento/máquina antes de proceder à sua entrega definitiva; **2.** *PF.* *Trial and error*, teste e erro, fase de montagem de um equipamento, sistema ou processo em que determinadas falhas ou erros são aceites como normais até ao seu acerto final ou, se repetidos, levam à rejeição de tais equipamentos, sistemas ou processos.

t.&p. – *DC.* *Theft and Pilferage*, sigla usada em seguros para denominar o risco de roubo e pilhagem de bens ou mercadorias cobertas pelas respectivas apólices. **V. Insurance** (*).

TEAM – *USA. DT. PF. Together Everyone Achieves More,* Todos Juntos Conseguimos Mais.

Direito de Negócios – Dicionário Inglês-Português

tec. ou **tech.** – **1.** *Technical*, técnico (actividade); **2.** *Technician*, técnico (profissional); **3.** *Technology*, tecnologia.

Temp. – **1.** *Temporary*, ocasional, temporário; **2.** *Temperature*, temperatura; **3.** *Template*, padrão.

TESL – *Teaching of English as Second Language*, ensino de inglês como segunda lingua.

TEU – *Twenty Equivalent Units*, vinte unidades equivalentes.

TF – *Task Force*, equipa à qual foi confiada um projecto, a quem foi dada uma missão.

TG – *Togo (Republic of)*, República Togolesa *(République du Tchad)*.

Tgt. – *Target*, objectivo, alvo.

TGV – *Trés Grande Vitesse*, comboio de alta velocidade.

TH – *Thailand (Kingdom of)*, Reino da Tailândia *(Ratcha Anachak Thai)*. **V. Thai.**

Thai. – *Thailand*, Tailândia; cidadão ou empresa de nacionalidade tailandesa; processo judicial ou tema sujeitos à jurisdição tailandesa. **V. TH.**

tkt. – *Ticket*, bilhete.

TI – *DS. Texas Instruments.*

TIA – *DC. Thanks in Advance...*, *antecipadamente grato...*

TIBOR – *B. Tokyo Inter Bank Offered Rate*, taxa de juros inter-bancária quotada em Tóquio.

TIC – *DP. DC. Taken Into Consideration, foi levado em consideração, ficou anotado.*

TIFFE – *MC. Tokyo International Futures Exchange* (que mudou em 2005 a sua sigla para "TFX"). *V. Futures.*

TIN – *USA. DF. Tax Identification Number*, número de contribuinte.

TINA – *There Is No (Other) Alternative, não há outra alternativa.*

TIR – *DC. Transport International Routier*, transporte rodoviário internacional. De assinalar que em inglês, a sigla francesa é normalmente a utilizada embora seja também vista a sigla *IRT* – *International Road Transportation*.

TJ – *Tajikistan (Republic of)*, República do Tajiquistão (**Чумхурии Точикистон** ou **Jumhurii Tojikiston).**

TL (ou t.l.) – *Total Loss*, perda total.

TM – **1.** *Turkmenistan (Republic of)*, República do Turquemenistão *(Türkmenistan)*; **2.** *DC. Trademark*, marca registada.

TMO – *Telegraph Money Order*, transferência telegráfica de dinheiro.

tng. – *Training*, treino.

TN – **1.** *Tunisia (Republic)*, República Tunisina *(Al-Jumhūriyyah at-Tūnisiyyah)*; **2.** *USA. Tennessee.*

TNs. – *MC. Treasury Notes*, Notas do Tesouro. *V.* **United States Government Securities, TBs**.

TNT – *Thanks (But) No Thanks, Obrigado mas não, obrigado.*

TO – *Tonga (Kingdom of)*, Reino de Tonga *(Pule'anga 'o Tonga).*

Tonn. – *Tonnage*, tonelagem.

Tot. – *Total*, total.

TP – *East Timor* (ou *Democratic Republic of Timor-Leste)*, República Democrática de Timor-Leste ou República Democrática de Timor Lorosae (*Repúblika Demokrátika Timór Lorosa'e*).

Tp. – *Title page*, título de página.

TPD (ou **tpd**) – *Tons per day*, toneladas diárias.

TPH (ou **tph**) – *Tons per hour*, toneladas por hora.

TQC – *DC. PF. Total Quality Control*, Controlo Total de Qualidade.

TR –*Turkey (Republic of)*, República da Turquia (**Türkiye Cumhuriyeti**) **V. Turk.**

Tr. – *Translation, Translated*, tradução/traduzido.

Trans. – *Transaction*, negócio, transacção.

Treas. – *FIP. DS. Treasury, Treasurer*, tesouro/tesoureiro.

T/S – *DC. Transshipment*, transbordo de mercadorias, de carga.

TSE – *MC.* **1.** *Tokyo Stock Exchange (Tōkyō Shōken Torihikisho)*, Bolsa de Valores de Tóquio, a segunda no mundo em volume de transacções, apenas precedida pela **New York Stock Exchange** ou <u>NYSE</u>; **V. NSE e OSE**; **2.** *Toronto Stock Exchange*, Bolsa de Valores de Toronto (Canadá); **3.** *Tirana Stock Exchange (Bursa e Tiranes)*, Bolsa de Valores de Tirana, capital da Albânia.

TSEC – *MC.* **1.** *Tessalonika Stock Exchange*, Bolsa de Valores de Tessalonika. A Grécia tem ainda a *Bolsa de Valores de Atenas*. *V. ATHEX;* **2.** *Taiwan Stock Exchange Corporation*, instituição financeira que funciona como Bolsa Valores de Taiwan (ou Formosa) desde 1962.

TT – *Trinidad and Tobago (Republic of)*, República de Trinidade e Tobago.

TU – *DT. Trade Union*, sindicato.

Turk.– *Turkey*, Turquia (**Türkiye**); cidadão ou empresa de nacionalidade turca (*türkçe*); processo judicial ou tema sujeitos à jurisdição turca; **V. TR**.

TV – *Tuvalu.*

TX. – *USA. Texas*.

TZ – *Tanzania (United Republic of)*, República Unida da Tanzânia *(UNtJamhuri ya Muungano wa Tanzania)* .

U

u. – **1.** *Unsatisfactory*, insuficiente, não satisfatório; **2.** *University*, Universidade; **3.** *Unit*, unidade.

U – *Uranium*, urânio.

UA – **1.** *Ukraine (Republic)*, República da Ucrânia (Україна ou *Ukrayina)*; **2.** *USA. DS. United Artists*, estúdios e produtores de cinema.

UAE. – *United Arab Emirates*, Emiratos Árabes Unidos (*Dowlat Al-Imārāt al-'Arabīya al-Muttahida*).

U.A.w.g – *AL. Um Antwort wird gebeten*, pede-se uma resposta.

UB – *UK. DT. Unemployment Benefit*, subsídio de desemprego.

UCC – **1.** *USA. DC. Uniform Commercial Code*, Código Comercial Uniforme; **2.** *UK. Union Carbide Corporation*, companhia petroquímica.

UCCC – *USA. Uniform Consumer Credit Code* (1968), Código Uniforme de Crédito ao Consumidor.

UCSA – *USA. Uniform Controlled Substances Act*, lei federal que regula a produção, uso, venda e distribuição de substâncias farmacêuticas e narcóticos.

ufs – *DR. Useful Farm Space*, espaço útil de uma unidade agrícola.

UG – *Uganda (Republic of)*, República de Uganda **(Jamhuri ya Uganda)**.

ugt. – *Urgent*, urgente.

UI – *DT. DC. Unemployment Insurance*, seguro de desemprego.

UK. – *United Kingdom,* Reino Unido. **V. GB.**

ULCC – *DC. Ultra Large Crude Carrier*, super petroleiro, navio de transporte de petróleo de grandes dimensões. *V.* **VLCC.**

ULM – *USA. MC. Unlisted Security Market*, Mercado de valores mobiliários não cotados em Bolsa. *V.* **Índice próprio**.

ULS – *B. MC. Unsecured Loan Stock*, valores mobiliários representativos de dívida (ex. Obrigações) sem garantia. *V.* **Bonds**.

ult. – *Ultimate*, terminar.

unam. – *Unanimous*, por unanimidade.

u/m – *under mentioned*, abaixo mencionado.

UMA – *DIP. EC. Union of Maghrib States*, União dos Estados do Maghreb. **V. Maghreb.**

UMIC – *EC. Upper Middle Income Country*, País de Rendimento médio superior.

UN (ou ONU) – *OMD. United Nations*, *Organização das* Nações Unidas – **Ver Mapa da Estrutura da ONU no Glossário deste Dicionário (*)**.

UNAIDS, UNCTAD, UNDCP, UNDP, UNEP, UNESCO, UNHCR, UNICEF, UNICRI, UNIDIR, UNIDO, UNOPS, UNRISD – Ver Mapa da Estrutura da ONU no Glossário deste Dicionário (*).

Univ. – 1. *Universal*, global, universal; 2. *University*, Universidade.

UPI – *USA. DS. United Press International.*

US/USA. – *United States of America*, Estados Unidos da América.

USAID – *USA. OMD. United States Agency for International Development*, organismo norte-americano para o desenvolvimento económico internacional.

USE – *MC. PFTS Ukraine Stock Exchange* (Перша Фондова Торговельна Система, ПФТС), Bolsa de Valores da Ucrânia, com sede em Kiev.

UT. – *USA. Utah.*

UW – *MC. Underwriter*, quem assume o compromisso de um **Underwriting**.

UY – *Uruguay (Eastern Republic of)*, República Oriental do Uruguai (*República Oriental del Uruguay*)

UZ – *Uzbekistan (Republic)*, República do Usbequistão (*O'zbekiston Respublikasi*).

V

V. – **1.** *Volume*, volume; **2.** *DP. Versus*, contra (Ex: *Smith Versus the State of Alaska*) *V.* **Vs.**

VA – **1.** (ou **SCVT**) **Vatican City State,** Cidade Estado do Vaticano; **2.** *USA. Virginia*. **Van.** – *Vancouver*, Canadá.

VAR – *PF. Value Added Reseller*, sub-equipamento ou mecanismo complementar que se incorpora numa máquina ou equipamento básico para aumentar a sua funcionalidade e valor de produção. Também usado em equipamento informático.

VAT– *DF.* **Value-Added Tax**, imposto de valor acrescentado, o nosso IVA. *V.* **Tax**.

V&V – *Verification and Validation*, sigla usada em informática para confirmar que um determinado código, passe de acesso ou informação foram verificadas e aceites.

Vb. – *Verbal*, oral.

VC – **1. Saint Vicent and the Grenadines,** São Vicente e Grenadinas; **2.** *PF. Venture Capital*, capital de risco em que se associam duas ou mais empresas. *V.* **Joint Venture**.

VD – *Various Dates*, diversas datas.

VE – *Venezuela (Bolivarian Republic of)*, República Boliviriana da Venezuela.

VER – *DC. EC. Voluntary Export Restraints*, limites voluntários de exportações (normalmente definidos pelos próprios países).

VF – *DC. Very Fair*, muito justo.

VG – *DC. Very Good*, muito bom, muito bem.

v.g.c – *DC. Very Good Condition*, bem/máquina ou mercadoria em optimo estado de conservação, funcionamento ou recebimento (conforme aplicável). **V. Goods.**

VHS – *Very High Frequency*, Frequência Muito Alta (30-300MHz).

VI – *USA. Virginia Islands*.

VIP – **1. Very Important Person,** celebridade; **2.** *DT.* **Visual Impaired Person,** pessoa com deficiências visuais, invisual.

VLBC – *DC. Very Large Bulk Carrier*, navio de carga de grandes dimensões, cargueiro de grande capacidade.

VLCC – *DC. Very Large Crude Carrier*, super petroleiro, navio de transporte de petróleo de grandes dimensões e capacidade. *V.* **ULCC**.

VN – *Vietnam (Socialist Republic of)*, República Socialista do Vietname (*Cộng hòa Xã hội Chủ nghĩa Việt Nam*).

VOC. – *Vehicle Operation Costs*, custos operacionais do veículo.

Vocab. – *Vocabulary*, vocabulário.

VoIP – *Voice Over-Internet* – *Protocol*, protocolo de transmissão de voz em formato de audio digital utilizando uma rede IP, o sistema que permite a utilização de ligações telefónicas através do computador; uma das formas que hoje em dia necessita de maior protecção e segurança em termos de **Privacy**.

Vol. – *MC. Volume*, volume/quantidade de valores mobiliários a serem transaccionados ou a transaccionar.

Vou. – *Voucher*, documento justificativo de despesa; também usado para referir documento emitido por agência de viagens que inclui o pagamento antecipado de despesas de hotel, aluguer de carro, etc.

VP – *Various Places*, vários lugares.

VRM – *DR. Variable Rate Mortgage*, hipoteca com taxa flutuante.

Vs. – *DP. Versus*, **1.** DP. contra (ex. acção judicial de *Sullivan versus Smith*); **2.** Verso, página oposta à página frontal de um documento.

VT. – *USA. Vermont*.

VU – *Vunuatu (Republic of)*, República de Vunatu *(Ripablik blong Vanuatu.)*

Vv – *Volumes*, volumes, pacotes, embalagens.

v.v – *Vice-Versa*.

W

W. – *Welsh*, **1.** País de Gales, Reino Unido; **2.** Galês – cidadão ou empresa de nacionalidade galesa.

w. – **1.** *Water*, água; **2.** *Week*, semana; **3.** *Weight*, peso; **4.** *White*, branco; **5.** *Wide*, largo, amplo; **6.** *With*, com; **7.** *B. Withdrawal*, saque.

WACC – PF. Weighted Average Cost of Capital.

WAM – *EC. West Africa Monetary Union*, União Monetária da África Ocidental.

WBAG – *MC. Wiener Börse AG* (ou *Vienna Stock Exchange*), Bolsa de Valores de Viena, Áustria.

w.c. – *without charge*, sem encargos.

W/D – **1.** *B. Withdrawal*, saque; **2.** *B. MC. With Warrant*, com emissão de **Warrants**.

wd. – *Word*, palavra.

WDIS – *EC. World Development Indicators*, Indicadores de Desenvolvimento (económico) Mundial.

Wed. – *Wednesday*, quarta-feira.

WF – *Weighting Factor*, factor de ponderação.

WFC – *DIP. World Food Council*, um sub-departamento da **FAO**. Ver Mapa da Estrutura da ONU no Glossário deste Dicionário (*).

wh. – *Which*, o qual, a qual, que.

WHO – *DIP. World Health Organization*, Organização Mundial da Saúde (OMS) – Ver Mapa da Estrutura da ONU no Glossário deste Dicionário (*).

WI. – *USA. Wisconsin*.

Wi. – *DC. MC. B. When issued*, quando emitido.

Wkly. – *Weekly*, semanalmente.

w/o – **1.** *Without*, sem; **2.** *CO. Written off*, lançamento contabilístico anulado, sem efeito.

WOC – *Without Compensation*, sem compensação, sem contra-partida.

W.P. (ou **wp**) – *Working place*, local de trabalho.

WPM (ou **wpm**) – *Words Per Minute*, palavras por minuto.

WR – *DC. Wharehouse Receipt*, recibo de depósito de bem ou mercadoria em armazém.

WRAP – *PF. Wind, Reel And Print*, Concluir, Formatar e Imprimir. Embora com origem na indústria cinematográfica, a sigla é hoje usada para referir a conclusão de um projecto ou tarefa *(it's a wrap)*.

Direito de Negócios – Dicionário Inglês-Português

WS – *Samoa (Independent State of),* Estado Independente da Samoa *(Malo Sa'oloto Tuto'atasi o Samoa).*

WSE (ou 309 WSE) *MC. – Warsaw Stock Exchange,* Bolsa de Valores de Varsóvia, capital da Polónia.

WSt. – *USA. B. MC. Wall Street,* referência ao centro bancário, financeiro, de negócios e de mercado de capitais de Nova Iorque.

WT – **1.** *DF. Withholding Tax,* imposto retido na fonte. *V.* **Taxes; 2.** *World Trade,* comércio mundial.

wt – *weight,* peso.

WTO – *DIP. World Trade Organization,* Organização Mundial do Comércio – **Ver Mapa da Estrutura da ONU no Glossário deste Dicionário (*).**

WV. – *USA.* **West** *Virginia.*

WW – *DC. Wharehouse,* armazém.

www – *DC. World Wide Web,* rede informática mundial, o suporte gráfico interfacial *(graphical user interface)* da *Internet.*

WYSBYG – *DC. What You See Before You Get It, o que está a ver antes de receber o que vai obter, o resultado final V.* **WYSWYG**

WYSWYG – *DC. What You See Is What You Get, o que está a ver é exactamente o que vai obter, é o resultado final.* Termo utilizado para se referir a uma funcionalidade de *software* que permite durante o desenvolvimento de um determinado trabalho, visualizar o resultado final do mesmo:

a. Informa o tipo de letra, margens, espaços, etc. de um determinado texto ou documento que se visualiza no monitor e será o que aparece quando for impresso;

b. Também digitado/aposto no final de balanços e relatórios financeiros enviados por *e-mail,* para certificar que o seu teor está correcto e que representa a totalidade da informação correspondente disponível;

c. Discute-se actualmente nos EUA, a validade jurídica de tal sigla e os níveis de segurança e confidencialidade na informação assim enviada. *V.* **Privacy.**

X

XC (ou **x. cp**) – **1.** *MC. DS. Ex-Coupon*, sem cupão; **2.** *PF. MC. Ex capitalization*, sem capitalização.

XD (ou **x. d.**, *x. div.*) – *MC. Ex-Dividend*, sem dividendo.

XI (ou **x. int.**) – *MC. Ex-Interest*, sem juros.

XL – *USA. Extra Large*, tamanho grande (de sapatos, de roupa, etc).

XR – *MC. Ex-Rights*, sem direitos (de subscrição, de voto, etc.).

xs – **1.** *Excess*, excesso; **2.** *Expenses*, despesas.

XXL – *USA. Extra Extra Large*, o maior tamanho (de sapatos, de roupa, etc).

XXX – **1.** Espectáculo/filme reservado para adultos; **2.** *PF.* Transacção ou financiamento que envolve riscos avultados ou particularmente sensíveis e, como tal, pressupõe das partes envolvidas, uma capacidade financeira e profissional muito específica.

XW – *MC. Ex-Warrants*, Valor Mobiliário que ao ser transaccionado não traz consigo quaisquer **warrants**.

Y

y. – 1. (ou yd) *Yard*, jarda (equivalente a 0.9144 metros); quintal, área não construída de uma casa (*backyard*); **2.** *Year*, ano.

YB – *Yearbook*, anuário.

YE – *Yemen (Republic of)*, República do Iémen *(Al-Jumhūriyyah al-Yamaniyyah)*.

YER – *B. CF. Yearly Efective Rate*, taxa anual real de juros.

Yorks. – *UK. Yorkshire*.

YOB – *Year of Birth*, ano de nascimento.

Yr. – 1. *Year*, ano; **2.** *Your*, seu / sua; **3.** *Younger*, mais jovem.

YT. – *Yukon Territory*, Canadá.

YTM – *PF. MC. Yield to Maturity*, rendimento auferido até à data de pagamento. *V.* **Yield**.

Y2K – *DC.* Sigla referente aos problemas informáticos que se pensava fossem criar um verdadeiro caos mundial com a entrada do ano 2000.

YU – *Yugoslavia*, Jugoslávia.

Yy – *PF. MC. Yo yo*, sigla de mercado que refere uma operação ou investimento ou transacção com sucessivas descidas e subidas de preços.

Z

ZBB – *USA.FIP. Zero Base Budgeting*, orçamento público a contar do zero, ou seja sem levar em linha de conta quaisquer valores ou verbas anteriores ou precedentes. *V.* **Budget**.

ZEBRAS – *MC. Zero Coupon Eurosterling Bearer Registered Accruing Securities*. *V.* **Bond**.

ZIP – *USA. ZIP (Code)*, código postal norte-americano composto de cinco a nove dígitos – os primeiros cinco, indicam o Estado e zona postal e os últimos quatro, a àrea específica (rural ou urbana).

ZM – *Zambia (Republic of)*, República da Zâmbia.

ZPG – *EC. Zero Population Growth*, estagnação de crescimento populacional.

ZR – 1. *Zaire, Republic of)*, República da Zaire **(République du Zaïre, Republiki ya Zaïre ou Jamhuri ya Zaïre); 2. *MC. Zero Coupon Issue*,** emissão de Obrigações (**bonds**) sem juros mas com preço de emissão líquido "à cabeça" e um único pagamento (resgate) na data final.

ZSE – *MC. Zagreb Stock Exchange (Zagrebačka burza)*, Bolsa de Valores de Zagreb, capital da Croácia.

ZW – *Zimbabwe (Republic of)* , República do Zimbabué.

PARTE II

DICIONÁRIO

A

ABANDONMENT – **1.** *DR.* Prescrição aquisitiva; consequência jurídica do não exercício contínuo e prolongado de um direito de propriedade, de uso ou usufruto de um bem próprio, por forma a habilitar terceiros a legitimamente requererem a respectiva titularidade ou posse; **2.** *B.* Aplicado relativamente a depósitos bancários, juros, dividendos, transferências bancárias, prémios de seguro e pensões, que permanecem inactivos ou sem que o seu legítimo proprietário se apresente a levantá-los (**unclaimed balances**). *V.* **Abator, Enjoyment, Status of Limitations; 3.** *MC.* Desistência de uma Opção, no âmbito de um contrato de aquisição de valores futuros. *V.* **Premium Business**.

ABATEMENT – **1.** Abatimento, redução. **Rent Abatement**, reduzir o aluguer/a renda de um imóvel; **2.** *ENV.* Desmantelamento de veículos, materiais, máquinas e equipamentos obsoletos por via da reciclagem dos mesmos. *V. ASR, ELVs.*

ABATEMENT COST – *CO. ENV.* Custo incorrido no controlo dos índices de risco, associados à produção industrial de uma empresa. A poluição e a reciclagem são dois exemplos.

ABATEMENT OF ACTION – *DP.* Decisão que termina um processo judicial. Ex., absolvição ou morte do réu, desistência da instância. **V. Absolution**.

ABATEMENT OF LEGACIES – *UK. DP.* Em Direito de Sucessões, a redução proporcional de legados e outras quantias deixadas em herança, por insuficiência de recursos financeiros que permita pagar esses valores na sua totalidade.

ABATOR – *DR.* Possuidor de má fé, alguém que tenta tomar posse de uma propriedade por morte do seu legítimo proprietário e antes que os herdeiros venham a reclamar os seus direitos. **V. Abandonment**.

ABA TRANSIT NUMBER – *USA. B.* Código numérico atribuído a um banco norte--americano pela *American Bankers Association* para facilitar as operações interbancárias de cheques, depósitos e valores financeiros. **V. Automated Clearing House**.

ABC ANALYSIS (ou PARETO Analysis) – *EC.* Análise gráfica da importância contributiva dos produtos de uma empresa nos seus resultados comerciais. Por exemplo, ao ordenar duas linhas axiais (servindo a vertical para representar o valor global de vendas e a horizontal, o valor de vendas de cada produto da empresa), apura-se que o produto A corresponde, a 80% do volume global de vendas, o produto B, a 15%, e o produto C, a apenas 5%, etc.

Esta análise permite uma subsequente melhor organização de armazenamento (**stocks**), determinação das margens de lucro (**profit margins**), manter os volumes individuais de vendas constantes ou conjunturais (*seasonal*), etc.

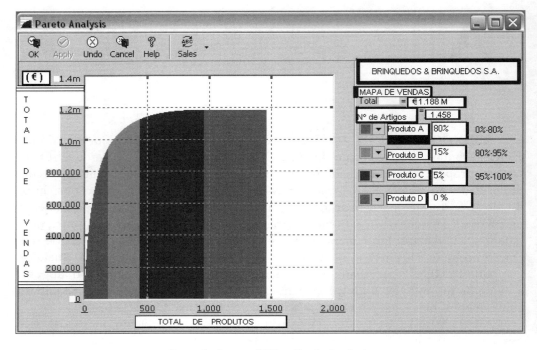

Exemplo de uma ABC ou Pareto Analysis

ABDICATION – 1. Em Estados de regime monárquico, o processo voluntário de renúncia ao trono ou ao direito de o ocupar. No Reino Unido, ficou célebre o caso amoroso de Eduardo VIII (1936); no Brasil, a do Imperador, D. Pedro II; em Portugal, D. Miguel e D. Manuel II [19]; **2. *DC.*** Renúncia a um direito próprio, ou seja, direito que não depende nem se recebeu de terceiros.

ABDUCTION – *CR.* Raptar alguém, usando de força física, persuasão ou coacção moral. *V.* **Kidnapping, Torts(*)**.

ABET – *CR.* Ajudar ou incitar um criminoso ou violador dos direitos de terceiro, a consumar o seu acto. Sinónimo: **Aid and Abet** – Ajudar e incitar.

ABHOR – Detestar, antagonizar, antipatizar com alguém.

ABHORRENT – Detestável, que causa asco. Expressão basicamente usada em termos jurídicos.

ABIDE BY – Aderir, obedecer, actuar em conformidade com o que foi acordado ou predeterminado.

---

[19] Mais recentemente, o caso do rei Balduíno da Bélgica, que devido às suas convicções religiosas contra o aborto, abdicou na manhã de determinado dia (por forma a permitir que a lei do aborto fosse referendada pelo Presidente da Assembleia Nacional, nos temos da Constituição Belga) e, a pedido da mesma Assembleia Nacional, foi reconduzido a Chefe de Estado e rei da Bélgica, na tarde do mesmo dia.

Direito de Negócios – Dicionário Inglês-Português

ABILITY TO PAY – *C. DC.* Capacidade financeira de pagamento. *V.* **Affordability, Able to Purchase.**

ABILITY-TO-PAY PRINCIPLE – *DF.* Princípio de incidência fiscal justa, ou seja, em que o pagamento de impostos deve ser proporcional às posses e ao bem-estar económico do contribuinte. *V.* **Affordability.**

AB INITIO – *L. Desde o começo, desde o início.*

ABJURATION – Renúncia sob juramento, a um direito.

ABLE TO PURCHASE – *EC.* Capacidade financeira para adquirir um bem ou assumir um compromisso de compra. <u>Sinónimo</u> – **Purchase Power.** *V.* **Borrowing Power, Ability to Pay.**

ABOMINABLE CRIME – *UK.* Crime repugnante, com características de bestialidade. Usado em casos de crimes sexuais contra crianças de tenra idade, com cadáveres, animais, etc.

ABORT – *MC.* Cancelar uma transacção de valores mobiliários (<u>securities</u>) através de sistemas informáticos.

ABORTION – *CR.* Aborto, interrupção involuntária ou voluntária de gravidez causando a morte do feto. Num largo número de Estados dos EUA bem como no Reino Unido, o marido (ou o responsável pela gravidez), não se pode opor à opção de aborto por parte da mulher.

ABOVE (AND BELOW) THE LINE – **1.** *UK. FIP.* Método de parcelamento num orçamento do Estado (ou outro orçamento público), quer quanto a receitas como a despesas, de forma a autonomizar resultados parciais e corrigir virtuais resultados orçamentais a nível global; ou seja:

a) **Above the Line** reúne as parcelas pertencentes ao orçamento ordinário;

b) **Below the Line**, as despesas de investimento extraordinárias, plurianuais, bem como os empréstimos a longo prazo a entidades públicas e autarquias.

Assim, o equilíbrio orçamental resume-se aos valores *Above the Line*; na realidade, o resultado deve mesmo apresentar algum excedente, de forma a cobrir pelo menos, parte dos valores *Below the Line*. A Alemanha, a Itália e a Espanha aplicam este conceito, sendo provável que a Polónia, Croácia, Turquia, Bulgária e Hungria sigam o exemplo em breve; **2.** *MC. CF.* Processo semelhante por parte de um investidor, ao aplicar as suas despesas e receitas de investimentos em valores mobiliários (<u>securities</u>) no cálculo global do lucro líquido do período em análise (**above the line**), em vez de aplicar apenas directamente (**below the line**) os valores que afectam a conta de valorização de capital e, de forma indirecta, o cálculo de lucro líquido (<u>net income</u>). *V.* **Income, Capital.**

ABOVE-LINE EXPENDITURES – *FIP.* Despesas inscritas no orçamento ordinário. *V.* **Above (Below) the Line, Expenditures.**

ABOVE THE LINE PROMOTION – *EC.* <u>Marketing</u> de publicidade em que um jornal, revista, estação da rádio, estação televisiva pagam uma comissão às agências de publicidade por estas lhe "comprarem" espaço ou tempo comercial. Na "**Below the Line Promotion**" não é paga qualquer comissão. *V.* **Advertising.**

Direito de Negócios – Dicionário Inglês-Português

ABOVE PAR – *MC.* Acima do valor de emissão de um valor mobiliário (**securities**). *V.* **Face Value**.

ABOVE THE LINE ADVERTISING – *DC.* Campanha de publicidade feita por agência especializada e de renome.*V.* **Advertising**.

ABRASION – *FIP.* Perda de peso de uma moeda causada pelo seu uso. Por oposição a perda de peso da moeda, ocasionada por destruição ou vandalismo.

ABRIDGMENT – Sumário, síntese, condensar um texto, o teor de uma lei ou uma decisão judicial.

ABROGATION – Anular/revogar uma lei, por força de nova lei ou dispositivo legal específico. Distingue-se de **Derogation** em que a lei só é parcialmente revogada ou anulada.

ABSCOND – *UK. DP.* Fugir ou escapar ilegalmente da jurisdição de um tribunal, o que constitui infracção criminal (*Bail Act 1976*), especialmente em casos de falência e insolvência culposa.

ABSENCE DEDUCTION – *DT.* Descontos salariais por faltas não justificadas de comparência ao trabalho.*V.* **Absenteeism**.

ABSENTEEISM – *DT. EC.* Percentagem de absentismo, ou seja, faltas de comparência ao trabalho numa empresa; apurada ao dividir-se o número de horas não trabalhadas pelo total de horas de trabalho previstas para o específico período de cálculo. Um dos elementos básicos de avaliação do sistema **Scorecard** (*).

ABSOLUTE – Perfeito, completo, final, sem restrições, incondicional; que não depende de condições, factos ou actos do próprio ou de terceiro.

ABSOLUTE ADVANTAGE – *EC.* Vantagem económica de um país em relação a outro, ao produzir o mesmo bem ou prestar o mesmo serviço e necessitar de menos recursos ou praticar preços significativamente mais baixos para o efeito. Exemplo actual da China.

ABSOLUTE LIABILITY – *DC. T.* Responsabilidade civil sem dolo, intenção ou negligência. Por vezes, simplesmente baseada no maior poder económico (**deep pocket**) da parte considerada responsável ou quando o responsável é o Estado ou poder público. Sinónimo – *Strict liability*. *V.* **Torts** (*).

ABSOLUTE MAJORITY – *DS.* Maioria absoluta, número de votos superior ao número de votos dos demais sócios ou accionistas. Uma das formas de **qualified quorum**. **V. Quorum**.

ABSOLUTE PRIORITY RULE – *DP.* Princípio jurídico pelo qual, em caso de falência (**bankruptcy**) ou insolvência (**insolvency**) de uma empresa, os credores têm o direito de ser pagos antes dos accionistas. *V.* **Creditors Agreement.**

ABSOLUTE RATE – *MC. B.* Taxa de juros fixa de uma **Swap**, expressa em percentagem em vez de prémio ou desconto com base num valor de referência, como por exemplo a LIBOR. *V.* **Absolute Swap Yield**.

ABSOLUTE SWAP YIELD – *V.* **Absolute Rate, Swaps**.

ABSOLUTE TITLE – *DR.* Propriedade plena; que reune todos os atributos defini-dos por lei quanto aos direitos de propriedade de um bem, Activo ou direito. *V.* **Ownership**.

ABSOLUTION – **1.** *DP.* Ser absolvido; sentença de tribunal que iliba o réu de qualquer culpa ou responsabilidade. *V.* **Acquital, Abatement of Action**; **2.** Acto pelo qual se redimem as faltas ou crimes cometidos.

ABSORPTION – **1.** *DC.* Pagamento de despesas de transporte e expedição de mercadorias, por conta do próprio vendedor; **2.** *EC.* Total de despesas no consumo de bens e serviços. O total deste tipo de despesas internas de um país (*domestic absorption*) é igual à soma do Consumo mais Investimento mais Gastos do Governo (ou **C + I + G**) e corresponde ao Rendimento Nacional (**National Income**) menos Exportações Líquidas (**net exports**). *V.* **Income**.

ABSORPTION APPROACH – *FIP. EC.* Fórmula de matemática financeira para calcular a balança comercial (**balance of trade**) de um país, ao determinar o resultado de:

$$B = Y - A$$

em que:

B = valor da Balança Comercial a ser calculado;
Y = rendimento nacional;
A = parte de "Y" absorvida em consumo e investimento.

Qualquer alteração positiva de "B" depende de alterações quantitativas de "Y" e "A", enquanto que numa economia de pleno emprego, apenas "A" pode ter impacto significativo.*V.* **Balance of Payments**.

ABSORPTION COST – *DS. CO.* Política de preços que contabiliza todos os custos de produção incorridos, ainda que remotos. O êxito de tal política depende de que a procura e oferta se mantenham constantes. *V.* **Marginal Cost**.

ABSTENTION – **1.** Abstenção; *V.* **Constructive Abstention**.

ABSTRACT OF TITLE – *DR.* Conjunto de documentos jurídicos que permite a reconstituição histórica (**due diligence**) de todos os ónus ou garantias reais, acções judi-ciais, cadeia sucessiva de titulares de direitos de propriedade e datas das respectivas transferências relativas a um bem imóvel. Nos EUA a pesquisa e reconstituição de *Abstract of Title* é confiada a advogados especializados que, ao ser efectuada uma compra e venda, emitem um parecer (**legal opinion**) anexo aos demais documentos jurídicos.

Em diversos Estados norte-americanos, tal conjunto de documentos e *legal opinion*, constituem forma jurídica cabal para comprovar a legítima propriedade de um bem imóvel. No Reino Unido (*Law of Property Act de 1925*) a reconstituição da cadeia de direitos de propriedade é feita retroactivamente por um período de 15 anos. Nos EUA o prazo dessa cadeia de reconstituição depende da legislação de cada Estado. *V.* **Deed, Opinion**.

Direito de Negócios – Dicionário Inglês-Português   138

ABSQUE HOC – *L. "Sem o que, sem o qual…"*, termo usado em **Common Law** para indicar que um acto é imprescindível para determinada consequência.

ABUSE – *DC. C*. Todo e qualquer procedimento ilegal, contra a moral, contra a ordem pública ou os bons costumes; uso imoderado ou irracional de um bem; violência física ou verbal; engano doloso. Algumas expressões mais comuns:

1. **abuse of asset** – destruição ou inutilização prática de um bem ao usá-lo de forma excessiva, descuidada ou apenas para o vandalizar; **V. Torts (*)**
2. **abuse of discretion** – *USA. DP*. Termo usado em Direito Processual quando um tribunal de recurso considera que o tribunal de alçada inferior não analisou de forma juridicamente correcta, os factos alegados já que os documentos ou factos constantes dos autos mostram de forma logicamente clara, conclusões e decisões opostas;
3. **abuse of power** – O que chamamos *"abuso de autoridade"*. Em direito anglo-saxónico tanto pode ser:
    i.   todo e qualquer acto por parte de uma autoridade civil, administrativa, fiscal, escolar, judicial, policial ou militar em clara violação dos seus deveres públicos de respeitar os direitos dos cidadãos; ou
    ii. o chamado *"abuso de poder paternal"*, quando os pais ou encarregados de educação excedem-se ao impor a disciplina aos seus filhos. **V. Torts (*)**
4. **abuse of process** – Utilização abusiva e tendenciosa de litígios judiciais contra alguém, com o intuito básico de perturbar ou causar prejuízos à parte contra quem são propostos e não porque o autor pretenda ser ressarcido de quaisquer direitos. **V. Torts (*);**
5. **child abuse** – Violência física, verbal, mental ou de comportamento contra uma criança, envolvendo ou não práticas sexuais, racistas ou de discriminação social; **V. Torts (*)**
6. **franchise abuse** – Má utilização de um bem ou serviço público, causando prejuízos ao público em geral. *V. Torts (*).*

ABUSIVE – *T. CR*. Tendente a enganar ou defraudar alguém. Insulto por palavras ou actos. Actos destinados a prejudicar, afectar ou destruir a propriedade ou o bom nome de terceiro. *V. Torts (*).*

ACCELERATED AMORTIZATION – *DF. PF. CO*. **1.** *B.* Amortização acelerada de uma dívida. **2.** *CO.* Amortização ou depreciação contabilística acelerada de um Activo.

ACCELERATED COST RECOVERY (ACRs) – *DS. CO. PF*. Taxas ou percentagens de amortização/depreciação permitidas para efeitos fiscais.

ACCELERATED DEPRECIATION – *CO. PF*. O mesmo que **Accumulated Depreciation**.

ACCELERATED GUARANTEE – *B. DP*. Notificar um fiador que deve honrar a sua fiança, já que o credor declarou antecipadamente vencido o empréstimo ou financiamento, devido ao não pagamento por parte do devedor principal. *V.* **Acceleration, Guarantee.**

ACCELERATION – *B. CF. C.* Declarar o vencimento antecipado de um crédito ou financiamento. *V.* **Default e Events of Default**.

ACCELERATION PRINCIPLE – **1**. *EC.* Princípio macro-económico segundo o qual a procura de bens de equipamento sofre um efeito mais que proporcional, relativamente à procura dos bens finais por eles produzidos. *V.* **Índice próprio no Glossário Deste Dicionário** (*), **Capital, Assets; 2.** *EC.* Teoria económica pela qual o investimento global de um país só é efectivamente acelerado em função do lucro líquido global auferido.

ACCEPTANCE – **1.** *C.* Acordo, concordância de vontades das partes, pressuposto básico de um contrato para que este se torne obrigatório e vinculativo; *V.* **Considera-tion; 2.** *B.* Aceite (*"accepted, payable at… [nome e endereço do banco]"*); assinatura pelo sacado de uma letra, livrança, letra de câmbio ou **draft**, comprometendo-se a pagar os mesmos na data do seu vencimento; **3.** *B.* A própria letra, livrança, letra de câmbio, **draft**, ou seja, o próprio título de crédito.

ACCEPTANCE CREDIT – *B. DC.* Crédito à importação ou exportação através da emissão e aceite de títulos de crédito. Termos derivados:

1. **acceptance liability** – Valor global máximo de crédito que se permite seja con-cedido por um banco de acordo com as regulamentações bancárias aplicáveis quanto ao crédito a exportações e importações; *V.* **Ceiling, Cap;**
2. **acceptance line** – Valor-limite de linha de crédito à exportação e/ou importa-ção concedida a um cliente; *V.* **Credit Line;**
3. **acceptance supra protest** ou **acceptance for honour** – Aceite de um título de crédito por um terceiro que quer defender o bom nome comercial do sacador ou endossante, após o respectivo pagamento não ter sido feito pontualmente. *V.* **Bill of Exchange;**

ACCEPTANCE HOUSE (ou ACCEPTING HOUSE) – *DC. B.* Instituição para-financeira especializada em aceitar ou garantir o pagamento de **Bills of Exchange** mediante o pagamento de uma comissão. *V.* **Bills.**

ACCEPTANCE QUALITY LEVEL (ou AQL) – *DC.* A percentagem, quantidade/volume de determinada matéria-prima, prestação de serviços e /ou produtos finaliza-dos e entregues ao cliente que foram rejeitados por apresentarem deficiências ou defei-tos mas que é aceitável pelo respectivo consumidor, receptor dos serviços com base na legislação aplicável, nos termos contratuais celebrados ou acordo verbal entre as partes envolvidas.

ACCEPTANCE SAMPLING – *DC.* Verificação da qualidade de um produto atra-vés da recolha sistemática e sucessiva de amostras por cada X unidades de produção (quilos/toneladas/litros, metros cúbicos, etc) ou de transporte (camiões, contentores, vagões, etc.).

ACCESS CONTROL – Conjunto de mecanismos que restringe o acesso a deter-minados tipos ou categorias (i) de informações; (ii) de funcionários; (ii) de níveis hierár-quicos; ou (iv) aos participantes de certos grupos de trabalho.

ACCESSION – **1.** *DR.* Tudo o que *"acresce"*, é adicionado a um bem imóvel através de melhoramentos e benfeitorias resultantes do trabalho ou por força da Natureza, etc, e que passa a constituir parte integrante de tal imóvel: **2. UK. CR. T.** Corrente doutrinal inglesa pela qual uma pessoa pode ser responsável por um crime ou acto ilícito ainda que não o tenha cometido ou praticado directamente. Inclui o autor moral, o cúmplice, o conivente e quem auxilia, protege ou esconde o criminoso. *V.* **Accomplice.**

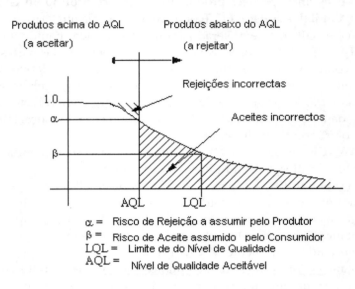

Quadro gráfico de um *AQL*

ACCESSION AGREEMENTS – *DIP.* Acordos ou contratos celebrados entre a UE e os Estados candidatos, regulando as diversas condições, termos e prazos que devem ser cumpridos por forma a assegurar que tais Estados se tornem seus membros de pleno direito. O caso (à data deste Dicionário) da Turquia, Croácia e Macedónia. Também chamados "**pre-membership agreements**" ou "**ante-chamber to membership**".

ACCESSION RATE – *EC. DT.* Taxa de contratação de novos funcionários ou operários durante o período de cálculo, comparando-a, em termos percentuais, com o número total da mão de obra da empresa:

$$\frac{\text{Número de } \mathbf{novos} \text{ funcionários/operários contratados}}{\text{Número } \mathbf{global\ actual} \text{ de funcionários/operários}}$$

A *Acession Rate* pode, conforme a necessidade da empresa, ser genérica ou específica para:

i. simples operários (**blue collar workforce**);
ii. funcionários graduados médios (**white non starched collar workforce**) e

iii. pessoal de gerência ou superior (**white collar starched collar workforce**)

iv. podendo ainda acompanhar desta forma, o crescimento ou decréscimo sectorial respectivo e seus custos.

No entanto, nos últimos anos, a distinção começa a diluir-se devido ao aumento substancial de empresas prestadoras de serviços, emprego temporário (via o nosso chamado "recibo verde") ou de simples **outsourcing** e nomeadamente, em função da participação crescente do **E-commerce**.

ACCIDENT – Acidente, acontecimento fortuito de consequências desagradáveis, funestas ou mesmo danosas mas cuja ocorrência não se fica a dever à culpa directa de ninguém. Pode entretanto ser associado a algum grau de negligência (**negligence**). Termo frequentemente invocado a propósito de casos fortuitos ou de força maior. *V.* **Acts of God, Force Majeure, Torts(*), Insurance (*).**

ACCOMODATING MONETARY POLICY – *USA. FIP. EC. B.* Quando o governo federal norte-americano precisa aumentar a dívida pública e tem, para tal, que aumentar a taxa de juros dos seus títulos ou Obrigações (**bonds** ou **Treasury Bills**), o acréscimo por parte do *Federal Reserve System* dos meios monetários disponíveis para crédito e empréstimos (**money supply**) irá contrabalançar a médio prazo os efeitos económicos do aumento do **deficit** já que as taxas de juro de mercado tendem a baixar. *V.* **Interest Rate Policy, Federal Reserve System, Easy Money.**

ACCOMODATION BILL/PAPER – *B.* Letras e títulos de crédito de favor. **V. Bill.**

ACCOMODATION ENDORSER – *DS. B.* Sub-rogação, substituição do devedor de um empréstimo. Típico no caso de uma **holding** passar para uma subsidiária, a dívida representada por um empréstimo contraído pela primeira; neste caso, a **holding** fica normalmente como fiadora (**guarantor**) dessa subsidiária. É sempre necessário o consentimento do credor. *V.* **Subsidiary, Guarantee, Guaranty**.

ACCOMPLICE – *CR. T.* Cúmplice; quem participa, auxilia ou favorece a prática de um crime por parte de terceiro. Pressupõe-se culpa ou, no mínimo, forte negligência. **Accession, Negligence, Torts (*).**

ACCORD AND SATISFACTION – *UK. C.* Acordo ou contrato pelo qual as partes declaram que uma delas cumpriu uma obrigação (ou deixou de ter a obrigação de a cumprir), por ter satisfeito e atendido certas obrigações alternativas ou substitutivas. Um caso de novação objectiva.

ACCOUNT – 1. (**To Account for**) Prestar contas, justificar, explicar. Também se usa **render account**; 2. *B. MC. CF. CO.* Registo de operação ou transacção bancária, financeira, comercial entre uma empresa, banco, instituição financeira, de mercado de capitais e um seu cliente.

Pode assumir várias formas:

1. **adjunct account** – Conta que acumula saldos de outras contas. Também chamada **consolidated account**; pode ser usada tanto no âmbito de contas bancárias como de simples contabilidade ou auditoria internas. *V.* **Bank Account, Book Account;**

Direito de Negócios – Dicionário Inglês-Português

2. **account analysis** – *B.* Comparação entre os custos internos de um banco ao abrir, administrar e gerir a conta de um cliente e o rendimento auferido pelo mesmo banco quanto aos valores nela depositados à ordem ou a prazo;
3. **account balance** – Saldo de conta.*V.* **Balance;**
4. **account and risk** – *MC.* Princípio pelo qual (excepto no caso de fraude ou dolo), todos os riscos financeiros decorrentes de investimentos feitos por um corrector (**broker**) em nome e por ordem do seu cliente, são da responsabilidade deste último;
5. **account day** – *MC.* Dia em que devem ser liquidadas todas as operações ou transacções de valores mobiliários (**securities**) efectuadas em data anterior numa Bolsa de Valores. Na prática, as Bolsas dos EUA e a Bolsa de Londres usam um período fixo de dias sobre a data da operação ou transacção (ex: 5 dias + dia da transacção = *account day*);
6. **account payee only** – *UK. B.* Frase incluída num cheque entre duas linhas verticais e que tem o efeito jurídico de o transformar num título não transferível;
7. **accounts payable** – *PF. CO.* Contas a pagar; registo nos livros de uma empresa dos valores por ela devidos a curto/médio prazo aos seus fornecedores/credores. Geralmente são excluídas as dívidas baseadas em títulos de crédito e instrumentos de dívida autónomos, tais como, letras, livranças, letras de câmbio, **drafts**, etc. Um dos elementos de **Current Liabilities;**
8. **accounts receivable** – *PF. CO.* Contas a receber; registo nos livros de uma empresa dos créditos sobre os seus clientes, a curto e médio prazo. Excluem-se normalmente títulos, instrumentos de dívida autónomo, tais como, letras, livranças, **bills of exchange, drafts,** etc. Um dos componentes de **Current Assets**. *V.* **Accounts Payable, Current Assets;**
9. **accounts receivable financing** – *B. CO.* Títulos, facturas, instrumentos de dívida, letras, livranças, **bills of exchange, drafts**, constituídos em caução (**collateral**) de empréstimos bancários;
10. **account rendered** – *DC. B.* Prestação de contas, seja (i) pelo envio da documentação respectiva para análise e aprovação da outra parte; ou (ii) pela assinatura de documento em que as partes se dão mútua quitação;
11. **account settled** – *B. DC. CO.* Saldo devedor de uma conta que foi paga na sua totalidade;
12. **active account** – 1. *B.* Conta bancária onde frequentemente são efectuados depósitos, emitidos cheques, feitos saques ou feitas aplicações financeiras; **2.** *MC.* Conta gráfica aberta por um corrector (**broker**) que mostra frequentes compras e vendas de valores mobiliários dos seus clientes. *V.* **Abandonment;**
13. **bank (ing) account** – *B.* Conta bancária;
14. **blocked account** – *B.* 1. Conta bancária sobre a qual as autoridades monetárias impõem restrições de movimentação, sobretudo quanto a transferências para o exterior (ex: contas suspeitas de lavagem de dinheiro proveniente do tráfico de drogas); **2.** Conta bancária cujos fundos ficam voluntariamente

indisponíveis para garantir o cumprimento de uma obrigação ou pagamento de dívida;

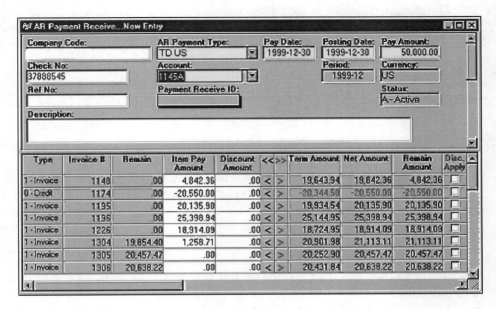

Exemplo de *Accounts Receivable*

15. **book account** – *CO. DC.* **1.** Conta-corrente entre o fornecedor e o seu cliente; **2.** Conta de simples lançamento contabilístico para efeitos de registo e análise;
16. **closed account** – **1.** *B.* Conta encerrada por acordo entre o cliente e o seu banco ou por não pagamento do primeiro do seus débitos; **2.** *CO.* Conta com registos contabilísticos encerrados mas ainda sujeita a pequenos acertos ou compensações de saldos (**set-off**) entre a empresa e o seu cliente;
17. **contra account** – *CO.* Lançamento contabilístico de valores acumulados a deduzir futuramente. Um exemplo clássico é a conta de desvalorização acumulada de uma empresa que vai somando novas quantias de máquinas e equipamento que se foram entretanto desvalorizando além de certos limites operacionais;
18. **contra entry** – *CO.* Conta de estorno; uma consequência da **contra account**;
19. **current account** – **1.** *B.* Conta corrente; **2.** *CO.* Conta entre duas empresas pertencentes ou não ao mesmo grupo económico que reflecte os seus movimentos de caixa, mercadorias, serviços, créditos, etc., mas que se inter-relacionam; *V.* **Book Account 3.** *EC.* Conta na balança de pagamentos de um país que representa as receitas e despesas públicas, incluindo o comércio visível e invisível. *V.* **Account, Balance of Payments;**

Direito de Negócios – Dicionário Inglês-Português   144

20. **debt service account** – Conta de valores caucionados para garantir o cumprimento de um empréstimo. *V.* **Debt Service Coverage Ratio;**
21. **deposit account** – *B.* Conta à ordem;
22. **discretionary account** – *MC.* Conta aberta por investidor a favor do seu corrector ou banco para que estes utilizem os saldos nela existentes para comprar e vender valores mobiliários (**securities**). *V.* **Broker;**
23. **escrow account** – *V.* Índice próprio;
24. **in trust (for) account (ou ITM)** – Conta bancária em que o seu titular designa um ou mais beneficiários no caso do falecimento do mesmo titular;
25. **joint account** – *B.* Conta conjunta, conta solidária. *V.* **Alternative Deposits;**
26. **Money Market Account** (ou **MMA)** – *B.* Conta a prazo mas sujeita a saques de valor global limitado e mediante determinado pré-aviso mínimo;
27. **open account** – 1. *CO.* Sub-parte de uma **Current Account** que pressupõe a concessão de um certo valor de vendas a crédito ou sujeito a pagamento futuro depois do acerto de compensações mútuas; **2.** *DC.* Valor de dívida a ser calculada e provada para efeitos de pagamento;
28. **savings account** – *B.* Conta a prazo ou de poupança; *V.* **Savings.**

ACCOUNTANT PRIVILEGE – *CO. DC.* Direito de retenção por parte de um contabilista ou auditor dos documentos de um cliente, caso este não lhe pague os seus honorários uma vez vencidos e não pagos.

ACCOUNTABILITY – Actuação ponderada (**reasonable**) e responsável de alguém ou de uma empresa; ter consciência e capacidade de discernir os riscos de uma decisão ou acto e assumir a responsabilidade decorrente. *V.* **Corporate Governance.**

ACCOUNTING – *CO.* Procedimentos, práticas e princípios de contabilidade aplicados por uma instituição pública, empresa ou banco. Distinguem-se normalmente dois tipos – **Financial** e **Management Accounting:**
- O primeiro, é basicamente destinado ao "exterior", por forma a dar ao público, ao contribuinte, credor ou accionista (conforme o caso), a descrição pormenorizada das actividades, transacções e estado económico-financeiro da instituição pública, empresa ou banco aplicando os *Generally Accepted Accounting Principles* ou os *International Accounting Standards* (*V.* **Accounting Principles**); e
- O segundo, serve de fonte de informação vital interna para os administradores/ directores/corpos superiores da gestão da instituição pública, empresa ou banco em causa, por forma a poderem estruturar e aplicar as suas políticas estratégicas mais convenientes e gerirem da melhor maneira os seus negócios.

O quadro abaixo exemplifica sumariamente as duas formas.

ACCOUNTING CHANGE – *CO.* Alteração de uma política contabilística;, nomeadamente, a actual e progressiva substituição na UE dos **GAAP- Generally Accepted Accounting Principles** pelos **IAS- International Accounting Standards** e **IFRS – International Financial Reporting Standards**. Excluem-se simples omissões e erros contabilísticos. *V.* **Accounting Principles.**

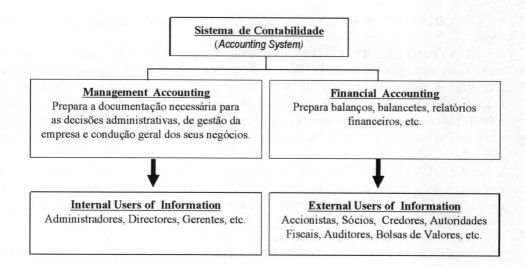

ACCOUNTING EQUATION – *CO*. Fórmula que estabelece a relação entre Activos (**assets**), Passivos (**liabilities**) e Capital (**shareholders´equity**), por forma a que Shareholders´ Equity = Assets – Liabilities.

ACCOUNTING PERIOD – *CO*. O período de tempo em que, de acordo com a legislação pertinente, o contribuinte tem que documentar os seus activos, responsabilidades, dívidas e rendimentos; entregar essa documentação às entidades fiscais para análise e definição da matéria colectável; e proceder ao pagamento dos impostos incidentes. Normalmente um período anual, coincidente ou não com o ano civil (1º de Janeiro a 31 de Dezembro), havendo entretanto sobretudo nos EUA muitas empresas que usam o conceito de **Fiscal Year**, ou seja de 1º de Julho a 30 de Junho de cada ano.

ACCOUNTING PRICE – *CO*. Preço contabilístico de um bem ou Activo, não necessariamente baseado no preço de mercado. *V.* **Accounting Ratio**.

ACCOUNTING PRINCIPLES – *CO*. Procedimentos e práticas de contabilidade padronizados no mundo de negócios e que são importantes na elaboração, preparação e divulgação de balanços, balancetes e outras Demonstrações Financeiras. **Ver maior desenvolvimento no Glossário deste Dicionário (*).**

ACCOUNTING PROFIT – *CO. CF. MC*. Métrica do rendimento líquido (**net income**) de uma empresa ou investidor relativamente a um determinado período, tal como reflectido pelos **Accounting Principles**. *V.* **Income**.

ACCOUNTING RATE OF INTEREST – *CO*. Percentagem matemática de desconto usada contabilisticamente para converter os valores futuros de custos e lucros, a tempo presente (**present value**).*V.* **Cost, Profit.**

ACCOUNTING RATE OF RETURN (ARR) – *CO*. Percentagem contabilística de rentabilidade bruta de um investimento (ou seja, antes de deduzir os respectivos impostos/encargos financeiros). *V.* **Rate of Return, Return on Assets, Return on Equity, Return on Investment.**

ACCOUNTING RATIO – *PF. CO*. Rácio entre **Accounting Price** e preço de mercado.

ACCOUNTING RECORDS – *CO*. Registos, lançamentos contabilísticos. Geralmente incluem os registos de lançamentos iniciais, tais como (i) cheques; (ii) transferências electrónicas de fundos; (iii) facturas; (iv) contratos e instrumentos similares; (v) lançamentos de diário e ajustamentos às demonstrações financeiras que não estejam reflectidos em lançamentos formais de diário; e (vi) outros registos (ex. folhas de trabalho e de cálculo que suportem imputações de custo, cálculos, reconciliações, divulgações, etc).

ACCOUNTING RISKS – *CO*. Prejuízos ou danos potenciais de serem sofridos por uma empresa, em função de erros ou negligência por parte dos sectores de gestão ou de administração da mesma e que devem ser assinalados nas notas aos balancetes ou balanços respectivos.

ACCOUNTS PAYABLE – *V. Account*.

ACCOUNTS PAYABLE TURNOVER RATIO – *CO. PF*. Rácio obtido ao dividir (i) o Valor das Mercadorias e Matérias-Primas Adquiridas pela Empresa por (ii) **Accounts Payable**. *V.* **Account, Ratio**.

ACCOUNTS RECEIVABLE – *CO. V. Account*.

ACCOUNTS RECEIVABLE FINANCING – *V. Account*.

ACCOUNTS RECEIVABLE TURNOVER RATIO – *CO. PF*. Rácio obtido ao dividir (i) o Valor das Vendas da Empresa por (ii) **Accounts Receivable**. *V. Account.*

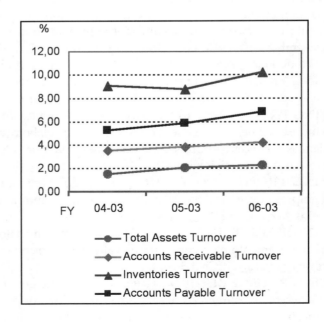

Exemplo de *Accounts Receivable Turn Over Ratio*

ACCREDIT – 1. *DIP*. Aceitar as credenciais de um embaixador ou diplomata; **2.** *DC*. Autorização, licença emitida por uma autoridade governamental, administrativa ou de classe.

ACCRETION – 1. *MC*. Ajuste da diferença entre o preço nominal de uma Obrigação (**par value**) e o preço de aquisição desta com desconto. *V.* **Bond**; **2.** *PF. MC*. Valor acrescido por efeito de produção (ex. colheita de uma seara depois de ser lavrada, semeada, irrigada e colhida) ou de investimento (ex. Fundo de Investimento que reinveste os seus ganhos de capital em função de obter uma percentagem global de rendimento). *V.* **Yield**.

ACCRUAL BASIS – *CO*. Princípio contabilístico pelo qual as receitas e despesas devem ser registadas nos livros da empresa, relativamente a todo o período anual de exercício (a chamada *base do exercício*), independentemente de se saber se tais receitas foram efectivamente recebidas ou tais despesas efectivamente efectuadas. Accrual Basis é assim o oposto de **Cash Basis** que se baseia na entrada e saída efectiva de valores monetários.

ACCRUALS – *CO. PF*. Quaisquer quantias que a empresa possa legalmente exigir com vista a aumentos de capital ou de liquidez da empresa (ex. suprimentos, pagamento efectivo de obrigações subscritas, etc.).

ACCRUED BENEFIT COST METHOD – *CO. DT*. Cálculo dos custos normais de um fundo de pensão ou de reforma, baseado no princípio de que a empresa deve contribuir anualmente com o **present value** dos aumentos salariais e benefícios concedidos aos funcionários nesse mesmo ano.

ACCRUED DEPRECIATION – *CO. PF*. Amortização de Activos aplicando uma taxa elevada de depreciação, permitida por lei fiscal ou pelos estatutos de uma empresa. *V.* **Depreciate**.

ACCRUED DIVIDEND (ou **CUM DIVIDEND**) – *MC. CO*. Considerando que os dividendos sobre Acções não são normalmente levados em linha de conta para efeito de compra e venda no mercado mobiliário por serem *incertos* (ou seja, dependem da existência de lucros e de aprovação por Assembleia Geral) e *não devidos* (só o são na data declarada para pagamento), as Bolsas de Valores consideram, como regra, que a venda é feita **Ex Dividend**.

Excepcionalmente, a venda pode ser feita **Cum Dividend**; neste caso considera-se o valor básico de mercado da Acção acrescido:
a) dos dividendos já aprovados e declarados mas não recebidos pelo accionista até à data da venda (ainda que relativos ao ano fiscal anterior); e
b) da fracção proporcional dos dividendos que venham a ser aprovados relativamente ao ano fiscal em curso (ou seja, o ano em que a venda é efectuada). *V.* **Dividend**, **Accrued Interest**.

ACCRUED INCOME – Rendas, rendimentos acumulados.

ACCRUED INCOME SCHEME – *UK. MC. DF*. Princípio fiscal pelo qual os juros ou dividendos devidos entre a última data de pagamento e a data de venda das Obrigações (**bonds**)/Acções que os geraram, são matéria colectável do vendedor podendo o comprador deduzir tal valor na sua declaração fiscal. Não aplicável a não-residentes ou se há troca de títulos. Há ainda isenção fiscal se o montante dos valores mobiliários não exceder £ 5,000 (tabela em vigor em Junho de 2000).

ACCRUED INTEREST – *MC. CO. PF.* Juros ainda não vencidos ou exigíveis. Ao contrário dos **accrued dividends**, os juros a taxa fixa sobre Obrigações, letras, livranças, **commercial paper** e **debentures** são considerados para efeitos de negociação (**gross price**) ainda que as Bolsas dos EUA utilizem a prática mais conservadora de "**net price**", ou seja, um preço básico que *exclui* os juros a receber.

Deve entretanto mencionar-se na venda que, por aquele preço, o comprador adquire também o direito a receber tais juros (com base no chamado "coupon", parte destacável da Obrigação). *V.* **Accrued Dividend**.

ACCRUED INTEREST PAYABLE – *B. CO.* Lançamento nos livros de um banco (**Ledger Accounts**) dos juros devidos aos seus depositantes.

ACCRUED LIABILITIES – *PF. CO.* Passivo acumulado.

ACCUMULATED DEPRECIATION – *DF. CO. PF.* Imputar o custo de aquisição de um bem (**asset**) deduzindo o valor esperado no final da vida útil (valor residual). Ex.:

- um camião custa €120.000;
- calcula-se que tem, em média, 3 anos de utilização normal; e
- o seu valor residual, no final desses três anos, é de €30.000.
- O valor de Accumulated Depreciation será assim €90.000 (ou seja, €120.000 – €30.000 = €90.000),
- o que sendo dividido por 3, resulta numa depreciação anual de €30.000).

ACCUMULATING DIVIDEND – *DS.* Dividendo não pago a um accionista relativamente a certo ano fiscal (**fiscal year**) e que é transportado para o ano seguinte, acumulando-se com o valor do próximo dividendo. *V.* **Dividend**.

ACCUMULATING SHARES – *DS. MC.* Acções ordinárias entregues aos accionistas em vez de dividendos. Forma de evitar o pagamento de impostos sobre ganhos de capital. *V.* **Capital Gains Tax**, **Stock Dividends**.

ACHIEVEMENT TEST – *1.* Exame; prova de aproveitamento escolar ou de curso de formação; *2. PF.* Teste de desempenho de uma máquina ou equipamento.

ACID RAIN – *ENV.* Chuva ácida, provocada pela acumulação na atmosfera de gases, partículas e substâncias de natureza ácida que, ao encontrar camadas de ar frio, se precipitam causando enormes prejuízos no meio ambiente. As substâncias em questão incluem ácido nítrico, sulfúrico, sulfatos, gases de enxofre, etc.

ACID TEST – *USA. PF. CO.* Também conhecida por **Quick Ratio**, **Liquid Ratio** ou **Current Ratio**. Fórmula financeira para avaliar o grau de liquidez de uma empresa. Apura-se ao calcular:

$$\frac{\textbf{Activo Disponível e Realizável } (*) + \textit{Trade Receivables } (**)}{\textit{Total Liabilities } (***)}$$

(*) Dinheiro em caixa, depósitos à ordem e montantes de valores mobiliários de liquidez assegurada

(**) Contas a receber.

(***) Passivo Exigível.

V. **Receivables, Current Assets, Current Liabilities, Ratios.**

ACKNOWLEDGMENT – *DP.* Declaração ou certificado emitido por notário ou outra autoridade, confirmando ter alguém comparecido perante esse notário ou autoridade e assinado determinado documento, de sua livre e espontânea vontade. *V.* **Affidavit**.

ACQUAINT (To) – **1.** Apresentar alguém; **2.** explicar alguma coisa por forma a familiarizar a pessoa ou a assembleia com um tema, assunto ou processo (*let me acquaint you with the new marketing policy for 2007*).

ACQUIRED FUND FEES AND EXPENSES – **MC. V. AFEE.**

ACQUIS COMMUNAUTAIRE – *DIP.* O conjunto de tratados, convenções, Directivas, leis, regulamentos e demais elementos do regime normativo em vigor na UE e que um novo Estado membro deve aceitar e introduzir no seu próprio sistema jurídico. Em certos casos (ex. Portugal, Espanha, Grécia) foram concedidos determinados prazos para tais membros efectuarem essa plena integração jurídico-normativa. *V.* **Accession.**

ACQUISITION ACCOUNTING – *CO. DS.* Procedimentos contabilísticos aplicáveis quando uma empresa adquire o controlo de outra:

- que reduzem simultaneamente o valor de **goodwill** daí resultante pela diferença do preço justo de aquisição (*fair value of the purchase consideration*) e o valor global líquido dos activos da empresa adquirida (incluindo patentes e marcas, direitos de autor, *licensing*, etc.);
- em que, por outro lado, os resultados financeiros da empresa adquirida só fazem parte do balanço consolidado, a partir da data de efectiva transferência do controlo do capital; e
- por oposição a **Merger Accounting** em que as Acções emitidas pela empresa adquirente, são contabilizadas a preços de mercado e não pelo seu **par value**, ou seja, assumindo que as duas empresas sempre estiveram associadas. Como tal, o valor de **goodwill** pode aumentar como consequência da transacção.

V. **Merger, Fair Value, Licensing, Accounting**.

ACQUITAL – *DP.* Sentença judicial que declara que o réu é inocente. *V.* **Absolution.**

ACQUITTANCE – *DC. C.* **1.** Quitação; **2.** Documento emitido por um credor ou outro titular de um direito, pelo qual estes desobrigam alguém de um compromisso ou obrigação previamente assumida. *V.* **Release**.

ACRONYM – Abreviatura, sigla. Ex. **ONU, NATO, IBM**, etc. **V. Abbrv.**

ACT – **1.** Lei, decreto, decreto-lei; **2.** Regulamento; **3.** Acto, no sentido de parte de uma peça teatral ou filme; **4. To Act** pode ter inúmeros significados dependendo da

Direito de Negócios – Dicionário Inglês-Português

preposição ou da partícula de realce que se use. Alguns exemplos mais ligados ao dia a dia da actividade empresarial:

- **to act for** – actuar em nome ou representação de alguém;
- **to act up** – comportar-se forma inconveniente e controversa; e
- **to act upon** – tomar uma medida imediata ou ter iniciativa;

5. Principais termos de conotação jurídica:

1. **act of god** – *DC. DIP. ENV.* Acto ou conjunto de ocorrências devidas exclusivamente às forças da natureza e sem interferência humana que causam danos a terceiros e/ou seus bens ou afectam profundamente as obrigações legais, judiciais ou contratuais entre duas ou mais partes e isenta qualquer responsabilidade (*L. – Actus Dei nemini facit injuriam – os actos de Deus não prejudicam ninguém*). A doutrina mais moderna dos EUA vai mais longe quanto ao grau de inexistência desta *"interferência humana"*. Segundo tais autores, tal inexistência de acção humana só é aceitável quando seja a causa imediata do dano; ao vir apurar-se que os danos provieram de interferência indirecta do homem, a sua causa última pela sua repetição e decurso de tempo, a teoria de Act of God já não se aplicaria. *V.* **Force Majeure** e **Pact du Prince;**

2. **act of grace** – *UK. DIP.* Indulto, perdão concedido pelo Parlamento;

3. **act of parliament** – *UK.* Lei que após ter passado por todos as etapas de redacção, alteração, discussão, aprovação e ratificação dos orgãos legislativos do Reino Unido (*House of Commons, House of Lords*), recebeu a promulgação e assinatura Real (*Royal Assent*), tornando-se obrigatória e com plena eficácia jurídica. *V.* **Bill or Rights;**

4. **act of providence** – *UK. DIP.* Uma variante do **act of god;**

5. **acts of union** – *UK.* Leis Constitucionais que deram origem ao actual Reino Unido, com especial destaque para o *Act of the English Parliament* e *the Union with Scotland Act* de 1706. Em 1920, através do *Government of Ireland Act*, a Irlanda foi dividida, ficando a parte do Norte enquadrada no Reino Unido e a do Sul, dando origem a um Estado independente – a actual República da Irlanda, membro da UE.

ACTION – **1.** *MC.* O rendimento de um valor mobiliário (**securities**) relativamente ao respectivo volume negociado no mercado, levando em consideração a tendência de preços de venda; **2.** *DP.* Processo judicial.

ACTIONABLE – *DP.* Matéria de facto ou de direito que dá boas razões para ser proposta uma acção judicial.

ACTION PROGRAMME – *EC.* Organização de programa e objectivos estratégicos activos de uma empresa. Pode ser de diversos tipos, formas e de maior ou menor complexidade, dependendo da sua natureza. Um exemplo clássico (conquista de novos mercados) inclui a definição:

(a) dos objectivos e metas;
(b) dos prazos para os atingir;
(c) da política aplicável de preços;

(d) das técnicas de controlo de custos e de **marketing**;
(d) dos planos alternativos perante reacções da concorrência, etc.

Pressupõe correspondentemente, uma maior ou menor estrutura vertical múltipla: uma equipa central definidora da estratégia; outra equipa de apuramento e análise dos resultados; equipas regionais/sectoriais de controlo e acompanhamento; equipas básicas de venda e de actualização de tecnologia e de **stocks,** etc. No seu todo, uma problemática em que ferramentas instrumentais como **Corporate Governance** (*) (alternativa económica) e o sistema **Scorecard** (*) podem ser fundamentais.

ACTIVE BORROWER – *B.* País que preenche as condições para pedir e obter financiamentos do Banco Mundial e instituições a este associadas. *V.* **International Bank for Reconstruction and Development**, **World Bank Group**.

ACTIVE LOAN – *B.* Empréstimo cujo saldo disponível (outstanding balance) pode ser desembolsado pelo devedor. *V.* **Loan**.

ACTIVE MANAGER – *MC.* Gestor ou gerente que participa em todas as fases e procedimentos de uma carteira de investimentos (**portfolio**):
- escolha e selecção dos tipos de valores mobiliários (**securities**) a comprar e vender e seus reinvestimentos;
- opção de receber dividendos em espécie (**stock dividends**) ou em numerário (**cash dividends**);
- participação ou não em aumentos de capital, opções, **swaps** intermediárias e finais, etc.

V. **Manager, Dividends**.

ACTIVE PARTNER – *DS. V.* **Partnership**.

ACTIVE STOCK/SECURITIES – *MC.* Acções com ofertas significativas e periódicas de compra e venda na Bolsa de Valores ou no mercado secundário. *V.* **Securities**.

ACTIVE TRADE BALANCE – *EC.* Balança comercial positiva, ou seja, com as exportações a excederem as importações. *V.* **Absorption Approach**, **Adverse Trade Balance**, **Balance of Trade**.

ACTIVITY-BASED COSTING – *EC. CO.* Sistema de cálculo dos custos de produção que individualiza, compara e adiciona os consumos de matérias-primas, o custo da mão-de-obra directa e os gastos industriais de fabrico, dando assim origem ao cálculo global dos custos de produção e dos custos unitários.

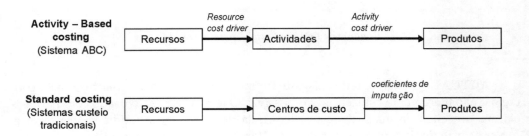

A imputação dos custos é feita com base em actividades por via de indutores (**activity cost drivers**), ao invés dos sistemas de custeio tradicionais (**standard costing**), em que o custo final de cada tipo de produto e da produção como um todo, resulta da individualização de centros de custos e correspondentes factores de imputação de custos aos produtos.

Fundamentos do modelo:
1. Os produtos não consomem custos, mas sim as actividades exigidas na sua produção; e
2. Ou seja, são as actividades que consomem recursos, que originam custos e não os produtos.
3. Os clientes que adquirem os produtos é que criam a procura dessas actividades.

Activity-Based Costing é uma consequência da crescente automatização dos processos de fabrico e produção e decrescente utilização de trabalho manual. *V.* **Activity Ratio**.

ACTIVITY RATIO – *PF. DS.* Rácio que calcula a maior ou menor eficiência com que uma empresa usa os seus activos e recursos económicos. *V.* **Asset Turnover Ratio, Return on Assets, Activity-Based Costing, Gross Profit Margin.**

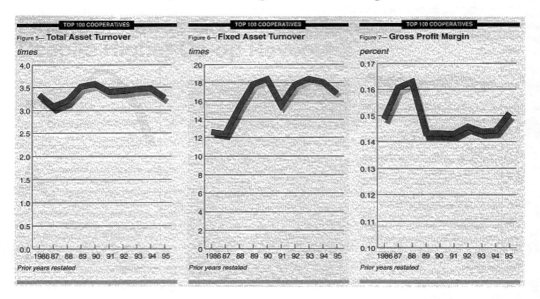

Exemplo de *Activity Ratios*. Fonte: *NALVALUE*.

ACTUAL – Efectivo, real, existente no momento em análise, valor ou facto concreto e não meramente conjectural ou possível. O termo *"actual"* é usado com frequência em conceitos da mais diversa ordem, seja de expressão quotidiana seja técnica. *V.* **Ver os principais termos derivados no Glossário deste Dicionário (*).**

ACTUALS – *MC. DR.* **Commodities** relacionados com contratos do mercado de futuros de produtos agro-industriais. Representa assim os produtos, colheitas ou bens adquiridos no mercado mas para produção e entrega futura.

ACTUARIAL EVALUTATION – *PF.* Avaliação de factos futuros com eventual impacto financeiro numa empresa (ex: reavaliação de activos, expansão de mercados e vendas, etc.).

ACTUARY – *DC. UK.* Perito de seguros, especializado em estatística e matemática financeira (ex. cálculo de pensões de reforma de segurados e respectivos prémios de apólice). *V.* **Insurance (*).**

ACUITY – Precisão, exactidão, acuidade.

AD CURIAM – *USA. UK. DP. L.* Acto a ser processado no próprio tribunal ou noutro tribunal.

ADD – Adicionar, somar. O verbo **to Add** tem, entre outras, duas importantes conotações:

- **add in** – trazer para um caso ou assunto, um factor ou argumento que faz parte do contexto geral; um detalhe que pode ser oportuno recordar; e
- **add on** – adicionar um facto, número ou argumento mas para lá do inicialmente pretendido/pensado ou concebido, o que pode ser contraproducente ou oportuno, dependendo das circunstâncias.

ADDICT – *CR.* Viciar-se em substâncias tóxicas ou drogas. Uma das expressões actualmente mais utilizadas pelos **lobbies** anti-alcoólicos e anti-tabagistas tanto nos EUA como na UE. *V.* **Hook on.**

ADDITIONAL PAID-IN CAPITAL – *USA. DS.* Quantidade de Acções ou percentagem adicional de capital subscrita pelos accionistas ou sócios de uma empresa, por estes terem subscrito previamente outras Acções ou quotas. Proporcional à quantidade originalmente subscrita, excepto se tiver sido exercido o direito a sobras. *V.* **Capital, Stock Dividends, Leftovers.**

ADDITIONAL PRINCIPAL PAYMENT – *B. CF.* Pagamento adicional do capital de um empréstimo para lá das prestações (**instalments**) previstas contratualmente, de forma a reduzir o valor em dívida. Na verdade tratar-se-á sempre de um pré-pagamento (**prepayment**), o que só valerá penas se o prepayment não estiver submetido a uma penalidade específica (**prepayment penalty**).

ADD-ON RATE – *B.* Taxa de juros adicionada ao capital de um empréstimo ou financiamento. Típico de crédito ao consumidor. *V.* **Interest Rate.**

ADD-UP – Adicionar, juntar, somar.

AD FACIENDUM – *UK. DP. L. Para ser feito, a ser feito ou provado.*

ADHESION – **1.** Aderir, juntar-se a; **2.** *C.* Contratos de adesão, minutas padrão pré-impressas, em que as partes contratantes (ou pelo menos uma delas) se limitam a preencher os espaços da respectiva identificação, termos ou datas, encargos incidentes e outros dados pontuais, bem como a data de celebração, ou seja, sem que seja dada oportunidade de negociar o seu conteúdo. Muitos dos contratos de prestação de serviços públicos (fornecimentos de electricidade, água, transporte, etc.) bem como, certos contratos bancários são *adhesion agreements*.Portugal tem, como se sabe, a sua própria legislação sobre este tema.

AD HOC – *L. Para este efeito especial e só para tal; como e quando seja necessário ou preciso, em função das circunstâncias.* Também sinónimo de improvisado, temporário, ocasional. Em direito processual anglo-saxónico significa ainda um procurador (**attorney ad hoc**), um curador de menores (**guardian ad hoc**) ou um administrador de massa falida (**curator ad hoc**), especial e exclusivamente nomeados para o caso em análise.

AD-HOCRACY – *EC. DT.* Técnica de organização de trabalho em que não existem descrições de funções ou de cargos, criando-se antes uma mão de obra polivalente e flexível que atende às exigências de momento.

AD IDEM – *USA. L.C. ...para o mesmo, para as mesmas coisas.* Prever em contrato que as partes *"agree ad idem..."*, significa que elas concordam em praticar um tipo de actos idêntico ou similar ao tipo de actos pré-definido ou contratado.

ADJOURN – *DP.* Adiar, suspender uma reunião, sessão ou audiência judicial.

ADJECTIVAL LAW – *UK. DP.* Lei processual ou relativa a processo judicial civil, criminal ou administrativo.

ADJUDICATION – 1. *DC.* Decisão judicial em processo de falência; 2. *DIP. DP.* Decisão judicial em que um tribunal defere para outro (designadamente, um tribunal estrangeiro) a jurisdição cabível e competente de um processo.

ADJUDICATIVE FACTS – *DP.* Factos e argumentos em processos administrativos em que se comparam as razões do réu com as normas e regulamentos em questão, seja para servir de atenuantes seja como agravantes. Por vezes usado para demonstrar que o funcionário ou pessoa física actuou correctamente para evitar um prejuízo que resultaria da fria aplicação da lei ou regulamento em questão.

ADJUST – 1. Ajustar, acertar, fixar um limite; 2. *DC.* Negociar com o segurador o montante de indemnização a ser paga nos termos de uma apólice; 3. *DP.* Efectuar o pagamento de uma indemnização ou multa a que se foi condenado em juízo. *V.* **Adjustment**.

Principais termos derivados:

1. **adjustable-rate mortgage** – *USA. B.* Empréstimos hipotecários cuja taxa de juros está vinculada a certos índices económicos pré-determinados;
2. **adjustable-rate mortgage cap** – Limite máximo pré-determinado da variação dos índices económicos que podem ser aplicado a um empréstimo hipotecário. *V.* **Cap**;
3. **adjustable rate preferred stock** – Acções preferenciais (ou *"A" Shares*) ou participações no capital de uma empresa, com taxa de dividendos flutuantes, normalmente indexados às taxas de juros dos títulos do tesouro norte-americano (**Treasury Bills**);
4. **adjusted present value** – *PF. CO.* **Net Present Value** de um activo exclusivamente financiado com recursos do capital da empresa e/ou de suas reservas, acrescentando-se-lhe o valor actual de quaisquer encargos adicionais provenientes de tais recursos (ex: prémios no preço de subscrição de aumentos de capital). *V.* **Present Value**;

5. **adjust losses** – Reparação dos prejuízos sofridos por alguém por acto culposo ou negligente de terceiro, um dos princípios básicos de **Torts**. *V.* **Afford Compensation.**

ADJUSTER – *DC.* **V. Insurance (*).**

ADJUSTMENT – 1. *EC.* Correcção do valor económico ou monetário seja numa simples obrigação contratual seja em mercado de capitais; 2. Determinação do valor de uma indemnização; 3. *CO.* Rectificação, actualização de um lançamento contabilístico. **Ver Lista de alguns termos derivados na Parte II deste Dicionário (*).**

ADMINISTERED PRICE – *EC.* Preço que é fixado, definido, controlado ou limitado por um fornecedor, grupo de fornecedores, autoridades económicas, outras entidades públicas ou pelo próprio Governo.*V.* **Monopoly, Anti-Trust Laws, Monopsony.**

ADMINISTRATION/ADMINISTRATIVE FEE – *B. PF.* Comissão bancária calculada sobre o capital de um financiamento como forma de justificar as despesas feitas pelo banco ao efectuar a análise de crédito, avaliar as garantias e preparar a documentação jurídica necessária e assinar o respectivo contrato. Paga "à cabeça", de uma única vez. *V.* **Fees.**

ADMISSIBILITY – *DP.* Critérios jurídico-processuais que definem o tipo de prova que pode ser produzida em juízo.

ADMISSION – 1. Admitir, aceitar, concordar; 2. *DF.* No regime aduaneiro, autorização da entrada de uma mercadoria ou matéria-prima, livre de quaisquer impostos por ir ser transformada, incorporada e depois reexportada (*Temporary Admission* ou **Draw-Back**); 3. *DP.* Admitir que o argumento de uma parte é verdadeiro ainda que não provado; 4. *UK. DP.* Prova escrita ou oral apresentada em juízo por uma parte processual e que é contrária aos interesses dessa mesma parte. 5. Ser aceite como sócio ou membro de uma organização, sociedade ou clube. *V.* **Fees.**

ADULTERATION – *CR. DP.* 1. Corromper, alterar dolosamente um documento ou facto sujeito a prova; 2. *DC.* Em material de protecção dos direitos do consumidor, a alteração dos componentes de bebidas e demais produtos de alimentação, por forma a afectar a sua qualidade ou quantidade.

ADULT POPULATION – *EC. DT.* População activa do ponto de vista económico.

AD VALOREM – *DF.* Impostos e obrigações fiscais determinadas com base no valor de bens. Por oposição a impostos calculados ou determinados em função da dimensão física ou volume dos bens. *V.* **Tax**.

ADVANCE – 1. *B.* Empréstimo, crédito concedido através de depósito em conta corrente, com ou sem garantias; 2. *B.* Pagamento de um determinado valor antes do término do respectivo contrato e por conta da amortização ou liquidação final; 3. *DT.* Adiantamento de salários ou subsídios, a título de *facilidade de tesouraria*; 4. Aumento parcial de preço de um bem ou serviço por conta do aumento final a ser definido por uma autoridade ou governo (ex: combustíveis).

ADVANCE CORPORATION TAX – *UK. DF.* Adiantamento de imposto pago por uma empresa ao distribuir e pagar dividendos aos seus accionistas, como presunção dos

Direito de Negócios – Dicionário Inglês-Português

seus lucros finais. Correspondia (à data desta edição) a, no mínimo 25% e, no máximo, 75% do valor dos dividendos declarados. O seu valor é depois deduzido do imposto final a ser pago pela empresa. *V.* **Tax.**

ADVANCE DECLINE RATIO – *EC. MC.* Rácio entre o número de empresas que, durante certo período, tiveram baixa das cotações em Bolsa e as que viram subir as suas cotações. *V.* **Stock Exchanges**.

ADVANCEMENT – Doação antecipada de bens ou valores por conta de futura herança.

ADVANCED EXPORT PAYMENTS – *B.* Empréstimo ou crédito por conta de exportações a realizar. *V.* **Export.**

ADVANCED INDUSTRIAL COUNTRIES (ou **AIC**) – *EC.* Países de grande poder industrial – Estados Unidos da América, Canadá, França, Alemanha, Japão e Reino Unido. Alguns autores apontam também a China e a Russia como fazendo parte deste grupo.

ADVANCE UPON COLLATERAL – *B.* Empréstimo garantido por penhor ou caução. Sinónimo – **Secured Loan**. *V.* **Security**, **Collateral**.

ADVENTURE – *MC.* Investimento comercial especulativo, frequentemente associado a actividades de exportação-importação. *V.* **Trade**, **Export**.

ADVERSE POSSESSION – *DR.* Posse de um bem por alguém que não é o seu legítimo dono, por forma (i) contínua; (ii) exclusiva; (iii) pacífica; (iv) pública; e (v) notória. Reunindo estes requisitos, o legítimo proprietário não pode negar ter tido todas as possibilidades de saber que o bem era possuído por um terceiro de boa fé. *V.* **Abandonment**.

ADVERSE SELECTION – *MC. DS.* Informação de mercado antes de ser efectuada uma emissão de valores mobiliários (obtida com base em técnicas de **asymmetric information**) que conclui que tal emissão beneficiará partes económicas indesejáveis ou concorrentes da empresa emissora.

ADVERSE TRADE BALANCE – *EC.* Balança comercial desfavorável ou negativa. *V.* **Balance of Payments**.

ADVERSE USE – *DR.* Esbulho; uso não autorizado nem permitido de um bem de terceiro. *V.* **Torts(*).**

ADVERSE WITNESS – *DP.* Testemunha cujas declarações acabam por prejudicar a parte que a indicou. Normalmente apenas usado quando há indícios dolosos por parte dessa testemunha.

ADVERTISING – *EC.* Publicidade, divulgação de um produto ou serviço por forma a:

- informar o público sobre as características ou qualidades desse produto ou serviço (*informative advertising*):
- promover o seu consumo (*persuasive advertising*)
- sendo ainda crescente a utilização de *advertising* pelo próprio Estado, suas agências ou instituições e ainda pelas ONGs e outras entidades apolíticas ou políticas, para divulgar as mais diversas campanhas (*advertising campaigns*)

de carácter institucional, profilático, eleitoral ou conjuntural. **V. Above the Line Advertising, Above the Line Promotion, Marketing, Advertisement, NGOs**.

ADVERTISING ELASTICITY OF DEMAND – *EC*. Cálculo matemático que apura a resposta dos consumidores ao aumento de publicidade relativamente a um determinado produto e respectivos custos. Calcula-se o aumento da percentagem de consumo desse produto por cada 1% de aumento de custo da sua publicidade.

ADVISE FATE – *B*. Pedido de informação por parte de um banco que remeteu a outro um cheque para cobrança, a fim de saber a data em que tal cobrança será (ou foi) efectuada.

ADVISE OF ACCEPTANCE – *B. DC*. Confirmação escrita por parte de um banco que fez a cobrança de um título, dirigida ao banco que solicitou aquela cobrança, detalhando os valores cobrados, comissões e taxas bancárias deduzidas, etc.

ADVISING BANK – *B. DC*. Informação escrita enviada por um banco a um exportador do seu país, confirmando que foi aberta uma carta de crédito (**letter of credit**) junto a um banco estrangeiro. *V.* **ICC**.

ADVISORY CONCILIATION AND ARBITRATION SERVICE (ou ACAS) – *UK. DT*. Entidade pública criada pelo *Act of Parliament of 1975* (com as alterações introduzidas em 1992) que tem como funções básicas, servir de intermediário em conflitos entre trabalhadores, sindicatos e empresas. Tem iguais atribuições nos casos que envolvem litígios industriais.

ADVISORY COUNCIL – *DS*. Conselho Consultivo. *V.* **Board of Governors**.

ADVISORY COUNSEL – *USA. DP*. Advogado de uma parte mas sem interferir na actuação em processo do advogado litigioso (**trial counsel**) retido pela mesma parte. Normalmente contratado devido à sua vasta experiência e conhecimento da jurisprudência em causa.

ADVISORY OPINION – *USA. DP*. Parecer ou opinião emitida por um tribunal a pedido do governo federal ou de um governo estadual.

AEQUITAS – *L*. Equidade (ou **Equity**). Enquadramento e solução justa de uma situação ou problema; forma justa e razoável de dirimir um conflito. Obviamente nem sempre coincide com a solução prescrita pela lei aplicável.

AFFÂSVALDEN GENERAL INDEX – *MC*. Índice de valores mobiliários da Bolsa de Estocolmo, Suécia.

AFFIANT – *DP*. Quem emite um **Affidavit**.

AFFIDAVIT – *DP. L*. *"Quem empenhou a sua palavra"*; documento escrito devidamente testemunhado e/ou autenticado pelo qual é prestada uma informação ou dado testemunho de um facto em tribunal. *V.* **Acknowledgment**.

AFFILIATE – *C. PF. DS*. Empresa "ligada" a outra, seja porque ambas têm participações de accionistas comuns (como controladoras ou em minoria), seja por terem os mesmos membros nos respectivos Conselhos de Administração (**Board of Directors**) ou outros orgãos sociais. Diz-se ainda de empresas que, embora distintas quanto às composições dos respectivos capitais, têm interesses económicos interdependentes.

Direito de Negócios – Dicionário Inglês-Português

V. **Associated Company, Parent Company, Holding, Subsidiary, Corporate Governance (*)**.

AFFINITY – Parentesco de um membro de um casal com os parentes directos (avós, pais, irmãos, sobrinhos) do seu marido ou mulher.

AFFINITY CARD – *B.* **1.** *USA.* Cartão de crédito emitido a favor de membros de um clube, de uma universidade, etc.; **2.** *UK.* Cartão de crédito em que o banco emissor se compromete a fazer uma doação a favor de uma instituição de caridade por cada cartão emitido ou por cada *n* libras esterlinas gastas pelo titular do cartão.

AFFINITY FRAUD – *USA. MC.* Gíria de mercado para referir práticas pouco éticas ou mesmo fraudulentas por parte de **brokers** ou operadores do mercado de **securities**, visando vendê-las a clientes constituídos por grupos ou instituições específicas (ex. grupos religiosos, de minorias étnicas, reformados, etc.), com menor experiência de mercado e mais susceptíveis de serem enganados. *V.* **Sarbanne-Oxley Act (ou SOX)**.

AFFIRMANCE – *DP.* Confirmação, ratificação de uma lei ou decisão judicial.

AFFIRMATIVE ACTION – *USA.* Programa de integração social pela qual uma escola, empresa ou outra instituição geradora de emprego é obrigada a "corrigir" práticas anteriores discriminatórias na admissão de estudantes ou na contratação de mão de obra em função da raça, sexo, convicção religiosa ou orientação sexual, passando a dar preferência à contratação de indivíduos pertencentes aos grupos anteriormente discriminados. A *Affirmative Action* foi posta em prática através de um **sistema de quotas** para cada uma dessas minorias e sujeita a forte contestação nos finais dos anos 90. Hoje um tanto diluída, atendendo aos exageros das áreas liberais mais radicais e à queda dos níveis de emprego daí decorrentes.

Em **Junho de 2007**, o Supremo Tribunal Federal dos EUA criou um precedente importante ao estabelecer que a *Affirmative Action* não pode ser aplicada em detrimento dos **Equal Opportunity Principles**, ou seja, não se podem matricular estudantes em escolas e universidades ou contratar funcionários de empresas cujas etnias sejam predominantemente minoritárias, ao ponto de, para cumprir as mencionadas quotas, prejudicar ou até impedir o acesso de pessoas das demais etnias. *V.* **Age Discrimination in Employment Act**.

AFFIRMATIVE COVENANTS – *C.* Cláusulas contratuais pelas quais o devedor se obrigou a praticar determinados actos ou a tomar certas iniciativas (obrigação de fazer). As principais dizem respeito à condução de negócios da empresa, métodos contabilísticos a serem utilizados, rácios financeiros a serem mantidos, documentação e informação a ser fornecida ao banco, etc. Por oposição a **Negative Covenants**. *V.* **Covenants, Provision, Clause, Section e Glossário deste Dicionário (*)**.

AFFLUX OF CAPITAL – *EC.* Entrada de capitais para investimento. *V.* **Capital**.

AFFORDABILITY – Capacidade de pagamento, capacidade financeira. *V.* **Ability-to-Pay Principal, Borrowing Power**.

AFFORD COMPENSATION – *T.* A capacidade financeira de indemnizar alguém a quem, de forma culposa ou negligente, se causaram danos ou provocaram prejuízos. *V.* **Adjust Losses, Deep Pocket, Torts**.

AFFRAY – *USA. CR.* Luta física ou briga entre duas ou mais pessoas num local público e que afecta os circundantes. *V.* **Torts** (*).

AFFRONT – *CR.* Insulto, forte insolência verbal não necessariamente envolvendo força física mas que devido às circunstâncias (local público, ser emitido ou dirigido a autoridade ou entidade social, religiosa ou empresarial representativa, etc.) tem gravidade. Pode também ser meramente escrita (ex. via jornais ou publicações de substancial circulação). *V.* **Torts** (*).

AFLOAT – *DC.* Mercadorias que se encontram a bordo de um navio entre os respectivos portos de embarque e de desembarque.

AFRICAN DEVELOPMENT BANK – *OMD.* Banco de Desenvolvimento Africano; constituído em 1963 por 33 Estados daquele continente, para promover o desenvolvimento económico e social dos seus membros. Em 1973, alguns países não africanos tornaram-se também membros constituindo o *African Development Fund*, empresa afiliada para empréstimos (*lending affiliate*) do *ADB*. Os membros não-africanos detinham até finais de 2005, cerca de 1/3 do banco.

AFTER ACQUIRED PROPERTY CLAUSE – *B. DR. C.* Cláusula de contrato de empréstimo hipotecário pela qual o devedor se compromete a hipotecar a favor do credor, quaisquer novos bens imobiliários que venha a adquirir futuramente. *V.* **Affirmative Covenants, Mortgage, Liens**.

AFTER DATE – *B. DC.* Termo usado em títulos de crédito para indicar o início do prazo do seu pagamento (…"60 *days after date, we promise to pay*…").

AFTER-HOURS DEALS – *UK. MC.* Transacções de Valores Mobiliários (**securities**) efectuadas após o encerramento da Bolsa de Londres (4.30 p.m.) e que são registadas como parte das transacções do dia seguinte. **V. AHT**.

AFTER- HOURS MARKET – *UK. MC* . **V. AHT**.

AFTER – HOURS TRADING – *UK. MC* . **V. AHT**.

AGAINST ALL RISKS – *DC.* Apólice de seguro contra todos os riscos. *V.* **Insurance** (*).

AGAINST DOCUMENTS – *DC.* Pagamento contra a apresentação de documentos. *V.* **Insurance** (*).

AGE DISCRIMINATION IN EMPLOYMENT ACT OF 1967 – *USA.* Lei de 1967 contra a Discriminação em Emprego em função da Idade. *V.* **Equal Opportunity**, **Affirmative Action**.

AGE EARNING PROFILE – *EC. DT.* Estudo da relação entre o nível salarial e a idade do trabalhador. Nos países industrializados, os salários aumentam rapidamente após a saída das universidades, crescem menos rapidamente nos 5 a 10 anos seguintes e depois tendem a declinar, a partir dos 40 anos de idade. Este último facto deve-se à falta de estímulo de crescimento profissional do trabalhador a partir desta faixa etária. *V.* **Labour**.

AGENCY – *DC. C.* Relação jurídica contratual bi-lateral pela qual uma das partes (**Agent**) actua em representação, nome e na defesa dos interesses comerciais da outra (**Principal**). De uma forma geral o **Agent**, embora actue com certo grau de autonomia

Direito de Negócios – Dicionário Inglês-Português

160

e iniciativa próprias (**general agent**), é obrigado a seguir as instruções e critérios que lhe foram contratualmente impostos pelo principal. Neste sentido, no Reino Unido o gerente ou administrador de uma empresa é considerado um *"agent"* mas que pode também ser constituído apenas para uma finalidade concreta (*specific agent*). *V.* **Broker, Dealer**.

AGENCY CREDIT LINE – *PF. B.* Linha de crédito a longo prazo, aberta por bancos ou OMDs para financiar no estrangeiro, determinado tipo de **SMSEs** (*V.* **índice próprio**) que pretendem realizar ou concluir projectos de pequeno ou médio porte num país em vias de desenvolvimento. Principais características:

- O risco de crédito é directamente assumido por tal banco ou OMD, que assina um contrato de empréstimo directamente com a **SMSE;**
- Confia-se porém a um banco local, a escolha e selecção dos possíveis beneficiários de tais créditos (**Eligible Borrower**) e dos projectos a financiar (**Eligible Projects**), a assinatura dos respectivos contratos de crédito em nome e representação de tal banco ou OMD (ou seja, como **agent** destes últimos);
- Compete a esse mesmo banco também, fiscalizar e administrar os créditos depois de desembolsados, receber pagamentos dos financiados e encaminhá-los para os credores, etc;
- Usada quando os pequenos valores e dimensão dos projectos não justificam as elevadas despesas de avaliação, análise e concessão de crédito por parte do banco ou OMD.

V. **Agency, Agent, Credit Line, Line of Credit**.

AGENCY FEE – *B. C.* Comissão paga ao banco coordenador (**Lead Manager**) de um *Euroloan* para pagamento dos seus serviços de intermediário entre a devedora e os membros do consórcio bancário, nomeadamente, remeter para a devedora os saques do empréstimo, encaminhar para os membros do consórcio os pagamentos de capital e juros recebidos da devedora, analisar e comentar os balanços e balancetes daquela, administrar e gerir as garantias constituídas (*Security Agent*), etc. *V.* **Fee, Euroloan, Consortium**.

AGENCY FOR INTERNATIONAL DEVELOPMENT – *DIP. OMD. USA.* Agência para o Desenvolvimento Internacional (ADI), instituição de ajuda económica aos países em vias de desenvolvimento sob a égide do *State Department* (equivalente ao Ministério dos Negócios Estrangeiros) dos EUA. Criada em 1961 no âmbito do *Foreign Assistance Act*, a ajuda da ADI é feita em duas vertentes: ajuda ao desenvolvimento e concessão de crédito para finalidades económicas. Entre as suas actividades mais divulgadas estão a doação de alimentos e de ferramentas e produtos agrícolas (*agricultural commodities*).

AGENCY LOAN – *PF.* Empréstimo concedido pelo Banco Europeu de Investimentos a entidades governamentais e organismos públicos. *V.* **European Investment Bank, Loan**.

AGENT – **1.** *DC.* Pessoa ou entidade que embora não mantenha uma relação directa de emprego com um terceiro (**Principal**), vende, compra e actua como intermediário em nome desse terceiro e na defesa dos seus interesses comerciais, através de contrato específico – **Agency Agreement**. A latitude de tais poderes pode ser específica (*specific agent*) ou incluir todos os negócios e actividades comerciais do *principal* ou parte substancial dos mesmos (**general agent**); **2.** *B.* Banco que actua em nome e representação de um consórico bancário (**Paying Agent**); **3.** *MC.* Banco, instituição financeira ou parte que faz os cálculos dos pagamentos de uma **swap** ou derivativos (**Calculation Agent**). *V.* **Agency, Principal, Broker, Candy Deals, Channel Stuffing.**

AGGLOMERATION – *EC.* Do ponto de vista macro-económico e demográfico, concentração populacional em que a proximidade das casas e habitações não dista em média mais de 200 metros umas das outras e num mínimo de 50 pessoas. Critério definido pela UNESCO em 1997 e que, tanto quanto sabemos, não foi ainda alterado. *V.* UNESCO.

AGGRAVATED DAMAGES – Prejuízos adicionais que um tribunal pode identificar e condenar o réu, por forma a reparar o bom nome e dignidade do queixoso. *V.* **Damages, Torts (*).**

AGGREGATE – Conjunto, total, soma, agregado. **Ver lista de termos associados no Glossário deste Dicionário (*).**

AGGREGATION – *EC.* Análise do comportamento colectivo de procura e oferta, o que possibilita uma visão global do estado económico de um país.

AGGREGATION PROBLEM – *EC.* Possíveis discrepâncias ao transpôr para níveis macro-económicos, dados observados em micro-economia ou de economia de empresa. *V.* **Macroeconomics, Microeconomics.**

AGING SCHEDULE – *DC. CO.* Período de tempo para pagamento de contas a receber num sistema de vendas a prazo.

AGIO – **1.** *MC.* Prémio ou desconto recebido ou pago relativamente ao valor de emissão ou nominal de um valor mobiliário ou título de crédito; **2.** *EC.* Efeito da balança de pagamentos de um país ao apresentar um **deficit** e, com isso, reduzir o valor da sua moeda. *V.* **Balance of Payments.**

AGNATES – *UK.* Parentes do lado do pai. *V.* **Cognates.**

AGREED BID – *DS.* Proposta de aquisição de controlo accionista de uma empresa (**takeover**) que tem o apoio dos accionistas da empresa alvo. Por oposição a **Hostile Bid**.

AGREEMENT – **1.** Contrato; **2.** Acordo oral ou escrito; **3.** Concordância, anuência; **4.** Estatutos de uma instituição ou empresa (**Articles of Agreement**). *V.* **Contract e Lista de Agreements/Contracts ligados a Project Finance no Glossário deste Dicionário (*).**

AGROBUSINESS – *DR.* Indústrias agro-pecuárias ou agrícolas.

AID AND ABET – *V.* **Abet**

AIM OF PROFIT – Objectivo de lucro.

ALDRINE – *ENV.* Aldrina, um insecticida cujos efeitos perniciosos e persistentes têm levado ao seu progressivo abandono. Ao ser aplicada, a Aldrina transmite os seus efeitos para as sementes das plantas ou cereais, daí para aves que os comem e depois para os predadores destas. Por sua vez, uma vez sujeita ao efeito das chuvas e do meio ambiente, a Aldrina transforma-se na Dieldrina que atinge em grandes proporções, as faunas píscicolas de rios e cursos de água doce.

Direito de Negócios – Dicionário Inglês-Português

ALEATORY CONTRACT – *C.* Contrato pelo qual a sua eficácia ou consequência das obrigações assumidas só têm lugar quando se verificarem determinados acontecimentos não dependentes da vontade das partes. Impõe-se em qualquer caso a liberdade e a boa fé contratuais.

ALIAS – *USA.* "Também conhecido como..." (*also known as*) , referência a pessoa que usa mais de um nome ou identificação. Também usada a abreviatura "**Aka**".

ALIENATION – 1. *DR.* A transferência a título normalmente oneroso ou gratuito (ex. por doação ou via testamentária) da propriedade de um bem ou propriedade entre duas pessoas; normalmente envolve a transferência total e absoluta dos direitos de propriedade; **2.** *EC. DT.* Um dos conceitos básicos do marxismo, ou seja, o divórcio dos objectivos a que cada ser humano tem natural direito, causados pelo "embrutecimento e aviltamento" do sistema capitalista, ao subjugar o trabalhador à repetição diária, exaustiva e "mecânica" de actos e rotinas que lhe criam uma crescente insatisfação, apatia e depressão, quando não revolta. *V.* **Anomie**.

ALIENATION CLAUSE – *DR. C.* Cláusula pela qual se permite ou se proíbe a alguém a transferência da propriedade de um bem ou propriedade para um terceiro.

ALIEN – 1. *USA.* Estrangeiro, alguém que não tem cidadania Norte-Americana nem é residente nos EUA. A lei norte-americana assegura igualdade geral de direitos e obrigações a quaisquer estrangeiros que se encontrem legalmente no país; *V.* **Green Card**. **2.** *UK.* Estrangeiro, alguém que não é cidadão britânico, cidadão da **Commonwealth** ou da República da Irlanda.

ALIEN CORPORATION – *DS.* Sociedade estrangeira.*V.* **Corporation**.

ALIMONY – Direito de alimentos; pensão de alimentos, de sustento e sobrevivência económica. Termo associado nos EUA: **Child Support**; pensão paga a um pai ou mãe idosos e que se encontrem inválidos; pensão por parte de um ex-marido à mulher de quem se divorciou, etc).

São basicamente de três tipos:

1. **gross alimony** – paga de uma só vez (*lump sum*), como é por exemplo, o caso da pensão paga, após se ter vendido a propriedade que constituía o domicílio conjugal;
2. **alimony pendente lite** (ou *temporary alimony*) – pensão que é paga apenas durante a fase em que se liquidam os bens comuns do casal e se apuram as respectivas receitas ou se atinge a maioridade do menor;
3. **permanent alimony** – pensão paga até à morte de quem outorga a pensão ou do beneficiário (ou, no caso de divórcio, quando haja novo casamento do ex-cônjuge a quem a pensão era devida).

ALL INCLUSIVE INCOME STATEMENT – *CO.* Demonstrativo global de lucros e perdas. Pode ou não ser consolidado. *V.* **Accounting, Consolidate.**

ALLOCATION – 1. *EC.* Opção macro-económica de escolha e utilização de recursos económicos, quando estes são escassos, em função da procura ou das prioridades de desenvolvimento estabelecidas pelo respectivo Governo; **2.** *CO.* Distribuição contabilística de valores ou montantes tal como decidida pela empresa e sempre de acordo com os **Generally Accepted Accounting Principles** ou os **Intermacional Accounting Standards** bem como os melhores interesses em questão (ex: constituição de reservas, **depreciation**, amortização de dívida, expansão de produção, mudança de actividade, etc). *V.* **Accounting Principles**.

ALLOCATION OF FACILITIES AND PROCESSES – *PF.* Distribuição e organização de máquinas, equipamentos, recursos e processos operacionais, atribuição de custos, de sub-unidades de produção, de distribuição, de comercialização, de marketing, etc. de uma empresa ou instituição. **V. Scorecard, Corporate Governance**.

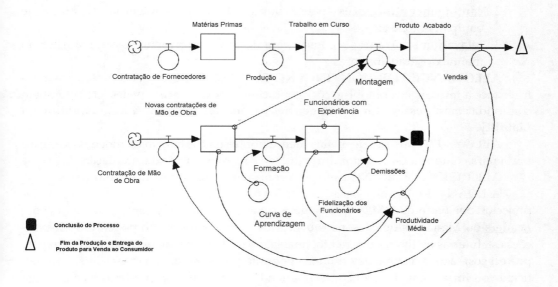

Exemplo de *Allocation of Facilities*

ALLOCATION OF LOAN PROCEEDS – *B. PF.* Utilização de fundos ou recursos financeiros de empréstimo de acordo com o vínculo estipulado pelas respectivas cláusulas contratuais.

ALL-OR-NONE UNDERWRITING – *MC.* **Underwriting** em que a empresa emissora de uma série ou tipo de valores mobiliários os oferece (**bid** ou **tender**) para colocação no mercado através de um banco ou instituição financeira, com a condição de este/esta tentar colocá-los na totalidade

ALLOT – Repartir, distribuir, destinar, atribuir.

ALLOTMENT – **1.** *MC.* Parte ou percentagem de novas Acções ou Obrigações (**bonds**) a serem emitidas, que cabem ao antigo accionista/obrigacionista de acordo com o respectivo direito de preferência (ou no caso de uma OPA, por inscrição prévia junto a uma instituição financeira); **2.** *B. PF.* Valor ou percentagem de empréstimo con-

Direito de Negócios – Dicionário Inglês-Português 164

cedido por um membro de consórcio bancário relativamente ao montante global de tal empréstimo. *V.* **Consortium, A Loan, B Loan**.

ALLOTEE – O investidor ou banco que recebeu um **allotment**.

ALLOWANCE – **1.** *DT.* Ajudas de custo (*travelling allowance*); **2.** Pensão alimentícia, mesada, semanada; **3.** *DT.* Fracções adicionais de tempo (ou seja, para lá das horas efectivas de trabalho) necessárias para concluir uma tarefa, produzir um bem ou prestar um serviço. Principais tipos:

1. **assignment allowances** – pausas causadas pelo operário ter que cumprir com deveres sindicais ou de negociação salarial colectiva;
2. **contingency allowances** – pausas imprevistas para manutenção e reparação de equipamento, etc;
3. **relaxation allowances** – pausas para descanso motivadas por fadiga física ou mental dos trabalhadores.

ALLOWANCE FOR CONTINGENCIES – *CO. DS.* Provisão de recursos para fazer face a imprevistos ou obrigações condicionais (ex.: fianças, avales, etc.). Também conhecida como **Reserve for Contingencies** e **Contingency Allowance**. *V.* **Contingent Liability**.

ALLOY – *FIP.* Mistura de metais menos nobres na cunhagem de moedas de ouro e prata para conferir a estas maior durabilidade e resistência na sua circulação e uso.

ALL RISKS INSURANCE – Seguro contra todos os riscos. *V.* **Insurance (*)**.

A LOAN – *PF.* Termo específico relativo à mecânica de financiamento de grandes projectos por parte de OMDs que actuam como fontes financiadoras e também como **Leaders** ou **Managers** de consórcios bancários. Como aquelas não podem por disposições estatutárias ou limites de crédito, financiar o custo global de um projecto (**aggregate project cost**) acima de uma determinada percentagem, convidam bancos privados a participar no financiamento (*participation*), criando para tal um empréstimo tecnicamente separado. Assim, este último é denominado "*A Loan*" enquanto que a parte financiada por tais bancos é denominada "**B Loan**".

Note-se que, para efeitos oficiais, a OMD é o única credora da empresa (**lender of record**). Os bancos que concedem o *B Loan*, denominam-se "participantes" (**participants**) e assinam com a OMD, um **Participation Agreement**. *V.* **Consortium, e Aggregate Project Cost**.

ALPHA COEFFICIENT – *DS. MC.* Cálculo do rendimento esperado de determinado valor mobiliário (**securities**), comparado com o rendimento de um valor mobiliário similar e de igual desempenho no mercado (*beta coefficient*). Usado na avaliação do rendimento dos Fundos de Investimento.

ALTERNATE DEPOSITS – *B.* Depósitos bancários feitos em conta conjunta (**joint accounts**), ou seja, de que são titulares e beneficiários duas ou mais pessoas. Por isso, tais depósitos são feitos, por exemplo, em nome de *John or Mary Smith*. *V.* **Account**.

ALTERNATE DIRECTOR – *DS.* Director-adjunto, director que apenas actua na ausência ou impossibilidade do Director principal da empresa. O mesmo que **Deputy Director**.

ALTERNATIVE DISPUTE RESOLUTION – *DC.* Forma de solucionar litígios comerciais e contratuais sem recurso aos tribunais mas através de um painel de juristas e técnicos o que evita a morosidade processual e os altos custos envolvidos. Actualmente em voga nos EUA, constituindo mesmo um campo de advocacia especial e em franco desenvolvimento. Embora a Arbitragem (**Arbitration**) seja a forma mais conhecida, outras modalidades podem ser usadas (conciliação, mediação, etc.).

ALTERNATIVE INVESTMENT MARKET (AIM) – *UK. MC.* Mercado da Bolsa de Valores de Londres (London Stock Exchange) criado em 1995 para permitir a cotação e negociação de Acções de pequenas e médias empresas, sem incorrer nos altos custos a serem suportados se tais empresas o fizessem na Bolsa propriamente dita. Cerca de 200 empresas estavam cotadas em Dezembro de 2005 na *AIM.*.

ALTERNATIVE TECHNOLOGY – *EC. ENV.* Alternativas tecnológicas de produção que, sob o ponto de vista ecológico e do meio ambiente, provocam o menor impacto possível. Infelizmente em alguns casos, as mais caras também. A recente controvérsia em Portugal com a queima de resíduos por empresas cimenteiras e os custos inerentes com a demora em encontrar uma solução, é um bom exemplo.

AMALGAMATION – *DS.* Associação de duas ou mais empresas, seja:
(i)   em que uma delas adquire (directa ou indirectamente) o controlo ou capital de voto das demais;
(ii) em que uma ou mais afiliadas são absolutamente controladas pela empresa matriz;
(iii) pela fusão (**merger**) de duas ou mais empresas numa única sociedade; ou ainda,
(iv) pela dissolução de duas ou mais empresas e transferência dos seus activos como constituição de capital de uma nova sociedade.

Damos na página seguinte um exemplo de uma **amalgamation** em duas fases.

V. **Merger, Takeover**.

AMBIGUITY – *C. DP.* Incerteza ou imprecisão do verdadeiro sentido ou significado de um acto, documento, conceito ou termo. Pode ser evidente (*patent*), quando resulta directamente da análise do acto, documento, conceito ou termo, ou subjacente (*latent*), ao comparar estes com um acto ou documento, conceito ou termo posteriores.

AMEND (To) – *C.* Adicionar, aditar alguma coisa ou uma cláusula a um contrato ou documento.

AMENDMENT – 1. *C.* Aditamento a um contrato, pelo qual as partes alteram ou modificam alguns dos seus termos e condições ou se actualizam determinados dados (*the Loan Agreement as amended on April 12, 2007*); *V.* **Alteration. 2. *USA.*** Alterações à Constituição de 1787, previstas no seu Artigo *V.* **Para maiores detalhes ver Glossário deste Dicionário (*).**

AMERICAN DEPOSIT RECEIPTS (ADRs) – *USA. MC.* Lançamento, circulação, cotação e negociação indirecta de valores mobiliários (**securities**), emitidos por um banco norte-americano (normalmente, o *Bank of New York*) ou *Trust Company* que repre-

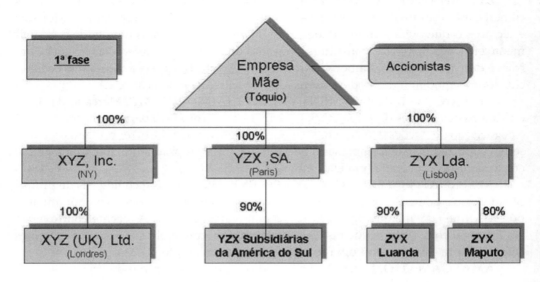

FASE I

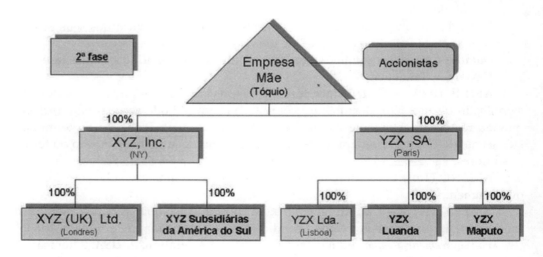

FASE II

Exemplo de uma *Amalgamation* em duas fases

sentam na Bolsa de Valores de Nova Iorque, de títulos de dívida emitidos por empresas estrangeiras.

O mecanismo prevê:

I.   o depósito por tais empresas junto ao referido banco (ou **Trust Company**), de documentos juridicamente idóneos à face da lei norte-americana representando a totalidade desses títulos de dívida e das Acções em que podem ser convertidos;

II. opção do comprador do título entre:
   - converter o ADR em Acções dessa empresa; ou
   - proceder à venda do ADR.

III. é ainda obrigatório o cumprimento de toda uma série de imposições reguladas pela **SEC – Securities and Exchange Commission**.

O *Morgan Guaranty* foi o primeiro banco a usar ADRs em 1972. Em 2000 calculavase em cerca de 1.800 as emissões de ADRs nos EUA; os anos mais recentes têm assistido a um número mais moderado. Até finais de 2004, cinco empresas portuguesas e doze brasileiras tinham emitido ADRs. *V.* **Securitization**.

AMERICAN DEPOSIT SHARE – *USA. MC.* Título cotado na Bolsa de Valores de Nova Iorque que representa uma Acção (ou fracção), emitida por uma empresa estrangeira no contexto dos **American Deposit Receipts**.

AMERICAN OPTION – *USA. MC.* Opção (**Option**) que pode ser exercida a qualquer momento antes do termo do respectivo contrato.

AMERICAN SELLING PRICE – *USA. DF.* Forma de cálculo da matéria colectável que incide sobre bens e produtos importados pelos EUA.

AMERICAN STOCK EXCHANGE (AMEX) – *USA. MC.* A segunda maior Bolsa de Valores dos EUA. Nos finais de 2004 era responsável por negociar diariamente cerca de 15% do total do mercado norte-americano. Em 2007 fundiu-se com a **New York Stock Exchange**.

AMICUS CURIAE – *DP. USA.* Intervenção de terceiro (mas não parte processual, directa ou indirectamente) numa acção judicial, ao esclarecer ou informar o tribunal de dados ou aspectos relevantes para o processo. Esta intervenção é frequente quando o tema em julgamento é de interesse público. *V.* **Affidavit.**

AMORTIZATION SCHEDULE – *B.* Tabela de pagamentos parcelares do capital de um empréstimo e respectivas datas de pagamento. **V. Loan.**

AMOUNT AT RISK – Parte do risco assumido por uma companhia de seguros relativamente a uma apólice não coberta por reserva específica.*V.* **Insurance (*)**.

ANCIENT DOCUMENT – *UK. DP.* Documento com 30 ou mais anos de existência e que não precisa de prova de validade notarial quanto à sua autenticidade, validade das assinatura e da representatividade das partes, etc, desde que seja originário de fonte fidedigna.

ANIMUS MORANDI – *USA. L.* Intenção de atrasar o cumprimento de uma obrigação ou de determinado pagamento.

ANNUAL – Anual. **V. Lista de Termos no Glossário deste Dicionário (*).**

Direito de Negócios – Dicionário Inglês-Português

ANNUAL EQUIVALENT RATE (ou AER) – *CF*. B. Taxa capitalizada de juros; ou seja, em que os juros são calculados assumindo que quaisquer juros a serem pagos, incidem sempre sobre (i) o saldo de capital e juros já existente (ii) e os juros a serem pagos no próximo vencimento. Caso típico de capitalização de juros (**compounded interest**) que acresce em proporção das vezes em que são devidos juros num período de 365 dias. Um das possíveis fórmula de cálculo:

$$AER = \left(1 + \frac{r}{n}\right) - 1$$

Onde:

n = número de vezes em que os juros são pagos num período de 365 dias;

r = Taxa bruta de juros. **V. Interest e Interest Rate.**

ANNUALITY – *FIP*. Enquadramento num período de 365 dias (não necessariamente coincidente com o ano civil) das autorizações de despesas, previsões de receitas e execução geral de um orçamento público. *V.* **Above (and Below) the Line**, **Budget**.

ANNUAL PERCENTAGE RATE (ou APR) – *B. CO*. Também conhecida como **Annualized Percentage of Rate of Interest** (UK). Taxa (anual) efectiva de juros. A percentagem de taxas de juro, quando se leva em consideração que o tempo do correspondente empréstimo é diferente do seu valor nominal ou "simples".

- Assim, num empréstimo de €1,000 a um ano, sobre o qual se cobram €200 de juros, a taxa de juros "simples" é de 20%;
- Mas se o devedor tiver que pagar o empréstimo em prestações mensais e iguais de, por exemplo, €100, o mesmo devedor terá pago €100 ao final do primeiro mês, €200 ao final do segundo mês, etc, ou seja, o empréstimo de €1,000 não foi efectivamente efectuado a um ano mas antes por um período menor;
- Sê-lo-ia se o pagamento do capital do empréstimo fosse efectuado de uma só vez, ao final dos doze meses; ou seja,
- tem como consequência que a taxa de juros "real" é na verdade, superior a 20%.

ANNUAL PERCENTAGE YIELD (APY) – *B*. Os juros anuais (com base num cálculo de 365 dias) auferidos por um depósito a prazo; *V.* **Yield, Return on Investment.**

ANNUAL RETURN – *UK*. Documento oficial que deve ser enviado por uma empresa à entidade equivalente no Reino Unido a uma conservatória de registo comercial (*Registrar of the Companies*) no prazo de 14 dias a contar da data da realização de uma Assembleia Geral Ordinária ou Extraordinária. O documento deve conter informação sobre a lista dos actuais directores e corpos gerentes e respectivas participações accionárias e, em anexo, os últimos balanços ou balancetes devidamente auditados. *V.* **Corporate Governance.**

ANNUITY – 1. Anuidade, renda; **2. *B*.** Valor de amortização anual de um empréstimo ou financiamento.

ANNUITY BOND – *MC*. Obrigação sem prazo determinado para amortização; os juros são pagos uma vez por ano. *V.* **Bond.**

ANOMIE – *EC. DT.* Estado latente de perturbação pessoal (somatório da perda/ausência de valores, insatisfação etc) dos trabalhadores de uma empresa que, segundo o sociólogo *Emile Durkheim*, seria causada pela crescente especialização e compartimentação económica do trabalho e alteraria os padrões de comportamento da sociedade actual. *V.* **Alienation.**

ANTECEDENTS – *B.* Análise de crédito por parte de um banco relativamente a um novo cliente por forma a reunir todos os dados e informações que permitam reconstituir as experiências anteriores do mesmo cliente junto ao mercado bancário e financeiro. *V.* **Equal Credit Opportunity Act**.

ANTICIPATION – *DC.* Pagamento antecipado pelo comprador da totalidade ou parte do preço de um bem. Também conhecido por *Lay-away*.

ANTICIPATION CREDIT – *B.* Adiantamento de fundos por conta de Crédito Documentário. *V.* **I.C.C., Documentary Credit, Abatement Cost**.

ANTICIPATORY BREACH OF CONTRACT – *C.* Não cumprimento antecipado de um contrato, prova clara e concisa de que uma das partes já não pode cumprir as suas obrigações futuras ou de que há fortes probabilidades de que isso venha a ocorrer. *V.* **Agreement.**

ANTI-COMPETITIVE PRACTICE – *UK. EC. DC.* Concorrência desleal, conjunto de actividades ou práticas tendentes a eliminar ou restringir a livre concorrência de mercado relativamente a concorrentes, fornecedores, distribuidores, etc. Tem múltiplas formas:
- acordos exclusivos de fornecimento ou de venda (**exclusive dealing**);
- recusa de fornecimento ou de venda (**refusal to supply**);
- política prolongada de preços iguais ou abaixo do custo (**dumping**), etc.

V. **Anti-Trust Laws, Competition Act.**

ANTI-TRUST LAWS – *USA. EC. DC.* Legislação que visa a defesa da concorrência leal e restringe a constituição de monopólios bem como de associações e iniciativas de grupos de interesses que afectem ou prejudiquem ilegalmente a livre actividade económica. **Ver mais desenvolvimento sobre este tema no Glossário deste Dicionário (*).**

ANTI-DUMPING – *EC. DC. DF.* Política fiscal que penaliza produtos importados, cujos preços de venda estão abaixo dos praticados para esses mesmos produtos no país exportador. *V.* **Anti-Competitive Practice, Dumping, Anti-Trust Laws.**

APPARENT AUTHORITY – Conjunto de factos cuja análise objectiva leva à presunção, de boa fé, de que alguém tem os poderes e autoridade necessários para praticar ou mandar praticar um certo acto. *V.* **Torts(*).**

APPARENT NECESSITY – *V.* **Torts(*).**

APPEAL – *DP.* Recurso interposto para um tribunal superior.

APPELANT – Quem interpõe um **appeal**.

APPLICATION – Oferta de compra, proposta de celebrar algum tipo de contrato. Também empregue para requerimento, pedido de empréstimo, pedido de emprego, solicitar algum acto oficial ou despacho administrativo, requerer uma matrícula escolar, etc.

Direito de Negócios – Dicionário Inglês-Português

APPOINTMENT – Nomeação, designação de pessoa para um determinado cargo, título ou posição. Também refere a constituição de um procurador. *V.* **Power of Attorney**.

APPORTIONMENT OF OVERHEADS – *EC. CO.* Imputação das despesas gerais, distribuição de gastos reais pelos diferentes sectores ou centros geradores de despesas e custos.

APPRAISAL – **1.** Avaliação de um património, com ou sem intuito de o adquirir; **2.** *PF.* Cálculo do custo de determinado projecto ou investimento. *V.* **Asset, Evaluation**.

APPRAISAL AND (EXCLUSIVE) PURCHASE OPTION AGREEMENT – *C. DC.* Contrato que outorga a um interessado o direito exclusivo de avaliar um património ou ramo de negócio, assim como a opção exclusiva de fazer uma oferta de compra durante determinado período.

APPRAISER – O avaliador; quem efectua o **appraisal**. Quando se refere ao avaliador de um bem específico (um móvel antigo, antiguidade) denomina-se **evaluator**. *V.* **Asset, Evaluation**.

APPRECIATE – **1.** Valorizar, aumentar o valor; **2.** Agradecer, ficar reconhecido; **3.** Avaliação.

APPRECIATION – **1.** *DR. CO.* Mais valia; o aumento do valor de uma propriedade por força do mercado, reavaliação oficial, valorização de áreas vizinhas (ex: construção de uma estrada onde anteriormente não havia vias de acesso) ou descoberta de outros factores (ex: água potável); **2.** *EC.* Revalorização de uma moeda decidida por governo ou autoridade monetária que tem como consequência a redefinição da taxa de câmbio oficial ou em vigor no mercado. *V.* **Exchange Rate, Realignment**.

APPRECIATION (SHARES SHOWING) – *MC.* Acções que se têm valorizado no mercado. *V.* **Securities**.

APPROPRIATION – **1.** *FIP.* Dotação orçamental; disponibilidade de fundos consignados a uma determinada finalidade orçamental; **V.** **Budget; 2.** *DS.* Constituição de reservas ou fundos especiais para determinadas finalidades (ex. construir sede própria); **3.** *DR.* Aquisição de direito de propriedade por vias coercivas ou obrigatórias (ex: expropriação).

ARAB MONETARY FUND – Fundo para o desenvolvimento económico dos países árabes criado em 1976. Uma das principais medidas foi a estabilização global de taxas cambiais entre os seus países membros nem sempre bem sucedida, atendendo a que um número substancial são exportadores de petróleo. **V. OPEC.**

ARBITRAGE – **1.** *B.* Compra e venda simultânea, em diversas praças, de moedas, ouro, prata, valores mobiliários ou **commodities** por forma a tirar partido de diferenças de cotação; **2.** *MC.* Vender um valor mobiliário (**securities**) em Bolsa para adquirir outro com características semelhantes mas a preço mais baixo; **3.** *B.* Substituição, sob certas condições, de um título de crédito emitido numa moeda por outro emitido noutra divisa.

ARBITRATION – *C. DC.* Arbitragem. Alternativa escolhida previamente pelas partes de um contrato (por forma a evitar a morosidade e complexidade dos processos judiciais) de que eventuais litígios sejam submetidos à decisão de um painel técnico de árbitros por elas indicados ou confiada a determinada instituição de classe (ex: Câmara de Comércio, Bolsa de Valores, etc). Uma das formas de **Alternative Dispute Resolution**. Normalmente a decisão arbitral (*arbitration award*) é final e irrevogável e, caso não acatada pela parte vencida, passível de execução judicial na jurisdição aplicável. *V.* **Award.**

AREA WIDE BARGAINING – *EC.* Negociações entre empresas do mesmo sector económico.

ARGUMENTATIVE – **1.** Controverso, sujeito a debate e discussão. **2.** *DP.* Argumento em tribunal implícito mas que carece de ser demonstrado; **3.** Pessoa conflituosa ou que gosta de discutir pelo simples prazer de argumentação.

ARM´S-LENGTH TRANSACTION – *C. PF.* Transacção feita em condições justas e normais de mercado (**fair market price** ou **arm´s-length price**), sem aplicar qualquer penalização nos preços ou descontos anormais. Termo frequentemente usado em contratos internacionais. *V.* **Fair**, **Fair Market Value**, **Negative Covenants**, **Dealings**.

ARPU ANNUALISED REVENUES PER USER – *CF.* Um dos instrumentos de controlo financeiro mais usados por empresas (na verdade, verdadeiras multinacionais) com grande volume de vendas e número de consumidores, nomeadamente nos sectores de comunicações, *cable tv,* filmes, telefones e **internet**. A ARPU serve basicamente para medir a média de vendas ou de facturação que uma empresa pode obter anualmente de cada cliente e aumentá-la de forma racional, ponderada mas crescente. Está no entanto ameaçada por uma grande concorrência de redução de preços, devida ao desenvolvimento de tecnologia mais rápida e barata, quando não mesmo pela utilização ou acesso grátis a muitas dessas formas de comunicação via **world wide web** e da chamada **free broadband connectivity**. De anotar finalmente que muita desta temática está hoje em dia, incluindo na UE sob a disciplina de **anti-trust**.

ARRAIGN – *UK. DP.* Expressão antiga da lei inglesa, sinónimo de ordenar, mandar preparar um julgamento, citar as partes, etc.

ARRANGEMENT WITH CREDITORS – *USA. DP.* Concordata, medidas tomadas por um devedor para negociar, regularizar ou liquidar as suas dívidas com os credores, através de pagamentos com desconto, redução de juros, concessão de novos prazos ou entrega de certos activos como forma de pagamento. Duas observações complementares:

a. o Capítulo XI (**Chapter XI**) da *Federal Bankrupty Act* prevê esta possibilidade, sob a orientação e supervisão de um tribunal, por forma a permitir que a empresa continue com os seus negócios em vez de fechar as portas e despedir os trabalhadores.

b. no caso do Reino Unido, os termos e condições de qualquer acordo deste tipo (***deed of arrangement***) têm que ser aprovados e registados junto ao *Department of Trade and Industry* (Departamento de Comércio e Indústria).

Direito de Negócios – Dicionário Inglês-Português

ARRAY – *EC.* Termo estatístico para um conjunto ou grupo de valores, ordenado/ classificado de acordo com a sua importância, valor ou quantidade (normalmente partindo do menor para o maior).

ARREARS – *PF. B.* **1.** Postecipadamente (**semi-annual payments in arrears** – pagamentos semestrais postecipados); **2.** *B.* Atrasos, não pagamento após o seu vencimento (**bad credit**), ficar em mora (*the company is in arrears*). *V.* **Credit.**

ARREARS RATIO – *B. CF. CO.* Rácio financeiro usado para determinar a qualidade da carteira de crédito de um banco ou uma empresa (quanto a clientes, no último caso). *V.* **Base de cálculo no Glossário deste Dicionário, Arrears, Excess Reserves.**

ARRESTMENT – *DP. DR.* Arresto; providência judicial de natureza cautelar (*arrestment on the dependence*), pela qual se apreendem e se colocam à ordem do tribunal, bens e activos de um devedor que se encontram na posse de terceiro, a fim de garantir, a título preventivo, o pagamento dos credores, no final do respectivo processo de execução. *V.* **Charge.**

ARREST WITHOUT WARRANT – *V.* **Torts (*).**

ARSON – *CR.* Incendiar ou pôr fogo, de forma dolosa ou mediante grande negligência, na propriedade ou bens de terceiro. *V.* **Torts (*)** .

ARTICLE – **1.** *C.* Cláusula contratual; *V.* **Section, Provision; 2.** Artigo de lei ou texto legislativo; **3.** Artigo jornalístico.

ARTICLES OF AGREEMENT – *DS.* Estatutos, convénio constitutivo de uma empresa. *V.* **Charter, By-Laws, Articles of Incorporation.**

ARTICLES OF ASSOCIATION – *DS.* **1.** Documento básico de uma empresa, de características estatutárias que pré-define a sua estrutura, actividades económicas e funcionamento interno. Constitui conjuntamente com os **Articles of Incorporation** (ou alternativamente, o *Memorandum of Association*), os instrumentos básicos que definem as relações entre os sócios e a empresa. **2.** Modalidade de carta estatutária usada para bancos, instituições financeiras, sociedades sem fins lucrativos, humanitárias, de fins caritativos ou afins. *V.* **Articles of Agreement, Articles of Incorporation.**

ARTICLES OF INCORPORATION – *DS.* Cláusulas e termos que fazem parte do **Certificate of Incorporation** pelos quais se constitui uma *corporation*. Sem equivalente exacto em direito português. Não sendo exactamente Estatutos (**by-laws**), contêm na prática muito do que consta usualmente nestes últimos. Incluem as bases de acordo entre os futuros accionistas – valor do capital a subscrever, constituição dos corpos sociais, política de dividendos e de investimentos a seguir, etc. *V.* **Charter** e **Corporation, Articles of Association.**

ARTICLES OF PARTNERSHIP – *DS.* Acordo de características estatutárias ou de pacto social (denominação social, capital, subscrição do mesmo pelos sócios, duração, direitos de preferência, etc.) entre os sócios de uma **partnership**.

ASCERTAINED GOODS – *DC.* Mercadorias ou bens devidamente identificados através de contrato ou instrumento correspondente. *V.* **Goods.**

ASEAN – *DIP. EC. Association of South East Asian Nations*, Associação das Nações do Sudeste Asiático. Fundada em 1967 e estruturada em Fevereiro de 1976 (**Bali**

summit) pela Indonésia, Malásia, Filipinas, Singapura (Cingapura, no Brasil) e Tailândia, a que se juntaram o Brunei em 1984 e o Vietname em 1995, mantendo-se a Papua Nova Guiné com o estatuto de observador. Entre os seus objectivos básicos está a cooperação e o desenvolvimento económico dos países membros, bem como políticas comuns de escolaridade mínima e segurança das populações.

ASIAN BOND FUND (ou ABF) – *FIP. B.* Tipo de Fundo de Obrigações (**bonds**) emitidos pelo Comité Executivo do Grupo dos Bancos Centrais da Ásia Ocidental e do Pacífico Central (*East Asia and Pacific Central Banks* ou *EMEAP*) que permite aos seus membros investir em *bonds,* emitidas pelos seus Estados membros. Gerido pelo **Bank for International Settlements** (ou **BIS**), o primeiro **ABF** foi emitido em Junho de 2003 no valor de mil milhões de Dólares (*US$1 billion*).

ASIAN DEVELOPMENT BANK – *OMD. B.* Banco multinacional de desenvolvimento, criado em 1966 pela Comissão Económica das Nações Unidas para a Ásia e Extremo Oriente (*United Nations Economic Commission for Asia and the Far East*), visando o crescimento económico dos países membros. **Ver Mapa da Estrutura da ONU no Glossário deste Dicionário.**

ASIAN TIGERS – *EC.* Referência aos países asiáticos que, em meados dos anos 80, demonstraram grande desenvolvimento e crescimento económicos: Hong-Kong, Japão, Coreia do Sul, Singapura (Cingapura no Brasil) e Taiwan (Formosa). Os chamados *"bébés tigres"* (**tiger cubs**) incluiam a Indonésia, a Malásia e a Tailândia. Quanto à China, era denominada *Dragão da Ásia* (**Asian Dragon**). A crise bancária que atingiu os bancos do sudeste asiático nos finais dos anos 80 e princípios dos anos 90, forçou alguns analistas económicos a rever algumas dessas classificações.

ASPORTATION – *CR.* Transporte de bens cujo furto já se consumou (*stealed*) ou a fim de os furtar ou roubar. *V.* **Torts** (*).

ASSAULT – *V.* **Torts** (*).

ASSEMBLING – 1. Reunir, juntar pessoas para diversas finalidades; **2.** Processo de montagem de um produto. *V.* **General Assembly**.

ASSENTED BOND/STOCK – *MC. DS.* Acções/Obrigações cujo titular concorda que os respectivos direitos de voto possam ser exercidos por terceiros, no que se refere à alteração de estrutura da empresa ou a sua fusão/ incorporação, tal como definido pelo Conselho de Administração (*V.* **BOD**); para o efeito, tais Acções ou Obrigações são depositadas em **Escrow Account** junto a uma instituição financeira ou agente fiduciário (Trustee*). V.* **Capital**, **Bond**.

ASSESS – 1. *DF.* Fixar oficialmente o valor de determinado rendimento ou capital, para determinar a matéria colectável; **2.** Avaliar, estimar, calcular. *V.* **Evaluate.**

ASSESSMENT – 1. *DF.* Avaliação fiscal de um bem imobiliário; **Notice of Assessment** – *DF.* Notificação feita ao contribuinte da matéria colectável apurada pelas autoridades fiscais. **2.** *DP. DC.* Identificação da parte de capital de uma empresa ainda por subscrever e a pagar quando esta se encontra em falência; **3.** *PF.* Análise, recolha de dados e informações sobre uma situação por forma a permitir uma primeira análise objectiva sobre a mesma.

Direito de Negócios – Dicionário Inglês-Português 174

ASSET – 1. *DS. CF. DR. CO. MC.* Activo ou bem de uma empresa (incluindo os ainda não adquiridos mas objecto de contrato ou negócio já concluídos).

De um ponto de vista económico, um *asset* é avaliado:

(a) pelo **cost model** (valor de aquisição menos depreciação acumulada e outras eventuais perdas por imparidade);

(b) pelo **revaluation model** (justo valor à data da revalorização menos depreciações acumuladas subsequentes e perdas de imparidade); ou

(c) pelo **fair value model** (justo valor de mercado, incluindo a capacidade e potencialidade de, por si só, ou em conjunto com outros componentes, gerar produção, receitas e fluxos de caixa; ou

(d) pelo **tier value model** (valor da carteira de clientes – dividida por padrões sectoriais de tipos de clientes e aplicável a empresas prestadoras de serviços (ex. empresas de apoio e programação informática, de **marketing**, etc.) em que o valor de Activos Fixos, propriedades e bens corpóreos é de menor expressão.

2. *DC. DF. DR.* A conceptualização de **assets** é um dos temas anglo-saxónicos mais amplos no campo do Direito, *Banking*, **Project Finance**, **Corporate Finance**, contabilidade e auditoria. Inclui todo o tipo de bens de que alguém seja proprietário: em numerário e em espécie; móveis e imóveis; fungíveis e infungíveis; tangíveis e intangíveis; corpóreos e incorpóreos; direitos com expressão económica; patentes e marcas; Activos sobre os quais existam legítimas expectativas quanto à sua titularidade e aquisição (ex. titulares de opções de compra, etc). **Ver lista de termos derivados e associados no Glossário deste Dicionário (*).**

ASSET-BASED FINANCING – *USA. B. MC.* Modalidade de captação de fundos por bancos junto ao público, através de títulos de dívida por aqueles emitidos e cujo pagamento é garantido por hipotecas, penhores, cauções e outras garantias reais constituídas por outros clientes dos mesmos bancos para, por sua vez, garantirem o pagamento dos empréstimos contraídos junto a tais bancos. *Asset-Based Financing* representava desde os finais dos anos 80 e até 2005, um dos maiores volumes de captação de fundos nos EUA. *V.* **Collateral, Securatization, Bonds, Secured Notes**.

ASSET-BASED SWAP – *B. MC.* Uma **swap** com taxa fixa de juros em que a entidade pagadora detém a **bond** cujo cupão reflecte a **swap**. Em certos casos (normalmente em emissões a mais de 5 anos), a emissão e subscrição da Obrigação é feita contra um desconto (**premium**) substancial do valor do principal (ou seja, a subscrição da **bond** é feita na base de um preço "líquido", já que do valor "bruto" é feito o desconto), o que serve de certa forma de primeiro pagamento ou resgate parcial e oferece às partes da **swap** uma maior certeza quanto à liquidação de todos os juros e rendimentos. Ver quadro gráfico na página seguinte.

ASSET COVER – *PF. DS.* Rácio que mede o grau de solvência de uma empresa ao dividir activos líquidos (*net assets*) pela sua dívida (**debt**). *V.* **Assets, Ratio**.

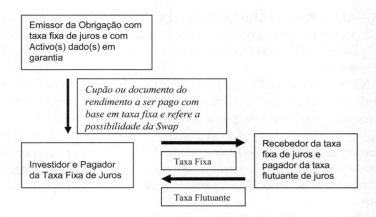

Exemplo de Asset-Based Swap

ASSET/LIABILITY MANAGEMENT – *B*. Análise e administração dos riscos assumidos por um banco face aos seus activos, por forma a apurar a sua margem de lucro líquido (**net profit margin**) e aumentar a sua liquidez. Leva-se em consideração:
(i) a quantidade e natureza do crédito;
(ii) as datas previstas de pagamento;
(iii) o grau de liquidez dos devedores;
(iv) o **credit rating** dos mesmos;
(v) as garantias prestadas;
(vi) a diversificação da carteira; e
(vii) outros elementos dos empréstimos e financiamentos concedidos pelo banco bem como o seu **capital adequacy ratio;** riscos cambiais; riscos de crédito; despesas operacionais e de expansão; revisão das políticas de taxas de juro, etc. *V.* **Assets**, **Liabilities**.

ASSET MANAGEMENT – *PF. DS*. Aquisição diversificada de Activos financeiros (valores mobiliários, Opções, direitos de crédito, etc.) com margem de liquidez garantida (ou reduzida possibilidade de falta de pagamento), por forma a propiciar o aumento dos lucros potenciais de investimento. *V.* **Assets, Return on Investment, Management, Securities, Portfolio, Options**.

ASSETS AND LIABILITIES – *EC*. Activos e Passivos. *V.* **Assets, Liabilities**.

ASSETS STRIPPING – **1.** *PF. MC*. Disposição, venda, cessão ampla dos Activos de uma empresa, com o objectivo de efectuar um lucro imediato e fácil e não o de contribuir para a liquidez ou maior eficácia e competitividade comercial da mesma. *V.* **Takeover, Private Equity; 2.** *DF. CO*. Desdobramento do valor dos Activos para efeitos fiscais ou contabilísticos. *V.* **Private Equity, Amalgamation**.

ASSET TURNOVER RATIO – *PF. DS*. Uma das formas de **Activity Ratio;** obtém-se ao calcular o resultado de dividir vendas líquidas (net sales) por Activos Totais (**total assets**). *V.* **Liquidity Ratios, Assets, Net Sales**.

Direito de Negócios – Dicionário Inglês-Português

ASSET VALUE PER SHARE/QUOTA – *PF. CM. DS.* Valor de uma Acção de uma empresa ou de uma quota na participação num Fundo de Investimento; obtido ao dividir a respectiva situação líquida (Activos menos Passivos) pelo número total de Acções ou quotas. *V.* **Shares**.

ASSIGNED BOOK ACCOUNTS – *B. CO.* Constituição de direitos reais de garantia sobre os créditos de uma empresa, por forma a que sejam registados nos seus livros que são "cedidos" (*assigned*), ainda que não saiam fisicamente da posse da empresa.

Este tipo de garantia é crescentemente usada nos EUA para empréstimos comerciais (*commercial loans*) e quanto a garantia consiste em caução sobre **cash-flows** é uma das características dos **Second Lien Loans**. *V.* **Assignment**, **Collateral**, **Secured Loan**, **Secured Debt**.

ASSIGNMENT – *DR.* Cessão de créditos, cessão de posição contratual, transferência ou venda de direitos entre duas ou mais partes – o cedente (**Assignor**) e o cessionário (**Assignee**).

ASSIGNMENT FOR THE BENEFIT OF CREDITORS – *DC. DP.* Transferência/cessão para um agente fiduciário (**Trustee**) de bens e activos com o objectivo de liquidar dívidas existentes. Um dos factos típicos que leva os credores prejudicados a pedir a falência da empresa que efectuou tal cessão. *V.* **Manage**, **Management**, **Assignment**, **Bankruptcy**, **Chapter XI**.

ASSOCIATED COMPANY (ou RELATED COMPANY) – *DS.* Empresa "associada" a outra – seja por ser por esta controlada, seja por ter o seu capital detido, de forma maioritária ou substancial, pelos mesmos sócios ou accionistas da segunda, de forma directa ou indirecta. *V.* **Affiliate**, **Parent Company**, **Holding**, **Subsidiary**.

ASSOCIATION – Conjunto de investidores individuais ou colectivos que unem alguns dos respectivos patrimónios, Activos ou actividades, para determinada finalidade económica. *V.* **Partnership**, **Joint Venture**, **Interest**.

ASSUMED BONDS – *EC.* Obrigações cujo pagamento de capital e/ou de juros foi assumido por outra empresa que não a emissora. Comum no caso de fusões (**mergers**), aquisições de controlo accionista, etc. *V.* **Bond**.

ASSUMED MORTAGE – *EC.* Hipoteca assumida pelo comprador de uma propriedade originalmente financiada por um Banco a um terceiro, que assim transfere conjuntamente, com o consentimento do Banco para esse comprador, o financiamento e a garantia real correspodente. *V.* **Mortgage**.

ASYLUM – **1.** Refúgio, santuário, local onde alguém está livre de perseguições ou actos que podem ameaçar a sua integridade física ou moral; **2.** Estabelecimento público ou privado onde são internadas pessoas com problemas mentais ou de idade avançada; **3.** Autorização de residência concedida a alguém por um país que não o da sua nacionalidade, por motivos de perseguição ou graves desentendimentos de ordem político-ideológica.

ASYMMETRIC INFORMATION – *MC. EC. CF.* Conjunto de dados (comerciais, de crédito, etc) qualitativa ou quantitativamente desiguais, obtidos por uma parte envolvida numa transacção relativamente às demais partes dessa transacção. *V.* **Adverse Selection, Scorecard**.

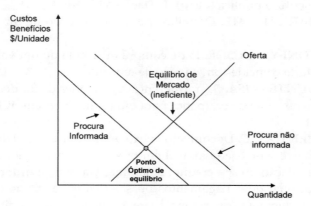

Exemplo de *Asymmetric Information*

AT CALL – *B.* Empréstimos a curto prazo e que devem ser pagos quando para tal requerido pelos respectivos credores.

AT MARKET – *MC.* Ordem de venda ou compra de valores mobiliários (**securities**) que não especifica preço mínimo ou máximo e como tal, devem ser executadas o mais rapidamente possível, ao melhor preço do mercado.

AT PAR – *MC.* Pelo valor nominal.

AT PREMIUM – *MC.* Com direito a prémio, com ágio.

AT RANDOM – Ao acaso, aleatório. *V.* **Random Numbers**.

AT SIGHT – À vista (pagamento).

ATTEMPT– Tentativa dolosa de cometer um acto ilícito ou criminoso. Tanto nos EUA como no Reino Unido, *"attempt"* está caracterizada com a simples constatação de preparativos ou diligências preliminares destinados a praticar um acto ilícito ou crime (ex.: compra de materiais explosivos, armas, suborno de terceiros, etc.). *V.* **Torts**.

ATTENTION DEFICIT HYPERACTIVITY DISORDER – *DT.* Síndrome que embora possa ter origem cromossomática, parece ser mais característico de profissionais sujeitos a grande *stress* profissional como correctores de bolsa, banqueiros, advogados de negócios, investidores profissionais, auditores, etc. É marcada pela ansiedade (*being on the edge*) de atingir todos os objectivos e tarefas o mais rapidamente possível e sem falhas, manter os níveis de competição cerrada com colegas e concorrentes e com consequente perda de qualidade na análise, desencontros de agendas e forma impulsiva de reagir e de actuar.

ATTENDANCE BONUS – *DT.* Prémios de assiduidade; pagamentos adicionais ao salário efectuados por uma empresa a favor dos seus trabalhadores proporcionalmente ao número de dias de trabalho efectivo.

Direito de Negócios – Dicionário Inglês-Português

ATTESTATION – *C.* Assinatura de testemunhas que confirmam a veracidade e autenticidade de um acto ou documento, designadamente um testamento, constituição de um **trust** ou escritura pública (**deed**). *V.* **Deed, Will, Trust.**

AT THE MARKET – *MC.* O melhor preço de mercado de um valor mobiliário. *V.* **Security**.

AT THE MONEY – *MC.* Oferta de compra ou venda de um valor mobiliário em que o preço de oferta coincide com o preço de mercado.

ATS ACCOUNTS – *USA. B.* Transferência automática de fundos de uma conta de depósitos a prazo ou conta de poupança para uma conta à ordem. *V.* **Deposit Account, Savings Account**.

ATTACHMENT – **1.** *C.* Documento anexo a um contrato; **2.** *DP.* Penhora, direito do credor que obteve sentença favorável em processo de execução, de nomear bens à penhora para liquidação do seu crédito. Sinónimo: **Garnishee order**. *UK.* – Mandado judicial pelo qual quaisquer pagamentos ou salários pagáveis ao executado devem ser entregues directamente ao tribunal para liquidação do crédito do executante. *V.* **Bankruptcy**.

ATTITUDE SURVEY – *EC.* Pesquisa e levantamento de dados relativos ao comportamento ou reacção de mercado, de consumidores, de eleitores ou de trabalhadores.

ATTORNEY AT LAW – Advogado. *V.* **Counsel, Lawyer, Solicitor, Barrister**.

ATTORNEY-CLIENT PRIVILEGE – *DP.* Princípio deontológico pelo qual a informação transmitida por um cliente ao seu advogado não pode ser divulgada por este último sem consentimento do primeiro, excepto em casos expressamente previstos em lei ou mediante mandado judicial. *V.* **Patient – Physician Privilege, Privacy.**

ATTORNEY GENERAL – *DP.* **1.** *UK.* Magistrado superior da Coroa e Bastonário da Ordem de Advogados. Actua em nome e defesa do interesse público e defende "ex officio" o governo britânico em quaisquer litígios em que este último esteja envolvido. **2.** *USA.* Ministro da Justiça (*head of the Justice Department*).

ATTORNEY IN FACT – Procurador, mandatário (que pode ou não ser um advogado). *V.* **Power of Attorney**.

ATTRITION – *EC. DT.* Percentagem de mão-de-obra que sai anualmente do mercado de trabalho devido a doença, morte ou reforma. *V.* **Labour Force**.

AUCTION – *DP.* Leilão, hasta pública (*competitive bidding*) de um bem/valor. Pode ou não ser judicial.

AUCTION SALE – *DC. MC.* Venda em leilão ou hasta pública.

AUDIT – **1.** *PF. CO. DF. B.* Auditoria, revisão de contas, forma sistemática de rever, avaliar, analisar de forma objectiva, o estado financeiro de uma empresa, o valor de um determinado bem, património, etc. Apresenta três tipos básicos:

1. **field audit** – efectuada pelas autoridades fiscais nas instalações da empresa ou escritórios do contribuinte;
2. **independent audit** – efectuada por uma empresa de auditoria independente, não ligada à empresa auditada; e
3. **internal audit** – efectuada pelos próprios funcionários da empresa.

Nos EUA, por exigência da **Securities Exchange Commission (SEC)** requere-se que a auditoria das empresas quotadas em Bolsa, seja independente e efectuada por um *Certified Public Accountant*; **2.** Verificação de que uma certa entidade (pública ou privada) está a cumprir as instruções transmitidas por outra entidade hierarquicamente superior (*compliance audit*). *V.* **Corporate Governance, Generally Accepted Accounting Principles, International Accounting Standards e Glossário deste Dicionário (*).**

AUDIT LOTTERY – *DF.* Preencher e entregar declaração de impostos com omissões ou dados falsos, na esperança de que os mesmos não sejam verificados ou revistos (por simples cálculo de probabilidades face ao elevado número de declarações entregues às autoridades fiscais).

AUDIT TRAIL – *CO.* Reconstituição de operações ou transacções comerciais ou financeiras através dos respectivos lançamentos contabilísticos. Também chamado **Paper Trail**.

AUDITOR – *CO.* Auditor, perito contabilístico, revisor oficial de contas. Normalmente exige-se registo público para exercício de tal actividade. *V.* **Certified Public Accountant**.

AUTHENTICATE – Abonar, autenticar, reconhecer notarialmente um documento. *V.* **Certificate**.

AUTHORITY – **1.** Exercício de poder, fiscalizar a aplicação e cumprimento de leis e regulamentos; **2.** Entidade pública, Autoridade. **3.** Ter o controlo sobre alguma coisa ou alguém.

AUTHORITY BY ESTOPPEL – Faculdade aparente e não efectiva que, ao ser ignorada, tem o potencial de causar prejuízos injustos a terceiros, quando não mesmo ao próprio e directo interessado. Ex: negociação por um familiar ou amigo íntimo de uma compra e venda vantajosa para a outra pessoa, apesar desta não ter sido expressamente informada e ter anuído para tal efeito, ou seja, em que a primeira pessoa actua como simples gestor de negócios. Se o beneficiário apesar dos termos lhe serem comercialmente proveitosos, declara que esse terceiro actua por *estoppel*, acaba evidentemente por auto-prejudicar-se. Frequente no caso de transacções de **Agency**. *V.* **Estoppel**.

AUTHORIZATION – **1.** Autorização, acto pelo qual uma autoridade pública, tribunal ou autarquia concorda com um requerimento ou pedido efectuado por um terceiro ou lhe reconhece ou concede um determinado direito; **2.** *DS.* Acto de um orgão social (**corporate body**) de uma empresa pelo qual se autoriza outro orgão social ou accionista a, em nome sessa empresa, celebrar um contrato ou operação financeira, efectuar um aumento ou redução de capital, venda de activos, constituição de garantias, etc.

AUTHORIZED CAPITAL – *DS.* O capital autorizado estatutariamente (mas ainda não subscrito ou realizado) de uma empresa e até cujo limite, o **Board of Directors** pode normalmente decidir fazer aumentos sem que haja necessidade de novas aprovações pelos accionistas. Por oposição a **Subscribed Paid-in Capital**. *V.* **Capital**.

Direito de Negócios – Dicionário Inglês-Português   180

AUTOMATED CLEARING HOUSE – *UK. B.* Sistema de compensação automática entre bancos participantes. Em finais de 2005 havia cerca de 32 Automated Clearing Houses nos EUA que prestavam assistência a cerca de 38.000 bancos e instituições financeiras. *V.* **Clearing Agreement**.

AUTOMATED SCREEN TRADING (AST) – *MC.* Negociação de valores mobiliários através de computadores. *V.* **Securities**.

AUTOMATED TELLER MACHINES (ATMs) – *USA. B.* Equivalente aos postos de Multibanco (Portugal) e Terminal Eletrônico (Brasil). *V.* **PIN.**

AUTOMATIC PAYMENT – *B.* Pagamento por débito directo na conta.

AUTOMATIC STABILIZERS – *EC.* Factores correctivos introduzidos por autoridades monetárias para atenuar as flutuações verificadas num ciclo económico. *V.* **Business Cycle**, **Monetary Authority**.

AUTOMATIC TRANSFER – *B.* Transferências cíclicas de fundos a débito de uma conta bancária para crédito noutra conta.

AUTOMATIC WAGE ADJUSTEMENT – *EC. DT.* Reajuste automático de salários. *V.* **Wages**.

AUTONOMOUS EXPENDITURES – *FIP.* Despesas públicas feitas por um governo ou autoridade monetária sem qualquer correlação com o respectivo nível de rendimento nacional. *V.* **Autonomous Investment.**

AUTONOMOUS INVESTMENT– O mesmo que **Autonomous Expenditures** mas na vertente de investimentos a longo prazo. *V.* **Monetary Authority**.

AVAILABLE ASSETS – *PF.* Activo Disponível. *V.* **Assets**.

AVAILABILITY DATE – **1.** *B.* Data em que os recursos de um empréstimo são postos à disposição e podem ser utilizados pelo devedor; **2.** *B.* Data em que cheques depositados para compensação têm as respectivas quantias creditadas na conta do cliente. *V.* **Availability Float**.

AVAILABILITY FEE – *B.* Comissão bancária cobrada ao cliente por se permitir que este escolha a taxa de juro aplicável a um empréstimo cujo saque se prevê seja só necessário em data posterior à da assinatura do respectivo contrato. *V.* **Fee**.

AVAILABILITY FLOAT – *B.* cheques depositados numa conta bancária à ordem e que aguardam compensação.

AVAL – *DC. C. B.* Aval, garantia de pagamento por terceiro de um título de crédito, cambial ou crédito documentário apondo a sua assinatura nesse documento ou título (*por aval*). Sujeita-se a regras próprias nos EUA nos termos do *U.C.C.* ou no caso de créditos uniformes, às regras da *International Chamber of Commerce – ICC. V.* **Back**, **U.C.C.**, **I.C.C.** e **Personal Security**.

AVERAGE – Média, valor médio. Principais termos compostos:

1. **average balances** – Saldos médios;
2. **average collection period** – Média de dias comercialmente concedidos nas vendas a prazo (30, 60, 90 dias);
3. **average cost** – Custo médio;

4. **average cost of production** – *PF. CF. CO.* Custo fixo médio de produção. Calcula-se como sendo o resultado de calcular:

$$ATC = AVC + AFC$$

em que

"*ATC*" = *Average Cost of Production* a ser calculado;
"*AVC*" = Média Custo Variável de Produção; e
"*AFC*" = Média do Custo Fixo de Produção.

Por seu lado, "*AVC*" corresponde ao resultado obtido ao dividir:

$$AVC = \frac{TVC}{Q}$$

ou seja, o custo total variável de produção (*TVC = Total Variable Cost of Production*) a dividir por Produção (*Q = Quantity of Production*);

5. **average daily balance** – *B.* Saldo médio de uma conta bancária, correspondente ao somatório dos saldos diários (normalmente um mês), dividido pelo mesmo período do cálculo. Este cálculo é por vezes utilizado para evitar o pagamento de encargos de manutenção da conta ou para qualificar o titular da conta a certas linhas de crédito ou serviços financeiros;
6. **average fixed cost** – Custo fixo médio;
7. **average propensity to consume/to save** – *EC.* Propensão média ao consumo ou poupança, calculada ao dividir a liquidez de uma classe social pelo consumo ou poupança revelado por essa classe;
8. **average revenue** – Rendimentos médios; e
9. **average tax rate** – *DF.* Percentagem de impostos pagos por um contribuinte comparado com o seu rendimento bruto. *V.* **Tax**.

AVOIDANCE – O resultado de se ter anulado, cancelado, tornado um acto ou facto sem efeito ou inútil.

AVOW – *DP.* Reconhecer, admitir um facto arguido em juízo e justificar o mesmo.

AVULSION – *DR.* Perda inesperada e possivelmente irreparável da área de uma propriedade devido ao fluxo das águas de um rio (ex. desvio do leito), do mar ou de chuvas torrenciais e respectivos desabamentos. *V.* **Acts of God**

AWARD – 1. Prémio, galardão; 2. Decisão de um tribunal arbitral, de comissão de avaliação ou de investigação; *V.* **Arbitration**. 3. *DP.* Decisão de um júri (**jury**) em julgamento de **Common Law**, normalmente ao decidir o montante da indemnização ou dos prejuízos peticionados; 4. *FIP.* Adjudicar.

AWARD OF SEQUESTRATION – *UK. DC.* Despacho ou sentença judicial em processo de falência, determinando ao administrador da falência (*commissioner*) que se aproprie de certos rendimentos, usufrutos ou receitas do falido ou insolvente (ex.: receber rendas de imóveis, produtos de colheitas, juros ou dividendos, etc.).

B

BABY ACT – *USA*. *DP*. Acção judicial em que se tenta anular actos jurídicos praticados por um menor, alegando a sua incapacidade.

BABY BONDS – *MC*. Obrigações cujo valor nominal (valores de 2006) não excede US$1,000. Em termos normais de mercado, a sua valorização é de cerca de £18 (Reino Unido) e não superiores a € 100 na EU (dados de 2005). ***V*. Bonds.**

BACK – *B*. *DC*. Endossar, garantir um título por aval (*to back the Promissory Note*). Também se usa **backing**. ***V*. Aval**.

BACK BOND – *MC*. Uma Obrigação (*bond*) que chega ao seu titular por este exercer uma opção de compra ou usar um *warrant*. ***V*. Bonds, Warrants**.

BACK CONTRACTS – *MC*. *C*. Contratos de futuros ou de opções de compra e venda cujo vencimento é o mais longíquo relativamente às datas dos títulos transaccionados na data do respectivo cálculo. ***V*. Futures, Options.**

BACK FEE – *MC*. *B*. Comissão ou prémio devidos na segunda fase (ou segunda série) de uma Opção consolidada (*compound option*). ***V*. Options, Fees.**

BACKDATED – Retroactivo (*a salary increase backdated to* – *um aumento salarial com efeito retroactivo desde …*).

BACKDATING – *C*. Datar um documento como se tivesse sido assinado no dia anterior ao da sua assinatura. Nos EUA o processo é utilizado em certos Estados como forma de assinatura indirecta, ou seja, assinatura numa certa data por troca directa de faxes ou documentos em fomato via *scanner* entre as partes, com distribuição na mesma data dos originais por correio expresso para posterior assinatura física – **signing by circulation**).

BACK DOOR – *UK*. *EC*. *FIP*. Forma adoptada pelo Banco da Inglaterra para aumentar os meios de pagamento em circulação, ao comprar a instituições financeiras, títulos do tesouro que estas têm em carteira, a taxas de mercado em vez de lhes conceder empréstimos (*front-door method*). ***V*. Bank of England**.

BACK LANDS – *DR*. *USA*. Os terrenos ou propriedades que embora não o sendo contíguas, ficam nas traseiras de uma estrada, auto-estrada, ponte ou outra edificação pública ou de utilidade pública e como tal sujeitas a valorização ou desvalorização, conforme seja o caso específico.

BACKLOG – *DC*. Registo nos livros ou arquivos de uma empresa:
a. das encomendas de clientes para entrega futura;
b. dos atrasos (de entrega de mercadorias, de comparência ao local de trabalho, etc.).

Direito de Negócios – Dicionário Inglês-Português 184

BACK PAY AWARD – *DT.* Saldo entre os salários já pagos a um operário/funcionário e o valor dos aumentos de salário que ainda lhe sejam devidos retroactivamente desde a data de tal aumento.

BACK SPREAD – **1.** *DC.* Diferença mínima (calculada à menor) dos preços da mesma mercadoria ou produto em diversos mercados; **2.** *MC.* Opção de *hedging* ou alteração das margens de **spread** em taxas flutuantes de juros constatadas pelo mercado, devido ao facto de nesse momento existir um maior número de contratos de Opção a serem comprados do que os oferecidos para venda. *V.* **Options, Hedge.**

BACK TAXES – *DF.* Impostos devidos nos anos transactos aos da declaração em causa ou resultantes de heranças em que conjuntamente com os bens herdados, o herdeiro assumiu as respectivas obrigações e impostos devidos pelo falecido. *V.* **Tax.**

BACK TESTING – *CF. EC.* Comparação de um modelo econométrico/empresarial ou de projecção económica (*forecasting model*) com quadros ou dados económicos e de mercado historicamente similares para comprovar a utilidade de tal modelo ou projecções ao aplicar os mesmos ou quando estes venham a ser usados.

BACK TO BACK CREDITS/LOANS – *B.* Sinónimo – **Parallel loan** Empréstimos feitos por uma empresa num país numa determinada moeda contra a simultânea concessão por outra empresa (associada ou não à primeira) de outro empréstimo noutro país e noutra moeda. Forma originalmente concebida para contornar taxas de juros altas, controlos cambiais ou limites de crédito impostos por autoridades monetárias. Na década dos anos 80, estes instrumentos contratuais foram substituídos por **swaps** cambiais (**Currency Swaps**) mas de novo modificados nos anos 90 devido à substancial redução das opções cambiais europeias (criação e emissão do **Euro**), havendo também actualmente disciplina regulamentar quanto à sua utilização para evitar forma disfarçada de distribuição de lucros ou branqueamento de capitais. *V.* **Monetary Authority, Laundry Money**.

BACKUP – **1.** *PF. CO.* Constituição de reservas não obrigatórias por parte de uma empresa, levando em linha de conta os planos de expansão de produção, aquisição de outras empresas, programa de amortizações ou reestruturação financeira da empresa em análise; **2.** *DS. MC.* Compra por parte de investidores institucionais ou de fundos de investimento de Acções ou valores mobiliários (**securities**) com grande curva verificada de venda no mercado, por forma a recuperar o seu valor final. **3.** *FIP. EC.* O mesmo do número anterior mas quanto a ordens de compra de uma moeda por parte de um Banco Central quando tal moeda sofre forte desvalorização cambial. Exemplo de bancos japoneses, coreanos e chineses aquando das frequentes desvalorizações do Dólar dos EUA frente ao Euro.

BACK-UP CREDIT – *B.* Modalidade de **Stand-by Loan**, ou seja, linha de crédito aberta por um banco a um emissor de **commercial paper** por forma a cobrir os valores não subscritos pelo mercado.

BACKWARDATION – **1.** *UK. MC.* Postergar a liquidação de operações numa bolsa de valores (nomeadamente a de Londres) por parte de investidores que vendem, a termo e a outro investidor, títulos que ainda não possuem, na expectativa de obter um lucro nesse meio tempo por força da flutuação de cotações; **2.** *MC.* Quantia paga para compensar atrasos na entrega de valores mobiliários(**securities**); **3.** *MC.* Período em que, numa Bolsa de Mercadorias, o valor global de uma mercadoria (preço à vista acrescido do custo do respectivo armazenamento, juros e encargos, etc.), excede o preço a termo da mesma mercadoria.

BACKWARD BENDING SUPPLY CURVE OF LABOUR – *EC. DT.* Curva gráfica de trabalho geralmente ascendente relativamente às faixas salariais e às horas prestadas por período unitário de tempo:
- Atingido um certo nível salarial sem aumentos, a produtividade cai.
- Ao contrário, se o nível salarial é estável, entre o razoável e bom, o número efectivo de horas de trabalho e a produtividade diminuem em função das horas de descanso e lazer nas quais os trabalhadores possam gastar a parte dos salários não dispendida em artigos de primeira necessidade e em poupança.

O ponto em que a curva gráfica cessa a sua tendência ascendente chama-se *Backward Bending Supply Curve of Labour,* como se vê do gráfico abaixo. *V.* **Labour**.

Exemplo de *Backward Bending Supply Curve of Labour*

BACKWASH EFFECTS – *EC.* Efeito provocado pelo crescimento económico de uma região ou área em detrimento de outra (ex: deslocação de capital e mão-de-obra de uma região para outra por efeitos de imigração ou emigração). Um dos temas mais debatidos actualmente na UE, como se sabe.

BAD DEBT/BAD CREDIT – *B.* Crédito mal parado; valores com poucas possibilidades de serem cobrados ou recebidos. *V.* **Arrears, Arrears Ratio**.

BAD DEBT RESERVE – *B. CO.* Reserva financeira e contabilística para cobrir eventuais créditos duvidosos ou cujos devedores apresentem maus índices de crédito.

BAD FAITH – Má fé; intenção de enganar/prejudicar alguém ainda que não haja inicialmente indícios de tal intenção. A simples negligência não é suficiente para caracterizar má fé – exige-se a deliberada intenção *(intent)* de enganar e iludir (**mislead**). *V.* **Bias, Intent, Good Faith, Torts (*).**

Direito de Negócios – Dicionário Inglês-Português

BAD MOTIVE – Fazer alguma coisa intencionalmente ainda que se saiba ser ilegal ou errado. *V.* **Bad Faith, Bias, Torts** (*).

BADGES OF TRADE – *UK. DF.* Critério aplicado desde 1954 pelas autoridades fiscais britânicas (*Royal Commission on the Taxation of Profits and Income*) para distinguir a matéria colectável de investimentos em **commodities** e lucros obtidos no mercado de valores mobiliários. Os primeiros estão sujeitos a **income tax** ou **corporation tax**; os segundos, a **capital gain tax**. *V.* **Wages, Tax, Securities**.

BAIL – **1.** *CR.* Caução ou fiança oferecida (ou oferta de custódia pessoal, no caso de menores ou incapazes) para conseguir a libertação de alguém mas assegurar que o caucionado/afiançado irá comparecer em juízo; **2.** *DC.* Caução para garantir o pagamento de obrigações, por forma a poder disponibilizar um bem penhorado. *V.* **Give bail**.

BAILABLE ACTION (ou **OFFENSE**) – *CR.* Infracção ou crime em que o réu pode sair em liberdade a aguardar julgamento, mediante prestação de caução ou fiança. *V.* **Bail**.

BAILEE – *DR.* Alguém a quem é temporariamente confiada determinada propriedade/bem para finalidade específica ou cumprimento de certa condição, finda a qual a propriedade deve ser devolvida ao seu legítimo proprietário (ex: a companhia de caminhos de ferro que recebe para transporte uma determinada mercadoria é um *bailee*). O mesmo é aplicado a Armazéns Gerais (**warehousing**) e bancos (relativamente a cofres de aluguer).

BAILIF – Oficial de diligências encarregue pelo tribunal de efectuar arrestos, penhoras ou efectuar notificações. *V.* **Summons**.

BAILMENT – *DR.* O acto de entrega do bem ou mercadoria ao **bailee**.

BAILOUT – **1.** *B.* Medidas financeiras tomadas por sócios ou entidades governamentais para reabilitar economicamente uma instituição financeira ou evitar que esta cesse as suas actividades).

Nos EUA tais medidas competem a entidades como o **Federal Reserve**, o *Justice Department*, a **Federal Deposit Insurance Corporation** (entre outros) que podem ir (no caso de bancos/instituições financeiras) desde o pagamento aos pequenos depositantes (mas desde que não sejam excedidos certos valores máximos) até à venda de Activos (**assets**), redução de número de agências, injecção de fundos sob a forma de aumentos de capital ou suprimentos, etc.; **2.** *DS.* Medidas tomadas pelos sócios controladores de uma empresa no sentido de "disseminar" os lucros da empresa e, com isso, pagar menos impostos. Ex: pagamento de dividendos acima das percentagens usuais (ainda que neste caso, o impacto fiscal recaia depois sobre os próprios accionistas); constituição de reservas especiais para futuros aumentos de capital ou planos de expansão, etc. *V.* **Stock Dividends, Bailout Stock**.

BAILOUT STOCK – *MC. DS.* Acções (ou outra forma de representação de capital de uma empresa), emitidas como forma de pagamento de dividendos. Também conhecido por **Stock Dividends**. *V.* **Dividends**.

BAIT AND SWITCH – *DC.* Uma das ofensas mais típicas contra os direitos do consumidor quando o comerciante anuncia um determinado produto ou artigo a descontos ou preços muito reduzidos, o cliente procura-os, o comerciante alega que o **stock** de tais produtos já se esgotou mas que tem para venda produtos ou artigos equivalentes, de óptima qualidade, etc., mas obviamente a preços normais de mercado ou mesmo acima do mercado, se se tratar de artigo em que a procura excede a oferta.

BALANCE – **1.** Equilibrar, compensar; **2.** *B.* Saldo de conta, empréstimo, crédito ou orçamento; **3.** *CO.* Conta orçamental, balança (contabilidade pública), balanço (contabilidade privada). *V.* **Account, Compensating Balance**. Principais termos:

1. **balance forward** – *PF. CO.* Transporte de saldo;
2. **balance of capital transactions** – *EC. FIP.* Balança de capitais; registo de contabilidade pública que inclui o total de movimentos de capitais entre um país e o exterior durante certo período (anual, trimestral ou semestral). Sub-conta da **balance of payments**;
3. **balance of current account** – *PF. FIP.* Saldo da balança de transacções correntes;
4. **balance of goods and services** – *EC. FIP.* Balança de bens e serviços; registo de contabilidade pública que inclui o total de transacções de mercadorias, bens e serviços recebidos/prestados entre um país e o exterior durante um certo período (anual, trimestral ou semestral). Inclui fretes de transportes, comissões e taxas bancárias, prémios de seguro, pagamentos/recebimentos de dividendos e juros, *royalties*, etc. Sub-conta da **balance of payments**. *V.* **Royalty;**
5. **balance of payments** – *EC. FIP.* Balança de pagamentos; registo de contabilidade pública que inclui o total de operações/transacções efectuadas durante um certo período (anual, trimestral ou semestral) entre um país e o exterior (ou entre "residentes" e "não "residentes"). Os relatórios das operações e transferências periodicamente enviadas às autoridades monetárias, assim como as estatísticas de importações/exportações, etc., são algumas das fontes informativas e de dados em que se baseia o cálculo da *balance of payments*. Pode apresentar várias sub-contas (*Balance of Goods and Services, Balance of Capital Transactions, Balance of Trade, etc.*);
6. **balance of payment surplus** – *EC. FIP.* Excedente da balança de pagamentos;
7. **balance of trade** – *EC. FIP.* Balança comercial. *V.* **Balance of Payments, Absorption Approach;**
8. **balance sheet** – *CO.* Balanço, inventário de tudo o que uma empresa deve (passivo) e de que é titular (activo). Pode ser apresentada numa de duas formas:
   a. **account form** (*Assets = Liabilities + Shareholders´ Equity*), ou
   b. **report form** (*Assets – Liabilities = Shareholders´Equity*). *V.* **Hidden Reserve, Assets, Liability, Shareholders´ Equity;**
9. **balanced budget** – *FIP.* Orçamento equilibrado; **V. Budget;**
10. **balanced-budget multiplier** – *EC.* Efeito causado no Produto Nacional Bruto (**Gross National Product** ou **GNP**) pelo programa de crescimento das despesas públicas, financiado com um aumento equivalente das receitas de arrecadação

fiscal, provenientes de uma subida dos impostos. O efeito dessas despesas públicas tende a ser proporcionalmente maior do que o efeito da arrecadação fiscal, já que parte dele, se não tivesse sido cobrado, seria depositado pelo público como poupança (**savings**);

Australia's Balance of Payments

	1997 ($m)	1998 ($m)	1999 ($m)
Current Account	-17,031	-28,852	-34,637
Goods and Services	1,892	-10,414	-16,179
Credits	112,342	114,601	114,176
Debits	-110,450	-125,015	-130,355
Goods	2,381	-8,583	-15,083
Credits	87,435	88,917	86,869
Debits	-85,054	-97,500	-101,952
Services	-489	-1,831	-1,096
Credits	24,907	25,684	27,307
Debits	-25,396	-27,515	-28,403
Income	-18,667	-18,260	-18,605
Credits	9,670	10,274	10,349
Debits	-28,337	-28,534	-28,954
Current Transfers	-256	-178	147
Credits	3,695	4,032	4,264
Debits	-3,951	-4,210	-4,117
Capital and Financial Account	16,504	29,146	34,236
Capital Account	1,211	1,065	1,316
Capital Transfers	1,204	1,033	1,353
Credits	2,136	2,053	2,377
Debits	-932	-1,020	-1,024
Net acquisition/disposal of non-produced, non-financial assets	7	32	-37
Financial Account	15,293	28,081	32,920
Direct Investment	1,678	6,413	11,827
Abroad	-8,415	-3,919	4,946
In Australia	10,093	10,332	6,881
Portfolio Investment	14,653	4,256	18,123
Other Investment	3,708	14,526	13,677
Reserve Assets	-4,746	2,886	-10,707
Net errors and omissions	527	-294	401

Balance of Payments da Austrália (1997, 1998, 1999)

11. **balanced fund** – *MC*. Fundo de investimento diversificado, constituído por Obrigações, **commercial paper** e Acções (por oposição aos fundos de investimento cuja carteira é só composta de Acções);
12. **balanced growth** – *PF. EC.* Crescimento económico progressivo mas equilibrado;
13. **consolidated balance sheet** – *CO.* Balanço de uma empresa e das suas subsidiárias, empresas afiliadas ou empresas enquadradas no mesmo grupo económico ou sob o mesmo controlo accionista. **V. Consolidate**.

BALANCED SCORECARD – *EC. PF. CF. V.* **Scorecard (*)**.

BALANCING OF INTERESTS – 1. *USA.* Doutrina de Direito Constitucional aplicada quando os interesses comerciais de um Estado podem entrar em conflito com a legislação federal correspondente; 2. *T.* Conceito pelo qual, ao analisar o prejuízo causado, se deve ter em consideração se houve ou não intenção de o causar, bem como a capacidade do ofensor ressarcir o prejuízo e a necessidade económica de quem sofreu o prejuízo. *V.* **Torts (*)**.

BALKANIZATION – *DIP.* Denominação em Direito Internacional Público e Relações Internacionais do fenómeno político-social de fragmentação de um País ou região em diversos Estados:

- seja como resultado de uma guerra ou conflito armado em que o País em questão foi derrotado (caso dos Estados árabes formados após a queda do império otomano e fim da 1ª guerra mundial);
- seja como consequência de guerra civil (caso da ex-Jugoslávia, hoje dividida nos Estados da Sérbia, Montenegro, Croácia, Bósnia-Herzegovina, Macedónia e Eslovénia, além do território do Kosovo, este último recentemente – Fevereiro de 2008 – auto-proclamado Estado independente);
- seja ainda como resultado de profundas mudanças políticas (fragmentação da União Soviética). *V.* **Commonwealth of Independent States.**

BALLOONING – 1. *MC.* Manobrar as cotações de um determinado valor mobiliário ao ponto de atingir níveis puramente especulativos e sem qualquer relação com o valor do título em causa ou dos activos da empresa que o emitiu; 2. Activo ou bem cuja valorização excede os parâmetros normais de mercado.

BALLOON NOTE – *MC.* Obrigação ou valor mobiliário (**securities**) com amortizações periódicas mínimas e liquidação de valor do capital no vencimento final. *V.* **Note**.

BALLOON PAYMENT – *B.* Pagamento do capital de um empréstimo no seu vencimento final.

BALLOT – Processo de voto, seja nominal seja secreto.

BANCOR – *EC.* Moeda internacional proposta por Keynes na conferência de *Bretton Woods*. Ainda que rejeitada, o Fundo Monetário Internacional acabou, de certa forma, por adoptar o conceito ao criar **Special Drawing Rights**. *V.* **International Monetary Fund**.

BAND CHART – Gráfico de barras. O mesmo que **Bar Chart**.

Direito de Negócios – Dicionário Inglês-Português

BANNER AD – Anúncio colocado num site na **Internet**.

BANISHMENT – *CR.* Pena imposta a criminosos forçando-os a deixar o país ou certa cidade ou área durante um determinado período. Ainda usado nos EUA para "banir" de certas cidades ou comunidades, pedófilos ou criminosos sexuais após terem cumprido as suas sentenças.

BANK – *B.* Banco, instituição financeira. **Ver os múltiplos termos derivados ou associdos no Glossário deste Dicionário (*).**

BANK FOR INTERNATIONAL SETTLEMENTS (BIS) – *B.* **V. Banks na Parte II deste Dicionário (*).**

BANKING GREEN – *B. ENV.* Bancos e instituições financeiras que aplicam controlo rigoroso dos impactos ambientais e ecológicos dos financiamentos que concedem aos seus clientes. *V.* **Equator Principles, Corporate Green.**

BANK RECONCILIATION – *B.* Conferir os documentos de uma empresa respeitantes aos movimentos da sua conta bancária (número e valor dos cheques emitidos ou depositados, ordens de pagamento, instruções de crédito ou débito, etc.), com o respectivo extracto enviado pelo seu Banco (*bank statement* ou **statement of account**). *V.* **Account.**

BANKRUPTCY – Falência. *V.* **Assignment for the Benefit of Creditors, Chapter XI**.

BANKRUPTCY ABUSE PREVENTION AND CONSUMER PROTECTION ACT (ou BAPCPA) – *USA. DC.* Lei federal que entrou em vigor em Outubro 2005 e disciplinou de forma mais rigorosa as situações em que as empresas norte-americanas se declaram insolventes, pedem restruturação financeira (*business restructuring*) e entram em estado de falência. Sem revogar propriamente o **Bankruptcy Act**, introduziu-lhe alterações substanciais, ao ponto que em Dezembro de 2006, o número de pedidos de insolvência no âmbito do Chapter XI tinha caído em cerca de 50%. [20]

BANKRUPTCY ACT ou BANKRUPTCY REFORM ACT – *USA. DC.* Lei federal que regula a constituição, efeitos e consequências da falência, por forma a proteger os interesses dos credores da empresa falida. Revista em profundidade em 1978 e 1995, o novo texto entrou em vigor com tais alterações em 1 de Outubro de 1979 e posteriormente em 1997. O seu *Chapter XI* estabelece as medidas da reabilitação e protecção de empresa ameaçada de falência, por forma a permitir que continue aberta para negócios, enquanto o *Chapter XIII* regula a falência de pessoas físicas. *V.* **Chapter XI e Bankruptcy Abuse Prevention and Consumer Protection Act**.

BAR ASSOCIATION – *USA.* Ordem de Advogados, associação de profissionais de Direito. Há basicamente duas – **American Bar Association** (cuja filiação é obrigatória para o exercício de advocacia) e **Federal Bar Association** (que permite a inscrião de advogados estrangeiros residentes nos EUA). As *Bar Associations* estão organizadas em *Chapters* (Estaduais e por áreas metropolitanas).

---

[20] *Faster, But Not Cheaper*, Elizabeth M. Bohn, *Business Law Today*, American Bar Association, Setembro/ Outubro de 2007, pag. 61.

BARBELL STRATEGY – *CF.* Técnica de gestão financeira de uma empresa pela qual a dívida contraída (**debt instruments**) está prioritária e estrategicamente concentrada a curto e longo prazos, reduzindo substancialmente a dívida a médio prazo. *V.* **Debt**.

BARCELONA PROCESS SACs – *UE.* Também conhecido como **Euro-Mediterranean Partnership** (ou **EMP**) refere o conjunto de princípios e políticas entre os países membros da UE e os demais países do Mediterrêneo, no sentido de estreitar os laços de cooperação económica e social. Tem ainda como objectivo (i) a paz a estabilidade política e social na região; (ii) a solução negociada de conflictos locais; (iii) acordos de combate à emigração clandestina; e (iv) democracia e justiça social. A EMP é oficializada por meio de acordos bi-laterais ou regionais.

BAR CODE – Código de barras; formado por uma série de barras pretas verticais de diversas larguras, que são identificadas por um mecanismo de leitura óptica, o que habilita a identificação de um conjunto de dados informativos – preços de bens e mercadorias; datas; dados pessoais de múltipla natureza (fiscais, criminais, médicos, etc.); dados científicos (composição de medicamentos, análises químicas, etc.); e referências (bibliotecas, arquivos, museus), etc.

Termos associados: **bar code reader** – máquina de leitura óptica de barras; e **bar code scanner** – *scanner* de código de barras.

Exemplo de um *Bar Code*

BARE PATENT LICENSE – *USA.* Autorização emitida por entidade competente para usar e vender no país (ou em certas regiões ou Estados), um produto sujeito a patente.

BARGAIN – **1.** *DC. C. MC.* Contrato bi-lateral pelo qual alguém se compromete a comprar (sistema de atacado) as mercadorias fabricadas por outra parte e esta concorda em vendê-las à primeira; **2.** Pechincha, compra ou venda por óptimo preço ou em excelentes condições; **3.** Transacção efectuada na Bolsa de Valores de Londres.

BARGAIN COUNTER – *MC.* Valores mobiliários (**securities**) oferecidos para venda, muito abaixo do seu valor de emissão (**par value**) devido a pânico dos investidores, queda geral de cotações ou liquidação da empresa emissora.

Direito de Negócios – Dicionário Inglês-Português

192

BARGAIN HUNTER – *MC*. Investidor que actua preferencialmente em **Bargain Counter**.

BARGAINING FOR PLEA – *USA. DP. CR*. Admissão por parte de um réu em processo criminal da sua culpa total ou parcial para servir de atenuante e assim receber em troca, uma sentença menos severa.

BAROMETER STOCK – *MC*. Valor mobiliário (**securities**) cuja cotação de mercado serve como indicador do seu valor e evolução de mercado. *V.* **Blue Chips, Stock**.

BARREN MONEY – Dívida em dinheiro que não vence juros.

BARRIERS TO ENTRY – *DC*. Empresas ou entidades com verdadeiro monopólio industrial por forma a impedir o acesso ao mercado por parte de outras empresas, seja através do controlo de matérias-primas, de tecnologia ou política de preços. *V.* **Anti-Trust Laws, Cartel**.

BARRISTER – *UK*. Advogado autorizado a representar clientes em tribunal o que não é permitido a **Solicitors**. *V.* **Attorney at Law, Counsel, Lawyer**.

BARTER – *EC*. Também denominado **countertrade**.Troca directa (**swap**) de bens, mercadorias, produtos ou serviços, ou seja, sem uso de moeda.

BASE CURRENCY – *B. CO*. Moeda usada como referência numa operação cambial ou em que uma empresa deve manter e actualizar os seus livros de contabilidade. As chamadas **hard currencies** são as mais utilizadas para o efeito.

BASE MONEY – *USA. B*. Percentagem de depósitos que um banco norte-americano deve manter como reservas obrigatórias de acordo com as regulamentações do **Federal Reserve System**.

BASE RATE – *B*. **1.** Taxa-base de juros à qual os bancos acrescem o seu próprio **spread** para reflectir o risco assumido ao conceder um crédito ou financiamento. Assim, num empréstimo de EURIBOR + 1.5%, EURIBOR será a *Base Rate* e o *spread* 1.5%; **2.** Taxa-base de juros a que o credor acresce uma participação nos lucros ou no produto das vendas líquidas da devedora. *V.* **Profit Sharing**.

BASE-WEIGHETED INDEX – *EC. MC*. Índice económico comparado com o do ano anterior (ou ano-base).

BASE YEAR – *EC*. O primeiro de uma série de períodos anuais usados para calcular índices de preços (ou seja, ano com índice-base de 100), por forma a que os preços subsequentes demonstrem os acréscimos relativos a tal ano-base.

BASIC – Fundamental, básico. Principais termos derivados:
1. **basic data** – Dados fundamentais;
2. **basic product** – Produto básico, matéria-prima;
3. **basic stock** – *DS. MC*.Acções/Quotas com poder de voto;
4. **basic time** – *EC*. Tempo que um operário qualificado para desempenhar uma determinada tarefa, consome ao concluir a mesma;
5. **basic training** – *DT*. Formação profissional básica;
6. **basic yield** – *CF*. Taxa básica de rendimento, rendimento anual básico; *V.* **Yield**;
7. **basis of taxation** – *DF*. Cálculo de matéria colectável. *V.* **Ad Valorem, Yield**.

BASIS POINTS – *MC. B. PF.* Sistema de ponto-base utilizado para calcular pequenas variações de taxas de juros (ex: um centésimo de um ponto percentual de rendimento auferido por um valor mobiliário). Assim, um rendimento de 8% corresponde a 800 pontos-base; 1/100 *basis points* correspondem a 0.01%, etc. Outro exemplo: o saldo diferencial entre dois rendimentos, sendo um de 8.90% e outro de 9%, é 10 *basis points*. **V. Securities**

BASIS RISK – *MC.* Risco decorrente dos preços de mercado de um Activo (relativamente ao qual já foram aplicados os instrumentos de cobertura de risco cambial, de flutuação de preços, de taxas de juros, etc. – **hedge**) não apresentarem as mesmas variações de preços de mercado relativas a um outro Activo sujeito a um contrato de futuros *(futures contract)*. *V.* **Hedge, Futures**.

BASIS RATE SWAP – V. Basis Swap.

BASIS SWAP – *MC. B.* **Swap** pela qual as partes se comprometem mutuamente a fazer pagamentos relativos a taxas de juros flutuantes ou variáveis, a curto ou médio prazos, etc., acertando as partes todas essas diferenças através das devidas mecânicas jurídico-contratuais.

BASKET OF CURRENCIES – *EC.* Conjunto de cambiais escolhidas para determinar o valor de uma moeda mediante a aplicação de determinadas percentagens individuais de outras divisas. Foi assim que se determinou o valor de cotação original do **Euro**. *V.* **Quadro gráfico** (*) **Glossário deste Dicionário.**

BASKET HEDGING – *MC. CF.* Estratégia de contrabalançar os riscos de uma carteira de investimentos (**portfolio**) ao converter valores mobiliários ou depósitos bancários noutras moedas (**hard currencies**) e evitar assim os efeitos de flutuações cambiais derivadas dos valores mobiliários (**securities)** serem apenas expressos basicamente em duas ou três dessas **hard currencies** (dólar, euro e libra). *V.* **Hedge.**

BASKET PEGGER – *EC.* País que fixa a taxa cambial da sua moeda com referência a um **Basket of Currencies**.

BASLE AGREEMENT – *B.* A necessidade de criar internacionalmente critérios e requisitos comuns que assegurem a solidez financeira de bancos e instituições de crédito, ficou patente no final dos anos 80 quando se constataram sinais de alguma displicência no sector. Foi assim que nasceu o Acordo da Basileia (*Basle Accord* ou *Basle Agreement*) assinado em Junho de 1988 (e subsequentemente alterado) entre os principais Bancos Centrais e que introduziu, entre outros, o conceito de *Capital Adequacy* ou *Risk-Based Capital Adequacy*. Os objectivos deste Acordo são claros:

a) Promover a estabilidade da comunidade financeira mundial ao definir os critérios básicos dos riscos que podem ser assumidos pelos Bancos;

b) Definir os níveis mínimos de capital e reservas que os bancos têm que apresentar para assumir tais riscos;

c) Padronizar os componentes económicos (e respectivos graus ou percentagens de participação) de capital e reservas; e

d) Estruturar os padrões de disciplina e controlo internos quanto aos níveis de concessão de crédito e de administração/gestão de liquidez.

Direito de Negócios – Dicionário Inglês-Português

V. **Shareholders´ Equity, Assets, Equity, Risk, Fee, Underwriting, Commercial Paper, Bank for International Settlements.**

BATCH – *EC*. Produção em série (*batch production*) de componentes intermediários ou bens finais, de forma permanente ou esporádica.

BATTERY – *CR*. Uso de poder ou violência física contra alguém ou evitar (omissão) que um terceiro use de tal violência contra o ofendido. O factor doloso (a intenção de atingir ou deixar atingir o ofendido) e os danos físicos efectivos (e não meramente potenciais) são básicos. Um dos aspectos mais curiosos do *battery* são os danos físicos sofridos por médicos, dentistas (**technical battery**) ao actuarem profissionalmente de forma errada ou menos cuidadosa (**malpractice**).*V.* **Torts (*).**

BAY STREET – *MC*. 1. Rua de Toronto (Canadá) onde se localiza a Bolsa de Valores de Toronto; **2.** A própria Bolsa de Valores de Toronto. *V.* **City, Wall Street.**

BEAR – *MC*. 1. Suportar, sustentar, deter, render, auferir; **2.** Urso (símbolo de mercado em baixa – *V.* **Bear Market**). Termos mais usados no mercado:

1. **bear** (ou **bearish**) – **1.** Investidor que aposta na baixa de cotações em Bolsa. Por oposição a **Bull**; **2.** Posição na carteira de títulos que valoriza caso haja descida de outras cotações em Bolsa. *V.* **Bear Market;**

2. **bear arms** – *USA*. Direito constitucional ao porte de arma, consagrado no *Second Amendment* à Constituição. Na prática, as legislações federais e estaduais vêm progressivamente a restringir tal direito. *V.* **Amendment;**

3. **bear dividends** – Render dividendos;

4. **bear hug** – Comunicação por uma empresa a outra de que é sua intenção fazer uma oferta pública de aquisição do controlo de capital da segunda. Se esta última informa que não se opõe a tal oferta, mas que pretende um preço mais alto por Acção, denomina-se **Teddy Bear Hug**. *V.* **Takeover, Take-Over Bid, Securities;**

5. **bear interest** – Render juros; também significa período de espera de um corrector de Bolsa que as cotações das Acções baixem para colocar novas ordens de compra; *V.* **Interest;**

6. **bear market** – Mercado de valores mobiliários com cotações em baixa. *V.* **Bull market, Securities;**

7. **bear spread** – Conjunto de Opções (**Options**) cujo valor global aumenta (dentro de certos limites pré-definidos) quando os valores-base diminuem e com isso se tornam mais atractivas para o mercado comprador. Embora se pague menos nas primeiras Opções, o corrector aumenta o valor das demais (*card splitting effect*) e com isso obtém-se um lucro global;

8. **bear swap** – **1. Swap** de taxa de juros cuja amortização se acelera quando o mercado aumenta as taxas de juros e o investidor procura essas taxas mais altas; basicamente usadas em empréstimos hipotecários; **2. Swap** básica em que os fluxos de investimento se baseiam em taxas de indexação relacionadas com valores mobiliários que assumem diversos tipos de risco. Uma forma indirecta de **hedging;**

BEARER – *MC. DC. B.* Títulos ao portador: cheques, Acções (*bearer shares*), Obrigações (*bearer bonds*), valores mobiliários (*bearer securities*) e outros títulos de créditos não nominativos, etc. *V.* **Bond**, **Share**, **Securities**.

BEAUTY CONTEST – *UK. DT.* Competição entre sindicatos para serem reconhecidos e admitidos pela entidade patronal que vai abrir uma nova fábrica ou empresa, no que se refere a acordos colectivos de trabalho, negociação de aumentos salariais, etc. *V.* **Unions**.

BECOME OVERDUE – *B. CO.* Não efectuar o pagamento na data de vencimento; constituir-se em mora. *V.* **Arrears**.

BED AND BREAKFAST – *MC.* Transacção pela qual um investidor dá instruções ao seu corrector para vender um determinado lote de valores mobiliários no final do pregão de um determinado dia e recomprá-lo no início do dia seguinte. Usado para fins fiscais. *V.* **London Stock Exchange**.

BEFORE TAX – *DF. CO.* Antes de deduzir quaisquer impostos. *V.* **Tax**.

BEGGAR-THY-NEIGHBOR POLICY – *EC.* Política económica de desenvolvimento de um país em detrimento do crescimento dos países vizinhos, através da imposição de barreiras às importações, etc.

BELLS AND WHISTLES – *MC.* Acrescentar atractivos financeiros ao lançamento de um valor mobiliário (ex: **options**, **warrants**) para incentivar o investidor de mercado a adquiri-lo. *V.* **Securities**.

BELONGINGS – *DR.* Conjunto de bens de uma pessoa. *V.* **Patrimony**.

BELOW PAR – *MC.* Abaixo do valor de emissão. *V.* **Par Value**, **Face Value**.

BELOW THE LINE (EXPENDITURES) – *V.* **Above (Below) the Line**.

BEM – *MC. V.* **Big Emerging Markets**.

BENCH CONFERENCE – *USA. DP.* Conferência, reunião entre os advogados e o juiz junto à tribuna deste último e em plena sessão judicial, para esclarecer pontos formais, de prova ou processuais que não devem (ou não podem) ser divulgados ao júri e ao tribunal. Em tal caso, os advogados pedem (ou o próprio juiz determina) *to approach the bench*.

BENCHMARK – 1. *EC.* Comparação (*benchmarking*) dos melhores ou mais aperfeiçoados métodos e sistemas de produção de um concorrente por forma a poder igualar ou melhorar a própria produção.

BENEFICIAL OWNER – 1. *DR.* Direito de alguém deter provisoriamente um bem ou propriedade de terceiro (ex. *trustee*); 2. *MC.* O verdadeiro proprietário de valores mobiliários (caso de títulos ao portador). *V.* **Trust**, **Legal Owner, Securities**.

BENEFIT – 1. Vantagem, benefício, proveito, privilégio, ganho; 2. *DT.* Subsídios ou pensões por doença, acidentes de trabalho, etc.

BENEFITS IN KIND – *DT.* Remuneração de um trabalhador em espécie, ou seja, por outra forma que não através de pagamento de dinheiro (ex: escola particular mantida por uma empresa para educação gratuita dos filhos dos seus operários, assistência médica, transporte para o local de trabalho, etc.). *V.* **Fringe Benefits**, **Bonus Payment.**

Direito de Negócios – Dicionário Inglês-Português

BENEFIT PRINCIPLE OF TAXATION – *DF.* Doutrina de direito fiscal segundo a qual só os cidadãos que directamente utilizam ou usufruem de um serviço público devem pagar os impostos correspondentes ao custo de tais serviços. *V.* **Tax.**

BENELUX – *DIP.* Acordo aduaneiro assinado a 1 de Janeiro de 1948 entre a Holanda, a Bélgica e o Luxemburgo e, mais tarde, reforçado a 1 de Novembro de 1960, já então no âmbito da então Comunidade Económica Europeia. Considerada por muitos economistas como a primeira iniciativa percursora de actual unidade económica e fiscal da Europa.

BEQUEST – Dádiva, doação de um bem por disposição testamentária. Um legado. **V. Will.**

BERMUDA OPTION – *MC.* Opção em que se combinam características do mercado americano (ex. ser exercida à escolha do titular da Opção e não da empresa emissora) e europeias (ex. exercida apenas uma vez). *V.* **Options.**

BERNE UNION – *B. DC.* União de Berna, nome simplificado da União Internacional dos Seguradores de Crédito e Investimento *(International Union of Credit and Investment Insurers)* constituída por representantes dos principais países industriais com excepção do Japão.

BERNOULLI TRIAL – *EC. PF.* Facto económico ou de estratégia empresarial em que se devem reunir três elementos:

1. foi ou é resultado de um êxito ou erro substanciais;
2. a probabilidade de recuperação ou sucesso deve ser idêntica em todas as alternativas em análise; e
3. o resultado de cada alternativa deve ser independente do resultado das demais.

BESEECH – *DP.* Pedir com veemência, repetidamente, implorar. Oratória processual

BEST BID (ou BEST OFFER) – *MC.* A maior ou a mais baixa oferta de compra ou venda (conforme o caso) de um valor mobiliário num determinado momento do mercado. *V.* **Bid.**

BEST EFFORTS – *MC. B.* Tentativa por parte de uma instituição financeira ou intermediário credenciado de colocar no mercado valores mobiliários recém-emitidos mas sem que haja garantia de sucesso.

Principais termos:

1. <u>**best efforts letter**</u> – Modalidade de **Comfort Letter**. O seu conteúdo refere normalmente que a emissora (ou emissores, se se tratar de sócios controladores) da carta desenvolverá "os seus melhores esforços" para que uma subsidiária (candidata a um empréstimo ou financiamento) cumpra as suas futuras obrigações;
2. <u>**best efforts underwriting**</u> – Tipo de <u>**Underwriting**</u> pelo qual uma instituição financeira assume o compromisso "relativo" (melhores esforços) de conseguir com que o público subscreva até ao final do período de Oferta Pública, a quantidade (ou certa quantidade) de papel emitido por um seu cliente (Acções, Obrigações, etc.). *V.* **Securities**.

BEST EVIDENCE – *USA. DP.* A forma de prova (testemunhal, escrita, documental, etc.) mais directa, válida, objectiva e possível de prestar no contexto das circunstâncias do processo em causa. A prova documental prevalece sobre a prova testemunhal, como também a prova documental com base em originais prevalece sobre a que apenas apresenta cópias dos mesmos (**secondary evidence**), etc. Quanto a este último caso (**best evidence rule**), note-se que a exibição de simples cópias é apenas passível de ser aceita em certas jurisdições norte-americanas caso:

(i) haja prova que o original foi destruído ou está na posse da outra parte; ou

(ii) que o original se encontra noutra jurisdição, não tendo o arguente culpa desse facto.

BEST USE – *DF. EC.* Uso económico ideal de um bem durante o seu tempo normal de utilização e de acordo com as respectivas características técnicas. *V.* **Bliss Point**.

BETA – *MC.* Cálculo (**beta coefficient**) da potencialidade do rendimento de um determinado valor mobiliário, relativamente à média esperada do rendimento de mercado de outros valores mobiliários.

BETTERMENTS – *PF.* Melhoramentos, substituição de um bem ou equipamento por outro de superior qualidade ou produtividade. Sinónimo de **Improvements**.

BETWEEN – Que separa duas coisas ou espaços; que é celebrado entre duas partes. Se usado entre várias pessoas, utiliza-se preferencialmente *among*.

Note-se que no Reino Unido a palavra *between* é usada indiferentemente de serem dois ou mais os intervenientes. Ex: *"the Agreement between John and Bill"*; *"the Agreement among John, Bill and Mary" (USA)*; *"the Agreement between John, Bill and Mary" (Reino Unido)*.

BEYOND ANY REASONABLE DOUBT – *T. CR.* Inteiramente convincente, acima de qualquer dúvida, indubitável. O júri de um tribunal só deve decidir que o réu é culpado se, em sua opinião, a sua culpa está demonstrada *beyond any reasonable doubt*. **V. Jury, Torts (*)**.

BEYOND CONTROL – *T.* Fora do controlo, acima do poder de alguém. *V.* **Acts of God, Torts (*)**.

BIAS – 1. *DP.* Parcialidade; preconceito quanto a um tema, assunto ou pessoa. A predisposição de decidir tendenciosamente e sem levar em consideração imparcialidade dos factos concretos. Havendo *bias*, os membros de um júri (ou o próprio juíz) ficam inibidos de actuar ou intervir no processo; **V. Bad Faith; 2. *EC.*** Em econometria e matemática financeira, um desvio uniforme ou sistemático relativamente a um ponto de referência.

BID – 1. *DC. MC* Oferta de venda ou de aquisição de bens ou valores mobiliários em Bolsa de Valores ou fora dela; **V. Securities. 2.** Lance de oferta de aquisição de um bem ou direito em leilão; **3.** Oferta de preço para prestação de determinados serviços (ex: concessões de obras públicas). Termos derivados:

1. **bid–asked price** – *MC.* A margem de valor entre o preço de oferta de compra e preço de oferta de venda de um valor mobiliário (**securities**);

2. **bid bond** – *PF. B.* Fiança que garante que um determinado concorrente a uma concessão pública (ex: construção), não retirará a sua oferta antes da autori-

Direito de Negócios – Dicionário Inglês-Português

dade competente a analisar, rever e eventualmente a aprovar. *V.* **Performance Bonds;**

3. **bidding up** – Série de lances feitos durante um leilão, aumentando sucessivamente o preço oferecido. *V.* **By-Bidding;**

4. **bid to cover ratio** – *MC.* Rácio entre o número de ofertas de compra e venda feitas em Bolsa relativamente ao total das respectivas ofertas que tiveram sucesso. Usada nos leilões de títulos de dívida pública nos EUA.

BIG BANG – *UK. MC.* Referências às alterações estruturais e operacionais feitas na Bolsa de Londres em 27 de Outubro de 1986 pelas quais foram eliminadas as comissões fixas. Termo também usado para as alterações introduzidas na Bolsa de Tóquio em 1998.

BIG BATH – *USA. MC. CO.* Gíria para referir práticas pouco éticas ou mesmo fraudulentas por parte de uma empresa que efectua uma restruturação financeira. Na tentativa de melhorar a sua imagem (**cleaning up the books**), a empresa classifica como "custos de restruturação" (**restructuring costs**), toda uma série de encargos e despesas financeiras de outro tipo, por forma a que os verdeiros **restructuring costs** (considerados como parte da expectiva de **income** resultante dessa restruturação) são de valor bastante inferior ao contabilizado. *V.* **Restructuring.**

BIG BOARD – *USA.* Gíria para mencionar a Bolsa de Nova Iorque. *V.* **NYSE, Little Board**.

BIG EMERGING MARKETS (ou BEM) – *MC.* Também conhecidos como *Big Ten*, constituem os dez países com maior potencial de desenvolvimeno económico e de Mercado de Capitais entre os países em vias de desenvolvimento. A maioria dos autores no entanto concorda apenas em nove – Rússia, China, Brasil, India, África do Sul, Turquia, Coreia do Sul, México e Polónia. Mas enquanto a *Yale University* por exemplo, inclui o Egipto, *the Economist* prefere a Indonésia. Uma coisa parece certa – desses dez países, a China, o Brasil, a India e a Rússia pertencem a um grupo mais restrito – os chamados **Big Four**.

BIG FOUR [21] – 1. *CO.* Denominação (à data deste Dicionário) das quatro maiores firmas mundiais de Contabilidade e Auditoria – *Deloitte & Touch Tohmatsu, Ernst & Young, KPMG* e *Price Waterhouse Coopers*, número a que foi reduzido o chamado "**Big Five**", relativo ao período de 1998-2002: *Arthur Andersen, Deloitte & Touch, Ernst & Young, KPMG* e *Price Waterhouse Coopers* – após o escândalo financeiro da **Enron**, a *Arthur Andersen* foi como se sabe, liquidada; **2.** *UK. B.* Denominação dos quatro maiores bancos do Reino Unido – *Barclays, Lloyds TSB, Midland* e *NatWest*. Em 1990, *Abbey National* juntou-se ao grupo, como o 5º maior banco em termos de capital e reservas; **3.** *MC.* Denominação das quatro maiores correctoras japonesas – *Daiwa, Nikko, Nomura* e *Yamaichi;* **4.** *MC.* Os quatro países com economias em vias de desenvolvimento, com

---

[21] De notar que conforme a evolução dos mercados, as listas dos nomes dos participantes tendem a mudar de forma cíclica.

crescimento económico e mercados de capitais mais promissores – *Brasil, China, India* e *Rússia*. *V.* **Big Emerging Markets ou BEM.**

BIG HIT – *B.* Prejuízo substancial sofrido por um banco ao ter concedido um empréstimo de grande valor a uma empresa que faliu ou é declarada insolvente.

BILATERAL BARGANING – *EC. DC.* Transacção entre o detentor de monopólio de produção e um único consumidor do mercado. *V.* **Anti-Trust Laws, Monopsony, Monopoly**.

BILATERAL MONOPOLY – *EC. DC.* Mercado em que há apenas um comprador e um vendedor. *V.* **Anti-Trust Laws, Bilateral Bargaining, Monopoly**.

BILK – *DF.* Fugir ao pagamento de impostos ou de uma dívida. **V. Tax.**

BILL – **1.** Lei, documento emitido por corpo ou entidade legislativa; **2.** Conta, factura a curto prazo, normalmente a menos de um ano (UK) ou seis meses (EUA); **3.** Contrato, instrumento; **4.** Nota (meio de pagamento, por oposição e *"coin"*, moeda de cunho metálico). Principais termos:

1. **bill broker** – *MC.* Intermediário na compra de **Commercial Paper**. *V.* **Broker, Dealer;**

2. **bill of discovery** – *USA, DP.* Despacho ou mandado judicial que determina que uma parte envolvida num litígio tem o direito de aceder aos documentos ou prova documental da outra parte, actuando de boa fé e cooperação efectiva. *V.* **Cross-Bill (abaixo, neste mesmo verbete);**

3. **bill of evidence** – *DP.* Notas estenográficas de depoimentos ou testemunhos orais feitos em juízo e que podem ser utilizados para recurso;

4. **bill of exchange** – *B. C.* Letra de câmbio, instrumento cambial entre três partes: a primeira saca uma ordem de pagamento de certa quantia sobre a segunda que, ao aceitá-la, se compromete a efectuar o pagamento, numa certa data a uma terceira parte. O mesmo que **draft** . *V.* **Blank Bill, Bankers´ Acceptance;**

5. **bill of lading** – *B. DC.* Conhecimento de carga emitido pelo transportador que comprova a entrega de mercadorias para embarque e transferência da sua propriedade durante o transporte;

6. **bill of parcels** – *DC.* Declaração ou factura remetida pelo vendedor ao comprador juntamente com as mercadorias/bens objecto da venda, discriminando-os (referências de fabrico, modelos, etc.) bem como dos respectivos preços unitários;

7. **bill of rights** – **1.** Declaração solene dos direitos e liberdades dos cidadãos promulgada após mudança de sistema político (ex: queda de monarquia, instauração de república) ou declaração de independência. **2.** *USA.* O conjunto dos primeiros 10 Aditamentos (**Amendments**) à Constituição; **3.** *UK. Act of the Parliament* de 1689 que estabeleceu prerrogativas básicas do Parlamento. *V.* **Act of Parliament;**

8. **bill of sale** – *DR.* Documento selado pelo qual um vendedor certifica a transferência de propriedade de um bem para o comprador;

9. **bill of sufferance** – *DF.* Isenção de direitos aduaneiros. **V. Tax;**

Direito de Negócios – Dicionário Inglês-Português

10. **bill over bond** – *MC*. Margem de diferença entre o rendimento de um título de Tesouro ou **bond** emitidas por um Estado e o rendimento de outra determinada Obrigação com vencimento idêntico ou aproximado. Se a comparação for oposta usa-e o termo **Bond over Bill**;

11. **bill receivables** – *CO*. Conjunto de letras, livranças, **drafts**, cheques, etc., pagáveis a um comerciante ou empresa ou à sua ordem;

12. **blank bill** – *B*. Letra de câmbio em que o nome do beneficiário (a cuja ordem deve ser paga), é deixada em branco;

13. **cross-bill** – *USA. DP*. Contestação; o documento apresentado pelo réu de um processo civil em resposta à petição inicial do autor.

BILL PAY – *B*. Serviço prestado por certos bancos comerciais pelo qual a liquidação de grande parte de pagamentos periódicos (água, electricidade, telefone, apólices de seguro, portagens, escolaridades, cartões de crédito, etc.) pode ser feita directamente de casa ou por computador portátil através de *sistema on-line* em vez de ser efectuado via máquinas **ATM** (Multibanco) ou por correspondência.

BIND – *C*. Obrigar-se; vincular-se; ficar obrigado a certo dever ou acto mediante cláusula contratual ou decisão judicial. Ex: *your company is bound by this contract*.

BINDER – *C*. **1.** Contrato preliminar redigido de forma sumária e que enumera os tópicos a serem cobertos pelo contrato definitivo e final a ser assinado entre as partes; **2.** Pasta de documentos, arquivo.

BINDING AUTHORITY – *USA. DP*. As disposições legais e regulamentares que um juiz tem que levar em consideração ao conduzir um processo e emitir a sentença.

BIO-ACUMMULATION – *ENV*. Processo mediante o qual os poluentes com maior capacidade de resistência ambiental se concentram nos organismos vivos, nomeadamente através da acumulação nas águas pluviais, fluviais e marítimas que atinge mariscos, peixes e outra fauna marítima, entrando assim na cadeia alimentar geral. *V.* **Equator Principles***,* **Environment.**

BIO-DIESEL – *ENV. Diesel* com mistura de matérias primas provenientes de reciclagem (óleos vegetais, gordura animal, etc). **V. Bio-Fuel.**

BIO-FUEL – *ENV*. Combustíveis (gasolina, *diesel,* etc) com mistura de matérias primas provenientes de reciclagem (óleos vegetais, sementes, etc). **V. Bio-Diesel.**

BLACK ECONOMY – *EC*. Actividades económicas que, pela sua natureza, não são registadas no produto bruto nacional de um país. É o caso dos serviços profissionais prestados graciosamente por um amigo, o trabalho das donas de casa, trocas económicas directas em espécie (ex. milho por vinho), etc. Também chamada **parallel economy**.

BLACKING – *EC. DT*. Retaliação por parte dos trabalhadores de uma empresa ao recusarem utilizar produtos ou serviços (ou vender produtos/ prestar serviços) de outra empresa que se encontra em litígio ou conflito com os seus próprios trabalhadores. Correspondente à nossa *greve de solidariedade*. **V. Strike.**

BLACK KNIGHT – *V.* **White Knight**.

BLACKLEG – *DT*. Fura-greve. *V.* **Strike.**

BLACKMAIL – *T. CR.* Chantagem, exigência de dinheiro ou entrega de um bem ou a realização/abstenção de um acto sob a ameaça de violência física ou moral ou a divulgação de informações que podem prejudicar o ameaçado ou a sua família. Usualmente incluído nos crimes de **Extortion**. *V.* **Torts (*)**.

BLACK MARKET – *EC. CR.* Mercado negro, transacção informal de produtos, contrabando, bens ou serviços proibidos por lei (ex: drogas, animais em vias de extinção, etc.) ou por regulamentação específica (controlos de importação/exportação, regimes fiscais, etc.).

BLACK MONDAY – *USA. MC.* 19 de Outubro de 1987, colapso da Bolsa de Valores de Nova Iorque em que o índice *Dow Jones Industrial* caiu 508 pontos, ou seja, uma perda de 22.6%. Como consequência, as cotações entre 19 e 20 de Outubro caíram 21% em Londres, 18% nos Estados Unidos, 17% no Japão, 11% na Alemanha e 10% em França. A Bolsa de Hong-Kong fechou. *V.* **Brady Report, Crash**.

BLACK TUESDAY – *USA. MC.* 29 de Outubro de 1929, o grande "crash" da Bolsa de Valores de Nova Iorque e o início da Depressão dos anos 30 – num único dia cerca de 16.410.000 Acções foram transaccionadas. O índice *Dow Jones Industrial* abriu a 252.38 e fechou em 212.33. Muitos observadores pensaram ser o fim do sistema capitalista. *V.* **Crash**.

BLANK – *C.* Espaço ou linha deixada em branco num contrato ou documento e que só é preenchida no acto de assinatura.

BLANK BILL – *B.* Letra de câmbio em que o nome do beneficiário (a cuja ordem deve ser paga), é deixada em branco. *V.* **Bill**.

BLANK ENDORSEMENT – *B.* Endosso em branco.

BLANKET COVERAGE – Apólice de seguro que efectua a cobertura geral de riscos. *V.* **Insurance (*)**.

BLANKET ORDER – *DC.* Pedido ou encomenda antecipada.

BLIND AIDS – Anúncios, publicidade anónima.

BLIND SELLING – *DC.* Venda em que não se dá a oportunidade ao comprador de examinar a mercadoria ou o bem nomeadamente os chamados vício redibitórios (**hidden defects**).

BLISS POINT – *EC. CO.* Ponto, nível de utilidade ou uso máximo de um bem ou equipamento. *V.* **Best Use, Asset**.

B LOAN – *PF. C.* Termo relativo à mecânica de financiamento de grandes projectos que beneficiam de empréstimos dos Organismos Multilaterais de Desenvolvimento (OMDs). Como estes, por disposições estatutárias ou limites de crédito internos, não podem financiar mais do que determinada percentagem do custo geral de um projecto (*aggregate* **project cost**), convidam bancos privados a participar no financiamento (*participation*), criando, para tal, um empréstimo separado do que é concedido pela própria instituição financeira. A parte financiada por tais bancos (**participants**) é chamada de **B Loan**, por oposição a *A Loan* com recursos próprios dos OMDs. *V.* **Lender of Record, Participant, Loan, Project Cost**.

BLOCKED ACCOUNT – *B. V.* **Account**.

Direito de Negócios – Dicionário Inglês-Português 202

BLOCKED CURRENCY – **1.** *FIP. EC.* Moeda (**currency**) que só pode ser usada para certas finalidades e não como meio universal de pagamentos. O caso da Alemanha (1933-1935) é um exemplo. **2.** *FIP. EC.* Moeda que não pode ser livremente convertida noutra, sem expressa autorização (normalmente, caso a caso) das entidades monetárias competentes. Típico de regimes cambiais rigidamente controlados. *V.* **Currency, Foreign Currency.**

BLOCK TRADE – *MC.* Quantidade negociada de valores mobiliários em unidades mínimas de 10.000 (Acções) ou com um valor mínimo de mercado de US$200.000 (obrigações). Transacções feitas sobretudo por investidores institucionais (**institutional investors**). *V.* **Securities.**

BLUE CHIPS – *MC.* Valores mobiliários (**securities**) com risco mínimo para o investidor e que geram bom rendimento.

BLUE-CHIP COMPANY – *DS. MC.* Empresa com óptimo rendimento e excelente crédito no mercado. *V.* **Barometer Stock, Securities.**

BLUE COLLAR WORKERS – *DT.* Trabalhadores manuais, operários. Por oposição a **white collar workers**. *V.* **Labour.**

BLUE-SKY LAWS – *USA. MC.* Lei que regula a emissão, colocação e negociação de valores mobiliários (**securities**) num Estado norte-americano defendendo os investidores contra fraudes, burlas ou demais ilegalidades. *V.* **Corporate Governance, Sarbanne-Oxley Act (ou SOX).**

BOARD – Conselho, comissão, comité. Principais termos:
1. **board of aldermen** – *UK.* Assembleia municipal;
2. **board of directors** – *DS.* Conselho de Administração, Direcção;
3. **board of governors** – *DS.* Conselho de Governadores, orgão máximo de um banco, empresa ou organismo multilateral que se reúne normalmente uma vez por ano ou em casos excepcionais, para analisar e aprovar políticas e planos estratégicos, etc.;
4. **board of trade** – *DC.* **1.** O equivalente a um Ministério do Comércio e Indústria; **2.** Câmara do Comércio;
5. **board of trustees** – Conselho de Administradores de um **Trust;**
6. **Board Meeting (ou BOD)** – Reunião do Conselho de Administração, da Direcção, etc.

BODY CORPORATE – *UK. DS.* Empresa pública ou privada.

BOILERPLATE – *C.* Texto, cláusula padrão, usual, que não apresenta variações substanciais de caso para caso.

BOILER ROOM – *USA. MC.* Gíria de mercado referente as práticas fraudulentas por parte de **brokers** ou operadores do mercado de **securities**, visando a repetida promoção de oferta por telefone de títulos que não servem para a carteira do investidor em causa ou mesmo sem qualquer valor. *V.* **Sarbanne-Oxley Act (ou SOX).**

BONA FIDEI – *L.* Boa Fé. *V.* **Good Faith.**

BOND – **1.** *MC.* Obrigação, título ou certificado de dívida pelo qual a respectiva entidade emissora (empresa, Governo, autarquia ou entidade pública) obriga-se a pagar ao seu titular ou portador, juros sobre o respectivo capital e a resgatar esta última, numa determinada data. Forma de dívida em que o seu titular é credor (e não accionista) da entidade emissora. A emissão de *bonds* pode ser garantida por hipoteca ou outras garantias reais (**secured bond**); quando assim não seja, trata-se de um **unsecured bond**, ou seja, de verdadeiro crédito subordinado aos demais créditos já garantidos. Podem ainda ser **nominative** ou **bearer bonds** (nominativas ou ao portador). Outros tipos:

1. **adjustment bond** – Obrigação emitida no âmbito da reorganização de uma empresa ou de um grupo económico; *V.* **Restructuring***;*
2. **bearer bond** – Obrigação ao portador; *V.* **Bearer***;*
3. **bond holder** ou **bondholder** – Titular de uma Obrigação;
4. **bond house** – *USA.* Instituição para-financeira especializada em **underwriting,** na colocação e distribuição de Obrigações;
5. **bond call options** – Opções de compra de Obrigações ou Títulos do Tesouro. Opõe-se a **Put Option**. Podem ser incorporadas em título autónomo (**warrants**).*V.* **Options***;*
6. **bond over bill** – Margem de rendimento entre uma Obrigação com determinado vencimento final e o rendimento de um determinado título de tesouro ou Obrigação emitida pelo Estado com vencimento idêntico ou aproximado. Se a comparação for oposta usa-se o termo **Bill over Bond**. *V.* **Bill***;*
7. **bond redeemable by periodical drawings** – Obrigações amortizáveis através de sorteios periódicos;
8. **bond value** – Valor calculado do rendimento fixo que pode ser auferido por uma Obrigação convertível em Acções, incluindo quaisquer direitos adicionais (ex. direito de preferência de subscrição em caso de aumento de capital, etc.). *V.* **Convertible Bond***;*
9. **bond washing** – *V.* **Dividends Stripping***;*
10. **bond yield** – Rendimento de uma Obrigação;
11. **bonus bond** – O mesmo que **improvement bond***;*
12. **bridge bond** – Obrigação emitida para financiar a construção de pontes; *V.* **Revenue Bond***;*
13. **bottomry bond** – Obrigação garantida por hipoteca de navio;
14. **brady bond** – *EC.* Obrigações que representam a dívida consolidada de um país em vias de desenvolvimento (**less developed country**), por forma a aliviar o peso da mesma dívida e possibilitar novos créditos que reabilitem as suas economias;
15. **bull – bear bond** – Obrigação cujo pagamento de capital depende do preço de outro valor mobiliário (**securities**). São normalmente emitidas em duas tranches – na primeira, o pagamento aumenta com a subida do preço do outro valor mobiliário; na segunda, o pagamento diminui se o preço desse valor mobiliário baixar;
16. **bulldog bond** – *UK. MC.* Emissão em Londres de Obrigações estrangeiras em libras esterlinas;

Direito de Negócios – Dicionário Inglês-Português   204

17. **bunny bond** – Obrigação que dá ao seu titular o direito alternativo de receber juros ou Obrigações adicionais (com o mesmo *coupon* e maturidade das primeiras);

18. **catastrophe-linked bonds** – *MC. CF.* Obrigações emitidas por companhias de seguros cuja taxa de juros depende do nível de perdas e prejuízos relativos a pagamentos de apólices de propriedades imóveis (incêndio, terramotos, inundações, etc.) ou outros tipos especiais de risco por força de **Acts of God**. Ou seja, em caso de tais acidentes em número anormalmente alto ou desastres naturais, baixam as taxas de juros. Os casos das actuais vagas de incêndios no verão europeu são um bom exemplo;

19. **collateral bond** (ou **collateral trust bonds)** – Obrigação garantida por Acções, bens ou Activos depositados com um terceiro; o mesmo que **secured bond**;

20. **consol bond** – *UK.* Obrigação perpétua (sem vencimento para pagamento do seu capital) emitida pelo tesouro britânico. Também chamada *Perpetuity.*

21. **consolidated bond** – Obrigação emitida globalmente e cujo valor é suficiente para incluir várias sub-séries ou emissões de outras Obrigações;

22. **convertible bond** – Obrigação convertível ou substituível por Acções ou participações no capital da empresa emissora mediante certas condições e durante determinado período *(option* ou *conversion period)*; *V.* **bond value;**

23. **corporate bonds** – Obrigações emitidas por uma empresa (por oposição às emitidas pelo Estado, municípios, etc.); *V.* **Industrial Bond e Industrial Development Bond;**

24. **coupon bond** – Obrigação negociável e ao portador. Os juros são pagos através da entrega pelo portador de uma parte destacável da Obrigação *(coupon).* *V.* **Coupon Rate;**

25. **debenture bond** – *USA.* Obrigações emitidas sem qualquer segurança ou garantia de pagamento excepto a que resulta do bom crédito e reputação da emissora, do seu **goodwill**, dos lucros que tem gerado, etc.; o mesmo que **unsecured bond;**

26. **deep discount bond** – **zero-coupon bond** cuja venda é feita com margem de desconto substancial por forma a que o seu comprador tenha direito a receber a totalidade dos juros que serão pagos na data da sua remissão;

27. **default-fee bonds** – Obrigação em que praticamente não existe risco de falta de pagamento (ex. *bonds* emitidas pelo Tesouro norte-americano);

28. **discount bond** – O mesmo que **zero-coupon bond;**

29. **fidelity bond** – *DC.* V. Insurance (*).

30. **floating rate bond** – Obrigação com taxa de juros flutuante;

31. **general obligation bonds** – Obrigação cuja garantia de pagamento de juros e capital se baseia apenas no **credit rating**, liquidez e nome do emissor *(full faith and credit of the issuer)*;

32. **guaranteed bond** – Obrigação cujo pagamento é afiançado por uma outra companhia que não a empresa emissora; *V.* **Corporate Guarantee;**
33. **improvement bond** – Obrigação emitida por municípios ou autarquias locais para financiar melhoramentos ou obras públicas;*V.* **Corporate Bond;**
34. **industrial development bond** – Obrigação emitida por municípios ou autarquias locais por forma a atrair companhias privadas a instalarem-se em tais localidades ou municípios; *V.* **Corporate Bond;**
35. **junk bonds** – Obrigação altamente especulativa;
36. **moral obligation bonds** – Obrigação emitida por um Estado que se compromete a constituir reservas especiais no seu orçamento para o pagamento do respectivo capital e juros (**debt service**);
37. **non callable bond** – Obrigação que não pode ser resgatada antes da data do seu vencimento, excepto se decidido o oposto pelo emissor;
38. **revenue bond** – Obrigação cujo pagamento de juros e capital se encontra garantido por fundos especiais (ex: cobrança de portagens, rendas, produtos de vendas, etc.);
39. **secured bond** – Obrigação lastreada com garantia real;
40. **serial bond** – Obrigação cujo capital é resgatado em prestações (**instalments**);
41. **tax-exempt bond** – Obrigação isenta de impostos sobre os juros.**V. Tax;**
42. **unlimited tax bond** – Obrigação garantida por receitas fiscais sem   limite de valor;
43. **zero coupon bond** – Obrigação comprada abaixo do valor de emissão e resgatada pela emissora com base neste último valor no seu vencimento e de uma única vez (**baloon payment**). Não vence juros. *V.* **Cat.**
2. Garantia emitida para assegurar o cumprimento de uma Obrigação. Emitida por um banco ou por empresa-mãe ou associada; *V.* **Bid Bond**, **Performance Bond**, **Bail**, **Petrobond. 3.** Hipoteca de navio e carga. *V.* **Hypothecation**, **Bottomry.**

BOND CIRCULAR – *MC.* Aviso público feito por um banco, consórcio bancário da oferta de **Bonds** para subscrição. Tem que ser aprovada previamente pela **Securities Exchange Commission** ou *SEC;*

BONDED DEBT – *FIP. MC.* Dívida pública de um Estado ou instituição pública representada por **bonds**.

BONDED GOODS – *DF. DC.* Mercadorias importadas que estão guardadas nos armazéns da alfândega (*bonded warehouse*), à espera que sejam pagos os respectivos impostos (**duties**) ou regularizada fiscalmente a sua entrada no país importador. *V.* **Customs, Duty, Warehouse.**

BOND HOLDER (ou **BONDHOLDER**) – *V.* **Bond.**

BOND HOUSE – *USA. MC. V.* **Bond.**

BOND OPTION – *V.* **Bond.**

BOND WASHING – *V.* **Bond.**

Direito de Negócios – Dicionário Inglês-Português

BOND YIELD – *MC. V.* **Bond**.

BONUS – *DS. MC. DT.* Prémio, gratificação, dividendo, desconto, benefício. Principais termos:

1. **Bonus Dividend** – Dividendo adicional pago aos accionistas. Utilizado tipicamente nos casos de **Takeover**. *V.* **Stock Dividends, Bailout Stock;**

2. **Bonus Payment** – *DT.* Prémio de produtividade, gratificação, bónus, pagamentos extra-salário feitos a funcionários/empregados como prémio do seu desempenho e eficiência. Normalmente anuais ou semestrais. Podem ser em numerário (*bonus cash payment*), em Acções (*bonus share payment* ou *bonus stock*) ou ainda em espécie. *V.* **Bonus Stock, ESOP, Benefits in kind;**

3. **Bonus Shares** – *DS. MC.* Acções extra, emitidas e entregues aos accionistas sem qualquer custo adicional quando há acumulação de lucros. O número de *bonus shares* distribuídas a cada accionista é proporcional à sua participação no capital. Paradoxalmente a emissão destas Acções adicionais pode baixar a cotação na Bolsa, atendendo ao maior número de Acções que passa a existir no mercado. *V.* **Stock Dividends, Bailout Stock;**

4. **Bonus Stock** – **1.** Acções ou parte de capital oferecidos a um investidor por forma a incentivá-lo a comprar outro tipo de valores mobiliários; *V.* **Securities; 2.** *DT.* Pagamento de gratificações ou prémios de produtividade a empregados de uma empresa através de Acções da mesma. *V.* **Bonus Payment, ESOP.**

BOOK ENTRY SECURITIES – *CO.* Valores mobiliários registados e guardados por via informática (quirografários) em vez de serem emitidos e entregues fisicamente. *V.* **Securities**.

BOOKEEPING – *CO.* Guarda-livros. Não se confunde com *Accounting* na medida em que apenas refere as diligências contabilísticas de rotina e de menor expressão ou significado.

BOOK VALUE – **1.** *DS. CO. PF.* Determinar o montante de um valor mobiliário, somando o valor de todos os Activos (**assets**) da empresa emissora e deduzindo deste, todas as dívidas e responsabilidades, dividindo depois o resultado obtido pelo número dos valores mobiliários emitidos; **2.** *CO. PF.* O valor dos Activos a preço de custo menos depreciação. *V.* **Capital e Glossário deste Dicionário (*).**

BOOMLET – *EC.* Pequeno período de prosperidade económica.

BOOT – **1.** Vantagem, benefício (*I got an extra bonus to boot*); **2.** *DF.* Troca de bens de capital, por forma a evitar a incidência de impostos.

BOOTSTRAP – *DS. MC.* Oferta de compra em dinheiro do capital controlador de uma empresa, com oferta simultânea de compra do resto do capital a preço unitário inferior.

BORDER TAX – Imposto aduaneiro. **V. Tax.**

BORROW (To) – *PF. B. C.* Pedir um empréstimo ou financiamento. Contrair uma dívida.

BORROWED RESERVES – *B.* Empréstimos feitos pelo **Federal Reserve System** a bancos norte-americanos por forma a que as reservas destes se mantenham nos níveis exigidos legalmente; ocasionado pela excessiva ou má concessão de crédito por parte de tais bancos.[22] *V.* **Reserves**.

BORROWER – Quem pediu e obteve um empréstimo, o financiado.

BORROWING(S) – *B. CO.* O total dos empréstimos/financiamentos concedidos a uma empresa ou instituição, num determinado momento. *V.* **Indebtedness, Debt**.

BORROWING POWER(S) – 1. *EC.* Capacidade de endividamento; 2. *DS.* Poder/autoridade para contrair dívidas em nome de uma empresa ou instituição, conferida pelos Estatutos (**by-laws**) dessa empresa ou instituição. *V.* **Debt**.

BOSTON MATRIX (BCG Matrix) – *EC.* Desenvolvida pelo *Boston Consultancy Group* **(BCG)** a partir do critério de gestão de liquidez, consiste na técnica de análise e classificação do rendimento (*performance*) das empresas ou de unidades de produção destas, relacionando as taxas de crescimento económico e a parte de mercado (**market share**) explorada pela empresa em causa. *V.* **Scorecard, Corporate Governance e capítulo específico no Glossário deste Dicionário (*)**.

BOTTLENECK – *EC.* Estrangulamento económico ou de uma negociação, situação em que há poucas opções ou alternativas.

BOTTOM – *MC.* Ponto mais baixo de cotações de Bolsa levando em consideração os seus valores médios.

BOTTOM DROPPED OUT – *MC.* Queda inesperada das cotações quando se pensava que o mercado já tinha atingido o máximo de perdas.

BOTTOM FISHER – *MC.* Investidor que se especializa em comprar valores mobiliários (**securities**) de empresas com problemas financeiros, usando para tal os baixos preços de mercado.

BOTTOMRY – *V.* **Hypothecation**.

BOUGHT DEAL – *MC.* Forma de aumento de capital utilizada por empresas cotadas em Bolsa para evitar as demoras, custos e burocracia de uma Oferta Pública (OPA) ou organização de consórcio bancário para o respectivo **Underwriting.** Ao invés, a empresa emite novas Acções e abre um verdadeiro leilão entre um grupo seleccionado de bancos de primeira linha, oferecendo-as ao banco que faça a melhor oferta (*highest bidder).* O vencedor repassa posteriormente tais Acções no mercado com um **spread** que lhe proporcione lucro. Os *bought deals* ganharam crescente popularidade nos EUA e Reino Unido, embora a comunidade jurídica questione se tal prática constitui ou não violação dos direitos de preferência (**preemptive rights***)* dos demais accionistas, face aos princípios de **Corporate Governance**. *V.* **Ledger Account**.

---

[22] Caso actual. Só de (Agosto a Setembro de 2007) e em apenas duas semanas consecutivas, cerca de 6 mil milhões de dólares tiveram que ser injectados no sistema financeiro, devido à crise dos chamados Fundos Imobiliários, **hedge funds** e empréstimos ao sector de **Private Equity**. À data da impressão deste Dicionário, a situação era ainda mais série e preocupante.

Direito de Negócios – Dicionário Inglês-Português

BOUNCED/BOUNCING CHECK – *B.* Cheque devolvido ao depositante por insuficiência de provisão na conta do sacado; cheque sem cobertura.

BOUTIQUE – *MC.* Banco de investimento especializado num determinado sector de mercado de capitais (ex: **buy-outs**, **mergers and acquisitions**, etc.). Também conhecidos como **niche players**. *V.* **Takeover**.

BOX SPREAD – *DS. MC.* Combinação de **Put** e **Call Options** que pode ser exercida ao mesmo preço ou de acordo com idêntico critério de cálculo.

BOXING DAY – *UK.* Primeiro dia útil após o Natal, que no Reino Unido e alguns dos demais países da **Commonwealth** é feriado; dia em que tradicionalmente se distribuem os presentes aos membros de família e amigos.

BOYCOTT – *EC.* **1.** Recusa, organizada ou coordenada, por parte dos consumidores, quanto à compra de um produto, bem ou contratação de um serviço; **2.** O mesmo que no parágrafo anterior, mas por parte de um país ou grupo de países e relativamente aos produtos, bens ou serviços de outro país.

BOZO – Gíria de mercado para idiota, estúpido, palerma. *V.* **Braindamaged.**

BRACKET – *MC.* Prorrogação por um **Underwriter** das suas obrigações no âmbito de uma colocação de valores mobiliários (**securities**).

BRACKET INDEXATION – *DF. EC.* Alteração nos limites máximos ou mínimos da matéria colectável que levam em conta a inflação ocorrida durante o respectivo período de cálculo. **V. Tax.**

BRADY BOND – *MC. EC. V.* **Less Developed Country, Bonds.**

BRADY REPORT – *MC.* Relatório descrevendo os acontecimentos ocorridos na **Black Monday,** analisando as prováveis causas e indicando a série de medidas a tomar para evitar a sua repetição.

BRAINDAMAGED – Termo ofensivo: idiota, estúpido; *V.* **Bozo.**

BRAIN DRAIN – *EC.* Fuga de "cérebros", contratação em massa de técnicos ou especialistas de um país ou de uma empresa.

BRAIN DUMP – Grande quantidade de dados e informações desorganizadas, de difícil leitura ou análise.

BRAINSTORMING – *DT. CF.* Técnica de incentivo à criatividade e espírito de iniciativa dos membros de uma equipa ou grupo de trabalho, ao solicitar-lhes que elaborem, de forma livre e espontânea e à medida que a respectiva discussão vai tendo lugar, uma lista de pontos ou sugestões, relativamente a um problema de aparente difícil solução.

BRAINWASHING – *CR.* "Lavagem" cerebral.

BRAND – *DC.* Marca comercial, rótulo de um produto. **Ver termos associados e derivados no Glossário deste Dicionário (*).**

BREACH – *C. DC.* Violar ou infringir a lei, regulamento, contrato ou a boa fé de terceiro. Conhecem-se seis formas básicas:

1. **breach of contract** – Quebra contratual (de forma activa ou passiva);

2. **breach of confidence** – *CR*. **1.** Abuso de confiança, divulgação de factos ou eventos que foram transmitidos ao infractor na base de confiança pessoal ou sem respeito pela sua natureza confidencial. **2.** Utilização abusiva de bens ou activos da propriedade de terceiro e sem autorização deste último. *V.* **Torts (*);**

3. **breach of covenant** – *C.* Incumprimento de cláusula contratual;

4. **breach of peace** – Desacato, distúrbios, perturbação da ordem pública;

5. **breach of trust** – Faltar à sua palavra; e

6. **breach of warranty** – *USA. C.* Não cumprimento de garantia quanto às características de bem imóvel (ex: assegurar que não será construída qualquer auto-estrada nas proximidades quando o vendedor sabe antecipadamente que se prevê para breve a construção de uma).

BREAKDOWN – **1.** Avaria, paragem mecânica, interrupção de funcionamento; **2.** Desdobramento, decomposição **(breakdown of accounts**, desdobramento de contas). *V.* **Accounts**.

BREAK EVEN – *MC.* Obter receitas apenas para cobrir os custos. Principais termos:

1. **break even chart** – *EC.* Gráfico de nivelamento;

7. **break even point** – *1. C.* Fase de negociação em que as posições ou interesses das partes tendem a nivelar-se. *2. PF.* Ponto crítico na gestão de uma empresa em que o nível da sua produção gera receitas que apenas igualam os custos, obtendo assim um resultado nulo. Pressupostos básicos:

   a. Todos os custos são classificados como custos variáveis e custos fixos; **V. Costs;**

   b. Os custos variáveis são proporcionais às vendas (**sales**);

   c. Análise de curto prazo (os custos fixos mantêm-se);

   d. Manutenção do preço de venda (**selling price**) no período em análise;

   e. Produção = Vendas;

   f. Produtos em fase de fabrico no período em análise não são considerados; e

   g. As vendas são as únicas receitas a serem levadas em consideração neste caso;

Ponto de equilíbrio em Quantidade (Qe):

$$Q_e = \frac{Custos\ Fixos}{Preço\ de\ venda\ unitário - Custo\ variável\ unitário}$$

Ponto de equilíbrio em Valor de vendas (Ve):

$$V_e = \frac{Custos\ \ Fixos}{1 - \dfrac{Custos\ \ Variáveis}{Vendas}}$$

Graficamente:

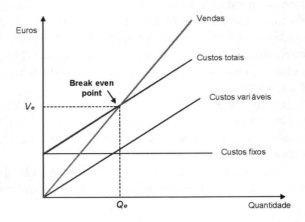

Exemplo de um *Break Even Point*

Métrica frequentemente utilizada para determinar:
- qual o volume de vendas necessário para que uma empresa não apresente prejuízo;
- qual o valor de vendas necessário para atingir determinado nível de resultados; ou
- qual o valor do prejuízo aceitável que uma empresa pode suportar num determinado produto que lhe permita oferecer uma linha completa de produtos. Esta análise é extensível a empresas de serviços.
2. **C.** Fase de negociação em que as posições ou interesses das partes tendem a nivelar-se.
3. **break even pricing** – Política de preços apenas para cobrir custos.

BREAK THROUGH – 1. Descoberta ou inovação técnica/científica que traz novas perspectivas económicas e comerciais para determinado produto ou gama de serviços; **2.** Progresso inesperado e súbito, passível de provocar profundas consequências.

BREAK-UP VALUE – DS. 1. Valor comercial de um Activo (**asset**) assumindo que a empresa vai suspender ou parar a produção de uma matéria-prima ou componente necessários para fabricar tal Activo; **2.** Valor comercial de um Activo, quando considerado isolada e separadamente dos demais Activos da empresa. *V.* **Book Value.**

BRETTON WOODS SYSTEM – EC. Sistema monetário internacional que vigorou entre 1945 e 1971, pelo qual as taxas cambiais estavam dependentes das variações do Dólar norte-americano e este era livremente convertível (a 35 dólares a onça) em ouro pelos Bancos Centrais e governos dos países membros. *V.* **International Monetary Fund** e **International Bank for Reconstruction and Development** e **Mapa da Estrutura da ONU no Glossário deste Dicionário (*).**

BRIBERY – *T. CR.* Dádiva de bens, dinheiro, valores, promoção profissional ou outro tipo de benesse em troca de favor feito por funcionário público ou privado. Presente dado ou oferecido para influenciar uma pessoa a tomar uma decisão (ou voto) favorável aos interesses de alguém. *V.* **Commercial Bribery**, **Kickback, Money Laundry, Torts (*)**.

BRIDGE/BRIDGING LOAN – *B. PF.* Empréstimo a curto prazo, desconto de letra, etc., para permitir resolver uma situação de liquidez de uma empresa enquanto uma linha de crédito ou financiamento de longo-prazo não são concluídos. *V.* **Bank Loan.**

BRIEF – **1.** Documento, memorando que sumariza factos ou eventos; **2.** *USA. DP.* Requerimento ou memorando entregue em tribunal com as alegações básicas de um processo a ser discutido brevemente.

BRIEFING – Apresentação sumária, breve; de curta duração.

BRIGHT LINE TEST – Análise clara e directa entre o que é aceitável e razoável num determinado tema, investimento ou transacção e o que se lhe opõe de um ponto de vista legal, jurídico, económico ou contabilístico.

BRIBRING OUT – *MC.* Anunciar uma nova emissão pública de **Bonds**.

BRITISH TREASURY BILLS – *UK. MC.* Obrigações do Tesouro Britânico; são de dois tipos básicos:

1. **market treasury bill** – Oferecidas em leilão cada 6ª feira (com desconto) relativamente a títulos a serem emitidos na semana seguinte e com datas de vencimento a 91 dias (por vezes, 63 dias); e
2. **tap treasury bill** – Emitidas directamente a favor de departamentos públicos ou sub-organismos do Estado.

BROAD ECONOMIC POLICY GUIDELINES (ou BEPG) – *UE. EC.* Políticas macro-económicas sob a forma de recomendações do Conselho da UE, votadas por maioria qualificada e destinadas a desenvolver e coordenar as políticas económicas dos Estados membros. À data deste Dicionário e desde 2003, tinham sido publicadas seis BEPGS em cinco anos consecutivos. O Parlamento Europeu é informado destas recomendações.

BROKER – *MC.* Corrector; intermediário autorizado na compra e venda de imóveis, de valores mobiliários (**securities**), de Opções ou Mercado de Futuros. *V.* **Dealer**, **Hard Dollar**, **Soft Dollar**.

BROKERAGE – **1.** *MC.* A comissão ganha pelo corrector; **2.** *MC.* A actividade de corretagem em si mesma. *V.* **Securities**.

BROKERAGE LISTING – *MC.* Oferta unilateral de venda por um corrector de valores mobiliários, propriedades ou seguros. *V.* **Securities.**

BROKER-DEALER – *USA. MC.* Firma de correctores registada na **Securities Exchange Commission** e junto às autoridades da cidade onde tem os seus escritórios ou efectua a sua corretagem.

BROKERED DEPOSITS – *USA. B.* Disseminar grandes depósitos bancários em unidades não superiores a cem mil dólares por forma a assegurar os limites de garantia automática estabelecidos pelo **Federal Deposit Insurance Act.**

BROWNFIELD PROJECT – *PF.* Projecto a ser edificado em área que já dispõe das necessárias infra-estruturas tais como rede de esgotos, abastecimento de energia eléctrica e de água, arruamentos, vias de acesso, etc. Caso típico de projecto localizado nos chamados "polos industriais". *V.* **Greenfield Project, Expansion Project, Project Finance**.

BUBBLE – 1. *MC. EC.* Conjuntura económica ou de mercado favoráveis (normalmente por não menos de seis meses consecutivos) com aumento de vendas e exportações independentemente da subida de preços; mercados de capitais activos e com lucro; acesso a crédito bancário com relativa boa oferta e utilização, etc. Muitos analistas vêem estas conjunturas com preocupação já que as mesmas tendem classicamente a:
- novos consumos e novos aumentos de produção
- novos aumentos de vendas e novos aumentos de preços, etc.;
- e com isso,
    - diminuir a poupança e exceder a capacidade de endividamento dos consumidores;
    - arrefecer o clima de confiança dos investidores e das empresas;
    - aumentar a inflação;
    - esgotar os mercados;
    - redução de emprego nas empresas produtoras.

Provoca-se com isso o "arrebentar da bolha" (*bursting of the bubble*); *V.* **Deflation**.

Exemplo de um *bursting of the bubble*

BUCKET SHOP – *MC.* Correctora menos ortodoxa nos seus métodos de actuar nos mercados de valores mobiliários (**securities**), cereais, algodão e outras **commodities.**

BUDGET – *FIP. PF.* Plano financeiro, orçamento, previsão de vendas, receitas e despesas antecipadas. *V.* **lista de principais termos no Glossário deste Dicionário (*).**

BUFFER STATE – *DIP.* Estados de pequena ou média dimensão geográfica e vizinhos de um ou mais Estados de grande dimensão geográfica, económica e política, mas que tenta (por vezes sem sucesso) não se tornar um satélite desse(s) vizinhos(s). Em termos europeus, o exemplo histórico mais apelativo tem sido o da Polónia relativamente à Alemanha e à Rússia.

BUFFER STOCK – *MC.* Quantidade de determinada **commodity** nas mãos de entidade pública ou associação de produtores, como reserva a ser usada caso se venham a verificar especulações desvantajosas para tal *commodity*. *V.* **Buffer Stock Plan.**

BUFFER STOCK PLAN – *PF.* Plano de estabilização de preços de empresa comercial através da gestão planificada dos seus **stocks.**

BUGGING – *CR. T.* **1**. Colocação clandestina de aparelhagem de escuta; **2**. Escuta/ gravação clandestina e não autorizada de chamadas telefónicas/ conversas particulares. *V.* **Tapping.**

BUILDING SOCIETY – *UK. B.* Instituição financeira que capta recursos junto ao público em geral, depois aplicados na concessão de empréstimos para construção ou aquisição de casa própria, mediante outorga de hipotecas. *V.* **Mortgage.**

BUILD, OPERATE AND TRANSFER – *PF.* Conhecida simplesmente pelas siglas **BOT** (no Canadá e Nova Zelândia pela siglas – **BOOT- Build, Operate, Own and Transfer)**, consiste na transferência para o sector privado da construção, manutenção e exploração de uma obra pública; em contrapartida, em vez do Estado pagar directamente à empresa pela referida construção, permite-se a essa empresa a exploração comercial da obra pública (ex: através de portagens, no caso de auto-estradas) durante um determinado tempo, transferindo-a depois para o sector público.

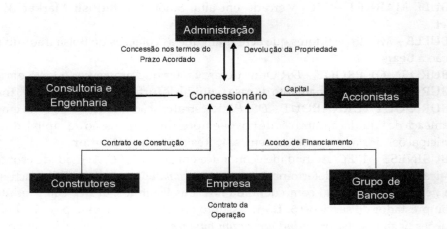

Diagrama simplificado de uma operação BOT.

Uma variante são as chamadas **shadow toll highways** (conhecidas em Portugal desde 1997 como **Scuts**), auto-estradas cuja construção e manutenção são confiadas durante um determinado número de anos ao sector privado, assumindo o Estado o pagamento anual das portagens dentro de certos parâmetros pré-calculados de tráfego máximo e mínimo. O caso das **Scuts** levou a outras alternativas financeiras por questões que são do conhecimento público. *V.* **Public Private Partnerships (*), Concession, BID.**

BUILT-IN OBSOLESCENCE – *DF. CO.* Bem ou equipamento cuja natureza ou características permitem determinar a sua automática obsolescência. **V. Depreciation.**

BULK – **1.** Volume, massa, grandeza (*bulk of information*); **2.** A maior parte, o maior número de bens produzidos (*the bulk of exports of Portugal is Port Wine and of Brazil is coffee*). Termos compostos:

1. **bulk buying** – *DC.* Compras a grosso, por forma a aproveitar dos descontos inerentes;
2. **bulk storage** – **1.** Grande capacidade de memória num computador; **2.** Grande capacidade de armazenagem de produtos acabados ou matérias-primas.

BULL – BEAR BONDS – *MC. V.* **Bonds**.

BULLET PAYMENT – *B. PF.* Pagamento um empréstimo de uma única vez ou prestação.

BULLION – *MC.* Metais preciso (ouro, prata, platina, etc.) em pepitas, lingotes ou barras. *V.* **Standard Gold**.

BULLION MARKET – Mercado de compra e venda de ouro e prata, designadamente de moedas cunhadas nesses metais. *V.* **Bullion.**

BULLISH – *MC.* Tendência de valorização dos preços num determinado mercado financeiro. Na Bolsa, diz-se que o mercado está **bullish** quando as cotações da generalidade das acções estão em fase de crescimento.

BULL MARKET – *MC.* Mercado em alta. Sinónimo: **Bullish Market**. *V.* **Bear Market**.

BULLS – *MC.* Investidores que acreditam que as cotações de Bolsa irão subir. Por oposição a **Bears**.

BURDEN OF PROOF – *DP.* Ónus de prova, ter que provar certo facto em juízo.

BURGLARY – Arrombamento de casa seguido de furto do seu conteúdo. *V.* **Torts (*)**

BURN-OUT TURNABOUT – *DS. PF.* Reestruturação financeira de uma empresa sob a ameaça de liquidação, através de novos empréstimos e emissão de capital, diluindo as participações dos accionistas existentes. *V.* **Restructuring, Dilution**.

BUSINESS – **1.** *EC.* Actividade económica em geral. **2.** *EC.* Actividade económica específica, relativa a um determinado sector (ex. *banking business*); **3.** *DS.* A actividade básica de uma empresa, tal como definida nos seus Estatutos; **4.** *DC.* Um produtor de bens ou prestador de serviços; **5.** *USA.* Assunto ou tema de interesse pessoal. Pode ter conotações negativas (***sorry, mind your own business**, meta-se na sua vida*) ou positivas (***we appreciate your business** – obrigado por ter escolhido os nossos produtos/serviços*). Termos compostos:

1. **business cycle** – *EC.* Sequências de expansão e contracção de processos económicos com amplos reflexos ou repercussões na economia em geral (produção, consumo, emprego, rendimentos, salários, etc.). *Adam Smith* e *Thomas Malthus* (Sec. XVIII) terão sido os primeiros a desenhar esses modelos, atribuindo-os basicamente a aumentos populacionais;
2. **business data processing** – Informática de gestão;
3. **business day** – *B. PF.* Dia em que os bancos ou empresas estão abertos ao público, em certos locais, acordados pelas partes. *V.* **Banking Day;**
4. **business forecasting** – *EC.* Previsão/projecção económica; econometria;
5. **business-interruption insurance** – *DC.* Seguro contra lucros cessantes devido a paragem de produção/exploração. *V.* **Insurance (*);**
6. **business law** – *PF. MC. DF. CF. DS. DC. CO.* Direito de Negócios. Segundo alguns autores, o universo de ramos de direito público e privado aplicáveis à actividade económica, bancária, financeira, de investimentos, de mercado de capitais, contabilidade e auditoria, **Project** e **Corporate Finance**, **Corporate Governance**, **PPPs**, **BOTs**, etc. Segundo outros, a mesma vertente mas apenas no que se refere a direito privado e denominadamente no que se refere a empresas e investidores privados ou de economia mista. O caso deste Dicionário, do seu título e contexto, pode talvez ser um bom exemplo;
7. **business plan** – *PF.* Plano de negócios de uma empresa. *V.* **Comentário mais desenvolvido no Glossário deste Dicionário (*);**
8. **business risk** – *B. PF.* Risco de não cumprimento das obrigações financeiras de uma empresa se os seus negócios apresentem maus resultados.

BUSINESS PROCESS OUSOURCING – V. BPO e Outsourcing.

BUSTED CONVERTIBLE SECURITY – *MC.* **Securities** cujo valor como instrumento de conversão em Acções ou noutro tipo de valor mobiliário (normalmente após ter analisado os últimos balanços da empresa e ter concluído apresentarem más perspectivas) atingiu tais níveis que é preferível mantê-lo como instrumento de dívida. *V.* **Debt, Securities.**

BUY – Compra, aquisição mediante pagamento. *V.* **Demand, Offer, Sale e Lista de Principais Termos no Glossário deste Dicionário (*).**

BY-BIDDER – **1.** *DC.* Licitante em hasta ou leilão público em nome de terceiro; o chamado "testa de ferro"; **2.** Acordo prévio entre duas ou mais partes de efectuarem ofertas ou lances em leilão de forma fictícia e apenas para tentar aumentar o preço final do bem. *V.* **Bid.**

BY-LAWS – *DS.* Os Estatutos de uma empresa. *V.* **Articles of Incorporation, Articles of Association.**

BY PASS TRUST – *V.* **Trust**.

BY PRODUCT – *EC.* Produto ou bem intermediário, resultado de um processo de fabrico por fases e que fará parte integrante do produto final.

BY WILL TRUST – **Trust** constituído por testamento. **V. Will.**

C

CABINET – **1.** *UK.* Governo, o conjunto formado pelo PM (**Prime Minister**) primeiro ministro, ministros e demais membros do governo que respondem perante o Parlamento; **2.** Conselho de Ministros.

CABINET TRADE – *MC.* Transacção de valor mobiliário que tem estado inactivo ou sem cotação. *V.* **Securities**.

CABLE TRANSFER – *B.* Transferência/ordem telegráfica de pagamento. Hoje em desuso. **V. Payment**.

CA´CANNY STRIKE – *DT.* Greve "tartaruga", greve de zelo; redução deliberada do ritmo de trabalho devido aos trabalhadores aplicarem metodicamente todas as instruções técnicas de segurança, do funcionamento dos equipamentos ou dos procedimentos administrativos estabelecidos por lei ou pela própria empresa.

CADMIUM – *ENV.* Cádmio, metal pesado altamente tóxico que tem sido origem de graves desastres ambientais. Com diversas utilizações industriais (revestimentos antioxidantes, pilhas, ligas metálicas, etc.), apresenta forte resistência ambiental e pode acumular-se nos seres vivos. Propaga-se de diversas formas: efluentes saídos de fábricas de metais, resíduos transportados pelas chuvas e marés de estaleiros de sucata, incineração de lixos domésticos, etc. Por outro lado, a produção de fosfatos, detergentes e fertilizantes se não for controlada e reciclada, deixa resíduos de cádmio que se espalha pelas águas pluviais, fluviais e finalmente pelo mar.

CALCULATION AGENT – **1.** *MC.* A parte que é nomeada ou escolhida para calcular os valores a serem pagos num contrato de **swap** ou de outros instrumentos derivados; **2.** *B. PF.* O banco ou instituição financeira de um consórcio bancário (**syndicate, consortium**) que efectua os cálculos de juros e comissões a serem revistos e aprovados por todos os membros do consórcio e posteriormente pagos pelo devedor ou financiado. Pode ou não acumular com as funções de agente pagador (**paying agent**).

CALENDAR YEAR – Ano civil. Por oposição a **Fiscal Year**. *V.* **Court Calendar**.

CALL – **1.** Convocação, pedido de reunião (*call for a meeting*); **2.** *B.* Notificação para pagamento de todo o saldo devedor de um empréstimo (*call the loan*); **3.** Convocar uma greve (*call a strike*); **4.** *MC. C.* Direito (mas não obrigação) de adquirir um bem ou valor mobiliário (**securities**) ou de exercer um direito; **5.** *MC. DS.* Direito da emissora de uma Obrigação (**bond**) de redimir o capital da mesma antes da data do seu vencimento. *V.* **Option, Call Option, Callable Bonds, Put Option**.

CALL-ADJUSTED YIELD – *MC.* O rendimento (**yield**) de uma Obrigação sem as características de conversão de uma **Callable Bond** mas que aplica os mesmos índices de cálculo para a hipótese de resgate antecipado.

Direito de Negócios – Dicionário Inglês-Português

CALLABLE BONDS – *MC.* Obrigações (muitas vezes convertíveis em Acções) cujo resgate pode ser imposto pela respectiva emissora (ou pelo próprio titular) antes do seu vencimento. *V.* **Bond, Call-Adjusted Yield.**

CALLABLE PREFERRED STOCK – *MC.* Acções preferenciais que a empresa emitente se reserva o direito de recomprar ao accionista se e quando lhe convier (normalmente mediante o pagamento de um prémio). *V.* **Share, Stock, Callable Securities.**

CALLABLE SECURITIES – *MC.* Basicamente o mesmo que **Callable Preferred Stock** mas aplicável em geral a quaisquer valores mobiliários. *V.* **Securities.**

CALLED BONDS – **1.** *MC.* Obrigações sobre as quais é exercida a **Call Provision** e que vão ser resgatadas pela empresa emissora, sendo de notar que a contagem de juros cessa a partir da data indicada nessa *Call Provision*; **2.** *MC.* Obrigações que foram resgatadas ou recompradas pela empresa emissora, através do exercício de uma **Call Option** pelo seu titular.*V.* **Option, Bond.**

CALL LOAN – *B. DS.* Empréstimo (normalmente a curto prazo) cujo pagamento de capital pode ser exigido pelo credor a qualquer momento; por sua vez, o devedor também o pode liquidar quando quiser.

CALL LOAN RATE – *B. DS.* Taxa de juros de empréstimos a curto prazo e com garantia de poderem ser cancelados pelo respectivo banco ou pelo devedor, mediante notificação escrita prévia não superior a cinco dias úteis.

CALL MONEY – *B. MC.* **1.** Depósitos bancários à vista ou de disponibilidade imediata; **2.** Empréstimos bancários a **brokers, dealers** ou outros intermediários de valores mobiliários (**securities**) e cujo pagamento pode ser exigido a qualquer momento.

CALL MONEY MARKET – *MC. B.* Segmento do mercado bancário de empréstimos a **brokers, dealers** e outros intermediários de valores mobiliários (**securities**) por forma a estes cobrirem as **margin accounts** dos seus clientes. *V.* **Bond.**

CALL OF MORE – *MC. UK.* Termo usado na Bolsa de Valores de Londres para designar uma Opção de adquirir uma quantia adicional de Acções ou Obrigações igual à inicialmente subscrita pelo titular de tal Opção. *V.* **Option, Share, Bond, London Stock Exchange.**

CALL OPTION – **1.** Resgate de dívida; **2.** *MC. C.* Opção negociável, mediante o pagamento de certa quantia (**premium**), de ter o direito irrevogável (mas não a obrigação) de comprar/recomprar Acções, outros tipos de valores mobiliários (**securities**), matérias-primas, moedas, taxas de juro, etc. (**underlying asset**), com base num certo preço (**call option price** ou **call strike price**) e durante um determinado período (**call option exercise**) e numa determinada data (**call option strike date**). O oposto a **Put Option.**

Principais tipos:

1. **bond call option** – Opção de compra de Obrigações, títulos do tesouro e demais instrumentos de dívida. Pode ser incorporada em título autónomo (**warrants**); *V.* **Debt;**
2. **call option exercise** – O período de tempo durante o qual pode ser exercida a **Call Option;**

3. **call option fee** – Comissão à cabeça (**flat**), paga a um corrector ou intermediário de mercado para garantir a compra de uma determinada taxa cambial ou o direito de compra de valores mobiliários; **V. Broker, Dealer, Flat;**
4. **call option price** – Preço de aquisição dos bens ou valores mobiliários objecto de uma **Call Option**; não se confunde com o **Call Price**. **V. Call option strike price** e **call price;**
5. **call option strike date** – A data determinada ou específica em que a opção será exercida;
6. **call option strike price** – O mesmo que **call option price;** não se confunde com o **call price;**
7. **commodities call option** – Opções de compra de **commodities** e demais instrumentos similares. Pode ser incorporada em título autónomo (**warrants**);
8. **stock call option** – Opção de compra de Quotas ou Acções; pode ser incorporada em título autónomo (**warrants**). **V. Option, Put Option, Underlying Assets, Futures, Mezzanine Loans, Second Lien Loans;**

CALLOVER – *MC.* Reuniões diárias de correctores de uma determinada **commodity** para efectuar operações de compra e venda da mesma. *V.* **Broker, Dealer.**

CALLOVER PRICE – *MC.* Preço de uma transacção fechada durante uma **Callover**.

CALL PREMIUM – *MC.* Diferença entre o **Call Price** e o seu **Face Value**.

CALL PRICE – *MC.* Preço pago por uma empresa ao redimir Obrigações que emitiu. Não se confunde com o **Call Option Price** ou o **Call Option Strike Price**. *V.* **Bond.**

CALL PROTECTION – *MC. CF.* Período durante o qual a empresa emissora de Acções (normalmente preferenciais) ou de outros valores mobiliários (**securities**) não os pode cancelar, retirar, alterar os seus termos de emissão ou exercer qualquer **Option** sobre os mesmos, excepto se tiver sido convencionado o pagamento de multa contratual a ser paga aos respectivos subscritores. *V.* **Mezzanine Loans, Second Lien Loans.**

CALL PROVISION – *MC. CF.* Cláusula ou termo de um valor mobiliário (**securities**) de dívida pelo qual a empresa emissora tem o direito de exercer o resgate antecipado da totalidade ou parte do capital e juros desse valor mobiliário mediante pré-aviso. *V.* **Call Risk.**

CALL REPORT – *B.* Balancete e relatório de contas trimestral, emitido obrigatoriamente por um banco, instituição financeira e pelo seus auditores para análise e fiscalização das respectivas autoridades monetárias ou de mercado (caso o banco seja entidade cotada em Bolsa de Valores).

CALL RISK – *MC. CF.* Risco financeiro assumido por um banco ou investidor de mercado perante a hipótese de ser exercida uma **Call Provision**; também chamado **Reinvestment Risk** na medida em que se presume que esse banco ou investidor irá reinvestir tais valores logo após o seu pagamento. *V.* **Option, Mezzanine Loans, Second Lien Loans.**

CANCELLED CHECKS – *B.* Cheques pagos, após ter sido efectuado o respectivo débito na conta bancária do cliente. *V.* **Check.**

Direito de Negócios – Dicionário Inglês-Português 220

CANCEL OUT – *C.* Cancelar mutuamente; decisão recíproca de cancelar uma obrigação.

CANDLESTICK CHART – *MC.* Mapa gráfico originalmente concebido pelo mercado de capitais japonês (sob o nome de *rosoku-ashi*) que mostra a evolução das transacções e cotações de um valor mobiliário (**securities**) num certo período, incluindo os preços de cotação de abertura e de encerramento em cada dia de mercado. "*Castiçal*" (*candlestick*) devido a que cada cotação é marcada por um pequeno rectângulo vertical (i) em branco (se a cotação de encerramento foi mais alta do que a cotação de abertura) e (ii) sombreado (se a cotação de encerramento foi mais baixa do que a de abertura). Nos actuais sistemas informáticos, os *candlestick charts* são agora mais detalhados ao mostrar tais rectângulos em cada hora (ou fracção) de operações de Bolsa mas seguindo o mesmo critério básico. *V.* **gráfico na separata a cores deste Dicionário**.

CANDY DEALS – *USA. DC.* Uma forma de **channel stuffing**. Termo de mercado para referir as práticas fraudulentas em que intermediários ou agentes da rede independente de vendas de uma empresa (empresa A), enviam a esta uma ordem de encomenda teoricamente pedida por outra empresa (empresa B). B ao devolver a A a mercadoria que não pediu, o intermediário pede a A que pague a sua comissão de vendas (**fee**), já que o erro na encomenda partiu alegadamente de B. *V.* **Agency, Sale**.

CANNON RULE – *USA. DP.* O facto de uma empresa estrangeira adquirir uma posição substancial ou de controlo de uma empresa americana não constitui facto gerador da jurisdição competente para dirimir possíveis litígios ser a do domicílio dessa empresa americana. Jurisprudência contestada nos últimos anos em função de proteger os interesses dos demais accionistas e credores nos termos da **Corporate Governance**.

CAP – *B.* Limite ou tecto máximo de (a) taxa de juros aplicáveis a um financiamento; (b) variação cambial. Negociado entre o banco e a devedora mediante o pagamento de uma comissão. *V.* **Hedge, Collar**.

CAPACITY – Capacidade jurídica, seja por ser maior de idade, seja por ter plenas faculdades mentais, de conhecimento e decisão.

CAPACITY UTILIZATION – *PF.* Rácio entre a produção efectiva de uma empresa e a sua capacidade potencial. Usado sobretudo em indústrias transformadoras.

CAPITAL – **1.** *PF. DS.* Conjunto de bens, posses e activos, património; **2.** *EC.* Valor global de capital financeiro e mão-de-obra; **3.** *PF. DS.* Valor monetário que representa a totalidade das quotas/Acções subscritas e pagas pelos sócios ou accionistas de uma empresa e seus Activos. O valor investido numa empresa e na sua actividade. Termos associados:

1. **authorized capital** – *DS. CF.* O capital previsto nos Estatutos de uma empresa como sendo o seu limite máximo, dividindo-se em capital subscrito e pago (**subscribed and paid-in capital**) e no capital ainda por subscrever (**unsubscribed capital**). O conceito permite que o **Board of Directors** da empresa possa fazer uma ou várias chamadas de capital, conforme as necessidades de desen-

volvimento da empresa e sem precisar de convocar uma Assembleia Geral de Accionistas para o efeito;

2. **capital account** – 1. *USA. FIP.* Conta descritiva do movimento de capitais entre os EUA e os demais países; **2. *CO.*** Registo contabilístico do capital subscrito e pago de uma empresa, detalhando os valores investidos/subscritos por cada sócio ou accionista;

3. **capital adequacy** – *B.* Também conhecido por *risk-based capital adequacy.* *V.* **Basle Agreement;**

4. **capital appropriations** – *PF. DS.* Planos de uma empresa, aprovados pelo seu Conselho de Administração e/ou Assembleia Geral de Accionistas no sentido de adquirir novos bens de capital (fábricas, equipamentos, máquinas, etc.). *V.* **Board of Directors, Shareholders´ Meetings;**

5. **capital assets** – *PF. CO.* O mesmo que **Fixed Assets**. *V.* **Assets;**

6. **capital authorized** – *V.* **Authorized Capital;**

7. **capital budget** – *PF.* Orçamento de capital fixo;

8. **capital budgeting** – *PF.* Planificar uma **capital expenditure**: quando o custo marginal de uma unidade de capital é excedido pela percentagem de rendimento (**rate of return**) resultante de tal capital expenditure, a empresa deve efectuar esse investimento. *V.* **Capital Expenditures, Return on Assets, ROE, ROI;**

9. **capital consumption allowance** – *CO.* Parte de activo fixo que se deprecia/deteriora ou é vendido no prazo de um ano. *V.* **Fixed Assets, Capital Goods.**

10. **capital costs** – *PF.CO.* Custos incorridos para manter em bom funcionamento/manutenção os bens de produção ou Activos Fixos. Uma variante de **Capital Expenditures;**

11. **capital expenditures** – *PF. C.* Quantias dispendidas na aquisição de bens de produção e respectivo financiamento (ex: aquisição de uma nova fábrica, equipamento, máquinas, patentes, etc); *V.* **Assets; Capital Costs, Capital Goods;**

12. **capital flights** – *EC. DS.* Aquisição de Activos estrangeiros de metais preciosos ou de moeda estrangeira em violação das leis cambiais ou monetárias em vigor. Usado para (i) evitar prejuízos ocasionados por desvalorizações cambiais; (ii) expatriar Activos quando a situação política e económica de um país se deteriora; ou (iii) para fugir ao pagamento de impostos. *V.* **Capital Movement, Tax.;**

13. **capital flows** – *MC.* Movimentos de capitais; investimentos de capital cruzados ou complementares entre uma empresa e as suas subsidiárias, empresas coligadas ou associadas ou outras entidades que decidem explorar conjuntamente novas oportunidades de mercado; *V.* **Mergers and Acquisitions;**

14. **capital gains** – *MC. DF.* Lucros obtidos pela venda de Acções ou participações no capital de uma empresa; mais-valias;

15. **capital gains tax** – *DF.* Imposto sobre ganhos de capital; imposto sobre mais-valias; *V.* **Tax;**

Direito de Negócios – Dicionário Inglês-Português

16. **capital gearing** – *PF. B.* Aumento de capital (a curto ou longo prazos) através de empréstimo ou financiamento obrigacionista ou bancário e como percentagem dos Activos tangíveis líquidos (**net tangible assets**) *V.* **Assets**;

17. **capital goods** – *PF.* Activos de capital, bens imobilizados que podem ser usados na produção; matérias-primas; materiais usados e consumidos para a produção de outros bens; *V.* **By Product**;

18. **capital impairment** – *PF.* Venda ou redução dos Activos de uma empresa num valor superior ao respectivo capital subscrito;

19. **capital increase** – Aumento de capital; normalmente refere apenas o capital a ser subscrito num futuro próximo para melhorar a liquidez da empresa e cumprir com os rácios apropriados mas pode também incluir em operações de maior vulto, o aumento do **Authorized Capital** deixando depois à discrição do respectivo **Board of Directors**, os valores parciais e datas mais convenientes para as as respectivas chamadas de capital a serem subscritas (**subscribed and paid in capital**) dentro do valor global aprovado e conforme o plano geral de investimento; *V.* **Authorized Capital;**

20. **capital inflows** – *EC.* Entrada de capitais;

21. **capital investment** – *EC. PF.* Subscrição do capital de uma empresa ou investimento em bens de Activo fixo. *V.* **Assets**.

22. **capital issues** – *DS.* Emissão de Acções ou de outros valores mobiliários;

23. **capital liabilities** – *DS. PF. CO.* Dívida a longo prazo de uma empresa representada pelo seu capital subscrito; Obrigações emitidas e empréstimos de accionistas por conta de futuros aumentos de capital. Por oposição a **Fixed Liabilities** que inclui também dívida a longo-prazo junto a credores e demais entidades não accionistas da empresa. *V.* **Capital**, **Bond**, **Shareholders´ Equity**, **Debt**, **Liability**.

24. **capital liability** – *DS. CO.* Encargos contraídos para a aquisição de bens do Activo Imobilizado ou a fim de amortizar dívidas;

25. **capital loss** – 1. *CO. DF.* Perdas ou prejuízos na venda de **capital goods** ou Activos Fixos: pode ser a longo prazo (*long-term*) caso o Activo seja propriedade da empresa há mais de um ano ou a curto prazo (*short-term*), caso esse Activo seja detido pela empresa há menos de um ano; **2.** *MC. DF.* Basicamente o mesmo tipo de raciocínio mas aplicado ao investidor individual de valores mobiliários (**securities**) quando efectua a venda dos mesmos;

26. **capital mobility** – *EC.* Abertura de mercados pela qual estrangeiros podem adquirir Activos localizados num determinado país e os investidores deste último (ou nele residentes) podem igualmente adquirir Activos estrangeiros;

27. **capital movement** – 1. *CO. DS.* Venda de um bem do Activo Fixo e a sua substituição por outro, reinvestindo o valor de venda do primeiro; *V.* **Capital Goods; 2.** *B.* Sinónimo de **capital flights**;

28. **capital out lag** – Despesa de capital;

29. **capital output ratio** – *PF.* Rácio capital-produção; *V.* **Ratios;**

Direito de Negócios – Dicionário Inglês-Português

30. **capital paid-up** – *DS.* Capital subscrito e realizado;
31. **capital rationing** – *DS.* Limite de liquidez que obriga uma empresa a optar por apenas um de dois ou mais projectos;
32. **capital recovery** – *DS. CO. PF.* Recomposição do capital de uma empresa ao esta utilizar as suas reservas obrigatórias;
33. **capital return** – Recuperar o capital investido;
34. **capital risk** – Risco de falência/insolvência;
35. **capital shortage** – *DS.* Capital insuficiente, falta de liquidez em termos de **Equity**; *V.* **Capital impairment** e **Overrun Cost;**
36. **capital spending** – *DS.* Despesas de capital;
37. **capital stock** – *PF. MC.* Capital social , quotas;
38. **capital stock market value** – *MC. PF.* Valor de mercado do capital social;
39. **capital stock redemption value** – *MC.* Valor de resgate das Acções;
40. **capital structure** – *PF.* Estrutura, composição do capital; inclui a relação/rácio entre o capital subscrito e suas reservas relativamente à dívida e obrigações assumidas a curto, médio e longo prazos, etc.
41. **capital surplus** – *PF.* Valores monetários pagos ou adiantados à empresa (normalmente via prestações suplementares, adiantamentos monetários ou empréstimos subordinados de accionistas, obrigações convertíveis em Acções, etc.) para além da sua responsabilidade individual na participação do capital; *V.* **Quasi-Equity;**
42. **capital transfer tax** – *DF.* Imposto sobre transferência de capitais; *V.* **Tax.**
43. **capital turnover** – *PF.* Índice de rotação de capital, o mesmo que equity turnover; *V.* **Return on Investment**, **Return on Equity**.
44. **capital value** – *PF.* Valor do capital (normalmente apenas o capital subscrito e pago);
45. **capital widening** – *PF. DS.* Alargamento do capital, entrada de novos sócios/accionistas;
46. **paid-in capital** – *DS. PF.* Capital efectivamente subscrito e pago.

CAPITAL ASSET PRICING MODEL – *EC. MC.* Modelo de avaliação de Activos desenvolvido durante a década de 60, destinado a medir, por antecipação, o rendimento auferido por uma carteira diversificada de investimentos (*diversified portfolio*) no mercado de valores mobiliários (**securities**).

Assim:

$$R = Rf + \beta(Rm - Rf)$$

onde,

R = Rendimento a ser calculado;

Rf = Taxa de juros auferida em investimentos de liquidez garantida (*risk-free rate of interest*);

Rm = Rendimento médio auferido por uma carteira diversificada de investimentos de valores mobiliários;

$(Rm - Rf)$ = Prémio de risco de mercado; e

Direito de Negócios – Dicionário Inglês-Português

β = Grau de mobilidade com que a carteira de investimentos em análise é aplicada no mercado de valores mobiliários;

ou seja, quanto maior for "β", maior o risco a que está sujeita a carteira de investimentos.

CAPITAL CLAUSE – *DS.* Artigo ou cláusula dos estatutos de uma empresa que indica o montante do seu capital social e a sua composição (ex. tipo e número de Acções/Quotas, valor nominal de cada Acção, etc.). *V.* **Shares, By-Laws, Articles of Incorporation, Capital Structure.**

CAPITALIZATION – 1. *MC.* O conjunto global de Acções, **bonds**, dívida a longo-prazo, **commercial paper** e outros valores mobiliários **(securities)** emitidos por uma empresa; **2.** *B. C.* Converter juros e comissões bancárias em novo capital da dívida (*capitalization of interest*). Normalmente proibido por lei (*anatocismo*). O mesmo que *Capitalize.*

CAPITALIZATION RATE – *CO. CF.* A taxa de actualização; taxa aplicada para trazer a valor presente (**present value**) uma série de fluxos de caixa. *V.* **Cash Flows.**

CAPITALIZED VALUE OF AN ASSET – *CO. CF.* Valor de um Activo com base no valor presente (*present value*) e assumindo que pode ser usado com o mesmo rendimento por tempo indeterminado. *V.* **Assets, Present Value**.

CAPITALIZED-VALUE STANDARD – *PF. DF.* Cálculo do valor económico de uma empresa ao dividir-se o rendimento líquido anual por uma taxa de juro pré-determinada.

CAPITAL LEASE – *B. CO. DF. CF* Modalidade de **Leasing** com as seguintes características que podem (ou não) ser cumulativas:

- transferência progressiva da propriedade do bem na sua quase totalidade (mas apenas para efeitos de contabilidade e fiscais) para o arrendatário (**lessee**);
- opção irrevogável de compra outorgada ao arrendatário;
- o período de vigência do *Leasing* corresponde geralmente a 75% da vida útil do bem; e/ou
- o valor mínimo global dos pagamentos mensais é, no mínimo, equivalente a 90% do valor de aquisição.

Quaisquer outras formas de **Leasing** são classificadas, do ponto de vista financeiro e contabilístico como **Operational Leasings (phased leasing)**. *V.* **Lease.**

CAPITAL MARKETS – *MC.* Um definição mais simples sintetiza este termo como sendo o mercado financeiro onde se transaccionam **securities;** títulos de participação de capital (*equity instruments*); de dívida a longo-prazo, **Options** e **commodities,** valores futuros e outros instrumentos derivados. Outra definição mais rigorosa opta por dizer que é o mercado de compra e venda e transacções de **securities** onde empresas privadas, de economia mista, empresas públicas e os próprios Governos podem captar fundos a longo prazo, tanto no campo das Acções (**stock market**) como de Obrigações (**bond market**). Aprofundando o conceito, pode-se ainda dizer que *Capital Markets* se distingue de dois outros tipos de mercados:

1. – **money market** (Activos de líquidez a curto prazo); e
2. – **derivatives markets** que trabalha com valores derivados.

Por último, é usual dividir Capital Markets em duas áreas – **Primary Market**, relativo aos valores mobiliários de primeira emissão (*newly issued securities*) e colocação no mercado; e **Secondary Market**, relativo à compra e venda de quaisquer outros valores mobiliários. **V. Equity, Shares, Bonds, Emerging Market, Big Emerging Market, Derivatives, New York Stock Exchange.**

CAPITAL PUNISHMENT – *CR.* Pena de morte, pena capital.

CAPPING – *UK. MC.* Medida ilegal de manter baixos os preços de valores mobiliários (**securities**) como forma de não encorajar o exercício de uma **call option** ou direito similar adquirido pelo seu titular ou subscritor. Normal indício de problemas de fluxo de caixa por parte da empresa emissora. *V. Call Option.*

CAPS – Abreviatura de **(Cap)**ital Letter**(s)**, letras maiúsculas. **Lower case** – letras minúsculas.

CAPTION – *UK.* **1.** *C.* Título de um contrato, lei ou diploma legal. **2.** Apreensão de um bem, prender alguém; **3.** *MC.* Opção de comprar um **cap** fixando um preço e prazo de exercício.

CAPTIVE COMPANY – *DS.* Subsidiária ou filial cuja produção é exclusivamente destinada ao abastecimento da empresa-mãe e não ao comércio em geral.

CAPTIVE MARKET – *PF.* Mercado onde os consumidores / compradores de matérias-primas são obrigados a comprar estas (ou os seus produtos finais) de determinadas empresas, sem alternativa de escolha. *V. Anti-Trust Laws.*

CARBIDE CHLOROFLUORIDE – *ENV.* Também vulgarmente conhecidos como **CFCs** (clorofluorcarbonetos), não reagem quimicamente excepto em condições extremas (sendo por isso consideradas substâncias inertes). Muito utilizados em *sprays*, aerossóis, extintores de incêndio, bem como em frigoríficos e congeladores. Quando soltos no ar, os CFCs espalham-se pela estratosfera e quando ficam expostos aos raios ultravioleta (**infrared radiation**), as moléculas fundem-se, produzindo átomos de cloro que têm especial afinidade com o ozono, destruindo as moléculas deste último. *V. Greenhouse Effect, Greenhouse Gas, Kyoto Protocol.*

CARE – **1.** *USA. T. DC.* Cuidado, preocupação, atenção, vigilância, diligência, prudência, o oposto de negligência. Inclui normalmente quatro níveis de graduação progressiva: **slight care, ordinary care, reasonable care** e **great care; 2.** *DIP.* **Non Governmental Organization** (ou *NGO)* de carácter humanitário. **V. Lista de NGOs no Glossário deste Dicionário (*).**

CARELESS – Descuidado, desleixado. Também se usa *lack of care* ou *reckless.*

CARGO – *DC.* Carga, conjunto de mercadorias e bens transportados por navio, avião, via férrea ou rodoviária. Exclui a bagagem pessoal dos passageiros. *V. Carriage (*).*

Direito de Negócios – Dicionário Inglês-Português 226

CARIBBEAN COMMUNITY – *DIP. EC.* Mercado Comum das Caraíbas [23](*Caribbean Free Trade Zone Common Market*) constituído em 1973 por tratado assinado por **Barbados, Guiana, Jamaica** e **Trinidade e Tobago**. Em 1974, seis outros países aderiram: **Belize, Dominica, Grenada, Saint Lucia, S. Vicent, Montserrat e Antigua**. **Bahamas, S. Kitts & Nevis, Turks & Caiques** e as **Ilhas Virgens Britânicas** completam actualmente a lista dos países membros. Alguns dos objectivos comuns são a cooperação económica, a eliminação progressiva de barreiras alfandegárias, a coordenação de políticas de comércio externo, etc.

CARRIAGE – *DC. C.* Contrato de transporte de passageiros e/ou mercadorias e bens. **Ver lista de termos derivados no Glossário deste Dicionário (*).**

CARROT-AND-STICK BOND – *MC.* Uma Obrigação (**bond**) convertível em Acções em condições favoráveis para o investidor e que induzem este a convertê-la (*the carrot* – a cenoura) mas prevendo ao mesmo tempo, o direito da emissora de resgatar antecipadamente essa Obrigação a um preço relativamente baixo (*the stick* – o cajado) caso as Acções acabem por ser negociadas no mercado a preços que não apresentem mais valias ou apenas ligeiros ganhos relativamente ao preço de conversão. *V.* **Bond**.

CARRY A MOTION – *DS.* Aprovar uma deliberação ou uma moção numa Assembleia Geral ou reunião de sócios.

CARRY DOWN – *B.* Reabertura de conta pelo saldo pré-existente. *V.* **Account**.

CARRY ON BUSINESS (ou **TRADE)** – *DC.* Desenvolver, operar e manter uma determinada actividade económica ou negócio de forma contínua e permanente.

CARRY-OVER – 1. *CO. DF.* Prejuízo líquido que a lei permite seja deduzido nos anos fiscais seguintes; 2. *MC.* Adiamento, até à sessão seguinte de uma Bolsa de Valores, do acerto de contas relativamente a uma transacção. Feito mediante o pagamento de juros.

CARRYING CHARGE – *DC.* Encargos relativos a venda a prestações e de que resulta o aumento do preço da mercadoria vendida.

CARRYING VALUE – 1. *CO. DF.* Valor contabilístico de um Activo, sem considerar qualquer depreciação ou reavaliação; 2. *B.* Valor atribuído a um certo bem oferecido em garantia de um empréstimo bancário.

CARTAGENA PROTOCOL ON BIO-SAFETY (to the Convention on Biological Diversity) – *ENV.* Acordo Internacional do Controlo de Produtos Bio-degradáveis, assinado em 1999 por 130 países. *V.* **UNEP, Kyoto Protocol, Environment**.

CARTEL – *DC.* Anglocismo da palavra alemã *"kartell"*, similar ao **Trust**. Acordo ilegal entre empresas industriais (com número restrito de participantes) para, entre elas, controlarem os preços de um mercado, a quantidade global de produção ou dividirem entre si as faixas de um mercado. *V.* **Anti-Trust Laws**.

CARVEOUT – *DR. B.* Produto de vendas futuras, oferecido em penhor ou caução para garantir o pagamento de empréstimo existente. *V.* **Lien**.

---

[23] **Caribe,** no Brasil.

CASE – *DP.* **1.** Acção, litígio, processo judicial; **2.** Texto de acordo ou transacção judicial para posterior análise e aprovação do juiz.

CASE IN CHIEF – *USA. DP.* Fase de prova processual por conta da parte que a tem que produzir (ónus de prova – **burden of proof**), passando a outra parte agora a contestar essa prova ou produzir a sua própria evidência.

CASE ON APPEAL – *DP.* Processo pendente de recurso.

CASH – Dinheiro, valor monetário, notas e moedas; a pronto pagamento. Termos compostos:

1. **cash account** – *CO.* Conta de caixa, lançamento contabilístico pelo qual se registam todas as entradas e saídas de dinheiro de uma empresa;
2. **cash assets** – Dinheiro em caixa e depósitos à vista;
3. **cash and carry** – (i) Venda à vista e com transporte da mercadoria por conta do próprio cliente; (ii) *MC.* Compra de um valor mobiliário existente e venda simultânea de um valor mobiliário futuro com o saldo a ser financiado por empréstimo; *V.* **Futures, Securities**.
4. **cash balance** – Saldo de caixa, saldo de tesouraria;
5. **cash basis** – *V.* **Accrual Basis;**
6. **cash B/L** – Abreviatura de *Cash Against Bill of Lading*, pagamento em dinheiro contra a entrega do conhecimento de carga; *V.* **Bill of Lading.**
7. **cash-deficiency arrangement** – *PF. B.* Compromisso dos accionistas de uma empresa de proverem a mesma com fundos de maneio adequados; *V.* **Projects Funds Agreement;**
8. **cash-deposit ratio** – *PF.* Rácio financeiro que divide as disponibilidades de caixa pelo valor de depósitos; coeficiente de liquidez;
9. **cash discount** – *DC.* Desconto numa venda a dinheiro, ou seja, a pronto pagamento;
10. **cash dividend** – *DS.* Dividendo pago em dinheiro. Por oposição a **stock dividend**; *V.* **Dividend;**
11. **cash drain** – *EC.* Situação gerada por política monetária de retracção de liquidez, ocasionada pela redução da oferta de crédito e pelo efeito multiplicador da moeda; *V.* **Monetary Policies;**
12. **cash flow** – *PF. CO. V.* **Índice próprio;**
13. **cash generation** – *PF. CO.* Valores que usualmente constituem os fundos da tesouraria de uma empresa; Meios Libertos Líquidos; *V.* **Índice próprio no Glossário deste Dicionário (*);**
14. **cash management** – Gestão de tesouraria;
15. **cash market** – Mercado de Activos financeiros (valores mobiliários, *commodities* e outros títulos de investimento, etc.) cuja transformação em liquidez imediata ou a curto prazo é garantida ou fácil de efectuar; *V.* **Commodities;**
16. **cash or titles option** (ou **COTO**) – *MC.* Valores mobiliários (**securities**) convertíveis e emitidos no mercado suíço, desenhados por forma a evitar impostos

Direito de Negócios – Dicionário Inglês-Português

retidos na fonte sobre os dividendos (**withholding tax**) e facilitar aumentos de capital das empresas. Têm normalmente:

(i) um prazo de resgate de até doze meses; e

(ii) outorgam ao seu titular o direito de receberem os respectivos dividendos ou serem trocados por novos títulos, cujo valor fixo de emissão capitaliza os dividendos auferidos pelos valores mobiliários que foram trocados. A medida foi combatida pelas autoridades suíças por constituir fuga fiscal ilegal mas tende a reaparecer ocasionalmente noutros mercados europeus; *V.* **Tax;**

17. **cash outlays** – *DF.* Despesas efectivas levadas em conta nas declarações ficais;

18. **cash position** – Situação de tesouraria, liquidez;

19. **cash price** – *DC.* Preço a pronto pagamento;

20. **cash ratio** – *CO.* Rácio, razão de encaixe;

21. **cash sale** – Venda a dinheiro;

22. **cash surrender value** – *DC.* Valor pago por uma companhia de seguros no caso de um seguro de vida em que o segurado redime a apólice ao pedir o seu cancelamento ainda em vida; *V.* **Cash value option, Insurance (*)**;

23. **cash value** – Valor de compra de um bem em dinheiro por livre escolha das partes; por oposição a similar venda mas feita em leilão judicial;

24. **cash value option** – Opção do titular de uma apólice de seguro de vida receber antecipadamente determinado valor dessa apólice; **V. Cash surrender value.**

CASH FLOW – *CF. CO. PF.* Fluxo de caixa, fluxo de liquidez gerado por uma empresa ou projecto. Corresponde à soma do (a) lucro líquido do exercício; (b) dotações para amortizações; (c) provisões; e /ou (d) reservas. Elemento fundamental para avaliar a capacidade de gestão financeira e de auto-financiamento da empresa; Principais termos:

1. **cash flow adequacy ratio** (ou **CFAR**) – *MC. CF.* Modalidade relativamente nova de rácio financeiro de longo prazo que tenta substituir os demais rácios tradicionais de liquidez e que se calcula ao dividir Fluxo de Caixa Líquido (**net free cash flow**) pela Média dos pagamentos nos próximos 5 anos. *V.* **Acid Ratio, Current Ratio;**

2. **cash flow matching** – *CF. CO.* **1.** Gestão de caixa que tenta dar base paritária ou igualar os valores de uma carteira de investimentos (**portfolio**) dos fluxos ociosos ou Fluxo de Caixa Líquido (**net free cash flow**) de uma empresa, ao investir tais recursos por forma a "casar" com as datas das respectivas obrigações/pagamentos a efectuar num mesmo e determinado período de tempo; **2.** *MC. CO.* Basicamente o mesmo do item anterior mas aplicado a investidores de mercado de capitais (**capital markets**), ao optar por investir num portfolio cujos rendimentos ou resultados de venda futura "casem" (**matching**) com os vencimentos das obrigações de pagamento ou subscrição resultantes de outros valores mobiliários;

3. **cash flow return on investment** – *CF. CO.* Rácio de gestão financeira calculada como segue:

$$CFROI = \frac{CFPI}{VFB - (D + VRND)}$$

em que,

CFROI	significa o *Cash Flow Return on Investment* a ser calculado no período correspondente;
CFPI	significa o fluxo de caixa projectado e ajustado em termos de inflação no mesmo período;
VFB	significa o valor bruto de financiamento, também ajustado em termos de inflação para esse período;
D	significa o valor de depreciação dos Activos já investidos; e
VRND	significa o valor residual dos Activos não sujeitos a depreciação.

V. **Return on Investment ou ROI, Second Lien Loan, Evaluation.**

CASHIER – Caixa, tesoureiro.

CASHIER´s CHECK – *B.* **1.** Cheque emitido por um banco sobre a sua sede e assinado pelo respectivo tesoureiro; **2.** *B.* Cheque visado, emitido por um banco, a pedido do depositante, com referência expressa de terem sido bloqueados fundos na sua conta bancária pelo mesmo valor e exclusivamente destinados à liquidação de tal cheque. Usado para assegurar e comprovar a liquidez do cheque (ex: escrituras de imóveis, pagamento de impostos).

CASH MARKET VALUE – *DC.* A preços razoáveis de mercado. O mesmo que **reasonable market value** ou **fair market value**.

CASTING VOTE – *DS.* O chamado *"voto de Minerva"*, voto de desempate e decisivo.

CASUAL – **1.** De forma irregular, inconstante, não permanente, temporário. **2.** *DT.* Emprego ocasional e por fases ou épocas do ano (*casual employment*). *V.* **Unemployment**.

CASUALTY – *T. CR.* Acidente fatal ou grave que causou a morte ou ferimentos sérios ou invalidez permanente seja por acto criminoso seja devido a factores naturais – destruição por relâmpago, naufrágio, queda de avião, terramoto, etc. *V.* **Torts (*)**. **Mass Casualties** – Termo que passou a ser usado para referir grande número de mortos ou feridos proveniente de um simples acidente; directamente relacionado pela primeira vez com o drama de 11 de Setembro de 2001 em Nova Iorque.

CASUS BELLI – *L.* Motivo de guerra, as razões e causas que podem dar ou deram origem ao início de hostilidades militares.

CAT – *USA. MC. DS.* **Certificate of Accrual on Treasury Certificates** – Obrigação do Tesouro dos EUA reemitida como *zero coupon bonds*. *V.* **Zero Coupon Bond**, **Bond**.

CATASTROPHE–LINKED NOTES OR BONDS – *MC.* Obrigações (**bonds)** emitidas por companhias de seguros cuja taxa de juros depende do nível semestral ou anual de perdas e prejuízos relativos a pagamentos de apólices de propriedades imóveis afec-

Direito de Negócios – Dicionário Inglês-Português

tadas por incêndio, terramotos, inundações, etc.); ou seja, em caso de tais acidentes em número anormalmente alto ou devido a desastres naturais por força de **Acts of God,** baixam as taxas de juros. Os casos das actuais vagas de incêndios no verão europeu são um bom exemplo. **V. Insurance.**

CAUCUS – *USA.* Convenção política.

CAUSA CAUSAE EST CAUSA CAUSATI – *USA. L. A causa de uma causa é a causa do que aconteceu;* ou seja, a causa de uma causa é também causa (indirecta) do evento em análise. Também conhecido como **chain of liabilities** – cadeia ou série concatenada de responsabilidades. **V. Collateral Damage**.

CAUCASIAN – Pessoa de raça branca.

CAUSATION – *UK.* Causalidade, a relação causal entre dois factos ou acontecimentos. Um dos conceitos originais com maior repercussão em matéria de **Torts (*)**.

CAUSE – 1. Um facto que precede e explica a ocorrência de outro facto; 2. *DP.* Acção judicial; **Ver Lista de Principais Termos no Glossário deste Dicionário (*)**.

CAUSES OF LOSS – *DC.* **V. Insurance (*)**.

CAUTION – 1. Ter cuidado, ser prudente; 2. Prevenir, admoestar; aconselhar alguém por forma a evitar um dano ou prejuízo. *V.* **Care.**

CAVEAT – *USA. L.* 1. Avisar alguém para ser cuidadoso, estar prevenido; 2. *C.* Ressalva de uma condição ou termo no âmbito geral de uma cláusula contratual.

CAVEAT EMPTOR – *USA. L. DC.* Direito do comprador de examinar uma mercadoria antes de comprá-la. Usado em leilões e hastas públicas.

CEDAM (ou Convention on the Elimination of All Forms of Discrimination Against Women) – *Convenção para a Irradicação de todas as Formas de Discriminação contra as Mulheres* que sob a égide da **ONU** foi ratificada (Outubro de 1999) por 165 países e mais tarde (Abril 2006) por mais 8, levando assim total de 173. *V.* **Lista de OGNs no Glossário deste Dicionário (*)**.

CEILING – 1. *B.* Valor máximo de taxa de juros aplicável a um empréstimo e que pode ser negociado previamente com um banco mediante o pagamento de comissão. Sinónimo de <u>cap</u>; 2. *EC.* O ponto máximo que pode ser atingido por uma variável.

CEILING PRICE'S – *B. EC.* Política macro-económica de controlo de preços e salários máximos como instrumento anti-inflacionista. *V.* **Inflation.**

CENTRAL BANK – *EC. B.* Banco Central, a primeira das Autoridades Monetárias. A sua importância macro-económica é inquestionável e as suas funções são múltiplas: (1) definir e aplicar políticas monetárias; (2) auxiliar as instituições financeiras com problemas de liquidez; (3) regulamentar o mercado bancário e financeiro; (4) actuar como "banqueiro" do Governo. *V.* **Federal Reserve System, Bank of England, Monetary Authorities, Bank of International Settlements**.

CENTRAL BANK OF THE WESTERN STATES – *B.* Banco Central dos Estados da África Ocidental (BCEAO). Fundado em 1955 pela Costa do Marfim, Benin, Burkina Faso, Mali, Mauritânia, Nigéria, Senegal e Togo, o banco é um instrumento básico na concretização da união monetária dos países membros.

CENTRAL EUROPEAN BANK – *B.* Banco Central da União Europeia criado pelo **Tratado de Maastricht**. A sua sede é em Frankfurt.

CENTRAL PLANNING – *EC.* Economia altamente centralizada, que determina quais os bens e serviços que serão produzidos ou prestados, sua distribuição e consumo e respectivos preços. Por analogia, aplica-se o termo **Comprehensive Plannning** para designar centralização económica e de gestão de grupos empresariais.

CERTIFICATE – Certidão, certificado, documento público ou oficial que comprova certo acto ou facto ou que atesta o cumprimento de certa formalidade legal. **Ver no Glossário deste Dicionário a lista das principais expressões derivadas ou associadas (*).**

CERTIFIED PUBLIC ACCOUNTANT – *V.* **Account**, **Auditor**, **Chatered Accountant.**

CHAIN OF TITLE – *C. DR.* Reconstituição documental das sucessivas transferências de propriedade de um imóvel, começando em muitos casos no Reino Unido pelo **Crown Entitlement**.

CHAIN STORES – *DC.* Cadeia de armazéns de retalho ou de lojas pertencentes ao mesmo grupo económico. *V.* **Warehouse**.

CHAIRMAN – *DS.* Título dado a quem preside a uma reunião, assembleia, convenção, seminário, etc.

CHAIRMAN OF THE BOARD – *DS.* Presidente do Conselho de Administração. Feminino, *chairwoman*. *V.* **Board of Directors**, **Board of Governors**.

CHALLENGE – **1.** Objectar, opôr argumentos; **2.** Questionar a legalidade ou validade; **3.** Desafiar para uma competição; **4.** Pôr em dúvida.

CHALLENGE FOR CAUSE – *DP.* Questionar em tribunal a imparcialidade de um possível membro de um júri (**jury**). Caso se argumente que tal pessoa não pode actuar naquele nem em qualquer outro júri (ex: criminosos com pena suspensa) denomina-se **General Challenge**. *V.* **Bias, Conflict of Interests.**

CHANCELLOR – **1.** *UK. FIP.* (a) *Chancellor of the Exchequer*, membro do Governo que controla as receitas e despesas públicas; e (b) *Lord High Chancellor,* o mais alto cargo judicial do país; *V.* **Cabinet**; **2.** *USA.* Reitor de universidade.

CHANELL STUFFING – *USA. DC.* Gíria de mercado para referir uma rede de vendedores de uma empresa, que envia para um cliente uma quantidade de mercadoria ou de produtos muito superior à solicitada por este e que o mesmo muito dificilmente poderá vender ao consumidor final. O objectivo é simples – os vendedores recebem mais comissões e a própria empresa apresenta resultados de vendas inflacionados. Frequentemente ligado à técnica de anúncio aos clientes de alegada subida de preços (**future hike of prices**) na expectativa de aumentar as vendas de um produto com largo **stock**. *V.* **Candy Deals, Marketing.**

CHANGE OF VENUE – *DP.* Mudar a jurisdicão de um processo judicial, seja porque o primeiro tribunal alegou não ter capacidade jurisdicional, seja (caso de processos crime) porque o júri nomeado para a primeira jurisdição não oferece garantias de ser isento. *V.* **Bias, Conflict of Interests.**

CHANCERY – Jurisdição baseada em **Equity;** tribunal de *Equity*.

Direito de Negócios – Dicionário Inglês-Português 232

CHAPTER – 1. *UK*. O corpo de membros eclesiásticos ou leigos de uma catedral (presidida por um *Dean*). Funciona como um Conselho do respectivo bispo; **2. *USA*.** Delegação regional de uma associação profissional (ex. *New York Chapter of the American Bar Association*). *V.* **Bar.**

CHAPTER XI – *USA. DP*. Medida judicial extraordinária decretada por um tribunal com vista à recuperação de empresas em dificuldades financeiras ao abrigo do Capítulo XI da Lei de Falências. Nos termos do *Chapter XI*, o tribunal:

- concorda em que cessem os pagamento de juros;
- suspende a exigibilidade imediata de certos créditos, desde que haja acordo dos principais credores mediante a apresentação de números concretos que demonstrem a viabilidade económica da empresa e acordo dos seus empregados; e
- estabelece um programa de pagamentos a ser rigorosamente cumprido pela empresa. *V.* **Arrangement With Creditors, Bankruptcy.**

CHARACTER – 1. O conjunto de qualidades e características morais e éticas de alguém; **2.** Ainda que *character* e *reputation* sejam usadas muitas vezes como sinónimos, diferem juridicamente – *character* é o que uma pessoa é na realidade; *reputation* é aquilo que a comunidade acha ou pensa dessa mesma pessoa. *V.* **Bad Character.**

CHARGE – 1. Impôr uma obrigação ou um dever; **2. *DR*.** Ónus (ex: penhor, hipoteca, etc.) sobre um bem; *V.* **Lien, Floating Charge**. **3.** Responsabilidade financeira; **4. *DP*.** Acusar alguém formalmente em juízo ou junto a uma autoridade.

CHARGE ACCOUNT – *DC*. 1. Sistema de compras a crédito pelo qual o comprador abre uma conta com o vendedor e debita nela o valor de suas compras, pagando posteriormente o saldo da mesma em prestações; **2. *B*.** Debitar uma conta bancária. *V.* **Account.**

CHARGE OF ACCOUNTS – *CO*. Plano de contas. *V.* **Account.**

CHARGE-OFF – *B. CO*. A eliminação do capital e/ou dos juros de um empréstimo ou financiamento de cobrança extremamente duvidosa ou, na prática, já não susceptível de ser cobrado. *V.* **Bad Credit.**

CHARITABLE IMMUNITY – Teoria (actualmente em desuso nos EUA) segundo a qual, as instituições filantrópicas e de caridade estariam imunes de responsabilidade civil. *V.* **Strict Liability**.

CHART – Gráfico, mapa, representação gráfica de dados, cotações ou informações. *V.* **Candlestick Chart.**

CHARTER – 1. Documento emitido por autoridade pública concedendo (*granting*) a alguém, a uma cidade, uma classe profissional ou a todo o País, determinados privilégios, liberdades, direitos básicos ou certas licenças ou autorizações; **2.** Lei orgânica de uma cidade de um município; **3.** Acto legislativo criando uma autarquia/ empresa com funções de interesse público (ex. *bank charter*) ou definindo o campo de actuação, a actividade comercial ou industrial de uma empresa; **4.** Frete de um avião ou navio; **5. *DS*.** Alvará, licença, carta patente, autorização para que uma empresa exerça certa actividade. *V.* **Certificate of Authority**.

CHARTERED ACCOUNTANT – *CO.* Contabilista inscrito e registado na respectiva entidade de classe. *V.* **Accounting Principles**.

CHATTEL – *DR.* **1.** Conjunto de bens ou activos móveis de propriedade de alguém; **2.** Bem móvel (incluindo animais).

CHEAP MONEY POLICY – *EC.* Política de expansão monetária caracterizada por acesso a crédito com taxas de juro altamente atractivas.

CHECK – **1.** Controlar, fiscalizar, vigiar; **2.** *CO.* Auditar; **3.** *B.* Cheque, ordem de pagamento, sacada sobre um banco comercial. *V.* **Cashier´s check.**

CHECK CLEARING – *B.* Compensação de cheques. *V.* **Bank Clearing**.

CHECK-OFF SYSTEM – *DT.* Processo operacional pelo qual uma empresa deduz dos salários dos seus empregados, as quotas mensais ou periódicas devidas aos respectivos sindicatos remetendo a estes últimos as aludidas quantias.

CHECKS AND BALANCES – *DIP.* Sistema Constitucional pelo qual as funções, poderes e atribuições dos diversos orgãos de soberania, governativos ou administrativos devem estar distribuídos por forma a evitar o predomínio de qualquer deles.

CHERRY PICKING – *USA. MC.* Gíria para referir práticas fraudulentas de **brokers** ou operadores (**dealers**) do mercado de **securities**, ao comprarem para seu próprio benefício os melhores títulos e valores mobiliários, em detrimento da carteira dos seus clientes. *V.* **Sarbanne-Oxley Act (ou SOX).**

CHICAGO BOARD OF TRADE – *MC.* A maior Bolsa mundial de Mercadorias, **Commodities** e de Futuros. Fundada em 1848, opera, entre outras, nas áreas de gado, cereais, metais preciosos e instrumentos financeiros. *V.* **Futures**, **Option**.

CHIEF JUSTICE – *DP.* Juiz-presidente de um tribunal.

CHILD ABUSE – *USA. CR.* Crueldade física ou moral, maus-tratos, castigos excessivos ou assédio e abusos sexuais infligidos a uma criança ou adolescente. *V.* **Abuse**, **Torts (*), Lista de ONGs que cooperam nesta área, Glossário deste Dicionário (*).**

CHILD SUPPORT– Obrigação dos pais proverem o sustento dos seus filhos, prestação de alimentos aos filhos e/ou netos. **V. Alimony.**

CHILLING A SALE – Actuação conjunta de participantes num leilão ou hasta pública (**bidders**), por forma a adquirir um bem a leiloar por quantia inferior ao seu valor real.

CHOICE OF LAW – *C.* Determinar qual a lei aplicável a um contrato. Daqui podem derivar um **Positive Conflict of Law** (quando mais do que uma lei é aplicável) ou um **Negative Conflict of Law** (quando nenhuma lei é aplicável). *V.* **Jurisdiction.**

CHOOK POINT – *DIP.* Desfiladeiros, estreitos, canais naturais ou de construção humana que separam dois ou mais países (ex. Estreito de Gibraltar), dividem um país (ex. Canal do Suez; Canal do Panamá); ou mesmo continentes (Bósforo, em Istambul, que separa geograficamente as partes europeia e asiáticas da Turquia) e cujo livre acesso, transporte de pessoas e mercadorias e navegação, são assegurados por via de tratado internacional ou acordo bi-lateral. A *United Nations Convention of the Laws of the Sea* de 1982 é um bom exemplo.

Direito de Negócios – Dicionário Inglês-Português   234

CHURNING – *MC.* Circulação excessiva de transacções de valores mobiliá-rios (**securities**) tendo mais em vista as comissões de corretagem e de intermediação (**brokers**) do que propriamente as mais valias dos títulos transaccionados. Como tal, punível na larga maioria das legislações de Mercado de Capitais. **V. Sarbanne-Oxley Act (ou SOX).**

CIRCULATION (Signing by) – *C. V.* **Backdating**.

CIRCUMSTANCIAL EVIDENCE – *DP.* Prova que não se faz directamente a partir de testemunhos ou documentos mas que se deduz indirectamente, ao serem provados outros factos circunstanciais ou relacionados com o caso principal. **V. Best Evidence, Causa.**

CIRCUS – *USA. MC.* Operação simultânea de duas **swaps** – de taxa de juros e de moeda. *V.* **Hedging.**

CITATION – **1.** *UK. DP.* Citação judicial, *V.* **Summons**; **2.** Mencionar, citar uma frase, texto ou obra de terceiro.

CITY – *UK.* O centro financeiro de Londres.

CITY COURTS – *DP.* Tribunais municipais que julgam a ofensa de regulamentos e posturas autárquicas.

CITY HALL – Câmara Municipal (Portugal); Prefeitura (Brasil).

CIVILIAN – Qualquer pessoa que não é militar nem está disciplinarmente vincu-lado às Forças Armadas.

CIVIL LAW – **1.** O sistema jurídico interno de um Estado (por oposição a Direito Internacional Público); **2.** Sistema jurídico baseado no Direito Romano; **3.** Qualquer tipo de lei que não é Direito Criminal; **4.** Qualquer tipo de lei que não é Direito Militar. *V.* **Common Law, Civil Procedure**.

CIVIL LIBERTIES – *USA.* Direitos pessoais e naturais garantidos, assegurados e protegidos pela Constituição e seus Aditamentos (*freedom of speech, freedom of press*, etc.). *V.* **Amendments, Bill of Rights**.

CIVIL PROCEDURE – *DP.* Direito Processual Civil.

CIVIL SERVICE – *UK.* Funcionalismo público (excluindo militares).

CLAIM – **1.** *C.* Exigir alguma coisa como direito seu; **2.** Insistir, reclamar; **3.** O mesmo que **Cause of Action**; **4.** Pedido de pagamento independentemente (a) do vencimento ter ocorrido; (b) de ter havido decisão judicial condenatória do devedor; ou (c) do valor ser líquido e certo, haja ou não garantias.

CLAIMANT – *DP.* Reclamante, requerente. *V.* **Plaintiff**.

CLAIM FOR REFUND – Pedido de reembolso.

CLASS ACTION ACTION/SUIT – **1.** *UK. DS.* Acção judicial movida pelos accio-nistas de uma empresa ou em seu nome; **2.** *USA. DP.* Acção judicial conjunta ou colec-tiva por parte de consumidores (**consumer class action**), trabalhadores (**labour class action**) ou por um conjunto de outras pessoas ou instituições que partilham da mesma defesa de interesses.

De salientar que nos EUA, este tipo de procedimento judicial colectivo começou em 1966 (caso de **sexual harrassment** proposto em tribunal por trabalhadoras contra uma empresa de mineração do Estado de Minnesota que ficou famoso) e tem caído em crescente declínio, sobretudo a partir da aplicação do **Class Action Fairness Act de 2005** que remeteu para tribunais federais a jurisdição exclusiva de tais casos e limitou na prática o seu sucesso, perante a hipotética ameaça de lançarem na falência as empresas que actuam como réus em tais litígios.

CLASS RIGHTS – *UK. DS.* Direitos, prerrogativas atribuídas a um certo tipo de Acções. *V.* **Shares**.

CLAUSE – *C.* Cláusula, parágrafo de um contrato ou documento jurídico. Usa-se também **Section** ou **Article**.

CLAY-CLAY MODEL – *EC.* Princípio básico de crescimento económico pelo qual o rácio capital/mão-de-obra é constante antes e depois de serem feitos os investimentos.

CLAYTON ACT – *USA. DC.* Lei federal aprovada em 1914 (como complemento do **Sherman Anti-trust Act**), pela qual se proíbe discriminação de preços, contratos exclusivos de fornecimento e associações que tenham como único objectivo a criação de monopólios em qualquer tipo de comércio. *V.* **Anti-Trust Laws**.

CLEAN-UP COSTS – *ENV. PF.* Custos de limpeza e reposição ambiental que correm por conta da entidade que, dolosa ou negligentemente, foi a causadora de poluição que afectou a ecologia e o meio ambiente de uma determinada região ou local. O princípio desta responsabilidade financeira (*polluter pays principle*) é, hoje em dia, admitido e reconhecido pela maioria das legislações dos países desenvolvidos, incluindo a UE. *V.* **Equator Principles, Environment**.

CLEARANCE SALE – *DC.* Venda de liquidação, saldos.

CLEAR DAYS – *DC. C.* Os dias de um prazo ou período de tempo, excluindo o primeiro ou o último dia.

CLEARING – *B. MC.* Liquidação (directa ou via compensação) de cheques, títulos, **securities**, **Options**, outros valores financeiros ou monetários. Principais conceitos:
1. **clearing agreement** – Contrato de liquidação/compensação;
2. **clearing house** – *UK*. Câmara de liquidação/compensação;
3. **clearing broker (**ou **member)** – Corrector autorizado e membro de uma *Clearing House* que assegura a conclusão e liquidação (normalmente por via informática) de todas as operações e transacções dos títulos e valores mobiliários negociados com um cliente;
4. **clearing stocks** – Departamentos de liquidação/compensação de Acções existentes entre Bolsas de Valores.

CLERICAL ERROR – *C. DP.* Erro dactilográfico, de cópia ou de impressão originado ou criado pelos escrivães, secretários ou funcionários subalternos de um tribunal, serviços de imprensa oficial ou de uma empresa. Erro formal e passível de ser corrigido a qualquer momento pelo tribunal, a pedido das partes. *V.* **Error**.

CLERK – **1.** Secretário, escrivão, oficial de diligências, funcionário subalterno de tribunal; **2.** Funcionário de repartição pública a cujo cargo estão a guarda de livros ou registos oficiais.

Direito de Negócios – Dicionário Inglês-Português

CLOSE – 1. *C.* Fechar, assinar um contrato ou instrumento contratual. *V.* **Closing; 2.** *MC.* Encerramento à hora marcada, de uma sessão de Bolsa de Valores ou de Mercadorias; **3.** *MC.* Preço final de compra ou venda de um valor mobiliário tal como negociado entre as partes envolvidas; **4.** *MC.* Liquidação na carteira de investimentos de um valor mobiliário (**securities**) ou instrumento financeiro, por efeito de simples compensação (**offsetting**), ou seja, valores de compra que compensam valores de venda do mesmo título, etc. **Ver lista de termos associados no Glossário deste Dicionário (*).**

CLUB DEAL – *PF. MC.* Jargão de mercado para referir quando empresas de **private equity** acordam entre si, previamente, os preços de oferta de compra de parte do capital de uma **target company** ou de uma série de empresas da mesma actividade económica. Entre as diversas alternativas de *club deals*, a mais comum consiste numa empresa de **private equity** fazer uma pretensa oferta a um preço baixo à *target company*, por forma a que a outra empresa de *private equity* faça a seguir uma oferta ligeiramente melhor, mas mesmo assim abaixo do valor normal do mercado (**market value**). Alguns autores consideram este tipo de práticas como violação das **Anti-Trust laws**. *V.* **Sarbanne-Oxley Act (ou SOX).**

COCKROACH THEORY – *USA MC.* Gíria de mercado para referir que assim como uma barata raramente aparece sozinha, a queda nos preços de um valor mobiliário (**securities**) normalmente bem cotado, dificilmente deixará de trazer outras quedas de títulos do mesmo calibre.

CODETERMINATION – *DS. DT.* Representação dos trabalhadores nos Conselhos de Administração conjuntamente com os accionistas.

CODICIL – *C.* Documento complementar de um testamento ou contrato que lhes serve de aditamento ou instrumento anexo.

COGNATES – *UK.* Parentes do lado da mãe. *V.* **Agnates**.

COHAN RULE – *USA. DF.* Obrigação por parte do contribuinte de guardar e apresentar às autoridades fiscais, comprovativos satisfatórios de despesas de representação, viagens, ofertas comerciais, etc., por forma a que o seu montante possa ser deduzido do valor final de impostos a pagar pela empresa. *V.* **Tax**.

COINSURANCE – *DC. CF.* Situação em que apenas parte dos prejuízos eventualmente sofridos por um investidor são cobertos por seguro. **Insurance (*).**

COLLAPSIBLE CORPORATION – *DS.* Sociedade constituída a título transitório e a ser dissolvida antes que gere qualquer lucro passível de pagamento de impostos. **V. Partnership.**

COLLAR – *B. MC.* Limites máximos e mínimos pré-fixados relativamente às taxas máximas e mínimas de juros de um empréstimo ou de uma Obrigação (**bond**). *V.* **Cap.**

COLLATERAL – 1. Familiar ou parente mas não em linha recta (ex. cunhados); **2.** *DR. C.* Garantia real, Activos oferecidos em caução ou penhor para garantia do cumprimento de obrigações contratuais. **V. Lien.**

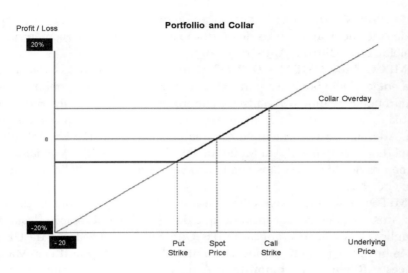

Exemplo de um *Collar*

COLLATERAL DAMAGE – **1.** *DIP.* Perdas humanas e/ou prejuízos materiais sofridos em países ou áreas vizinhas de outro país onde ocorreu uma catástrofe natural (ex. rompimento de uma barragem), guerra ou conflito armado, etc.; **2.** *DC.* Perdas humanas e/ou prejuízos materiais sofridos por um alguém por acção ou negligência de terceiros, mas desde que haja "nexo de causalidade", ou seja, ser uma consequência ainda que indirecta mas real dessa acção ou negligência (ex. camião que se despista, bate e destrói uma casa à beira da estrada e esta, por sua vez, ao ruir, destrói a estação de gasolina vizinha que se incendeia e explode, etc.). **V. Torts (*), Strict Liability.**

COLLATERAL (TRUST) BONDS – **1.** *MC.* Obrigações garantidas por caução de Acções (**shares**) ordinárias do devedor ou emissor ou demais bens ou valores depositados com um terceiro (**trustee**); **2.** Relacionado com alguma coisa ou documento, ainda que independente (ex. *collateral letter/collateral agreement*). **V. Bonds, Trust.**

COLLECTIBLES – *CO.* Valores ou quantias provenientes de cobrança.

COLLECTION FLOAT – *DC. CO.* Cheques de clientes ainda não depositados nem cobrados por uma empresa. **V. Check.**

COLLECTIVE BARGAINING – *UK. DT.* Negociação colectiva de trabalho; negociação por um sindicato das condições salariais e de trabalho, em representação de todos os empregados de uma empresa ou sector económico.

COLLECTIVE CHOICE – *EC.* Análise económica dos critérios de procura de bens por grupos de consumidores que, por uma razão ou outra, preferem um determinado bem ou serviço. **V. Demand.**

Direito de Negócios – Dicionário Inglês-Português

COLLUSION – *DC.* Acordo de fixação de preços, definição de mercados (ou de sectores dos mesmos) ou de níveis de produção entre concorrentes comerciais ou industriais. Proibido no âmbito das **Anti-Trust Laws**.

COMECON (ou CMEA) – *DIP. EC. Council of Economic Assistance* criado em 1949 pela então União Soviética para integrar e desenvolver as economias dos países do leste europeu e de índole socialista. Membros fundadores: a Bulgária, a então Checoslováquia (hoje dividida em dois países), a Hungria, a Polónia, a Roménia e a União Soviética. Aderiam posteriormente a Albânia (até 1961), a então República Democrática Alemã (hoje desaparecida), a Mongólia (1962), Cuba (1972) e Vietname (1978). Os acontecimentos de 1989 e o colapso da União Soviética levaram à liquidação oficial do **Comecon** em 1991.

COMITOLOGY – *UE.* Referência à assistência e apoio permanentes de Comités especializados à Comissão Europeia no que diz respeito à obrigação desta de implementar, aplicar e fiscalizar a aplicação das Directivas e a legislação da UE nos seus países membros. Há assim três tipos de comités: **Advisory Committees**, **Management Committees** e **Regulatory Committees**. A regulamentação das funções, actividades e inter-relacionamento entre a Comissão e os Comités foi estabelecida pela Decisão do Conselho de 28 de Junho de 1999 mais tarde alterada por outra de Julho de 2006.

COMFORT LETTER – **1.** *CO.* Carta endereçada pelos auditores aos accionistas e credores de uma empresa, pela qual se atesta que desde a publicação do último balanço, nada de substancial alterou a liquidez ou os negócios desta; **2.** *PF. B.* Carta emitida pela empresa-mãe ou pelos sócios maioritários de uma empresa e dirigida a um banco ou investidor, confirmando determinados dados económico-financeiros, por forma a que este conceda um empréstimo ou faça o investimento. As **Comfort Letters** podem variar de contexto mas não são garantias, avales ou fianças. Frequentemente usadas quando os chamados *credit exposures* das empresas-mãe não permitem a emissão de mais fianças/avales já que os mesmos teriam que ser contabilizados como **Contingent Liabilities**. *V.* **Support Letter, Best Efforts Letter**.

COMMERCIAL BRIBERY – *DC. CR.* Forma de concorrência desleal que consiste no suborno de funcionários de um concorrente comercial através de presentes, dádivas, dinheiro ou promessa de emprego com aumentos de salários. *V.* **Kickback, Bribery**.

COMMERCIAL CREDIT COMPANY – *B. DC.* Instituição especializada no financiamento a retalho.

COMMERCIAL LETTER OF CREDIT – *DC.* Não sendo um instrumento de crédito, é antes um meio de transferência de fundos ou de compensar saldos de contas. Assumindo que a conta do cliente tem provisão, o banco emite a **Commercial Letter of Credit** (ou **CLC**) pela qual informa outro banco que este, por instruções do cliente do primeiro, está autorizado a efectuar saques dentro do limite de validade de tal **CLC** durante certo período de tempo, se bem que possa ser também emitida com renovação automática. *V.* **Letter of Credit, ICC**.

COMMERCIAL PAPER – *B. MC.* Conjunto de instrumentos, documentos ou títulos financeiros a curto prazo (**drafts**, letras, cheques e outros títulos negociáveis envolvendo pagamentos de dinheiro) originários da efectiva actividade industrial ou comercial de uma empresa, sendo portanto vedados quaisquer papéis emitidos com fins especulativos. Tais instrumentos, documentos ou títulos podem ser entregues para desconto num banco comercial ou, dependendo do caso, para que este os use como garantia (**collateral**), para captar fundos no mercado a favor da empresa em questão. Os vencimentos de tais instrumentos não ultrapassam normalmente 270 dias ou 9 meses. As últimas estatísticas (Setembro de 2006) do Banco Central Europeu mostram a queda do uso de *commercial paper* a favor de **Factoring** e de **credit insurance** (seguro de crédito). *V.* **Factoring, Credit Insurance, Insurance (*).**

COMMERZBANK INDEX – *MC.* Índice aritmético de 60 Acções de empresas alemãs que representam 75% do mercado alemão. Substituiu na prática o *Bonn Index* que se baseava em 100 Acções de empresas industriais cotadas em Bona.

COMMISSION – 1. *UK.* Comissão Europeia, o orgão colegial dos Comissários da UE; **2.** *DC. B.* Comissão, pagamento de prestação de serviços a um intermediário que actuou na compra/venda de bens móveis, valores mobiliários (**securities**) ou outras transacções. De salientar que uma recente decisão (Junho de 2007) do Supremo Tribunal Europeu (caso *JPMorgan Fleming Claveshouse*) decidiu no âmbito da 6ª Directiva da UE que as prestações de serviços (**management services**) a fundos de investimento e outra instituições para-financeiras, estão isentas de **VAT** (IVA) pelo menos no Reino Unido, o que pode levar os clientes que pagaram IVA sobre tais omissões, a pedir o reembolso pelos respectivos valores cobrados. *V.* **Dealer**, **Broker**, **Agent, Fees, Tax.**

COMMISSION MERCHANT – *UK. DC.* Agente ou comissário comercial que transacciona em seu próprio nome e que tem o direito de controlar fisicamente as mercadorias ou bens que lhe são entregues ou consignados. *V.* **Agent.**

COMMITMENT – *C.* Compromisso, obrigação, dever jurídico. Normalmente de origem contratual. Pode ser (1) **conditional** (sujeito ao cumprimento de certas condições) ou (2) **firm** (irrevogável, sem condições). *V.* **Undertaking.**

COMMITMENT CHARGE – *B. C.* O mesmo que **Commitment Fee**. *V.* **Fee**.

COMMITMENT FEE – *B. C.* Comissão bancária calculada sobre o saldo do financiamento não utilizado pelo devedor. O mesmo que **Committment Charge**. *V.* **Fee**.

COMMODITIES – *MC.* Designação genérica de matérias-primas, mercadorias e outros bens consumíveis por natureza (ex. produtos de agricultura, gado, metais, minérios e outros bens móveis, utilizáveis no dia a dia comercial e industrial), passíveis de serem negociados em Bolsa. Podem ser para entrega e pagamento imediato (**spot sale**) ou para entrega e pagamento futuro (**futures contract**). *V.* **Futures**, **Commodity Exchange**, **Chicago Board of Trade.** Principais termos:

1. **commodities options** – Opções de compra ou venda de *commodities* em datas futuras e a preço específico. Banidas pelas autoridades americanas em meados de 1978 (devida a alta especulação financeira que geraram), foram readmitidas em 1979 mas sujeitas a regras específicas. Desde Junho de 1981, a admissão de novas *commodities* e a negociação em Bolsas é objecto de inquérito público (*public hearing*), por forma a que o público em geral (e os produtores em espe-

Direito de Negócios – Dicionário Inglês-Português

cial) possam apresentar as suas objecções ou argumentos a favor de tal novo mercado;

2. **commodities prices** – Preços de **commodities** à vista e (i) contra a entrega (**cash spot basis**) ou (ii) para entrega e pagamento futuro (**future basis**). O cálculo destes últimos é normalmente feito com base no preço médio negociado dessa *commodity* nos últimos dez anos dividido pelo índice médio de preços recebido pelo produtor final da mesma *commodity* também nos últimos dez anos. Os **Parity Prices** são então calculados multiplicando o resultado apurado anteriormente pelos índices actuais dos preços pagos aos produtores finais, incluindo-se nestes o custo de transporte, juros, impostos e salários;

3. **commodity exchange** – *USA.* Bolsa de Mercadorias. O *Commodity Exchange Act* de 1936 e as suas alterações de 1974, 1981, 1988 e 1996, criaram a *Commodity Futures Trading Commission* que fiscaliza o mercado (da mesma forma que a *SEC* fiscaliza e regulamenta o mercado mobiliário e disciplina as Bolsas de Valores). *V.* **London Commodity Exchange, Chicago Board**;

4. **commodity standard** – *EC.* Sistema monetário que aceita determinada mercadoria como moeda (mas excluindo-se metais preciosos).

COMMON – **1.** Comum, usual; **2.** Pertencendo a mais do que uma pessoa e/ou dividido equitativamente por várias; **3.** Qualquer coisa que é comum ou pertença da generalidade das pessoas, de uma comunidade ou país; **4.** Frequente; **5.** Vulgar, sem características especiais. **Ver lista de termos associados no Glossário deste Dicionário (*).**

COMMON BUDGET – *DF. FIP.* Fundo administrado pela Comissão Europeia no qual são contabilizados todos os impostos aduaneiros relativos a bens e serviços importados pelos países da UE, posteriormente redistribuídos pelos países membros de acordo com a *Common Agricultural Policy. V.* **Commission, Common Agricultural Policy, Budget, Tax.**

COMMON EXTERNAL TARIFF (CET) – *DF. FIP.* Imposto aduaneiro sobre importação, cobrado pelos países da UE relativamente a bens e serviços oriundos de outros países e cujos fundos são contabilizados no **Common Budget**. V. **Tax.**

COMMON HERITAGE OF MANKIND (ou **CHM**) – *DIP. EC.* Princípio de Direito Internacional Público e Direito Económico segundo os qual os recursos naturais ainda não sujeitos a um regime jurídico específico, pertencem à comunidade internacional no seu todo e não a um país ou determinado grupo de países. Este princípio, criado para protecção e defesa dos países sub-desenvolvidos (*distributive justice*), tem tido especial impacto quanto à Antártica, a Lua e o leito dos mares e oceanos (*Seabed Treaty*). De especial relevância para os chamados países sem acesso ao mar (**Landlocked States**).

COMMON LAW – *UK. USA.* Há múltiplas definições para **Common Law**. Uma que reúne um razoável sintetismo é a de Hurrington (1890) – *"sistema jurídico anglo-saxónico baseado na interpretação e aplicação de usos e costumes,* **Rules of Action***, filosofias de vida e de comportamento de carácter vinculativo, construídas a partir de decisões anteriores*

241   *Direito de Negócios – Dicionário Inglês-Português*

semelhantes". [24] Uma das riquezas inatas da **Common Law** é aprender que, ao se modificarem no decurso normal do tempo, os procedimentos humanos, sociais e económicos, também os axiomas e normas jurídicas e da jurisprudência existentes não têm a mesma validade e lógica, levando o tribunal a considerar que têm de ser revistos e actualizados (**overruling the precedent**), ouvindo para isso e se necessário, peritos das áreas económicas, financeiras, de comércio, sociológicas, etc. e só depois emitir a nova decisão. Em suma, a **Common Law**:

a) não é lei penal;

b) opõe-se, por natureza, à lei escrita e emanada de orgãos legislativos (**statutory law**);

c) assume a boa-fé das partes (*in assumption*);

d) usa como base, conceitos-padrão como **fair, reasonable, common;** e

e) invoca (sobretudo nos EUA) certos sentimentos nostálgicos de um sistema jurídico e judicial que exigia menos burocracia e garantia maior isenção no julgamento do mérito da causa, tendo como linha mestra, a justiça elementar dos comportamentos humanos baseados na tradição comunitária, a que os próprios membros de um júri nem os juízes e legisladores eram insensíveis.

Os **Torts (*)** (entre muitos outros institutos jurídicos) beberam a sua origem básica na *Common Law*. **V. Fair, Reasonable, Statutory Law, Common, Jury, Rules of Action, Precedent.**

COMMONWEALTH – *UK.* A Comunidade Britânica. À data desta Dicionário incluia:

    I.   Na Europa: Reino Unido, Chipre e Malta;

    II.   Em África: Botswana, Camarões, Gâmbia, Quénia, Lesotho, Malawi, Ilhas Maurícias, Moçambique, Namibia, Ilhas Seychelles, Serra Leoa, Àfrica do Sul, Suazilândia, Tanzania, Uganda, Zâmbia e Zimbabwe;

    III. Caraíbas [25] e Américas: Canadá, Antigua e Barbuda, Bahamas, Barbados, Belize, Dominica, Granada, Guiana, Jamaica, St. Christopher and Nevis, St. Lucia, St. Vincent e Trinidad e Tobago;

    IV. Ásia: Bangladesh, Brunei, Índia, Malásia, Ilhas Maldivas, Paquistão, Singapura [26], Sri Lanka.

    V.   Oceânia: Austrália, Kirivati, Nauru, Nova Zelândia, Papua Nova Guiné, Ilhas Salomão, Tonga, Tuvalu, Vanatu e Samoa Ocidental.

COMMONWEALTH DEVELOPMENT CORPORATION (CDC) – *DIP. UK. OMD.* Banco público de desenvolvimento criado em 1949; actua na área de *Project Finance* dos países da *Commonwealth*. Moçambique é país-membro. *V.* **Commonwealth, Project Finance.**

---

[24] *Common Law, Common Sense and Common Wisdom*, L. Hurrington, Oxford University Press, 1967, Londres.

[25] Caribe, no Brasil.

[26] Cingapura, no Brasil.

Direito de Negócios – Dicionário Inglês-Português

COMMONWEALTH OF INDEPENDENT STATES (ou CIS) – *DIP. EC.* Organização internacional criada em 1991 pela Rússia e que reúne as doze antigas repúblicas da União Soviética – Arménia, Azerbaijão, Bielorússia, Georgia, Cazaquistão, Quirguistão, Moldávia, Rússia, Tajisquistão, Turquemenistão, Ucrânia e Usbequistão. De certa forma, sucessora da **Comecon,** os seus estatutos preveem assistência e cooperação económica inter-regional, pactos de assistência em caso de agressão militar e igualdade de direitos civis e políticos entre os seus cidadãos. Bastante enfraquecida desde o seu início, a guerra entre Azerbaijão e Arménia (relativamente ao território de Nagrono-Karabakh), a possível entrada na NATO da Ucrânia, o conflito na Chechénia, etc., têm constituído testes difícéis de ultrapassar e que levam a pensar na sua possível extinção.

COMMUNITY OF INTEREST – *DC.* Um dos pressupostos do Contrato de *Franchising,* a comunhão ou o compartilhar de interesses entre o Franchisor e o Franchisee. *V.* **Franchise.**

COMMUTATION – *DC.* Direito que o titular de uma apólice de seguro tem de receber, a seu pedido, um pagamento em dinheiro em troca da redução dos valores de pensão a serem pagos futuramente.

COMPANIES ACT – *UK. DS. MC.* O conjunto de leis que regula a formação, constituição e actividades de empresas e sociedades comerciais no Reino Unido.[27] Num esforço de proteger os investidores (nomeadamente os pequenos investidores de Bolsa no âmbito da **Corporate Governance**), o conjunto de diplomas existentes foram complementados por força do *Prevention of Frauds (Investment) Act* de *1958* (actualizado em 2002) e o *Controlling of Borrowing Order* também de 1958 (actualizado em 2003 e 2006). Vieram garantir a fiscalização por parte do Estado e das autoridades de mercado de capitais da emissão, circulação e negociação de valores mobiliários por parte das sociedades que decidam recorrer ao mercado.

COMPANY – 1. *USA. DS.* De acordo com a Regulation Q.12 do *Code of the Federal Regulations,* "company" é toda e qualquer **corporation, partnership, trust,** associação de interesses, sociedades de facto e outras formas de entidades que desejem desenvolver negócios ou actividades comerciais ou industriais com intuito lucrativo e numa base de livre mas legal concorrência de Mercado; **2.** *UK.* Qualquer tipo de associação constituída para a finalidade de realizar negócios ou outro objectivo independente dos seus associados. Pode ser constituída por:

(1) **Act of Parliament** (caso de companhias de interesse público ou objecto de concessão de serviços de utilidade pública);

(2) aprovação de estatutos específicos (**charter**); ou mediante,

(3) registo nos termos do **Companies Act.**

Há naturalmente muitos e diversos tipos de *Companies,* seja porque dependem de legislação específica, seja porque as suas denominações flutuam em termos de gíria de mercado. A lista abaixo apenas indica os principais termos:

---

[27] A lista completa desta legislação pode ser encontrada na 1ª edição deste Dicionário.

Direito de Negócios – Dicionário Inglês-Português

1. **company limited by guarantee – *UK*.** Empresa que ao ser liquidada, vê a responsabilidade dos seus sócios, limitada ao valor de subscrição garantida indicado no respectivo **Memorandum of Association**. O capital destas empresas não é representado por Acções;
2. **company limited by shares – *UK*.** Empresa em que a responsabilidade dos seus sócios em caso de liquidação, está limitada ao valor do capital representado por Acções indicado no respectivo **Memorandum of Association;**
3. **company store** – Estabelecimento de retalho.
4. **closed capital company** – Empresa de capital fechado, ou seja não cotado nem transaccionado em Bolsa; *V.* **Close, Capital;**
5. **congeneric company** – Empresa *holding* ou conjunto de empresas em que as inter-participações de capital e operações são da mesma natureza em vez destas serem diferentes e complementares. O oposto de **conglomerate**. Usado basicamente no sector financeiro, bancário e de serviços;
6. **conglomerate** – Conjunto de empresas de diferentes ramos comerciais **Memorandum of Association** e/ou industriais controlado por uma empresa-mãe (**holding**) ou com os mesmos sócios controladores;
7. **conglomerate merger** – Fusão de duas empresas cujas actividades não estão directamente relacionadas;*V.* **Merger.**
8. **economic group** – *V.* **Índice próprio;**
9. **holding** – *V.* **Índice próprio;**
10. **mixed capital company** – Empresa cujo capital é em parte (i) subscrito e detido pelo Estado, autarquias locais ou institucionais ou por entidades públicas e parte (ii) por empresas privadas ou pelo público em geral; em alguns casos, a participação do Estado é feita através de Acções com poder de veto ou direito especial de voto – as chamadas **golden shares**. *V.* **Capital; Public and Private Partnerships pu PPPs, Shares, Golden Shares e Glossário deste Dicionário (*);**
11. **open capital company** – Empresa cujo capital está cotado e/ou transaccionado em Bolsa; também se denomina **public company**;
12. **shareholders company** – *USA*. Sociedade cujo capital é representado por Acções (só ordinárias ou ordinárias e preferenciais). *V.* **Shares;**
13. **partnership** – **Índice próprio;**
14. **public company.** – **1.** Empresa pública, ou cujo capital é controlado directa ou indirectamente pelo Estado, por autarquias locais ou institucionais ou por entidades públicas; **2.** Empresa cotada e/ou transaccionada em Bolsa; *V.* **Open Capital Company;**

COMPENSATED DEMAND – *EC*. Teoria económica que defende haver uma relação inversamente proporcional entre o preço e a procura de um bem, se as demais variáveis não se alterarem. Quando os preços baixam, a quantidade tende a aumentar, seja porque há mais liquidez (e aumenta a opção de escolha do consumidor), seja porque o preço de bens alternativos é, em geral, mais elevado. *V.* **Demand, Offer.**

Direito de Negócios – Dicionário Inglês-Português

COMPENSATED PRICE EFFECT – *EC.* O aumento de preço de um produto altera a quantidade da procura porque o poder aquisitivo do consumidor foi afectado mas o preço relativo de outros produtos baixou também (bens alternativos), o que gera um efeito compensatório. *V.* **Demand, Offer**.

COMPENSATING BALANCE – *B.* Depósitos bancários à ordem, que não vencem juros; compensam os bancos por serviços prestados a título gratuito e por empréstimos concedidos a taxas reduzidas ou subsidiadas.

COMPENSATING ERRORS – *DF. CO.* Erros ou falhas contabilísticas ou fiscais que se compensam ou se anulam mutuamente.

COMPENSATION TESTS – *EC.* Análise de medidas económicas a introduzir por forma a compensar a camada da população afectada por factores conjunturais adversos, sem prejudicar as demais camadas populacionais às quais tais factores não atingiram.

COMPENSATORY DAMAGES – *T. DC. V.* **Damages, Punitive Damages**. V. **Torts** (*).

COMPETITION POLICY – *UK. DC. V.* **Anti-Competitive Practice, Competition Act, Anti-Trust Laws, Dumping**.

COMPETITIVE BIDDING – **1.** Leilão público, concurso aberto ao público em geral; **2.** Concurso aberto por empresas públicas para escolher um *underwriter* de futura emissão de valores mobiliários. *V.* **Underwriting, Securities, Procurement**.

COMPLEMENTARY GOODS – *DC.* Bens que são consumidos conjunta ou simultaneamente. A procura de um leva necessariamente à procura do outro. *V.* **Commodities, Goods**.

COMPLETION – **1.** *DR.* Transferência definitiva do direito de propriedade de um imóvel; **2.** *PF.* Conclusão de um projecto industrial, comercial, infra-estrutura ou de serviços, seja ao darem-se por concluídas as obras e instalação do equipamento, máquinas e tecnologia respectivas (**physical completion**) seja no cumprimento dos rácios e compromissos financeiros assumidos, etc (**financial completion**). Um dos componentes básicos de **Project Finance**, usualmente reflectidos num contrato correspondente a que normalmente se dá o nome de **Project Funds Agreement**.

COMPLEX EMERGENCIES – *DIP. EC.* O ciclo infelizmente quase permanente de crises humanas que assolam certos países (fome, inundações, seca, fluxos de emigração clandestina, etc.) e que se tentam solucionar pontualmente através dos habituais canais de assistência humanitária (Cruz Vermelha, ONU, Médicos sem Fronteiras, etc.) mas que segundo certos autores, deveria antes ser equacionado através de formas estruturais de desenvolvimento técnico, social e económico, quando não mesmo político (ex. caso da Somália e do Sudão). *V.* **Donors Fatigue, Lista de NGOs no Glossário deste Dicionário** (*)

COMPONENT SQUEEZE/SQUEEZING – *EC.* Políticas impostas por países em vias de desenvolvimento pelas quais os investidores estrangeiros que neles se estabeleçam devem adquirir preferencialmente e de forma gradual, componentes produzidos localmente por forma a diminuir as importações e melhorar a respectiva balança de pagamentos. *V.* **Balance of Payments**.

COMPOUND(ING) – *B. CF. MC. CO*. Reinvestir os juros, dividendos ou o rendimento de um investimento seja de forma cíclica, numa simples gestão de carteira para garantir uma rentabilidade média (*revolving compound*), seja até obter uma determinada percentagem ou valor global (*compounding cap*) para depois aplicar os fundos a uma determinada finalidade a longo prazo. Termos compostos:

1. **compound annual return** (ou **CAR**) – Rendimento anual de um investimento em que os juros ou dividendos são reinvestidos de uma só vez ou em duas ou três parcelas;
2. **compound interest rate** – 1. Juro adicional, juro acrescentado; **2.** Juros reinvestidos por forma a gerarem mais juros. *V.* **Interest Rate**.
3. **compound interest table** – 1. Tabela de juros adicionais; **2.** Juros incidentes sobre juros vencidos ou vincendos que foram objecto de refinanciamento;
4. **continuous compounding** – Juros acumulados de forma contínua e não em períodos regulares.

COMPREHENSIVE INSURANCE – *DC*. Seguro contra todos os riscos. *V.* **Insurance (*)**.

COMPREHENSIVE PLANNING – *EC*. Planeamento total, global, estrutural. Por oposição a **Sectorial Planning**. *V.* **Central Planning**.

COMPTROLLER – *DS*. Director financeiro de uma empresa. Acumulável, por vezes, com as funções de tesoureiro. O **Comptroller** é ainda o responsável máximo pela contabilidade interna da empresa (*chief accounting executive*).

COMPTROLLER OF THE CURRENCY – *USA. B*. Funcionário público nomeado pelo Presidente dos EUA ao qual compete aprovar a criação e expansão de novos bancos e instituições financeiras no país.

COMPULSION – Hábito que leva a actos impulsivos e normalmente com consequências prejudiciais para terceiros. **V. Torts (*)**.

COMPULSORY – Obrigatório. Termos compostos:

1. **compulsory checkoff** – *DT*. Descontos obrigatórios feitos no salário de um funcionário;
2. **compulsory deposits** – *EC*. Depósitos compulsórios feitos por bancos junto a uma autoridade monetária, como forma de controlar o crédito e a expansão monetária; *V.* **Required Reserve Ratio**, **Excess Reserves;**
3. **compulsory investigation** – Inquérito, averiguação exigida por lei ou por tribunal;
4. **compulsory purchase** – *DIP. DR*. Expropriação de terra ou propriedade privada;
5. **compulsory savings** – *EC*. Poupança obrigatória;
6. **compulsory winding-up** – *DC*. Liquidação obrigatória de uma empresa, a pedido dos seus credores.

CONCESSION – 1. Vantagem negocial; **2.** *C*. Direito concedido durante um certo período por entidade pública ou privada para alguém construir, edificar, cultivar, explo-

Direito de Negócios – Dicionário Inglês-Português

rar, extrair matérias-primas, fazer a conservação ou manutenção de um equipamento, etc. *V.* **Build, Operate and Transfer (BOT), Bid Bond**.

CONCILIATION – *DP.* Conciliação, intervenção de um terceiro para resolver de forma amigável e imparcial uma disputa ou litígio entre duas partes.

CONDITION OF DISBURSEMENT (ou **COD**) – Condição contratual a ser cumprida pelo devedor antes de utilizar os fundos de um empréstimo.

CONDITION OF EFFECTIVENESS (ou **COE**) – Condição para a entrada em vigor de um contrato ou acordo. Como tal, precedem as **Conditions of Disbursement.**

CONDITIONAL SALE – *DR.* Venda com reserva de domínio.

CONDUIT FINANCING – *PF. MC.* Emissão de Obrigações (**bonds**) por parte de uma empresa "recomendada" por um governo ou entidade pública ou a que estes "emprestam" o seu nome, permitindo que o mesmo conste do lançamento e oferta de mercado, mas sem que o governo ou entidade pública assumam qualquer responsabilidade ou prestem qualquer garantia. Usado em projectos de interesse nacional ou no âmbito de planos estratégicos de desenvolvimento macro-económico. A UE tem desencorajado tal tipo de medidas.

CONFIDENCE GAME (ou con. game) – *CR.* Conto do vigário. Também conhecido como *confidence trick*.

CONFLICT OF INTEREST – Incompatibilidade de interesses resultante :
(i) de uma empresa, consultor, perito, advogado, auditor, etc., ao ser solicitado simultaneamente por mais de uma parte (mas sem conhecimento prévio destas), a actuar na defesa dos respectivos interesses (ou emitir parecer ou opinião sobre matéria que pode afectar tais interesses), quando os mesmos se opõem ou se pode gerar uma situação potencial que leve a tal oposição;
(ii) dos próprios interesses de uma empresa, consultor, perito, advogado, auditor, etc., serem opostos (ou poderem vir a sê-lo) aos interesses de cliente que solicita os seus serviços; ou
(iii) da matéria a ser votada em Assembleia Geral, reunião do Conselho de Administração, Direcção, **Board of Governors, Board of Trustees** ou outro orgão deliberativo, poder beneficiar ou prejudicar os interesses de um membro de tais orgãos deliberativos (ou os interesses de seus parentes ou de empresas de que participe), forçando-o a que não exerça o seu direito de voto. *V.* **Connected Person, Corporate Governance**.

CONGLOMERATE – *DS.* Conjunto de empresas de diferentes ramos comerciais ou industriais controlado por uma empresa-mãe (**holding**). *V.* **Company, Amalgamantion.**

CONGLOMERATE MERGER – Fusão de duas ou mais empresas cujas actividades não estão directamente relacionadas. *V.* **Holding, Economic Group**.

CONGRESS – *USA.* O conjunto do Senado (**Senate**) e da Câmara dos Representantes (**House of Representatives**), orgão legislativo supremo dos EUA.

CONNECTED PERSON – *UK. DS.* Nos termos do **Companies Act**:
(i) a esposa, filhos, genros ou noras de um gerente ou administrador de uma empresa;

(ii) outra empresa de que tal gerente ou administrador é sócio ou accionista; ou

(iii) **trust** de que esse gerente ou administrador é *trustor, trustee* ou beneficiário. *V.* **Conflict of Interest**.

CONSENT – 1. Concurso de vontades, consentimento, anuência, acordo. Tem que ser consciente e livremente formado; 2. Forma de excluir ou limitar a responsabilidade civil. *V.* **Torts(*)**. Termos derivados:

1. **consent jurisdiction** – *DP.* Acordo prévio de submeter qualquer futuro litígio aos tribunais de determinada jurisdição escolhida pelas partes;

2. **consent of victim** – *CR.* O consentimento de uma vítima em ser objecto de um crime, não isenta o réu de culpa (excepto no caso de violação sexual);

3. **consent to notice** – *DP.* Anuir em que uma notificação ou comunicação escrita remetida a terceiro tenha os mesmos efeitos jurídicos como se tivesse sido remetida ou entregue à própria parte;

4. **express consent** – Dado por escrito ou verbalmente, de forma inequívoca, directa, concreta e definida;

5. **implied consent** – *DP.* Consentimento manifestado por sinais, procedimentos ou factos ou mesmo pelo silêncio ou passividade, fazendo nascer a suposição (*reasonable presumption*) de haver acordo;

6. **irrevocable consent** – Consentimento irrevogável; sinónimo de **express consent**;

7. **unequivocal consent** – O mesmo que **express consent**; consentimento dado sem margem para quaisquer dúvidas.

CONSIDERATION – 1. *C. MC.* Factor decisivo para a existência de um contrato ou instrumento contratual – as razões, os pressupostos, os motivos, as causas coincidentes (ou complementares) que levam a haver consenso, anuência, acordo; ou seja, a convergência de vontades entre as partes de um contrato ou que levam um investidor a adquirir determinados valores mobiliários (**securities**). Neste último contexto, são importantes os dados informativos divulgados (*disclosed*) pela empresa que emitiu (ou pensa emitir) tais valores mobiliários; 2. *DC.* Nexo causal utilizado (jurídico ou comercial) para justificar uma obrigação ou responsabilidade em benefício de terceiro; 3. *C.* As contra-partidas económicas de cada parte ao celebrar um contrato. Um contrato sem *consideration* é, em princípio, nulo ou anulável. *V.* **Contract, Agreement, Disclosure, International Disclosure Standards, Representations and Warranties, Inadequate Consideration**.

CONSIGNMENT– *DC.* O envio, o transporte de mercadorias e bens para o seu comprador ou adquirente. *V.* **Carrier**.

CONSISTENT GROWTH – *EC.* Crescimento económico progressivo e constante.

CONSOLIDATE – *DF. CO.* Combinação, consolidação, apresentação conjunta de dados estatísticos, contabilísticos, orçamentais ou económicos. Principais tipos:

1. **consolidated accounts** (ou **consolidated balance sheet**) – *DS. PF. CO.* Balanços de uma empresa e das suas subsidiárias e/ou coligadas; *V.* **Balance, Account, Balance Sheet;**

Direito de Negócios – Dicionário Inglês-Português   248

2. **consolidated balance sheet** (ou **financial statements**) – *CO.* Balanços ou balancetes unificados de um grupo empresarial ou económico, ou seja, da respectiva **holding** e de suas subsidiárias, coligadas e afiliadas. *V.* **Conglomerate, Economic Group, Subsidiary.**

3. **consolidated debt** – *PF. CO.* Dívida de uma empresa e das suas subsidiárias e/ou coligadas; **V. Debt;**

4. **consolidated earnings** – *PF. CO.* Resultado conjunto de rendimentos e receitas de uma empresa, suas subsidiárias e/ou coligadas; **V. Earnings;**

5. **consolidated profits** – *PF. CO.* Resultado conjunto de lucros de uma empresa, suas subsidiárias e/ou coligadas; **V. Profits;**

6. **consolidated ratios** – *PF. CO.* Rácios financeiros calculados tendo em consideração os dados económicos e financeiros de uma empresa, suas subsidiárias e/ou coligadas; **V. Ratios;**

7. **consolidated sales** – *PF. C.* Resultado global de vendas de uma empresa, suas subsidiárias e/ou coligadas. **V. Sales;**

V. **Subsidiary, Affiliate.**

CONSOLIDATION – *V.* **Merger.**

CONSORTIUM – *B.* Associação temporária de duas ou mais empresas para se candidatarem a concurso público ou realizarem um projecto de especial complexidade técnica ou que requeira grandes investimentos ou recursos financeiros. *V.* **Bid, Syndicate.**

CONSPIRACY – **1.** Conspirar, conluio, acordo entre diversas pessoas em cometer um crime ou acto lesivo contra terceiro, seus parentes ou propriedade. *V.* **Torts (*);** **2.** *MC.* Conluio ilegal entre investidores, correctores ou operadores de mercado.

CONSTITUTON – **1.** Constituição, lei básica e fundamental de um país com estrutura democrática; **2.** *USA.* Lei orgânica e fundamental aprovada em 1787. Um dos seus princípios fundamentais estabelece que o Governo Federal recebe a sua autoridade e poder directamente do povo *(we, the people of the United States...)*. Objecto desde a sua promulgação original, de 27 **Amendments** ou alterações que aperfeiçoaram e desenvolveram os também clássicos princípios de *justice, equality and freedom for all*; **3.** Lei orgânica básica de cada Estado norte-americano cujos dispositivos não podem entretanto violar ou contrariar os dispositivos da Constituição Federal; **4.** *DS.* Constituição, criação jurídica de uma empresa, sociedade, fundação ou outra pessoa colectiva.

CONSTRUCTIVE ABSTENTION – *DIP. UE.* Faculdade concedida a cada membro da UE de abster em temas de políticas comuns nas áreas de Relações Internacionais e Segurança mas sem que isso leve a qualquer bloqueio da decisão final ou a que não obrigue a UE no seu todo.

CONSULTANT – *PF.* Consultor, técnico, perito. Face à crescente complexidade técnica, operacional e económico-financeira da maioria dos projectos, o papel dos consultores em **Project Finance** é indispensável, seja:

a) na fase preliminar de análise e avaliação técnica (*appraisal* ou **evaluation**);

b) na etapa da implementação e conclusão (**project completion**); seja ainda,

c) na verificação das condições para utilização dos fundos dos financiamentos (**Conditions of Disbursement**).

Podendo ser contratados pelos financiadores, pelos sócios controladores ou pela própria empresa, é entretanto usual que os consultores sejam escolhidos como entidades independentes (*independent consultants*), por forma a que sua opinião e parecer não seja questionado entre as diversas partes. *V.* **Project Finance, Project Completion, Appraisal, Conditions of Disbursement, Contracts.**

CONSUMER CLASS ACTION/SUIT – *USA. DP.* Tipo de **Class Action/Suit.** Acção judicial conjunta ou colectiva de defesa dos direitos dos consumidores contra as empresas produtoras de um determinado bem que apresenta defeitos ou presta serviços de menor qualidade ou clara negligência, com especial destaque para produtos farmacêuticos, automóveis e electrodomésticos (quanto a bens) e companhias de aviação e seguradoras (no capítulo de serviços). De salientar que este tipo de processo judicial começou em 1966 e tem entrado em declínio, sobretudo a partir da aplicação do **Class Action Fairness Act de 2005** ao remeter para tribunais federais a jurisdição exclusiva de tais casos e limitar na prática o seu sucesso, perante a hipotética ameaça de lançarem na falência as empresas que actuam como réus em tais litígios.

CONSUMER DURABLES – *DR. CO.* Bens de consumo de longa duração ou que não se destinam a ser consumidos imediatamente. *V.* **Assets.**

CONSUMER PRICE INDEX – *EC.* Rácio que compara os preços de bens/mercadorias e serviços no ano em curso com os preços de tais bens/mercadorias e serviços no ano anterior. **Ver fórmula de cálculo no Glossário deste Dicionário.**

CONSUMPTION TAX – *DF.* Imposto sobre consumo; o nosso IVA. *V.* **Tax, VAT.**

CONTESTABLE MARKET – *EC.* Maior ou menor flexibilidade com que uma empresa pode entrar ou sair de um determinado mercado; directamente proporcional ao nível de lucros que a empresa obtém – quanto maior o lucro, maior a probabilidade de empresas concorrentes quererem (e eventualmente conseguirem) compartilhar tal mercado.

CONTEMPT OF COURT– *DP.* Acto, frase ou evento que constitui desrespeito ao tribunal e à sua autoridade.

CONTINGENCIES – *CF. CO.* Despesas ou custos imprevistos. Normalmente previstos em reserva especial aberta pela empresa no seu orçamento anual bem como no seu plano de contas. *V.* **Contigent Liabilities, Contingent Reserve.**

CONTINGENCY FEE – Honorários de advogado cujo pagamento depende do sucesso final dum processo, acção judicial ou negociação. *V.* **Fees.**

CONTINGENCY INSURANCE – *DC.* Apólice de seguro que cobre perdas e danos resultantes da ocorrência de eventos pouco usuais ou extraordinários (ex: doença súbita de cantora famosa de ópera, chuva que impede evento desportivo com transmissão televisiva garantida, etc). **V. Insurance (*).**

CONTINGENT LIABILITY – *PF. CF. CO.* Passivo contingente, obrigações condicionais (ex. fiança, aval, garantias reais, etc.). *Contingent* porque embora possam nunca vir a ser pagos, têm que ser registados contabilisticamente nos livros da empresa e parte

Direito de Negócios – Dicionário Inglês-Português

das suas reservas. *V.* **Liability, Contigencies, Contingent Reserve, Sarbanne-Oxley Act.**

CONTINGENT PROJECT – *PF.* Projecto que não pode ser realizado sem a promoção e realização de outro projecto. *V.* **Project Finance**.

CONTINGENT RESERVE – *CO. CF.* Reserva financeira para fazer face ao passivo contingente. *V.* **Contingencies, Contingent Liabilies.**

CONTINUING AGREEMENTS – *V.* **General Loan and Collateral Agreement**.

CONTINUOUS COMPOUNDING – *B. CO.* Juros acumulados de forma contínua e não em períodos regulares. *V.* **Compound**.

CONTINUOUS NET SETTLEMENT – *MC.* Liquidação / compensação (**clearing**) diária de transacções de valores mobiliários (**securities**) pelo respectivo valor líquido. *V.* **Clearing Agreement**.

CONTRA ACCOUNT – *CO.* Conta de rectificação, conta de memória. **V. Account.**

CONTRACT – *C.* Sinónimo: **Agreement.** Acordo oral ou escrito que obriga juridicamente as partes que o celebraram. Pressupõe:

(ii) capacidade das partes;

(iii) livre e espontânea vontade das mesmas;

(iv) **Consideration;**

(v) objecto legalmente possível; e

(vi) cumprimento de outras formalidades exigidas pela lei aplicável ou estatutos da empresa em questão (ex. autorizações do Estado ou entidades públicas com jurisdição no objecto do contrato; do Conselho de Administração; da Assembleia Geral de Accionistas; ou ainda de credores titulares de garantias reais ou que já financiaram volumes de empréstimos substanciais , etc).

Ver uma lista exemplificativa dos principais tipos de contratos usados em Project Finance, e Mapa da Estrutura Básica dos Contratos Financeiros em Direito Anglo-Saxónico no Glossário deste Dicionário (*) .

CONTRACTIONARY PHASE – *EC.* Fase de ciclo económico (**business cycle**) em que o desenvolvimento ou crescimento começa a declinar. Normalmente dividido em duas fases: a inicial (*slowdown*) e a de plena recessão (*recession*). *V.* **Recession**.

CONTRACT NOTE – *MC.* Documento enviado por um corrector ao seu cliente relativamente a uma compra (*bought note*) ou venda (*sold note*) de valores mobiliários. *V.* **Broker, Securities, Note.**

CONTRIBUTION – *DS.* Acto de pagamento por parte de um investidor das quantias relativas à subscrição das suas Quotas / Acções ou aquisição de outros Activos (**assets**) da empresa de que participa. *V.* **Subscription, Capital, Contributory.**

CONTRIBUTORY – *DS.* Sócio, accionista ou terceiro que ainda não efectuou o pagamento total correspondente à subscrição das suas Quotas / Acções ou aquisição de outros Activos (**assets**) de uma empresa, sendo que caso esta entre em liquidação ou falência, tal investidor é notificado a efectuar tal pagamento imediatamente, para benefício dos credores. *V.* **Assets, Insolvency, Bankruptcy, Liquidation, Capital.**

CONTROLLING INTEREST – *DS.* Controlo do capital de voto ou da administração de uma empresa. *V.* **Interest, Sponsor.**

CONVENTION – **1.** Forma de evitar ou diminuir os efeito de responsabilidade civil. *V.* **Torts (*); 2.** Convenção, congresso, assembleia política, de classe profissional, de negócios ou de interesses nacionais, regionais e locais.

CONVERGENCE THEORY – *EC.* Escola de pensamento macro-ecómico e de sociologia política segundo a qual a actual e crescente convergência (**core practices**) de:

(i) processos e técnicas de desenvolvimento e crescimento económico (a nível de macro-economia, economia de empresa, etc.);

(ii) políticas e técnicas de gestão financeira e administrativa;

(iii) estratégias de produção, qualidade, **marketing** e concorrência;

(iv) técnicas e canais de comunicação social e internacional

(v) participação ou adesão a Tratados, Organizações Internacionais ou de classe e como tal sujeitos às mesmas regras e princípios básicos; etc.,

tende a uma padronização de comportamentos económicos, sociais, e comunitários, independentemente das tradicionais características ideológicas, políticas e históricas de um país. Segundo alguns autores (*Raymond Aron, J.K. Galbraith,* etc.) uma forma da chamada "Globalização."

CONVERSION EXPOSURE – *B. PF.* Risco cambial. *V.* **Foreign Exchange.**

CONVERSION PRICE – *MC.* Resultado apurado ao dividir o preço de um valor mobiliário convertível em Acções (**convertible bond**) pelo número de Acções em que pode ser convertido. *V.* **Quasi-Equity**, **Bonds.**

CONVERTIBILITY – **1.** *B. C.* Direito contratual ou faculdade de poder converter livremente a moeda de pagamento de um empréstimo ou de uma obrigação financeira; **2.** *DS. MC.* Direito contratual ou estatutário de poder converter um instrumento de dívida em Quotas ou Acções do capital da empresa devedora. *V.* **Debt to Equity Swap**, **Bonds.**

CONVERTIBLE BONDS – *DS. MC. V.* **Bond.**

CONVERSION RATIO – *DS. MC.* Rácio pelo qual uma Obrigação (**bond**) pode ser convertida em Acções (**shares**). *V.* **Convertibility, Conversion Price.**

CONVERTIBLE LOANS – *B. PF.* Empréstimos e financiamentos em que o capital e/ou juros podem ser convertidos em Acções da empresa financiada ou de empresa a esta associada. Forma de **Quasi-Equity.**

CONVEYANCING – *UK. DR.* Designação genérica relativa à transferência da propriedade de um bem imóvel ou móvel, a título oneroso ou gratuito.

CO-OBLIGOR – *DC.* Coobrigado, devedor de uma obrigação conjunta.

COOKIE JAR RESERVES – *USA. CF. CO. DS.* Jargão de mercado para referir a constituição por uma empresa de reservas (**reserves**) para fazer frente a possíveis **contigent liabilities** mas num valor muito mais elevado do que seria necessário para tal efeito. Na verdade, o valor ou o saldo positivo dessas reservas destina-se antes a melhorar os resultados finais da empresa, caso de tal vir a ser preciso. *V.* **Corporate Governance, Sarbanne-Oxley Act (ou SOX).**

Direito de Negócios – Dicionário Inglês-Português

252

COOKING THE BOOKS – *USA. CF. CO. DS.* Gíria de mercado para mencionar a falsificação ou adulteração dos balancetes e balanços de uma empresa. *V.* **Fraud, Accounting, Financial Statements, Sarbanne-Oxley Act (ou SOX).**

COPYRIGHT – *DC.* Direito exclusivo de reproduzir e exibir obras artísticas, literárias, musicais, filmes, etc. e de autorizar terceiros a fazê-lo. No Reino Unido vigora durante a vida do seu autor, prolongando-se por mais 70 anos após a sua morte.

CORNER – *EC. DC.* Monopólio de oferta de um bem ou serviço. *V.* **Anti-Trust Laws, Monopoly.**

CORPORATE ANOREXIA – *EC. DT.* Desmoralização, desmotivação, crise interna numa empresa seja por efeitos de estagnação de negócios devido a rotina, seja após terem sido feitos profundos cortes na sua força de trabalho, pessoal técnico e/ou administrativo. Particularmente sensível nas áreas de produção e de **marketing.** *V.* **Unemployment.**

CORPORATE GOVERNANCE – *DS. PF. DIP. MC. CO.* O interesse público pela **Corporate Governance** atingiu um nível tão significativo que é frequente uma certa confusão quanto ao seu significado e contexto (existem dois conceitos de **Corporate Governance)** agravado pelo facto de se atravessar uma fase de permanente adaptação e mudança nas legislações de diversos países e crescente complexidade dos seus desdobramentos. **Por esta razão dedicámos um sub-capítulo especial no Glossário deste Dicionário.(*).**

Assim mesmo, o contexto mais conhecido consiste no conjunto de normas e regras de direito das sociedades comerciais, direito empresarial e mercado de capitais que:

a) regulam a defesa dos direitos dos sócios e investidores (e, em especial, dos minoritários);

b) garantem o acesso a livre informação dos sócios e investidores quanto às empresas de que participam;

c) asseguram a transparência, objectividade e rigor da informação obtida e respectivos controlos internos e externos;

d) fiscalizam e controlam a isenção dos mandatos dos seus directores, gerentes, gestores e funcionários bem como a inexistência de conflitos de interesses (potenciais e efectivos);

e) outorgam o direito de desinvestir em determinadas circunstâncias, etc.

V. **Project Finance,** **Corporate Finance,** **Capital Markets, Sarbannes-Oxley Act, Transparency Directive.**

CORPORATE GREEN – *DS. ENV.* Empresas que aplicam nos seus Estatutos ou políticas internas, a rigorosa fiscalização e controlo dos impactos ambientais quanto à sua produção, actividades ou investimentos. *V.* **Banking Green, Equator Principles, Kyoto Protocol, Grenhouse Effects, Environment.**

CORPORATE GUARANTEE – *DC.* Fiança ou aval prestados por uma empresa a favor de uma subsidiária ou afiliada. *V.* **Aval, Guarantee, Guaranty, Personal Security, Subsidiary.**

CORPORATION – *DS*. **1**. Empresa de grande porte, capital ou volume de negócios; **2**. Sociedade por Acções (**shareholders company**) em que a responsabilidade dos accionistas é limitada à sua participação no capital. Alguns autores pensam que se contrapõe de certa forma à **Partnership** em que a responsabilidade de certos sócios é solidária e ilimitada. *V.* **Company**.

CORROBORATION – *DP*. Princípio processual segundo o qual cada facto ou elemento material de uma acção judicial deve ser objecto de, pelo menos, duas testemunhas ou uma testemunha e prova documental.

CORSET – *FIP. EC*. Restrições cambiais ou de concessão de crédito impostas por autoridades monetárias. *V.* **Monetary Authority**.

COST ACCOUNTING – *CO*. Lançamento contabilístico dos custos relativos à aquisição de matérias-primas, custos de produção, custos de energia, mão de obra, custos de transporte e distribuição, etc, por forma a obter-se o custo global de produção e por unidade de produto num determinado momento. Permite uma permanente actualização de preços e cobertura das margens de lucro normais de uma empresa. *V.* **Accounting, Scorecard**.

COST EFFECTIVENESS – *EC. CO. PF*. **1**. Conseguir um aumento de produção com um mínimo de aumento de custos adicionais; **2**. Reestruturação administrativa ou financeira de uma empresa com um mínimo de custos operacionais. *V.* **Supply, Demand**.

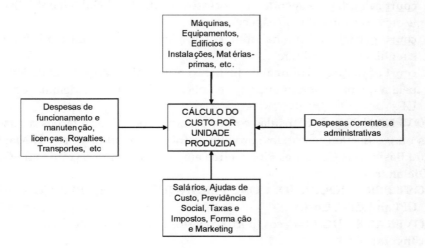

Diagrama de um exemplo de *Cost Accounting*

COST MODEL – *CO*. Modelo de contabilização dos Activos fixos segundo o qual, após o reconhecimento inicial na contabilidade pelo seu custo de aquisição, tais Activos são avaliados pelo valor de aquisição menos quaisquer depreciações acumuladas e perdas por imparidade. *V.* **Assets, Impairment**.

Direito de Negócios – Dicionário Inglês-Português

COST PER THOUSAND, COST PER INQUIRY, COST PER CONVERSION.
V. CPT, CPI and CPC.

COST-PUSH INFLATION – *EC*. Aumentos de preços devidos a aumentos de salários e/ou de matérias-primas. **V. Inflation**.

COUNCIL – Conselho; orgão colegiado de uma instituição, organismo ou empresa.

COUNSEL – *USA*. Advogado. **V. Attorney at Law**, **Lawyer**, **Solicitor**.

COUNTER CASH – *B*. A quantia diariamente entregue pelo tesoureiro ou gerente de uma agência bancária aos funcionários de balcão para fazerem face aos pagamentos de cheques e demais valores ao público. Também conhecido como **till money**.

COUNTERFEITING – *V*. **Unfair Competition**.

COUNTERTRADING – *DC*. Pagamento em espécie (**payment in kind**) em transacções de comércio internacional. Ex: compra de aviões comerciais por troca de barris de petróleo.

COUPON BONDS – *MC*. Obrigações (**bonds**) negociáveis e ao portador. Os juros são pagos através da entrega pelo portador de uma parte destacável da Obrigação (*coupon*).

COUPON RATE – *DS. MC*. A quantia de juros paga anualmente numa **Coupon Bond**. *V*. **Bond**.

COURT – *DP*. Tribunal[28], órgão judicial independente, instituição pública com função de aplicar as leis em casos concretos e a pedido das partes interessadas. Principais termos:

1. **court calendar** – a agenda de processos pendentes de julgamento distribuídos (*assigned*) a um tribunal específico;
2. **court martial** – **1**. Tribunal militar; **2**. Julgamento de militar por infringit as leis e regulamentos militares.
3. **court of Justice** – Tribunal de Justiça, o principal orgão judicial da União Europeia a quem confere interpretar e aplicar as Directivas e demais legislação da UE.

COVENANTS – *C*. Cláusulas contratuais que contêm obrigações de fazer (afirmativas ou *positive*) ou restritivas/proibitivas (negativas ou *negative*). **V. Mapa (*) da Estrutura Básica dos Contratos Financeiros em Direito Anglo-Saxónico no Glossário deste Dicionário.**

COST PER THOUSAND, COST PER INQUIRY, COST PER CONVERSION.
V. CPT, CPI and CPC, Cost.

COVERAGE – *DC*. Os riscos (**peril**) cobertos por um contrato ou apólice de seguros. **Ver Insurance (*)**.

CRASH – **1**. *MC*. Colapso súbito de uma empresa ou das suas cotações numa Bolsa, devido a crise económica aguda e repentina. *V*. **Corporate Anorexia**, **Black Monday**, **Black Tuesday**; **2**. Paragem de funcionamento numa parte do disco rígido ou de um programa, com perda de arquivos ou dados.

---

[28] A 1ª edição deste Dicionário inclui um mapa sumário dos principais tribunais nos EUA.

Direito de Negócios – Dicionário Inglês-Português

CREDIT – **1.** *B. CF.* Crédito; **2.** *DC.* Valor monetário de uma compra a prazo; **3.** *CO. B. EC.* Lançamento financeiro e/ou contabilístico relativo a uma venda a prazo. Termos compostos:

1. **bad credit** – *B. CF.* Crédito mal parado; quantias e valores a prazo que não foram pagos nos seus vencimentos e continuam em débito após certo prazo (20, 60 ou 90 dias, conforme o caso); *V.* **Arrears; Credit Insurance (*);**
2. **credit balance** – *B. CO.* Saldo credor, saldo positivo;
3. **credit buying** – Compras a crédito;
4. **credit card** – *B.* Cartão de crédito; também conhecido como *plastic money*;
5. **credit ceiling/limit** – Limite de crédito. *V.* **Ceiling**;
6. **credit control** – *FIP.* Controlo, regulamentação de crédito;
7. **credit currency** – *FIP.* Papel moeda emitido por um governo sem ter constituído as reservas metálicas ou outras reservas que lhe são impostas por lei;
8. **credit enhacements** – *PF. C.* Dispositivos de contrato de financiamento ou de empréstimo, destinados a minorar ou causar menor prejuízo ao credor no caso de não cumprimento ou mora do devedor. As alternativas mais usuais são fianças (**guarantees**), cauções (**collateral**) ou contas caucionadas (**escrow accounts**). *V.* **Debt Service e Account**;
9. **credit entry** – *CO.* Lançamento a crédito;
10. **credit expansion** – *FIP.* Expansão de crédito; *V.* **Credit Squeeze, Corset**.
11. **credit guarantee** – *B. CF.* **1.** Seguro de crédito emitido por uma instituição especializada (*credit guarantee association*) a favor de um banco, garantindo o bom pagamento de um empréstimo ou linha de crédito concedido por este último; **2.** *PF.* Emissão de garantias por parte de certas instituições ou organismos públicos, por forma a assegurar a concessão de crédito a pequenas ou médias empresas (designadamente empresas exportadoras) que, de outra forma, não teriam possibilidade de serem financiadas. Tais garantias cobrem até 70% do saldo devedor de tais financiamentos; *V.* **SMEs**;
12. **credit insurance** – *B.* Seguro de crédito. Usado para proteger os bancos e empresas contra créditos duvidosos (**bad credits**) nas compras a prazo ou a crédito; o seguro não cobre todo o valor do crédito mas apenas determinada percentagem e desde que os limites de crédito individuais do consumidor final tenham sido respeitados pelo banco ou empresas em causa. A *credit insurance* tem progressivamente vindo a substituir o uso de **commercial paper** de acordo com as últimas estatísticas do Banco Central Europeu (Setembro de 2006); *V.* **Arrears, Arrears Ratio**.
13. **credit policy** – Política de crédito;
14. **credit rating** – A boa ou má reputação de crédito na praça de uma empresa ou banco, de acordo com as cotações de empresas especializadas;
15. **credit rationing** – *B.* Restrição de crédito, recusa em conceder crédito a uma empresa embora esta se sujeite às taxas de juros pedidas por um banco;

Direito de Negócios – Dicionário Inglês-Português 256

16. **credit related expenses** – Total do valor dos créditos em mora (**bad credit**) e das despesas necessárias para obter o seu pagamento e liquidação, ainda que se tenha que recorrer a via judicial para o efeito;
17. **credit-reporting agency** – Serviço independente de cadastro de empresas ou pessoas para analisar a respectiva elegibilidade quanto à concessão de crédito. *V.* **Creditstanding:**
18. **creditstanding** – *CF. PF.* Reputação de crédito; nível de solvabilidade de uma pessoa ou empresa e da forma como estas cumprem as suas obrigações financeiras. O mesmo que **credit worthness**.
19. **credit risk** – Risco assumido por um banco ou empresa quanto à solvabilidade económica dos seus clientes e possibilidade destes virem a liquidar pontualmente os seus compromissos financeiros. O critério mais tradicional de analisar o credit risk aconselha a seguir e aplicar a *"regra dos cinco Cs"*:
    1. *capacity* (capacidade de pagamento);
    2. *character* (boa qualidade da administração e gestão do cliente e sua honestidade básica);
    3. *capital*; *V.* **Capital**, **Shareholders´ Equity**;
    4. *collateral* (garantias: pessoais ou reais); e
    5. *conditions* (perspectivas de vendas, concorrência, tendências de mercado, situação económica em geral e regional do cliente, etc.); *V.* **Default Risk**.
20. **credit sales** – Vendas a crédito, vendas a prazo;
21. **credit scoring** – Avaliação do risco de crédito de uma empresa ao ser analisada a probabilidade do não cumprimento contratual quanto a obrigações financeiras;
22. **credistanding** – Reputação de crédito ou solvabilidade de uma pessoa/ empresa e da forma como estas cumprem as suas obrigações financeiras. O mesmo que **credit worthness**. V. **Creditstanding;**
23. **credit squeeze** – *FIP.* Conjunto de restrições emitidas por autoridades monetárias por forma a contrair e limitar a concessão de crédito (ex. aumento das taxas de juros, diminuição dos prazos para vendas a prestações, restrição aos limites de crédito de cartões de crédito e linhas de crédito ao consumidor, etc.);
24. **credit union** – *USA.* Cooperativa de crédito; actua como **savings bank** mas o seu objecto é conceder créditos e prestar assistência financeira aos seus associados, funcionários de uma determinada empresa, sindicato ou entidade corporativa. *V.* **Banks.**
25. **credit worthness** – Reputação de solvabilidade ou idoneidade de crédito de um cliente tendo em vista o seu passado, o pagamento das suas dívidas e a sua boa gestão financeira. O mesmo que **credistanding**.

CREDIT LINE – *B.* Linha de crédito; operação financeira que normalmente caracteriza-se por:
    (i)   ser a curto ou médio prazo (ou seja, até um ano);

(ii)   estar disponível dentro de um limite (**cap**) e de acordo com o saldo disponível (**balance available oustanding**), baseado nos valores das respectivas utilizações e pagamentos e amortizações periódicas;

(iii) incidência de juros sobre o saldo mensal/trimestral, etc utilizado;

(iv) ser ou não rotativa (**revolving**), ou seja, renovando-se automaticamente ao fim do período contratualmente estabelecido; e

(v)   quanto à vinculação dos recursos pode ser praticamente inexistente (ex. utilização para financiamento de **cash-flows**) como específica (ex. pagamento de salários, aquisição de materiais de construção, etc.). *V.* **Agency Credit Line, Line of Credit, HELOC.**

CREDITORS AGREEMENT – *DC.* Acordo de credores quanto à continuação da actividade comercial ou industrial de uma empresa devedora que atravessa dificuldades financeiras. O mesmo que concordata. *V.* **Bankruptcy, Chapter XI, Restructuring, Rescheduling, Absolute Priority Rule**.

CREDITSTANDING – *V.* **Credit.**

CREDIT WORTHNESS – *V.* **Credit.**

CRITICAL STOCK LEVEL – *DC.* Nível crítico das existências ou mercadorias em armazém de uma empresa que aconselha a sua rápida reconstituição.

CROP INSURANCE – Seguro de colheitas. *V.* **Insurance (*).**

CROSS-BILL – *USA. DP.* Contestação; o documento processual apresentado pelo réu de uma acção de direito civil em resposta à petição inicial do autor. *V.* **Bill of Discovery**.

CROSS-BORDER INSOLVENCY – *DC.* Insolvência/falência de uma multinacional que acarreta a insolvência ou falência das suas subsidiárias e empresas associadas nos demais países. *V.* **Insolvency, Bankruptcy**.

CROSS-BORDER LISTING – *MC.* Cotar Acções de uma empresa em Bolsas de Valores de vários países por forma a ampliar o respectivo mercado de compra e venda. *V.* **Listing**.

CROSS CURRENCY INTEREST RATE SWAP – *MC. B. Swap* de taxa de juros (*interest rate swap*) acompanhada de **swap** de divisas (*currency swap*). Esta última reverte à posição original (ou seja, à divida ou moeda iniciais) na data de amortização do capital. Sobre o capital de uma das divisas incidem juros a taxa fixa e sobre a outra, juros a taxa flutuante. *V.* **Interest Rate, Currency**.

CROSS DEFAULT – *C.* Cláusula que constitui o devedor em mora, ao notificá-lo do não cumprimento das suas obrigações contratuais. *V.* **Events of Default**.

CROSS EXAMINATION – *DP.* Análise, avaliação e interrogatório da prova documental e testemunhal apresentada pela outra parte. A falta de *cross-examination* faz presumir que a parte aceitou o documento ou a declaração da testemunha em causa.

CROSSING – *UK. MC.* Prática de uma correctora do Reino Unido de vender e comprar o mesmo lote de Acções em vez de as oferecer em Bolsa. O mesmo que **Wash Sale** nos EUA. *V.* **Wash Sale**.

Direito de Negócios – Dicionário Inglês-Português

CROSS RATE – *EC.* Taxa cambial cruzada, ou seja, taxa de câmbio entre duas moedas, calculada com base nas taxas de câmbio de cada uma delas relativamente a uma terceira moeda.

CRYPTOGRAPHY – Criptografia; transformação e conversão de dados informáticos em códigos que só o destinatário final consegue ler através de uma chave pessoal.

CRYSTALLIZATION – *UK. DR.* Constituir um encargo flutuante (*floating charge*) sobre um Activo ou activos. *V.* **Charge.**

CULTURAL PROPERTY – O conjunto de monumentos, obras de arte, documentos, valores históricos, usos e costumes, etc. que constitui o património cultural (*cultural heritage*) de um povo ou etnia.

CUM DIVIDEND – *DS. MC. V.* **Accrued Dividend**, **X-Dividend**, **Share**.

CUM NEW – *DS. MC.* Acção oferecida para venda com direitos de preferência na subscrição de novas Acções. *V.* **Share**, **Preemptive Rights**.

CUMULATIVE DIVIDENDS – *DS. MC.* Dividendos que não são distribuídos e pagos no ano fiscal a que pertencem, sendo deliberado que o sejam no(s) ano(s) ou exercício(s) seguinte(s). *V.* **Dividend**, **Share**.

CURB INFLATION – *EC.* Conter, limitar a inflação.

CURB SPECULATION – *EC. MC.* Conter, limitar a especulação.

CURRENCY – *FIP. EC.* **1.** Dinheiro; **2.** Todo e qualquer meio de pagamento, incluindo dinheiro, valores mobiliários, **commodities**; **3.** A moeda ou divisa nacional de um país. Alguns termos compostos:

1. **currency appreciation/revaluation** – *EC.* Revalorização monetária;
2. **currency depreciation/devaluation** – *EC.* Desvalorização monetária;
3. **currency interest rate swap** – *MC. B.* **Swap** de divisas ambas sujeitos ao mesmo tipo de taxa de juros;
4. **currency option** – *MC. B.* Opção de comprar determinada quantia de uma divisa a taxa cambial pré-determinada. *V.* **Option**;
5. **currency swap** – *MC. B.* **Swap** de duas ou mais divisas ou moedas sujeitas a **spot exchange rate** mas com possíveis diferentes taxas de juros; *V.* **Abreviaturas Monetárias**, **Commodities**.

CURRENT – **1.** Actual, corrente, em curso; **2.** *B. CO.* A curto prazo, pagável contra ordem de pagamento; **3.** *CO.* Valor circulante, valor corrente. Principais termos:

1. **current account** – *V.* **Account;**
2. **currente assets** – *B. PF.* Activo circulante ou corrente. *V.* **Assets e Parte II deste Dicionário (*);**
3. **current cost auditing** – *CO.* Sistema contabilístico que leva em consideração os efeitos da inflação nos lucros de uma empresa. Assim, entre outros critérios, regista o valor dos Activos não pelo seu valor de aquisição menos depreciação mas sim pelo seu custo de substituição (*replacement cost*). *V.* **Accounting;**

4. **current debt** – *B. PF.* O mesmo que **current liabilities**. Dívida pagável até um ano. Inclui todas as obrigações pecuniárias e monetárias (ou passíveis de serem expressas dessa forma), incluindo dívidas bancárias, a fornecedores, prestadores de serviços, arrendamentos, alugueres, **leasing,** fianças, avales, dividendos declarados mas não pagos, obrigações solidárias ou coobrigações, etc. *V.* **Equity, Debt;**

5. **current liabilities** – *B. PF. CO.* Dívidas e outras responsabilidades de uma empresa exigíveis a curto prazo (até um ano contado da data de cálculo). Por oposição a **Current Assets**. *V.* **Debt, Assets e Glossário deste Dicionário (*);**

6. **current operating expenses** – *B. PF. CO.* Despesas actuais de exploração. Inclui normalmente os custos de produção;

7. **current ratio** – *B. PF. CO.* Rácio de solvabilidade imediata; obtido ao dividir-se **Current Assets** por **Current Liabilities**. *V.* **Acid Ratio e Glossário deste Dicionário (*);**

8. **current yield** – *B. PF. MC.* Percentagem de rendimento efectivo relativamente ao capital investido. *V.* **Capital, Return on Investment**.

CURTAILMENT OF PRODUCTION – Reduzir, diminuir a produção.

CUSTODIANSHIP – *B. DS.* Guarda e administração bancária ou por empresa especializada de valores, títulos de crédito, **bonds** e outras formas de Activos com direito ao recebimento de juros ou rendas. O banco ou empresa especializada deve ainda cumprir as instruções específicas do cliente, manter em boa ordem os valores e activos depositados, providenciar a cobrança dos juros, rendas e demais importâncias, redimir os capitais nos seus vencimentos e reaplicá-los quando instruído para tal, etc. *V.* **Bond, Escrow Account**.

CUSTOMER SERVICES – *DC.* Serviço de atendimento aos clientes; inclui reclamações por defeitos de fabrico, devoluções, reparações, manutenção, etc. A boa qualidade de um *customers service* é um importante elemento do **goodwill** de uma empresa. *V.* **Quasi-Equity**.

CUSTOMIZE – Personalizar, adaptar um produto ou equipamento às necessidades específicas de um cliente.

CUSTOMS – *DF.* Alfândega; entidade responsável pela entrada e saída de bens, mercadorias e capitais pelas fronteiras e pagamento das taxas e impostos respectivos. **V. Tax.**

CUT OFF DATE – **1.** Data limite, data de vencimento; **2.** *PF. C.* Data limite a partir da qual a instituição financeira pode recusar contratualmente novos pedidos de utilização de um empréstimo por parte do financiado. Distinguem-se dois tipos: **Cut-off Date for First Disbursement** e **Cut-off Date for Last Disbursement**, cujos significados são auto-explicativos.

CUTS – *PF. EC.* Reduções, eliminação de verbas, custos ou valores monetários. **V. Budget.**

CYCLICAL UNEMPLOYMENT – *DT. EC.* Desemprego temporário causado por recessão económica cíclica (queda de consumo, baixa de produção, etc). *V.* **Unemployment**.

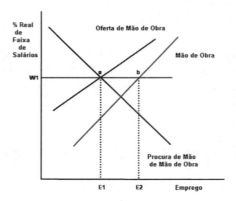

Exemplo de um gráfico de *Cyclical Unemployment*

D

DAGMAR (ou DEFINING ADVERTISING GOALS FOR MEASURED ADVER-TISING RESPONSE) – *DC*. As cinco fases sucessivas em <u>marketing</u> quanto à reacção do consumidor perante um novo produto ou serviço que lhe é oferecido: 1. *desconhecimento*; 2. *tomada de conhecimento*; 3. *compreensão*; 4. *formação de opinião*; e 5. *decisão de consumir ou não*. De notar que segundo alguns autores, a última fase pode ainda ser dividida em fase 5.a – *não consumir já mas esperar para ver se as outras pessoas consomem* e fase 5.b – *não consumir nunca*. **V. Diffusion Process.**

DAILY – Diariamente. Note-se que quando usado contratualmente, inclui feriados, sábados e domingos. Para referir dias úteis, usa-se **business day** ou, conforme for o caso, **banking day**. *V.* **Day, Business Day.** Alguns termos associados:

1. **daily adjustable tax-exempt securities** – *MC. DF.* Valores mobiliários cuja taxa de juros flutuante é ajustada diariamente, podendo o seu portador ou titular revendê-las (**put option**) à empresa emissora sempre que o desejar. *V.* **Securities;**
2. **daily balance interest calculation** – *B.* Cálculo diário de juros de conta de depósito ou empréstimo bancários, tendo em vista os respectivos saldos credores ou devedores. *V.* **Account, Loan, Interest;**
3. **daily official list** – *UK. MC.* Publicação diária da Bolsa de valores de Londres com a lista das transacções efectuadas no dia anterior; *V.* **London Stock Exchange;**
4. **daily trading limit** – *MC.* Limite máximo de variação de cotações numa Bolsa, fixado pelas entidades respectivas. *V.* **Stock Exchange.**

DAIMYO BOND – *MC.* Obrigação emitida em Ienes no Japão mas para ser subscrita e negociada com e entre não-residentes do Japão.

DAIRY PRODUCTS – Productos lacticínios.

DAISY CHAIN – *MC.* Compras e vendas sucessivas dos mesmos valores mobiliários (**securities**), por forma a criar no mercado a imagem de um grande volume de transacções. **V. Boiler Rooms, Churning, Sarbanne-Oxley Act (ou SOX).**

DAMAGES – *DC. T.* Danos, prejuízos provocados a alguém ou ao seu património pela acção ou inactividade de um terceiro, seja intencionalmente ou por simples negligência. São definidos e atribuídos por decisão (**award**) de um tribunal ou através de cláusulas penais contratuais (**penalty clauses**). Podem ser de quatro tipos:

1. **nominal damages** – simbólicos;

Direito de Negócios – Dicionário Inglês-Português   262

2. **compensatory damages** – tendentes a repôr os interesses económicos da parte ofendida tal como se encontravam antes da ocorrência do facto que originou os prejuízos mas sem que com isso, o ofendido tenha qualquer ganho adicional; normalmente as despesas com tratamentos médicos, reparação de bens imóveis ou móveis atingidos, etc.;
3. **punitive damages** – tratando-se de actos graves, a atribuição de indemnizações por valor substancial para punir o infractor e dissuadi-lo a praticá-los de novo ou a ser menos negligente; e
4. **unliquidated damages** – indemnizações a serem fixadas por tribunal. *V.* **Torts** (*).

DAMPED OSCILLATION – *EC.* Oscilação, movimento amortecido, seja de crescimento seja de crise económica.

DANGEROUS DRIVING – *UK. CR.* Ofensas corporais, danos e prejuízos causados pela condução perigosa ou irresponsável de veículos. Nos EUA, **reckless driving** é o termo jurídico correspondente. *V.* **Damages, Torts** (*).

DANGLING DEBT – *CO. DS.* Procedimento contabilístico pelo qual uma empresa transfere para as reservas, os valores de **goodwill,** abrindo subsequentemente uma nova rúbrica de **goodwill account** que é deduzida da **shareholders´equity** ou incorporada como aumento de capital em espécie até aos limites autorizados pela lei aplicável, conforme o caso. **V. Debt.**

DATA BASE – Base de dados (informáticos ou não); conjunto organizado de dados operacionalizado por diversas funções auxiliares que permitem a pesquisa, ordenamento, classificação, combinação de elementos identificativos, etc. (por ordem alfabética, cronológica ou critérios mistos).

DATED SECURITIES – *MC.* Valores mobiliários com data de resgate pré-fixada. Se a data está próxima (normalmente até 90 dias), denominam-se **short-dated securities**; se a data é ainda longíqua (mais de 90 dias), **long-dated securities**. *V.* **Securities.**

DATE OF ISSUE – *MC.* Data de emissão. *V.* **Issue, Issuance.**

DATE OF MATURITY – *B. PF. MC.* Data de pagamento.

DATED RATE – *MC. PF.* Data em que se começam a calcular os juros vencidos de uma **bond** ou de outro valor mobiliário. *V.* **Securities.**

DAWN RAID – *MC. DS.* Instruções dadas por uma empresa aos seus correctores para adquirir no mercado todas as Acções (**shares**) de outra empresa que se encontrem para venda. A estratégia é conduzida logo que a Bolsa ou o mercado iniciem as suas operações e antes que a empresa-alvo tome conhecimento da estratégia. A *Dawn Raid* é normalmente a fase preliminar de uma **take-over bid**. Hoje em dia controlado e fiscalizado pelas regras de **Corporate Governance**, entre outras.

DAY – 1. Dia; período de 24 horas a contar do primeiro segundo de uma data de calendário até ao último segundo dessa mesma data; **2.** Dia de calendário. Note-se que o termo quando usado contratualmente (**calendar day**), inclui feriados, sábados e domingos; para referir dias úteis, usa-se **business day** ou, conforme o caso, **banking day**. Termos compostos:

1. **day order** – *MC.* Ordem de compra ou venda de um valor mobiliário a determinado preço ou dentro de certos limites. Válida apenas para o business day imediatamente seguinte. *V.* **Securities;**
2. **day-to-day money** – *B.* Empréstimos inter-bancários feitos pelo prazo de 24 horas. *V.* **Overnight;**
3. **days after sight** – *DC.* Período de dias para pagamento de um título (letras, livranças, **bills**) após ser apresentado para tal efeito;
4. **days of grace** – *B. PF. C.* Os dias consecutivos que constituem o período de tolerância de pagamento do capital de uma dívida, ou seja, em que não é exigido tal tipo de pagamento do devedor, excepto no caso de não cumprimento e declaração de vencimento antecipado; *V.* **Arrears, Grace Period;**
5. **day trade** – *MC.* Valor mobiliário, (**Option**) ou valor futuro (*futures position*) comprado e vendido no mesmo dia; *V.* **Futures;**
6. **banking day** – *V.* Índice próprio;
7. **business day** – *V.* Índice próprio;

DEAD ASSETS – *PF. CO.* Activos improdutivos ou seja que não geram qualquer rendimento (equipamento obsoleto, terra adjacente a uma fábrica sem qualquer uso ou periodicamente inundada pelas águas do mar ou de um rio, etc.). *V.* **Assets.**

DEAD-CAT BOUNCE – *MC.* Recuperação momentânea ou temporária das cotações de um valor mobiliário mas sem que signifique necessariamente o fim da queda das respectivas cotações. *V.* **Securities.**

DEAD-END INVESTMENT/JOB – Investimento sem probabilidades de sucesso; emprego sem futuro.

DEADLINE – Data limite, termo de um prazo.

DEADLOCK – Impasse numa negociação ou negócio.

DEAD STOCK – *DR. CO.* Matérias-primas, produtos em fase de fabrico e produtos acabados que não são utilizados por um razoável período de tempo; *V.* **Dead Assets.**

DEADWEIGHT – **1.** *EC.* Peso morto; obstáculo representado por um factor económico sem significado mas quantitativamente importante e, como tal, a não ser ignorado; **2.** *DR.* Massa inerte, tara, peso de veículo sem carga.

DEAL – **1.** *PF.* Financiamento envolvendo vários investidores, organizados em consórcio; **2.** Transacção, negócio; diligências e esforços para conciliar os interesses de duas ou mais partes por forma a concluir essa transacção ou negócio; **3.** *DR. MC.* Acto de compra e venda de bens reais ou de valores mobiliários; **4.** Negociar o melhor preço e condições de uma determinada transacção. *V.* **Consortium.**

DEALER – **1.** *MC.* Operador de compra e venda de valores mobiliários (**securities**), através de um corrector ou por conta própria. Não se confunde assim com corrector (**broker**); **2.** Profissional de vendas. Termos associados:
1. **car dealer** – vendedor de automóveis;
2. **oil dealer** – vendedor de petróleo em rama;
3. **swap dealer** – vendedor ou intermediário de uma *swap.*

Direito de Negócios – Dicionário Inglês-Português   264

V. **Broker, Hard Dollar, Soft Dollar, Swap, Boiler Rooms, Churning, Cherry Picking.**

DEALINGS – *DC.* **1.** Detalhes, pormenores relativos a uma transacção comercial, industrial ou de outra natureza económica; **2.** Conceito ligado às **Anti-Trust Laws** – pressupõe a existência de propaganda ou publicidade dos produtos ou serviços em oferta, margem normal de descontos comerciais (a chamada *dealer´s talk*, ou seja, a técnica de vendas exaltando a qualidade do bem a vender ou a "excelência" dos serviços propostos), etc. mas exclui falsas promessas, benefícios ou vantagens adicionais que não sejam as usuais do mercado ou propôr condições de pagamento que coloquem os concorrentes em séria desvantagem. *V.* **Anti-Trust Laws, Arm´s-Length, Transaction, Club Deals**.

DEAR MONEY – *EC.* Política monetária conducente a uma subida de taxas de juros e, consequente escassez de oferta de crédito. Também conhecida por **Tight Money**. *V.* **Monetary Policies**.

DEATH DUTIES – *DF.* Imposto sucessório. *V.* **Tax, Duty.**

DEATH FUTURES – Aquisição, por parte de um intermediário financeiro de uma apólice de seguro de vida de um doente terminal. O intermediário compra ao beneficiário da apólice de vida os direitos da respectiva apólice com um desconto e, recebe da companhia de seguros, após a morte do doente, a indemnização correspondente. *V.* **Insurance (*), Futures**.

DEBASEMENT – *EC.* Depreciação de moeda.

DEBENTURE – *MC. PF. CF.* Título de dívida representativa de uma obrigação financeira, emitido por entidades públicas (governo, autarquias, municípios) ou privadas, a curto, médio ou longo-prazos, com ou sem garantia real ou pessoal. No Reino Unido, as debentures são normalmente garantidas (*secured*) por hipoteca, mas nos EUA, quando garantidas, são-no na base de activos diversos incluindo activos existentes (**fixed charge**) ou presentes e futuros (**floating charge**). Quando emitidas em grandes quantidades, é normalmente nomeado um agente fiduciário (**trustee**) para as administrar. Termos compostos:

1. **convertible debentures** – títulos passíveis de serem convertidos em Acções, noutros valores mobiliários ou em Opções; uma forma de quasi-equity; *V.* **Quasi-Equity;**
2. **convertible subordinated debentures** – títulos que além de poderem ser convertidos em Acções, outros valores mobiliários ou Opções, são ainda subordinados ao pagamento de outros créditos que lhe são preferenciais; uma forma de **quasi-equity;**
3. **debenture bonds** – *USA. MC.* Obrigações emitidas sem qualquer segurança/garantia de pagamento excepto a que resulta do bom crédito e reputação da emissora, do seu **goodwill**, dos lucros que tem gerado, etc.; o mesmo que **unsecured bond**. *V.* **Bonds;**
4. **debenture holder** (ou **debentureholder**) – *MC.* O titular de uma **debenture bond;**
5. **debenture income bond** – O mesmo que **debenture bonds;**

6. **naked debenture** – o mesmo que **unsecured debenture** e **subordinated debenture**;
7. **secured debentures** – debentures com garantia real ou pessoal;
8. **subordinated debentures** – debentures que apenas estão obrigadas a serem pagas após o pagamento de outros credores preferenciais ou previlegiados, ficando os seus titulares praticamente na mesma situação de um sócio ou accionista quanto a receberem reembolso dos seus direitos. Uma forma de **quasi-equity**;
9. **unsecured debenture** – debenture sem qualquer tipo de garantia; o mesmo que **debenture bonds**.

V. **Indenture, Securities, Options.**

DEBENTURE STOCK – *USA. DS.* Classe de Acções de uma empresa com direitos especiais relativamente às demais, sejam preferenciais ou ordinárias. *V.* **Shares, Golden Shares.**

DEBIT BALANCE – Saldo negativo. *V.* **Debt.**

DEBIT CARD – *B.* Cartão de crédito pelo qual o seu titular adquire bens ou serviços, debitando electronicamente os montantes da sua conta bancária à ordem.

DEBLOCKING OF FUNDS – *B. DR.* Desbloquear fundos cuja utilização estava vedada por constituirem garantias reais (ex: caução, penhor), por efeito contratual ou de mandado judicial (ex.: medidas cautelares); *V.* **Account.**

DEBT – *B. C. PF. CF. MC.* **1.** Dívida, obrigação pecuniária; qualquer valor ou quantia monetária devida por força de contrato, título de crédito, emissão de valores mobiliários, **bonds, debentures, Options** ou outros títulos. Uma definição de **Debt** (entre outras) engloba o conjunto de todas as obrigações existentes na data do respectivo cálculo, com base:

- em contratos de empréstimo, financiamento, linhas de crédito, desconto bancário (com direito de regresso), cartões de crédito e contratos de concessão;
- em **factoring**, compra e venda, construção, arrendamento, aluguer e **leasing**;
- prestação de serviços directos e indirectos;
- facilidades de pagamento concedidos por fornecedores (vendas a prazo);
- fianças, avales e outras garantias emitidas a favor de terceiros, etc.

2. Compromisso para com terceiro (ainda que sem expressão monetária) relativamente a uma prestação de serviços; **3.** Tal como **Asset** e **Capital, Debt** aparece associada a inúmeras expressões técnicas, termos e conceitos de mercado financeiro, mercado de capitais, contabilidade, economia, etc.

4. Segue-se uma lista meramente exemplificativa dos termos mais usados:

1. **active debt** – dívida com aplicação e cobrança de juros; opõe-se a **passive debt**;
2. **ancestral debt** – dívida de um parente falecido, assumida pelos seus herdeiros;
3. **bad debt** – dívida de cobrança difícil ou impossível; *V.* **Arrears**;
4. **bonded debt** – dívida representada por Obrigações. *V.* **Bonds**;

Direito de Negócios – Dicionário Inglês-Português

5. **contigent debt** – dívida contigente e cuja cobrança depende de um termo ou condição (ex. responsabilidades de um fiador ou avalista no caso de não pagamento do devedor principal, apólices de seguros na ocorrência do evento que é objecto da apólice, etc.);
6. **convertible bond** – Obrigação convertível em Acções ou outros títulos mobiliários; *V.* **Bond**;
7. **convertible debt** – dívida convertível em investimento de capital. Inclui **convertible bonds** e **convertible debentures.** *V.* **Quasi-Equity, Debentures, Capital;**
8. **current debt** – *V.* **Índice próprio;**
9. **debt adjustment** – *CF.* Acordar novas condições de pagamento de uma dívida, nomeadamente novos vencimentos e valores de amortização. *V.* **Rescheduling, Refinancing;**
10. **debt buyback/repurchase** – *B.* Recompra de toda (ou parte) de dívida por parte do próprio devedor;
11. **debt ceiling** – **a.** *FIP.* limite máximo de dívida pública estabelecida por lei ou por decisão do respectiva autoridade monetária; **b.** o limite máximo de dívida que pode ser contraída por uma empresa;
12. **debt-charity swaps** – compra por parte de uma instituição filantrópica ou caritativa no mercado secundário e através de desconto, de dívida pública e posterior troca ou venda da mesma por moeda local e a ser usada para as actividades humanitárias da adquirente. *V.* **Swap;**
13. **debt collection agency** – entidade especializada em cobranças, através de uma comissão;
14. **debt commodity swap** – *EC.* Pagamento em espécie (**payment in kind**) da dívida pública de um país em vias de desenvolvimento (ex.: através de entregas de petróleo ou de minério); *V.* **Swap;**
15. **debt-debt-swap** (ou **debt-for-debt swap)** – Substituição de dívida antiga por dívida nova. Normalmente os títulos representativos da nova dívida incluem a capitalização de juros vencidos e não pagos. *V.* **Refinancing, Swap;**
16. **debt deflation** – agravamento da situação financeira de uma empresa, devido à conjugação de tendência de baixa de preços dos seus produtos ou serviços e do crescente peso do seu endividamento;
17. **debt defesance** ou **collateralized debt defeasance** – extinção de dívida mediante a entrega a um depositário/custodiante de valores, bens ou garantias. Estes emitem depois a favor dos investidores, os respectivos títulos de participação (**interest participations**) nesse universo de activos entregues à sua guarda. Quando este tipo de operação é feita através da constituição de um fundo de amortização periódico, ou seja, sendo essa entrega de valores parcelada, de acordo com a produção ou capacidade económica da empresa (**sinking fund**), chama-se **debt defeasance through a sinking fund**; *V.* **Interest Participations, Custodian, Sinking Fund, Debt Pooling;**

18. **debt distressed country** – *EC*. País altamente endividado, "asfixiado" pela sua dívida. Expressão inicialmente usada pela OCDE;
19. **debt instrument** – contrato ou título de crédito usado como forma de contrair dívida a curto-prazo;
20. **debt ratio** – *CF. CO*. Rácio que calcula o grau de endividamento. Um dos mais conhecidos e utilizados em **Project Finance** e **Corporate Finance** é o **debt to equity ratio**, rácio de capacidade de endividamento, calculado ao dividir (a) a dívida da empresa pelo (b) seu capital subscrito e reservas, enfim a sua **shareholders´equity**. Pode por sua vez ser:
    a. dívida a curto prazo (**short-term debt to equity ratio**);
    b. dívida a longo prazo (**long-term debt to equity ratio**); ou
    c. dívida em moeda estrangeira, seja a curto e/ou longo prazos (**foreign debt to equity ratio**); *V.* **Debt, Shareholders´ Equity** e **Ratios;**
21. **debt-for-cash swap** – *EC*. Venda de dívida pública (**public debt**) no mercado secundário, usando títulos de dívida nas mãos de bancos credores que se dispõem a fazer descontos generosos sobre o valor de emissão desses títulos de dívida. Usado nos anos 80 pelo Brasil, Argentina, México, Chile (*adquisión de títulos de la deuda externa*), Filipinas, Equador (*sucretización*, de Sucre, moeda nacional daquele país), etc. *V.* **Paris Club;**
22. **debt forgiveness** – *EC. FIP*. Perdão de parte da dívida externa de um país ou venda de tal dívida a terceiros no mercado secundário, através de descontos substanciais. *V.* **Debt to Equity Swap, Paris Club;**
23. **debt management** – **1.** *FIP. EC*. Administração/gestão de dívida pública (seja ao controlar o seu volume, tipos de emissão e resgate, seja quanto às formas de reduzi-la; **2.** *PF. DS*. Gestão financeira da dívida de uma empresa, incluindo formas de melhorar as suas condições e prazos de pagamento. *V.* **Rescheduling, Refinancing;**
24. **debt management and financial analysis system** (DMFAS) – Sistema da *United Nations Conference on Trade and Development* (Conferência das Nações Unidas para o Comércio e Desenvolvimento) que administra e supervisiona a dívida de países devedores. **V. Mapa geral da ONU no Glossário deste Dicionário (*);**
25. **debt market** – *MC*. Mercado de compra e venda de **bonds;**
26. **debt overhang** – *EC*. Situação ocasionada por **less developed country** que não pode pagar parte da sua dívida externa nos termos e condições originalmente convencionados e renegocia os mesmos com novas datas de pagamento. *V.* **Rescheduling, Debt to Equity Swaps, Less-Developped Country;**
27. **debt pooling** – *CF*. Pagamento de dívida através da entrega de Activos e bens (**payment in kind**) de uma empresa aos seus credores. *V.* **Liquidation, Assets, Debt Defesance;**
28. **debt security** – *DR*. Garantia(s) real(ais) ou pessoal (ais) que assegura(m) o pagamento de uma dívida. *V.* **Secured Debt;**

29. **debt service coverage ratio** – *PF. CF.* Rácio financeiro que calcula a capacidade financeira de um país ou empresa quanto à capacidade de liquidar a sua dívida. Calcula-se ao dividir (a) o total do capital da dívida existente acrescido dos juros vincendos; pelo (b) lucro líquido (após dedução de impostos e depreciação). Pode-se aplicar:
    a. à dívida de curto prazo (**short-term debt service coverage ratio**); ou
    b. à dívida de longo-prazo (**long-term debt service coverage ratio**).
    Na primeira, os juros incluídos são apenas os vincendos até um ano da data de cálculo; na segunda, incluem-se todos os juros vincendos até ao último pagamento, usando-se como parâmetro, no caso de empréstimos de taxa flutuante (**floating rate**), ex. EURIBOR e **spread** mais altos até então incidentes sobre o capital do financiamento ou, alternativamente, uma média ponderada dos mesmos juros compostos. *V.* **Ratios;**
30. **debt swap** – substituição de dois financiamentos ou empréstimos, usando-se os fundos de um para liquidar o outro. Uma das formas de refinanciamento (**refinancing**). *V.* **Loans, Swaps;**
31. **debt to equity swap** – *FIP. MC.* **1.** Conversão de dívida pública (**public debt**) em investimento de capital; **2.** Troca de Obrigações (**bonds**) ou outros instrumentos de dívida por Acções. *V.* **Convertibles, Debt Forgiveness;**

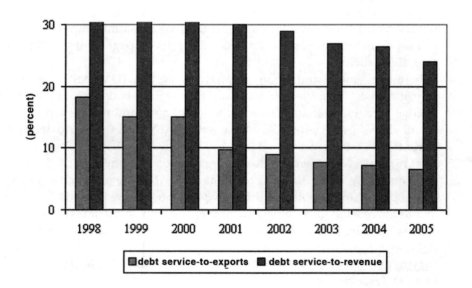

Exemplo de uma *Debt Service Coverage Ratio* (Longo Prazo)

32. **deferred debt** – dívida paga a prestações; o mesmo que **installment debt**;
33. **domestic debt** – *FIP.* Dívida pública interna;
34. **floating debt** – dívida a curto prazo, dívida corrente;
35. **fraudulent debt** – dívida fraudulenta, criada por abuso de confiança;
36. **installment debt** – dívida a ser paga em prestações; o mesmo que **deferred debt**;
37. **liquid debt** – dívida exigível e pagável imediatamente, sem condições;
38. **long-term debt** – dívida a longo prazo; a mais de um ano;
39. **mutual debts** – dívidas mútuas entre duas pessoas ou entidades que assim são simultaneamente credoras e devedoras entre si; em principio, irão liquidar os seus créditos e débitos através de compensação;
40. **naked debt** – o mesmo que **unsecured debt**;
41. **passive debt** – dívida em que, por convenção entre credor e devedor, não são cobrados juros. Opõe-se a **active debt;**
42. **privileged debt** – dívida paga preferencialmente a outras dívidas por força de disposição legal (ex.: pagamento de impostos, contribuições de segurança social, salários, etc);
43. **public debt** – *FIP.* Dívida de um Estado ou instituição de direito público;
44. **secured debt** – dívida cujo pagamento se encontra garantido por hipoteca, penhor, caução, fiança, etc. *V.* **Naked Debt, Unsecured Debt**;
45. **short-term debt** – dívida a curto prazo; normalmente até um ano;
46. **subordinated debt** – *V.* **índice próprio e Quasi-Equity**;
47. **unsecured debt** – dívida sem qualquer garantia de pagamento; *V.* **Naked Debt.**

DECEPTIVE ADVERTISING – Publicidade enganosa e tendente a iludir o consumidor. *V.* **Fraud, Advertising.**

DECIMAL COINAGE – *FIP.* Sistema monetário decimal, ou seja, em que o papel-moeda emitido e as moedas cunhadas são múltiplos ou fracções decimais de uma unidade básica. Em Março de 1966, o Reino Unido decidiu juntar-se à larga maioria da comunidade monetária internacional adoptando o sistema decimal – entrou em vigor em Fevereiro de 1971.

DECIMALIZATION – *MC.* Cotação de valores mobiliários usando cálculos decimais em vez de percentagens. **V. Securities.**

DECISION – *DP. V.* **Judgment** e **Decree**.

DECISION MAKING – **1.** Poder, capacidade de decisão; **2.** *DT.* Característica que qualifica a capacidade de um bom administrador ou gestor de empresa, ao usar a sua capacidade de decisão no momento, rapidez e dimensão certas, ou seja:

(i)   sem hesitar nem se precipitar;
(ii) pedido todos os dados ou informações que se tornem necessárias;
(iii) ouvindo as opiniões dos demais administradores/gestores nos seus respectivos níveis de participação; e
(iv) sem actuar de forma autoritária que afecte o espírito colectivo e de equipa.

Direito de Negócios – Dicionário Inglês-Português 270

DECISION ON MERITS – 1. *DP.* Decisão judicial sobre a substância de um processo judicial; **2.** *DP.* Decisão sobre a validade e autenticidade de um documento.

DECLARATION DATE – *DS. MC.* Dia em que o Conselho de Administração (**Board of Directors**) de uma empresa delibera declarar e distribuir dividendos (**dividends**) a serem aprovados em Assembleia Geral (**General Assembly**). Por oposição ao dia em que tais dividendos são efectivamente aprovados e posteriormente pagos.

DECLARATION OF SOLVENCY – *UK.* Declaração pública pelo qual o Conselho de Administração (**Board of Directors**) de uma empresa, após a aprovação da Assembleia Geral (**General Assembly**), comunica publicamente (**voluntary liquidation**) o encerramento das suas actividades e que irá liquidar todas as suas dívidas no prazo de doze meses. Deve ser acompanhada de balanço auditado dos Activos e dívidas da empresa e registado no **Registrar of Companies**.

DECLINATURE – *DP.* Renúncia, demissão de um magistrado ou juiz.

DECLINE – 1. *DP.* Processo judicial com poucas hipóteses de êxito para uma das partes; **2.** Piorar, deteriorar-se; **3.** Queda de liquidez; queda do valor de mercado de um bem ou serviço; queda de cotação de um título em Bolsa; **4.** Forma polida de recusar ou rejeitar uma proposta ou alternativa.

DECLINIG TREND – *MC.* Tendência para a baixa de cotações ou preços.

DECOUPLING – *DS. MC.* Separação dos valores de cotação de uma Acção (**share**) e de uma **bond** emitidas pela mesma empresa. Nos EUA tendem a sofrer o mesmo efeito – seja de subida, seja de queda de valor.

DECOY – *USA. CR.* 1. Induzir um criminoso ou suspeito a dirigir-se a determinado local onde possa ser detido pelas autoridades policiais; **2.** Usar alguém ou um objecto para atrair e apreender um criminoso ou suspeito em flagrante.

DECREASING COST INDUSTRY – *EC. CF.* Indústria que, por ser a primeira a expandir ou desenvolver a sua produção, é a primeira a beneficiar da redução dos respectivos custos.

DECREE – 1. Decisão judicial; **judgment**; **2.** Decreto, tipo de lei. *V.* **Bill.**

DEDUCTIBLE – *DF. CO.* Que se pode abater ou deduzir de outro valor; dedutível.

DEDUCTIBLE CLAUSE – *C. DC.* Franquia, cláusula típica de apólices de seguros de automóveis. *V.* **Insurance** (*).

DEDUCTION AT SOURCE – *DF.* Imposto deduzido na fonte; *V.* **Withholding Tax.**

DEED – *DR. C.* 1. Documento ou escritura pública; documento oficial com carimbo (*sealed*) contendo um contrato ou compromisso, vinculativo para a parte que o entrega e para a parte a quem se dirige e pelo qual:

(i) se transfere a propriedade de um determinado bem entre comprador e vendedor;

(ii) se transfere a propriedade de um bem entre doador e doado ou **trustor** e o respectivo **trustee** para efeitos de um **Trust**; *V.* **Trust;**

(iii) se constitui uma emissão de Obrigações (**bonds**) ou **debentures** com ou sem as respectivas garantias; *V.* **Bonds;**

(iv) se constitui uma **partnership** ou **corporation**; *V.* **Partnership**;

(v) se constitui uma hipoteca ou uma série de garantias reais; *V.* **Mortgage, Security, Pledge;**

(vi) se vende uma empresa ou negócio, no todo ou em parte, etc.

Ver Lista de Principais tipos no Glossário deste Dicionário (*)

DEEPENING – *UE.* Fase inicial e preliminar quando um País formaliza o seu pedido de adesão à UE (**enlargement**) no sentido de se aproximar e conjugar desde logo e o mais possível, a respectiva política nacional de agricultura e macro-economia com as da UE.

DEEP POCKET – **1.** Capacidade económica do causador de um prejuízo de indemnizar quem o sofreu; **2.** *MC.* Confiança de um investidor, credor ou parte de um processo judicial na capacidade da empresa onde investe, concede o crédito ou contra quem litiga, de que irá ser ressarcido dos respectivos valores. *V.* **Torts** (*).

DE FACTO/DE JURE – *L.* **1.** *DIP.* Situação (i) em que a soberania de uma nova região é na realidade exercida pelas autoridades militares ou civis que a exercem e não pelas autoridades do país onde essa região se insere mas sem que a comunidade internacional o tenha reconhecido juridicamente (*de facto*); e (ii) em que a soberania e respectiva independência são já reconhecidas internacionalmente (*de jure*); **2.** *USA. C. DP.* Argumento contratual, processual ou judicial baseado nos factos aceites, alegados ou provados (*de facto*), ou exclusiva referência oral ou escrita à base legal e regulamentar que leva a uma conclusão ou raciocínio (*de jure*).

DEFAMATION – *V.* **Torts** (*).

DEFAULT – *PF. B. C.* Não cumprimento de uma obrigação contratual (não necessariamente financeira). Alguns termos associados:

1. **default-fee bonds** – *V.* **Bonds;**

2. **default risk** – análise das probabilidades reais de um devedor não pagar as suas obrigações financeiras;

3. **cross-default clause** – *C.* cláusula contratual que refere o não cumprimento de outro contrato como causa automática do não cumprimento do contrato em que se insere;

4. **defective default** – *DC.* Defeituoso, mal fabricado;

5. **events of default** – causas, factos de não cumprimento. *V.* **Acceleration**.

DEFEASANCE – *MC.* Oferecer em caução, valores mobiliários ou depósitos bancários como garantia do pagamento de uma obrigação pecuniária. *V.* **Pledge, Collateral, Securities, Security**.

DEFENDANT – *DP.* O réu, o acusado.

DEFENDED TAKE-OVER BID – *DS.* **Take-Over Bid** a que se opõem os directores ou membros do Conselho de Administração (**Board of Directors**) da empresa-alvo da oferta. O caso recente (Março de 2007) da oferta feita à *Portugal Telecom. V.* **Take-Over Bid, Black Knight**.

DEFENDANT – *DP.* Réu, acusado. *V.* **Plaintiff.**

DEFENSE OF OTHERS – *V.* **Torts** (*).

Direito de Negócios – Dicionário Inglês-Português

DEFENSE OF PROPERTY– *V.* **Torts** (*).

DEFERRED – *PF. CO. B. C.* Diferido, adiado, postergado. Termos compostos:

1. **deferred anuity** – anuidade; renda anual diferida;
2. **deferred coupon note** – Obrigação sem pagamento de juros antes de determinada data;
3. **deferred credit** – *DS. CO.* Receitas registadas contabilisticamente antes de serem recebidas, aplicando-se o critério de accrual basis. *V.* **Accrual Basis;**
4. **deferred debit** – *DS. CO.* O mesmo que **deferred credit** mas aplicado a dívidas e pagamentos. *V.* **Accrual Basis;**
5. **deferred demand** – procura postergada devido à escassez de produtos ou de matéria-prima; *V.* **Demand;**
6. **deferred income** – rendimentos ou receitas diferidas; *V.* **Income;**
7. **deferred payment** – pagamento diferido; usado em certos tipos de empréstimos subordinados (**subordinated loans**) relativamente a juros que só são pagos quando os níveis de liquidez da empresa assim o permitirem, nomeadamente quando certos rácios financeiros de liquidez forem cumpridos. Também refere crédito ao consumidor, com pagamento em prestações. *V.* **Ratios, Debt, Instalment Credit, Subordinated Debt;**
8. **deferred share** – *MC. DS.* Acção cujos dividendos só são pagos após serem liquidados os dividendos de outros accionistas ou relativos a outro tipo de Acções;
9. **deferred swap** – **Swap** cuja liquidação é postergada por alguns dias, a fim de permitir que se façam os cálculos necessários.

DEFICIENCY – *PF. C. DS.* Quantia pela qual o passivo de uma empresa excede o seu activo ou que se torna necessária para concluir um projecto (para além do orçamentado no custo do mesmo). *V.* **Overrun Cost, Project Funds Agreement.**

DEFICIT – *EC.* Situação em que as despesas (**expenditures**) excedem as receitas (**income**). No caso de uma empresa, soma de dividendos e perdas ou prejuízos que excede o total das receitas. *V.* **Losses.**

DEFICIT SPENDING – *FIP.* Situação em que as despesas públicas excedem as receitas. Podem ou não ferir o controlo orçamental – aumenta a dívida pública mas também pode propiciar o crescimento da economia num todo. *V.* **Budget, National Growth.**

DEFLATION – *EC.* Período económico caracterizado por uma redução progressiva do nível médio dos preços de bens e serviços. O oposto a inflação. *V.* **Inflation, Bubble.**

DEFRANCHISING – *DC.* Cancelamento de uma concessão. Também se usa disfranchising. *V.* **Franchising.**

DELAYED CONVERTIBLE – *DS. MC.* Valor mobiliário (**securities**) que não pode ser convertido de imediato; normalmente por atrasos operacionais por parte das Bolsas de Valores ou das próprias empresas emissoras devido ao inesperado volume de títulos (normalmente Acções) a serem convertidos.

DELAYERING – DS. Eliminação ou simplificação das hierarquias ou níveis de decisão dentro de uma empresa ou instituição. Normalmente, parte de uma descentralização administrativa interna ou externa.

DEL CREDERE FEE – DC. Comissão paga ao **del credere agent** em função do risco adicional por ele assumido. *V.* **Agency, Del Credere Agent, Fees**.

DELIVERY – DC. Entrega de bens, mercadorias ou documentos. Principais termos compostos:

1. **delivery against acceptance** – entrega contra aceite de letra;
2. **delivery against payment** – entrega contra pagamento;
3. **delivery date** – data de entrega;
4. **delivery note** – nota de entrega;
5. **delivery receipt** – recibo de entrega.

DEMAND – 1. Pedido, solicitação; **2. DC. B.** Comunicação normalmente por escrito, a determinar (i) o pagamento imeditato (*on demand*, à vista) de uma dívida ou quantia a ser paga; (ii) a entrega de um bem ou mercadoria ou a prestação de um serviço, devidamente contratados e aceites pelo produtor do bem / comerciante ou prestador do serviço; **3. EC.** Procura no mercado (i) de emprego; (ii) de um bem ou serviço por parte do consumidor. Principais termos ou conceitos:

1. **demand bill** – *UK. DC.* Letra pagável à vista. *V.* **Bill;**
2. **demand charge** – *EC.* Componente do preço de produtos industriais e comerciais pago pelo consumidor devido ao excesso global de procura sobre a oferta;
3. **demand curve** – Curva de procura indicativa e normal das quantidades de (i) um produto ou bem a serem adquiridos pelo consumidor ou (ii) dos serviços a serem prestados, de acordo com os respectivos preços, assumindo-se que as demais variáveis de mercado não se alteram. *V.* **demand forecast;**
4. **demand equation** – *EC.* Equação dos factores que determinam e afectam a procura de bens e serviços:

$$Q_d = f(y, Ps, Pc, T)$$

onde

Q_d = Procura a ser calculada;
Y = Rendimentos do consumidor;
Ps = Preço médio de bens ou serviços alternativos;
Pc = Preço médio de bens ou serviços complementares; e
T = Preferências do consumidor.

5. **demand deposit** – *USA. B.* Depósito à ordem. *V.* **Deposit, Account;**
6. **demand forecast** – *EC.* Previsão, antecipação da procura. *V.* **demand curve;**
7. **demand liabilities/obligations** – Responsabilidades / pagamentos à vista, imediatos; *V.* **Current Debt;**

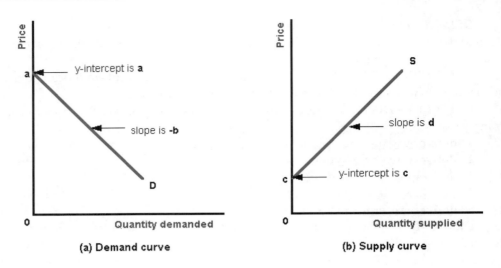

Exemplo de dois gráficos de *Demand and Supply Equations*

8. **demand management policy** – *EC.* Conjunto de técnicas macro-económicas para controlar a procura global de bens e serviços através de políticas monetárias e fiscais, ao calcular:

$$Y = C + I + G + NX$$

Onde,
- Y = Procura global;
- C = Consumo;
- I = Investimento;
- G = Compras, aquisições de bens e serviços feitos pelo Poder Público;
- NX = Exportações líquidas;

9. **demand pull information** – *EC.* Inflação provocada por excesso de procura relativamente à oferta. *V.* **Inflation, Demand, Supply;**
10. **demand shift inflation** – *EC.* Inflação causada por alterações estruturais na procura global de bens e serviços. Quando a procura de certos bens ou serviços aumenta, os trabalhadores tendem a procurar emprego nas empresas que os produzem, saindo dos seus empregos actuais. Se há também bens ou serviços cuja procura diminuiu, os trabalhadores de tais sectores irão procurar novos empregos mas exigem salários mais elevados, equiparados aos auferidos pelos trabalhadores das empresas em expansão. *V.* **Inflation;**
11. **derived demand** – *EC.* Procura das matérias-primas utilizadas na produção de bens finais.

DEMARKETING – *EC.* Redução de procura de um bem por forma a compatibilizá-la com o ritmo de produção. *V.* **Demand, Supply.**

DEMERGER – *DS.* Estratégia de dividir a produção de uma empresa em duas ou mais novas empresas, o que pode ou não levar à eliminação ou encerramento de subsidiárias existentes. *V.* **Subsidiaries, Merger**.

DEMOGRAPHIC SEGMENTATION – *EC.* A divisão de um mercado pelos seus nivéis ou camadas sócio-económicas, levando em equação diversas variáveis como sexo, idade, nível de escolaridade, etc.

DEMONSTRATION EFFECT – *EC.* Reação tardia de certos agentes económicos a mudanças de mercado e, em alguns casos, após essas mudanças já terem produzido os seus efeitos. Particularmente aplicável no caso da aquisição de novas tecnologias por países em vias de desenvolvimento.

DEMURRAGE – *DF.* **1.** Demora, atraso em desalfandegar, levantar mercadoria depositada num armazém ou alfândega; **2.** Pagamento por esse atraso, calculado diariamente.

DENOMINATION – **1.** *MC.* Valor de emissão de um valor mobiliário (**face value**) que será pago na data de resgate; **2.** *B. PF.* A moeda de um empréstimo ou financiamento. **V. Securities.**

DEPARTMENT STORE – *USA. DC.* Grande armazém ou estabelecimento de vendas a retalho.

DEPLETION – *EC. ENV.* A desvalorização de recursos naturais consumidos e não substituídos (ex.: florestas derrubadas para a industrialização da madeira sem haver plantação de novas árvores).

DEPLETION ALLOWANCE – *DF. CO.* Valor que se pode deduzir da matéria colectável, a título de amortização de um bem perecível por natureza. *V.* **Depreciation Allowance; Assets.**

DEPOSIT – **1.** *DR.* Depósito de dinheiro, bens ou valores em geral; **2.** *B. C.* Contrato bancário pelo qual um depositante entrega valores pecuniários a um banco, estabelecendo-se uma relação de crédito-débito, pelo qual o banco passa a ser devedor do depositante pela quantia depositada acrescida dos juros sobre a mesma. Principais tipos:

1. **deposit account** – **1.** depósito a prazo; **2.** *UK. B.* Conta bancária sobre a qual não podem ser usados cheques; ao contrário, os saques são efectuados mediante pré-aviso do depositante;
2. **deposit at notice** – conta com pré-aviso; *V.* **Account;**
3. **deposit currency** – valor escritural resultante de um banco, ao conceder um crédito, creditar o seu montante na conta de depósitos à ordem do respectivo devedor; *V.* **Account;**
4. **deposit insurance** – seguro cobrindo o risco de insolvência/falência do banco; *V.* **Insurance (*);**
5. **deposit outflows** – total de saques e quantias levantadas por depositantes de um banco; *V.* **Account;**
6. **deposit rate ceilings** – taxas máximas de juros que as autoridades monetárias permitem que sejam pagas sobre depósitos bancários; *V.* **Monetary Authorities;**

Direito de Negócios – Dicionário Inglês-Português

7. **deposit slip** – talão de depósito; *V.* **Account.**

DEPOT – *DC.* Armazém onde são guardadas as mercadorias ou produtos acabados, enquanto não são transportados para os clientes finais.

DEPRECIABLE ASSETS – *DF. CO.* Activo amortizável. *V.* **Assets, Revaluation.**

DEPRECIATE – *DF. CO.* Amortização do capital fixo. O conceito específico depende do seu campo aplicável:

1. **depreciation allowance** – quota de amortização; *V.* **Depletion Allowance;**
2. **depreciation cost** – custo de amortização;
3. **investment depreciation** – amortização de um investimento;
4. **depreciation rate** – taxa de amortização.

Existem entretanto algumas características comuns: prazo de tempo, o objecto das amortizações ser expresso num único valor monetário e ter como objectivo, reduzir os encargos incidentes. *V.* **Revaluation, Capital.**

DEPRECIATION OF CURRENCY – *FIP. DC.* O mesmo que **Devaluation**.

DEPRESSION – *EC.* Depressão económica, declínio prolongado *(slump)* de actividade económica. *V.* **Business Cycles.**

DEPUTY DIRECTOR – Director-Adjunto.

DERIVATIVE – *MC. DS.* **1.** Instrumentos contratuais, títulos mobiliários convertíveis cujo valor está intrinsecamente ligado ou indexado ao de uma **commodity**, variação cambial ou taxa de juros; **2.** Valores mobiliários, Opções, **swaps, warrants** e títulos de dívida, anexos a direitos complementares de outros valores mobiliários, títulos, Opções, **swaps**, etc. *V.* **Options, Securities, Futures**.

DESEASONALIZED DATA – *EC.* Dados e informações económicas dos quais, através de técnicas estatísticas, é possível eliminar influências conjunturais.

DESERTION – **1.** *UK.* Abandono do domicílio conjugal por parte do marido ou da mulher, com o propósito de pôr fim à coabitação em comum. Pressupõe a não concordância do outro cônjuge e é causa de divórcio ao final de dois anos consecutivos; **2.** Fuga, abandono do serviço militar obrigatório; **3.** *DP.* Leilão judicial ou hasta pública em que não houve licitantes.

DESIGNATED ORDER TURN-AROUND (DOT) – *USA. MC.* Sistema informático da Bolsa de Valores de Nova Iorque que permite a compra e venda automáticas de valores mobiliários dentro de certos limites de preços e quantidades *(specified ranges)*. *V.* **New York Stock Exchange**.

DESTABILIZING SPECULATION – *MC.* Comprar moeda cuja cotação está a descer ou vender moeda com cotações em alta. Usado por autoridades monetárias no contexto de políticas macro-económicas. *V.* **Depreciation of Currency, Currency, Speculation.**

DETERRENCE – **1.** *DIP.* O direito de um Estado responder *(retaliate)* ao não cumprimento por parte de outro Estado de obrigações ou compromissos assumidos previamente por acordo ou tratado; normalmente via sanções diplomáticas, embargos comerciais, etc; **2.** *DC. C.* Direito de uma parte tomar (ou abster-se de o fazer) certas medidas previstas contratualmente, face ao não cumprimento pela outra parte das suas obrigações. Normalmente por via de aplicação de multas, alteração de preços, perda do direito de exclusividade, etc.

DEVALUATION – 1. Desvalorização; **2.** *FIP. EC.* Desvalorização de uma moeda relativamente ao padrão-ouro ou a outras moedas. *V.* **Depreciation of Currency.**

DEVELOPING NATION – *EC.* Geralmente definido como um país cuja renda *per capita* seja igual ou superior a 20% da renda *per capita* dos EUA. Segundo certos economistas, este critério deveria ser actualmente alterado para cerca de 15% da renda *per capita* dos países fundadores da UE. *V.* **Less Developped Country, Fourth World.**

DEVELOPMENT CORPORATION – *EC. UK.* Instituição pública destinada a reabilitar e promover o desenvolvimento industrial de uma determinada região que se encontra em acentuado declínio económico. Participam da mesma, empresas e associações locais, autarquias e organismos do governo central. *V.* **Corporation.**

DIFFUSION PROCESS – *EC. UK.* O processo de apresentação e início de consumo de um novo produto ou serviço. Aos primeiros consumidores (*pioneering customers*) segue-se normalmente um círculo ligeiramente mais amplo (*early adopters*) e depois, o público em geral; *V.* **Dagmar, Marketing.**

DIGITAL RIGHTS MANAGEMENT(ou **DRM**) – *DC.* O instrumento básico pelo qual se defendem os direitos de propriedade intelectual (**intellectual property** ou **IP**) e se fiscaliza a sua utilização indevida por terceiros. Tema divulgado no que se refere a obras e criações da chamada "idade digital" (**digital age**): música, filmes, imagens, fotos, bases de dados, **software** e tecnologia em geral. É conhecido que a divulgação e cópia ilegal dessas obras via **internet** e meios similares de comunicação pública, criou um problema bastante complexo e de difícil controlo.

DILUTION – *DS.* Diminuição da percentagem do capital de uma empresa detida por um sócio ou accionista seja por não concorrer a aumentos de capital seja por vender parte do seu **capital**.

DIRECT DEBIT – *B.* Débito directo em conta bancária, autorizado pelo titular desta, por forma a processar pagamentos periódicos. *V.* **Account.**

DIRECT INVESTMENT – *EC.* Subscrição de capital ou aquisição de recursos naturais por parte de um investidor. *V.* **Capital.**

DIRECT PLACING – *MC.* Colocação por uma empresa de Acções ou Obrigações (**bonds**) por ela emitidas directamente junto aos investidores sem a intervenção de intermediários ou **underwriters**. *V.* **Shares.**

DIRECT QUOTATION – Taxa cambial baseada na unidade monetária nacional. (Ex: 1€ = US\$0,78). *V.* **Indirect Quotation.**

DIRECTIVE – *EC.* **1.** Instrução normativa emitida por uma autoridade monetária ou outra entidade pública; **2.** Documento legislativo emitido e aprovado pela UE e a ser depois introduzido e traduzido nas legislações dos países membros.

DIRECT MATERIALS – *MC.* Matérias-primas que já foram industrializadas e se incoporaram nos produtos finais. *V.* **Assets.**

DIRECTOR´S LAW – *EC.* Política de redistribuição de riqueza que beneficia as classes sociais mais desfavorecidas. Também conhecido como **Distributive Justice**.

Direito de Negócios – Dicionário Inglês-Português

DIRECTORY – Catálogo, lista de nomes e endereços.

DIRT PILE SCHEME – *USA. DR. DC. T.* Jargão de mercado para mencionar os **brokers** de imóveis que induzem compradores e investidores a adquirir propriedades onde alegam existir depósitos subterrâneos de materiais preciosos (ouro, prata, petróleo, etc.), assegurando uma grande mais valia quando a posterior venda a empresas interessadas for efectuada. Como razão da suposta "confidencialidade" (ou seja, de não haver ainda no momento em que se faz essa proposta, estudos geológicos que o comprovem), os correctores invocam que, ao preparar e divulgar tais estudos, as empresas tomariam a primazia na aquisição a preços mais altos, perdendo-se assim uma oportunidade de lucro. Como é de calcular, as reais possibilidades de haver tais depósitos é nula ou quando os há, apenas em quantidades muito pequenas ou de baixo teor. *V.* **Fraud, Torts (*).**

DIRTY FLOAT – *FIP. DC.* Taxa cambial semi-flutuante; ainda que seja consequência básica das regras de livre oferta e procura, sujeita ocasionalmente a intervenções das autoridades monetárias. *V.* **Exchange Rate**, **Monetary Authority, Demand**.

DIRTY PRICE – *MC.* Preço de mercado de uma Obrigação (**bond**) incluindo os juros vencidos até à data da aquisição.

DISBURSEMENT – *B.* Utilização, saque de um empréstimo. **V. Loan.**

DISCHARGE – 1. *DC.* Desonerar alguém de um compromisso contratual ou vínculo jurídico, seja através de pagamento, prestação de serviços ou perdão ou renúncia a direitos ou mediante sentença judicial; 2. *DR.* Cancelar uma garantia real ou ónus sobre bens ou direitos.

DISCIPLINE – *V.* **Torts (*).**

DISCLAIMER – 1. Renúncia ou recusa expressa e irrevogável a um direito contratual; 2. Renúncia a um direito outrogado por lei (ex. renúncia a uma herança); 3. Comunicação de dados ou de informação que as partes de um contrato, accionistas ou possíveis investidores devem tomar conhecimento. *V.* **Disclosure of Information**.

DISCLOSURE OF INFORMATION – 1. Obrigação contratualmente assumida por uma parte de informar a outra, relativamente a determinados dados jurídicos, económicos, financeiros da primeira (e/ou de empresas suas associadas ou subsidárias), como pressuposto de se celebrar um contrato de boa fé e deste se manter juridicamente válido, ou seja, como parte da própria **consideration**. *V.* **Warranties and Statements**; 2. *MC.* Obrigação por parte de uma sociedade de capital aberto de informar periodicamente os seus accionistas, as autoridades do mercado mobiliário e o público em geral, relativamente à sua situação financeira, contabilística, activida de comercial, política de investimentos, dividendos, etc. *V.* **Corporate Governance**; 3. *MC.* Obrigação basicamente idêntica à anterior mas assumida por empresa ou entidade que pretende colocar os seus valores mobiliários no mercado, como condição prévia de ser autorizada a emitir e colocar esse papel; 4. *CO.* Um dos **Accounting Principles**, **Securities**.

DISCLOSURE OF SHAREHOLDINGS – *UK. DS.* 1. Obrigação legal por parte dos directores e administradores de uma empresa de informar periodicamente os accionistas e autoridades de mercado, relativamente à composição da sua carteira pessoal de investimentos imobiliários e mobiliários; **2.** Obrigação prevista na lei de sociedades comerciais do Reino Unido, pela qual qualquer investidor que detenha mais de 3% das acções de uma empresa de capital aberto, tem de informar esse facto aos directores da mesma empresa. *V.* **Corporate Governance.**

DISCOUNT – 1. Abatimento, redução de preço porporcional ao valor global das compras feitas por um cliente, durante um certo período; **2.** *MC.* Saldo entre o preço de emissão de Obrigações (**bonds**) emitidas pelo governo e o seu valor nominal; **3.** *B.* Desconto bancário (**discount credit**). Alguns termos associados:

1. **discount rate – 1.** *B.* Taxa de desconto cobrada por bancos comerciais; **2.** *FIP.* Taxa de desconto cobrada por um Banco Central; **3.** *CF.* Taxa aplicada para calcular o **present value** de futuros **cash-flows;**
2. **discount window –** *USA. B.* Linha de crédito de descontos bancários aberta pelo **Federal Reserve** a bancos e instituições financeiras;
3. **discountable –** *B.* Título de crédito que preenche os requisitos para ser descontado ou redescontado bancariamente;
4. **discounted cash flow –** *DS. CO.* Processo de determinar o valor justo de mercado de uma empresa em pleno funcionamento (**going concern**). O valor do **going concern** é igual ao **present value** de futuros e previsíveis **cash-flows**. *V.* **Fair Market Value.**

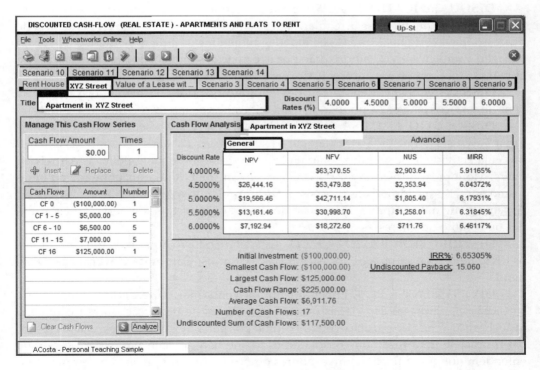

Exemplo de um *Discounted Cash-Flow* (rendas de um imóvel)

Direito de Negócios – Dicionário Inglês-Português

DISCREPANCY – 1. *EC. CO.* Margem significativamente diferente entre os valores económicos projectados e os efectivamente verificados; **2.** Inconsistência, contradição.

DISCRETIONARY ACCOUNT – *MC. V.* **Account, Broker**.

DISCRETIONARY ORDER – *MC.* Ordem de compra/venda em que se deixa ao critério do corrector o melhor preço de venda a ser obtido.

DISCRETIONARY TRUST – *MC.* <u>Trust</u> em que o pagamento periódico de rendimento fica ao critério de uma terceira parte.

DISGUISED EMPLOYMENT – *EC. DT. V.* **Hidden Unemployment**

DISHONOUR – 1. *UK.* Não pagamento de uma obrigação; **2.** Não efectuar o aceite de um título de crédito. *V.* **Default, Arrears**.

DISMISSAL – 1. Indicar a alguém ou funcionário que pode sair da sala onde uma reunião teve lugar ou um assunto foi tratado; **2.** *DT.* Demissão, despedimento.

DISMISSAL OF ACTION – *DP.* Dar por terminada um processo ou acção judicial a requerimento do réu.

DISPLACEMENT EFFECT – *FIP. EC.* Tendência do poder público de aumentar as despesas e investimentos públicos em épocas de crise económica e não as reduzir quando a crise termina; *V.* **Budget, Above and Below the Line.**

DISPOSABLE INCOME – *EC.* Receitas líquidas, ou seja, após o pagamento dos respectivos impostos. *V.* **Income.**

DISQUALIFICATION – 1. *DS.* Demitir-se; renunciar a um cargo ou posto em função de conflitos de interesse, irregularidades cometidas ou em função da pendência de processo que averigua alegadas ilegalidades cometidas por quem se demite; **2.** Perder o direito a uma licença ou autorização por irregularides ou ilegalidades praticadas (ex. apreensão da carta de condução); *V.* **Corporate Governance.**

DISSAVINGS – *EC.* Rendimento pessoal aplicado prioritariamente em consumo de bens ou serviços em vez de poupança. Uma das causas de inflação. *V.* **Savings, Inflation**.

DISSOLUTION – 1. *USA. DS.* Caso de uma empresa, acusada de violar as <u>**Anti-Trust Laws,**</u> ser condenada a desagregar as subsidiárias, coligadas e empresas associadas cuja actividade económica conjunta levou à situação de monopólio. *V.* **Anti-Trust Laws, Monopoly, Subsidiary; 2.** Dissolução de um <u>trust</u>, fundação, entidade ou organismo por ter exaurido as suas funções; **3.** *DS.* Cancelar uma Assembleia Geral (<u>**General Assembly**</u>) de uma empresa ou reunião de (<u>**Board of Directors**</u>) devido a irregularidades ou conflito de interesses.

DISTRIBUTION RATIO – *CF. CO.* Rácio entre o lucro líquido de uma empresa e os dividendos que são pagos aos accionistas; *V.* **Ratios, Corporate Governance, Dividends**.

DIVESTMENT – *PF.* **1.** Encerramento ou venda por parte de uma empresa de subsidiárias, empresas associadas ou certas unidades de produção do seu complexo industrial; **2.** Venda de participações de capital por parte de investidores ou accionistas, em função de uma fusão ou consolidação de que não desejam participar ou porque entendem que o seu papel de investidores ou promotores do projecto ou empresa em questão, terminou (caso concreto dos OMDs). *V.* **Fade-Out Agreement.**

DIVIDEND – *MC. PF. DS.* Dividendo, parte proporcional dos lucros líquidos (**net profit**) que cabe a cada accionista ao final de um exercício ou relativo a exercícios anteriores. Principais termos associados:

1. **cash dividend** – dividendo pago em dinheiro;
2. **dividend coupon** – cupão de dividendo;
3. **dividend cover** – lucro líquido de uma empresa dividido pelo dividendo líquido;
4. **dividends payout ratio** (ou **dividend coverage ratio**) – rácio entre o total de dividendos declarados para um determinado ano fiscal e o lucro líquido desse mesmo ano;
5. **dividends stripping** – compra de valores mobiliários (**securities**) que são pagos excluindo o direito a receber os dividendos vencidos (**ex dividend**), normalmente seguida pela venda dos mesmos valores mobiliários mas agora com direito a receber dividendos (**cum dividend**) imediatamente antes da data do seu novo vencimento. Usado para evitar o impacto fiscal correspondente. *V.* **Net Profit;**
6. **stock dividend** – dividendo pago em novas Acções ou outros valores mobiliários da empresa.

DIVIDEND REINVESTMENT PROGRAM (ou DRIP) – *DS. MC.* Política de investimentos de uma empresa a longo prazo, criando um plano segundo o qual os accionistas podem optar em receber os seus dividendos em forma de novas Acções (**stock dividend**) em vez de dinheiro (**cash dividend**). Note-se que por vezes, em função do impacto fiscal, podem receber os dividendos em dinheiro mas a quantia fica em conta da empresa ou de um corrector, para aquisição imediata de novas Acções, com um ligeiro desconto de mercado. *V.* **Shares, Dividends.**

DOCUMENTARY CREDIT – *C.* Crédito documental. *V.* **Letters of Credit**, **International Chamber of Commerce**.

DOLLAR GAP – *EC.* Escassez de Dólares relativamente ao valor dos pagamentos a efectuar nessa moeda. Expressão também utilizada quanto a outras divisas (Yen gap, **Euro gap**, etc.). *V.* **Gap**.

DOMESTIC JURISDICTION – *DIP. DP.* Princípio de soberania nacional previsto no Artigo 2 (7) da Carta da ONU, pelo qual os tribunais de um país são, em princípio, exclusivamente competentes para analisar e resolver quaisquer litígios ocorridos no seu território ou que o afectam. Doutrina que oferece dúvidas a muitos autores quando os litígios em causa incidem ou derivam de violação de Direitos Humanos, agressão militar injusticada a outro país, genocídio ou outras formas de violação dos princípios da comunidade internacional (ex. o Apartheid).

DOMINANT FIRM – *DC. EC.* Empresa que domina, de forma substancial ou predominante, o fornecimento de determinado produto num mercado.

DONOR FATIGUE – *DIP.* Desmotivação por parte de certos países de maior poder económico quanto a prosseguir ou aumentar os seus programas cíclicos de ajuda económica (**foreign aid**) a países sub-desenvolvidos, em função da passividade ou relativa

Direito de Negócios – Dicionário Inglês-Português   282

inactividade destes últimos quanto a aproveitarem os recursos postos à sua disposição e promoverem o seu próprio crescimento económico. **V. Complex Emergencies.**

DORMANT PARTNER – *DS.* Sócio não activo de uma empresa que, estatutariamente ou por cláusula contratual, aceita a sua não participação na administração e gerência desta última. Também conhecido como **Sleeping Partner**. *V.* **Partnership**.

DOUBLE – A dobrar, a multiplicar por dois, em duplicado. Termos associados:

1. **double budget** – *PF. DF.* Orçamento com separação das (i) receitas e despesas de capital das (ii) receitas e despesas correntes. *V.* **Budget;**
2. **double counting** – *CO.* Contabilizar duas vezes o mesmo valor. Embora não intencional, pode ocorrer, ao avaliar os custos de produção ou lucros resultantes;
3. **double entry** – *CO.* Princípio contabilístico pelo qual todo um crédito corresponde a um débito e vice-versa;
4. **double taxation** – *DF.* **1.** Dupla tributação sobre a mesma transacção ou o mesmo facto gerador, devida a dois Estados; **2.** *USA. DF.* Nos EUA, o termo refere a possibilidade da dupla tributação ocorrer entre os diversos Estados e Territórios que compõem o país. Neste caso, *double taxation* é a incidência em mais de um Estado, de um imposto com a mesma natureza e finalidade, no mesmo ano fiscal e sobre o mesmo facto gerador. Também se usa **double imposition**. **V. Tax.**

DOUBLE DECLINING BALANCE (ou DDB) – *CO. CF.* Método de depreciação acelerada ao usar pelo menos o dobro da taxa anual. O exemplo abaixo indica uma DDB de cinco anos:

	DDB de cinco anos (% do valor de aquisição do bem)	
Ano	Depreciação em parcelas iguais	DDB
1	20	40
2	20	30
3	20	20
4	20	5
5	20	5

V. **Depreciation.**

DOUBTFUL DEBTS – *B.* Créditos de cobrança duvidosa. *V.* **Bad Debts**.

DOW JONES INDEX – *USA. MC.* Índice usado pelas Bolsas de Valores dos EUA e composto de quatro médias:

* a **primeira**, referente às cotações de 30 empresas industriais;

- a **segunda**, às cotações de 20 empresas de transporte, nomedamente de caminhos de ferro;
- a **terceira**, às cotações de 15 empresas concessionárias ou que efectuam a exploração de serviços de utilidade pública; e
- a **quarta**, a uma média composta das 65 variáveis acima mencionadas.

DOWNPAYMENT – *C.* Sinal e princípio de pagamento, primeiro pagamento.

DOWNPERIOD – *PF. DT.* Período durante o qual uma fábrica ou unidade industrial fecha para obras ou manutenção de máquinas e equipamento.

DOWNTIME – *DC.* Período de ociosidade de uma máquina, computador ou equipamento devido a avarias ou manutenção obrigatória.

DOWNWARD STOCK – *MC.* Baixa no valor das Acções. *V.* **Upward Stock, Market Boom**.

DOWNTREND/DOWNWARD TREND – *MC.* Tendência para baixa no mercado de valores mobilários ou nos preços em geral. *V.* **Dropping Prices, Securities**.

DRAFT – **1.** *B.* Saque, ordem de pagamento; **2.** Rascunho, minuta, esboço.

DRAW – **1.** *B.* Sacar uma letra ou ordem de pagamento; emitir um cheque e ir recebê-lo ao banco; **2.** Extrair, inferir, deduzir, arrastar, atrair.

Termos associados:
1. **draw by lot** – tirar à sorte;
2. **draw interest** – *B.* render juros;
3. **draw on one´s savings** – recorrer à sua poupança, às suas economias;
4. **drawee** – sacado;
5. **drawer** – sacador.
6. **drawing right** – direito de saque.

DRAWBACK – *DF.* Direitos aduaneiros devolvidos ao importador se este, subsequentemente, exportar bens que produziu com a matéria-prima ou com os bens primários importados. Usado em zonas francas, ou zonas de comércio livre.

DRAWING ACCOUNT – *CO.* Conta de retirada ou adiantamento por conta de salários auferidos por sócios ou vendedores ou para cobrir despesas por estes efectuadas. *V.* **Account.**

DRAWING OF BONDS – *MC.* Sorteio de Obrigações. *V.* **Bonds**.

DROP-OUT – Desistir, abandonar.

DROPPING PRICES – Preços em queda, baixa geral de preços.

DRY GOODS – Produtos têxteis, vestuário, peças de roupa. *V.* **Goods.**

DUALITY – *EC.* Uma vez que os lucros correspondem ao total de receitas menos o total de custos, uma empresa pode desenvolver a sua política financeira tanto ao reduzir estes últimos como ao aumentar os lucros. *V.* **Costs, Profits, Earnings.**

DUE (AND PAYABLE) – *C. B.* Vencida e pagável (obrigação financeira).

DUMPING – **1.** *DC.* Concorrência desleal ao vender bens no estrangeiro a preço inferior ao que é cobrado no mercado interno; **2.** *DIP. ENV.* Uma das formas de poluição – o despejo de lixo, resíduos (nomeadamente de líquidos provenientes da lavagem de tanques dos navios petroleiros) e substâncias químicas nas águas dos mares e oceanos.

Entre outros tratados internacionais, a *Convention on the Prevention of Maritime Pollution by Dumping of Wastes and Other Matters* de 1972 (também conhecida como **London Dumping Convention**) regulamentou ese tema. **V. Environment**.

DUMP ON THE MARKET – inundar o mercado de produtos a preços baixos. *V.* **Anti-Trust Laws**.

DUOPOLY – *DC.* Mercado controlado por duas empresas produtoras. *V.* **Anti-Trust Laws**.

DUOPSONY – *DC.* Mercado controlado por duas empresas compradoras. *V.* **Anti-Trust Laws**.

DURABLE GOODS – Bens de consumo de duração média (máquinas de lavar, automóveis, televisões, etc). *V.* **Goods**.

DUTY – **1.** Dever, direito, tarefa, desempenho de um cargo ou função; **2.** *DF.* Imposto alfandegário. **V. Tax**.

DYNAMICS – *EC.* Análise macro-económica ou de economia de empresa que tende a identificar e estudar o comportamento de variáveis no decurso de certo período de tempo ou prazo e determinar qual sua tendência (aumento, estabilidade, decréscimo, etc).

E

EARLIER MATURITY RULE – *MC. C.* Cláusula pela qual as partes aceitam que os valores mobiliários cujas datas de pagamento primeiro ocorram, tenham preferência de pagamento no caso de insuficiência de fundos para pagar toda a emissão. **V. Securities.**

EARLY RETIREMENT PLAN – *DT.* Plano de reforma antecipada. **V. Insurance.**

EARLY WITHDRAWAL PENALTY – *MC. B.* Multa aplicada ao titular de **bonds** ou de depósitos a prazo quando reembolsados antes da respectiva data de vencimento. Por oposição a **Pre-Payment Penalty**.

EARMARK (FUNDS) – *PF.* Consignar fundos (nomeadamente receitas fiscais) para uma determinada finalidade.

EARMARKED GOLD – *FIP.* Ouro pertencente às reservas monetárias de um país mas depositado no Banco Central de outro país. Fenómeno algo comum nos EUA quanto aos depósitos de ouro (ou certificados de depósito) feitos por Bancos Centrais ou governos estrangeiros junto ao **Federal Reserve System**.

EARN DIVIDENDS/INTEREST – *CF. CO. MC.* Render dividendos/juros.

EARNED INCOME – *CF. CO. MC.* **1.** Parte de lucros ou rendimentos resultantes de investimentos de mercado; **2.** Rendimento resultante de salário. **V. Income.**

EARNED SURPLUS – *CF. CO. MC.* Lucro acumulado.

EARNING ASSETS – *PF. CO.* Activos que contribuem directamente para a produção, negócios e lucros de uma empresa; investimentos em carteira. **V. Assets, Portfolio, Scorecard (*).**

EARNING ASSETS RATIO – *PF. CO.* Rácio que calcula a participação dos **Earning Assets** na produção, no lucro da empresa ou na carteira de investimentos. **V. Assets, Portfolio, Scorecard (*), EBIAT, EBIT, EBITD, EBT.**

EARNING CAPACITY STANDARD – *CF. CO.* Avaliação da capacidade de produção de lucros de uma empresa. **V. Credit Risk.**

EARNING PER SHARE (E.P.S.) – *MC. DS. CO.* Também conhecido como **Return on Equity**. O lucro líquido de uma empresa dividido pelo número total de Acções que constituem o seu capital subscrito. Uma das formas de **Return on Investment** ou **ROI**.

EARNING POWER – *MC. B. DS.* Capacidade de uma empresa fazer face às despesas de produção, custos operacionais, flutuação de vendas, constituição de reservas e pagamento de dividendos de uma forma constante e estável. **V. Credit Risk, Scorecard (*).**

EARNINGS – *CO. CF. MC. PF.* Termo usado de forma ampla e que, por vezes, induz a interpretações menos correctas. Alguns autores embora o considerem como

Direito de Negócios – Dicionário Inglês-Português

sinónimo de **income**, separam-no de **profit**, por forma a que **earnings** represente apenas receitas brutas. Seja como fôr, há duas variações quanto seu significado: **1.** Lucros, mais valias, receitas lucrativas; e **2.** Receitas brutas.

EARNINGS BEFORE INTEREST AFTER TAXES (ou EBIAT) – *CF. CO.* Lucros apurados antes de deduzir juros mas após deduzir impostos. *V.* **EBIT, EBITD, EBT, Earnings, Interest, Tax, Ratios.**

EARNINGS BEFORE INTEREST AND TAXES (ou EBIT). – *CF. CO.* Lucros apurados antes de deduzir juros e impostos. *V.* **EBIAT, EBITD, EBITDA, EBT, Earnings, Interest, Tax, Ratios.**

EARNINGS BEFORE INTEREST, TAXES AND DEPRECIATION (ou EBITD) – *CF. CO.* Excedente bruto de exploração; lucros apurados antes de deduzir juros, impostos e depreciação. *V.* **EBIAT, EBIT, EBITDA, EBT, Earnings, Interest, Taxes, Depreciation, Ratios.**

EARNINGS BEFORE INTEREST, TAXES, DEPRECIATION AND AMORTIZATION (ou EBITDA) – *CF. CO.* Lucros apurados antes de deduzir juros, impostos, depreciação e amortização. *V.* **EBT, EBIAT. EBIT, Earnings, Interest, Taxes, Depreciation, Amortization, Ratios.**

EARNINGS NEFORE TAXES (ou EBT) – *CF. CO.* Lucros apurados antes de deduzir impostos. *V.* **EBIAT, EBIT, EBITD, EBITDA, Earnings, Interest, Taxes, Depreciation, Amortization, Ratios.**

EARNINGS PRICE RATIO – *DS. MC. CO.* Rácio entre os dividendos ou juros e outros benefícios auferidos por uma Acção ou Obrigação (**bond**) e a sua cotação no mercado. O oposto de **Price-Earnings Ratio**. **EARNINGS STATEMENT –** *CO.* Conta de resultados. *V.* **Profit**.

EASEMENT – *DR.* Servidão; direito de usar a totalidade ou parte de um bem ou propriedade de um terceiro para finalidade específica, normalmente em caso de interesse público. As companhias concessionárias de serviços públicos (telefone, electricidade, etc) são as habituais beneficiárias de *easement*. *V.* **Concession, Eminent Domain**.

EASE-OFF – *MC.* Redução mínima percentual na cotação de **securities** ou **commodities**, sem que isso signifique que haja tendência de baixa no mercado.

EASING OF CREDIT – *FIP.* Levantamento de restrições de crédito.

EASING OF LIQUIDITY – *EC.* Reforço, aumento de liquidez.

EASTERN EXCHANGE BANKS – *UK.* Associação de bancos estabelecidos em Londres com agências ou dependências no extremo oriente.

EASY MONEY – *EC. B.* Conjuntura do mercado bancário em que, devido à existência de abundantes **Excess Reserves** é possivel obter financiamentos a taxas de juro reduzidas. *V.* **Accomodating Monetary Policy**.

E-COMMERCE – *V.* **Electronic Commerce.**

ECONOMETRIC MODEL – *EC.* Modelo económico ou de inter-correlação de factores e agentes calculado com base em técnicas econométricas. Pode também ser aplicado em escalas macro-económicas. *V.* **Wharton Model**.

ECONOMETRICS – *EC.* Econometria; conjunto de técnicas estatísticas aplicadas para calcular, antecipar, prever e medir dados relacionados com a economia, finanças e gestão financeira.

ECONOMIC CYCLE – *EC. V.* **Business Cycle.**

ECONOMIC EFFICIENCY – *EC.* Utilização adequada e eficiente de recursos, sem perdas nem uso inapropriado dos mesmos.

ECONOMIC FORECAST – *EC.* Previsão económica.

ECONOMIC FRAMEWORK – *EC.* Contexto, quadro económico. O mesmo que **Economic Settings**.

ECONOMIC GOOD – *MC.* **Commodity** que, por não ser abundante, tem boa procura e pode ser facilmente negociável.

ECONOMIC GROWTH – *EC.* Crescimento, desenvolvimento económico, medido pelo crescimento do **Gross National Product**.

ECONOMIC INDICATORS – *USA. EC.* Índices económicos usados para avaliar as tendências gerais cíclicas da economia. Definidos e analisados pelo *National Bureau of Economic Research* – *NBER* desde 1938, compõem-se de **leading, coincident** e **lagging indicators**. Lista dos 11 principais *leading indicators* em 2005:

1. média de horas semanais de produção na *indústria transformadora;*
2. média semanal de *declarações de desemprego* enquadradas nos programas de seguro contra o desemprego;
3. *novas encomendas* recebidas pela indústria transformadora;
4. *ritmo de entrega* de encomendas;
5. *contratos e encomendas* para a construção de projectos industriais;
6. número de *pedidos de licença para a construção de casas* (fins habitacionais);
7. transferências de *inventários;*
8. mudança nos preços de *matérias-primas* ou materiais básicos;
9. *índice de preços* de Bolsas de Valores;
10. *oferta bancária de crédito;* e
11. *mudanças nos ramos de negócios* e valores de créditos concedidos aos consumidores.

ECONOMIC LOSS – Conceito de **Torts** (*) aplicado a lucros cessantes, ou seja, todos os prejuízos sofridos por terceiros que afectaram o seu poder ou capacidade económica, ainda que os mesmos só se venham a constatar posteriormente. Exemplo – no caso de alguém acidentalmente derrubar um lagar de um olivicultor, as perdas (**damages**) resultantes da perda das silos do azeite, dos **stocks** de azeite para venda e reconstrução das edificações, são distintas das perdas económicas sofridas pelo olivicultor ao não poder extrair e vender o azeite das suas oliveiras, sobretudo se no ano em questão, o preço tiver uma alta apreciável. *V.* **Losses.**

ECONOMIC PROFIT – *EC. CO.* Saldo obtido ao subtrair o total de rendimentos (**total revenue**) de todos os custos globais (**total costs**). É sempre inferior ao **Accounting Profit**. *V.* **Revenue, Costs.**

Direito de Negócios – Dicionário Inglês-Português

ECONOMIC RECOVERY LOAN – *FIP. C.* Financiamento concedido por um OMD para a recuperação económica de um país membro. *V.* **Emergency Reconstruction Loan**.

ECONOMIC RENT– *EC. DT.* Nível mínimo de salário ganho por um trabalhador que o leva a não mudar de emprego em função das ofertas de mercado de trabalho. *V.* **Labour.**

ECONOMIC REPORT OF THE PRESIDENT – *USA. EC.* Relatório anual sobre o estado geral da economia norte-americana, elaborado e divulgado pelo Conselho de Consultores Económicos do Presidente (*President´s Council of Economic Advisors*) nos termos do *Full Employment and Balanced Growth Act de 1978*.

ECONOMIC SERVICE LIFE – *DR. CO.* Vida útil de um bem ou equipamento. *V.* **Asset**.

ECONOMIC THEORY OF PRICING – *EC.* Teoria geral de preços; compara os níveis de oferta e de procura em regime de livre concorrência, monopólio ou oligopólio. *V.* **Demand, Supply, Prices**

ECONOMIC WARFARE – *EC.* Conflito/guerra económica entre dois países.

ECONOMIES OF SALE – *DS. PF.* Comparação da qualidade e quantidade de produção de uma empresa com o nível e tamanho da sua actividade comercial ou industrial. Um dos factores marcantes da especialização da empresa. *V.* **Scorecard**.

ECONOMIES OF SCOPE – *DS. PF.* Ganhos nos custos de produção quando uma empresa utiliza as mesmas técnicas, máquinas e equipamentos para uma gama diversificada de produtos ou mercadorias.

EDX LONDON Ltd. (ou EDX) – *MC. UK.* Divisão da **London Stock Exchange** criada em 2003, que transacciona exclusivamente com derivativos. Partilhando da tecnologia da **OXM** neste mercado específico, as suas operações estão associadas com as Bolsas de Valores de Estocolmo, Copenhaga e Oslo, entre outras.

EE SAVINGS BONDS – *USA. MC.* Obrigações (**Treasury Bills** ou **T-Bills**) do tesouro norte-americano, emitidas com valores unitários de 50, 75, 100, 200, 500, 1.000, 5.000 e 10.000 Dólares, respectivamente. Remivéis a 10 anos, embora o governo o possa fazer a qualquer momento depois de 6 meses da respectiva data de emissão. A taxa de juro é crescente – normalmente, cerca de 4.16% durante os primeiros seis meses até um **cap** de 7.5%, ao final de 5 anos. Limitada a subscrição a 15.000 Dólares por investidor. Não podem ser oferecidas em caução, penhor ou outro tipo de garantia real e beneficiam de algumas vantagens fiscais *V.* **Bonds**.

EFFICIENCY – 1. *EC.* Uso adequado e eficaz de bens e recursos económicos por forma a tirar o melhor rendimento possível dos mesmos; 2. *CO.* Um dos requisitos de **Accounting**.

EFFECTIVE DEMAND – *EC.* Conceito Keynesiano de procura efectiva que corresponde ao ponto de encontro da curva de procura global e da curva de oferta global. *V.* **Demand.**

EFFECTIVE INTEREST RATE – *B. C.* Taxa de juros efectiva, real. *V.* **Interest**.

EFFICIENT MARKET – *MC.* Mercado financeiro que leva em linha de conta todos os dados informativos disponíveis que possam influenciar as cotações.

EFFICIENT PORTFOLIO – *MC.* Carteira de títulos (**portfolio**) ou fundo de investimento que obedece a dois requisitos básicos:
1. não existir outra carteira de títulos ou fundo de investimento com maior rendimento médio (relativamente ao risco de investimento); e
2. não existir carteira de títulos ou fundo de investimento com menor grau de risco (relativamente ao rendimento pré-determinado).

EFFECTIVE THRESHOLD PRICE – *EC.* Preço mínimo efectivo de importações. No caso da UE é especialmente aplicável aos preços de cereais provenientes de países não membros.

EFFLUENT FEE – *PF. ENV. DF.* Taxa paga por uma empresa para que seja autorizada a fazer descargas de resíduos poluídos no meio-ambiente, em vez de os ter que limpar ou efectuar tratamentos químicos ou neutralizadores dos seus efeitos nocivos. **V. Dumping, Environment, Clean-Up Cost.**

EJECTMENT – *DR.* Despejo; recuperar a posse de um imóvel através de acção judicial. Também usado **Evict** (despejar) e **Eviction** (despejo).

ELASTICITY OF DEMAND – *EC. DS.* Estudo da rácio entre o aumento da procura de um produto ou bem e a mudança de algumas variáveis macro ou micro-económicas tais como o preço, o preço de produtos concorrentes, o poder de compra do consumidor, etc. **V. Offer, Demand.**

ELASTICITY OF SUBSTITUTION – *EC. DS.* Análise da inter-relação entre capital e mão-de-obra e da medida em que o aumento de um pode reduzir o outro. Uma *Elasticity of Substitution de valor zero* significa que capital e mão-de-obra são sempre usados em proporções fixas.

ELECTRONIC – Electrónico, informático ou relativo a tais temas ou matérias. Os termos em língua inglesa que lhe estão associados são obviamente inúmeros e não caberiam no contexto específico deste livro. Enumeramos abaixo apenas os que parecem mais consentâneos:
1. **Electronic Business, Electronic Commerce** (ou **E-Business, E-Commerce)** – *B. DC. DF.* [29] Todo o tipo de transacções, operações e troca de informações do mundo empresarial, do comércio, de serviços (públicos e privados), de negócios e de consumo que são efectuadas por via informática, seja entre empresas (**B2B**); entre empresas privadas e pessoas (**B2C**), seja entre entidades públicas ou reguladoras do mercado, fiscalizadoras, normativas. Inclui:
   • o acesso, construção e manutenção de bases de dados e *sites* de consulta (**data base**);
   • recebimento, envio e processamento de documentos públicos, judiciais, declarações de impostos, remessa dos respectivos documentos comprovativos e consulta da situação fiscal dos contribuintes, etc.;

---

[29] Ainda que certo autores separem **E-Business** de **E-Commerce**, preferimos incluir ambos no mesmo verbete já que as suas actividades estão tão intrinsecamente ligadas nos chamados *pontos de saída e pontos de entrada*

Direito de Negócios – Dicionário Inglês-Português

- pagamentos de contas e transferências bancárias (denominadamente de telefones, àgua, electricidade, outros serviços públicos bem como impostos e taxas);
- consultas de dados de **marketing** e de compra venda de bens de consumo;
- consultas de cotações de taxas de juros, de serviços financeiros e de **commodities**/futuros e suas compras e vendas; compras / vendas no mercado "**spot**" ou a futuro;
- concursos públicos (**public tender**) de obras públicas e privadas e leilões de melhor preços em prestação de serviços ou aquisições de mercadorias (ex.: via correctores especializados);
- reservas e pagamento de passagens rodoviárias, ferroviárias, marítimas e aéreas, etc.

O seu campo parece crescentemente inesgotável, continuando entretanto a ser ainda algo problemático como as autoridades fiscais irão controlar este incessante fluxo de novas actividades económicas. *V.* **Internet, E-Money;**

2. **Electronic Credit** – *B. DC.* Transacções comerciais informáticas (nomeadamente de compra e venda) usando cartões de crédito. *V.* **Internet, E-Money;**
3. **Electronic Data Processing** – Processamento de dados;
4. **Electronic Data Processing in Accounting** – *CO.* Sistema de computadores em rede que processa diariamente os dados contabilísticos de uma empresa;
5. **Electronic Funds Transfer** ou **EFT** – *B.* Transferência electrónica de fundos de uma conta para outra em vez de utilizar cheques ou outros instrumentos bancários. O dinheiro assim transferido/debitado ou creditado é conhecido como **E-money;** *V. EPOS, EFTP;*
6. **Electronic Money** (ou **E-Money**) – *B.* Valores monetários pagos, transferidos, creditados através de meios informáticos. *V.* **Electronic Funds Transfer, Electronic Credit, Internet;**
7. **Electronic Point of Sale.** *V. EPOS, EFTP.*

ELEGIBLE BORROWER – *PF. B. ENV.* Empresa que se qualifica para pedir e obter um financiamento,

(i) porque cumpre com requisitos prévios de protecção das populações, comunidades, ecosistemas e meio ambiente onde operam as suas actividades industriais; ou

(ii) porque não excede certos limites de capital, nível de negócios e montante de Activos (aplicável no caso de linhas de crédito a PMEs, por exemplo). *V.* **Equator Principles, Assets, Capital, Credit Line, MSEs.**

EMBEZZLEMENT – *CR.* Apropriação fraudulenta de um bem por parte de um funcionário público ou outra pessoa que actua como fiel depositário. Não se confunde com **Larceny** ou **Burglary** que implicam a apropriação de um bem de terceiro através de **Assault** ou **Trespass**. Também não se confunde com **Swindling** (obter dinheiro sob falsos pretextos ou invocando falsos motivos). *V.* **Fraud, Torts (*).**

EMERGENCY RECONSTRUCTION LOAN – *EC*. Empréstimo ou financiamento concedido por um OMD, destinado à reconstrução económica de um país membro após a ocorrência de uma catástrofe ou desastre natural de grandes proporções. *V.* **Economic Recovery Loan**.

EMERGING COUNTRY – *EC*. País em vias de desenvolvimento. *V.* **Developing Country**.

EMERGING MARKETS – *MC*. Mercados incipientes de valores mobiliários mas cujo desenvolvimento se revela promissor. **V. Big Emerging Markets ou BEM.**

EMINENT DOMAIN – *DR*. Direito conferido a certas autoridades públicas e governamentais de se apropriar de bens privados para os destinar ao serviço público mediante justa indemnização. Caso de companhias de electricidade que invocam *eminent domain* para fixar e implantar postos de transformação ou torres de transporte de energia em propriedade privada. *V.* **Easement**, **Expropriation**, **Deprivation**.

EMPHYTEUTIC LEASE – *C. DR*. Enfiteuse, contrato pelo qual se cede o uso e posse de uma propriedade a título perpétuo (ou por largo período de tempo), com a condição de que o beneficiário cultive e faça o aproveitamento económico (ex.: agrícola ou pecuário) de tal propriedade. Normalmente transferível para herdeiros e sucessores. Este instituto jurídico continua em vigor em alguns PALOPs.

Countries	Market Size		Market Growth Rate		Market Intensity		Market Consumption		Economic Freedom		Country Risk		Overall Index	
	Rank	Index	Rank	Index	Rank	Index	Rank	Index	Rank	Index	Rank	Index	Rank	Index
CHINA	1	100	1	100	25	23	12	59	27	1	13	49	1	100
INDIA	2	44	3	63	22	37	7	77	17	44	16	39	9	55
RUSSIA	3	34	15	38	23	30	16	53	25	5	17	35	13	35
BRAZIL	4	25	26	2	20	39	24	13	13	55	19	28	23	14
MEXICO	5	12	25	9	8	60	21	27	11	63	12	52	14	32
INDONESIA	6	12	13	45	21	38	8	72	21	37	24	13	21	15
S. KOREA	7	12	16	30	5	63	2	99	7	78	4	65	6	75
S. AFRICA	8	8	17	28	15	49	25	1	9	75	14	44	24	10
TURKEY	9	8	7	55	12	57	10	67	16	45	20	27	11	37
PAKISTAN	10	6	5	57	6	62	5	81	23	10	25	10	20	15
PHILIPPINES	11	5	21	22	7	60	18	47	19	42	23	17	22	14
TAIWAN	12	5	6	57	11	57	-	-	8	76	3	87	4	79
SAUDI ARABIA	13	5	4	59	27	1	-	-	22	15	7	62	18	18
POLAND	14	5	27	1	10	58	6	80	5	82	9	58	10	46
ARGENTINA	15	5	10	48	4	65	20	39	14	49	27	1	17	21
EGYPT	16	4	14	43	14	50	9	70	26	3	18	29	19	18
THAILAND	17	4	11	46	18	44	14	54	15	49	15	43	15	31
VENEZUELA	18	4	8	51	24	27	17	52	24	5	26	4	26	3
COLOMBIA	19	4	23	20	19	42	22	17	18	44	21	20	27	1
MALAYSIA	20	3	2	70	26	19	19	42	20	39	11	53	12	35
CHILE	21	2	19	25	17	44	23	13	1	100	10	57	16	26
PERU	22	2	22	20	16	46	15	53	12	62	22	19	25	9
CZECH REP.	23	2	9	48	13	55	3	97	2	93	6	63	7	73
HONG KONG	24	1	20	23	1	100	13	54	6	79	2	90	2	96
ISRAEL	25	1	12	45	2	79	4	82	3	86	5	63	5	78
HUNGARY	26	1	24	14	3	76	1	100	4	83	8	62	8	64
SINGAPORE	27	1	18	27	9	59	11	62	10	71	1	100	3	93

Exemplo de *Emerging Markets em 2005*. Fonte: IDA.

EMPLOYEE COMPENSATION – *DT.* Todos os benefícios pecuniários, financeiros ou sem expressão monetária directa recebidos por um trabalhador. Inclui salários, gratificações, prémios de produtividade, assistência médica, refeições no local de trabalho, direito a transporte, ajudas de custo, etc. *V.* **Fringe Benefits**.

EMPLOYEE STOCK OPTION PROGRAM (ou ESOP) – *DS. DT.* Programa criado por uma empresa para incentivar e convidar os seus trabalhadores a tornarem-se accionistas ou sócios da mesma empresa. O pagamento das Acções é facilitado em prestações (deduzido do salário ou gratificações ou através de linha de crédito aberta pela própria empresa) ou pode ser subscrito por compensação de horas extraordinárias ou prémios de produtividade. A evolução mais recente do mercado (2006) mostra entretanto uma tendência diferente – algumas empresas estão a usar o ESOP como forma de conseguir financiar os seus projectos de custos mais elevados, devido a falta de capitalização interna ou dos bancos não quererem elevar mais as suas margens de risco de crédito. Ou seja, o ESOP transformou-se numa instrumentalização de captar recursos adicionais e não apenas propiciar ao trabalhador uma maior estabilidade ao ser também sócio ou accionista. *V.* **Incentive Stock Option**.

EMPORIUM – *DC.* **1.** Centro comercial importante; **2.** Estabelecimento comercial de grandes dimensões.

ENABLING AUTHORITY – *UK. PF.* Organismo ou entidade pública a quem compete delegar ou contratar a prestação de serviços de utilidade pública a terceiros, denominadamente a empresas do sector privado. *V.* **BOT Projects**.

ENACT/ENACTEMENT–Promulgar, dar forma legal final a um texto / deliberação.

ENCASHMENT – *MC.* Recebimento de dinheiro como resultado da venda de valores mobiliários (**securities**) ou outros bens de investimentos financeiros, ou seja, realização da liquidez das mais valias correspondentes.

ENCUMBRANCE – *DR.* Ónus, consequência de constituir uma garantia real sobre um bem ou activo. *V.* **Entail**.

END OF LIFE VEHICLE (ou ELV) – *ENV.* Veículos automóveis cuja vida útil cessou e que, nos termos da legislação de protecção do meio ambiente aplicável têm que ser desmantelados, processados e reciclados. Uma das matérias que tem merecido maior atenção por parte dos EUA e da UE e que apresenta franca expansão em Portugal onde o termo ELV é substituído por *VFV – Veículo em Fim de Vida*. *V.* **ADR**.

ENDORSE – 1. Apoiar uma ideia ou decisão; **2.** *B. DC.* Endossar cheque, um título de crédito. **Endorser** e **Endorsee**, endossante e endossado, respectivamente.

ENDORSEMENT – *DC.* Endosso, assinatura no verso de um cheque / título de crédito pelo qual se transfere a propriedade do mesmo e a cuja ordem, consequentemente, tal título passa a ser pagável. Pode ser:
- **in blank** (em branco, sem identificar o novo titular); ou
- **in full** (identificando o novo titular).

ENDOWMENT – 1. *EC.* Vantagem económica comparativa de um país atendendo às características conjunturais do momento; **2.** Capacidade de desenvolvimento de um indivíduo em função da sua hereditariedade ou constituição física; **3.** *DC.* Seguro de vida cujo valor pode ser redimido quando o segurado (nomeadamente por ter atingido idade avançada) deixou de ser um elemento económico produtivo, independentemente da sua invalidez ou doença permanente. *V.* **Insurance** (*).

ENDOWMENT FUND – *MC*. Fundo de que apenas se utilizam os juros e rendimentos, mantendo-se intacto o seu capital.

ENFORCE – **1**. Pôr em vigor, aplicar, fazer vigorar; **2**. *C*. Aplicar uma cláusula ou dispositivo contratual na sua plenitude ou contexto.

ENFORCEABLE CLAUSE/COVENANT – *C*. Cláusula contratual que é exequível, que pode ser executada.

ENJOYMENT – *DR*. Usufruto de um bem ou direito, independentemente de se ser ou não o seu legítimo proprietário. Pode levar à aquisição da referida titularidade através de prescrição aquisitiva. **V. Abandonment**.

ENGEL'S LAW – *EC*. Teoria económica que defende que à medida que o rendimento de uma família aumenta, o consumo por esta de bens de primeira necessidade (ex. alimentação) diminui em termos percentuais. Por outro lado, quanto mais baixo o rendimento de uma família, maior será a percentagem da despesa em alimentação. Veja-se o exemplo abaixo:

Cenário A: * Rendimento = €100
            * Consumo de bens alimentares = €20
            * % Rendimento absorvido em alimentação = 20%

Cenário B: * Rendimento = €150
            * % Rendimento absorvido em alimentação = 16%

Padrão de despesa na alimentação
(*Engel's Law*)

Exemplo de *Engel's Curve*

ENGROSSMENT – *DP*. Embargo, arresto, açambarcamento de mercadorias. *V.* **Charge, Lien**.

ENHANCED RECOVERY – *EC*. Recuperação económica com sinais de progresso.

Direito de Negócios – Dicionário Inglês-Português

ENHANCED STRUCTURAL ADJUSTMENT FACILITY (ou E.S.A.F.) – *EC.* Recursos disponibilizados pelo Fundo Monetário Internacional para beneficiar os países membros mais pobres por forma a desenvolver um dinâmico programa de desenvolvimento económico de três anos e melhorar a respectiva balança de pagamentos. *V.* **International Monetary Fund**.

ENLARGMENT – *UE.* Processo de adesão e entrada de Estados como novos membros da UE. À data deste Dicionário, a UE tinha 27 Estados membros:

- **Estados fundadores**: Bélgica, França, Alemanha, Itália, Luxemburgo e Holanda;
- <u>1973</u>: Dinamarca, Irlanda e Reino Unido;
- <u>1981</u>: Grécia;
- <u>1986</u>: Portugal e Espanha;
- <u>1995:</u> Áustria, Finlêndia e Suécia;
- <u>2004 e 2007</u>: Chipre, República Checa, Estónia, Hungria, Letónia, Lituânia, Malta, Polónia, Eslováquia, Eslovénia, Bulgária e Roménia.

A Croácia, Macedónia e Turquia eram países candidatos desde 3 de Outubro de 2005. Possíveis candidatos: Albânia, Bosnia-Herzegovina, Montenegro. **V. Deepening**.

ENTAIL – *DR.* Ónus real sobre bens, estabelecendo certa ordem entre os créditos garantidos. **Entailed Property –** *DR.* Bens onerados, sobre os quais existem garantias reais. *V.* **Encumbrance, Liens, Charges**.

ENTRAPMENT – *CR.* Induzir alguém a cometer um acto ilegal ou criminoso, por forma a poder levar o seu autor a ser processado judicialmente. **V. Decoy.**

ENTREPENEURSHIP – *DS. CF.* Administração, gestão de empresas.

ENTREPÔT – *DC.* Zona franca (aeroportos, portos marítimos). *V.* **Free Zone, Draw-Back, Tax.**

ENTREPÔT TRADE – *DC.* Re-exportação. *V.* **Free Zone, Draw-Back.**

ENTERPRISE POLICY – *EU.* Política definida pela UE no Conselho Europeu de Lisboa (23 e 24 de Março de 2000) no sentido de propiciar até 2010 um clima económico europeu que levasse à criação e desenvolvimento de emprego e de negócios (**sustainable growth**) com especial atenção à criação, apoio e desenvolvimento das pequenas e médias empresas (<u>**small and medium-sized enterprises – SMEs (*)**</u>).

ENVIRONMENT – 1. *DIP. ENV.* Meio ambiente; o conjunto das inter-acções entre os componentes e elementos das forças geológicas, metereológicas e da fauna e flora da Terra com a convivência humana numa determinada área, região ou país. Durante algum tempo os estudos da relação do homem com a natureza eram confinado à Ecologia mas parece inquestionável que o seu âmbito foi ultrapassado na última década do século XX, dando origem a campos bem mais vastos de políticas mundiais, regionais e sectoriais (<u>environmental politics</u>) como de conceitos de economia ambiental (<u>sustainable development</u>) em que sem prejudicar o crescimento económico mundial, se possa também não hipotecar as condições mínimas de dignidade humana quanto a saúde das populações e da comunidade internacional; **2.** *PF.* O conjunto de legislação, regulamentos e políticas públicas ou institucionais aplicáveis a uma empresa e que esta tem que cumprir, aplicar e manter, sob pena de sanções e multas, incumprimento contratual e custo de reparações (**polluter pays principle**) causadas por tal incumprimento. **V. Greenbanking, Corporate Green, Clean-Up Costs, Natura 2000, Kyoto Protocol, Equator Principles, Environmental Impact Assessment; International Standardization Organization ou ISO; 3. DT.** O ambiente de trabalho de uma empresa, seja quanto à segurança dos funcionários; limpeza, ventilação e salubridade das instalações, seja quanto ao bom relacionamento entre operários, funcionários, corpos gerentes e de administração.

ENVIRONMENTAL IMPACT ASSESSMENT – *ENV. PF.* Avaliação minuciosa e faseada do impacto nas populações, no meio-ambiente e nos ecosistemas que podem resultar de projectos de infra-estruturas (ex. pontes, auto-estradas, aeroportos, etc), industriais (metalurgias, fábricas de cimento, empresas de reciclagem, etc.) ou de qualquer outro tipo de projecto. Embora tais estudos sejam normalmente iniciados pelas próprias empresas, pelo Estado ou ainda pelos potenciais financiadores de um projecto como parte do **Feasibility Report**, as **OGN**s vêm a desempenhar um papel muito importante nesta área, como analistas independentes. Actualmente denominada **Social and Environmental Assessment** sob a égide dos **Equator Principles** quando bancos e instituições financeiras estão envolvidas nos projectos industriais a realizar e financiar. *V.* **Enviroment, Kyoto Protocol, Greenhouse Effects, Corporate Green, Banking Green, Clean-Up Costs, Sustainable Development, Natura 2000, International Standardization Organization ou ISO e Lista de OGNs que cooperam na defesa e protecção do Meio Ambiente no Glossário deste Dicionário (*).**

ENVIRONMENTAL LIABILITY – *ENV. PF. UE.* Uma consequência do «**polluter pays principle**". Há dois tipos de e**nvironmental liability**: **1.** a que não carece de qualquer prova, porque deriva de uma lista de actividades previamente definidas por lei ou no âmbito da **Natura 2000** como sendo de alto risco, perigosas ou tóxicas (**V. Hazmat**); e **2.** a consequente de danos causados ou do sério risco (**imminent risk**) de virem a ser causados por quaisquer outras actividades devido a negligência (**neligence**) ou dolo da empresa ou entidade que os praticou (ou poderá praticar). Neste caso tem que se fazer prova da causalidade dos danos ambientais emergentes. No caso da UE, o tema está regulado pela **Directiva 2004/35/EC.**

ENVIRONMENTAL POLICY – *ENV.* Conjunto de Directivas, políticas e normas de protecção e defesa do meio ambiente e de ecologia da UE. À data da publicação deste Dicionário, o conjunto básico de tais disposições e políticas assentava no **Natura 2000**, *Single European Act, London Sea Act* e na *Directiva de 1990*, com as suas alterações de 1995, 1999, 2001 e 2004 mas esperam-se novos textos legislativos em breve.

ENVIRONMENTAL POLITICS – *ENV.* Divergência entre as classes políticas e económicas de diversos Estados e os diversos movimentos ecologistas e **NGOs** que a nível mundial se digladiam entre (i) manter ou desenvolver actividades conómicas que são causa directa ou indirecta de poluição e degradação da flora, fauna e meio ambiente local, regional e mundial; ou (ii) reduzir ou reprocessar a mesmas, com inerentes custos macro-económicos, empresariais e de mercados. Uma forma ponderada de acomodar os dois lados parece ser o desenvolvimento prático do conceito de **Sustainable Develo-**

Direito de Negócios – Dicionário Inglês-Português

pment. *V.* **Environment, Natura 2000, Enviromental Liability, Green Development e Lista de OGNs que cooperam na defesa e protecção do Meio Ambiente no Glossário deste Dicionário (*).**

ENVIRONMENTAL PROTECTION ACT – *UK. ENV.* Lei aprovada em 1990 (com as alterações introduzidas em 1996 e 1998) que estabeleceu os princípios normativos de combate à poluição e defesa do meio ambiente no Reino Unido. *V.* **Environment, Natura 2000, Kyoto Protocol, Greenhouse Effects, Corporate Green, Banking Green, Sustainable Development.**

ENVIRONMENTAL PROTECTION AGENCY (EPA) – *USA. ENV.* Departamento público de protecção do meio-ambiente do governo norte-americano que coordena e fiscaliza a aplicação das políticas ecológicas e de protecção ao meio ambiente. Criado em Dezembro de 1970 não aplica os princípios do **Kyoto Protocol**. *V.* **Environment, Greenhouse Effects, Corporate Green, Banking Green, Sustainable Development.**

EQUAL COVERAGE – *MC. C.* Previsão contratual pela qual o titular de uma Obrigação (**bond**) emitida sem qualquer garantia, tem o direito de trocá-la pelo mesmo tipo de qualquer nova Obrigação que a empresa venha a emitir no futuro.

EQUAL CREDIT OPPORTUNITY ACT – *USA. B.* Lei que garante que a concessão ou recusa de crédito por parte de um banco ou instituição financeira deve ser feita sem qualquer discriminação, com justiça e imparcialidade. A lei é na verdade a *Regulation B of the Federal Reserve Board* e sanciona o banco ou instituição financeira que recusar conceder crédito ou limitar substancialmente o seu valor, baseado em factores raciais; religiosos; de orientação sexual; relacionados com a nacionalidade, estado civil ou idade, etc. *V.* **OSHA, Fair Credit Reporting Act.**

EQUAL FULL EMPLOYMENT OPPORTUNITY COMMISSION – *USA. DT.* Criada no contexto do *Civil Rights ́Act of 1964,* tem como funções assegurar que a obtenção ou recusa de emprego por parte de qualquer empresa ou entidade empregadora é feita sem qualquer discriminação racial; religiosa; de orientação sexual; de nacionalidade; estado civil ou idade. Os mesmos princípios se aplicam quanto a oportunidade de promoção e desenvolvimento profissional, formação profissional, níveis salariais, descrição de funções ou tarefas, etc. *V.* **OSHA.**

EQUAL PRINCIPAL REPAYMENT SYSTEM – *B.* Pagamentos (**repayment**) de capital, de financiamentos e empréstimos em prestações ou amortizações sucessivas de valor igual.

EQUALIZATION – *FIP. EC.* Fundo de estabilização cambial.

EQUATION OF EXCHANGE – *FIP. EC.* Fórmula de matemática financeira que permite determinar a velocidade de circulação monetária numa determinada economia ou seja, o número de vezes que a mesma unidade monetária é trocada na compra de bens e serviços, pagamento de salários, compra de equipamentos, etc. A equação relaciona **M** (para *money,* dinheiro), **V** (para *velocity,* velocidade) por forma a que **M** x **V** = **Y**. Na verdade, **Y** acaba por representar a frequência com que bens e serviços são adquiridos ou contratados numa economia e tem natural impacto no **Gross National Product** ou **GNP**.

EQUATOR PRINCIPLES – *ENV. OMD. B.* ** Conjunto de princípios, regras e políticas de defesa e salvaguarda das populações, comunidades e meio ambiente constituídas em 2002 (e revistas em 2006) pela **IFC- International Finance Corporation, uma OMD do Grupo do Banco Mundial. Adoptadas voluntariamente à data deste Dicionário por cerca de uma centena de bancos e instituições financeiras de diversos países, entre os quais Portugal e Brasil, o seu objectivo é tornar ambas as partes (a entidade financiadora e a financiada) responsáveis (*socially responsible*) pelos efeitos que possam afectar as sociedades, o meio ambiente e os ecossistemas (*potential social and environmental effects*) onde a realização de projectos industriais ou de natureza similar se efectuam. *V.* **mais detalhes no Glossário deste Dicionário (*), Environment, Banking Green, Corporate Green, Kyoto Protocol, Environmental Impact Assessment, Eligible Borrower.**

EQUITIES – 1. *PF. C.* ** As Acções que constituem o capital de uma sociedade anónima; **2. *CO.* ** Em termos contabilísticos, **Equities deve sempre ser igual a **Assets** (*Assets = Equities*), incluindo-se as dívidas pagáveis por terceiros (*debts payable by outsiders*) e o capital subscrito. *V.* **Capital**.

EQUITY – 1. Sistema jurídico e judicial do Reino Unido e dos EUA, por oposição a **Common Law** e *Civil Law* que tem como objectivo final, a justiça e o equilíbrio (*fairness and balance*) dos interesses das partes baseada nos antecedentes judiciários de casos semelhantes (**precedents**); **2.** Parte do património individual em que o valor dos imóveis excede os encargos e ónus reais (empréstimos de casa própria, hipotecas, penhores sobre esses imóveis) sobre os mesmos; **3. *PF.* ** Designação genérica de investimentos de capital e reservas de uma empresa, valor de Acções subscritas, exercício de direitos de preferência, chamadas de aumento de capital, etc. Principais expressões derivadas:

1. **equity issue** – Emissão de Acções. *V.* **Debt, Shareholders´ Equity;**
2. **equity financing** – *PF. DS.* Financiamento através da subscrição de capital de uma empresa, seja em numerário seja em espécie. O mesmo que **equity Investment**;
3. **equity funding** – *B.* Uma operação combinada de investimento de capital, seguro e empréstimo. O investidor adquire Acções de um **mutual fund**, oferece estas em penhor a um banco que, em troca, lhe concede um crédito diminuindo assim o custo do prémio da apólice de seguro;
4. **equity-like instrument** – *PF. C.* Empréstimo ou financiamento estruturado de tal forma que possa vir a ser convertido em capital da empresa financiada. *V.* **Convertible Loans, Profit Sharing Agreements;**
5. **equity loan** – *DR. B.* Empréstimo para compra de casa própria ou outra propriedade;
6. **equity investment** – *CF.* Financiamento através da subscrição de capital de uma empresa, em numerário ou em espécie mas com vinculação dos recursos ao objectivo social da empresa ou projecto em análise. O mesmo que **Equity Funding**;
7. **equity trading** – **1. *MC.* ** Mercado de Acções; **2. *DS.* ** Política de gestão financeira que aumenta os lucros de uma empresa recorrendo a empréstimos com

Direito de Negócios – Dicionário Inglês-Português

taxas de juro mais baratas do que os custos/ prémios a pagar se se proceder a aumento de capital; *V.* **Capital:**

8. **private equity** – *PF.* Forma de investimento por parte de investidores profissionais directos ou indirectos (ex. via fundos de investimento) pela qual:
   - aqueles adquirem uma percentagem substancial ou maioritária do capital de uma empresa (ou grupo de empresas);
   - restruturam-na financeira e operacionalmente;
   - dividem a empresa em sub-unidades mais rentáveis (**split over**), dissolvem ou liquidam os sectores ou áreas de menor interesse;
   - para depois oferecer essa participação de capital para recompra (**repurchase option**) por parte dos sócios originais;
   - e, caso a opção de recompra não seja exercida, vendem no mercado a empresa a outros investidores que actuam ou não na mesma área económica.

A actuação deste tipo de investidores profissionais tem constituído nos últimos anos, uma preocupação no âmbito dos princípios de **Corporate Governance**.

EQUITY TURNOVER – *PF. DS.* O mesmo que **Capital Turnover**.

ERGONOMICS – *DT.* Estudo da relação entre o meio de trabalho (máquinas, equipamento, móveis, instalações, etc.) proporcionado ao trabalhador e a comodidade, segurança e desempenho deste.

ERROR – *C. DC.* O termo designa genericamente, qualquer lapso ou falha na leitura, interpretação, recebimento, arquivo, guarda, processamento e transmissão de uma informação, disposição contratual ou documental, dados administrativos, financeiros, económicos, contabilísticos ou de outra natureza. Pressupõe em princípio a ausência de intenção ou dolo mas não certamente a existência de negligência, simples ou culposa, conforme o caso. **Clerical error** – erro de menor importância; simples erro de secretaria ou de cálculo básico, que obviamente resulta de falha humana de certa forma desculpável. (ex.: errar, em termos de correspondência, no número da porta de um endereço – 430 em vez de 340; indicar o saldo devedor como sendo €25.504 quando na verdade é €25.505, etc.). *V.* **Ignorance, Mistake**.

ESCALATOR CLAUSE – *DT.* Cláusula de contrato ou acordo colectivo de trabalho segundo o qual os salários devem aumentar de acordo com a variação de determinado índice de custo de vida escolhido entre a empresa e os sindicatos.

ESCAPE CLAUSE – *C.* Ressalva contratual, cláusula que exclui responsabilidade de uma das partes em determinadas hipóteses.

ESCHEAT – *B. DR.* Nos modernos conceitos de **Common Law**, refere o abandono de propriedade ou bens pessoais por parte do seu titular. Tem especial aplicação no que se refere:
   i. a depósitos bancários;
   ii. a cofres de aluguer;
   iii. a prémios de seguro vencidos; e

iv. a dividendos que permanecem sem utilização ou sem que alguém compareça para os reclamar ou demonstrar ser o novo titular. *V.* **Status of Limitations, Abandonment**.

ESCROW ACCOUNT – *B. CO. CF.* Conta de custódia ou caução que pode ser de dois tipos básicos:

1. conta bancária caucionada; a devedora entrega ao banco, letras, livranças e facturas, etc. que ficam caucionadas para este as cobrar e aplicar o produto ao pagamento do financiamento (**debt service**); e

2. custódia de valores mobiliários (**securities**), outros títulos e documentos entregue a um banco por duas (ou mais) partes enquanto concluem certas negociações, ao fim das quais o banco recebe instruções específicas sobre a entrega definitiva de tais valores ou títulos às partes a quem devem ser entregues ou devolvidos.

Nos dois casos há ainda dois sub-tipos: por valor certo e fixo (**fixed**) ou valor cíclico (**revolving**) em função de uma margem ou percentagem a manter em qualquer momento. *V.* **Account**.

ESSENCIAL GOODS – *DR.* Bens de primeira necessidade. *V.* **Assets**.

ESTABLISH – **1.** Estabelecer, fundar, constituir; **2.** Previsto, estabelecido por um dispositivo legal, regulamentar ou contratual (*established by Article X of Law XX*); **3. DS**. Constituir uma sociedade; *V.* **Articles of Incorporation**.

ESTATE DUTY/TAX – *DF.* Imposto sobre uma herança, imposto *mortis causa*. *V.* **Tax**.

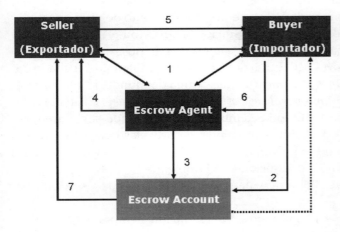

Exemplo de uma *Escrow Acccount*- no caso aplicada a uma operação de importação/exportação.

ESTIMATED COSTS – *CF. PF. CO.* Custos previstos. *V.* **Depreciation, Revaluation.**

ESTOPPEL – *DP.* Proibição legal de alguém negar a veracidade de declaração anterior feita pelo próprio.

EURO (ou €) – Euro, a unidade monetária da maioria dos países da UE cujo valor foi calculado como média ponderada da moedas dos países membros, de acordo com o respectivo nível económico. No que se refere a Escudos, correspondia na data da sua conversão a 200$482.

EURO GAP – *EC.* Escassez de Euros relativamente ao valor dos pagamentos a efectuar nessa moeda. Expressão também utilizada quanto a outras divisas (Yen gap, **Dollar gap**, etc.). *V.* **Gap, Basket of Currencies**.

EUROBOND – *MC.* Obrigação emitida em moeda diferente da do país de emissão ou da moeda do mercado onde é vendido. Ex. **Bonds** emitidos em França em Ienes e vendidos nos EUA.

EUROCURRENCY (ou **EUROMONEY**) – *B.* Termo que perdeu algum do seu significado prático após a introdução e circulação do **Euro**. Mesmo assim refere eurodivisas, depósito de uma determinada moeda feito num país europeu mas fora do país que a emite. Incluem normalmente o Dólar, o Euro, a Coroa Noruguesa e o Franco Suiço. Mais raramente outras moedas europeias.

EURODOLLAR – *B.* Depósito em Dólares fora dos EUA, por um banco ou por um não-residente daquele país.

EUROMARKET – *B.* O mercado conjunto de **Eurocurrencies**.

EURONEXT – *MC.* Associação com sede em Paris das Bolsas de Valores da Bélgica, França, Holanda, Reino Unido e Portugal e que conjuntamente com a **OMX**, incluem na prática a quase totalidade das Bolsas de Valores europeias do ponto de vista operacional. A associação da Euronext com a **New York Stock Exchange** (ou **NYSE**) constituiu sem dúvida, a primeira rede global e mundial de valores mobiliários.

EURONEXT AMSTERDAM – *MC.* Bolsa de Valores de Amesterdão, resultado da fusão em 1997 da *Amsterdam Stock Exchange* (a mais antiga do mundo, já que foi fundada pela *Dutch East India Company -Verenigde Oostindische Compagnie -*, em 1602) com a *European Option Exchange* (ou **EOE**) Em Setembro de 2000 associou-se à **Euronext.**

EURONEXT BRUSSELS – *MC.* Bolsa de Valores de Bruxelas (em inglês, *Brussels Stock Exchange* ou *BSE*; em francês, *Bourse de Bruxelles ;* em flamengo, *Beurs van Brussel*) foi fundada em 1801. Em 2000 associou-se à **Euronext.**

EURONEXT LISBON – *MC.* Bolsa de Valores de Lisboa. Em 2000 associou-se à **Euronext.**

EURONEXT 1000 INDEX – *MC.* O index das 150 maiores empresas *(blue chip index)* quotadas nas Bolsas da **Euronext.**

EURONEXT PARIS – *MC.* A sucessora da famosa *"Bourse de Paris"*. Em Setembro de 2000 associou-se à **Euronext.**

EUROPEAN AGENCIES – *DIP. UE.* Organismos e agências da União Europeia que à semelhança da ONU **(v. Organograma da ONU no Glossário deste Dicioná-**

rio (*)) têm vindo desempenhar crescentes funções específicas e de carácter técnico no âmbito dos diversos programas da UE. Com personalidade jurídica própria e sujeitas directamente à legislação e Directivas da UE, o seu número expandiu substancialmente a partir de 1994-1995. À data deste Dicionário eram cerca de trinta e uma, com sede nos locais adiante indicados:

<u>Genéricas</u>

1. **CdT** — **Translation Centre for the Bodies of the European Union**, Luxemburgo.
2. **CEDEFOP** — **European Centre for the Development of Vocational Training**, Tessalónica, Grécia.
3. **CFCA** — **Community Fisheries Control Agency**, Vigo, Espanha.
4. **CPVO** — **Community Plant Variety Office**, Angers, França.
5. **EASA** — **European Aviation Safety Agency**, Colónia, Alemanha.
6. **ECDC** — **European Centre for Disease Prevention and Control**, Estocolmo, Suécia.
7. **ECHA** — **European Chemicals Agency**, Helsinqui, Finlândia.
8. **EEA** — **European Environment Agency**, Copenhague, Dinamarca.
9. **EFSA** — **European Food Safety Authority**, Parma, Itália;
10. **ETF** — **European Training Foundation**, Turim, Itália.
11. **EFRA** — **European Fundamental Rights Agency**, Viena, Áustria;
12. **EMCDDA** — **European Monitoring Centre for Drugs and Drug Addiction,** Lisboa.
13. **EMEA** — **European Medicines Agency**, Londres, Reino Unido.
14. **EMSA** — **European Maritime Safety Agency**, Lisboa.
15. **ENISA** — **European Network and Information Security Agency**, Heraklion, Grécia.
16. **ERA** — **European Reconstruction Agency**, Tessalónica, Grécia.
17. **ERAY** — **European Railway Agency**, Valenciennes e Lille, França.
18. **EU-OSHA** — **European Agency for Safety and Health at Work**, Bilbau, Espanha; **V. OSHA;**
19. **EUROFOUND** — **European Foundation for the Improvement of Living and Working Conditions**, Dublin, Irlanda.
20. **European Global Navigation Satellite System (GNSS) Supervisory Authority**, Bruxelas, Bélgica.
21. **FRONTEX** — **European Agency for the Management of Operational Cooperation at the External Borders of the Member States of the European Union**, Varsóvia, Polónia.
22. **OHIM** — **Office for Harmonisation in the Internal Market (Trade Marks and Designs)**, Alicante, Espanha.

Direito de Negócios – Dicionário Inglês-Português

Segurança e Relações Internacionais

23. **EDA**   **European Defence Agency**, Bruxelas, Bélgica.
24. **EUISS**   **European Union Institute for Security Studies**, Paris.
25. **EUSC**   European Union Satellite Centre, Madrid.

Cooperação Policial e Judicial Contra o Crime

26. **CEPOL**   European Police College, Bramshill, Reino Unido.
27. **EUROJUST** The European Union's Judicial Cooperation Unit, Haia, Holanda.
27. **EUROPOLl** European Police Office, Haia, Holanda;

Outras Agências

29. **Education, Audiovisual and Culture Executive Agency**, Bruxelas, Bélgica.
30. **Public Health Executive Agency**, Luxemburgo.
31. **Intelligent Energy Executive Agency**, Bruxelas, Bélgica.

EUROPEAN ANTI-FRAUD OFFICE – *EU.* Entidade criada pela UE em 1998 com as funções de combater quaisquer fraudes, corrupção e actividades ilegais contra o orçamento da UE. Composto por um Presidente e um Conselho de cinco membros, investiga com total independência a gestão e as finanças das demais agências e instituições da UE. **V. Fraud.**

EUROPEAN BANK FOR RECONSTRUCTION AND DEVELOPMENT (BERD) – *EU. OMD.* Banco Europeu de Reconstrução e Desenvolvimento. Criado em 1990, actua como banco de desenvolvimento e de investimento, devendo aplicar um mínimo de 60% da sua carteira em projectos no sector privado.

EUROPEAN COURT OF JUSTICE – *DP.* Tribunal de Justiça Europeu, com jurisdição para resolver litígios ente os Estados membros da UE, sobre a interpretação e aplicação dos Tratados, a legalidade e validade das deliberações e normas (**Directives**) emitidas pelos orgãos e agências comunitárias.

EUROPEAN INVESTMENT BANK – *B.* Banco Europeu de Investimentos (*BEI*). Agência da UE que outorga empréstimos para investimento, desenvolvimento, integração e cooperação económica.

EUROPEAN MONETARY AGREEMENT – *EC. FIP.* Acordo Monetário Europeu (*AME*) assinado em 1955 para substituir a União Europeia de Pagamentos – *UEP*. No âmbito do *AME* os países signatários criaram um Fundo Europeu de 600 milhões de Dólares para desenvolver mecanismos de crédito mútuo a fim de reduzir défcts temporários. Extinto em 1972.

EVENING-OUT (OF EXCHANGE RATES) – *EC.* Reequilíbrio de taxas cambiais.

EVEN PAR SWAP – *USA. MC.* Venda de um bloco de **bonds** e compra simultânea de outro bloco pelo mesmo valor nominal de capital, sem levar em consideração eventuais diferenças ou saldos líquidos entre ambos os valores.

EVENTS OF DEFAULT – *C.* Os factos que levam ao não cumprimento de qualquer obrigação contratual e que podem ocasionar o seu vencimento antecipado.

EVICT – *V.* **Ejectment**.

EVIDENTAL BURDEN – *DP.* Ónus de prova, a obtrigação do autor de um processo ou litígio processual apresentar e produzir prova escrita e oral dos factos por si alegados.

EXCESS DEMAND – *DC.* Excesso de procura. *V.* **Demand, Supply**.

EXCESS SUPPLY – *DC.* Excesso de oferta. *V.* **Supply**.

EXCESS RESERVES – 1. *B.* Percentagem de depósitos mantidos como reservas por um banco. Quando os valores excedem o nível das reservas impostas pelas autoridades monetárias competentes, o saldo apurado é designado por **excess reserve**. A oferta de crédito desenvolve um efeito multiplicador monetário quando tal saldo é desbloqueado e utilizado; **2.** *CF. DS.* Acúmulo de reservas financeiras de uma empresa além dos limites legais ou das reservas obrigatórias) ou voluntárias, sob o pretexto de expansão de actividades, mas na verdade, com intuito de evitar incidência fiscal. Embora sejam aprovadas pelas Assembleias Gerais de Accionistas, as autoridades fiscais podem classificar tais reservas como mais valias (**capital gains**) disfarçadas e, como tal, penalizá-las.

EXCISE TAX – *DF.* Imposto sobre o consumo. *V.* **Reserves, Tax**.

EXECUTION – 1. *C.* Assinatura de um contrato, de um documento. O mesmo que **signing; 2.** *CR.* Execução de pena capital ou de morte.

EXCHANGE – 1. Troca, permuta. **2.** *MC.* Bolsa de valores mobiliários ou de mercadorias. *V.* **Commodities, Stock Exchange; 3.** *B. EC.* Câmbio. **Ver lista de principais termos associados no Glossário do Dicionário (*) .**

EXCHEQUER – *UK. FIP.* Erário público, Tesouro Nacional.

EXCISE DUTY (ou EXCISE TAX) – Imposto sobre a compra de certos bens ou produtos de maior consumo popular como tabaco, alcool, gasolina, etc. O nosso IVA. *V.* **Tax**.

EXEMPTION – 1. Isenção, exclusão, não ser abrangido ou incluído; **2.** *DF.* Isenção de impostos (*tax exemption*). *V.* **Tax Holiday**.

EX FACTORY PRICE – *DC.* Preço de um bem ao sair da fábrica, ou seja ao terminar a sua produção e sem ser comercializado. Sinónimos: **Price ex Factory** e **Factory Gate Price**.

EXHIBIT – 1. Exposição, amostra, exibição; **2.** *C.* Documento que se anexa a um contrato, contendo normalmente um texto-padrão, formulário ou impresso que as partes deverão usar no contexto do contrato principal (ex. para solicitar o saque de fundos num empréstimo).

EXIT BOND – *V.* **Exit Instrument, Bond**.

Direito de Negócios – Dicionário Inglês-Português

EXIT INSTRUMENT (ou EXIT VEHICLE) – *EC. FIP. MC.* **Bonds** emitidas por um país devedor a favor de um banco credor, assegurando a este último o direito de futuramente não ter que providenciar **New Money** aquando de nova etapa de renegociação de dívida pública desse país. Usado nas negociações da dívida externa da Argentina e nas Filipinas.

EXPANDING DEMAND – *EC.* Aumento de procura, procura crescente. *V.* **Demand**.

EXPANDING ECONOMY – *EC.* Economia em desenvolvimento.

EXPANSION PROJECT – *PF.* Projecto já construído e a funcionar, mas a que se pretende aumentar a produção, acrescentar o fabrico de sub-produtos diferenciados, renovar o equipamento, máquinas ou tecnologia em uso, alargar a área de produção, melhorar as instalações, etc. *V.* **Greenfield Project,Brownfield Project, Equator Principles**.

EXPATRIATE – *DT.* Trabalhador, funcionário de uma empresa deslocado temporariamente para o estrangeiro.

EXPATRIATION – *PF.* Garantia outorgada por autoridades monetárias ou pelas leis de investimento estrangeiro em vigor de que se pode repatriar o capital investido bem como os dividendos ou juros auferidos. *V.* **Monetary Authorities, Foreign Investment.**

EXPENDABLE EQUIPMENT – *DR. PF.* **1.** Bens ou materiais fungíveis; **2.** Bens ou materiais que por serem obsoletos ou já de pouca valia, podem ser vendidos ou enviados para reciclagem. O mesmo que **dead assets**. **V. Assets.**

EXPECT – **1.** Esperar, aguardar, prever; **2.** Gravidez (*she is expecting*); **3.** *PF.* Antecipar determinado rendimento, lucro ou resultado de acordo com estimativas económicas e de matemática financeira.

EXPECTED RATE OF RETURN – *PF.* Taxa esperada de rendimento. *V.* **Return on Investment**.

EXPENDITURE – *DS. PF.* Despesas relacionadas com um investimento e que o vão beneficiar a médio ou longo prazo. Dividem-se em **capital expenditures** (ex. construção de uma unidade industrial adicional num complexo fabril) e **revenue expenditures** (ex. manutenção de máquinas e equipamento). Um dos elementos constantes de qualquer **Project Cost**. **V. Expenses**.

EXPENDITURE-DAMPENING POLICIES – *EC. CF.* Política de redução de despesas; corte de despesas. *V.* **Expenses**.

EXPENSES – Despesas, gastos. **V. Expenditures.**

EXPERIENCE RATING – *DC.* Calcular o prémio de seguro a cobrar por uma seguradora por assumir um determinado tipo de risco, comparando-o com o número de pedidos de pagamento dos segurados (*claims*) feitos no passado relativamente ao mesmo risco. **V. Insurance (*).**

EXPIRY DATE – *C. MC.* Último dia de um prazo ou de validade ou vigência de um contrato.

EXPLOITATION – **1.** Utilização abusiva das ideias ou do património de terceiro; **2.** *DT.* Pagar a alguém um salário miserável; **3.** *PF.* Extracção e comercialização de petróleo, gás natural, minérios ou outros recursos naturais.

EXPLORATION – **1.** Investigar, explorar, examinar, avaliar; **2.** *PF.* Conjunto de pesquisas e trabalhos de prospecção para determinar a existência e dimensão de reservas de petróleo, gás natural, minérios ou outros recursos naturais.

EXPORT – Exportar. **Ver Lista de termos associados no Glossário deste Dicionário (*).**

EXPORT-IMPORT BANK OF THE UNITED STATES (EXIMBANK) – *USA. B.* Banco de financiamento às importações e exportações norte-americanas. Tem sede em Washington, D.C.

EXPOSURE – *PF. B.* Valor global de um investimento, levando em consideração a margem de risco (político, de crédito, etc.) assumida pelo investidor / credor.

EXPRESS STOCK – *DC.* Existente ou retirado do armazém, ou seja, mercadoria / bem já fabricado e pronto para venda. *V.* **Goods.**

EXPRESS WAIVER – Renúncia expressa a um direito; perdão. *V.* **Waiver.**

EXTEND – **1.** Ampliar, alargar; **2.** *PF. B.* Conceder, dar um empréstimo.

EXTENSION FEE – *B.* Comissão cobrada por se adiar ou postergar a data de vencimento de uma obrigação ou compromisso financeiro. *V.* **Fees.**

EXTENT OF DAMAGES – A extensão, a dimensão dos prejuízos sofridos. *V.* **Damages, Losses.**

EXTERNAL AUDIT – *CO.* Auditoria contabilística externa e independente. *V.* **Auditor.**

EXTERNAL DISECONOMIES – *EC. ENV. CO.* Custos económicos ou de produção que por diversos motivos não são contabilizados nem levados em linha de conta nos benefícios macro-económicos ou no preço final do produto. Um exemplo clássico reside nos prejuízos na economia em geral advindos do elevado número de acidentes provocados por automobilistas, apesar das permanente campanhas de segurança e fiscalização das autoridades. Portugal é infelizmente um exemplo bem patente. Também conhecido como **diseconomies of scale**.

EXTERNAL DEBT DEFICIT – *EC.* Dívida externa de um país reflectida na respectiva balança de pagamentos. *V.* **Balance of Payments.**

EXTERNAL TRADE – *DC.* Comércio externo.

EXTORSION – *UK. CR.* Extorsão, obter determinados objectivos (monetários ou não) através de coacção física ou psíquica, chantagem, etc. *V.* **Blackmail.**

EXTRA DIVIDEND – *DS. MC.* Dividendo complementar. *V.* **Dividends.**

EXTREME OUTRAGE – *V.* Torts (*).

EX-WORKS – *DC.* Entrega da mercadoria ou bens vendidos, à porta da fábrica que os produziu.

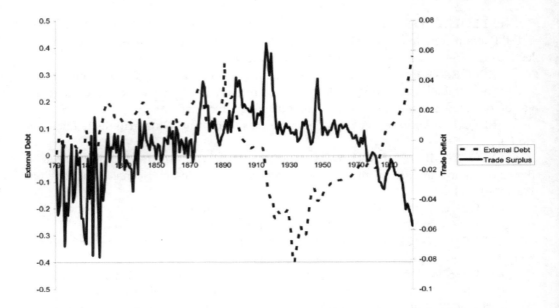

Um exemplo curioso de *External Debit Deficit* – caso real de um país cuja balança comercial suplantou tradicionalmente a dívida externa (veja-se o nível mais baixo da primeira, comparado com o "pico" comercial dos anos 20-30) e que partir dos anos 70 inverteu essa tendência.

F

FACE VALUE – **1.** *MC.* Valor nominal. *V.* **Par Value**; **2.** *FIP.* O valor cunhado de uma moeda ou impresso numa nota de banco.

FACILITY – *B.* Contrato pelo qual se concede uma linha de crédito ou empréstimo de saques múltiplos. Se fôr concedida de forma cíclica ou rotativa, denomina-se **revolving facility**. *V.* **Line of Credit**.

FACILITY AND CIRCUMVENTION – *UK. C.* Corrente doutrinal pela qual compete ao tribunal reduzir ou ajustar o valor da prestação contratual da parte que apresenta uma menor capacidade económica e que terá sido vítima da sua inexperiência comercial, por forma a que estabeleça uma justiça contratual entre as partes. Uma variação do *Enriquecimento sem Causa* e do conceito de **deep-pocket**.

FACT FINDING – *UK. DT.* Arbitragem por parte do Estado, num conflito que opõe sindicatos ou trabalhadores à classe empresarial. A primeira das funções dessa arbitragem é *identificar os factos* ocorridos e a segunda, *mediar a sua solução*, por forma e evitar consequências mais graves como as que podem resultar de uma greve geral. *V.* **Strike, OSHA.**

FACTOR – 1. Factor; **2.** *B. CF.* Instituição para-financeira que opera em **Factoring**.

FACTOR MOBILITY – *EC. DT.* Embora a expressão genérica se refira à mobilidade dos factores de produção, é mais especificamente usada para o trabalho, considerado o mais flexível de todos os factores produtivos, uma vez que flutua entre as fontes geradoras de emprego com melhor oferta de salários. *V.* **Labour.**

FACTORING – *B.* Compra de facturas, letras e recibos (**accounts receivable**) de uma empresa, sem que haja, em princípio, base de solidariedade (**non-recourse**) entre esta última e o seu cliente quanto ao bom pagamento. Embora haja várias modalidades de *factoring*, a mais usual nos EUA consiste em o **factor** assegurar contratual e previamente a uma empresa a aquisição dos **accounts receivable** que esta venha a ter em carteira até um certo valor global, encarregando-se da sua cobrança junto ao cliente final e correndo o risco de eventual não pagamento. Tal aquisição é, na verdade, uma cessão de crédito por parte da empresa emissora a favor do *factor* (embora alguns autores defendam que se trata antes de um verdadeiro *desconto bancário*), sendo o devedor final devidamente notificado de que, na data de pagamento, a sua factura, letra, recibo ou outro tipo de título, devem ser pagos directamente ao *factor*, ou seja:

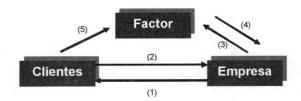

(1) Venda de mercadorias ou prestação de serviços
(2) Emissão e assinatura/aceite de **Accounts Receivable**
(3) Venda/cessão de créditos dos **Accounts Receivable**
(4) Depósito do produto líquido e antecipado da venda ou cessão de Créditos
(5) Pagamento directo ao **Factor** dos **Accounts Receivable**.

Em alguns casos, as actividades do *factor* vão para além da "compra" dos créditos – também pode prestar serviços de consultoria (**consulting**) à empresa emissora quanto ao valor de **cash-flow** de que aquela realmente necessita, estruturação do seu orçamento, planeamento financeiro a médio e longo-prazos, selecção de clientes e dos valores de crédito a conceder-lhes, **marketing**, etc. Não raramente o *factor* tem o direito de recusar **accounts receivable** que referem-se a clientes da empresa relapsos nos seus pagamentos.

FACTORS OF PRODUCTION – *EC*. De uma forma clássica considera-se que Capital (K) e Trabalho (L) são os factores de produção básicos numa economia (Q). Ou seja,

$$Q = f(K, L)$$

Porém, isso seria simplificar os circuitos económicos já que as empresas usam outros factores de produção importantes como a área de terreno das suas instalações, matérias-primas, tecnologia, capacidade administrativa, etc. *V.* **Labour, Capital.**

FADE-OUT AGREEMENT – *PF. C*. Cláusula de contrato de investimento de capital pela qual o investidor estrangeiro subscreve inicialmente uma participação de capital superior a 50% do capital com direito de voto, mas concorda em transferir (**divest**), gradualmente parte desse capital a investidores locais, até que estes detenham a maioria do capital da empresa em questão. Também conhecido por **Phase-In Agreement**. *V. Agreements (*)*

FAILURES – *C. B. DS*. Falhas técnicas ou económicas são normalmente os primeiros indícios (verdadeiros "barómetros" financeiros) do estado precário de uma empresa (*business failures are the mortality of business*). Ainda que por vezes as razões subjacentes não residam na própria empresa mas antes das flutuações e tendências de mercado, as consequências finais podem ser de menor ou maior gravidade. Termos associados:

1. **economic failure** – empresa que não consegue obter lucro na sua actividade económica por forma a justificar o capital nela investido. A empresa pode ser salva mas carece certamente de reformas drásticas. *V.* **Reorganization;**

2. **failure cost** – custo da reposição ou reparação de produtos ou bens finais que apresentam defeitos de acabamento ou funcionamento;
3. **failure in the equity sense** – empresa tecnicamente insolvente ou falida por não poder pagar os seus compromissos ainda que os seus Activos fixos (entre outros) excedam o montante desses compromissos;
4. **failure in the bankruptcy sense** – caso extremo em que o Passivo da empresa excede todos os seus Activos, colocando a empresa na iminência de falência. *V.* **Bankruptcy, Insolvency, Acceleration**.

FAIR – Outra das expressões jurídicas mais amplas e diversificadas em Direito Anglo-Saxónico. Diz-se do acto, facto, contrato ou instrumento feito, realizado, acordado, assinado com isenção e honestidade, justo; que equilibra adequadamente os interesses das partes envolvidas. *V.* **Lista de termos no Glossário deste Dicionário** (*).

FAIR CREDIT BILLING ACT – *USA. B.* Lei que estabelece os mecanismos de correcção relativamente a erros de lançamento nas contas e extractos de clientes de bancos e instituições financeiras. Aplica-se a linhas de crédito rotativas, cartões de crédito, **overdraft facilities**, etc. Para beneficiar das disposições desta lei, o cliente do banco deve indicar e reclamar por escrito no prazo de 60 dias, os factos ou erros apresentados no seu extracto de conta.

FAIR CREDIT REPORTING ACT – *USA. B.* Lei aprovada em 1971 que obriga os bancos a informar o nome da agência de análise de crédito (**credit reporting agency**) a quem recorreram para analisar o passado e antecedentes de crédito de um possível cliente. Assim, o candidato, ao ser-lhe ser negada a possibilidade de crédito que solicitou pode dirigir-se à *credit reporting agency* que, por sua vez é obrigada a explicar as razões e causas específicas da sua recomendação desfavorável e a informar também de quem colheu tais informações desabonatórias, limitadas em qualquer caso aos dois últimos anos relativamente à data da análise.**V. Equal Credit Opportunity Act.**

FAIR LABOUR STANDARD ACT – *USA. DT.* Lei promulgada em 1948 e alterada em 1986 pela qual os empregadores são obrigados a pagar, no mínimo, aos seus trabalhadores, os salários mínimos nacionais bem como horas extras para além das 40 horas de trabalho semanal.

FAIR VALUE MODEL – *CO.* Modelo de contabilizaçao de activos, com base no qual os activos são contabilizados pelo justo valor (**market value**) e cujas variações do justo valor influenciam directamente os resultados da empresa no período em que ocorrem. *V.* **Assets**.

FAKE THE BALANCE SHEETS – *CO.* Falsificar um balancete.

FALLEN ANGEL – *MC.* Valor mobiliário cuja cotação caiu abaixo do seu valor de emissão (**par value**). *V.* **Face Value**.

FALSE IMPRISONMENT – *V.* **Torts**(*).

FAMILY-ALLOWANCE – *DT.* Abono de família.*V.* **Alimony**.

FAMILY COMPANY – *DS.* Empresa comercial de tipo familiar, ou seja, em que os seus corpos gerentes e administradores são parentes ou inter-ligados por laços de parentesco. O mesmo se diga quanto a **Family Corporation**. *V.* **Company, Corporation**.

Direito de Negócios – Dicionário Inglês-Português

310

FANGS – *USA. MC. FIP.* Securities ou outros instrumentos financeiros emitidos por organismos (*federal agencies*) do governo norte-americano que podem ou não ter o aval ou a garantia deste último – daí a sua sigla *FANGS=Federal Agency Nonguarenteeds*. Emitidos ao portador por prazos longos (entre 14 e 20 anos), têm um valor mínimo de 1.000 Dólares e são vendidos com cupões e negociáveis. *V.* **Treasury Bills.**

FASHION PRODUCT – *DC.* Bem ou produto final sujeito a frequentes alterações no seu processo de fabrico ou acabamento, devido às mudanças de preferências dos consumidores ou à necessidade de acompanhar as alterações dos produtos concorrentes. *V.* **Asset, Marketing**.

FAST ACCESS STORAGE – *DC. C.* Armazenamento de fácil acesso e manuseamento.

FAST TRACK COUNTRY – *EC.* País cujo desenvolvimento económico e financeiro regista bons progressos, nomeadamente com altos níveis de crescimento, taxas baixas de desemprego, equilíbrio da balança de pagamentos e inflação reduzida. Nos últimos quinze anos, a Irlanda tem sido um exemplo.

FATE – *B.* Confirmar se um cheque apresentado à compensação tinha fundos.

FEASIBILITY STUDY – *PF. ENV. B.* Estudo de viabilidade económico-financeiro e de protecção do meio-ambiente e ecológica de um novo projecto, de expandir ou restruturar um projecto existente ou mesmo de privatizar uma empresa ou parte do seu negócio. *V.* **para maiores detalhes no Glossário deste Dicionário e Equator Principles (*)**.

FEATURE – Característica, particularidade, componente.

FEDERAL DEPOSIT INSURANCE CORPORATION ou **FDIC. – *USA. B.*** Instituição pública a quem está confiada a supervisão da aplicação pelos bancos e instituições financeiras das boas técnicas de capitalização e reservas, administração e gestão financeira. *V.* **Federal Deposit Insurance Act**.

FEDERAL DEPOSIT INSURANCE ACT – *USA. B.* Lei Federal aprovada em 1950 periodicamente revista (1960, 1969, 1974, 2001) que estabelece a garantia do Governo aos depositantes bancários que os seus depósitos à ordem têm liquidez assegurada até 40 mil Dólares e que depósitos a prazo (**saving deposits**) e a larga maioria de valores mobiliários emitidos por entidades públicas têm também a sua liquidez garantida até ao limite de 100.000 Dólares. *V.* **Federal Deposit Insurance Corporation, Deposits**.

FEDERAL FUNDS MARKET – *USA. MC.* Mercado de valores mobiliários e outros valores financeiros emitidos pelo governo federal norte-americano.

FEDERAL FUNDS RATE – *B.* Taxa de juros sujeita a frequentes flutuações e aplicada em operações (ex: **overnight**) entre os bancos pertencentes ao **Federal Reserve System**. *V.* **Overnight.**

FEDERALLY CHARTERED BANK – *USA. B.* Banco credenciado que pertence ao **Federal Reserve System** e cumpre todos os requisitos para ser classificado como *national bank*. Nos EUA só um *Federally Chartered Bank* e outras instituições especialmente autorizadas para o efeito, podem aceitar depósitos do público e beneficiar da protecção da **FDIC**. *V.* **Comptroller of Currency.**

FEDERAL RESERVE SYSTEM – USA. O sistema de Banco Central dos EUA. Politicamente independente, está dividido em doze *Federal Reserve Banks* distribuídos por critérios geográficos e administrado por um **Board of Governors** que também coordena as políticas monetárias do país, subidas e reduções de taxas de juros, etc.[30]

FEE – B. CF. Designação genérica de comissões cobradas por um banco ou instituição financeira e que se adicionam aos juros como parte da remuneração total do credor. Os principais tipos podem ser encontrados em verbetes próprios: **Agency Fee; Commitment Fee; Extension Fee; Fiscal Agency Fee; Flat Fee; Front-end-Fee; Handling Fee; Management Fee; Participation Fee; Penalty Fee; Prepayment Fee; Processing Fee; Selling Fee; Trade Inside Fee; Underwriting Fee; Utilization Fee.**

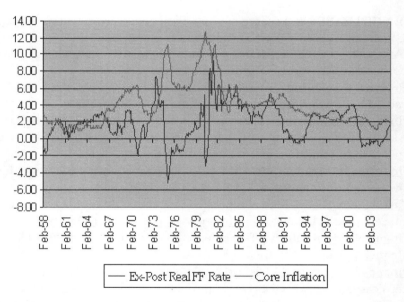

Exemplo gráfico de *Federal Funds Rate* comparada com a inflação.

FEEDBACK – Antecedentes, sumário das causas e consequências ocorridas no passado e que originaram o presente *status quo* e levam a uma nova decisão.

FELONY – CR. Crime grave (por oposição a **Misdemeanours**). Alguns exemplos – traição, assassinato, ofensas corporais com intenção de matar (*voluntary manslaughter*), violação sexual (*rape*), **kidnapping**, *aggravated battery* (*V.* **Battery**), etc. Em certos Estados dos EUA, Felony é punida com a morte do réu. *V.* **Torts (*)r**.

---

[30] Uma descrição mais completa pode ser encontrada nos anexos da 1ªedição deste Dicionário.

Direito de Negócios – Dicionário Inglês-Português 312

FIAT MONEY – *FIP.* Moeda com curso legal mas não convertível em ouro ou outro metal nobre.

FIDELITY INSURANCE – *DS. DT. T.* Seguro feito por uma empresa para cobrir danos ou prejuízos causados pelos seus funcionários ou empregados. *V.* **Strict Liability, Insurance (*), Torts (*)**.

FIDUCIARY – Diz-se de pessoa ou entidade que actua como administrador ou gestor de bens de terceiro. Aplicável também ao administrador de um **Trust** (ou **Trustee**).

FILE – **1**. Arquivo; **2**. Conjunto de documentos, dados e informações relativas a uma pessoa, empresa, assunto, tema ou processo (judicial ou não). Inclui obviamente os dados informáticos (**electronic data**) correspondentes. *V.* **Privacy.**

FINAL ACCOUNTS – *UK. CO.* Balanço anual de uma empresa. *V.* **Financial Statements**.

FINANCE LEASE – *B.* **Leasing** em que o respectivo arrendatário (**lessee**) assume todos os benefícios e riscos associados ao respectivo contrato.

FINANCIAL – *EC. B. PF. MC. CO.* Financeiro, relativo às finanças de instituições públicas, privadas ou de mercado. Principais termos associados:

1. **financial deepening** – Aquisição de Activos financeiros a um ritmo mais acelerado do que a verificada quanto a Activos não financeiros;
2. **financial engineering** – Processo de pesquisa e elaboração de novos produtos e serviços financeiros que melhor se adaptem às necessidades de um cliente ou mercado conjuntural;
3. **financial futures market** – Mercado de futuros onde apenas são negociados instrumentos financeiros;
4. **financial markets** – Mercado para o intercâmbio de capital e crédito na economia em geral. Divide-se em **Money Market** e **Capital Markets**;
5. **financial rate of return** – Taxa interna de rendimento; *V.* **ROI, ROE.**
6. **financial ratios** – *V.* **Ratios**;
7. **financial repression** – Distorção do sistema financeiro em que se acumulam técnicas condenáveis – taxas de juro subsidiadas ou negativas; concessão de crédito a empresas privilegiadas por critérios políticos ou por acção de grupos de influência (**lobbies**); excessivo controlo burocrático por parte das autoridades monetárias, etc.;
8. **financial security** – Instrumentos de dívida (**bonds**, **shares**, **debentures**, **warrants**, **notes**, etc.) emitidos por governos, empresas ou instituições financeiras; **V. FANGS**;
9. **financial spread** – *V.* **Spread**;
10. **financial statements** – *CO.* Demonstrações ou balanços anuais da empresa, normalmente auditados (**audited financial statements**) mas podendo, em certas circunstâncias, não o ser (**unaudited financial statements**); *V.* **Accounting Principles**;

11. **financialization** – Técnica de investimento que dá preferência a instrumentos de liquidez imediata ou quase imediata (dinheiro, **bonds**, **savings**) por oposição a investimentos em Activos fixos (ouro, imóveis). *V.* **Assets**;

12. **financier** – *UK*. O mesmo que financiador, investidor. *V.* **Lender, Investor**.

FINANCING – *PF. B.* Financiar, investir em capital ou por empréstimo. Principais termos associados ou derivados:

1. **financing of capital projects** – financiamento de investimentos, ou seja, com vinculação dos recursos utilizados a finalidades da realização de projectos em causa. O **Project Finance** por excelência;

2. **financing of instalment sales** – financiamento de vendas a prestações (**instalments**); *V.* **Deferred**;

3. **financing with borrowed funds** – financiamento através de empréstimos.

FINE – **1.** Muito bem, de acordo; **2.** Multa. Sinónimo: **penalty.**

FINE-TUNNING (OF ECONOMY) – *EC.* Esforço complementar e adicional a um pacote ou programa económico destinado a diminuir a inflação e o desemprego, estabilizar a balança de pagamentos, etc., através de políticas fiscais e monetárias sectoriais.

FIRM PRICE – *DC. MC.* Preço fixo, sem descontos.

FIRM UNDERWRITING – *MC.* Tipo de **underwriting** pelo qual um banco assume o compromisso irrevogável de adquirir, subscrever, comprar no final do período de Oferta Pública certa quantidade de papel emitido por um seu cliente (Acções, **bonds**, etc.) que o público não subscreveu. Conhecido entre nós como *tomada firme.*

FIRST HALF – Primeira metade. Expressão normalmente utilizada para designar, no caso de mês, a sua primeira quinzena e, no caso de ano, o seu primeiro semestre.

FIRST IN FIRST OUT – **(FIFO)** – *DS. CO.* Critério contabilístico de valorimetria das mercadorias aquando a sua saída do armazém, segundo o qual, o primeiro lote de mercadoria que entrou (**first in**) presume-se ser também o primeiro a ser vendido (**first out**). Em cenários inflacionistas, o FIFO contribui para o aumento das margens de comercialização (**Gross Margin**). Este critério se, por um lado, permite um ajuste mais correcto das existências disponíveis para venda, pode trazer inconvenientes do ponto de vista fiscal. Por oposição a **last in – first out.**

FISCAL AGENCY FEE – *MC.* Taxa paga pelo registo de obrigações e cumprimento das formalidades legais junto das autoridades de valores mobiliários. *V.* **Fees.**

FISCAL QUARTER – *CO. DF. PF.* Cada período de quatro meses do ano fiscal de uma empresa.

FISCAL YEAR – *CO. DF. PF.* O ano fiscal de um Estado ou empresa. Nos EUA certas empresas e OMDs usam 1° de Julho e 30 de Junho como as datas de início e encerramento de um ano fiscal. *V.* **Calendar Year**.

FISHER EFFECT– *EC.* Teoria económica segundo a qual os níveis das taxas de juros de um país num determinado momento, tendem a reflectir a taxa de inflação que foi projectada para o período em causa.

FIXED INTEREST RATE – *B.* Taxa de juros fixa. *V.* **Floating Rate.**

Direito de Negócios – Dicionário Inglês-Português

FIXED ASSETS – *PF. CO.* Activo fixo, Activo imobilizado. *V.* **Gross Fixed Asset Formation** – constituição de Activos Fixos pelo seu valor bruto. *V.* **Assets.**

FIXED CHARGE – **1.** *CO.* Despesa fixa. Também se usa *Fixed Cost*; **2.** *DR.* Ónus real (hipoteca, penhor, etc.) sobre bens existentes. Por oposição a **Floating Charge** ou **Floating Lien** que incluem também bens futuros.

FIXED DEPRECIATION – *CO.* Depreciação fixa, em bases constantes. *V.* **Depreciation.**

FIXED INTEREST RATE – *B.* Taxa fixa de juros, mensal, trimestral ou anual. Normalmente usada em empréstimos a curto e médio prazos. *V.* **Floating Interest Rate, Interest Rate.**

FIXED OVERHEADS – *PF. CO.* Custos indirectos que permanecem inalterados, independentemente do aumento da produção (ex. rendas, depreciação de activos imobilizados, etc). *V.* **Depreciation.**

FIXED TANGIBLE ASSETS – *PF. CO. DF.* Activo fixo tangível. *V.* **Assets.**

FLAT (ou **Flt.**) – *B.* Valor que exclui juros vincendos.

FLAT FEE – *B.* Por vezes também conhecido como **Front-end-Fee**. Comissão bancária paga de uma só vez, aos membros de um consórcio bancário ou a um banco, no acto da assinatura do respectivo contrato de financiamento. *V.* **Fees, Consortium.**

FLIGHT TO QUALITY – *MC.* Mudar o perfil de uma carteira de valores mobiliários (**portfolio**) adquirindo outros de melhor qualidade ou de menor risco.

FLIP-FLOP – *MC.* Obrigação (**bond**) com taxa de juro variável que dá direito ao seu titular a trocá-la por outra e poder readquirir a primeira em determinadas condições. *V.* **Floating Rate.**

FLIPPING – *MC.* Aquisição de **securities** numa OPA (Oferta Pública de Aquisição), com revenda quase imediata a investidores individuais, a preços mais elevados. *V.* **Public Offers, Take-Over.**

FLOAT A PUBLIC COMPANY – *DS. MC.* Criar uma sociedade cuja subscrição de capital é depois oferecida ao público em geral. *V.* **Company, Corporation.**

FLOTATION COST OF A LOAN – *B. PF.* Custo de lançamento de um financiamento ou empréstimo. Usado sobretudo em grandes financiamentos e OPAS.

FLOAT BANKING – *B.* Cheques, letras, livranças, etc. em processo de cobrança.

FLOATING ASSET – *DS. MC. CO.* Activo flutuante, realizável. *V.* **Assets.**

FLOATING CAPITAL – *DS.* A parte do capital (**capital**) de uma empresa não investida em Activos imobilizados mas sim em capital circulante e Activos realizáveis.

FLOATING CHARGE – *DR.* Ónus real sobre os bens presentes e futuros de uma empresa; prática apenas viável em **common law** já que em direito civil, com algumas raras excepções (ex. penhor rotativo de matérias-primas) apenas são admitidas garantias reais sobre bens existentes. Em termos de mercado, normalmente usado para garantir o pagamento de **debentures**. *V.* **Fixed Charge, Lien, Subordination, Junior Debt, Junior Loan, Júnior Creditor, Payment in Lind Loans (ou PIKs), Mezzanine Loans, Second Lien Loans.**

FLOATING INTEREST RATE – *B.* Taxa de juros, variável ou flutuante. Composta da chamada **base rate**, calculada periódica e antecipadamente (mensal, trimestral ou semestralmente) e um **spread** pré-definido. Assim, se num determinado momento a **base rate** fôr de 4.5% com um **spread** de 1%, a *floating interest rate* para o período de cálculo respectivo, será de 5.5%, mas se no semestre seguinte a **base rate** baixar para 3.8%, o custo global será de 4.8%, etc. As mais conhecidas internacionalmente talvez sejam a LIBOR e a EURIBOR. *V.* **Interest Rate.**

FLOATING LIEN – *DR. CO.* O mesmo **Floating Charge.** *V.* **Lien, Subordination, Junior Debt, Junior Loan, Júnior Creditor, Payment in Lind Loans (ou PIKs), Mezzanine Loans, Second Lien Loans.**

FLOOR RATE OF EXCHANGE – *B.* Percentagem mínima de uma taxa cambial. *V.* **Exchange.**

FLOOR RETURN – *PF. MC.* Rendimento mínimo de um investimento ou empréstimo. *V.* **Return on Investment (*).**

FLOOR TRADER – *MC.* Corrector de bolsa independente. Note-se que na Bolsa de Valores de Nova Iorque, um *floor broker* é um corrector que actua exclusivamente para os demais membros daquela.

FOOT THE BILL – 1. Pagar a conta, liquidar a despesa; **2.** Sofrer as consequências de um acto.

FORCED INVESTMENT – *FIP. EC.* Exigência imposta por lei ou autoridade monetária a bancos (ex. bancos comerciais) de aplicar uma percentagem dos seus fundos no financiamento de certos ramos de actividade económica (ex. agricultura, empréstimos a estudantes, etc.).

FORCED SAVING – *FIP. EC.* Poupança forçada ou obrigatória por acto do Governo seja para diminuir os meios monetários em circulação, para contrair o nível da inflação, seja ainda para estimular o investimento interno, etc.

FORCE MAJEURE – *DIP. DC. DS.* Caso fortuito ou de força maior; a ocorrência de factos ou acontecimentos que:

(i)   *independentemente* da vontade das partes;

(ii)   por força de factores totalmente *externos* à sua participação,

(iii)   *impossibilitam* ou *dificultam em extremo*, a conclusão de uma transacção, a efectivação de um contrato ou o cumprimento da totalidade ou parte das obrigações contratuais assumidas.

De notar que em Direito contratual Anglo-Saxónico, *force majeure*:

• pode prever tantos eventos quantos as partes assim o acordem desde que usem um critério justo (**fair**), razoável (**reasonable**) e de bom senso (**common**);

• prevê em certos tipos de contratos (seguros internacionais, prospecção e exploração de hidro-carbonetos, **leasing** aéreo, etc.) definições específicas e padronizadas, tendo em vista o tipo específico de risco e actividade desenvolvida.

Uma lista clássica de casos fortuitos e de força maior, inclui os chamados **Acts of God**.

FORECAST – Previsão, antecipação.

Direito de Negócios – Dicionário Inglês-Português

FORECLOSURE – *DP. C. DR.* Executar judicialmente uma hipoteca, um penhor, um contrato com garantias reais. *V.* **Acceleration, Default, Enforcement.**

FOREIGN BILL – *DC.* Letra emitida num país e pagável noutro.

FOREIGN EXCHANGE – *EC. FIP. B. DC. CF. PF. C.* **1.** Divisas em moeda estrangeira; **2.** Relação ou percentagem do valor entre duas ou mais moedas. Principais termos associados:

1. **foreign exchange controls** – Regulamentação disciplinadora das autoridades monetárias de um país, impondo restrições de maior ou menor peso ao mercado cambial, por forma a equilibrar a balança de pagamentos. *V.* **Balance of Payments;**
2. **foreign exchange broker** – Corrector de câmbios, cambista. Também se usa **foreign exchange dealer;**
3. **foreign exchange coverage fee** – *B.* Custos suportados por um devedor, resultantes das variações entre a taxa cambial da moeda de um empréstimo na data de utilização e a taxa cambial na data do seu pagamento. *V.* **Fees;**
4. **foreign exchange liabilities** – *CO. PF. B.* Dívidas em moeda estrangeira; *V.* **Liabilities, Debt;**
5. **foreign exchange risk** – Risco cambial em moeda estrangeira. *V.* **Debt Service Coverage Ratio;**
6. **foreign exchange warrant** – *MC.* **Warrant** cujo preço de aquisição foi efectuado numa moeda e vendido noutra.

FOREIGN INVESTMENT – *EC. PF.* Investimento estrangeiro; a aquisição de Activos físicos e financeiros num determinado país, por entidade ou pessoa cuja nacionalidade ou residência não é a desse país. Ainda que cada país regule de forma individual, as formas e efeitos do investimento estrangeiro, este é indiscutivelmente, uma das formas de desenvolvimento económico que qualquer Governo tenta cativar e atrair, na medida em que, gera emprego e riqueza, desenvolve a tecnologia e a especialização da mão de obra local, é fonte de receitas através de impostos ou se exportações que, por sua vez, dão origem à entrada de divisas em moeda estrangeira (**hard currencies**).

Mas, na medida em que esse investimento seja meramente especulativo, os resultados podem não ser os esperados e, ao contrário, gerar desequilíbrios monetários e financeiros. *V.* **Corporate Governance.**

FOREMAN – *DT.* Encarregado geral, contra-mestre, capataz.

FORESTALLING – *DC. DR.* Açambarcamento de uma mercadoria, de um bem ou mercado.

FOSTER PARENTS – *USA.* Pessoas que por determinação de um tribunal cuidam e educam um menor, acolhendo-o em sua própria casa e tratando-o como filho e membro da sua família, não havendo entretanto qualquer relação de parentesco ou adopção com o aludido menor.

FORFAITING – *B.* Desconto a médio prazo de letras, **drafts** e livranças relacionados com comércio internacional. O desconto é feito a taxa fixa.

FORFEIT – *C. DC.* Multa contratual por não cumprimento de uma obrigação. *V.* **Debt.**

FORFEITURE OF DEBT – *DC.* Extinção de dívida. *V.* **Debt.**

FORGERY – *CR.* Falsificação. *V.* **Torts** (*).

FORWARD – *DC. MC.* A termo, a prazo. Principais termos:

1. **forward buying** – compra antecipada, a termo;
2. **forward contract** – compra ou venda para entrega futura de valores mobiliários (**securities**), moedas ou outros instrumentos financeiros ao preço de mercado da data de venda (*spot price*);
3. **forward delivery** – entrega a prazo;
4. **forward exchange contract** – contrato de câmbio a termo;
5. **forward exchange deal** – operação cambial a termo;
6. **forward exchange market** – taxas de câmbio a termo;
7. **forward option** – opção de efectuar uma transacção cambial ou a certas taxas de juro;
8. **forward price** – preço a termo, em data aprazada, preço futuro;
9. **forward rates** – taxas de juro a serem aplicáveis no futuro, a termo.

FOUNDER'S SHARES – *DS.* Acções com determinadas regalias (ex. receber dividendos sobre os resultados brutos) atribuídas aos sócios fundadores de uma empresa. Em desuso.

FOURTH MARKET – *USA.* Mercado de compra e venda de grandes quantidades ou blocos de valores mobiliários (**securities**) negociados directamente por empresas privadas do mesmo sector. Hoje um tanto vedado por força da **Corporate Governance**.

FOURT WORLD – *EC. DIP.* Designação com que certos economistas e a própria **ONU** denominam a faixa geográfica e desértica da África (o chamado *"cinturão da fome"* – **famine belt**) que vai da Mauritânia ao Sudão e na Ásia, a região com epicentro no Bangladesh. Globalmente, as regiões com menor desenvolvimento económico, níveis mais altos de analfabetismo e maiores carências cíciclas de assistência médica e desenvolvimento social. *V.* **Meghreb, Less Developed Country.**

FRAMEWORK – Estrutura, linhas-mestras de um trabalho ou pensamento.

FRANCHISE – *C. B.* Contrato pelo qual o proprietário (*franchisor)* de uma marca (**trademark** ou **tradename**), patente, produto ou mercadoria autoriza uma segunda parte (*franchisee)*, a usar essa marca, patente, produto ou a vendê-los mediante concessão de licença e determinadas condições. Uma delas é que tal venda ou uso sejam feitos segundo determinados padrões e processos padrão, ou conforme sejam exigidos de tempos em tempos pelo *franchisor* (ex. tipo de embalagem, publicidade, promoções, qualidade do produto, etc.). O *franchise* é raramente concedido em termos exclusivos globais mas antes com tendência regional ou por áreas urbanas. Do ponto de vista fiscal, é um **capital asset**. *V.* **Asset.**

FRAUDSTER – *USA. MC. T.* Quem comete um fraude; termo mais aplicado a fraudes na transacção de valores mobiliários (**securities**). *V.* **Torts** (*), **Sarbanne-Oxley Act (ou SOX), Scienter.**

Direito de Negócios – Dicionário Inglês-Português 318

FREEDOM OF ESTABLISHMENT – *DIP.* Direito de qualquer cidadão ou empresa de um país membro da UE, desenvolver a sua actividade profissional e comercial noutro país membro. Este princípio, em si mesmo defensável e decorrente da natureza supra-nacional que é a UE, apresenta ainda problemas algo complexos no que se refere às profissões liberais. *V.* **Free Movement of Services.**

FREE MOVEMENT OF PERSONS – *DIP.* Direito de livre circulação dos cidadãos dos países da UE, entre os seus países membros.

FREE MOVEMENT OF SERVICES – *DIP.* Direito de um cidadão de um país membro da UE, prestar noutro país membro, os seus serviços profissionais, de forma remunerada, a outro cidadão do seu próprio país ou de outro país membro. Se o cidadão prestador dos serviços pretender estabelecer-se, de forma permanente, noutro país membro, aplica-se o princípio do **Freedom of Establishment.**

FRIENDS AND FAMILY – *USA. MC.* Gíria de mercado quando se permite que membros da família e amigos dos principais accionistas, directores e gerentes da empresa emissora de uma OPA, subscrevam parte razoável dos títulos emitidos. **V. Inside Trading, Conflicts of Interest, Sarbanne-Oxley Act (ou SOX), Scienter.**

FRINGE ACCOUNTS – *B. MC.* Clientes marginais.

FRINGE BENEFITS – *DT.* Regalias e benefícios concedidos a certos funcionários para lá do seu salário normal. *V.* **Benefits.**

FRONT-END-FEE – *B. PF.* Comissão bancária calculada sobre o total do financiamento como forma de justificar a reserva contabilística dos fundos a que o banco é obrigado, a partir do momento da assinatura do contrato de financiamento. Aplicável normalmente no princípio do financiamento podendo também ser cobrada parte no principio e parte no final. Também designado **Front-and-End Fee** no UK. *V.* **Fees**.

FRONT RUNNING – *USA. MC.* Situação em que um corrector de valores mobiliários (**broker**) tira partido de infomação interna (**non public information**) de uma empresa e nomeadamente de uma próxima transacção de venda de **securities** de grande vulto, apressando-se a vender os títulos dessa empresa que tenha em mãos, antes que as cotações caiam como consequência daquela transacção de venda. *V.* **Inside Trading, Sarbanne-Oxley Act (ou SOX), Conflict of Interests, Scienter.**

FROZEN ACCOUNT – *DC. DP. CO.* Conta bancária congelada e indisponível, por ordem fiscal ou judicial. *V.* **Account**.

FROZEN ASSETS – *DC. DP. CO.* **Assets** congelados e indisponíveis por ordem fiscal ou judicial.

FULL FAITH AND CREDIT – *FIP. MC.* Declaração de apoio por parte de entidade governamental relativamente a dívida a ser emitida por esse Governo ou instituição pública (**public debt**) mas sem quaisquer garantias de pagamento excepto que esse Governo ou instituição irão cumprir rigorosamente as suas obrigações financeiras, exercer detalhado e cíclico controlo orçamental pluri-anual, de níveis de inflação, razoáveis reservas monetárias, estabilidade cambial, política e social, etc. Na verdade, como todos estes factores já delimitam o **credit rating** de um país que é ciclicamente quotado por *credit rating agencies* (**A, A+, B, B-,** etc.) internacionais, a expressão *full faith and credit* acaba por ter um valor relativo.

FULL STOCK – *USA. MC. DS.* Acções com valor nominal igual ou superior a 100 Dólares ou o seu equivalente.

FULLY PAID-UP CAPITAL – *DS.* Capital social (**capital**) integralmente subscrito e realizado.

FUND A FLOATING DEBT – *PF. DS.* Consolidar a dívida flutuante. *V.* **Debt**.

FUNDED DEBT – Dívida consolidada. *V.* **Debt**.

FUNDING – *EC. CO. B.* Custos de financiamento de uma empresa; os custos que uma empresa tem de suportar em resultado do seu endividamento ou passivo remunerado. **V. Big Bath.**

FUND-OF-FUNDS – MC. V. AFEE.

FUNDS – *EC. FIP.* Fundos; Capital; Dinheiro disponível ou seu equivalente.

FUSION (MERGER) – *EC.* Incorporação; operação pela qual uma ou mais sociedades são absorvidas por outra que assim lhes sucede em todos os direitos e obrigações. **V. Mergers**.

FUTURES – *MC.* Denominação genérica de mercados a termo, ou seja em que **commodities, Options, interest rates, currency exchange rates, swaps, loan agreements, securities** e demais valores são transaccionados para compra, venda e entrtega / execução futuras. Um contrato de futuros (**futures contract**) é um contrato pelo qual se compra uma determinada quantidade de um Activo ou mercadoria a um preço pré-determinado e a ser entregue ou executado num data futura, também pré-identificada. Para minimizar os riscos inerentes de taxas de juros flutantes (**floating rate)** e variações cambiais (**exchange rate**) entre as moedas de compra e venda foram criados mecanismos de controlo de risco (**hedge mechanisms**), dando assim abertura aos **financial derivatives** sendo o mercado destes valores normalmente regulado e operado por Bolsas de Valores próprias.

Um dos países mais sensíveis a tal tipo de riscos face à flutuação periódica do Iéne a partir da década de 80, foi o Japão que decidiu criar em 1989 o sistema *TIFFE – Tokyo International Financial Futures Exchange,* alterado em Setembro de 2007 (passando a chamar-se simplesmente **TFX**) pela *Financial Instruments and Exchange Law* que tentou disciplinar o mercado e introduzir toda uma série de requisitos e procedimentos padrão, universalmente aceites pelos membros credenciados no **TFX**. [31]

---

[31]   Em que medida é que empréstimos hipotecários (*housing loans*) e de **private equity** em termos deficientes de liquidez e que são dois dos centros da série crise financeira que abalam os mercados à data deste Dicionário, irão afectar o mercado de futuros e o **TFX**, é questão obviamente em aberto.

Quadro comparativo de Mercado de Futuros entre dois países

Rank	Contracts	Exchange	Volume	Value of one Commodity contract on Feb 2000 US$	Contracts	Exchange	Volume	Value of one Commodity contract on Feb 2000 US$
	PAÍS A				**PAÍS B**			
1	Crude oil		33,291,628	$71,890	Coffee		8,896,428	$4,072
2	Corn		21,108,665	$11,075	Steel		8,545,451	$5,810
3	Natural Gas		11,230,651	$67,660	Corn		6,111,258	$20,772
4	Soybeans		10,936,239	$27,613	Silver		5,732,683	$12,349
5	Gold		9,756,660	$63,900	Natural Gas		3,468,018	$6,431
6	Copper		9,314,169	$16,915	Wheat		2,393,144	$2,079
7	Sugar		8,211,887	$14,336	Copper		2,180,023	$7,739
8	Wheat		7,798,739	$18,575	Crude Oil		1,966,872	$7,423
9	No. 2 Oil		6,684,341	$84,710	Sugar		1,413,743	$12,400
10	Unleaded R.Gas		6,302,473	$83,080	Menthaoil		1,366,415	$4,606
	Average Size			*$45,975*	*Average Size*			*$8,368*

Exemplo de *Futures Market* entre dois países

G

GABEL – **1.** *DF.* Imposto sobre bens móveis; **2.** *DF.* Imposto aduaneiro; **3.** Renda, aluguer. *V.* **Customs, Tax.**

GAG ORDER – *USA. DP.* Ordem judicial determinando que, para garantir ao réu um julgamento equitativo (**fair trial**), os advogados das partes e as testemunhas ficam proibidos de fazer quaisquer comentários públicos sobre o processo, incluindo entrevistas aos meios de comunicação social.

GAINFUL EMPLOYED POPULATION – *EC.* População economicamente activa.

GAINS – *CM. DS.* Ganhos, lucros de investimento, nomeadamente no capital de empresas ou em valores mobiliários. *V.* **Capital Gains, Capital Gains Tax, Securities**.

GAINSHARING – *USA. DT.* Sistema salarial em que parte da remuneração dos trabalhadores está ligada ao aumento de produtividade ou à sua participação na redução dos custos de produção. Sinómimo: **profit-sharing**.

GAMMA STOCKS – *UK. MC.* Acções de pequenas ou médias empresas que são negociadas ocasionalmente em Bolsa de Valores. *V.* **Shares**.

GAP – **1.** Falha, brecha, atraso, pequeno erro, lacuna, discrepância; margem de diferença (a menos ou a mais). **2.** Expressão associada a escassez de moeda (ex. *Yen Gap*, **Euro Gap**. **Dollar Gap**).

GAP ANALYSIS – Técnica econométrica e gráfica de organização, fases, etapas e processos de gestão empresarial, de produção, de **marketing,** etc. de uma empresa. Analisa as diferenças entre as expectativas iniciais dos trabalhadores ou consumidores relativamente a um nova técnica, sistema, bem ou serviço e a sua reacção, após terem sido postos em funcionamento ou colocados no mercado. Se a nova técnica, sistema, bem ou serviço excedeu as expectativas iniciais (**positive gap**), a empresa pode ser levada a melhorá-los ou aumentar a produção ou oferta. Pelo contrário, se as expectativas ficaram aquém da realidade (**negative gap**), a empresa deverá rever tais técnicas, processos, corrigir os defeitos existentes ou encerrar a produção ou oferta desse serviço. A Gap analysis tem frequentemente sido usada como componente do sistema **Scorecard**.**V. Separata a cores no final deste Dicionário**.

GARBLED – Misturado, baralhado, confuso (texto escrito).

GARNISHMENT – **1.** *DP.* Chamamento à lide, citação em juízo; **2.** *DP.* Iniciativa processual do réu requerer a participação processual de uma terceira parte ao processo (chamar à lide) que o autor lhe move. Com isto o réu não pretende directamente que a outra parte pague ao autor em seu lugar, mas sim ressalvar eventuais direitos de

Direito de Negócios – Dicionário Inglês-Português

regresso; **3.** *DT.* Mandado judicial compelindo a entidade patronal a reter parte do salário de um seu empregado para pagamento de quantia de que é devedor; **4.** *DP.* Penhora, arresto, embargo.

GARNISHEE – *DR. DP.* Fiel depositário do penhor, parte citada para comparecer em juízo. *V.* **Attachment**.

GATEKEEPER – *DS.* Administrador ou gestor de uma multinacional ou **holding** que selecciona, escolhe e decide o fluxo informativo que deve passar das subsidiárias ou afiliadas para o conselho de administração ou deste para tais subsidiárias ou afiliadas. *V.* **Subsidiary**, **Affiliate, Corporate Governance**.

GAZETTE – Publicação oficial (equivalente ao nosso *Diário da República*) de leis, decretos, regulamentos, despachos, declarações de falência, sentenças judiciais, etc. Condição para a entrada em vigor de tais diplomas ou despachos em diversas jurisdições de direito civil. Também conhecido como *Official Gazette.*

GAZUMP (ING) – *C. DR.* Aumentar o preço de venda (ou aceitar oferta de compra por preço superior) relativamente a um imóvel sobre o qual se tinha já acordado verbalmente a venda mas sem que se tenha celebrado ainda qualquer contrato.

GEARGO INVESTMENT TRUST – *MC.* Fundo de investimento que solicita empréstimo para comprar mais valores mobiliários para a sua carteira.

GEARING (CAPITAL/EQUITY/FINANCIAL) – *DS. MC.* Rácio entre (i) o volume de Acções preferenciais e **debentures** que vencem dividendos ou juros fixos a longo prazo e (ii) o número de acções ordinárias (**voting shares**) de uma empresa. Também se usa **capital leverage** (sobretudo nos EUA).

GEARING EFFECT – *DS. MC.* Impacto do **gearing capital** nos dividendos dos accionistas ordinários.

GENERAL ACCEPTED ACCOUNTING PRINCIPLES (ou GAAPs) – *CO.* Procedimentos e práticas de contabilidade padronizados no mundo de negócios e cuja aplicação por uma empresa, condiciona a cotação dos seus valores mobiliários no mercado dos EUA; política imposta pela **SEC – Securities Exchange Commission**. *V.* **(*) Maiores detalhes no Glossário deste Dicionário, no verbete International Accounting Standards.**

GENERAL AGREEMENT ON TARIFFS AND TRADE (GATT) – *DIP. EC. DC.* Acordo Geral sobre Pautas Aduaneiras e Comércio. Assinado em Genebra em 1947, tinha como objectivo a redução progressiva de direitos aduaneiros e a liberalização do comércio internacional. Actualmente substituído pelos princípios e regras da Organização Mundial de Comércio (**World Trade Organization**).

GENERAL APPEARANCE – *USA. DP.* Concordar com a jurisdição exclusiva de um tribunal para julgar um determinado processo.

GENERAL ASSEMBLY – *DIP. DS* **1.** Assembleia Geral (da Organização das Nações Unidas); **2.** *USA.* Assembleia legislativa de um Estado norte-americano; **3.** Assembleia Geral de Accionistas; pode ser ordinária (*ordinary*) ou extraordinária (*extraordinary*). *V.* **Assembly, Shareholders´ Meeting, General Meeting e Mapa geral da ONU no Glossário deste Dicionário (*).**

GENERAL ASSIGNMENT FOR BENEFIT OF CREDITORS – *DC.* Transferência para as mãos de um agente fiduciário (**Trustee**) dos Activos de uma empresa em liquidação, a fim de se proceder à venda dos mesmos e pagar aos credores existentes. *V.* **Liquidation, Bankruptcy, Trust.**

GENERAL AUDIT – *CO. DF.* Auditoria geral, inspecção geral de contas.

GENERAL CONTRACTOR – Empreiteiro-geral, entidade a quem foi confiada a construção de uma obra ou edifício (ou que foi o concorrente vencedor de concurso público para tal efeito). O *general contractor* pode sub-contratar por sua vez com terceiras partes, tarefas específicas de construção, ou seja, sub-empreitadas. *V.* **Tender, Concession, Outsourcing.**

GENERAL CREDIT – *DP.* A fé e credibilidade que, em princípio, se reconhece ao depoimento de uma testemunha. *V.* **Witness.**

GENERAL DEBT – *FIP.* Dívida de uma instituição ou entidade pública, contraída com base em receitas devidamente orçamentadas e garantida pelo **full faith and credit** do Estado emissor. *V.* **Debt.**

GENERAL ENDORSEMENT – *DC.* Endosso em branco. *V.* **Endorsement**.

GENERAL EQUILIBRIUM – *EC.* Modelo económico teórico pelo qual a oferta é igual à procura em todos os sectores de mercado.

GENERAL EQUILIBRIUM THEORY OF INTERNATIONAL TRADE – *EC.* Variação do modelo económico anterior mas relativo ao comércio internacional.

GENERAL ESTATE – *DR.* O conjunto de bens; o património de alguém.

GENERAL IMPROVEMENT – **1.** *EC.* Melhoria geral da situação económica de um país ou da liquidez de uma empresa; **2.** Melhoria de serviços públicos destinados primordialmente a beneficiar em geral uma população ou comunidade, embora possam também trazer benefícios particulares para determinadas pessoas ou instituições.

GENERAL JURISDICTION – *DP.* Competência genérica, conferida por lei a um tribunal para examinar e julgar litígios e conflitos de interesses. Por oposição a **Special** ou **Limited Jurisdiction**, em que a competência do tribunal é limitada a certas matérias (ex. tribunais fiscais, tribunais criminais) ou a julgar sobre casos até ou acima de determinado valor (ex. tribunais de pequenas causas, tribunais de recursos). *V.* **Jurisdiction, Courts.**

GENERAL LEDGER – *CO.* Razão (livro de contabilidade).

GENERAL LIEN – *DR.* Direito de retenção. *V.* **Lien, Bankers´ Lien.**

GENERAL LOAN AND COLLATERAL AGREEMENT – *MC. C.* Contratos de empréstimo a **brokers** que oferecem em caução e penhor, os valores mobiliários que adquiriram com tais empréstimos. Também conhecido como *Continuing Agreements.* *V.* **Brokers, Dealers, Liens.**

GENERAL MEETING – *DS.* Assembleia Geral. *V.* **General Assembly, Shareholders´ Meeting.**

GENERAL OBLIGATION BONDS – *USA. MC. DF.* Obrigações (**bonds**) emitidas por autarquias e municípios que oferecem como garantia a sua capacidade e receitas tributárias (*backed by the full faith and credit and taxing power of the issuer*) cobrada dos seus munícipes e das propriedades locais sujeitas a impostos. *V.* **Full Faith and Credit.**

Direito de Negócios – Dicionário Inglês-Português

GENERAL PARTNER – *DS*. Sócio de uma **partnership** que assume responsabilidade ilimitada e solidária.

GENERAL PARTNERSHIP – *DS*. Sociedade de responsabilidade ilimitada.*V.* **Partnership**.

GENERAL PRICE LEVEL – *EC*. Índice económico que mede o poder aquisitivo do dinheiro. No Reino Unido usa-se o **Retail Price Index**; nos EUA, o **Consumer Price Index**.

GENERAL REPUTATION – *CR. T*. Processo judicial que examina alegações feitas contra a boa reputação de uma pessoa ou instituição. Inclui as declarações de testemunhas a favor ou contra tais alegações. *V.* **Torts (*)**.

GENERALIZED SYSTEM OF PREFERENCES – *DIP. EC. DF*. Concessões unilaterais e não recíprocas por parte de países industriais a favor de países em vias de desenvolvimento (**less developed countries**) pelos quais se isentam de impostos, a importação de certos produtos manufacturados ou agrícolas destes últimos. A Conferência das Nações Unidas para o Comércio e Desenvolvimento (*United Nations Conference on Trade and Development*) fiscaliza a aplicação do **GSP**. *V.* **Most Favored Nation, Mapa Geral da Estrutura da ONU no Glossário Deste Dicionário (*)**.

GENERATION-SKIPPING TRUST – *USA. DF*. Trust constituído nos EUA por forma a evitar o pagamento de impostos sucessórios por parte de uma geração de herdeiros. Assim, se *John* constitui um *Trust* tendo como primeiros beneficiários os seus filhos *Mary* e *Bill*, e por morte destes aos filhos de *Mary* e *Bill*, nenhum imposto sucessório era devido pela morte destes últimos, ou seja, "uma geração" ficava isenta de imposto. A *Tax Reform Act de 1976* limitou a um grau ou nível, os casos em que se aplica tal isenção fiscal. *V.* **Trust, Tax**.

GENERIC – 1. Relativo, aplicável a um grupo ou classe de pessoas ou de situações; **2. *DC*.** Remédios e medicamentos mais baratos, vendidos ao público em embalagem padrão da própria farmácia e não do laboratório responsável pela sua produção.

GENETICALLY MODIFIED ORGANISM (ou GMOs) – *ENV. EU*. Organismos vivos, plantas e cereais transgénicos, ou seja, cuja estrutura foi alterada através de técnicas de engenharia bio-genética com base na chamada tecnologia de reformulação do DNA (*recombinant DNA technology*). A UE tem emitido alguma legislação sobre este tema desde 1998 mas sem se desviar dos padrões determinados pelo Protocolo de Cartagena sobre Bio-diversidade (**Cartagena Protocol on Biodiversity**). Em 2004 a UE autorizou a produção e colocação no mercado de alimentos GMO bem como a plantação de cereais utilizando sementes transgénicas mas sempre sob a fiscalização permanente das autoridades locais bem como do **European Commission's Joint Research Centre (JRC)** e da **European Food Safety Authority**.

GENSAKI – *B. MC*. Obrigação contratual de recomprar Ienes.

GENTLEMEN'S AGREEMENT – *C*. Acordo ou contrato não escrito e sem carácter vinculativo entre duas ou mais partes mas cujo cumprimento é esperado com base na boa-fé e no confiança pessoal das partes envolvidas. *V.* **Agreement**.

GHOSTWRITING – *USA. C. DP*. 1. Delegar ou transferir para um jurista ou advogado especializado (não envolvido directa ou indirectamente no processo, assunto ou transacção em causa), a redacção de alegações processuais, pareceres ou cláusulas contratuais que originalmente deveriam ser redigidas pelo jurista ou advogado que recebeu o mandato directo do cliente, sendo no entanto estes últimos (e não os primeiros) quem assina e entrega os documentos, pareceres e petições em causa. O tema tem levantado nos EUA, com frequência, duas questões:

I. de não se informar o cliente (**disclosure of authorship**) sobre se autoriza essa delegação; e

II. de potencial quebra de confidencialidade e de conflito de interesses (**conflict of interests)**, uma vez que os redactores desses documentos, pareceres ou alegações ficam a par de detalhes, informações e dados pessoais, económicos e financeiros que podem colocar terceiros em posição vantajosa; **2.** Termo também usado quando alguns juízes de tribunais de alçada superior (*high courts*) tomam o idêntico procedimento, confiando a licenciados em Direito que actuam como estagiários ou secretários desses juízes (**justice court clerks**) tal incumbência.

GIFT – *DR*. Transferência de propriedade de um bem ou direito a título de doação, gratuito e sem **consideration**. **V. Give.**

GILT-EDGED SECURITIES (GILTS) – *MC*. 1. *UK*. Títulos de tesouro do Reino Unido; **2.** Também usado para Obrigações emitidas nos EUA, com um *rating AAA*.

GINNIE MAE – *USA*. 1. Gíria para *Government National Mortgage Association*; **2.** Gíria para títulos de dívida emitidos por banco e instituições norte-americanas que são membros desta entidade.

GIRO – *B*. Transferência de crédito.

GIVE – Dar, doar, oferecer, admitir, conceder. Principais termos:

1. **give-away –** Brinde, oferta promocional. *V*. **Gift;**
2. **give bail –** *DP*. Prestar fiança judicial para obter a liberdade provisória de um arguido. *V*. **Bail;**
3. **give color –** *DP*. Admitir em juízo a veracidade de argumento ou facto invocado pela outra parte;
4. **give judgment –** *DP*. Proferir uma sentença judicial. Não se usa quando a sentença é dada com base em confissão do réu. *V*. **Court;**
5. **give notice –** *C*. Avisar ou comunicar a alguém, por escrito (ou por outra forma legalmente admissível) um determinado acto ou facto ocorrido ou futuro. *V*. **Notice;**
6. **give time –** *C*. Conceder novo prazo para que a outra parte contratual cumpra as suas obrigações;
7. **giving in payment –** Doação em pagamento. *V*. **Payment in Kind.**

GLAMOUR STOCK – *MC*. Acções de primeira categoria, de alto valor de mercado.

GLASS-STEAGALL ACT OF 1992 – *USA. B*. Lei aprovada pelo Congresso norte-americano em 1932 que, decidiu, *inter alia*, separar as actividades de bancos comerciais e bancos de investimentos.

Direito de Negócios – Dicionário Inglês-Português

GLOBAL BOND – *MC*. Obrigação (**bond**) emitida simultaneamente nos EUA e noutros países. O Banco Mundial fez a primeira emissão deste tipo de papel em Junho de 1989 e logo a seguir, a **International Finance Corporation** a primeira emissão em Portugal (em Escudos) e em Espanha (Pesetas).

GLOBAL BRAND – *DC*. Marca de bem ou produto que é utilizada internacionalmente, ao ponto de se identificar com o produto. *Coca-Cola*, *Lacoste* e *Gilette*, são apenas três exemplos. **V. Franchise**.

GLOBAL CUSTODY – 1. *B*. Custódia e administração de valores mobiliários de clientes feitas por bancos; **2.** *EC*. Internacionalização de mercados financeiros e de capitais; usualmente atribuída a três factores básicos: 1. desregulamentação gradual dos mercados financeiros; 2. desenvolvimento de técnicas informáticas e de comunicação em larga escala; e 3. crescente institucionalização dos mercados financeiros. *V.* **Custody**.

GLUT – *DC*. Excesso de oferta. *V.* **Demand.**

GLUT OF MONEY – Grande abundância de capitais disponíveis para investimento. *V.* **Capital**.

GO – *DP*. Ser ilibado em juízo, ser declarado inocente em tribunal (*the court said the defendant can go*). Sinónimo – **Go Hence**.

GO (ou **GOING) PUBLIC** – *DS. MC*. Abrir o capital de uma empresa através da oferta de novas Acções para subscrição pelo público seguida da sua cotação em Bolsa de Valores.

GODFATHER OFFER – *DS*. Oferta de compra de uma empresa por preço unitário tão elevado que os administradores da empresa alvo (**target company**) da oferta não têm hipóteses de dissuadir os accionistas de a recusar. *V.* **Takeover**, **Tender**, **Mergers and Acquisitions, Private Equity**.

GOING AND COMING RULE – *USA. DT*. Princípio de direito de trabalho norte-americano segundo o qual os acidentes e os prejuízos sofridos pelos trabalhadores de uma empresa nas suas idas e vindas entre casa e local de trabalho não são da responsabilidade daquela nem estão cobertos por lei. *V.* **Labour.**

GOING CONCERN – *DS. CO. PF*. Ao se analisar ou avaliar uma empresa, assume-se que esta continuará a sua actividade de forma regular, activa e contínua, o que em si mesmo representa um "Activo" e tem um valor económico específico. Por outro lado, uma empresa que desenvolve regularmente as suas operações e negócios, não está em princípio a antecipar a venda dos seus Activos fixos ou imobilizados, pelo que os mesmos podem ser contabilizados ao seu valor de aquisição (*historical cost*).

O conceito tem assim especial importância quanto à avaliação dos Activos (**assets**) de uma empresa – se é dito que *assets are a property of going concern*, terão obviamente um valor diferente do que resultaria se os mesmos estiverem em liquidação. **V. Glossário deste Dicionário e verbete Accounting Principles (*).**

GOING PRICE – *MC*. Preço predominante de mercado de um valor mobiliário. Também se usa **Current Market Value.**

GOING PRIVATE – *MC*. Retirar um valor mobiliário de ser cotado e negociado numa Bolsa de Valores. *V.* **Listing, Securities.**

Estratégia Empresarial a Longo Prazo

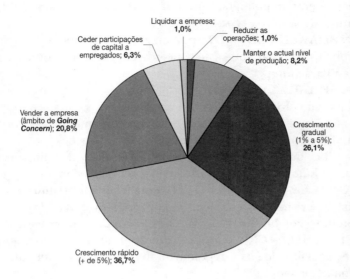

Exemplo de 2003, relativo a estatísticas de opções estratégicas das empresas num país da região do Mar Báltico. Como se pode ver, consta a possibilidade de venda das empresas no contexto de *Going Concern*.

GOING PUBLIC – *MC*. O oposto de **Going Private**.

GOLD EXCHANGE SYSTEM – *EC*. Sistema monetário baseado no valor de uma **commodity**, denominadamente o ouro. *V.* **Gold Standard**.

GOLD HOLDINGS (ou **GOLD ASSETS**) – Activos em ouro.

GOLD STANDARD – *EC*. Antes da 1ª Guerra Mundial, várias economias mundiais baseavam-se no padrão-ouro, ou seja, na convertibilidade da moeda nacional em ouro, aplicando-se uma taxa pré-determinada (ex. 1 Dólar equivalia a 1/20 de onça de ouro). A convertibilidade perdurou até 1933 quando os EUA adoptaram a *Gold Exchange System* que, por sua vez, foi eliminada em 1971. *V.* **Gold Exchange System**, **Bretton Woods**.

GOLDEN HANDCUFF – *DT. DS*. Benefícios salariais ou gratificações oferecidas a funcionários-chave de uma empresa por forma a persuadi-los a não mudarem de emprego. *V.* **Fringe Benefits**.

GOLDEN PARACHUTE – *DT*. Cláusula de contrato de trabalho que oferece compensação financeira elevada, caso o funcionário seja despedido ou decida demitir-se, devido à compra da empresa por outra sociedade ou grupo económico. *V.* **Golden Shakehands**.

GOLDEN RULE – 1. Regra básica, princípio fundamental, filosofia negocial ou de negócios que é a coluna mestra de uma negociação, de uma empresa ou de um mercado.

Direito de Negócios – Dicionário Inglês-Português

2. *EC.* Termo económico que refere o crescimento económico ideal de um país, com as actuais gerações a gerarem poupança que será aproveitada para o benefício económico de gerações futuras (*golden rule of accumulation*).

GOLDEN SHAKEHANDS – *DT.* Indemnizações e compensações financeiras oferecidas a um funcionário, para que este concorde em demitir-se ou ter reforma antecipada. **V. Golden Parachute.**

GOLDEN SHARES – *MC. DS.* Acções (**shares**) que outorgam ao seu titular certos direitos especiais (de voto, de participação em dividendos, etc.) usado por um Estado ou instituição pública relativamente a empresas de economia mista, concessionárias de serviços de utilidade pública ou em certo casos de privatizações.

GOOD – **1.** *EC.* Bem ou serviço com valor económico; **2.**Válido, legítimo; **3.** Responsável, capaz; **4.** Líquido, com capacidade financeira ou económica.

GOOD AND CLEAR RECORD TITLE (Free from All Incumbrances) – *DR.* Diz-se do bem registado em nome do seu legítimo proprietário e livre de quaisquer ónus ou encargos. Sinónimo – *good record title.* **V. Asset, Lien, Encumbrances.**

GOOD BEHAVIOR – *CR.* Conduta, actuação pacífica e ordeira, que cumpre com as exigências e requisitos legais e regulamentares aplicáveis. Atenuante que reduz a duração de pena de prisão.

GOOD CAUSE – Bom motivo, razão plausível e aceitável nos termos da lei.

GOOD FAITH – Boa fé; convicção honesta, sem malícia ou reserva mental. **V. Bad Faith.**

GOODS ACCOUNT – *CO.* Conta de mercadorias. *V.* **Account.**

GOODS – *DR. CO.* **1.** Mercadorias ou bens produzidos e em armazém, prontos para entrega; **2.** *EC.* Conjunto de bens que constituem os Activos (**assets**) de uma empresa ou património de pessoas singulares (**personal property**). Inclui não só os existentes como também os que venham a ser produzidos a partir de matérias-primas (**raw materials**), produtos básicos (por sua vez, já são considerados como *goods*), colheitas de produtos agrícolas ou, no caso de gado, as crias que vierem a nascer. **Ver Lista de principais tipos no Glossário deste Dicionário (*).**

GOODS AND CHATTELS – *DR.* Sinónimo de **personal property.**

GOODWILL – *PF. CO. DS.* Tal como definido na forma que nos parece a mais sucinta é *a capitalização de lucros acima da taxa de rendimento normal do investimento físico, descontado a uma taxa superior à taxa de juros então prevalecente no mercado.* **V. Glossário deste Dicionário (*).**

GOODWILL CLAUSE – *FIP. C.* Cláusula-padrão dos contratos de financiamento do *Paris Club* que obriga os países credores a perdoar parte da dívida após o decurso de um determinado prazo e desde que o país devedor cumpra duas condições:

1. tenha celebrado contratos que garantam o pagamento de dívidas não abrangidas pelo *Clube de Paris*; e
2. tenha cumprido (*remains eligible*) os requisitos exigidos pelo Fundo Monetário International (FMI) para poder exercer direitos de saque nesta instituição.

V. **Paris Club, International Monetary Fund, International Debt e Mapa Geral da Estrutura da ONU no Glossário deste Dicionário (*).**

GOVERNING BODY – 1. *FIP.* Instituição pública de carácter político ou administrativo com autonomia de decisão quanto às políticas e normas de determinada actividade económica, social ou de administração nacional ou regional; **2.** *DS.* Basicamente o mesmo conceito do parágrafo anterior mas para denominar os órgãos deliberativos de uma empresa. O **BOD** é assim um *governing body* por excelência.

GOVERNMENTAL AGENTS – *USA.* Funcionários públicos que desempenham actividades de protecção e defesa dos cidadãos ou de uma determinada comunidade ou autarquia. Agentes da Polícia, FBI e bombeiros são dois exemplos. *V.* **Government Torts, Torts (*).**

GOVERNMENTAL ENTERPRISE – *USA.* Empresa pública ou controlada pelo Estado. Sinónimo de **State-Owned Enterprise**. Se tal empresa tiver sido constituída sob a forma de Sociedade Anónima, é denominada **Governmental Corporation**.

GOVERNMENTAL FACILITY – *USA.* Edifícios onde são prestados serviços de interesse público. Ex. tribunais, prisões, repartições de finanças, bibliotecas públicas, etc.

GOVERNMENTAL IMMUNITY – *USA. T.* Em princípio, o poder público não pode ser accionado por **Torts (*)**, ou seja, tem imunidade estabelecida por lei. No entanto, tanto o governo federal como o dos diversos Estados norte-americanos têm renunciado a tal prerrogativa, desde que a sua eventual responsabilidade seja equacionada e submetida aos mesmos critérios aplicados a particulares.

GOVERNMENTAL INTERESTS – *USA. DP.* Critérios jurídicos aplicados por um Estado norte-americano quanto a decidir qual a jurisdição competente para julgar um litígio em que seja parte-a sua própria jurisdição ou a de outro Estado. *V.* **Jurisdiction.**

GOVERNMENTAL SECRETS – *USA.* Prerrogativa reconhecida ao governo federal e dos demais Estados norte-americanos de não serem obrigados a revelar em juízo, factos que ponham em perigo a segurança nacional ou afectem políticas diplomáticas em curso. Na verdade, a fase actual dos EUA parte mesmo para o oposto, ou seja, a faculdade do governo norte-americano poder aceder a diverso tipo de informação pessoal e empresarial em defesa dos interesses de segurança nacional, depois dos trágicos acontecimentos de 11 de Setembro de 2001. *V.* **Patriot Act, Privacy.**

GOVERNMENT EXPENDITURE MULTIPLIER – *EC.* Efeito multiplicador de investimentos ou despesas públicas no Produto Nacional Bruto (**Gross National Product**) que é calculado ao apurar o resultado de:

$$GEM = \frac{1}{(1 - mpc)}$$

em que

GEM = *Government Expenditure Multiplier* a ser calculado; e

Direito de Negócios – Dicionário Inglês-Português 330

mpc = *Marginal Propensity to Consume*, ou seja, a fracção de unidade monetária do rendimento que uma pessoa tende a gastar em consumo de bens ou serviços em vez de a poupar.
V. **Marginal Propensity to Consume and Save**, **Gross National Product**.

GOVERNMENT OF LAWS – *USA. DP.* Princípio básico de jurisprudência norte-americana segundo o qual as decisões dos tribunais se têm que basear nas leis e regulamentos existentes e nos conceitos de **common law**, independentemente da natureza do litígio, da identificação das partes envolvidas ou das preferências pessoais dos juízes. **V. Equity.**

GOVERNMENT SECURITIES – *MC. EC.* Quaisquer Obrigações (**Bonds**) e títulos de dívida pública colocados e transaccionáveis no mercado de valores mobiliários. **V. Bonds, Securities, Ginnie Mae.**

GOVERNMENT TORT – *USA. T.* Acto praticado por um **governmental agent** ou outro funcionário público que causou danos e prejuízos a terceiros por forma intencional ou culposa e pelo qual, o governo federal, Estado ou autarquia norte-americana é, em princípio responsável. **V. Governmental Immunity, Torts (*).**

GRACE PERIOD – *PF. C.* No financiamento de projectos, nomeadamente de **greenfield projects**, os credores são os primeiros a concordar que a empresa não poderá gerar receitas e ter lucros nos primeiros tempos de actividade, e muito menos durante o tempo de construção, edificação, compra e montagem de máquinas e equipamentos, testes de funcionamento, etc. Assim, é usual convencionar no contrato de empréstimo, um período (normalmente de 1 a 2 anos) durante o qual a empresa apenas pagará juros sobre o capital desse financiamento começando apenas a resgatá-lo findo tal período. **V. Instalments, Project Funds Agreement.**

GRADING OF GOODS – *DC.* Classificação de mercadorias (por espécie, tipos, grau de qualidade, etc). **V. Goods.**

GRADUATED LEASE – *PF. B.* **Leasing** em que os pagamentos mensais ou periódicos do *Lessee* dependem do lucro bruto (**gross income**) por ele obtido, do volume de vendas, etc.

GRADUATED TAX – *DF.* Imposto cuja percentagem é gradual, ou seja, directamente proporcional ao valor de rendimentos do contribuinte. **V. Tax.**

GRAFT – *CR.* Corrupção de funcionários públicos mediante a oferta de dinheiro ou outros valores materiais. **V. Bribery.**

GRAND JURY – *DP. V.* Jury

GRAND TOTAL – *CO. DF.* Total geral ; soma ou saldo final.

GRANT –1. *EC.* Subsídio, subvenção, doação; **2. To Grant** – conceder, outorgar, dar uma concessão.

GRANT-IN-AID – Subsídio concedido por instituição pública para determinado fim humanitário ou social (ex. bolsas de estudo). **V. Donors Fatigue.**

GRANTOR – O mesmo que **Trustor**.

GRASS WIDOW – *USA.* Gíria para mulher divorciada ou mulher casada abandonada pelo marido.

GRATUITY – Gratificação, pequena remuneração ou presente oferecido por um serviço recebido. Sinónimo – **gratification**. *V.* **Gift.**

GRAVITY MODEL – *EC.* Modelo de macro-economia regional que relaciona o desenvolvimento de uma região a partir da inter-actividade económica entre duas ou mais cidades vizinhas.

GREASE PAYMENTS – *USA. MC.* Quantias pagas a um funcionário público estrangeiro para que este expedite e acelere as diligências relativas às autorizações necesssárias para a emissão e venda de **securities** nesse país. Também conhecido como **facilitation payments**. *V.* **Bribery, Scienter.**

GREAT – **1.** Extraordinário, fora do normal; **2.** De grandes dimensões, enorme; **3.** *USA.* Óptimo, magnífico (*we had a great time yesterday*).

GREAT DEPRESSION – *USA. EC.* A grande crise económica que teve o seu início em 1929. *V.* **Black Tuesday.**

GREEN AUDIT – *ENV.* Análise das operações, **marketing** e actividades comerciais de uma empresa, em função do impacto das mesmas do ponto de vista ecológico e de meio ambiente. *V.* **Enviroment, Equator Principles.**

GREENBACK – *USA. MC.* Gíria para as Obrigações (**bonds**) emitidas pelo Tesouro norte-americano. *V.* **Treasury Bonds, Treasury Bills** ou **T Bills.**

GREEN BANKING – *B. ENV. V.* **Environment, Banking Green.**

GREEN CARD – *USA.* Cartão de residência permanente nos EUA.

GREEN CONSUMERS – *DC. ENV.* Consumidores cujo comportamento é altamente marcado ou influenciado por preocupações ecológicas e de protecção do meio ambiente. *V.* **Environment, Equator Principles.**

GREEN CORPORATE – *DS. ENV. V.* **Environment, Corporate Green.**

GREEN DEVELOPMENT – *ENV. V.* **Environment,** *Sustainable Development, Kyoto Protocol.*

GREENHOUSE EFFECT – *ENV.* Processo descoberto em 1829 por *Joseph Fournier* pelo qual a emissão de raios ultravioletas ao embater na camada atmosférica dos **greenhouse gases** aquece-a e com isso, toda a Terra. Segundo os dados mais recentes (Julho de 2007) a média da temperatura terrestre pode aumentar (**global warming**) até cerca de 14 graus centígrados, devido aos efeitos do *Greenhouse Effect*. Entre outra iniciativas, o **Kyoto Protocol** tentou abordar e resolver este problema, mas até à data deste Dicionário, sem o sucesso esperado. *V.* **Environment.**

GREENHOUSE GAS – *ENV.* Também conhecido simplesmente pela sigla **GHG**, refere o complexo de gases que, devido à combustão de petróleo, óleos, carvão e demais matérias primas de origem fóssil (**fossil fuels**) e depois ser expelidos para a atmosfera, são os principais responsáveis pelo **greenhouse effect** e **global warming**. Entre outra iniciativas, o recente **Tokyo Protocol** tentou abordar e resolver este problema, mas até à data deste Dicionário, sem o sucesso esperado, designadamente devido à não concordância dos EUA e Austrália. Entre tais gases contam-se o vapor de água misturado com dióxido de carbono, o metano, **carbide chlofluoride**, o gás nítrico-dióxico, etc. *V.* **Environment.**

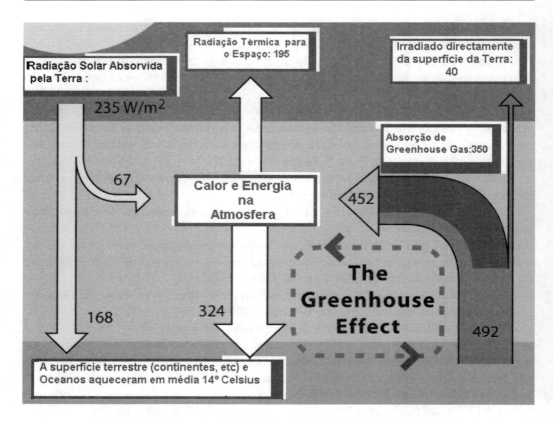

Diagrama do *Greenhouse Effect*. Desenho original de Robert A. Rhode, *Global Warming Art Project*, 2005.

GREENFIELD PROJECT – *PF*. Projecto que nasce do "zero", ou seja, em que há que adquirir o terreno, edificar as infra-estruturas (ex. rede de esgotos e de electricidade), construir as instalações, comprar e instalar os equipamento, adquirir e testar a tecnologia mais adequada, fazer testes de qualidade e de produção, iniciar o **marketing**, estudos de meio ambiente, de mercado, etc. *V.* **Project Finance**, **Expansion Projects**, **Equator Principles**.

GREENMAIL – *EC*. Aquisição de grandes quantidades de Acções (**shares**) de uma empresa revendidas posteriormente à própria empresa com um ágio, mediante o compromisso de não lançar uma oferta hostil de aquisição (**hostile bid**) da mesma empresa. Prática mais comum nos EUA, embora moralmente duvidosa e praticamente vedada hoje em dia de acordo com os princípios de **Corporate Governance**.*V.* **Hostile Takeover**.

GREY MARKET – **1.** Mercado de bens de escassa oferta; **2.** *MC*. Mercado de Acções a serem emitidas em curto espaço de tempo.

GREY WAVE – *DS.* Empresa com boas perspectivas comerciais/industriais mas que só se concretizarão entre 2 a 5 anos.

GRIEVANCE – 1. *DT.* Queixa judicial apresentada por trabalhadores ou sindicatos contra uma empresa relativamente às condições gerais de trabalho proporcionadas por aquela; 2. *DP.* Queixa, judicial contra queixa ou ofensa recebida. **V. Enviroment.**

GROSS ANNUAL VALUE – *CO.* Valor bruto anual.

GROSS EARNINGS – Rendimentos, receitas brutas. *V.* **Earnings**.

GROSS INCOME – *DC. CO. DF.* Valor de um rendimento ou investimento antes de deduzir os impostos respectivos. *V.* **Tax, Income.**

GROSS INCOME TAX – *DF.* Imposto incidente sobre o lucro bruto, ou seja, sem deduzir despesas e custos. *V.* **Income, Tax.**

GROSSING UP – 1. *DF. CO.* Adicionar ao valor de um imóvel ou rendimento recebido, o montante de impostos pagos sobre os mesmos; 2. *C. PF. DF.* Cláusula contratual pela qual uma das partes, aceita que o pagamento de quaisquer quantias feitas à outra parte, será efectuado com total isenção de taxas e impostos devidos pelo credor. Assim, o valor desses impostos deverá ser pago adicionalmente, seja como reembolso dos impostos que sejam entretanto liquidados pelo credor, seja como valor acrescido (caso de impostos retidos na fonte). **V. Witholding Tax.**

GROSS MARGIN – *DC. PF.* Saldo obtido após deduzir do total de vendas, a mercadoria devolvida, eventuais descontos, custo de produção e da comercialização da mercadoria vendida.

GROSS MISDEMEANOR – *CR.* Crime que não sendo **felony**, constitui acto penal grave atendendo às circunstâncias em que foi cometido. *V.* **Torts (*).**

GROSS NATIONAL INCOME – *EC.* Renda Nacional Bruta.

GROSS NATIONAL PRODUCT (ou GNP) – *EC.* Produto Nacional Bruto, também denominado **Gross Domestic Product** ou **GDP**. Total dos valores nominais de bens, mercadorias e serviços produzidos pelos residentes de um país no decurso de um determinado ano. **Ver capítulo especial no Glossário deste Dicionário (*).**

GROSS NEGLECT OF DUTY – *T. CR.* Negligência grave; falta grave no cumprimento de um dever por parte de uma autoridade e que causa prejuízos a terceiro. *V.* **Negligence, Non-Support, Governmental Immunity, Torts (*)** .

GROSS NEGLIGENCE – *CR.* Abstenção intencional e propositada de tomar uma iniciativa ou precaução sabendo-se antecipadamente que tal abstenção irá provavelmente causar prejuízos à pessoa ou propriedade de terceiros. *V.* **Negligence, Torts (*).**

GROSS PRICE, GROSS PROFIT – *PF.* Preço bruto, lucro bruto; ou seja, sem excluir valores ou quantias normalmente dedutíveis antes do respectivo cálculo final. Ex. O lucro de uma empresa só deve efectivamente ser considerado, depois de deduzir as respectivas despesas operacionais, custos de produção, perdas, outras despesas, impostos, etc., originando assim o *lucro líquido*. *V.* **Net Price**, **Net Profit**, **Gross Earnings**.

GROSS REVENUE – *DF. DC.* Receitas de uma actividade comercial ou industrial antes de deduzir quaisquer despesas, excepto as que, por lei ou estatutos, sejam expressamente excluídas.

Direito de Negócios – Dicionário Inglês-Português

GROSS SPREAD – *B MC.* Diferença entre o preço pago por um banco ao subscrever uma emissão de valores mobiliários (**securities**) e o preço pago pelo público a quem tal banco revende posteriormente os mesmos.

GROSS STRESS REACTION – *DT.* Reacção colectiva de elevado grau emotivo devido a condições ou acontecimentos em determinado meio ou local. Ex. despedimentos em massa numa fábrica; fúria popular ocasionada por atropelamento mortal de um menor por motorista alcoolizado, etc.

GROUND OF ACTION – *DP.* Os fundamentos de uma acção judicial. O conjunto de actos ou factos que motivam propôr a acção (**negligence, breach of contract**, etc.).

GROUND LEASE/RENT – *DR.* Aluguer ou renda paga pelo inquilino ao senhorio de um terreno, permitindo-se ao primeiro o direito de edificar ou construir nesse terreno. Normalmente celebrado em Direito Anglo-Saxónico por largos períodos de tempo (ex. 99 anos). Além de ser renovável é ainda a solução usada para arrendamento de edifícios construídos especificamente para escritórios, hotéis e outras grandes construções nos EUA.

GROUP BOYCOTT – *DC.* Acordo entre comerciantes em não comprar matérias-primas de certos fornecedores ou de não negociar com concorrentes fora dos membros signatários do acordo. Ilegal nos EUA no âmbito das **Anti-trust** *Laws. V.* **Boycott.**

GROUP INCOME – *DS.* Dividendos pagos por um grupo económico a outro grupo económico que está isento de impostos sobre ganhos de capital ou mais valias. *V.* **Tax**.

GROUP LIFE INSURANCE – *DS.* Seguro de vida colectivo, seguro de grupo. **V. Insurance (*).**

GROUPS:
1. **OF 5** – Grupo de países membros do FMI (EUA, Japão, Reino Unido, França e Alemanha) em cujas moedas se processam os chamados Direitos Especiais de Saque (**Special Drawing Rights**). Na verdade, em função da criação e circulação do **Euro** tanto na França como na Alemanha, a denominação é hoje em dia inapropriada. *V.* **International Monetary Fund;**
2. **OF 7** – *DIP.* Grupo de países membros do FMI (EUA, Japão, Reino Unido, Canadá, Itália, França e Alemanha) com reconhecido poder industrial e que se reúne anualmente para analisar o estado da economia mundial. *V.* **International Monetary Fund;**
3. **OF 10** – *DIP.* Também designado por *Clube de Paris.* Inclui a França, o Reino Unido, o Canadá, o Japão, a Itália, a Holanda, a Suécia, a Bélgica, os EUA e a Alemanha;
4. **OF 3** – *DIP.* Grupo dos 3 maiores países industriais do mundo – Japão, EUA e Alemanha.

GROUPING OF CONTACTS – *DP.* Critério para determinar a jurisdição aplicável a um contrato em caso de conflito negativo de competência. Também conhecido como *center of gravity principle*, consiste em escolher-se a jurisdição mais íntimamente ligada ou em conexão com o litígio em questão.

GROUPTHINK – *DS. PF.* Tendência dos membros de um **Board of Directors**, **Board of Governors**, conselho de gestores e administradores (**senior management**) de uma empresa ou grupo de trabalho com poder de decisão (**decision making**) de seguirem e anuirem com as opiniões dos membros mais activos, com maior "poder" interno ou habilidade de persuasão. Se de um lado tal prática desvaloriza a capacidade de iniciativa e de desejada contribuição colectiva, por outro pode levantar o problema de se questionar a lealdade com a equipa ou com o supervisor (**loyalty to the group**, **loyalty to the leader**).

GROWTH – Crescimento, desenvolvimento. Termos associados:
1. **economic growth** – *EC.* Crescimento económico;
2. **growth path** – *EC.* Curva/linha tendencial de crescimento;
3. **growth rate** – *EC.* Taxa de crescimento económico;
4. **growth shares/stock** – *DS. C.* Acções de empresa com boas possibilidades de crescimento independentemente dos dividendos que pagam. *V.* **Shares**.

GUARANTEE – *C. DR. B.* Garantia; obrigação acessória que assegura o cumprimento de uma obrigação principal; o mesmo que **Guaranty**. Podem ser pessoais (**corporate guarantee** = fiança) ou reais (**Mortgage, Pledge, Lien, Charge**). De notar que *Guarantee* não se confunde com **Indemnity** – enquanto que a primeira é uma obrigação acessória de uma obrigação principal (logo, se esta última se extingue, o mesmo acontece à *guarantee*), no caso da **Indemnity** (obrigação independente e autónoma de compensar ou reembolsar alguém pelos prejuízos sofridos), esta sobrevive a quaisquer percalços ou alterações jurídicas da obrigação ou contrato que lhe está subjacente. *V.* **Aval, Personal Security e Lista de Principais Termos no Glossário deste Dicionário (*)**.

GUARANTEE COMMISSION FEE – *B.* Semelhante ao **Availability Fee** mas tendo como razão de ser a "reserva" de crédito feita pela instituição bancária a favor do seu cliente durante um determinado período de tempo. *V.* **Fees**.

GUARANTEED ANNUAL WAGE – *DT.* Salário anual garantido.

GUARENTEED STOCK – *DS. MC.* Acções em que o pagamento do dividendo é garantido por empresa associada ou controladora da empresa emissora. *V.* **Shares**.

GUARANTOR – *B. DC.* Fiador, avalista, garante. **V. Guarantee**.

GUARDIAN – Curador, pessoa ou entidade a quem se confia a defesa dos interesses morais, pessoais e patrimoniais de incapazes, pródigos, interditos e menores. Termos associados:
1. **foster parents** – V. Índice próprio;
2. **natural guardian** – o pai (ou a mãe no caso de falecimento daquele) dum menor;
3. **guardianship** – o exercício pelo guardian das suas funções e deveres;
4. **guardian *ad litem*** – curador de menores; pessoa nomeada por um tribunal para representar os interesses dum menor numa acção judicial.

GUILD – Cooperativa ou associação de artistas, comerciantes, artesãos ou de pessoas com a mesma profissão ou interesses sociais, culturais ou de negócios.

Direito de Negócios – Dicionário Inglês-Português

GUILT – *CR*. Culpa, as características de um acto ou procedimento que viola a lei, levam consequentemente a classificá-los como ilegais e sujeitos a penalização. Por oposição a **innocence**. *V.* **Torts (*).**

GUILTY – *CR. T*. Culpado; quem foi julgado judicialmente responsável por crime ou acto ofensivo dos interesses de terceiro. *V.* **Jury, Torts (*).**

GUILTY PLEA – *USA. CR*. Confissão de culpa. O réu pode confessar em juízo ser culpado do crime ou acto de que é acusado, desde que devidamente aconselhado ou prevenido por seus advogados e pelo juiz relativamente às consequências dessa confissão. *V.* **Torts (*).**

GUILTY VERDICT – *CR*. Decisão formal por parte de júri ou juiz de que o réu foi considerado culpado do crime ou acto de que foi acusado. *V.* **Jury, Torts (*).**

H

HABEAS CORPUS – *L. CR.* Literalmente, *tens um corpo.* Instituto de Direito Penal em que se asseguram certos direitos básicos ao réu ou arquido, nomeadamente a liberdade do réu detido sem culpa formada ou sujeito a prisão ilegal (*unlawful imprisonment*). **V. maior desenvolvimento no Glossário deste Dicionário (*).**

HABITUAL CRIMINAL – *USA. CR.* Criminoso reincidente. Em alguns Estados norte-americanos, a terceira ou a quarta condenações do mesmo indivíduo por crimes graves (**felonies**) leva à prisão perpétua.

HAEC EST CONVENTIO – **1. USA. L. C.** *Isto é um contrato,* frase ainda usada em certos Estados norte-americanos ao se lavrarem escrituras públicas; **2. USA.** Herança por força de lei (por oposição a herança testamentária).

HAGUE TRIBUNAL – *DP.* Tribunal arbitral internacional constituído de forma permanente pela *Conferência de Paz de Haia de 1899,* com vista à solução pacífica de conflitos internacionais entre Estados. Embora lhe seja reconhecida competência sobre todos e quaisquer litígios, o tribunal só pode actuar se as partes voluntariamente assim concordarem. [32]

HALF – **1.** A metade de um valor, medida ou de um bem; **2.** Pessoa ou objecto ínimo; **3.** Semelhante, parecido. Termos associados:

1. **half brother/sister** – irmão/irmã uterina ou consaguínuea, ou seja apenas com o mesma mãe ou mesmo pai;
2. **half eagle** – *USA.* Moeda de ouro dos EUA, no valor de 5 Dólares. **V. Eagle;**
3. **half mark** – *UK.* Moeda do Reino Unido (hoje fora do mercado) no valor de seis *shillings* e oito *pence;*
4. **half nephew/niece** – Filho/filha de **half-brother** ou **half-sister**;
5. **half year** – *C.* Para efeitos jurídicos, um período de cento e oitenta e dois dias (182) consecutivos. **V. Fiscal Year.**

HALL/TOWN HALL – Câmara Municipal (Portugal), Prefeitura (Brasil).

HALL DAY – *UK. DP.* Dia em que um tribunal efectua audiências e julgamentos.

HALLMARK – Sinete, marca de ourives em peças de ouro ou de prata que autenticam a nobreza do material e o seu teor.

---

[32] Ficou conhecido o caso que Portugal ganhou na acção interposta nos finais dos anos 50 contra a União Indiana no que se refere ao direito de acesso por parte de Portugal aos enclaves de Dadrá e Nagar Aveli a partir de Goa, na então Índia Portuguesa.

Direito de Negócios – Dicionário Inglês-Português 338

HAMMER – *DP. DR.* Uso metafórico de venda judicial (logo, forçada) de um bem ou propriedade por leilão ou hasta pública. *To bring to the hammer, sold under the hammer* – ser levado a leilão, ter sido vendido em leilão.

HAND – 1. Mão; **2.** Medida equivalente a quatro polegadas (**inches**). Alguns termos associados:

1. **clean hands** – *CR.* Inocência;
2. **give a hand** – Ajudar (*please, give me a hand*);
3. **handle** – Actuar, coordenar, agir, conduzir, dirigir, controlar;
4. **handling Fee** – *B.* O mesmo que **Management Fee**; comissão bancária paga ao **Lead Manager**. *V.* **Fees, Syndication;**
5. **handsale** – *DC.* Aperto de mão que sela um acordo não escrito; que conclui uma compra e venda (ou outro tipo de transacção) em que não é celebrado qualquer contrato;
6. **handwriting** – Manuscrito, escrito à mão;
7. **have a hand** – Desempenhar um papel relevante; ser co-responsável (*she had a hand in the success of the deal*);
8. **hired hand** – *DT.* Trabalhador, operário;
9. **in the hands** – Competência, atribuição, alçada (*the matter is in the hands of the courts*);
10. **iron hand** – *CR.* Sentença, punição severa; *V.* **Strong Hand;**
11. **strong hand** – **1.** *CR.* Sentença, punição severa; **2.** Administração ou gestão disciplinada, com autoridade.

HANG – 1. Assunto ou tema em suspenso, sem decisão; **2.** *CR.* Enforcamento.

HAPPINESS – *USA.* Direito outorgado constitucionalmente a todos os cidadãos norte-americanos (*pursue of happiness*) de exercer qualquer profissão ou negócio, livres de qualquer restrição e apenas limitados por igual direito dos demais cidadãos, por forma a que todos possam prosperar, desenvolver as suas aptidões e realizar-se como seres humanos. **V. Constitution.**

HARAKIRI SWAP – *MC.* **Swap** sem margem de lucro.

HARASSMENT – *CR.* Frase ou acto destinados unicamente a perturbar, alarmar ou abusar de outra pessoa, ou seja, afectando a sua **peace of mind**. Ex. telefonemas ou cartas anónimas; contactos físicos repetidos e não solicitados (**sexual harrassment**); comentários depreciativos da nacionalidade ou condição social, sexual, racial da pessoa; ofensas verbais (**oral** ou **verbal harrassment**); fazer repetidos comentários alarmistas sabendo-se que a pessoa visada é facilmente impressionável, etc. *V.* **Battery, Torts** (*).

HARD CASE – *DP.* Processo judicial complexo em que o tribunal, para atender cabalmente aos interesses da parte afectada, não fez aplicação restrita do previsto na lei aplicável mas levou também em consideração argumentos económicos, humanos e de justiça social. É normal em tais casos dizer que *hard cases make bad law*.

HARD CORE UNEMPLOYMENT – *EC. DT.* Tipo de mão-de-obra para a qual é particularmente difícil encontrar emprego devido a várias circunstâncias (idade, doença, tipo de actividade, etc.). *V.* **Unemployment.**

HARD CURRENCIES – *EC. CF. MC.* Moeda largamente aceite nos mercados financeiros mundiais devido à sua estabilidade cambial e valor intrínseco; normalmente uma moeda de países altamente industrializados ou de reconhecido poder económico. As mais tradicionais incluem a libra, o dólar, o **euro**, o franco suiço, o iene e o dólar canadiano. *V.* **Currencies, Basket of Currencies.**

HARD DOLLAR – *USA. MC.* Comissão paga a um corrector (**broker**, **dealer**) de valores mobiliários (**securities**) pelos serviços de pesquisa, análise de mercado, conselho de investimentos (*investment adviser*), etc. Por oposição a **soft dollar**, a comissão paga ao corrector pela sua intermediação na compra e venda desses valores.

HARM – *CR.* Dano, causar perdas ou prejuízos a terceiro. Se relacionado com produtos alimentares (**harmful food**) refere-se a qualquer alimento possa afectar a saúde ao ser ingerido. *V.* **Damages, Torts (*).**

HARMELESS ERROR – Erro menor, de carácter insignificante ou irrelevante para a análise dos prejuízos sofridos por alguém. *V.* **Damages, Error, Mistake, Torts.**

HARVESTING – *DC. DR.* Colheita, ceifa.

HARVESTING STRATEGY – *PF. CF.* Realizar um lucro a curto prazo na venda de um produto antes de retirá-lo do mercado ou cessar a sua produção. Ex: parar com a publicidade de um produto, assumindo que os efeitos deste vão perdurar na memória do consumidor.

HAVES AND HAVE-NOTS – *DIP. EC.* Situações de análise económica, jurídica e social em que após o desenvolvimento de um raciocínio e colecta de dados, conclui-se haver apenas duas únicas alternativas a considerar no tema em causa. Exemplos: tendência fragmentária e irreversível de alguns países ou regiões (**balkanization**) ou de união económica e política a nível de continente (União Europeia); etc.

HAWK – *USA. DS.* Termo crescentemente utilizado para referir os administradores, investidores e accionistas controladores de uma empresa dispostos a correrem mais riscos, considerando que os concorrentes de mercado só tomarão uma atitude mais moderada se for tomada uma política empresarial firme, rigorosa e sem hesitações. **V. Pidgeon**.

HAZARDOUS – **1.** Arriscado, perigoso, envolvendo possíveis prejuízos, danos ou perdas; **2.** *ENV.* Produto tóxico ou explosivo, cuja produção, embalagem, transporte e manuseamento requerem cuidados e atenção especiais, atendendo aos seus efeitos poluidores, de envenenamento ou de sério perigo para a vida humana e animal. **V. Hazmat.**

HAZMAT – *DIP. ENV.* Placa, sinal metálico ou cartaz que é obrigatório apôr nas trazeiras de viaturas pesadas que transportam materiais tóxicos ou explosivos (**HAZ**ardous **MAT**erials) ou nos locais onde se armazenam, se guardam ou se comercializam os mesmos.

HEAD – **1.** Cabeça; **2.** Chefe; principal responsável por um departamento ou serviço público (*head of the Legal Department*); **3.** Chefe de família (*head of family* ou **household**).

HEAD AND SHOULDERS – *EC.* Em estatística e econometria, o aspecto geral de um quadro gráfico das vendas de um produto, cotações de um valor mobiliário (**securities**) que apresenta linhas de subida e descida que desenham *"o braço esquerdo"* (logo, subida) e uma cabeça (estabilidade em alta), o que faz assumir que *"o braço direito"* (logo, descida) se irá seguir. Vários dos exemplos gráficos deste dicionário são um bom exemplo deste conceito.

HEADNOTE – *DP.* Sumário que precede o texto de uma lei, parecer jurídico ou sentença e que antecipa o conteúdo das mesmas.

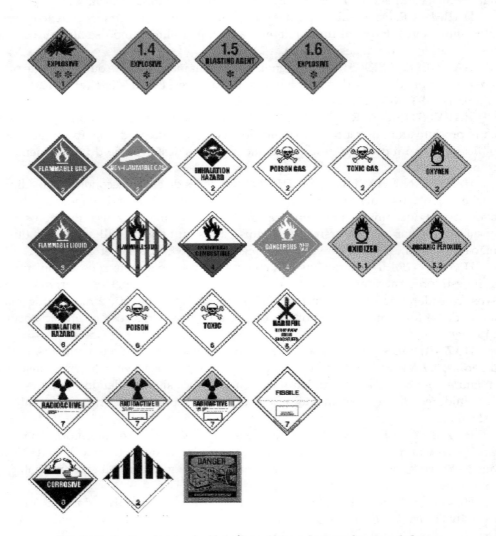

Principais sinais e placas rodoviárias/ferroviárias e de armazéns ou embalagens, avisando dos perigos dos materiais transportados, depositados ou manuseados

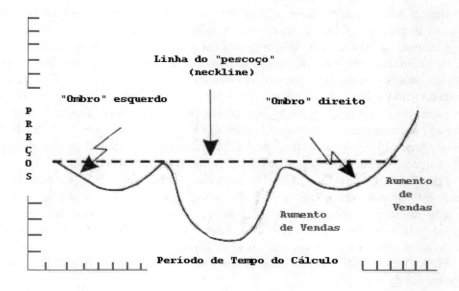

Exemplo de um *Head and Shoulders*. No caso em análise,
a "cabeça" e os "ombros"são propositadamente colocados ao invés.

HEAD OF TRADING – *MC*. Chefe de departamento ou de área responsável numa instituição financeira pela negociação de valores mobiliários.

HEALTH AND SAFETY – *DT. PF.* O conjunto de regras, regulamentos, políticas públicas e empresariais destinadas a garantir e prevenir a segurança contra acidentes no trabalho ou dele decorrentes. *V.* **Environment, Equator Principles**.

HEARING – 1. Audiências públicas mas não judiciais para análise e discussão de temas relacionados com futuras medidas legislativas, administrativas, policiais ou de vida comunitária; para investigar actos políticos e administrativos aparentemente irregulares ou criticáveis (através de comissões parlamentares ou de autarquias); ou para analisar e formular um juízo sobre a probidade, capacidade e qualidade de candidatos a funções públicas. Dois tipos básicos:
 i. **adversary hearing** (em que duas ou mais partes, com posições divergentes sobre o tema, se defrontam e fazem seus depoimentos); e
 ii. **ex parte** apenas uma das partes (normalmente o representante da autoridade legislativa, administrativa, policial, etc.) está presente;

2. *DP*. Audiências, julgamentos judiciais:
(i) como forma preliminar de concluir se os factos constantes de uma petição inicial (processos cíveis) ou acusação deduzida pelos magistrados de ministério público (**public attorneys** ou **prosecutors**), constituem matéria suficiente e cabível para serem levados a juízo (**admissible evidence**);

Direito de Negócios – Dicionário Inglês-Português   342

(ii) para analisar (a) a prestação de prova documental e de testemunhas (**witness**) bem como (b) os argumentos deduzidos pelas partes; e

(iii) para ouvir a decisão do **jury** e aplicar a sentença decorrente ou fazê-lo directamente com base no mérito dos autos, seja em 1ª instância seja em fase de recurso (**appeal**), conforme seja o caso.

HEARSAY – *DP*. 1. Declaração escrita de terceiro (não arrolado como testemunha) sobre actos ou factos pertinentes à prestação de prova em juízo e que é apresentada em tribunal para confirmar a versão defendida pelo queixoso ou réu; **2.** Prova testemunhal não baseada no conhecimento pessoal dos factos pela testemunha mas no que esta ouviu de terceiros, incluindo pessoas já falecidas. *V.* **Affidavit, Witness.**

HEAT OF PASSION – *CR*. Descontrolo, perturbação psíquico-emocional de grande intensidade (ódio, cólera, fúria ou raiva, etc,) causadas por actos ou palavras que constituem provocação ou ofensa graves à dignidade ou honra do ofendido (ex. flagrante adultério em casa do ofendido). A ser provado tal descontrolo é atenuante em crimes de homicídio ou ofensas corporais. *V.* **Torts (*).**

HEAVY SHARES – *DS*. Acções (**shares**) de preço elevado comparativamente ao preço médio de mercado.

HEDGE ou HEDGING – *MC. CF. B*. Conjunto de instrumentos e operações financeiras para protecção contra riscos de variação cambial, de flutuação de taxas de juro, flutuação de preços de mercado de **commodities** ou, em geral, contra o risco de movimentos especulativos de mercado (*speculation trends* ou *streams*). Engloba vários instrumentos financeiros (**Forwards, Futures, Caps, Options, Swaps, Collars,** etc.). *V.* **Unhedged.**

HEDGE RATIO – *MC*. Rácio usada no mercado de **Options** que representa as flutuações esperadas ou possíveis de ocorrer relativamente a um valor mobiliário usado como forma de **Hedge** (ex. **US Treasury Bills** ou **TBills**).

HEEDLESS – O mesmo que **reckless**; atitude ou procedimento irresponsável, sem consideração pelos direitos ou interesses de terceiros. *V.* **Negligence.**

HEIRDOM (ou HEREDITY) – *V.* **Glossário deste Dicionário (*)**

HENCEFORTH – *C*. *De agora em diante; doravante.* Termo contratual para referir continuidade de efeitos a partir do momento presente e para o futuro mas excluindo o passado. *V.* **Hereafter, Hereunder, Heretofore.**

HERD – *DR*. 1. Rebanho, manada, vara, conjunto de cavalos, carneiros, gado, etc; **2.** Guardar um rebanho.

HEREAFTER ou HEREINAFTER – *C*. *De ora avante, daqui em diante.* Termo contratual que refere a continuidade de efeitos para o futuro, mas excluindo o presente e o passado (*hereinafter referred to as the "Lender"*, doravante denominado o "Credor"). *V.* **Henceforth, Heretofore, Hereunder.**

HERETOFORE – *C*. *No passado; antes, anteriormente;* termo contratual que se refere ao passado mas exclui o presente e o futuro. *V.* **Hereinafter, Henceforth, Hereunder.**

HEREUNDER – *C*. *Neste documento; no actual e presente contexto;* termo contratual que refere o texto que se segue ou a certa parte, parágrafo ou cláusula existente no mesmo documento. *V.* **Hereinafter, Henceforth, Heretofore.**

HERFINDAHL/HIRSCHMAN INDEX (HHI) – *USA. EC.* Índice usado a partir de 1981 pelas autoridades **Anti-Trust** norte-americanas para determinar a existência de "áreas de mercado de alta concentração" (*high market concentration*). Segundo o Departamento de Justiça norte-americano, o HHI é calculado a partir do quadrado das quotas de mercado de cada empresa (**market share**) existente no mercado, seguida da soma dos respectivos resultados obtidos.

O HHI leva em consideração: (i) a quota de mercado de cada empresa; (ii) a distribuição do número de empresas pela mesma; mas (iii) aproximando-se de zero, quando o mercado é composto por muitas empresas com uma quota de mercado semelhante. No sua inter-acção, o HHI aumenta, à medida que o número de empresas diminui e à medida que o diferencial das quotas individuais de mercado aumenta. De uma forma mais específica:

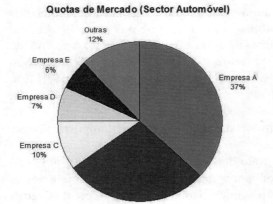

Exemplo de calculo do *Herfindahl/Hirschman Índex*

- um HHI abaixo de 1,000, indica uma concentração baixa;
- um HHI abaixo entre 1,000 e os 1,800 indica uma concentração moderada; e
- um HHI acima de 8,000, indica elevada concentração (**high market concentration**).

HE WHO SEEKS EQUITY MUST DO EQUITY – *DP.* Princípio de **Equity** segundo qual quem procura que lhe seja feita justiça por via judicial, deve igualmente ter sido justo (**fair**) para com a outra parte, ou seja, pedindo que lhe sejam ressarcidos os danos e prejuízos sofridos mas não indo além do que é razoável (**reasonable**) ao requerer condenações excessivas ou demasiadamente onerosas. *V.* **Torts** (*), **Damages**.

HIDDEN – Oculto, disfarçado, disseminado, indeterminado no meio de um conjunto de pessoas, dados ou factores sociais, financeiros ou económicos. **Ver lista de principais termos associados no Glossário deste Dicionário (*)**

Direito de Negócios – Dicionário Inglês-Português

HIGH COMMISSIONER – *DIP. UK.* Termo com que se designam os embaixadores dos países membros da **Commonwealth**, credenciados entre esses mesmos países.

HIGH NET WORTH INDIVIDUAL – *EC. B.* V. **HNWI, HEW.**

HIGH YIELDER – *MC.* Valor mobiliário com maior rendimento mas cuja margem de risco é também proporcionalmente maior. *V.* **Securities, Yield.**

HIGHEST DEGREE OF CARE – *USA.* Grau de cuidado (**care**) exigido em certas jurisdições para o transporte público de passageiros ou tratamento de doentes. *V.* **Torts** (*).

HIGHLIGHT – Tópico básico; o ponto principal de um documento ou tema.

HIGH SEAS – *DIP. ENV.* Mar alto; faixa marítima já fora das águas territoriais de um país. A *Convention on the Law of the Sea* de 1982 fixou em 12 milhas náuticas, os limites da faixa marítima territorial.

HIGHWAY – **1.** Auto-estrada; estrada principal cuja construção obedece a cuidados e características especiais quanto à dimensão, número de faixas, acessos, protecções laterais, tipo de pavimento, etc. e de uso público gratuito; **2.** Embora o conceito original de *highway* fosse o acima indicado, nas últimas décadas e em face do custo crescente de obras públicas e a necessidade de manter sob controlo o deficit público, o termo passou também a denominar auto-estradas construídas no regime de concessão (**tender**) tipo **B.O.T. (Build, Operate and Transfer)** e sujeitas a portagem (**toll**) pagas pelo usuário.

HINDER – Impedir o acesso, vedar o acesso, obstruir.

HIRE – **1.** *DT.* Empregar alguém temporariamente; **2.** Alugar temporariamente um bem para uso pessoal.

HIRE PURCHASE – *C. DR. DC.* Contrato de compra e venda em que a posse do bem ou mercadoria passa para o comprador com o pagamento de um sinal ou depósito mas cuja propriedade só se transfere com o pagamento total do preço. Difere do **Credit-Sale Agreement** (ou **Sale by Installments** ou **Deferred Payment Agreement**) porque nestes, a propriedade é transferida com a assinatura do respectivo contrato.

HISTORICAL COST – *CO. CF.* O mesmo que **book value/cost**, o valor original de aquisição de um bem, custo de construção de uma fábrica, etc.

HIT AND RUN – *USA. CR.* Acidente em que alguém é atropelado por um veículo ou em que dois veículos colidem, seguindo-se a fuga dos condutores ou de um deles.

HOC – *USA. L.* Este, esta. Principais termos compostos:

1. **hoc anno** – este ano, no ano em curso;
2. **hoc intuitu** – com esta expectativa, com esta esperança;
3. **hoc loco**– aqui, neste lugar;
4. **hoc nomine** – com este nome, sob este nome;
5. **hoc titulo** – com este título, sob este título; e
6. **hoc voce** – com estas palavras.
7. **hoc paratus est verificare** – este tema ou assunto está pronto a ser verificado ou certificado.

HOLD – **1.** *DR.* Deter, possuir legitimamente um bem, propriedade ou direito; **2.** *DP.* Confirmar um depoimento (*hold the affirmative*) em juízo; **3.** *DR.* Guardar em custódia ou em depósito; **V. Guardian**; **4.** Administrar, gerir, coordenar, dirigir; **5.** Praticar um acto de acordo com a lei ou os estatutos de uma empresa (*hold an election, hold an hearing*); **V. Holder**.

HOLD HARMLESS AGREEMENT – *C.* Contrato pelo qual uma parte isenta a outra de certas responsabilidades contratuais, desde que esta última não actue com **gross negligence** ou **wilfull misconduct**. *V.* **Indemnity**

HOLDER – *DR.* O possuidor (não necessariamente o titular) de um bem, direito, crédito ou valor mobiliário. Note-se que *holder* e **owner** são por vezes sinónimos. **V. Shareholder, Bondholder**.

HOLDER IN DUE COURSE – *DR.* Possuidor de boa fé; detentor de título de câmbio que o adquiriu sem saber que o pagamento do mesmo já não tinha sido feito pelo respectivo emissor ou avalista. O mesmo que *holder in good faith*. **V. Good Faith.**

HOLDING(S) – **1.** *DP.* Os pressupostos doutrinais e jurídicos a serem deduzidos numa decisão judicial; **2.** *DR.* Termo genérico para designar o património, bens, propriedades e valores mobiliários de alguém.**V. Securities.**

HOLDING COMPANY – *DS. PF. MC.* Também denominada **parent company**. Empresa cujo objecto social exclusivo ou primordial é adquirir, deter e gerir participações majoritárias no capital de outras empresas. Normalmente a *holding company* controla as demais empresas, seja através do capital com direito de voto, seja através dos respectivos corpos gerentes e administrativos de sua nomeação e confiança. Principais categorias:

1. **personal holding company** – Empresa constituída por motivos meramente fiscais por um único sócio ou pequeno grupo de sócios, com o objectivo de deter os seus investimentos de capital e receber os dividendos respectivos;
2. **holding-operating company** – *Holding* que além de gerir e administrar as demais subsidiárias e coligadas, também explora ou desenvolve paralelamente as suas próprias actividades económicas;
3. **mixed-holding company** – O mesmo que **holding-operating company**.

V. Afillitate, Subsidiary.

HOLDING PERIOD – *DF.* Período de tempo fixado pela lei fiscal para um investidor manter em seu nome uma carteira de valores mobiliários (**securities**), por forma a determinar se o lucro ou perda de tal investidor foi a longo ou a médio prazo. **V. Tax.**

HOLOGRAPH (WILL) – *USA.* Testamento manuscrito pelo falecido, sem qualquer testemunha ou autenticação. **V. Will.**

HOME OFFICE – *UK.* O equivalente britânico ao Ministério de Administração Interna.

HOME OWNERS WARRANTY – *USA. DR.* Garantia e programa especial de seguros contra defeitos de construção que a maioria das legislações dos Estados norte--americanos obriga os construtores civis a oferecer aos compradores de casas por aqueles construídas. A garantia e seguro são em geral de dez anos. **V. Insurance (*)**.

HOME RULE – *USA.* Disposições das Constituições de diversos Estados norte-americanos, pelas quais são concedidas às cidades e comunidades locais, certas formas de governo próprio.

Direito de Negócios – Dicionário Inglês-Português

HOMESTEAD – *DR*. Áreas adjacentes; a superfície de campo e edifícios acessórios, plantações e culturas que rodeiam a casa de alguém.

HOMICIDE *CR. T*. – Homicídio, assassinato; o acto de matar um ser humano. Pode pertencer a três tipos básicos: **murder, manslaughter** e **negligent homicide**. Por este motivo, a palavra **homicide** em si mesma é "neutra", já que não envolve juízo de culpa sobre a natureza, existência ou não de intenção ou negligência por parte de quem cometeu o homicídio. Ex. um guarda que executa uma sentença de morte comete um homicídio mas não certamente um crime.

HOMOGENEITY – *EC*. Mercado em que os bens ou serviços oferecidos são idênticos ou da mesma natureza. Por oposição a **Heterogeneity**.

HOMOGENEOUS PRODUCT – *EC*. Bem ou produto que pode facilmente ser substituído por outros bens ou produtos alternativos. *V*. **Asset**.

HONOR – *DC. B*. Aceitar uma letra, pagar uma letra ou livrança, pagar um cheque nas datas em que os respectivos pagamentos são devidos.

HORIZONTAL EQUITY – *DF*. Princípio fiscal pelo qual os contribuintes com rendimentos idênticos ou a mesma matéria colectável, devem ser tributados da mesma forma. *V*. **Tax**.

HORIZONTAL INTEGRATION (ou **HORIZONTAL MERGER) – *DS*.** Aquisição de uma empresa por outra que se dedica ao mesmo ramo de comércio, indústria ou explora o mesmo mercado geográfico. *V*. **Merger**.

HORIZONTAL SEGREGATION – *DT*. Divisão da mão de obra de uma empresa por sexo, idade ou outros critérios mistos. Por vezes simples redistribuição de mão de obra tendente à especialização ou aumento de produtividade em função do tipo de tarefa ou de trabalho que é distribuído ao trabalhador.

Occupation	Male	Female	1971 Total	Male	Female	1981 Total
Managers	6.9	5.1	6.8	8.7	8.4	8.7
Technicians	4.2	0.6	4.0	5.0	1.3	4.8
Secretarial and similar	3.2	88.6	8.2	2.8	82.2	9.1
Supervisory	4.8	1.6	4.6	4.9	1.7	4.6
Crafts	51.7	1.1	48.8	54.2	3.0	50.1
Operatives	15.6	2.3	14.8	15.0	2.5	14.0
Others	13.6	0.7	12.8	9.4	0.9	8.7
Totals employed	94.2	5.8	100.0	92.0	8.0	100.0

Exemplo de *Horizontal Segregation*

HORIZONTAL SPREAD – *MC*. Estratégia no mercado de **Options** que leva à compra e venda do mesmo número de contratos de Opções com o mesmo **striking price** mas com diferentes datas de vencimento.

HOST COUNTRY – *EC.* País que beneficia de investimento estrangeiro. *V.* **Foreign Investment.**

HOSTILE AND ADVERSE WITNESS – *DP.* Testemunha (**witness**) processual que demonstra no seu depoimento tanta hostilidade ou sentimentos contrários aos interesses da parte que a indicou como testemunha, que é permitido ao advogado dessa parte interrogá-la de novo (*cross-examine*), considerando-a como se tivesse sido indicada pela parte contrária.

HOSTILE TAKEOVER – *DS.* Oferta pública de compra de Acções de uma empresa a um preço atractivo e contrária à recomendação do respectivo Conselho de Administração (**Board of Directors**) e à Assembleia Geral de Accionistas (**General Assembly**).

V. **Takeover, Bid, Buy-Out, Tender Offer.**

HOT CARGO – *DT.* Mercadorias fabricadas por empresa com a qual um sindicato ou grupo de trabalhadores se encontra em litígio laboral.

HOT CARGO AGREEMENT – *DT. C.* Contrato entre um sindicato e uma empresa "neutra", pela qual esta última se compromete a efectuar as diligências ao seu alcance para conseguir que outra empresa, empregadora dos trabalhadores pertencentes a tal sindicato, chegue a um acordo laboral ou ponha fim a um litígio que a confronta com esse sindicato.

HOTEL DIVORCE – *USA. DF.* Simulação de adultério previamente acordada por um casal, por forma a poderem dar entrada de um processo de divórcio litigioso e ter com isso, certos benefícios fiscais. **V. Tax (*).**

HOT MONEY – *UK. MC.* Movimento altamente especulativo de capitais internacionais que pretende tirar partido de variações cambiais, diferenças de taxas de juro e de outras informações de mercado de capitais. Também conhecido como **funk money.** *V.* **Money.**

HOUSEBREAKING – *CR.* Assalto a uma casa com intuito de roubo. Sinónimo: **Burglary. V. Torts (*).**

HOUSE COUNSEL (ou IN-HOUSE COUNSEL) – Advogado de empresa contratado como funcionário desta e não como profissional liberal independente.

HOUSEHOLD – 1. Conjunto de pessoas (parentes por sangue, casamento, adopção, empregados domésticos, etc) que vive na dependência de um chefe de família comum (**head of family**) e para com quem este último tem obrigações económicas, de educação e de conteúdo moral; **2.** *DR. DF.* Recheio de uma casa, mobílias, utensílios, ferramentas, objectos domésticos pertencente à família que nela vive.

HUMAN CAPITAL – *EC. DT.* Despesas com educação básica e técnica, cursos de formação e desenvolvimento profissional, enfim, o custo global de investimento no ser humano como factor básico da economia.

HUNG JURY – *DP.* Júri que se encontra irrevogavelmente dividido no seu veredicto. *V.* **Jury.**

HURDLE RATE – *EC.* Também chamada *taxa crítica de rentabilidade financeira*, consiste numa margem de lucro fixada um tanto arbitrariamente por uma autoridade

Direito de Negócios – Dicionário Inglês-Português

financeira ou governo, por forma a levar os investidores a não investir abaixo de tal taxa. *V.* **Monetary Policies, Monetary Authorities**.

HUSBANDRY – *EC.* Agricultura, cultivo dos campos para alimentação.

HUSBAND-WIFE PRIVILEGE – *USA. DP.* Privilégio processual reconhecido em diversos Estados Norte-Americanos segundo o qual um marido pode legitimamente recusar-se a divulgar factos que lhe foram confidencialmente comunicados pela mulher e vice-versa, desde que tais factos possam incriminar o outro cônjuge.

HUSBAND-WIFE TORT ACTIONS – Princípio tradicional de **Common Law** pelo qual não poderiam ser accionados **Torts** (*) entre marido e mulher. Ainda em vigor em alguns Estados norte-americanos, a tendência é de abolir tal princípio.

HUSH-MONEY – *CR.* Forma de corrupção, pagando-se a alguém para que não diga o que sabe ou não divulgue informação em seu poder. *V.* **Corporate Governance.**

HYBRID SECURITY – *MC.* Valor mobiliário que contém elementos de dívida e de **equity**, nomeadamente o direito de subscrever capital, pagamento de juros em forma de dividendos (**stock dividends**), etc. *V.* **Securities, Debentures, Dividends**.

HYPERINFLATION – *EC.* Hiper-inflação, agravamento da inflação de um país ou economia que iguala ou excede 50% por mês. Os casos da Alemanha após a 1ª Guerra Mundial, do Brasil nos anos 60 e 70 e mais recentemente do Zimbabwe (6.000 % ao ano). *V.* **Inflation, Indexation, Runayway Inflation**.

HYPOTHECATION – *DP. B. DR.* **1.** Autorização, procuração escrita (*letter of hypothecation*) outorgada pelo proprietário de bens dados em penhor a um banco mas que este não pode, excepto quando autorizado por tribunal em processo executivo correspondente, apossar-se ou vender; **2.** Hipoteca de navio à sua chegada ao porto de paragem ou destino para garantir um empréstimo feito por um banco em carácter de urgência durante a viagem (ex: efectuar reparações urgentes). Se a hipoteca inclui navio e carga, chama-se **Bottomry** e é efectuada através de uma **bottomry bond**; se inclui apenas a carga, denomina-se **respondentia** e constitui-se por uma **respondentia bond**. *V.* **Lien, Collateral**.

HYSTERESIS – *EC.* Espaço de tempo, intervalo económico entre o comportamento de uma variável e a mudança dos factores que influenciam essa variável.

I

IBNR CLAIMS RESERVE – *CO*. Constituição de reservas por uma companhia de seguros para cobrir indemnizações a serem pagas mas ainda não reclamadas pelos segurados. *V.* **Reserves, Insurance (*).**

IDEM SONANS – *USA. L. DP. Com o mesmo som; com a mesma pronúncia*; palavras homófonas e homógrafas que podem induzir em erro na produção de prova judicial (ex. *Mr. Simson* e *Mr. Simmson*).

IDENTIFICATION – **1.** *DP.* Identificação; prova de identidade. Comprovar que (i) uma pessoa é a acusada dos factos alegados em juízo; (ii) um determinado objecto ou bem é o que foi furtado ou usado na prática de um crime; **2.** *EC.* Solução única para um sistema econométrico de múltiplas equações ou rácios. *V.* **Identity.**

IDENTITY OF DESIGN – *DC.* Semelhança (i) na aparência exterior ou interna de um novo produto com outro já registado e à venda no mercado; ou (ii) dos planos ou desenhos técnicos de um invento com os de outro, cuja patente já foi registada. A *identity of design* só é confirmada ou rejeitada após a análise dos dois produtos por técnicos ou peritos especialisados. *V.* **Identity of Invention, Imitation.**

IDENTITY OF INTERESTS – *DP.* Possibilidade de um terceiro requerer (e ser admitido) como parte num processo judicial, atendendo a serem idênticos os interesses desse terceiro e os interesses de uma das partes em juízo.

IDENTITY OF INVENTION – *DC.* Semelhança de processos, técnicas e resultados de um invento com outro cuja patente já foi registada; requere ainda que a combinação ou inter-acção dos respectivos componentes sejam as mesmas do já patenteado. *V.* **Identity of Design, Imitation.**

ID EST – *L. C.* Isto é; ou seja. Normalmente abreviado por "**i.e.**"

IDLE TIME – *EC. PF.* Tempo ocioso do processo de produção; período em que as máquinas, equipamentos ou mão de obra não operam. As razões são variadas – reparações, manutenção, falta de matéria prima, greves em sectores económicos paralelos ou relacionados, etc.

IGNORANCE – *CR.* Desconhecimento, desinformação. Para o sistema anglo-saxónico, **ignorance** é independente da sanidade psíquica da pessoa, já que esta pode estar em perfeitas condições mentais e desconhecer um facto, acto, acontecimento. Como tal distingue-se de **error** e de **mistake** atendendo a que:

(i) **ignorance** é a simples falta de informação ou desconhecimento;
(ii) **mistake** é a apreensão distorcida de uma realidade; e

Direito de Negócios – Dicionário Inglês-Português

(iii) **error**, se bem que possa em alguns casos envolver ignorance, não a pressupõe obrigatoriamente.

Ver lista de principais termos associados no Glossário deste Dicionário (*)

IGNORE – 1. Desconhecer um facto ou acto; **2.** Ignorar propositadamente um facto ou acto; **3.** Recusar tomar conhecimento.

IGO – *DIP*. **Intergovernmental Organizations**.

ILL – 1. Doente; **2.** Incorrecto, defeituoso, mau; **3.** Ferido de nulidade; nulo ou anulável. O oposto de **valid**.

ILLEGAL – Ilegal, proibído por lei. **Ver lista de principais termos associados no Glossário deste Dicionário (*)**

ILLEGALITY CLAUSE – *B. PF. C.* Cláusula de **loan agreement** pela qual o credor estrangeiro tem o direito de cancelar pedidos de desembolso por parte do financiado e de requerer deste o pagamento imediato de todas as quantias devidas, atendendo a alterações da lei do país do devedor que inviabilizaram o financiamento. **V. Acceleration.**

ILLIQUID – 1. *MC. DR. CO.* Valor mobiliário ou bem que não é facilmente transformável em dinheiro; **2.** *DS.* Empresa com problemas de caixa, de liquidez imediata. *V.* **Cash-flow, Securities.**

ILLUSORY PROMISE – Promessa sob falsas premissas; promessa em que, após analisar o seu conteúdo, constata-se que o promitente a nada se obrigou ou se vinculou.

IMITATION – *DC.* Cópia ilegal ou falsificada de um bem, produto, marca ou patente. *V.* **Identity of Invention, Identity of Design.**

IMMATERIAL – *DP. C.* Irrelevante, não importante, secundário, sem relevância; argumento sem peso no contexto do tema em análise. Principais termos associados:

1. **immaterial evidence** – factos alegados em juízo mas que carecem de prova concludente;
2. **immaterial facts** – factos sem conexão directa com o objecto do processo judicial;
3. **immaterial issue** – argumentos desenvolvidos sobre **immaterial facts**;
4. **immaterial variance** – argumento com ténues divergências relativamente à matéria de prova, ao ponto de ser dificil estabelecer a diferença.

IMMATURE INVESTMENT – *PF. CF.* Investimento que não produziu nem gerou ainda qualquer rendimento.

IMMEDIATE CAUSE – O último de uma série ou cadeia de factos ou actos dos quais resulta determinada consequência, sendo que este último foi decisivo e não precisaria dos demais para que tal consequência tivesse ocorrido.

IMMEDIATE DANGER – *CR.* Circunstância inevitável que ameaça física ou moralmente o ofendido e que o leva a reagir, independentemente de se vir a constatar a sua negligência ou culpa quanto aos prejuízos e danos que causa a terceiro. Não se confunde com **Imminent Danger** já que, neste caso, o réu invoca auto-defesa (**self-defense**). *V.* **Torts (*), Negligence.**

IMMEDIATE HOLDING COMPANY – *DS.* Empresa que controla outra empresa mas é, por sua vez, controlada por uma terceira. *V.* **Holding**.

IMMINENT DANGER – *CR.* Perigo, ameaça iminente, directa e grave à integridade física ou à propriedade de alguém e que leva o ofendido a reagir em auto-defesa (**self defense**) por não poder aguardar a chegada de autoridades ou auxílio de terceiros. *V.* **Immediate Danger, Torts (*)**.

IMMOVABLES – *DR.* Bens imóveis, todo e qualquer bem que por natureza ou por definição legal são tidos como não removíveis nem transportáveis. *V.* **Real Estate**.

IMMUNITY – **1.** *ENV.* Protecção por meio de vacinas ou outros medidas preventivas contra vírus, micróbios, bactérias, etc; **2.** *DP.* a) isenção do cumprimento de determinada lei ou de comparecer em juízo em função do estatuto ou das funções desempenhadas por uma pessoa (diplomatas, deputados, membros do governo); **b)** imunidade processual (**immunity from prosecution**) concedida a testemunhas também envolvidas em actividades criminais, como condição de, ao depor em juízo, revelarem a existência de crimes ou delitos de que o réu é acusado; **3.** *DF.* Isenção fiscal (**tax immunity**) atendendo aos mesmos motivos acima indicados (ex. diplomatas) ou à relevância económica de um projecto ou investimento.

IMPACT DAY – *MC.* Dia de colocação à venda e subscrição pelo público de novos títulos mobiliários emitidos por uma empresa. *V.* **Securities**.

IMPAIR – Enfraquecer, piorar uma situação, afectar ou prejudicar os direitos próprios ou de outrém. Alguns termos associados:

1. **impaired capital** – *DS.* Redução do valor do capital de uma empresa privada ou pública abaixo do valor original de emissão. *V.* **Capital**;

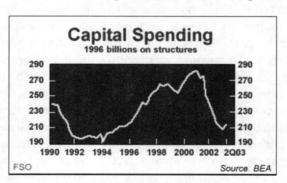

Exemplo de *Impaired Capital* de uma empresa pública (valores em biliões de £).
Fonte: BEA

2. **impaired investment** – *PF. DS.* Investimento cujo valor básico foi afectado por perdas ou prejuízos; *V.* **Impairment**;
3. **impairing the obligation of contracts** – *C.* Afectar o valor intrínseco de um contrato; diminuir a sua exequibilidade ou eficácia: (i) por alterar ou modificar as suas cláusulas, condições e termos; (ii) por alterar os mecanismos jurídicos

Direito de Negócios – Dicionário Inglês-Português   352

de protecção dos direitos das partes; ou (iii) por enfraquecer ou diminuir o carácter vinculativo ou aumentar unilateralmente o "peso" das obrigações;

4. **impairment** – *PF.* Perda ou diminuição do valor de um investimento. *V.* **Impaired Investment**

IMPANEL – *DP.* Preparação pelo oficial de diligências da lista de jurados (**jury**) que irão participar de um julgamento, ordem da nomeação dos jurados, lugares que irão ocupar durante as audiências, etc.

IMPARL – *DP.* Obter mandato judicial para obter um adiamento de acção processual a fim de negociar uma composição amigável e pôr fim ao processo.

IMPARTIAL JURY – *V.* **Jury.**

IMPEACH – **1.** Acusar, responsabilizar, accionar judicialmente; **2.** Negar, contradizer, discutir em juízo, opôr-se (*impeach a witness*); **3.** *DP.* Processar judicialmente um funcionário público por actos criminais, corrupção ou práticas administrativas graves. Termos associados:

1. **articles of impeachment** – *DP.* Articulado de acusações contra um funcionário público, tendo como objectivo a sua demissão ou remoção do cargo que ocupa, além de indemnizações, se fôr o caso disso;
2. **impeachment** – *DP.* Processo judicial contra magistrado ou alto funcionário público nos termos acima mencionados. Nos EUA são conhecidos as ameaças de *impeachment* nos casos do presidente Nixon (*Caso Watergate*) bem como o assédio sexual por parte do presidente Clinton (*Caso Monica Lewinsky*).

IMPEDIMENTS – Incapacidade jurídica; factos que impedem legalmente alguém de celebrar um contrato (ex. ser menor de idade, sofrer de doença mental, etc.).

IMPERSONATION – *CR.* Apresentar-se em público sob falsa identidade, alegar falsamente ocupar determinada função pública, exercer funções de autoridade, ter certas habilitações profissionais e legais, etc. *V.* **Implied Authority**, **Torts (*).**

IMPLEAD – *DP.* **1.** Propor uma acção em tribunal; **2.** Chamar à demanda; trazer uma nova parte ao processo sob a alegação de que esta é também responsável pelos factos alegados em juízo.

IMPLIED – Por oposição a **Express**; manifestação de vontade implícita, deduzida por actos, factos ou circunstâncias (*implied assertions*). Difere de **inferred** na medida em que o ouvinte ou leitor **infers** e o orador ou escritor **implies**. Alguns termos associados:

1. **implied authority** – A capacidade jurídica que se assume ter sido outorgada a quem se identifica e actua em nome de terceiro ou como seu representante;
2. **implied condition** – *C.* Condição contratual que sem estar expressamente previsto num documento é de assumir estar subjacente aos termos do negócio ou acordo em causa;
3. **implied consent** – Consentimento ímplicito; anuência por não oposição a um facto ou argumento quando a pessoa em causa, podia e devia fazê-lo;
4. **implied intent** – A intenção, a finalidade ou vontade de alguém, assumida através do documento por ele escrito ou resultante da sua conduta ou procedimento.

IMPOSITION – 1. *UK. DF.* Imposto, taxa. *V.* **Tax; 2.** Pedido sem fundamento ou que criaria injustificado ónus para quem o atendesse; **3.** Imposição, ordem, determinação.

IMPOSSIBILITY – Acto impossível de ser praticado por simples realidade física, decurso de tempo ou por força da lei. Principais termos:

1. **physically impossible act** – Acto físicamente impossível. Pode ser **absolute** (ex. parar o movimento de rotação da Terra) ou **relative/impossible in fact** (ex. exigir o pagamento de uma dívida por parte de quem faleceu há mais 150 anos);

2. **practical impossible act** – Acto que pode ser praticado mas apenas a largos e pesados custos por conta de quem o realiza;

3. **legally impossible act** – Acto impossível por força de lei (ex. testamento por parte de um menor de 5 anos);

4. **legally possible but impracticable act** – Acto viável de praticar mas que, por contigências alheias à vontade das partes, se tornou na prática impossivel (ex: tendo havido destruição de um bem objecto de compra e venda, não se encontrar bem substituto; doença grave e irremediável de quem se comprometeu a prestar determinados serviços altamente especializados).

IMPOUND – *DP.* Apreender bens ou documentos por ordem do tribunal.

IMPOUND ACCOUNT – *B. DR. CO. PF. C.* Conta bancária do devedor com um banco credor onde este acumula em regime caucionado as quantias necessárias (pagas periodicamente pelo devedor com os juros e amortização do empréstimo) para renovar apólices de seguro, impostos, licenças, etc. requeridas nos termos do respectivo <u>loan agreement</u>. *V.* **Account, Lien**.

IMPRESSMENT – *UK.* Privilégio outorgado à Coroa pelo qual esta pode requisitar os serviços de pessoas, bens, equipamento e propriedades para a defesa do país. Usado sobretudo para a defesa marítima.

IMPREST ACCOUNT – *DS.* Provisão em dinheiro mantida pela empresa para pequenas despesas correntes; também chamadas **petty cash funds** ou **imprest fund**. *V.* **Account**

IMPROPER CUMULATION OF ACTIONS – *DP.* Tentativa de reunir num único processo duas acções judiciais sem qualquer conexão.

IMPROVIDENCE – *DR. DS. DP.* Discordar ou opôr-se a que a administração de certos bens, de um património ou de uma sociedade, seja entregue a pessoa sobre a qual existem justificadas dúvidas quanto à respectiva capacidade e qualidades de gestor.

IMPULSE – *V.* **Irresistible Impulse**.

IMPUTATION SYSTEM OF TAXATION – *UK. DF.* Sistema fiscal em que certa parte dos impostos pagos pela empresa (*corporate tax*) é deduzida dos impostos sobre mais-valia ou dividendos (*capital gains tax*) pagos pelos accionistas ou sócios. *V.* **Tax**.

IMPUTED COSTS – *CO.CF.* Custos atribuídos a um factor de produção (ex: formação profissional). **V. Human Capital**.

IMPUTED KNOWLEDGE – Conhecimento presumível; factos que se assumem serem conhecidos por alguém, atendendo a que os mesmos eram de divulgação geral

Direito de Negócios – Dicionário Inglês-Português   354

ou passíveis de serem sabidos por esse alguém atendendo ao seu cargo ou funções que desempenha. O mesmo que **imputed notice.**

IMPUTED NOTICE – *DP.* Comunicação ou notificação que se assume ter sido transmitida a alguém, na medida em que foi entregue ao chefe hierárquico deste ou a terceiro cujas funções incluem transmitir esse tipo de comunicação ou notificação. *V.* **Notice, Imputed Knowledge.**

INADEQUATE CONSIDERATION– *C.* Desproporção evidente de valores ou contra-prestações ou obrigações entre duas ou mais partes contratuais que levam a concluir não existir **consideration**.

INADVERTENCE – Falta de atenção, inadvertência, falta de cuidado. Se praticada em certas circunstâncias pode originar **negligence.**

IN BEING – Vivo; existente para efeitos jurídicos no momento presente. Assim como um nascituro pode ser considerado **in being** para efeitos sucessórios, igual consideração pode ser feita a uma patente cujo registo foi pedido, obtido e concedido mas em relação ao qual ainda não foi emitido o respectivo certificado (**inchoate right**).

IN BLANK – *B. DC.* Diz-se do endosso em branco de um título ou crédito mas sem identificar a quem é feito. *V.* **Indorsement.**

IN BULK – No conjunto; como um todo; sem que haja separação de unidades ou embalagens específicas.

IN CAMERA – *UK. DP.* Decisão tomada pelo juiz de prosseguir a audiência no seu gabinete, em vez de o fazer na sala de audiências e com a presença do público. Nos EUA, denomina-se **in chambers**.

INCENTIVE PAY – *DT.* Pagamento aos trabalhadores por peça produzida ou vendida.

INCENTIVE STOCK OPTION – *DS. DT.* Direito dos trabalhadores de subscreverem certo número de Acções (**shares)** da empresa onde trabalham. Normalmente isento de impostos, excepto se houver mais valias resultantes de venda subsequente. *V.* **Employees Stock Option Program** ou **ESOP.**

INCENTIVES – 1. *DS.* Medida tomada por uma empresa para promover o aumento da produtividade dos seus trabalhadores; **2.** *DF.* Reduções ou isenções fiscais que levem uma empresa a investir em certa actividade económica, estabelecer-se em determinada região ou desenvolver programas especiais de assistência ao trabalhador (ex: escolas para os filhos, creches, etc.) ou ao seu desenvolvimento profissional. *V.* **Tax, Human Capital.**

INCEPTION – *USA. C.* O início, termo de abertura de contrato, escritura, testamento, documento oficial.

INCESTUOUS SHARE DEALING – *DS. DF. MC.* Compra e venda de Acções (**shares)** entre empresas do mesmo grupo económico para finalidades fiscais. *V.* **Tax.**

IN CHAMBERS – *USA. DP.* Decisão tomada pelo juiz de prosseguir a audiência no seu gabinete, em vez de o fazer na sala de audiências e com a presença do público. No Reino Unido, denomina-se **in camera**.

INCHOATE – 1. Incompleto, imperfeito, parcial, inacabado; **2. C.** Contrato ainda não assinado por todas as partes. Termos associados:

1. **inchoate instrument** – *C. DC.* Contrato ou título de crédito em que é outorgado a uma parte o direito de estabelecer uma data ou dado específicos;
2. **inchoate interest** – *DR.* Expectativa de aquisição de direitos reais;
3. **inchoate offense** – *CR.* Crime punível aos olhos da lei, ainda que não tenha sido concluído ou consumado (ex. tentativa de assalto);
4. **inchoate right** – *DC.* Diz-se do direito do inventor enquanto o seu pedido de registo de patente não é deferido e aprovado. *V.* **Patents, Trademarks.**

INCIDENCE OF TAXATION – *DF.* Impacto fiscal indirecto; que é pago por alguém indirectamente (ex: IVA pago pelo comerciante mas, na realidade, incluído no preço pago pelo consumidor). *V.* **Tax.**

INCLUDED OFFENSE – *CR.* Crime, em si mesmo parte de outro crime; crime incluído noutro. Assumindo que um deles é *menor* ou menos grave, todos os elementos deste devem estar incluídos no *maior* ou *mais grave*.

INCOME – *DF. MC.* Rendimento auferido do trabalho, investimento de capitais, vendas, lucros, etc. Alguns termos associados:

1. **accrued income** – rendimento auferido durante um determinado período mas ainda não recebido;
2. **deferred income** – rendimento recebido antecipadamente (ex. rendas recebidas em Janeiro pelo ano inteiro ainda em curso);
3. **earned income** – rendimento recebido do próprio trabalho ou pela participação activa num negócio ou empresa (não inclui dividendos); **V. Earnings;**
4. **fixed income** – rendimento fixo, certo, de valor determinado (ex. Reforma, pensão, aposentadoria);
5. **gross income** – rendimento bruto; ainda sem dedução de custos de operação, impostos, etc; **V. EBIT;**
6. **income and expenditure account** – *CO.* Registo contabilístico semelhante à conta de lucros e perdas mas específico de instituições sem fins lucrativos (ex: instituições de caridade, culturais, profilaxia social, etc); *V.* **Account;**
7. **income bond** – *MC.* **1.** *USA.* Obrigação (**bond**) em que apenas se garante o pagamento do valor do capital. Os juros só são devidos caso haja lucros e a sua distribuição aprovada pela Assembleia Geral de Accionistas (**shareholders´meeting** ou **general assembly**); **2.** *UK.* Tipo de **bond** criada em 1982, com o prazo mínimo de 10 anos, valor mínimo de capital de £200 e máximo de £250.000; juros mensais e sujeita a impostos não deduzidos na fonte;
8. **income elasticity of demand** – *EC.* Percentagem do aumento de procura provocada pelo aumento de poder aquisitivo do consumidor, nomeadamente pelo aumento do seu rendimento pessoal. *V.* **Personal Income, Demand, Supply.**
9. **income gearing (dividends)** – *PF. DS.* Resultado/dividendo obtido ao dividir o lucro bruto (ou seja, antes de deduzir juros e impostos) por juros/dividendos brutos (**gross interest payable**);

10. **income maintenance** – *FIP. EC.* Política monetária de manter o **personal income** de determinada camada da população. Os subsídios de desemprego são um bom exemplo. *V.* **Monetary Policies;**

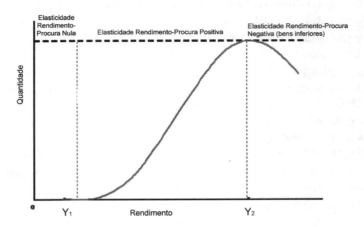

Exemplo gráfico de *Income Elasticity of Demand*

11. **income policy** – *FIP. EC.* Política monetária de tentar controlar a inflação e o desemprego ao impôr congelamentos salariais e controlo de preços. *V.* **Monetary Policies;**
12. **income redistribution** – *FIP. EC.* Redistribuição de riqueza e de poder aquisitivo, seja através de políticas fiscais, programas de assistência social, fundos de combate ao desemprego ou outros;
13. **income smoothing** – *DS. CO.* Técnica de diluir por período pluri-annual, o valor elevado de lucros realizados num ano específico com dupla intenção e efeito – criar no investidor a ideia de que a empresa se encontra em crescimento contínuo e estável ao gerar repetidos lucros e, simultaneamente, evitar incidências fiscais onerosas; *V.* **Tax;**
14. **income statement** – *DF.* Declaração anual de rendimentos para efeitos fiscais; *V.* **Tax;**
15. **income tax** – *DF.* Imposto sobre todos os rendimentos auferidos pelo contribuinte sob as suas diversas modalidades. Tanto nos EUA como no Reino Unido, o sistema é progressivo, ou seja, a incidência do imposto aumenta com o nível de **personal income**. *V.* **Tax;**
16. **income tax allowances** – *DF.* Valores que o contribuinte é autorizado a deduzir ou abater na sua declaração de rendimentos. *V.* **Tax, Allowances.**
17. **imputed income** – *DF.* Estimativa de rendimento atribuído pelas autoridades fiscais a um contribuinte, baseando-se nas suas declarações de impostos anteriores e demais elementos económicos; *V.* **Tax;**

18. **net income** – rendimento líquido, já deduzido de custos de operação, impostos, etc;

19. **non-operating income** – rendimento resultante de investimentos e não de operações ou actividade produtiva directa;

20. **operating income** – o oposto, ou seja, rendimento derivado de operações ou actividades produtivas directas;

21. **personal income** – rendimento auferido por um indivíduo considerando todas as suas fontes de recursos;

INCORPORATION – *DS.* Acto de constituição de uma empresa.

INCORPOREAL RIGHTS – *DR.* Direitos abstractos, sem base corpórea ou física (ex. **goodwill**, **going concern**) ou expectativa de direitos (ex. quantias que podem ser recebidas ao ganhar uma acção judicial). *V.* **Assets.**

INCOTERMS – *DC. International Commercial Terms.* Aprovados pela primeira vez em 1921 mas só editados pela Câmara de Comércio Internacional (**International Chamber of Commerce** (ICC)) em 1936, e alterados diversas vezes desde então, os **Incoterms** permitiram uma uniformização de termos, abreviaturas, siglas e condições jurídicas aplicáveis ao comércio internacional e possibilitaram uma interpretação única, independentemente das regras vigentes no país importador ou exportador. A última revisão à data deste Dicionário, foi feita em 2000 – "**Incoterms 2000**". Exigem a identificação das siglas no contrato correspondente e determinam (1). a distribuição dos custos; (2). o local da entrega da mercadoria; (3). quem suporta o risco do transporte; e (4). a responsabilidade pelos direitos aduaneiros correspondentes. *V.* **Customs.**

INCREMENTAL COST – *PF.* Custo adicional ou aumento do custo ao incluir no preço unitário de um produto, determinados componentes económico-financeiros (ex. o metro cúbico de gás inclui normalmente o custo de distribuição, transporte e certos impostos indirectos; a alta carga fiscal paga por cada litro de gasolina). *V.* **Incidence of Taxation**.

INCREMENTAL PAY SCALE – *DT.* Aumentos ou gratificações salariais em função da idade, tempo de serviço e/ou experiência do trabalhador.

INCUMBENT – Funcionário responsável por um determinado cargo ou função.

INDEBTEDNESS – *B. PF.* Endividamento; situação resultante de se ter contraído uma dívida, independentemente de (a) ter ou não ainda ocorrido a data do seu pagamento; e (b) ter sido assegurada a capacidade financeira para a liquidar. *V.* **Debt.**

INDEMNITY – *DP. DS. DC.* **1**. Obrigação de indemnizar; compromisso de reparar financeiramente o prejuízo causado a terceiro; **2**. *DC.* Acordo entre uma instituição financeira e um cliente quanto ao reembolso ou indemnização por perdas ou danos sofridos por este, devido a erro, negligência, furto ou outros factores imputáveis à instituição financeira; **3**. *DC.* Pagamento por uma companhia de seguros da indemnização ou prémio devido a um cliente, nos termos da respectiva apólice; *V.* **Damages, Insurance** (*), **Torts** (*)

Direito de Negócios – Dicionário Inglês-Português

INDENTURE – 1. *MC.* Escritura (**deed**) de emissão de **debentures** ou **bonds**; **2.** *DR.* Escritura ou documento público pelo qual se transferem direitos reais sobre bens imóveis.

INDEPENDENT TAXATION – *DF.* Sistema fiscal em que marido e mulher são considerados como contribuintes independentes e cuja matéria colectável também o é. **V. Tax.**

INDEXATION – 1. *EC.* Política monetária que relaciona variáveis económicas como salários, impostos, pagamentos de segurança social, reformas, etc., com o aumento geral de preços, por forma a compensar os efeitos da inflação verificada durante um certo período; **2.** Técnica de relacionar a correcção do capital (**capital**) de uma empresa ou o capital e/ou juros de uma **bond, debenture** ou empréstimo, com outros valores económico-financeiros de referência (ex: inflação, taxas de juro reais de Obrigações do Estado, etc.). *V.* **Inflation, Monetary Policies**.

INDICTMENT – *CR.* Acusação por escrito encaminhada pelo **grand jury** a um tribunal, imputando factos criminosos a um determinado arguido para subsequente julgamento. *V.* **Jury**.

INDIRECT LABOUR – *EC.* O custo da mão de obra não directamente ligada à produção (ex. trabalhadores das áreas de apoio, como secretaria, recursos humanos, contabilidade, etc.).*V.* **Labour.**

INDIRECT MATERIALS – *EC.* O custo das matérias-primas e outros materiais que não se incorporam directamente ao bem ao produto final. *V.* **Goods (*).**

INDIVIDUAL RETIREMENT ACCOUNT ou **IRA** – *USA. B. DT.* Conta-poupança para trabalhadores com a finalidade de compensar a redução do valor real das suas pensões de reforma. É devido entretanto **Income Tax** sobre os valores sacados de tal fundo, o que não pode ocorrer depois do beneficiário completar 70 anos de idade. *V.* **Tax, Insurance (*).**

INDIVISIBILITIES – *EC. PF.* A impossibilidade técnica ou económica de operar uma máquina ou equipamento abaixo da sua capacidade máxima de produção, devido às características específicas deste último. Exemplo – suponhamos uma máquina desenhada para produzir diariamente 5.000 unidades de plástico. Se a empresa decide aumentar a produção para mais 2.500 unidades diárias, terá pela frente um dilema:

a) adquire uma máquina idêntica e a seguir aumenta a produção global para até 10.000 unidades diárias (5.000 + 5.000); ou

b) manda redesenhar a nova máquina, a fim de ajustar (mas não optimizar) o seu desempenho para apenas mais 2.500 unidades diárias (ou seja, 7.500 no seu total).

Em qualquer dos casos, pelo menos no início, o custo do aumento de produção irá ser superior ao do custo de produção actual.

INDORSEE – *B. DC.* A pessoa a quem é endossado um cheque ou título de dívida.

INDORSEMENT – *B. DC.* Endosso de cheque ou título de dívida.

INDORSER – *B. DC.* Quem endossa um cheque ou título de dívida.

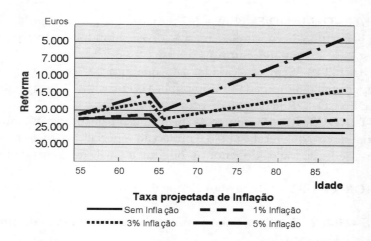

Exemplo gráfico de cálculo de valores com/sem *indexation* para efeito
do cálculo de Reformas e Pensões de Vida

INDUCE – Persuadir, convencer, influenciar. Note-se que não se dá forçosamente a este termo a conotação negativa que se lhe atribui em língua portuguesa (induzir) – *induce* pressupõe uma argumentação válida e de boa fé, sem propósito de *"induzir"* terceiros a cometer um erro.

INDUCT – **1.** *DR.* Tomar posse de um bem; **2.** Assumir um cargo público ou privado; **3.** Entrar para a carreira militar; **4.** Inaugurar; **5.** Instalar.

INDUCTION CRISIS – *DT.* Em termos da gestão dos recursos humanos de uma empresa, a situação ocasionada pela desilusão ou frustração dos trabalhadores, ao verificarem que as suas funções ou cargos não corresponde ao que lhes foi prometido ou esperavam vir a desempenhar. *V.* **Corporate Anorexia.**

INDUCING BREACH OF CONTRACT – *C.* Persuadir alguém, dolosa e intencionalmente, a rescindir um contrato assinado com terceiro, a fim de auferir proveitos e vantagens económicas dessa circunstância. Constitui um dos chamados **economic torts**. *V.* **Torts (*).**

INDUSTRIAL BANKS – *UK.* Instituições financeiras que actuam com pequenas e médias empresas. *V.* **Small-Medium Size Entreprises**.

INDUSTRIAL GOODS – *EC.* Bens de Equipamento. *V.* **Goods.**

INDUSTRIAL POLICY – *FIP. EC.* Política macro-económica de estimular a criação e desenvolvimento de certas indústrias de que um país é carente ou dependente. Uma das suas componentes é a chamada **industrial location**, ou seja, a política de distribuição das novas unidades industriais pelo território nacional, seja como forma de promover o desenvolvimento económico, seja para aproveitar as infraestruturas existentes ou cuja construção se encontra em curso – os chamados *pólos industriais*.

Direito de Negócios – Dicionário Inglês-Português

INELASTIC DEMAND/SUPPLY – *EC.* Situação em que apesar da redução geral de preços ou bom ritmo de consumo, a reacção do consumidor ou do produtor de bens permanece estática. *V.* **Demand, Supply**.

INELIGIBILITY – Sem capacidade, sem qualificações para ser eleito para um cargo ou ocupar uma determinada função pública ou privada. *V.* **Incapacity.**

IN EVIDENCE – *DP.* Já objecto de prova, já provado.

INFANT INDUSTRY – *EC.* Empresa que começou a explorar um ramo de actividade industrial novo e que recebe apoio e protecção especial do Governo.

INFER – Dedução lógica do leitor ou ouvinte a partir de certos dados ou factos. *V.* **Implied**.

INFERIOR COURT – *DP.* Tribunal de pequenas causas ou de primeira instância.

IN FINE – *USA. L. C. DP.* Ao final; na última linha ou parágrafo de uma página ou cláusula; como argumento final.

INFIRM – **1.** Fraco, débil, doente; **2.** *DP.* Testemunha de menor autoridade moral ou de estado físico debilitado.

INFLATION – *FIP. EC.* Aumento de preços e serviços numa economia com correspondente diminuição de poder aquisitivo do consumidor e queda de produção e desemprego. *V.* **Hyperinflation, Stagflation, Slumpflation, Unanticipaded Inflation.** Termos derivados:

1. **inflation accounting** – *EC.* Sistema de contabilidade que leva em consideração a desvalorização monetária criada pela inflação e usa a **indexation** como critério de reajuste. *V.* **Accounting Principles;**

2. **inflationary gap** – **1.** *FIP. EC.* Saldo entre o total de despesas públicas e consumo da economia de um país num determinado momento e o total dessas despesas e consumo numa situação de pleno emprego; **2.** *FIP. EC.* Despesas públicas efectuadas para lá da arrecadação de impostos e outras receitas públicas. Normalmente efectuadas pelo aumento de moeda em circulação por parte do Governo;

3. **inflation premium** – *MC.* Prémio que se adiciona à taxa de juros de um valor mobiliário (**securities**) para compensar os efeitos da inflação sobre o valor do respectivo capital; *V.* **Capital.**

INFORMATION – *USA. DP.* Acusação de um arguido por uma autoridade mas sem a participação de um **Grand Jury**, logo sem **indictment**. *V.* **Jury.**

INFORMATION MANAGEMENT – *PF.* Um dos processos para assegurar a boa gestão comercial e financeira de uma empresa. Consiste em recolher, obter, guardar, interpretar e analisar através de meios informáticos, o conjunto de informações internas e externas pertinentes à empresa e ao seu ramo de actividade – produção, custos de produção, aquisição e preços de matérias-primas, distribuição, *marketing*, situação dos mercados e da concorrência, etc.

INFORMATION MEMORANDUM – *MC. DS.* Documento confidencial enviado a todos os bancos que irão participar de um **syndicated loan**, contendo, entre outros dados, os elementos económico-financeiros da empresa a financiar. *V.* **Prospectus, Consortium, Corporate Governance.**

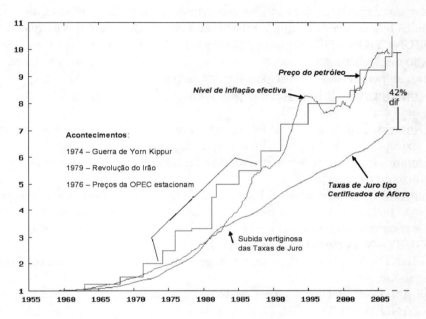

Exemplo gráfico de *Inflation Accounting*, comparando
a inflação provocada pelos movimentos dos preços de petróleo.

INFRA – USA. L. 1. *Abaixo, na parte inferior, por debaixo*; **2.** *Durante um certo período.*

INFRASTRUCTURE – *EC.* Conjunto dos componentes que servem de apoio básico à economia (ex: esgotos, portos, aeroportos, estradas, pontes, hospitais, escolas, telecomunicações, abastecimento de água e energia eléctrica, etc.). O seu financiamento constitui uma das principais categorias de **Project Finance**, mas obviamente não se resume a este, como é erroneamente referido em Portugal a nível governamental e no sector público. *V.* **Build Operate and Transfer, BOT Projects, PPPs.**

INFRINGMENT – *CR.* Violação de compromisso contratual, de regulamento, de dispositivo legal. Usado sobretudo no que se refere a direitos de autor, marcas e patentes. *V.* **Trademarks, Copyrights.**

IN GROSS – Em grandes quantidades, por atacado.

INEHRITANCE TAX – *DF.* Imposto sucessório.*V.* **Heir, Tax.**

IN-HOUSE FINANCING – *CF.* Auto-financiamento; financiamento com recursos da própria empresa. Também conhecido como **Self-Financing**.

INITIAL MARGIN – *MC.* Depósito inicial a ser efectuado pelo comprador com um corrector (**broker**) de valores mobiliários ou **commodities**.

Direito de Negócios – Dicionário Inglês-Português   362

INITIAL PUBLIC OFFERING ou **IPO** – *MC.* Primeira oferta pública de Acções ou valores mobiliários de uma empresa. **V. Securities.**

INJECTION – **1.** *DS.* Investimentos adicionais de capital (*in-flow*) para aumentar a liquidez ou expandir as suas actividades económicas; **2.** *EC.* Aumento de moeda disponível nos meios bancários que irá reactivar a concessão de crédito e financiamentos.

INJUNCTION – *DP.* Despacho, mandado judicial determinando a uma das partes a cessação de determinado procedimento ou a não prática de certo acto, normalmente como previdência cautelar. Principais termos associados:

1. **interlocutory injunction** – A providência cautelar padrão, tal como a usamos em Portugal e no Brasil ;
2. **interim injunctions** – Providência cautelar que só se justifica em casos de extrema urgência e prova de dano irreparável;
3. **mandatory injunction** – Providência cautelar determinando a realização de um acto ou diligência;
4. **prohibitory injunction** – Providência cautelar determinando a suspensão ou não realização de um acto ou diligência; o não cumprimento de uma injunction é considerado crime (*contempt of court*) e sujeita o infractor a prisão.

INJURY – **V. Personal Injury, Torts (*)**

IN KIND – **1.** . Da mesma espécie ou género. *V.* **Payment in kind ou PIK**; **2.** *DC. B.* Em dinheiro, em numerário.

INLAND – *DIP. DR.* No interior de um território; na parte central de um país.

INLAND WATERS – *DR. ENV.* Rios, lagos, ribeiras, canais e percursos de água que não tenham contacto com o mar embora possam nele desaguar. **V. Deadlock Countries.**

IN LAWS – Sogros, cunhados, parentes do cônjuge.

INMATE – *CR.* Prisioneiro; réu a cumprir a pena de prisão.

INNOCENT PASSAGE – *DIP.* Direito de livre navegação de um navio de um país pelas águas territoriais de outro país desde que não perturbe a segurança, paz e meio ambiente deste país (Artigo 19 da Convenção da ONU sobre a Lei do Mar, de 1982 – *UN Convention on Law of the Sea*). **Deadlock Countries.**

INNOVATIVE SOURCES OF FINANCING DEVELOPMENT – *EC. PF. DF. DIP.* Sistema de novas formas de financiamento internacional associadas à proposta de uma reforma fiscal global, inicialmente concebido e desenvolvido em 2004 pela Argélia, Alemanha, Brasil, Chile, Espanha e França. 111 países (incluindo todos os membros da UE), assinaram em Setembro desse ano a *Declaração de Nova Iorque para a Acção Contra a Fome e a Pobreza* (***New York Declaration on Action against Hunger and Poverty***) de apoio a tal proposta. Cerca de um ano mais tarde, 79 Estados aprovaram um programa piloto sob a forma de *"contribuição de solidariedade fiscal"* a favor dos países que precisam com urgência de financiamentos para o seu desenvolvimento, com alívio da carga fiscal a ser cobrada ou repasssada pelos credores internacionais (**international taxation for development funding**). Os princípios essenciais desse sistema constam da *"Declaration on Innovative Sources of Financing Development"*, que mereceu a concordância ainda em 2005 de um grande número de **Non-Govermental Organizations** (ou **NGOs**). Pensa-se que conjuntamente com a renegociação e perdão de dívida (**debt cancellation**) concedida aos países sub-desenvolvidos, esta proposta, possa melhorar a situação de sub-crescimento económico desses países, com o objectivo de atingir uma plataforma desejável de **sustainable development** mundial.

INPUT – 1. *EC. PF.* Os recursos económicos que são utilizados na produção de bens e serviços (matérias-primas, capital, trabalho, etc.); os bens e serviços resultantes da sua utilização são consequentemente, os **outputs; 2.** Os dados e informações introduzidas num sistema informático; **3.** Os dados e informações recolhidas como resultado da análise de uma situação ou problema e que se levam para revisão e decisão.

INQUEST – *CR.* Inquirição, averiguação oficial sobre as circunstâncias em que se verificou o assassinato ou a morte de alguém.

INSANITY – De um ponto de vista jurídico, a irregularidade ou anormalidade de comportamento pessoal ou social com potencial risco para a segurança física e material de uma família, da comunidade ou da própria empresa. De um ponto de vista técnico, *insanity* está ligada a psicose mais ou menos intensiva. *V.* **Uncontrollable Impulse, Melancholia**.

INSCRIBED STOCK (REGISTERED STOCK) – *DS.* Sociedades por Acções (**shares**) que ao invés de emitirem os respectivos certificados e os entregarem aos accionistas, efectuam todos os movimentos de compra e venda e transferência de titularidade por lançamento nos livros de accionistas. Atendendo à morosidade e burocracia que provocam, estão em desuso, sendo tais operações processadas por via informática.

INSCRIPTION – 1. Gravação de frases ou mensagens em placas metálicas, em pedra ou mármore; **2.** Registo de actos privados ou públicos, designadamente de hipotecas, penhores, testamentos ou **liens**. *V.* **Charges, Security**.

INSIDE INFORMATION – *USA. UK. MC.* Prática ilegal de tirar proveito de informação privilegiada ou reservada relativa a uma empresa para realizar ganhos ou lucros fáceis na venda ou compra dos valores mobiliários emitidos por aquela. Um dos pilares básicos combatidos e punidos pela **Corporate Governance**. *V.* **Inside Dealing, Securities Transparency Directive**.

INSIDER DEALING/TRADING – *MC.* Variante da **Inside Information** é severamente punida por quase todas as autoridades de Mercado de Capitais e pelas regras de **Corporate Governance.** Exemplo: compra e venda de valores mobiliários de uma empresa por parte de um seu actual ou ex-administrador, director, seus parentes ou amigos, fundamentadas suspeitas que tal administrador teve acesso a informação confidencial relativa a tal empresa e obter lucros. *V.* **Inside Information, Securities, Transparency Directive, Family and Friends, Scienter**.

INSOLVENCY – *DC.* Impossibilidade de pagamento de dívidas, falta de liquidez para o efeito. *V.* **Bankruptcy**.

INSPECTION OF DOCUMENTS – *USA. DP.* Faculdade outorgada a uma parte de examinar documentos na posse da outra parte, por forma a poder construir adequadamente a sua acusação ou defesa em juízo.

Direito de Negócios – Dicionário Inglês-Português 364

INSPECTION RIGHTS – *DP.* Direito do comprador de inspeccionar os bens ou mercadorias antes de comprá-las. *V.* **Goods**.

INSTALMENT (ou INSTALLMENT, nos EUA) – *B. PF.* Prestação, pagamento parcelado de uma dívida. Termos associados:

1. **instalment credit** – *B. EC.* Vendas a prestações no âmbito do crédito ao consumidor. *V.* **Deferred Payment;**
2. **instalment credit controls** – *FIP. EC.* Políticas macro-económicas de controlo dos prazos, termos e condições de vendas a prestações e do crédito ao consumidor. *V.* **Monetary Policies, Inflation;**
3. **instalment plan** – planilha de pagamentos. *V.* **Instalment Credit Controls**.

INSTITUTE – 1. Iniciar, começar, dar origem, estabelecer; **2.** *DP.* Propôr acção judicial; **3.** Nomear um herdeiro; *V.* **Heirs**; **3.** Instituto, organismo público ou privado.

INSTITUTE OF CHARTERED ACCOUNTANTS – *UK. CO.* Referência genérica às entidades de classe de revisores oficiais de contas, contabilistas e auditores. A inscrição é obrigatória para o exercício da profissão. Existem três:

1. *Institute of Chartered Accountants in England and Wales* (Inglaterra e País de Gales);
2. *Institute of Chartered Accountants of Scotland* (Escócia); e
3. *Institute of Chartered Accountants in Ireland* (Irlanda).

INSTITUTION – 1. O começo, início, estabelecimento de um empreendimento, empresa, acção judicial, etc; **2.** A nomeação de um herdeiro, a constituição de um legado.

INSTITUTIONAL INVESTORS – *MC.* Pessoas colectivas (companhias de seguros, fundos de investimento, sociedades gestoras de fundos de pensões, bancos, sociedades de investimento, financiadoras, etc) que investem os seus recursos de forma rotativa e profissional no mercado de capitais. Os **private equity investors** são uma das suas modalidades. *V.* **Equity, Capital Markets**.

INSTRUMENT – *FIP. EC.* Qualquer das formas usadas por um governo ou autoridade monetária para aplicar uma política monetária (ex: taxas de juro); **2.** *C.* Contrato, documento jurídico ou de carácter legal.

INSURANCE – *DC. C.* Seguro; um contrato pelo qual se faz a cobertura de um risco ou sinistro (**peril** ou **causes of loss**). Uma parte (**insurer**) obriga-se a efectuar pagamentos ou a ressarcir prejuízos sofridos pela outra parte (**insured**), se ocorrerem determinados factos ou se verifiquem certas condições (morte, doença que prova a incapacidade do segurado, atingir o limite de idade, etc.). Por por sua vez, o segurado compromete-se a efectuar certos pagamentos periódicos à entidade seguradora pela manutenção da cobertura de risco contratada. São basicamente de três tipos:

1. seguros de pessoas – **life insurance**, reforma por idade ou tempo de serviço (Portugal) ou aposentadoria (Brasil), acidentes pessoais e **health insurance;**
2. de Activos ou bens – incêndio, inundações, transportes, automóvel, roubo, lucros cessantes; e
3. de responsabilidade (**liability**) – seguro de crédito, de responsabilidade civil, etc. **V. Lista de termos e tipos de seguros no Glossário deste Dicionário (*).**

INSURE – Assegurar, garantir, dar como líquido e certo. O mesmo que **ensure**.

INTANGIBLE ASSETS – *DS PF. CO.* Conjunto de direitos, licenças, técnicas de gestão e administração que podem beneficiar a futura produção e operações de uma empresa, contribuindo para melhorar ou manter a sua potencialidade de gerar lucros (**earning power**). Não tendo existência física, incluem de forma não exaustiva:

- direitos de marcas e patentes;
- **intellectual property**;
- **copyrights, franchisings, royalties**;
- fórmulas e processos de fabrico;
- valor económico da rede de distribuição e comercialização;
- nível de atendimento e fidelização dos clientes;
- **Going Concern**;
- **Goodwill**.

Podendo ser adquiridos de terceiros, dividem-se em identificáveis e não identificáveis, sendo que estes últimos englobam todos os *Intangible Assets* que não podem ser separados de um negócio no seu todo (ex. *goodwill* e custos de organização). Os demais – **identifiable intangible assets** – têm a sua identidade e autonomias próprias (direitos de marcas e patente, **royalties, copyrights**, etc). *V.* **Tangible Assets**.

INTEGRATION – *DS. EC.* Integrar, unificar uma ou mais empresas ou os seus Activos (**assets**) numa só. *V.* **Horizontal Integration**, **Vertical Integration**.

INTELLECTUAL PROPERTY (ou IP) – *DC. DR.* Direitos de propriedade intelectual (ex: patentes, **trademarks,** direitos de autor, etc.). Do ponto de vista de contabilidade e economia de empresa, um **Intangible Asset**. *V.* **Digital Rights Management (ou DRM) e Assets.**

INTEND OF LAW – A *mens legislatoris*, a verdadeira intenção da lei ou legislador, para além dos termos e do texto escrito que foi usado.

INTENT – **1.** Intenção, propósito, objectivo, meta; **2.** Estado psíquico que conduz alguém à prática (ou abstenção) de um acto, como ou sem propósitos ilícitos.

INTER ALIA – *USA. L. C. Entre outras coisas*, entre outros argumentos ou razões.

INTER BANK OFFERED RATE (IBOR) – *B.* Taxas de juros usadas pelos bancos quando, entre si, concedem empréstimos.

INTERGOVERNMENTAL ORGANIZATIONS (ou IGOs) – *DIP.* Organizações Inter-governamentais, também denominadas **international governmental organizations,** estabelecidas e operadas por Estados para proteger e desenvolver os seus interesses, objectivos e actividades no âmbito da organização específica de que são membros. Os casos mais conhecidos são o da *Sociedade das Nações* e a sua sucessora, a *Organização das Nações Unidas* (**ver mapa geral da ONU no Glossário deste Dicionário (*)**). Há que não confundi-las com as **Non-Governmental Organizations (NGOs),** o que em termos de Direito Internacional Público não é sempre tarefa fácil. Bastará talvez dizer, no contexto deste dicionário:

Direito de Negócios – Dicionário Inglês-Português   366

- que o seu número, variedade e multiplicidade das suas àreas e funções (defesa militar, cooperação e desenvolvimento económico, comunicações, comércio, **environment**, cultura, ciência, etc.) é vasto;
- que se muitas são mundiais (**universal membership**), um não menor número são de âmbito regional ou sectorial (ex. a *Organização dos Estados Americanos* ou OEA; *Organização Internacional do Café* e a **OPEC**). *V.* **Lista de algumas IGOs no Glossário deste Dicionário (*)**

INTEREST – **1.** *B.* Juros. Podem ser variáveis (**floating interest**) e fixos (**fixed interest**); **2.** *PF. DS.* Participação no capital, nos lucros de uma empresa ou de um negócio; **3.** *DP.* O mérito e conteúdo da matéria de prova e jurídica de um processo judicial que leva um juiz ou **jury** a ficar atento no seu desenrolar; **4.** *DR.* Percentagem ou permilagem de compropriedade ou de um ónus real (ex. hipoteca) sobre um bem, direito ou activo. Alguns termos associados:

1. **fixed interest rate**– Taxa de juros fixa;
2. **foating interest rate** – Taxa de juros flutuante; *V.* **Índice próprio, Spread;**
3. **interest cover (fixed-charge-coverage ratio)** – *PF.* Rácio que calcula o número de vezes que o lucro bruto de uma empresa cobre o serviço de dívida de juros de um empréstimo; assim, se uma empresa tem um lucro bruto (ou seja, sem deduzir impostos e juros) de US$ 36.0 milhões e terá que pagar de juros até final do empréstimo, no montante de US$ 12.0 milhões, tem uma rácio de 3 (12 x 3 = 36). *V.* **Debt Service Coverage Ratio, Ratios;**
4. **interest coverage ratio** – *PF.* Rácio obtido ao dividir o lucro líquido (mas sem deduzir quaisquer juros) pelos juros vincendos. *V.* **Ratios;**
5. **interest leakage** – *EC.* Flutuação das taxas de juros por motivo de fuga ou êxodo de capitais para o exterior;
6. **interest payment date** – Data de pagamento de juros, *V.* **Instalment;**
7. **interest period** – Período de vigência de uma determinada taxa de juros (no sistema de taxas flutuantes); normalmente semestral para taxas variáveis de juros; *V.* **Floating Rate;**
8. **interest rate** – *EC. B.* Taxa de juros; *V.* **Spread;**
9. **interest rate cap** – Limite percentual máximo que uma taxa de juros pode atingir num empréstimo de taxas flutuantes. Pode ser negociado entre o banco e o devedor mediante o pagamento antecipado de determinada comissão. *V.* **Cap;**
10. **interest rate guarantee** – *B. PF.* O mesmo que **interest rate cap;**
11. **interest rate margin** – *B. PF.* **1.** Percentagem de juros cobrada por um banco acima da taxa básica (**basic rate**). O mesmo que **spread**; **2.** Diferença entre a taxa de juros paga por um banco aos seus depositantes e a taxa de juros cobrada nos seus empréstimos.
12. **interest rate option** – *B. MC.* Opção (**Option**) utilizada por operadores de mercado, correctores e especuladores financeiros a fim de se protegerem contra possíveis flutuações de taxas de juro;

13. **interest rate policy** – *EC.* A política monetária pela qual uma autoridade monetária ao oferecer as suas próprias Obrigações (**bonds**) a taxas de juro elevadas ou baixas, irá provocar alterações negativas/positivas na oferta de crédito por parte dos bancos e no consumo/investimento. *V.* **Monetary Policies, Accomodating Monetary Policy;**

14. **interest rate risk** – *MC.* Risco associado à subida de taxas de juro. *V.* **Cap, Swaps, Hedging;**

15. **interest rate swaps** – *V.* **Swaps;**

16. **interest retiming** – Acordo contratual entre um cliente e um banco, pelo qual a periodicidade de pagamento de juros pode ser alterada (de trimestral para semestral e vice-versa, de semestral a anual, etc.);

17. **interest sensitive** – *EC.* Actividade económica especialmente sensível a alterações nas taxas de juros (ex: crédito ao consumidor);

18. **interest yield**. – *MC.* Pagamento de juros de Obrigações (**bonds**) ou outros valores mobiliários (**securities**), calculados sobre o respectivo valor de mercado vigente no momento do pagamento. Ou seja, se uma **bond** com um valor de mercado de €150 mil, paga €15 mil de juros, apresenta um *interest yield* de 10%.

INTERIM FINANCIAL STATEMENTS (ou INTERIM REPORT) – *CO.* Balancetes, balanços de uma empresa relativos a períodos inferiores a um ano. *V.* **Financial Statements, Fiscal Quarter, Corporate Governance**.

INTERMEDIATE GOOD – *DC.* Bens ou matérias-primas (**goods**) adquiridas para serem usadas na produção de outros bens.

INTERNAL CASH GENERATION – *CF.* **V. Parte II deste Dicionário (*);**

INTERNAL DEBT – *FIP. EC.* Dívida pública interna; o total da dívida assumida pelo Estado e empresas públicas relativamente aos seus cidadãos e empresas privadas que adquiriram **bonds** ou outros títulos de dívida por aqueles emitidos. *V.* **Debt.**

INTERNAL RATE OF RETURN (IRR) – *PF. EC.* Taxa interna de rentabilidade. Método alternativo ao **Net Present Value** utilizado na avaliação de um projecto ou investimento. O projecto é aprovado se a IRR for superior à taxa de desconto utilizada na obtenção do NPV. Matematicamente a IRR é a taxa de desconto obtida para um **Net Present Value** nulo:

$$NPV = 0 = -I + \frac{CFW_1}{(1 + IRR)^1} + \cdots + \frac{CFW_n}{(1 + IRR)^n}$$

Onde:

NPV – **Net Present Value**
I – Investimento no início do projecto
CFW – *V. Net Free Cash Flow*
n – o último ano do período de vida do projecto.

Lógico que para um projecto ser viável, a *Internal Rate of Return* deve ser superior ao custo de capital, desde que o **Net Present Value** seja superior a zero. Por exemplo, se a IRR de um projecto for de 17,25% e o custo de capital na empresa de 10%, o projecto é viável atendendo a que a empresa tem lucro de 7,25% superior ao custo de capital. Se o custo de capital fosse de 20%, então teríamos um **Net Present Value** negativo e o projecto não seria economicamente viável. *V.* **Net Present Value, WACC.**

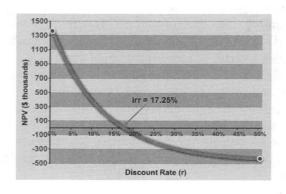

Exemplo de *Internal Rate of Return* (IRR)

INTERNATIONAL ACCOUNTING STANDARDS – *DIP. CO.* São cerca de quarenta e uma as normas internacionais de contabilidade emitidas pelo IASC (*International Accounting Standards Committee*). *V.* **International Accounting Standards no Glossário deste Dicionário (*).**

INTERNATIONAL BANK FACILITY – *B.* Financiamento feito por consórcio de bancos de diversas nacionalidades. *V.* **Syndicate, Consortium**.

INTERNATIONAL BANK FOR RECONSTRUCTION AND DEVELOPMENT – *DIP. OMD.* O Banco Mundial. *V.* **World Bank Group**.

INTERNATIONAL CENTER FOR THE SETTLEMENT OF INVESTMENT DISPUTES – *DIP. OMD. Centro internacional para solução de litígios de investimento*; criado pelo Banco Mundial para resolver através de arbitragem, eventuais conflitos de investimentos entre investidores estrangeiros e entidades públicas dos países membros.

INTERNATIONAL CONVENTION ON LIABILITY AND COMPENSATION FOR DAMAGES IN CONNECTION WITH THE CARRIAGE OF HAZARDOUS AND NOXIOUS SUBSTANCES BY SEA – *DIP. ENV. V.* **MARPOL, HAZMAT, Environment.**

INTERNATIONAL CONVENTION ON OIL POLLUTION, PREPAREDENESS, RESPONSE AND COOPERATION – *DIP. ENV. V.* **MARPOL, Environment.**

INTERNATIONAL DEBT – *FIP. EC.* O total da dívida de um país em vias de desenvolvimento, pendente num determinado momento junto do FMI, Banco Mundial,

Banco Europeu de Investimentos, outros OMDS, bem como junto aos Bancos Centrais e bancos comerciais de outros países. A crise dos anos 60 e 70 que envolveu entre outros o Brasil, a Argentina e diveros países africanos ficou infelizmente conhecida. *V.* **Debt, OMDs, Mapa da Estrutura da ONU no Glossário deste Dicionário (*).**

INTERNATIONAL DEVELOPMENT ASSOCIATION – *DIP. OMD.* Organismo associado ao Grupo do Banco Mundial; tem como objectivo financiar o desenvolvimento sem levar em linha de conta a rentabilidade imediata dos financiamentos concedidos mas acompanhando-a a longo prazo. *V.* **Mapa da estrutura da ONU no Glossário deste Dicionário (*).**

INTERNATIONAL FEDERATION OF STOCK EXCHANGES – *MC.* Federação Internacional de Bolsas de Valores, entidade criada para estabelecer e regular à escala mundial as relações operacionais entre as diversas Bolsas.

INTERNATIONAL FINANCE CORPORATION – *DIP. OMD.* Sociedade Financeira Internacional; organismo associado ao Banco Mundial que financia exclusivamente o sector privado dos seus países membros. Criada em 1956, o seu papel foi preponderante no desenvolvimento económico dos seus países membros sobretudo a partir dos anos 80. Portugal (até à sua entrada na UE), o Brasil e os PALOPs receberam e recebem múltiplos investimentos da IFC. A IFC é também a responsável pela relativamente recente emissão dos **Equator Principles**. *V.* **Mapa da estrutura da ONU no Glossário deste Dicionário (*).**

INTERNATIONAL FINANCIAL REPORTING STANDARDS – *DIP. CO.* Até à data de emissão deste Dicionário, eram oito as normas internacionais de contabilidade emitidas pelo IASB (*International Accounting Standards Board*). *V.* **International Accounting Standards no Glossário deste Dicionário (*).**

INTERNATIONAL FISHER EFFECT – *FIP. EC.* Análise da relação entre as taxas de juros internas dos países e as respectivas variações das taxas cambiais entre as respectivas divisas nacionais. *V.* **Fisher Effect.**

INTERNATIONAL LABOUR ORGANIZATION – *DIP. DT. Organização Mundial do Trabalho* (OIT). *V.* **Mapa da estrutura da ONU no Glossário deste Dicionário (*).**

INTERNATIONAL LAW COMMISSION – *DIP.* Organismo da **ONU** estabelecido em 1947 com as funções de implementar o Artigo 13 da Carta da **ONU** (*"proceder ao desenvolvimento progressivo da lei internacional e da sua codificação"*). Em 1981 já era composto por 34 membros, de um número original de apenas 15, sendo de salientar que: (i) os membros desta Comissão desempenham as suas funções em nome próprio e não em representação dos respectivos países de nacionalidade; e (ii) as suas conclusões têm apenas o valor de *recomendações*, ou seja, sem carácter vinculativo. **V. Organograma Geral da ONU no Glossário deste Dicionário (*)**

INTERNATIONAL MONETARY FUND – *DIP. OMD.* Fundo Monetário Internacional (ou FMI). Criado em 1944 no contexto dos **Acordos de Bretton Woods**, tem como objectivo o desenvolvimento do comércio internacional, o ajuste dos mercados cambiais e ajuda financeira aos países membros com problemas na respectiva balança de pagamentos. No entanto, recentemente (2005/2006) as suas funções foram objecto

Direito de Negócios – Dicionário Inglês-Português

de algumas importantes restrições. *V.* **Mapa da estrutura da ONU no Glossário deste Dicionário (*).**

INTERNATIONAL NON-GOVERNMENTAL ORGANIZATIONS (ou INGOs) *– DIP. Organizações Internacionais Não Governamentais.* Embora não se confundissem até aos princípios dos anos 90 com as **Non-Governmental Organizations** (ou **NGOs**), a distinção ficou menos clara em termos de Direito Internacional Público, sendo algo frequente hoje em dia considerar os seus conceitos como próximos ou mesmo sinónimos mas tendo as **NGOs** na prática, a primazia. De uma ou outra forma, os representantes das **INGOs** não têm estatuto governamental e são independentes do respectivo poder político. Um exemplo segundo diversos autores é a *Cruz Vemelha Internacional,* cujo nome aparece paradoxalmente na lista oficial da **ONU** (delegação de Genéve, Suiça) entre as **NGOs** com quem aquela coopera quase que diariamente. *V.* **Inter-governmental Organizations (ou IGOs) e lista de algumas IGOs e NGOs no Glossário deste Dicionário (*).**

INTERNATIONAL POLITICAL ECONOMY *– DIP. EC.* Ramo de ciência que estuda as relações entre a Economia Internacional ou macro-economia e a Política Internacional, num contexto causa-efeito-causa de que a chamada "globalização" é um bom exemplo.

INTERNATIONAL STANDARDIZATION ORGANIZATION (ISO) *–DIP. ENV. DC.* Uma **International Non-Governmental Organization (ou INGO)**[33], define os padrões e critérios de qualidade de bens, produtos e serviços, tentando-os compatibilizar, sempre que possível, com os padrões e critérios dos seus países membros mas obedecendo igualmente a critérios padrão mínimos internacionais. Entre os critérios de ISO mais conhecidos, os **ISO 9000** e **ISO 14000** (na sua versão de 2004) são os mais usados pela comunidade internacional[34].

1. O grupo **ISO 9000** refere a gestão de qualidade **(quality management)** que analisa e revê relativamente à empresa ou organização em questão:
- os requisitos mínimos exigidos pelos respectivos clientes;
- os requisitos mínimos exigidos pelos regulamentos aplicáveis;
- com a finalidade de obter a satisfação desses clientes; e
- conseguir o contínuo aperfeiçoamento no desempenho desses objectivos.

2. Já o grupo **ISO 14000** foca a gestão de meio ambiente **(environmental management)** que requere da empresa ou organização em análise:
- que demonstre estar a eliminar ou minimizar os efeitos nocivos das suas actividades no meio ambiente (*V.* **Environment**); e
- conseguir o contínuo aperfeiçoamento do seu desempenho de protecção ambiental e ecológico.

V. **Greenbanking, Corporate Green, Clean-Up Costs, Kyoto Protocol, Equator Principles, Environmental Impact Assessment.**

---

[33] Ou na prática, uma NGO, como se disse acima.
[34] À data deste Dicionário, por cerca de 887.770 Organizações em 161 países.

INTERNATIONAL SWAP DEALERS ASSOCIATION (ISDA) – *MC.* Associação Internacional de Correctores de **Swaps**. Edita contratos-padrão que são usados mundialmente. *V.* **Hedging.**

INTERNET – Tendo a *Arpanet* (1969) como origem, a *Internet* é basicamente, uma gigantesca ligação mundial de redes de computadores, unidas por *gateways,* que utilizam os protocolos *TCP/IP* como forma comum de linguagem e comunicação. A espinha dorsal da *Internet* é constituída por milhares de "nós" ou "centros" de computadores de universidades, empresas, instituições públicas e privadas, etc. que giram e circulam os dados e informações em linhas de comunicação de alta velocidade mas sem que a quebra ou falha de um desses "nós" afecte os demais.

INTERPOSITION – *USA.* Princípio de Direito Constitucional norte-americano pelo qual um Estado pode negar-se a cumprir uma determinação ou decisão do Governo Federal (ou mesmo uma decisão do **Supreme Federal Court**) se não concordar com esta e entender que tal decisão ou determinação excede os poderes delegados pelos Estados às autoridades federais nos termos da Constituição. O princípio é baseado na 10.ª. Alteração Constitucional (*10th. Amendment*) que determinou serem de exclusiva competência dos Estados todos os temas de interesse público que não tenham sido objecto de delegação constitucional. *V.* **Amendments**.

INTER REGALIA – *UK.* Prerrogativas da Coroa Britânica. Distinguem-se a *regalia minora* (pesca de salmão, exploração de minas de ouro e prata, florestas, etc.) que podem ser concessionados a particulares; e as *regalia majora*, exclusivas da Coroa.

INTERSTATE COMMERCE ACT – *USA. DC.* Lei que regula o comércio entre os diversos Estados norte-americanos, incluindo o transporte de pessoas ou mercadorias que deve obedecer a tarifas e preços razoáveis; não estabelecer ou permitir qualquer discriminação, **draw-backs**, descontos excessivos de mercado, etc.

INTERVENING CAUSE – *CR.* Qualquer facto ou acto superveniente ao que causou prejuízos a alguém e que, por si mesmo e independentemente da vontade das partes, substitui o primeiro acto ou facto, tornando-se ele próprio, a causa imediata desses prejuízos. *V.* **Torts (*)**, Collateral Damage.

INTESTATE – Pessoa que ao falecer não deixou qualquer testamento, legado ou documento escrito sobre a disposição dos seus bens. **V. Will.**

IN THE MONEY – *MC. V.* **Options, Out of the Money**.

INTRINSIC VALUE – *MC.* Lucro apurado caso uma Opção seja exercida de imediato e que corresponde à diferença entre o preço de Opção se fôr exercida (*exercise price)* e o preço de mercado do respectivo instrumento financeiro. *V.* **Options**.

INTRAMURAL – **1.** Limitado a um certo âmbito ou contexto. **2.** Dentro dos poderes, funções e deveres de uma autoridade ou instituição pública.

INTRUSION – *T. CR.* Invadir, entrar em propriedade alheia, sem autorização e com o intuito de possuir e usufruir-se da mesma. Neste contexto, o invasor (*intruder*) comete um **Tort (*)**. Ocorre quando alguém entra e se "apropria" de propriedade de um seu familiar falecido antecipando-se a quem seja o legítimo herdeiro. *V.* **Trespass, Intestate**.

Direito de Negócios – Dicionário Inglês-Português　　　　　　　　　　　　　　　372

INTRUST – 1. Constituir um **Trust;** **2.** Confiar, entregar bens em *Trust* a alguém; **3.** Confiar em alguém, delegando-lhe certos actos de carácter pessoal, ainda que no uso de procuração ou mandato. **V. Agency.**

INVASION OF PRIVACY– *CR. T.* Divulgação abusiva de documentos ou factos ligados à personalidade e vida de alguém ou intromissão na sua vida particular, sem qualquer pedido ou indução pelo ofendido nesse sentido e que causa a este último angústia, depressão ou humilhação pública.*V.* **Torts (*), Injury, Privacy, Spoofing, Patriot Act.**

INVENTORY – *DC. DR. CO.* Lista ou rol detalhado de mercadorias ou bens, identificando os mesmos individualmente ou por conjunto, especificando ainda o respectivo valor de aquisição e de mercado, se tal fôr possível. Elaborado obrigatoriamente aquando da preparação de balanços anuais das empresas bem como nos casos de insolvência ou falência. *V.* **Insolvency, Bankruptcy, Financial Statements**.

INVESTMENT – **1.** *PF. EC.* Aquisição de bens de capital (máquinas, equipamento, terras, etc.) para a produção de bens ou mercadorias para consumo (**capital investment**); **2.** *MC. B.* Compra de Acções (**shares**), interesses económicos e financeiros (**interests**), valores mobiliários, **commodities**, obras de arte, certificados de depósito bancário, etc., como forma de gerir e aumentar o rendimento de valores pecuniários (*financial investment*). Alguns termos associados:

1. **investment banker** – *B. PF.* **1.** O **underwriter**, o intermediário financeiro que aconselha uma emissora de novos valores mobiliários nas diligências e autorizações necessárias para a respectiva emissão; que contacta os seus clientes e outras instituições financeiras (*V.* **Syndicate, Participants, Underwriting, Transparency Directive**) tentando colocar a emissão no mercado, convidando a adquirir e subscrever tais valores, reservando-se em alguns casos para si próprio a subscrição de parte de tal emissão (**firm underwriting**); **2.** Instituição financeira que actua como intermediária entre os proprietários ou sócios de uma empresa que a desejam vender ou expandir as suas actividades e possíveis compradores ou investidores da mesma. O equivalente nos EUA ao **Merchant Bank** no Reino Unido; *V.* **Securities**;

2. **investment company** – *MC. DS.* Sociedade que usa o seu capital para investir no capital de outras empresas. Podem ser (a) **open-end investment companies** e (b) **close-end investment companies** (estas, as mais frequentes);

3. **investment grade paper** – *MC.* Emissão de valores mobiliários cotados, pelo menos, como BBB por uma agência especializada. *V.* **Credit Rating, Securities**;

4. **investment incentive** – O conjunto formado por isenções e regalias aduaneiras ou fiscais, financiamentos a custo zero ou a taxas de juros reduzidas, subsídios, etc, concedido por um governo, a fim de atrair um investidor local ou estrangeiro relativamente à realização de um projecto económico; *V.* **Incentive, Foreign Investment**;

5. **investment income** – rendimentos; mais-valias auferidas de um **finantial investment;**

6. **investment leakage** – *PF.* Conjunto de factores imprevistos que aumentam o custo de um investimento, como por exemplo por efeito da inflação no custo de matérias-primas, equipamento e/ou salários; encarecimento dos custos de transportes por efeito de subida dos preços de petróleo; aumento das tarifas de consumo de electricidade e de comunicações; contratação forçada de nova gerência (*senior management*) por competição de mercado, etc. *V.* **Overrun Cost, Project Completion, Project Funds Agreement, Inflation;**
7. **investment portfolio** – *MC.* Carteira de investimentos;
8. **investment securities** – *MC.* Valores mobiliários especialmente adequados a investimentos a longo prazo; *V.* **Securities;**
9. **investment trust** – *MC.* Sociedade que vende as suas próprias Acções ou participações do seu próprio capital e re-investe tais recursos noutras Acções, valores mobiliários, propriedades e outros tipos de investimento. *V.* **Trust, Shares, Securities;**

INVISIBLE ASSET – *PF.* O mesmo que **Intangible Asset.** *V.* **Tangible Assets.**

INVISIBLE BALANCE – *EC.* Parte da **Balance of Payments** entre dois países relativa a prestação de serviços, seguros, transportes aéreo e marítimo, fretes, comissões bancárias e financeiras, **royalties**, turismo, etc. Denominados *invisible* por oposição à parte da balança de pagamentos respeitante à compra e venda de bens e mercadorias.

INVOICE – *DC.* Factura, documento emitido por uma empresa relativamente à venda, transporte ou remessa de uma mercadoria ou bem, identificando as suas características, quantidades, valores unitários e global, transportador, destinatário, local de entrega, condições e termos de venda, etc. O mesmo se diga no campo de prestação de serviços. *V.* **Accounts Receivable.**

INVOICE BOOK – *CO.* Livro de contabilidade da empresa onde se registam as **invoices** emitidas por ordem cronológica.

INVOLUNTARY LIEN – *DR. DP.* Ónus de direitos reais, constituído sobre um bem ou propriedade por força de lei ou decisão judicial, mas sem o consentimento ou iniciativa do proprietário. *V.* **Liens.**

INVOLUNTARY UNEMPLOYMENT – *EC. DT.* Desemprego involuntário; trabalhadores que permanecem desempregados apesar de procurarem activamente uma colocação. *V.* **Hidden Unemployment.**

IRRECUSABLE OBLIGATION – Obrigações que, por lei, a parte não pode recusar assumir ou deixar de cumprir.

IRRESISTIBLE IMPULSE – *CR.* Usado em direito penal para designar o ímpeto, a força mental não controlável que levou o arguido a praticar um crime ou acto ilícito. É necessário provar em juízo que o arguido sofre de incapacidade ou doença psíquica que enfraqueceu substancialmente a sua vontade e o controlo dos seus actos. Note-se que o arguido distingue o bem do mal, o lícito do ilícito, mas não consegue evitar uma conduta que o leva ao acto criminoso ou ilegal. *V.* **Torts (*).**

ISSUE – **1.** Emitir, enviar; **2.** Tema, assume; **3.** Colocar em circulação; distribuir; **4.** *MC.* Emissão de valores mobiliários para subscrição por certos investidores (*closed* *issue*) ou pelo público em geral (*public issue*); **5. B.** Emissão de título de dívida (letra, livrança, etc); **6. FIP. EC.** Emissão de papel-moeda por uma autoridade monetária.

Alguns termos associados:

1. **issue date** – *MC. DS.* Data de emissão de uma **bond** e a partir da qual se começam a contar os juros respectivos. *V.* **Interest Rate, Securities;**
2. **issue price** – *DS. MC.* Preço de venda de Acções ou Obrigações oferecidas ao público para subscrição e compra. *V.* **Par Value;**
3. **issued capital** – *DS.* Capital emitido de uma empresa e já subscrito e pago pelo respectivo accionista ou sócio. *V.* **Capital;**
4. **issued shares** – Acções emitidas e subscritas. *V.* **Capital, Shares;**
5. **issuer** – *MC.* Entidade pública ou privada, empresa que emite Acções ou valores mobiliários para colocação no mercado. *V.* **Securities, Bonds;**
6. **issuing calendar** – *MC.* Calendário para a emissão obrigatória de novos valores mobiliários (em especial, no caso da Suiça e da Alemanha).

ITEM – 1. Peça ou bem individualizado; **2.** Parte de um tema ou assunto; **3.** Factor, parte de um todo ou resultado apurado após somar, subtrair, multiplicar ou dividir outros factores.

J

JAWBONING – *EC. DT.* Diligências das autoridades públicas junto a sindicatos ou entidades patronais no sentido de conter o aumento de salários por forma a não agravar a inflação. *V.* **Wages.**

JENKS ACT OF RULE – *USA. DP.* Direito conferido a réu de processo criminal de examinar documentos públicos ou do próprio governo, para poder formar a sua defesa.

JEOPARDY ASSESSMENT – *USA. DF.* Quando a cobrança de um imposto merece dúvidas atendendo ao estado financeiro periclitante do contribuinte, o fisco tem o poder de nomear imediatamente bens à penhora e cobrar o referido imposto, ainda que sujeito a recurso do contribuinte com mero efeito devolutivo. *V.* **Internal Revenue Service, Tax.**

JEOPARDY CLAUSE – *C.* Cláusula padrão num contrato de financiamento pela qual se a actividade comercial do banco credor for afectada ou paralisada por força de determinados acontecimentos exteriores à vontade das partes (**force majeure**), aplicar-se-ão soluções contratuais alternativas especificadas no aludido contrato. Também denominada **Disaster Clause.**

JEOPARDY LOAN – *PF. B.* Financiamento ou empréstimo com sérios problemas de pagamento e relativamente aos quais é provável haver perda ou prejuízo. **V. Bad credit, Arrears.**

JOBBING – *MC.* Actividade intensiva de um **dealer** na compra e venda de valores mobiliários, para tentar influenciar os preços de mercado dos papéis por ele transaccionados (**making a market**).

JOB EVALUATION – *DT.* Avaliação de tarefas ou funções; técnica destinada a avaliar o factor económico representado pelo trabalho, sintetizando-o em termos quantitativos ou de graduação, seja para cálculo da sua participação nos custos de produção, seja para assegurar ao trabalhador a continuidade, crescimento e desenvolvimento da sua carreira profissional, aumentos de salário, promoções, etc.

JOB SECURITY – *DT.* Garantia de estabilidade ou manutenção de um emprego, um dos factores mais importantes nas relações de direito do trabalho.

JOB SENIORITY – *DT.* Antiguidade profissional para efeitos de promoção e aumentos salariais.

JOBBER – 1. *UK. MC.* Corrector da Bolsa de Londres que actua por conta própria; 2. *USA.* Intermediário na compra e venda de bens por atacado. *V.* **Dealer, Broker.**

Direito de Negócios – Dicionário Inglês-Português 376

JOBBING BACKWARDS – *MC*. Análise retrospectiva de uma transacção em mercado de capitais e dos erros de cálculo ou de investimento efectuados e que eventualmente poderiam ter sido evitados.

JOHN DOE – *USA. DP.* **1.** Figura imaginária usada como exemplo demonstrativo de uma tese ou argumentação em tribunal; **2.** Nome provisório dado a um réu, cuja verdadeira identidade, por razões de segurança ou processuais, não é conveniente revelar.

Indices de Ponderação	CLASSIFICAÇÃO									
Escolaridade										
Inteligência										
Capacidade de cumprir instruções										
Experiência										
Espirito de Iniciativa										
Personalidade										
Grau de independencia										
Trabalho de equipa										
Aparência fisica										
Capacidade de liderança										

Notas:

1) Cada coluna vertical é classificada de 1 a 10
2) Candidatos que ultrapassem a barreira dos 90 pontos, devem ser considerados com uma oferta de salário mais alta.

Exemplo de um mapa de *Job Evaluation*

JOIN COSTS – *EC. PF.* Custos de aquisição ou produção de bens adquiridos ou produzidos simultaneamente. *V.* **Costs**.

JOINDER – **1.** *C.* Adesão (**adhere**), consentimento de um terceiro a um contrato, embora não faça parte do mesmo, mas vital para a eficácia e validade daquele; **2.** *DP.* Adesão a um processo ou acção judicial por parte de terceiro. Principais tipos compostos:

1. **compulsory joinder** – Pessoa que deve participar num processo judicial, porque embora não sendo nem réu nem queixoso, a total reparação ou composição dos interesses em causa não pode ser feita sem a sua participação;
2. **joinder of claims** – Terceiro que embora estranho ao contexto de um processo judicial, decide tornar-se parte activa do mesmo (como **plaintiff** ou autor) para defesa dos seus interesses, de outra forma afectados ou com fortes probabilidades de o vir a ser (até em termos de precedente);
3. **joinder of defendants** – O mesmo que **joinder of claims** mas do pólo oposto, ou seja, dos réus;

4. **joinder of issue** – Acareação, clarificar versões diferentes sobre o mesmo facto que é afirmado por uma parte e frontalmente negado por outra;

5. **joinder of offenses** – Dois ou mais actos ilícitos praticados ao mesmo tempo ou simultaneamente pelo mesmo arguido ou por mais do que um arguido, ainda que cada um pratique o seu individualmente;

6. **misjoinder** – Associação irregular ou inapropriada de mais do que um autor ou réu. Não leva à anulação processual mas à realização de processos independentes.

JOINT – **C. B. DS. 1.** Unido, combinado, comum; feito ou dividido por/entre várias partes; **2.** Responsabilidade conjunta. **V. Lista de termos associados no Glossário deste Dicionário (*).**

JOINT ENTERPRISE – **C. B. DS. V. "Joint" no Glossário deste Dicionário (*).**

JOINT VENTURE – *DC. PF. DS.* A união temporária de duas ou mais pessoas ou empresas tendo em vista o desenvolvimento de uma actividade económica ou projecto em comum. Tal iniciativa não as leva forçosamente à constituição de uma nova entidade jurídica ou sociedade mas a regular os seus comuns interesses por via contratual ou através de uma associação temporária de contas-correntes, divisão de riscos, custos e lucros, formas de administração e gerência conjunta, etc. Difere neste aspecto da **Partnership** que pressupõe uma continuidade temporal de actividades de carácter económico. Usado, entre outros, em projectos de prospecção e exploração petrolífera e mineira e na fase preliminar de uma concessão (**tender**).

JUDGMENT – **1.** *DP.* Compreensão e avaliação de uma situação, por forma a poder emitir uma opinião sobre tal situação; **2.** *USA. DP.* Sentença final de um tribunal sobre os diferendos que opõem as partes que se submeteram à sua jurisdição, aplicando a lei respectiva. Em termos meramente processuais, é, por vezes, sinónimo de **decree**; já **judgment** e **decision** são usados indistintamente de uma forma geral. **V. Lista de Principais Termos no Glossário deste Dicionário (*) .**

JUDICIAL ACTIVISM – *USA. DP.* Teoria que defende que os juízes nem sempre se têm que ater à letra "fria" da lei e aos seus preceitos mas antes a uma forma progressista e justa de aplicar as novas políticas de igualdade sociais. Baseia-se na filosofia de **social engineering**, criando verdadeiras revogações judiciais de matérias legislativas.

JUDICIAL ESTOPPEL – *USA. DP.* Doutrina que defende que uma parte fica obrigada relativamente ao conteúdo das suas declarações em juízo não podendo contradizê-las ou desdizê-las posteriormente no mesmo processo ou em processo semelhante. *V.* **Estoppel.**

JUDICIAL KNOWLEDGE – *DP.* Factos e eventos que se presume serem do conhecimento do tribunal e que, como tal, não carecem de ser objecto de prova.

JUMBO CD – *USA. B.* Certificado de depósito bancário no valor mínimo de US$100.000 ou equivalente.

JUMBO LOAN – *B. PF.* Financiamento ou empréstimo de grande valor de capital. Nos últimos anos, usa-se para operações de, pelo menos, US$100.000.000 ou equivalente.

Direito de Negócios – Dicionário Inglês-Português
378

JUNIOR BOND – *CF.* O mesmo que **Subordinated Bond**. *V.* **Bond, Subordination, Senior Debt, Senior Loan, Secured Bond, Payment in Kind Loans (ou PIKs), Mezzanine Loans, Second Lien Loans.**

JUNIOR CREDITOR – *CF. DR. CO.* Os detentores de **Junior Debt** ou **Junior Interest**. *V.* **Payment in Kind Loans (ou PIKs), Mezzanine Loans, Second Lien Loans.**

JUNIOR DEBT – *CF. DR. CO.* O mesmo que **Subordinated Debt**. *V.* **Debt, Subordination, Junior Creditor, Junior Interest, Senior Debt, Senior Loan.**

JUNIOR INTEREST – *DR. DP.* Direito subordinado a outros direitos e que apenas será satisfeito após esses outros direitos o terem sido. Ex. hipoteca em 3° grau relativamente aos credores hipotecários de 1° e 2° graus ou créditos sem qualquer garantia. O mesmo que **junior creditor**. *V.* **Subordination, Senior Debt, Senior Loan, Interest.**

JUNIOR LOAN – *CF. DR. CO.* Empréstimo cujo pagamento está subordinado ao pagamento anterior de outros empréstimos ou financiamentos (**senior debt** ou **senior loan**), seja porque as garantias reais ou pessoais que detêm são de grau inferior, seja por não terem qualquer garantia. *V.* **Payment in Kind Loans (ou PIKs), Mezzanine Loans, Second Lien Loans.**

JUNIOR STOCK – *DS.* Acções de uma empresa que:

i.   não têm direito a voto; ou

ii. apenas têm direito de voto em casos especiais; ou

iii. não têm direito a dividendos e são passíveis de ser convertidas em Acções ordinárias quando certas metas financeiras da empresa forem atingidas.

Uma forma de **Quasi-Equity**. *V.* **Shares.**

JUNK BOND – *MC.* Valor mobiliário altamente especulativo, oferecendo taxas de juro muito elevadas e acima das taxas de mercado mas sem qualquer garantia. *V.* **Speculative, Bond**.

JURIDICAL DAY – *DP.* Dia em que um tribunal está em sessão de trabalhos ou em audiência.

JURISDICTION – *DP.C.* Competência e autoridade conferida a um tribunal que lhe permite legalmente admitir um processo, julgá-lo e decidir sobre o seu mérito. Essa competência é definida em função de critérios geográficos, lei aplicável (nacional ou estrangeira), valor do processo, matéria (de facto, de facto e de direito, só de direito), etc.

JUROR – *DP.* Membro de um **jury**.

JURY – *DP.* Grupo de cidadãos seleccionados de acordo com regulamentos processuais que decidem sobre a culpa ou inocência de um arguido ou sobre a veracidade de um determinado facto. Nos EUA variam de Estado para Estado (em alguns, a selecção é feita por computador entre os portadores de cartas de condução emitidas localmente, por exemplo) e a quem cabe decidir sobre a culpa ou inocência de um arguido ou sobre a veracidade de um determinado facto. No Reino Unido a escolha é feita por sorteio entre os números de contribuintes. Termos associados:

1. **common jury** – O mais normal e usual dos júris, composto por 12 jurados; também chamado de **petit jury**;

2. **deadlocked jury** – Júri que, após longo período de deliberação, se encontra dividido inabalavelmente sobre a inocência ou culpabilidade de um réu ou veracidade de um facto. Também conhecido por **hung jury**. Leva normalmente a novo julgamento;

3. **foreign jury** – Júri formado por pessoas que não residem na cidade ou área onde se deram os acontecimentos em julgamento; e

4. **grand jury** – Júri com mais de 12 jurados (e menos de 23), a quem cabe após ouvir a evidência apresentada pela acusação pública, concluir sobre a probabilidade (*probable cause*) de se ter cometido um crime e de se emitir uma acusação formal (*indictment* ou *true bill*) contra o arguido.

*JUS CONGENS – **USA. L. DIP.*** Normas escritas ou consensuais de Direito Internacional Público que não podem ser revogadas ou alteradas por outras normas de direito internacional, seja na forma de Tratados, Acordos ou Convenções. A sua base mais moderna está no Artigo 53 da *Convenção de Viena de 1969 sobre a Lei de Tratados Internacionais*. Exemplos de *Jus Congens* seriam leis e tratados que permitissem o genocídio, a discriminação racial ou sexual, pirataria, etc.

JUST CAUSE – Motivo não jurídico ou legal, oriundo de um raciocínio honesto, justo e de inteira boa fé (*based on reasonable grounds, honest, fair and in good faith*) e baseado no qual um determinado acto foi praticado.

JUST COMPENSATION – *USA. DR.* Direito a ser reembolsado economicamente por bem ou propriedade que foi afectada, destruída ou expropriada por utilidade pública.

JUST-IN-TIME – *DC*. V. Glossário deste Dicionário (*).

K

KA-BUMP-KA-BUMP (ou k.b.k.b.) – *USA. CF. MC.* **1.** Gíria onomatopaica de mercado financeiro e de mercado capitais para referir uma empresa ou valor mobiliário cujo desempenho apresenta períodos cíclicos de alta e baixa mas com predominância dos últimos, o que prenuncia problemas económicos mais profundos; **2.** *EC. MC.* Também usado mais recentemente para mencionar as oscilações cíclicas do Dólar dos EUA face ao **Euro** mas com crescente tendência para o primero se desvalorizar. *V.* **Bear.**

KABUSHIKI KAISHA – *DP.* Tipo de sociedade japonesa de responsabilidade limitada, cotada em Bolsa.

KANGOROO COURT – *DP.* Simulacro de justiça, sistema judicial sem respeito pelos princípios básicos que devem ser garantidos a um réu. *V.* **Bias.**

KEEP – 1. Guardar, conservar, manter na posse. **2.** *CO.* Guardar e manter actualizados determinados livros ou documentos (ex. *keep books of accounting*); **3.** Continuar; seguir metodicamente o mesmo caminho ou plano; persistir no mesmo argumento.

KEEPER – Depositário, custodiante, quem guarda e conserva certos documentos, bens ou valores. **V. Guardian.**

KEEPING A LOOKOUT – 1. Estar atento a como o próprio motorista conduz o seu veículo bem como à condução dos demais veículos à sua volta; **2.** Prestar atenção à linha de argumentação da outra parte sem perder a sua própria linha de raciocínio. *V.* **Lookout.**

KEEP IN REPAIR – *DR.* Compromisso do arrendatário de continuar e concluir obras de conservação, reparação e manutenção do imóvel arrendado, quando tal foi acordado previamente.

KEY INTEREST RATE – *B. MC. PF.* O mercado básico de taxas de juro flutuantes (**floating rate**). Inclui, entre outras, a **LIBOR, EURIBOR, US Prime Rate** e a **US Federal Funds Rate**. Também conhecida como **base rate**. *V.* **Interest**.

KEY MAN INSURANCE – *DC. B.* Seguro de vida exigido por um banco ou credor de empresa cujas capacidade e vitalidade comercial dependem basicamente da sobrevivencia física de determinado sócio, administrador ou técnico. O seguro cobre os riscos de morte ou invalidez permanente dessa pessoa, pagando, em tais casos o empréstimo ou financiamento ao banco ou credor. Usado predominantemente nos empréstimos a longo prazo concedido a pequenas empresas. Em Portugal, como se sabe, um dos componentes dos financimentos de casa própria. **V. Insurance (*).**

KEY MONEY RATE – *EC. B.* Taxa de juro básica (desconto) definida e usada por um Banco Central (ou autoridade monetária) e que efectivamente acaba por ter impacto

Direito de Negócios – Dicionário Inglês-Português

nas demais taxas de juro do mercado do país em questão. Também conhecida por **central rate**. *V.* **Interest**.

KICKBACK – *CR.* Pagamento de gratificações ou "luvas" a funcionários públicos ou pessoas que tiveram influência no processo de compra ou operação favorável ao comprador ou adjudicatário. Constitui crime.

KICKER – *V.* **Equity, Loan with an Equity Kicker**.

KIDNAPPING – *CR.* Rapto, todo e qualquer acto pelo qual se conduz uma pessoa à força, sob coacção física ou moral, para fora do seu domicílio ou local de trabalho ou ainda do local onde se encontrava voluntariamente no momento do rapto, sendo tal pessoa impedida de sair ou se deslocar, do novo local para onde foi levada por determinado período de tempo. *V.* **Abduction**.

KILL – *CR.* Suprimir a vida ou existência de um ser, matar um ser humano ou animal. Quando se trate da morte de um ser humano por acção criminosa, o termo **homicide** é preferencialmente usado. *V.* **Manslaughter, Murder.**

KILLING BY MISADVENTURE – *CR.* Morte acidental causada sem qualquer negligência ou intenção por agente de autoridade ou por alguém no cumprimento do seu dever ou funções, nomeadamente ao tentar evitar situações que ponham em risco a vida ou a propriedade de terceiros ou de uma comunidade.

KIN (ou KINDRED) – Relacionamento por parentesco de sangue.

KING CAN DO NO WRONG – *UK.* Princípio jurídico de ordem pública pelo qual o Rei não é responsável legalmente pelo que deveria ou não ter feito quanto a assuntos de interesse do país. Isto não significa que o governo nomeado pelo Rei não seja responsável mas apenas que ao monarca, pessoalmente, não é imputável qualquer responsabilidade por ter nomeado aquele Governo nem pela maneira como este administra os interesses nacionais.

KING´S (ou QUEEN´S) EVIDENCE – *UK.* Prova incriminatória ou testemunho obtidos através da colaboração de um réu indiciado por crime porque se encontra a ser julgado, conjuntamente com outros incriminados. Tal cooperação (naturalmente incriminatória para os demais réus) é prestada contra uma redução de pena ou mesmo perdão que beneficia o "colaborante". *V.* **State´s Evidence**.

KINSFOLK – Pessoas pertencentes à mesma família. *V.* **Kin.**

KINSMAN – Pessoa da mesma raça, origem étnica ou família.

KITING – *B.* Emitir um cheque sem saldo na conta bancária mas na qual se depositou entretanto outro cheque que aguarda ser compensado, na esperança que o primeiro dos cheques só seja apresentado a pagamento quando o segundo já tiver sido devidamente compensado. Nos EUA usa-se o termo "**rollover**".

KIWI BOND – *MC.* Obrigação emitida na Nova Zelândia e em dólares locais mas negociada com não residentes da Nova Zelândia.*V.* **Bond**.

KNOCK AND ANNOUNCE RULE – *T. DP.* Acto de um oficial de diligências ou agente de polícia devidamente autorizado por mandado judicial, de forçar as portas ou dependências da casa de alguém para proceder à sua prisão ou de um familiar ou proceder à busca e colecta de documentos ou provas. O eventual excesso no uso da autoridade em tais actos pode ser mitigado ou atenuado através do **Legal Process**. *V.* **Torts(*).**

KNOCK DOWN (ou **KD**) – *DP. DR.* A batida do martelo num leilão ou hasta pública, atribuindo a um determinado licitante a aquisição do bem cuja venda esteve sob oferta.

KNOW ALL MEN... – *Saibam todos os presentes que* forma antiga que encabeçava ou pode ainda iniciar anúncios públicos, certidões, certificados, valores mobiliários, etc.

KNOW-HOW – Tecnologia, conhecimento técnico, habilidade artesanal. Um elemento estrutural de **Project Finance** e que pode constituir activo importante da **Goodwill**, e **Going Concern** de uma empresa.

KNOWINGLY AND WILLFULLY – *DP.* Termo usado em sentenças ou alegações judiciais para enfatizar que o réu actuou de livre e espontânea vontade e com plena consciência das consequências criminosas ou danosas do seu acto.

KNOWLEDGE – **1.** *DP.* Conhecimento, saber de um determinado facto ou acto, apreender a verdade sobre uma situação (*acquaintance with fact or truth*); **2.** Conjunto de dados objectivos que levam uma pessoa à convicção mental de conhecer ou estar a par de um facto ou ocorrência. Não se confunde com **belief** já que neste caso pode haver todo um leque de graus de conhecimento a ser apurado pelo tribunal (desde a leve suspeita, a forte suspeita, a probabilidade, a "quase certeza", até à "certeza absoluta"). *V.* **Reason to Know** e **Should Know.**

KNOWLEDGE, ATTITUDE, SKLLS. V.KAS.

KRUGERRAND – Moeda de ouro cunhada pela Africa do Sul desde 1967 e muito usada para efeitos de investimento. Uma **hard currency**.

KYOTO PROTOCOL – *DIP. ENV.* De seu nome completo e oficial, *Kyoto Protocol to the United Nations Framework Convention on the Climate Changes*, constitui o mais recente Acordo Internacional de defesa e protecção do meio ambiente sob o patrocínio da ONU. Analisa, estuda e reduz drasticamente o actual **global warming**, originado entre outros motivos pelos **greenhouse effects** e impacto da emissão perniciosa de **greenhouse gas** mas sem prejudicar ao mesmo tempo o desenvolvimento industrial mundial. Principais tópicos:

* Em Dezembro de 2006 cerca de 169 países tinham assinado o Protocolo;
* Mas sem a concordância dos EUA (o 1º emissor mundial de **greenhouse gas**) e Austrália;
* EUA e China parecem ser os responsáveis por cerca de 40 a 45% da emissão mundial de global **greenhouse gas**);
* A China, o Brasil e a Índia conseguiram ficar isentos temporariamente das restrições impostas aos demais países signatários;
* Os 35 maiores produtores industriais comprometem-se a diminuir a emissão para atmosfera de **global warming emmissions**, por forma a estabilizar os efeitos da emissão de **greenhouse gas**, e atingir em 2012 um nível 5% abaixo do volume mundial de emissão dos gases emitidos em 1990;

- Estabeleceu-se ainda um acordo pelo qual os países com baixa emissão poluidora podem vender *quotas de emissão* aos países que ultrapassaram as suas; e
- Em princípios de Agosto de 2007, a ONU decidiu rever o Protocolo de Kyoto, promovendo nova reunião de alto nível em Bali, Indonésia, tentando que a partir de 2009 se estabeleça um programa mundial pelo qual a redução prevista acima, seja atingida em 2013.
- A Conferência de Bali e outras importantes conversações complementares tiveram lugar entre Dezembro de 2007 e Janeiro de 2008, ficando marcada por iniciativa dos Estados Unidos de convocar nova reunião no primeiro semestre de 2008. Algum progresso foi obtido mas são ainda incertos os resultados práticos, sendo entretanto de prever que os Estados Unidos e a China cedam em alguns pontos, por efeitos da crescente pressão mundial.
- O que resultará dessa nova iniciativa não é obviamente matéria para este Dicionário.

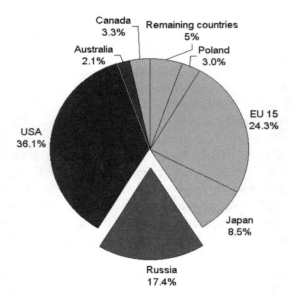

Percentagens das reduções de greenhouse gas, tal como aprovadas pelo *Kyoto Protocol*.
Fonte: *Acidrain.org*, uma ONG da Suécia.

L

LABEL – *DC.* Etiqueta, rótulo identificativo de um produto, artigo ou mercadoria, indicando o seu fabricante, o seu conteúdo, peso, côr, origem e outras indicações úteis para o consumidor;

LABOUR (UK) (ou **LABOR** nos **EUA**) – *USA. DT.* Trabalho remunerado em dinheiro, por oposição a trabalho pago em espécie ou através da participação em lucros. Principais temas associados ou derivados:

1. **labour a jury** – *CR.* Tentar influenciar o veredicto de um júri. *V.* **Jury, Pack;**
2. **labour economics** – *EC. DT.* Estudo das relações económicas entre o trabalho, a produtividade, os custos de produção, os lucros e a mobilidade de mão-de--obra;
3. **labourer** – Trabalhador cuja actividade requer basicamente o uso de poder físico ou manuseio de matérias-primas ou produtos;
4. **labourers´ lien** – *DP. DT.* Privilégio outorgado nos termos da lei de falências aos créditos de trabalhadores por forma a serem pagos com preferência aos demais credores da empresa (excluindo impostos e previdência social). *V.* **Bankruptcy;**
5. **labour flexibility** – *EC. DT.* A capacidade de uma empresa de adaptar ou reorganizar a sua mão-de-obra às necessidades específicas da sua actividade industrial ou comercial, seja;
    i. ao deslocar operários ou funcionários entre os diversos departamentos e sectores internos (**functional flexibility**);
    ii. através da reciclagem e actualização de formação (**training flexibility**);
    iii. pela re-distribuição de horários de trabalho (**temporal flexibility**);
    iv. seja ainda na existência de equipas de trabalho de reserva (**numerical flexibility**);
6. **labour force** – *EC. DT.* Mão-de-obra activa e disponível de um país ou empresa. Nos EUA refere todo o cidadão com mais de 16 anos de idade empregado ou que se encontra activamente à procura de trabalho; <u>Sinónimo</u>- **workforce;**
7. **labour force participation rate** – *EC. DT.* Proporção entre a população de um país com emprego fixo (ou activamente empenhada em obtê-lo) e as respectivas faixas etárias;
8. **labour hour rate** – *EC. DT.* Custo unitário de uma hora de trabalho, gasta na produção de bem ou prestação de serviço e que se incorpora (**overhead**) no respectivo custo final;

9. **labour-intensive** – *PF.* Projecto/investimento em que a disponibilidade de mão de obra ou o seu custo desempenha papel fundamental. Por oposição a capital-intensive. *V.* **Capital;**

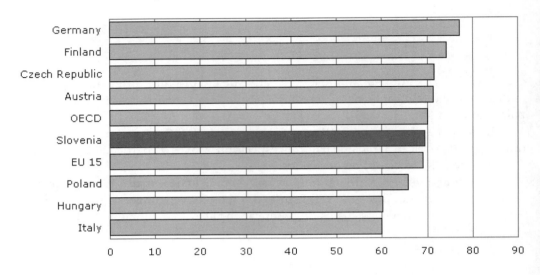

Exemplo de *Labour Force Participation Rate* de alguns países europeus.
O eixo horizontal do gráfico representa faixas etárias.
Fonte OCDE (2001), Statistical Office of the Republic of Slovenia (2000)

10. **labour law** – *DT.* Leis, regulamentos, instruções normativas, acordos colectivos, acordos sindicais e demais disposições legais e contratuais que se aplicam às relações do direito do trabalho, seja na sua generalidade, seja a uma determinada classe de trabalhadores;
11. **labour mobility** – *EC. DT.* Flexibilidade de mudar o trabalhador de actividade ou tipo de trabalho a que está habituado. Factores como educação, idade, sexo e existência de programas adequados de readaptação e formação profissional são fundamentais;
12. **labour-saving equipment/machinery** – *DT. PF.* Máquinas ou equipamento que, uma vez instalados e a funcionar, irão reduzir ou eliminar mão de obra e os respectivos custos;
13. **labour´s share** – *EC. DT.* A percentagem do custo de produção representada pelos salários dos trabalhadores; estes representam, por sua vez, em termos macroeconómicos, uma parte importante do rendimento nacional (**national income**);
14. **labour shedding** – *DT.* Despedimentos por parte de uma empresa com a finalidade de reduzir a produção (**supply**) que está ser feita a níveis excessivos relativamente à procura efectiva (**demand**);

15. **labour turnover** – *DT.* Rotatividade de mão-de-obra; balanço comparativo das contratações de novos trabalhadores e do número destes que foi despedido ou se despediu durante o período de cálculo;

16. **labour union** – *DT.* Sindicato de trabalhadores pertencentes a um mesmo ramo ou actividade. *V.* **Union**.

LACHES – *UK. DP.* Negligência ou incúria no exercício de um direito contratual ou legal que pode ocasionar (mas não é em si mesmo) a prescrição do mesmo. *V.* **Status of Limitations**.

LACK OF JURISDICTION – *DP.* Incompetência de um tribunal (em função de critérios geográficos, do valor económico da causa ou da especialidade da matéria *sub judice*) de analisar e decidir sobre um litígio. *V.* **Jurisdiction**.

LAGGING ECONOMIC INDICATOR – *EC.* Técnica macroeconómica utilizada quando um ciclo económico se inicia ou termina. Inclui, normalmente, entre outros, os seguintes factores:

a. média de tempo de desemprego da população activa;

b. rácio de mercadorias e bens produzidos em armazém e respectivo nível de vendas;

c. mudanças e alterações salariais;

d. custo de mão-de-obra por trabalhador/hora como parte do custo de produção global;

e. taxa média de juros para empréstimos a médio e curto prazos;

f. taxa média de juros para empréstimos a longo prazo;

g. rácio entre volume de crédito ao consumidor e rendimento pessoal; e

h. mudanças na indexação dos preços de serviços. *V.* **Leading Economic Indicator**.

LAME DUCK – *USA.* **1.** Funcionário público que se encontra ainda em funções mas para as quais já houve nomeação ou eleição de substituto, pelo que o primeiro aguarda apenas que este último tome posse; **2.** *MC.* Investidor que excedeu a sua capacidade de investimento e não tem capacidade financeira para cumprir os compromissos daí resultantes. **3** *EC. PF.* Empresa que atravessa período de estagnação económica ou dificuldades de liquidez e que é candidata a ajuda directa ou indirecta do Estado ou das autoridades competentes.

LAND – *DR.* **1.** Conjunto do solo, sub-solo, terrenos, pastos, campos, florestas, rios e colinas ou partes rochosas que constituem a totalidade ou parte de uma propriedade; no conceito anglo-saxónico, inclui ainda uma faixa de espaço aéreo perpendicularmente incidente sobre a propriedade e que seja passível de utilização, que seja autorizada legalmente; **2.** O direito de propriedade e não a propriedade em si mesma. Principais termos derivados:

1. **land boundaries** – *DR.* Demarcações, limites marcados de uma propriedade. *V.* **Landmark;**

2. **land and estates court** – *UK. DP. DR.* Tribunal inglês ao qual compete dirimir questões específicas sobre direitos reais. *V.* **Liens;**

3. **land certificate** – *UK. DR.* Certidão de registo predial;

4. **landed securities** – *DR.* Ónus reais sobre bens imóveis;

Direito de Negócios – Dicionário Inglês-Português   388

5. **landlocked** – *DR.* Terreno totalmente cercado por propriedades pertencentes a terceiros, facto que impossibilita o seu acesso e utilização económica sem a constituição de uma servidão de passagem (**right of way**). *V.* **Land;**

6. **landlord** – *DR.* Senhorio, o proprietário de terra ou propriedade arrendadada. Sinónimo – **Lessor**. *V.* **Tenant, Lease;**

7. **landmark** – **1.** *DR.* Pedra, marco ou outro tipo de sinal que identifica **land boundaries**; **2.** Momento ou acto histórico; **3.** Facto ou acto decisivo, marcante; **4.** Apogeu;

8. **land revenues** – *UK. DR.* Rendas de terrenos e propriedades pertencentes à Coroa. *V.* **Land Boundaries, Environment.**

LANDLOCKED STATES (ou LLDCS) – *DIP. EC.* Países sem linha marítima costeira, ou seja, sem acesso directo ao mar. À data deste Dicionário incluía Afeganistão, Arménia, Azerbeijão, Andorra, Áustria, Bielo-Rússia, Butão, Bolívia, Botswana, Burkina Faso, Casaquistão, Chad, Etiópia, Eslováquia, Hungria, Laos, Lesotho, Liechtenstein, Luxemburgo, Macedónia, Malawi, Mali, Moldávia, Mongólia, Nepal, Niger, Paraguai, Ruanda, San Marino, Suazilândia, República Checa, Sérvia [35], Suiça, Tibete [36], Tajiquistão, Turquemenistão, Quirguistão, Uganda, Vaticano, Zâmbia e Zimbabwe. A Conferência Internacional de Alamaty de 2003 (*Almaty International Ministerial Conference of Landlocked and Transit Developing Countries and Donor Countries and International Financial and Development Institutions on Transit Transport Cooperation*) regulamentou a livre circulação de comércio e mercadorias entre os **LLDCs** e os demais países vizinhos com acesso ao mar. De notar ainda que alguns países têm uma pequena ou diminuta área de costa marítima (menos de 5%) e entram por isso na categoria de **almost landlocked** mas beneficiam das mesmas regras internacionais acima mencionadas – Bósnia e Herzegovina (1.4%), Eslovénia (3.4%), Iraque (1.6%), Jordânia (1.6%), República Democrática do Congo (0.3%), República do Congo, 3.0% e Togo (3.3%). *V.* **UNCLOS.**

LAPPING – *USA. CO. DS.* Prática fraudulenta de ocultar faltas de caixa ao atrasar o lançamento contabilístico de contas a receber. UK denomina-se no **teeming and lading**. Uma das variantes consiste no tesoureiro ou gerente de caixa que efectuou os desvios, tentar ocultar as faltas ao atribuir ao cliente A os pagamentos recebidos do cliente B e a este os recebidos do cliente C, etc, na esperança de poder, entretanto, repor o valor original.

LAP UP – *EC.* 1. Expropriar, apossar-se; **2.** Compra apressada de um bem por forma a tirar proveito de campanha de saldos ou de liquidação de uma loja.

LARCENY – *CR.* Roubo, furto, desvio; transporte ou transformação de bem alheio com a intenção de privar definitivamente o seu dono do respectivo direito de proprie-

---

[35] Após a recente separação da República de Montenegro.

[36] Note-se que a ONU não aceitou as alegações da República Popular da China de que Tibete é agora uma simples província chinesa. De notar ainda que a confirmar-se o reconhecimento internacional da independência do Kosovo, este território passará a ser mais um país deste grupo.

dade. Sinónimo – **Latrociny. Ver Lista de Principais Termos no Glossário deste Dicionário e Torts (*).**

LARGE-CAP INVESTMENT MANAGER – *MC.* Gestor de valores mobiliários especializado na transacção de valores mobiliários de grandes empresas cotadas em Bolsa.

LAST IN FIRST OUT (LIFO) – *DS. CO.* Critério contabilístico de valorimetria das mercadorias aquando da sua saída do armazém, segundo o qual, o último lote de mercadoria que entrou (**last in**) presume-se ser também o primeiro a ser vendido (**first out**).

Em cenários inflacionistas, o LIFO contribui para a redução das margens de comercialização (**Gross Margin**). Por oposição a **first in – first out.**

LAST-SURVIVOR POLICY – **1.** Seguro conjunto de vida de duas ou mais pessoas em que o prémio é pago a um terceiro aquando da morte do último segurado; **2.** Seguro de vida conjunto em que o prémio é pago na totalidade ao sobrevivente. *V.* **Insurance (*).**

LAST TRADING DAY – *MC.* Último dia de transacções de uma **commodity**, relativamente à data da entrega contratualmente fixada.

LAST WILL – Testamento. *V.* **Will, Heirs.**

LATE – O defunto, *de cujus.* Pessoa que faleceu recentemente.

LATENT DAMAGE – *CR. T.* Dano (**damage**) ou prejuízo que só ocorreu ou foi possível ser constatado após a ocorrência do acto (vícios redibitórios) que lhe deu origem. A importância dos *latent damages* prende-se directamente com o lapso ou período de tempo entre o alegado acto delituoso ou negligente e o pedido de indemnização por parte do queixoso. *V.* **Torts (*).**

LATENT DEFECT – *DR.* Vício ou imperfeição oculta de um bem, mercadoria ou produto, não facilmente detectável pelo comprador antes de o adquirir. *V.* **Hidden Deffect.**

LATENT DEED – Escritura ou documento público guardado em cofre ou em depósito por mais de 20 anos. *V.* **Deed (*).**

LATE PAYMENT CHARGES /FEE – *B.* Juros de Mora. *V.* **Penalty Fee.**

LATROCINY – *V.* **Larceny.**

LAUNCH – *MC.* Emissão e lançamento de valores mobiliários. *V.* **Issue.**

LAUNDERING MONEY AND TERRORISM FINANCING – *CR. B. V.* **Corporate Governance, Money Laundering and Terrorism Financing, Transparency Directive.**

LAW OF LARGE NUMBERS – *EC.* Princípio pelo qual um desvio, erro de cálculo ou de margem projectada é normalmente mais fácil de detectar num grande número (valor ou quantidade) do que num número de menor expressão.

LAW OF ONE PRICE – *EC.* Princípio económico segundo o qual, em condições iguais de oferta e procura, um determinado tipo de bem ou serviço ou de características equivalentes, tende a manter-se na mesma faixa de preço.

LAWFUL – Legal, autorizado ou previsto em lei. Não proibido ou vedado legalmente.

LAWFUL AGE – Maior de idade, pessoa com plena capacidade jurídica.

Direito de Negócios – Dicionário Inglês-Português

LAWMAKER – Legislador.

LAW OF DIMINISHING RETURNS – *EC.* Lei de Efeitos Decrescentes, pela qual, quando um número crescente de unidades económicas variáveis (ex: trabalho) é adicionado a um número estável de outras unidades económicas (ex: capital), o resultado produzido pelas unidades variáveis aumentará mas, o seu ritmo de crescimento irá diminuir progressivamente.

LAW OF SUPPLY AND DEMAND – *EC.* Lei de oferta (**supply**) e procura (**demand**). Relaciona, entre outros, os preços propostos e a quantidade de bens/serviços oferecidos no mercado. *V.* **Demand.**

LAW OF THE CASE – *USA. DP.* Jurisprudência emitida por tribunal superior (***appellate court***) que constitui precedente para casos semelhantes. O princípio não é absoluto nem pode ser aplicado em todo o seu rigor, já que as circunstâncias podem ser diferentes e os condicionalismos sociais e económicos podem ter sido alterados significativamente, por forma a mudar a interpretação judicial então emitida. *V.* **Common Law (overruling the precedent)**, **Court**.

LAW REPORTS – *UK. DP.* Publicação de jurisprudência e de decisões judiciais, que, em alguns casos, são revistas antes de serem publicadas pelos próprios juizes que as emitiram.

LAWSUIT – *DP.* Acção, processo judicial.

LAWYER – Advogado. *V.* **Counsel, Barrister, Solicitor**.

LAY AWAY – Pagar uma conta a prestações por conta de entrega futura de um bem.

LAY DAYS – *DC.* Dias previstos num contrato de frete/transporte para a carga ou descarga de mercadorias de um navio ou aeronave.

LAY DOWN – **1.** Estabelecer um conjunto de normas ou regras (*the Government laid down the new anti-smoking rules*); **2.** Render-se (*lay down your weapons*); **3.** Sacrifício da própria vida em benefício do país ou da comunidade.

LAYERING – *PF. DS.* Combinar, reordenar os vencimentos de obrigações financeiras por forma a melhorar a liquidez da empresa e o perfil da dívida desta. *V.* **Lay Away**.

LAY IN – **1.** *EC.* Aprovisionar, armazenar bens para futuro consumo; **2.** Criticar severamente.

LAY-OFF – *DT.* Despedimento. O termo é normalmente usado quando o despedimento é devido a crise económica ou redução de custos da empresa. *V.* **Labour Shedding**.

LEADING AND LAGGING – *DS. CO.* Práticas de gestão financeira usadas ao final de um Ano Fiscal (**Fiscal Year**) por forma a melhorar a liquidez da empresa e diminuir o peso da dívida contraída, seja ao pagar antecipadamente alguns dos empréstimos pendentes (*leading*) ou prorrogando as datas de pagamento dos mesmos (*lagging*). Quando usadas em operações de exportação e importação, tais práticas denominam-se **Leads and Lags**.

LEADS AND LAGS – *DC.* Pagamentos antecipados ou atrasos de pagamentos em operações de importação e exportação com finalidades especulativas, nomeadamente, para tirar partido de possíveis alterações das taxas de câmbio. *V.* **Leading and Lagging**.

LEAD AWAY – **1.** Ir em direcção oposta ou inversa; **2.** *DC.* Remover, transportar para outro lugar. Sinónimo – **Take away**.

LEADING ECONOMIC INDICATOR – *EC.* Técnica econométrica que prevê a mudança de ciclos económicos. Inclui, entre outros, os seguintes factores:

i. média de horas de *trabalho braçal no sector transformador*;
j. média semanal de *pedidos de subsídios de desemprego*;
k. carteira de encomendas no *sector transformador*;
l. nível global de *vendas*;
m. contratos para *construção de novas unidades industriais, equipamento e máquinas*;
n. número de licenças emitidas para a *construção de novas casas* ou edifícios;
o. *mudanças de preços* em produtos de consumo básico;
p. nível dos *meios de pagamento*; e
q. índice projectado de *consumo*. *V.* **Lagging Economic Indicator**.

LEADING QUESTION – *DP.* Pergunta formulada de tal forma a uma testemunha ou depoente que a induz directamente à resposta que se pretende.

LEAD GENERATION – Criação de informação privilegiada. Fornecimento de informações úteis a fornecedores, a troco de comissões ou da partilha de receitas.

LEAD MANAGER – *B. PF.* Banco ou instituição financeira que organiza e coordena uma emissão nacional ou internacional de Obrigações ou financiamento de valor considerável. *V.* **Bond, Consortium**.

LEAD TIME – *DC.* Período de tempo decorrido entre a saída das mercadorias de uma fábrica e a sua entrega ao cliente.

LEAD THROUGH – **1.** Levar a uma determinada finalidade; **2.** *DT.* Conduzir, chefiar um grupo de trabalho para conclusão de uma tarefa ou missão.

LEAKAGE – *MC.* Quebra de confidencialidade, fuga de informação.

LEAN – *DP.* Inclinar-se a favor ou contra uma doutrina ou corrente de jurisprudência *(the courts of Texas lean against the doctrine of...)*.

LEAN BACK – *EC.* Período de reflexão e pausa por parte de uma autoridade monetária antes de introduzir novas regulamentações ou intervir no mercado financeiro.

LEAP YEAR – Ano bissexto.

LEARNING CURVE – *EC.* Relação entre as horas de trabalho de uma unidade de produção industrial e o número cumulativo de bens produzidos. Determinada, ao calcular:

$$Y(x) = A \times X^b$$

Direito de Negócios – Dicionário Inglês-Português   392

Onde:

$Y(x)$ = as horas de mão-de-obra utilizadas para produzir a unidade X, ou o custo de mão-de-obra da unidade X;

A = número de horas necessário para produzir a primeira unidade ou o custo da primeira unidade;

X = número de unidades produzidas; e

b = índice de aprendizagem.

LEASE – *C. DR.* 1. Contrato de arrendamento de imóveis. **Lessor** é quem concede o arrendamento ou aluguer; **Lessee** quem o recebe. **2.** Contrato de arrendamento de bens móveis (máquinas, equipamento, etc). Principais termos associados:

1. **gross lease** – Contrato de arrendamento em que o arrendatário se limita a pagar uma certa quantia global (por vezes anual), cabendo ao senhorio o pagamento de todos os impostos, taxas e encargos devidos sobre a propriedade ou bem arrendado;

2. **leasehold property** – Bem ou propriedade que foi dado em arrendamento a alguém;

3. **mineral lease** – Arrendamento de propriedade ou imóvel que inclui os direitos de prospecção e exploração de minérios ou gás ali existentes. A renda consiste normalmente numa percentagem (*profit sharing*) do minério ou gás extraídos durante o período de um ano;

4. **net lease** – Oposto ao **gross lease**, cabendo ao arrendatário pagar todos os impostos, taxas e encargos inerentes, sendo a renda paga ao senhorio, líquida de tais pagamentos;

5. **parol lease** – Arrendamento verbal, não celebrado por escrito;

6. **percentage lease** – Arrendamento comercial em que a renda é paga na forma de comparticipação dos lucros líquidos (**profit sharing**) auferidos pelo arrendatário na exploração do seu negócio.

LEASEBACK – *B. C. DR.* Compra e venda de um bem, seguida do seu arrendamento pelo novo proprietário ao ex-proprietário que assim se transformam em senhorio e inquilino, respectivamente. Em cada pagamento de renda pelo "inquilino" está incluída uma permilagem de propriedade do bem vendido/arrendado, fazendo-se assim o "resgate" da titularidade do bem ao fim de um certo tempo. Técnica financeira bastante utilizada em companhias de transporte aéreo, empresas que querem inciar um **Expansion Project** em países sujeitos à lei islâmica, em função da proibição de cobrar juros estabelecida no Corão.

LEASING – *B. DR.* Arrendamento mercantil. Distingue-se em direito anglo-saxónico do **lease**, porque:

i) no leasing o bem é adquirido pelo *lessor* a pedido específico do *lessee*; no arrendamento o bem constitui propriedade do senhorio e é adquirido para efeitos de ser específica e subsequentemente arrendado ao **lessee;**

ii) o leasing é sempre uma operação de natureza financeira; o *lease*, embora feito normalmente a título oneroso, não tem essas características;

iii) no *lease* há apenas cedência onerosa do uso e posse do bem enquanto que no leasing há normalmente o direito do arrendatário adquirir o bem se assim o desejar, tal direito é concedido ao fim do período de pagamento das prestações periódicas representativas pelo valor não inferior a (normalmente) 75% do custo original acrescido de encargos financeiros correspondentes. A aquisição será feita pelo chamado *Valor Residual* (normalmente 25% do custo original de aquisição).

Distinguem-se vários tipos de leasing: **Net Lease, Full-Payout Lease, Finance Leasing, Operational Leasing,** etc.

LEAVE OF ABSENCE – *DT.* Ausência prolongada do local de trabalho, com intuito de regressar, e durante a qual o pagamento do salário pode ou não ser suspenso.

LEDGER ACCOUNT – 1. *DC. CO.* Diário do razão. Contabilidade mercantil pela qual se efectuam os lançamentos diários de vendas, nomes dos compradores e respectivos créditos; **2. *B.*** Conta especial aberta por uma empresa a pedido de um banco ou credor, para lançar as entradas e saídas periódicas da sua caixa ou de valores depositados junto a bancos ou em contas vinculadas. *V.* **Interest, Accrued Interest Payable**.

LEGACY – Legado, a aquisição de um determinado bem (normalmente, um bem móvel) ou recebimento de uma certa quantia por decisão ou doação do *de cujus*. Distinguem-se os seguintes conceitos:

1. **absolute legacy** – Legado sem qualquer condição ou termo;
2. **accumulative legacy** – Legado em conjunto com outros legados no contexto de uma herança;
3. **additional legacy** – Legado a favor de um herdeiro que já recebeu outro legado no contexto da mesma herança (ou em substituição de outro legado também herdado);
4. **alternate legacy** – Legado de mais do que um bem a certa pessoa, ficando por conta desta a escolha do bem/quantia a receber;
5. **conditional legacy** – Legado condicional; pendente da aceitação pelo beneficiário de certa condição ou termo;
6. **contingent legacy** – Legado sujeito a certas condições de tempo (ex: maioridade);
7. **general legacy** – Legado pecuniário que será gerado pela venda ou advindo do rendimento da massa da herança. Usualmente destinado a fundos de caridade ou instituições filantrópicas;
8. **residual legacy** – Legado constituído pela massa de bens e valores que sobrarem depois de terem sido distribuídos todos os legados e outras partes da herança de acordo com as instruções deixadas pelo *de cujus* no seu testamento; e
9. **trust legacy** – Legado cujo valor será custodiado e administrado por um **Trust.**

LEGAL – De acordo, em conformidade com a lei. Seria inócuo indicar, de forma mais ou menos exaustiva, as expressões ou termos anglo-saxónicos associados ou derivados desta palavra-mãe. *V.* **(*) Lista exemplificativa no Glossário deste Dicionário; Lawful.**

Direito de Negócios – Dicionário Inglês-Português	394

LEGAL ENTITY – pessoa jurídica. *V.* **Legal (*).**

LEGAL PROCESS – **1.** *DP.* Processo judicial; **2.** Forma de evitar ou diminuir os efeitos de responsabilidade civil. *V.* **Legal (*), Torts(*).**

LEGAL RISK – Princípio básico (sobretudo aplicado em operações financeiras a curto prazo ou de Mercado de Capitais) do risco incorrido por um investidor de (i) estar a negociar com uma parte que não tem capacidade para tal (**binding risk**); ou (2) de que as leis, normas e regulamentos aplicáveis, não permitam ou proíbam a transacção em causa (**statutory risk**).

LEGITIMATION – Legalizar, efectuar todas as diligências necessárias por forma a que um acto inicialmente ferido de nulidade venha a adquirir as características de legalidade.

LEG RISK – *B. PF.* Risco de pedir financiamentos a curto prazo a taxas de juro baixas e posteriormente ter que refinanciar, a longo prazo, tal dívida a taxas de juro elevadas. *V.* **Refinancing.**

LEND (To) – **1.** Emprestar, ceder temporariamente o uso e fruição de um bem; **2.** *B. PF.* Conceder um empréstimo. *V.* **Onlending.**

LENDER – *B.* Mutuante, financiador, credor financeiro, quem concede um empréstimo ou financiamento. Principais termos associados:

1. **lender of last resort** – **1.** *EC.* Financiamento por parte de um Banco Central ao socorrer as instituições financeiras e bancos do seu país quando a liquidez destas escasseia; **2.** *PF.* Princípio de que a actividade financeira de uma OMD não deve colidir ou concorrer com as actividades de crédito e as disponibilidades de financiamento oferecidas nos mercados dos seus países membros;

2. **lender of record** – *PF.* Credor para efeitos oficiais, nomeadamente para efectuar o registo de investimento estrangeiro e assegurar os correspondentes direitos de repatriação. Usa-se para designar o papel desempenhado por certas OMDs ao captar e repassar participações (*participations*) na forma de *B Loans*. *V.* **A e B Loans, Participant;**

3. **lender option commitment** – *B.* Opção de um banco ou instituição financeira conceder um empréstimo ou financimento a uma parte que constituiu garantias reais ou pessoais antecipadamente a esse banco ou instituição financeira; usado sobretudo em linhas de crédito à exportação e financiamento de equipamentos de alta tecnologia;

4. **lending authority** – *B.* Valor máximo de crédito que um banco está autorizado a conceder a um cliente de acordo com as suas políticas internas de crédito ou regulamentações bancárias aplicáveis. O mesmo que *Lending Limit* ou *Lending Ceiling*.

LERNER INDEX – *EC.* Indicador económico do poder competitivo (**market power**) de uma empresa. Determina-se ao calcular:

$$\frac{Selling\ Price - Marginal\ Cost}{Selling\ Price}$$

Num mercado de concorrência ideal, o preço de venda (**selling price**) será igual ao custo marginal (**marginal cost**). Ou seja, o índice é *zero*.

LESS DEVELOPED COUNTRY – *PF.* País sub-desenvolvido ou menos desenvolvido economicamente de acordo com os padrões do Banco Mundial, Fundo Monetário Internacional e outros OMDs especializados. Os critérios do Banco Mundial delimitavam em 2005 o mínimo de 875 Dólares[37] de rendimento anual *per capita*. Sinónimo – *Low Income Country*. *V.* **Developing Nation, Fourth World**.

LET – Adjudicar a um concorrente (*bidder*) a construção, empreitada de uma obra pública ou a prestação de determinados serviços, através de concurso aberto a todos os participantes que se qualifiquem para o efeito. *V.* **Bid, Tender**. Principais termos associados:

1. **let by** – Deixar passar, continuar;
2. **let down** – **1.** Baixar, descer; fazer baixar/descer; **2.** *MC.* Frustrar, desapontar (o investidor);
3. **let go** – **1.** *CR.* Libertar, soltar, devolver à liberdade; **2.** *T.* Soltar (a mão), deixar de segurar alguém;
4. **let it go** – Ignorar, cessar uma actividade, não prestar atenção;
5. **let on** – **1.** Compartilhar, dividir o conhecimento de um facto com alguém; deixar alguém participar num Projecto; **2.** Revelar, dar a conhecer;
6. **let out** – **1.** *CR. T.* Deixar sair alguém de um local onde esse alguém estava retido; **2.** Chegar ao fim, acabar; **3.** *DR.* Alugar, arrendar; **4.** Revelar-se, dar-se a conhecer (com barulho ou ruído);
7. **let up** – Cessar, diminuir (os efeitos).

LETTER OF COMFORT – *V.* **Comfort Letter**.

LETTER OF ASSIGNMENT – Termo utilizado nos países anglo-saxónicos para "declaração de cessão".

LETTER OF CREDIT – *DC. B.* Título de crédito emitido por um banco, a pedido de um seu cliente, pelo qual aquele assume o compromisso de conceder um crédito a este último e, como tal, que aceitará saques do cliente ou de terceiros até ao valor global de tal título.

Podem ser:

1. **revogáveis** e **irrevogáveis** (*irrevocable LCs*), conforme se permita ao banco cancelar a mesma;
2. **rotativas** (**revolving LCs**) e **não rotativas**, conforme sejam automaticamente renováveis ao expirar o seu prazo de validade inicial;
3. **com ou sem confirmação** (**confirmed e unconfirmed LCs**), conforme o banco que recebe a LC emitida por outro banco, assume ou não o compromisso de a honrar, ainda que o banco emissor não o faça;

---

[37] Definição de *Low Income Country* do Banco Mundial em 2005, anualmente alterada e calculada a partir do poder de compra em cada país.

Direito de Negócios – Dicionário Inglês-Português
396

4. **circular LC** – Carta de instruções endereçada por um banco a outro banco correspondente ou associado, autorizando-o a pagar determinada quantia a um cliente do primeiro, desde que o cliente apresente a documentação identificativa necessária.

As *Letters of Credit* são predominantemente usadas no financiamento ao comércio internacional, designadamente para importação e exportação (*import/export LCs*), caso em que o instrumento é emitido e entregue directamente ao importador ou exportador ou ao respectivo banco. A partir de 1983, a Câmara de Comércio Internacional (**International Chamber of Commerce**) passou a usar o termo *Crédito Documentário* (**documentary credit**) para referir a série de documentos e instrumentos de crédito à exportação/importação até então genericamente denominados apenas como Letters of Credit.

LETTER OF INDEMNITY – 1. *DT.* Carta emitida por uma empresa a favor de um seu funcionário, comprometendo-se a indemnizar este por quaisquer prejuízos que venha a sofrer no desempenho de funções ou cargos ao serviço da mesma empresa; **2. *MC. DS.*** Carta emitida por um accionista ou investidor que perdeu/extraviou as suas Acções/Certificado de Acções ou outros valores mobiliários, endereçada à empresa de que é accionista ou investidor, pedindo para cancelar e substituir tais títulos extraviados e responsabilizando-se por quaisquer prejuízos que venham a ser sofridos como consequência desse cancelamento e substituição. *V.* **Indemnity**.

LETTER OF INTENT – 1. *B. PF.* Carta pela qual uma parte manifesta a intenção de praticar um determinado acto (designadamente, de efectuar certo investimento ou conceder um financiamento) dentro de certas circunstâncias ou condições. A *Letter of Intent* não é um contrato nem tem, em princípio, carácter vinculativo, indicando porém a séria intenção do emissor de actuar ou proceder de acordo com o seu conteúdo; **2. *FIP.*** Carta de Intenções emitida por um país membro do Fundo Monetário Internacional e entregue a este último, pela qual tal país se compromete a pôr em prática um conjunto de medidas macro-económicas como condição de poder utilizar linhas de crédito abertas pelo Fundo (**stand-by arrangement**) ou exercer os seus direitos de saque (special drawing rights). *V.* **International Monetary Fund, Stand-by Arrangement.**

LETTER OF LICENCE/LICENSE – *UK. DC.* Carta emitida por um credor de uma empresa que enfrenta dificuldades na obtenção de novos financiamentos, declarando não se opôr à eventual concessão desses·financiamentos nem cobrar em juízo o valor do seu crédito antes que seja dada uma resposta definitiva à concessão dos mesmos financiamentos.

LETTER OF RENUNCIATION – *MC. DS.* Carta emitida por um accionista ou investidor renunciando a favor de um terceiro, ao direito de subscrever determinado número de novas Acções ou valores mobiliários que lhe tinham sido anteriormente atribuídos. *V.* **Allotment, Rights of First Refusal, Preemptive Rights**.

LETTERS ROGATORY – *DP.* Carta Rogatória; pedido formal endereçado por um tribunal ao tribunal de outra jurisdição, pedindo que seja ouvida uma testemunha residente nesta última jurisdição ou obtidas localmente determinadas provas documentais.

LEVEL REPAYMENT – *B. PF.* Pagamento de um empréstimo em parcelas iguais e sucessivas. *V.* **Repayment, Instalment**.

LETTER STOCK – *MC. DS.* **1.** Acções pertencentes a uma emissão da qual só uma pequena parte foi colocada em Bolsa; **2.** Carta pela qual o comprador de valores mobiliários declara que é sua intenção manter os referidos valores como sua propriedade e não tenciona vendê-los ou oferecê-los a terceiros. *V.* **Share Retention Agreement**.

LEVEL WITH – *DP.* Falar de forma honesta e directa.

LEVERAGE – **1.** *PF.* Capacidade de atrair um grupo de investidores para um projecto ou empresa, seja por força da qualidade e boas possibilidades de rendimento do mesmo, seja pelo alto nível técnico da equipa que se propõe administrar tal projecto ou empresa; **2.** *MC.* Capacidade de levantar fundos no mercado mediante uma pequena realização de capital; **3.** Prestígio, capacidade de persuação.

LEVERAGED BUYOUT (ou LBO) – *DS.* Aquisição do controlo de capital de uma sociedade através de empréstimos bancários. *V.* **Buy-Out**.

LEVERAGED MANAGEMENT BUYOUT (ou **LMBO**) – *PF. DS.* Aquisição do controlo de capital de uma sociedade pelos seus funcionários, através de empréstimos bancários. *V.* **Buy-Out**.

LEVERAGED RECAPITALIZATION – *DS. PF.* Aumento da dívida (**debt**) de uma empresa (via emissão de **bonds**, **debentures** e/ou financiamentos) e redução da sua *equity*, mediante a proposta e aprovação de um plano de refinanciamento que normalmente inclui um **leveraged buyout**, obrigação irrevogável de resgate da totalidade ou larga maioria dos títulos emitidos, pagamento de um dividendo extraordinário, concessão de garantias reais, etc.

LEVERAGED STOCKHOLDER – *DS.* Accionista influente, com poder de decisão na sociedade, seja pelo número de acções de que é titular, seja pelo seu poder económico.

LEVY – **1.** Deitar mão, apoderar-se, reunir, juntar; **2.** *DF.* Lançar ou cobrar impostos. *V.* **Tax**.

LIABILITY – *C. DC. DP.* **1.** Responsabilidade, obrigação, compromisso, dívida (contigente e não contingente, condicional ou irrevogável, etc); **2.** Condição, capacidade de assumir responsabilidades e obrigações; **3.** Situação que cria ou propicía a criação de obrigação futura; **4.** Qualquer tipo de dívida, ónus ou passivos de uma empresa. Se a mais de um ano, **Long-Term Liability**; se a menos de um ano, **Short-Term Liability**. *V.* **Current Liabilities, Contigent Liabilities e Joint and Several**.

LIABILITY INSURANCE – *DC.* Seguro contra os riscos de danos e prejuízos causados por uma empresa a terceiros, devido à negligência da primeira. Previstos por lei ou por cláusula contratual; **V. Insurance (*)**;

LIBEL – *V.* **Torts (*)**.

LIBOR – *B. PF. MC. London Interbank Offered Rate*; até ao final dos anos 80, a mais usada das taxas flutuantes de juros para empréstimos em Euro-dólares. Cotada em Londres com base nas taxas de juros oferecidas por bancos para captar depósitos a prazo. A cotação é diária (para 1 mês, 3, 6 e 12 meses) era divulgada por meios informáticos como a **Telerate.** Em termos de contratos de financiamento (**loans agreements**) era quotada periodicamente, dois dias úteis antes do início do período de juros (**interest period**) imediatamente seguinte. V. Euribor.

LIBOR-LINKED LOAN – Empréstimo ou financiamento cuja taxa de juros está indexada à **LIBOR**.

LICENSE (USA) ou **LICENCE (UK)** – **1.** *DC.* Autorização emitida por uma autoridade pública para o desempenho de uma actividade profissional, comercial ou industrial, para o exercício de uma determinada profissão ou para a exploração de um ramo de negócio; **2.** *DR.* Direito de entrada e ocupação de um imóvel rústico ou urbano; **3.** *DC.* Direito de usar uma patente; **4.** Licença de porte de arma. *V.* **Permit.**

LICENSED DEALER – *UK. MC.* Pessoa ou instituição autorizada pelo *Department of Trade and Industry* a aconselhar investidores e intermediar na compra e venda de valores mobiliários. *V.* **Dealer, Broker**.

LICENSING – Conceder o uso de uma patente. *V.* **Patent, Trademarks**.

LICITATION – Leilão, hasta pública. *V.* **Bid, Tender**.

LIEN – *DR.* Ónus ou encargo sobre um bem (hipoteca, penhor, caução, etc.). Inclui ainda a figura do *direito de retenção* (**set off**) reconhecido a um credor relativamente a bens ou activos de um devedor até que este liquide o seu débito. Uma das formas específicas de *Liens* em **Common Law** é o **Floating Lien**. *V.* **Secured Debt, Secured Loan, Subordination, Junior Debt, Junior Loan, Junior Creditor, Payment in Lind Loans (ou PIKs), Mezzanine Loans, Second Lien Loans.**

LIFE ANNUITY – Renda vitalícia.

LIFEBOAT – **1.** *MC.* Fundo de emergência usado por correctores e *dealers* no caso de colapso do mercado de valores mobiliários; **2.** *PF. B.* Conjunto de novos financiamentos e linhas de crédito estruturados e montados por um consórcio bancário para ajudar uma empresa que atravessa sérias dificuldades financeiras. *V.* **Syndicate, Restructuring, Refinancing, Dealers**.

LIFECYCLE – *EC.* Termo utilizado em dois sentidos: quanto a consumo individual e quanto à produção de um bem. No contexto do primeiro, refere os hábitos e costumes do consumidor de bens e serviços durante a sua vida (consome mais do que ganha durante sua juventude e meia-idade e diminui os ímpetos de consumidor ao envelhecer); No que se refere à produção de um bem, o volume de vendas aumenta quando o bem aparece no mercado como novidade, atinge o seu pico máximo e depois declina com o aparecimento de bens substitutos ou de técnologia mais avançada.

LIFECYCLE COST – *PF.* Cálculo global do custo de um novo componente do activo imobilizado que deve levar em consideração não apenas o custo da sua aquisição mas também o custo do seu funcionamento e manutenção (**operating cost**). *V.* **Assets, Cost**.

LIFE INSURANCE – *DC.* Seguro de vida. *V.* **Insurance (*).**

LIFESTYLE BUSINESS – *DS.* Pequena empresa (muitas vezes de estrutura familiar) que reflecte substancialmente os interesses pessoais ou profissionais dos seus sócios. Ex: empresa de encadernação de livros antigos, restauro de antiguidades, obras de arte, etc.

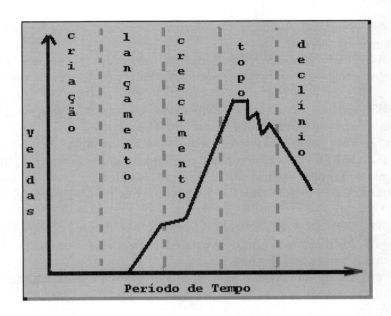

Exemplo de um *Lifecyle* – no caso, um modelo de calçado italiano.

LIFT – *DR*. Desembargar, levantar um embargo; dar baixa de uma garantia real, hipoteca, penhor, etc.

LIMITED MARKET – *MC*. Mercado em que a venda/compra de um determinado valor mobiliário se torna difícil atendendo a que grande quantidade de títulos idênticos se encontra na posse de um número muito limitado de investidores.

LIMITED PARTNERSHIP – *DS. V.* **Partnership**.

LIMITED RECOURSE FINANCE – *B. PF.* Financiamento em que a actuação dos credores contra o devedor é limitada (*limited recourse*) em determinadas circunstâncias. Ex: no financiamento à *Bristish Petroleum* para exploração de petróleo a partir de plataformas submarinas (Mar do Norte), os bancos credores não poderiam executar as garantias caso a produção fosse afectada exclusivamente por falta de petróleo em rama natural. A dívida da *Bristish Petroleum* continuava válida mas a inexistência de reservas não habilitava os bancos a anteciparem o vencimento do empréstimo.

LIMIT ORDER – *MC*. Ordem de compra de um valor mobiliário por um preço pré-determinado (ou um preço inferior a este último).

LINE OF CREDIT – *B. PF.* Linha de crédito. Podem ser específicas (ex: financiar produção agrícola, exportações, etc.) ou genéricas; rotativas (**revolving**) ou não rotativas (**non revolving**). *V.* **Agency Credit Line, Credit Line**.

LINGERING INFLATION – *EC*. Inflação periódica, sistemática, crónica. *V.* **Inflation**.

Direito de Negócios – Dicionário Inglês-Português

LINGER ON – *DT.* Trabalhar horas extraordinárias, ficar a trabalhar para além das horas de expediente normal.

LINKAGE BUSINESS – *PF. DS.* Poder sinergético de uma empresa ao causar o aparecimento e criação de outras empresas explorando actividades económicas correlativas.

LINKED ASSET – Activo que está vinculado ao cumprimento de uma certa obrigação de pagamento ou compromisso financeiro. *V.* **Asset.**

LIQUID – Facilmente convertível em dinheiro. *V.* **Liquidity.**

LIQUID ASSETS – *PF.* O mesmo que **current assets**. Também denominados **Realizable Assets** ou **Liquid Instruments**. *V.* **Assets, Cash Flow.**

LIQUID ASSETS PORTFOLIO – *PF.* O mesmo que **Liquidity Portfolio**. *V.* **Liquidity.**

LIQUIDATION – *DS. DC.* Distribuição dos activos de uma empresa (ou do produto de venda dos mesmos) entre os seus credores e sócios. Feita tal distribuição, a empresa termina a sua existência jurídica.

Pode ser voluntariamente deliberada pelos próprios sócios (**members voluntary liquidation**), pelos credores (**creditors´voluntary liquidation**) ou por um tribunal (**compulsory liquidation**). *V.* **Liquidator**, **Winding Up.**

LIQUIDATOR – *DS. DC.* Liquidatário, pessoa incumbida por um tribunal, pelos credores ou pelos próprios sócios de liquidar uma empresa. Se nomeado pelos sócios ou pelos credores, existe uma relação de prestação de serviços e de confiança (**trust**) entre o liquidador e aqueles; no caso de nomeação pelo tribunal, o liquidador é um mero executor das determinações e decisões judiciais e tem, consequentemente, estatuto de funcionário público. *V.* **Liquidation**, **Trust.**

LIQUIDITY – *EC. PF.* Liquidez, recursos monetários para pagamento imediato de dívidas e encargos financeiros.

Principais termos associados:

1. **liquidity effect** – *EC.* Teoria monetarista pela qual, ao aumentarem os meios de pagamento em circulação, crescem as reservas bancárias e com elas, a oferta de crédito a taxas de juro reduzidas; ao diminuirem os recursos monetários, o processo inverte-se, já que escasseia o crédito e aumentam as taxas de juros. *V.* **Monetary Policy;**

2. **liquidity index** – *DS. CO.* Técnica de apurar a liquidez de uma empresa ao calcular o número de dias que esta demoraria a vender os seus **Current Assets** e transformá-los em dinheiro. *V.* **Assets;**

3. **liquidity management** – *PF.* Aquisição de créditos ou valores mobiliários a baixo custo por forma a aumentar os lucros;

4. **liquidity portfolio** – *B. PF.* Carteira de valores líquidos, carteira de investimentos líquidos;

5. **liquidity ratios** – *PF.* Rácios financeiros destinados a calcular a liquidez imediata de uma empresa por forma a pagar a sua dívida a curto prazo. *V.* **Quick Ratio, Current Ratio, Acid Test, Ratios;**

6. **liquidity trap** – *EC*. Situação teórica pela qual, ao aumentar a moeda em circulação, os investidores preferem guardá-la a aplicá-la em depósitos à ordem ou a prazo, em função das baixas taxas de juros oferecidas pelos bancos.

LIQUID RATIO – *V.* **Acid Test**.

LISBON STRATEGY – *UE. EC.* Uma das metas mais ambiciosas da UE acordada na reunião do Conselho Europeu realizado em Lisboa em Março de 2000, tinha como objectivo tornar a economia da UE a mais competitiva do mundo até 2010. Esta estratégia macro-económica assentava em três princípios básicos:

1. Preparar as bases para uma economia dinâmica, competitiva e senhora de **know-how** e tecnologias adequadas;
2. Modernizar o modelo social europeu ao investir de forma maciça no capital humano das populações e reduzir a pobreza;
3. O desenvolvimento económico devia ser atingido sem prejuízo do respeito pelas normas de protecção ecológica e ambiental[38].

Infelizmente a revisão pela UE em 2005 desta agenda, mostrou que esta última foi ambiciosa. Uma das conclusões foi a necessidade de, ao promover esse desejado desenvolvimento, ter-se que actuar em conjunto com as estruturas macro e micro-económicas e rever a cada três anos os resultados obtidos, levando a propiciar empregos em que a qualidade e nível de salários fossem, a longo prazo, melhores e mais estáveis.

LISTED COMPANY – *MC*. Empresa cujas Acções estão cotadas e são negociadas em Bolsa de Valores. Por oposição a *unlisted* ou *closed Company*. *V.* **Unlisted Company**.

LISTED SECURITY – *MC*. Valor mobiliário cotado e transaccionado em Bolsa de Valores. *V.* **Unlisted Security.**

LISTING (of Securities) – *MC*. Cotar valores mobiliários em Bolsa.

LITERAL RULE – Corrente de jurisprudência que defende a interpretação literal (de uma lei ou contrato) em vez de analisar a substância, espírito ou intenção do legislador ou das partes contratuais.

LITIGATION – *DP*. Propor uma acção judicial, levar um caso a tribunal. **Litigant** ou **Plaintiff** – Quem propõe a acção judicial. **Defendant** – réu, a pessoa/entidade contra quem tal acção judicial foi proposta.

LIVE – **1.** Viver, existir; **2.** Residir, morar; **3.** Enfrentar situações e experiências; **4.** Ter comportamentos de acordo com os usos e costumes da sociedade onde se nasceu ou se vive. Principais termos asssociados:

1. **live by** – **1.** *EC*. Ganhar a vida, forma de sobrevivência económica; **2.** Aplicar os seus ideais ou princípios de vida;
2. **live off** – *EC*. Sobreviver economicamente ao desenvolver uma profissão ou actividade; viver de rendimentos;

---

[38] Este princípio foi mais tarde desenvolvido na reunião do Conselho da UE realizada em Gotemburgo, Suécia, em Junho de 2001.

Direito de Negócios – Dicionário Inglês-Português

3. **live through** – Viver ou passar por experiências menos agradáveis mas sobreviver às mesmas;
4. **live with** – Tolerar, aguentar, conviver com um facto ou situação desagradável ou perigosa;
5. **living allowance** – Subsídio de custo de vida;
6. **living cost** – *EC.* Custo de vida;
7. **living standards** – *EC.* Padrão de vida;
8. **living trust** – *V.* **Trust**;
9. **living wage** –*DT.* Salário mínimo.

LIVESTOCK – *DR. EC.* Todo e qualquer animal utilizado para trabalhos agrícolas ou que é criado em instalações agro-industriais para fornecimento de carne, lacticínios, lã ou curtumes.

LLOYD'S – Associação de seguradoras particulares com sede em Londres.

LOAN – *B. PF.* Empréstimo, linha de crédito, financiamento mútuo. ***V.* Bank Loan, Credit Line, Mezzanine Loans, Second Lien Loans, Payment in Kind (PIK) Loans, Secured Loans, Unsecured Loans.**

LOANABLE FUNDS – *B. PF.* Recursos bancários disponíveis para empréstimo ou crédito a clientes (ou seja, usando recursos ou fundos das **excess reserves**).

LOAN AGREEMENT – *C.* Contrato de empréstimo ou financiamento. **V. Mapa de Contratos Anglo-Saxónicos no Glossário deste Dicionário.**

LOAN CEILING – *B.* Limite de crédito aberto a um cliente.

LOADING – *B.* **1.** Cobrança de despesas, taxas ou comissões bancárias por serviços prestados a um cliente; **2.** Cobrança de juros sobre um empréstimo ou financiamento. *V.* **Fee.**

LOAN ACCOUNT – *B.* Conta bancária aberta exclusivamente para creditar e debitar os valores e pagamentos de um empréstimo. *V.* **Account.**

LOANBACK – Facilidades de crédito concedidas por uma companhia de seguros (**insurer**) a um seu cliente, titular de uma apólice de seguro de vida (**life insurance**) ou de complemento de reforma ou pensão. **V. Insurance (*).**

LOAN COMMITMENT – *B.* Compromisso por parte de um banco de efectuar um empréstimo a determinada taxa de juro e por determinado prazo. O compromisso é válido durante um certo período de tempo e a taxa de juro aplicável está geralmente ligada a taxas de mercado que servem como referência.

LOAN LOSS PROVISIONING – *B.* Constituir reservas e provisões por perdas resultantes de maus créditos ou créditos duvidosos.

LOAN PORTFOLIO – *B.* Carteira de financiamentos ou empréstimos. *V.* **Loan Sale.**

LOAN SALE – *B.* Cessão parcial ou total de créditos por parte de uma instituição financeira por forma a atenuar o peso da sua carteira de empréstimos. Também conhecido por *secondary loan participation*. *V.* **Assignment.**

LOAN STOCK – *UK.* Obrigação não garantida, emitida por uma empresa e que representa um empréstimo feito por accionistas.

LOAN SYNDICATION/SYNDICATE – *B. PF.* Consórcio bancário. *V.* **Consortium.**

LOAN WITH EQUITY KICKER – *B. PF. DS.* Empréstimo a juros reduzidos que pode ser convertido em capital de uma empresa, à opção do credor. *V.* **Convertibility, Convertible Bonds**.

LOCATION QUOTIENT – *EC.* Análise macroeconómica que apura até que ponto determinadas actividades produtivas estão intrinsecamente ligadas a certas regiões ou áreas de um país. Dessa análise poder-se-á antecipar movimentos comerciais inter-regionais e interdependência dos ciclos de produção, distribuição e consumo.

LOCK-AWAY – *B.* Guardar valores em cofre ou em lugar seguro; custódia de valores.

LOCK IN/OUT – 1. Impedir ou proibir a saída de alguém; 2. Alguém que tem pesados ónus ou encargos financeiros. Ex: *she is lock into high credit card payments*; 3. Encerramento ou suspensão das actividades de uma empresa por decisão dos seus accionistas ou administradores, como forma de exercer pressão económica junto aos trabalhadores ou diminuir as suas reivindicações salariais ou de conflito laboral. *V.* **Strike.**

LOCK- IN PROVISION – *PF. C.* Cláusula contratual de um contrato de provisão por parte dos sócios de uma empresa ou empréstimo subordinado (**subordinated loan**) que proíbe expressamente o seu pagamento de juros e capital:

(i)   caso com isso se violem os rácios financeiros previstos noutros contratos de empréstimo ou financiamento a que o contrato em causa está subordinado; e/ou

(ii) enquanto não forem pagos, primeiramente, o capital e/ou juros dos financiamentos ou empréstimos a que este contrato se subordina. *V.* **Subordination, Quasi-Equity.**

LOCK-UP – 1. *PF.* Investimento num Activo (**asset**) cuja venda não é facilmente realizável ou que se manterá no património do investidor por prazo entre 5 a 10 anos, nunca inferior; 2. Fechar à chave, fechar as portas; 3. *CR.* Prender alguém; 4. *DC.* Defeito de funcionamento, paragem mecânica;

LOMBARD RATE – *B.* Taxa de juros a que o *Bundesbank*, o Banco Central da República Federal da Alemanha, faz empréstimos a bancos comerciais nacionais mediante garantia.

LONDON BULLION MARKET – *UK. MC.* Considerado o maior mercado mundial de ouro. Os preços são cotados duas vezes ao dia por uma comissão de cinco membros nomeada rotativamente. A prata é também cotada e transaccionada no **Bullion Market**. *V.* **Commodities.**

LONDON CLEARING HOUSE – *UK. MC.* Câmara de Compensação para o mercado de Futuros e Opções, estabelecido em 1888. A LCH além de prestar toda uma gama de serviços no mercado de **commodities**, assume o risco de não cumprimento dos seus membros através de um fundo comum de garantia. *V.* **London Commodity Exchange**.

LONDON COMMODITY EXCHANGE (LCE) – *UK. MC.* Conhecida simplesmente como **London FOX** (do seu antigo nome *London Futures and Options Exchange*) é a Bolsa de Mercadorias europeia mais importante na área de **commodities,** Futu-

Direito de Negócios – Dicionário Inglês-Português

ros e Opções. A **LCE** utiliza os serviços da **London Clearing House**. *V. London Stock Exchange*, **Futures**.

LONDON STOCK EXCHANGE (ou LSE) – *MC.* Criada no Século XVII, a Bolsa de Valores de Londres é maior da Europa – em Outubro de 2007 tinha listadas mais de 3.000 empresas, das quais cerca de 350 eram originárias de 50 países. A LSE compreende dois mercados de **securities** – **Main Market** e **Alternative Investment Market (AIM)**. O *Main Market* destina-se exclusivamente a empresas que apresentam grande movimento/mais valias (**performance**) e sua inclusão exige requisitos bastante restritos. O *Alternative Investment Market* transacciona títulos de empresas novas ou de menor porte. Em 2003, a LSE criou uma sub-entidade – **EDX London** – que transacciona apenas com derivados de capital (**equity derivatives**). V. **London Commodity Exchange**.

LONG POSITION – *MC.* Situação em que parte de ofertas de venda da carteira de um corrector (**dealer**) de valores mobiliários, **commodities** ou **foreign exchange**, excede o valor global das vendas efectivamente contratadas/efectuadas em função das expectativas de subida nas respectivas cotações e consequente aumento dos lucros dos seus clientes.

LONG RUN – *EC.* Situação económica em que todos os factores são variáveis. Por oposição a **Short-Run**.

LONG-RUN ELASTICITY OF DEMAND AND SUPPLY– *EC.* Análise da reacção dos consumidores (quanto a **Demand**) ou dos produtores (quanto a **Supply**) aos aumentos de preços de um bem ou serviço durante um certo período de tempo, suficiente para ser proporcionado aos consumidores um número razoável de bens ou serviços alternativos.

LONG -TERM DEBT – *PF.* Dívida a longo prazo, ou seja, superior a um ano. *V.* **Debt**

LONG -TERM DEBT TO EQUITY RATIO – *PF.* Rácio que divide a dívida a longo prazo pela **Equity** de uma empresa. *V.* **Debt**.

LOSS – 1. Prejuízo, perda; **2.** Queda de receitas ou lucros; **3.** Derrota. Alguns termos associados:

1. **consequential loss –** *DC.* Prejuízo que resulta indirectamente de um risco não coberto por seguro; **V. Insurance (*);**
2. **loss adjuster –** *DC.* Perito contratado por uma companhia de seguros para negociar com o segurado o valor de uma indemnização a ser paga no âmbito de uma apólice;
3. **loss assessor –** *DC.* Perito contratado pelo titular de uma apólice de seguro para negociar com uma companhia de seguros o valor de uma indemnização a ser paga no âmbito da mesma apólice;
4. **loss ratio –** *DC.* Rácio que divide o total de indemnizações pagas por uma companhia de seguros durante um determinado período pelo valor global de prémios e pagamentos recebidos dos segurados durante o mesmo período; **V. Insurance (*);**
5. **loss reliefs –** *DS. CO. DF.* Perdas e prejuízos de uma empresa que, para efeitos fiscais, podem ser deduzidos dos lucros obtidos. *V.* **Accounting, Tax**.

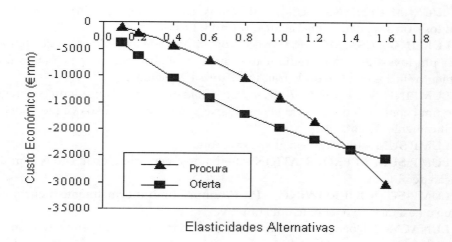

Exemplo de *Long-Run Elasticity of Demand and Supply*,
aplicadas ao sector de Telemóveis num país do leste europeu

LOST – *DR.* Extravio, perda involuntária da posse e/ou usufruto de um bem por qualquer motivo ou razão, mas mais vulgarmente, por simples negligência ou esquecimento; envolve também o pressuposto que o legítimo proprietário ignora o paradeiro do mesmo bem apesar de ter feito todas as diligências para o encontrar e recuperar a sua posse ou usufruto. Principais termos:
1. **lost papers** – *DP. DF. CO.* Documentação jurídica, contabilística ou financeira de uma empresa cujo paradeiro é desconhecido, apesar de repetidas buscas nos arquivos da mesma empresa, por parte dos seus próprios funcionários, ou por autoridades judiciais ou fiscais munidas do respectivo mandado de busca e apreensão; **V. Insurance (*);**
2. **lost property** – *DR.* Perda involuntária de bens ou objectos de uso pessoal; pressupõe que não se ocultou deliberada e conscientemente os aludidos bens ou objectos. Especialmente relevante para efeito de apólices de seguro contra roubo ou extravio; **V. Insurance (*);**
3. **lost will** – Testamento cujo original se perdeu ou se extraviou.

LOT – **1.** Muito, quantidade apreciável; **2.** *MC.* Quantidade mínima de Acções, valores mobiliários, **commodities** ou contratos de Futuros que podem ser transaccionados em Bolsa; **3.** Lote, conjunto de bens ou objectos sujeitos a uma oferta em leilão ou hasta pública, não podendo ser licitados separadamente.

LOYALTY BONUS – *MC.* Prémio pago a um investidor que adquiriu Acções de uma empresa privatizada para não vender nem negociar no mercado tais Acções antes de expirar determinado prazo. **V. Privatization**.

LOW INCOME COUNTRY – **V. Less Developed Country**.

Direito de Negócios – Dicionário Inglês-Português

LUCRUM CESSANS – USA. L. Lucro cessante (**ceasing gain**). Por oposição a **actual loss**, ou seja, danos emergentes. *V.* **Profit, Loss**.

LULLING – USA. MC. CR. Corrector ou empresa de investimentos que tenta convencer um investidor a não redimir um título mobiliário no seu vencimento usando argumentos falsos ou através de fraude. *V.* **Torts (*), Scienter.**

LUMPING SALE – DP. DR. Execução, leilão ou hasta pública judicial em que se vende um conjunto inominado de bens do executado em vez de os vender isolada ou especificamente. *V.* **Lot**.

LUMP SUM – Importância global ou bruta.

LUMP SUM APPROPRIATION – verba orçamentária global, isto é, sem discriminação detalhada.

LUMP-SUM BORROWING – PF. B. Empréstimo (normalmente a curto prazo) em que o desembolso é feito de uma única vez.

LUNACY – 1. Doença mental grave; **2.** Doença mental em que embora a actividade e procedimentos do indivíduo sejam comandados pela sua vontade são-no erradamente ou com manifesta falta ou incapacidade de julgamento comparativo de valores, situações e/ou identidade das pessoas, tempo ou locais correspondentes e efectivos. Uma variante mais actual resulta das consequências do alto *stress* sofrido por correctores de Bolsas (**automatic lunacy sympton**) ao cometerem repetidos erros for falta de análise dos riscos incorridos. *V.* **Insanity**.

M

MAASTRICHT TREATY – *DIP.* Tratado de Maastricht, assinado em 1991 entre os países membros da UE e que constituiu um passo fundamental na construção da união monetária, financeira, aduaneira e económica da UE. Teve entre outras consequências de maior peso, o aparecimento do **Euro** (€) como moeda única europeia. De recordar o Art. 104º que previa que nenhum país membro poderia ultrapassar 60% da sua Dívida Bruta Consolidada (**Consolidated Gross Debt**, ou CGD) o que, no caso de Portugal (e não só) não veio a acontecer como se sabe.

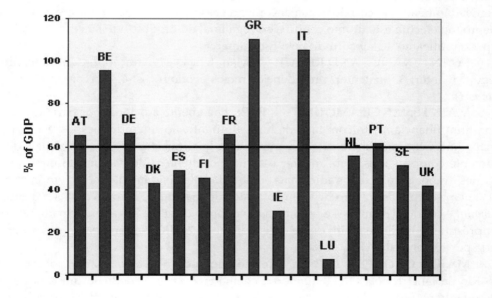

O CGD dos países membros da UE na data de assinatura do *Maastricht Treaty*.
A sigla de Portugal é PT. Dados dos Serviços Estatísticos da Suécia.

MACROECONOMICS – *EC.* Macroeconomia; parte da Economia que estuda como esta responde a políticas do Poder Público e, nomeadamente, à intervenção de Autoridades Monetárias. *V.* **Microeconomics**.

MACRO HEDGE – *B.* Operações que cobrem os riscos de taxas de juro da carteira de financiamentos de uma instituição financeira. *V.* **Hedge**.

Direito de Negócios – Dicionário Inglês-Português

MADE KNOWN – Dar conhecimento de um facto ao público em geral ou a um interessado, através de notificação, citação ou publicação oficial. *V.* **Notice, Summons, Know All Men**.

MAGNA CHARTA – *UK.* Documento medieval de princípios constitucionais que estabeleceu direitos básicos dos cidadãos. Assinado em Runnymede a 15 de Junho de 1215 pelo Rei João (mais conhecido por *João-Sem-Terra*) e posteriormente ratificado por Henrique III e Eduardo I. Dividido em 38 Capítulos, regula a administração da Justiça, restringe os limites jurisdicionais da nobreza e da Igreja, assegura as liberdades individuais e define as bases do sistema fiscal.

MAGHREB (ou MAGHRIB) – *DIP. EC.* Termo árabe [39] que designa a região que compreende a Líbia, a Tunisia, a Argélia, o Marrocos e a Mauritânia. Em Novembro de 1989, os cinco Estados constituiram a **Union of Maghrib States (UMA)**, ou *Union du Maghrib Arabe*, no sentido de desenvolverem uma cooperação económica comum.

MAIL ORDER – *DC.* Uma das formas mais tradicionais de **marketing** pela qual o cliente recebe pelo correio um catálogo ou oferta de bens/serviços, faz a sua escolha e envia também pelo correio, a sua encomenda assinada bem como o respectivo pagamento (ou efectua este último contra a entrega final do produto, em sua casa), etc. Hoje em dia praticamente substituído pelo **E-commerce**.

MAINTENANCE AND REPAIR – **1.** Manutenção e reparação; **2.** Continuar, prosseguir, manter; **3.** Sustentar, providenciar meios económicos; **4.** Apoiar (*maintain the support*).

MAINTENANCE AMOUNT – **1.** *B. PF.* Pagamento adicional por parte do devedor, num financiamento com taxa de juros flutuante, ao serem invocados pelo banco factos imprevistos e alheios à sua vontade que lhe acarretam custos adicionais devidamente comprovados, para manter esse financiamento. O devedor tem então duas opções – ou paga tais custos adicionais ou liquida antecipadamente todo o empréstimo. Mas nem sempre assim sucede – em contratos de **leasing** de aeronaves, a *Maintenance Amount* é cobrável sem que se permita à devedora o direito a pagar antecipadamente o empréstimo e livrar-se assim desse ónus adicional; **2.** *UK.* Pensão de alimentos decretada por sentença judicial.

MAJOR GROUPS – *DIP. ENV.* Termo adoptado no *Earth Summit*, organizado no Rio de Janeiro pela **ONU**, quando a chamada *Agenda 21* dedicou um capítulo ao Desenvolvimento das Funções de Grandes Grupos (*Strengthening the Role of Major Groups*) em que se pedia a colaboração das comunidades civis, grupos e organizações privadas para ajudarem no desenvolvimento económico, social e humano sustentado (**sustainable development**), num Meio Ambiente (**Environment**) saudável e protegido. Foram identificados nove **Major Groups**:

1. Acção global para um desenvolvimento justo e sustentado da Mulher;
2. Desenvolvimento sustentado das Crianças e Jovens;

---

[39] Literalmente *"do Ocidente "*, *"Ocidental"*, *"terra onde o sol se põe"*.

3. Reconhecimento e reforço do papel das populações indígenas e das suas comunidades;
4. Reforço do papel das organizações não governamentais no **sustainable development;**
5. Ajuda e apoio das autoridades locais à *Agenda 21;*
6. Reforço do papel dos trabalhadores e sindicatos;
7. Reforço da participação da área de negócios e indústria;
8. Comunidade tecnológica e científica; e
9. Reforço do papel dos agricultores.

Após a conclusão do *Earth Summit,* foi decidido que as **ONGs** que quisessem participar nos **Major Groups** se deviam credenciar junto à **ONU** para o efeito mas ficando claro que em vez de actuarem isoladamente, se teriam que enquadrar num dos nove grupos acima. O sistema é controlado pela **UNCED. V. Non-Governmental Organizations, Intergovernmental Organizations, International Non-Governmental Organizations, bem como as Listas exemplificativas destas Organizações e o Mapa Geral da ONU, no Glossário deste Dicionário (*).**

MAJORITY – 1. Maioridade, o mesmo que **legal age;** **2.** *DS.* Maioria, número que excede mais de metade de qualquer total. Algumas expressões associadas:

a. **majority equity stake** (ou **majority stake**) – *DS.* Participação no capital de voto de uma empresa que assegura aos seus titulares a maioria nas respectivas Assembleias Gerais ou em Conselhos de Administração. *V.* **Board of Directors, Shareholders´ Meetings, Corporate Governance, SOX;**

b. **majority interest** – *DS.* O mesmo que **majority equity stake;**

c. **majority opinion** – *DP.* A opinião, o parecer da maioria dos membros de um tribunal colectivo ou painel de árbitros. *V.* **Arbitration;**

d. **majority rule** – Princípio pelo qual prevalece o efectivo número de votos depositado na urna eleitoral e não o número de eleitores habilitados a votar.

MAKE – 1. Fazer, criar, produzir, apresentar (*to make a presentment*); **2.** Cumprir os requisitos, as formalidades legais; **3.** Preparar, redigir, assinar um documento ou contrato (*to make a contract*); **4.** Emitir (*to make a note*); **5.** Causar um prejuízo ou deixar de cumprir (*to make a default*). Principais termos associados ou derivados:

a. **make a charge for** – *B.* Cobrar uma taxa/comissão por um serviço prestado ou crédito concedido. *V.* **Charge, Fee;**

b. **make after** – Produzir/fabricar a partir de um modelo;

c. **make an entry** – *CO.* Efectuar um lançamento contabilístico;

d. **make back** – **1.** Recuperar, reencontrar alguma coisa que se perdeu; **2.** Recuperar a confiança;

e. **make out** – **1.** *C.* Completar, preencher um documento ou formulário; **2.** Entender, compreender; **3.** Ter êxito pessoal, profissional.

f. **maker (of a bond)** – *MC.* Emissor(a) de uma Obrigação. *V.* **Bond;**

g. **make up a deficit** – *CO. CF.* Cobrir um saldo negativo.

Direito de Negócios – Dicionário Inglês-Português   410

MALADJUSTMENT – *EC. PF.* Desajustamento, desequilíbrio de valores ou factores económico-financeiros.

MALCONDUCT – Conduta, procedimento desonesto; má administração; falta de habilidade, conduta desastrada. *V.* **Malfeasance**.

MALFEASANCE – **1.** Acto errado, moralmente reprovável; **2.** Acto ilegal, ilegalidade; **3.** Excesso ou abuso de autoridade ou de poder administrativo. *V.* **Malconduct, Torts** (*).

MALICIOUS – Intencional, doloso, com o propósito deliberado de prejudicar ou afectar alguém. **Ver lista de principais termos associados no Glossário deste Dicionário, Torts** (*);

MALPRACTICE – Conduta profissional negligente, culposa ou imoral que causa prejuízos a terceiros, nomeadamente, a clientes/pacientes (ou seus familiares) de tais profissionais. Aplicado a advogados (**legal malpractice**), médicos (**medical malpractice**) e contabilistas (**accounting malpractice**). Dá direito a <u>compensatory damages</u> e <u>punitive damages</u>. *V.* **Torts** (*), **Damages, Insurance** (*).

MALPRACTICE INSURANCE – *DC.* Seguro contra erros, negligência e falhas profissionais (médicos, advogados, contabilistas, etc.) quando os clientes ou pacientes invocam prejuízos decorrentes; **V. Insurance** (*);

MALTREATMENT – Forma de **medical malpractice** aplicável a cirurgiões, dentistas e anestesistas. *V.* **Torts** (*) e **Malpractice**.

MANAGE – Administrar, gerir, controlar, estar a cargo da administração de uma empresa, estabelecimento, serviço público ou negócio. *V.* **Management, Manager.**

MANAGED FLOAT REGIME – *EC.* Sistema cambial baseado na livre flutuação diária de câmbios, mas com a observação atenta dos Bancos Centrais que intervêm no mercado sempre que a moeda do respectivo país sofre flutuações de subida ou descida consideradas excessivas e prejudiciais para a economia.

MANAGEMENT – **1.** *DT.* Patronato, gerência; **2.** *PF. DS.* Administração, organização e gestão. **Ver lista de principais termos associados no Glossário deste Dicionário** (*).

MANAGEMENT BY WALKING ABOUT (ou **BY WANDERING AROUND**) – **V. MBWA.**

MANAGER – **1.** Administrador, gerente; **2.** Programa informático que efectua operações de rotina (ex. limpeza de vírus, manutenção de arquivos, etc.).

MANAGING DIRECTOR – *DS.* Director-Geral, Administrador-delegado.

MANAGING PARTNER – *DS.* Sócio gerente. *V.* **Partnership**.

MANDATE LETTER – *PF.* Carta de mandato outorgada por empresa ou seus promotores a uma instituição financeira para que esta última:

    a. analise as perspectivas económicas e de mercado de um novo projecto que requer quantias apreciáveis de financiamento/investimento (<u>feasibility study</u>) e, conclua que o projecto é viável;

    b. faça o <u>marketing</u> do projecto no mercado internacional, por forma a atrair investidores estrangeiros (nomeadamente, outras instituições financeiras) que se consorciem por forma a obter a totalidade dos fundos necessários. Basicamente, um contrato de prestação de serviços, pelo qual a instituição financeira cobra a sua comissão, independentemente de se concretizar o financiamento.

c. é no entanto frequente que a instituição financeira mandatária venha a participar do projecto como credor (**lender**).

MANDATORY CONVERTIBLE – DS. MC. Valores mobiliários convertíveis em Acções que são originalmente emitidos:

1. proporcionando um rendimento (**yield**) superior ao de outros valores mobiliários já emitidos pela empresa; ou
2. numa **hard currency** de taxa cambial mais favorável;

sendo, em qualquer caso, depois convertidos em Acções da empresa pelo valor consolidado de capital e juros (caso da alínea (1) acima) ou auferindo dos ganhos de valorização cambial correspondentes (caso da alínea (2)).
Este tipo de valores mobiliários é usado quando a emissão de Acções normais não é possível ou é pouco atractiva para os investidores estrangeiros. *V.* **Emerging Markets.**

MANDATORY STATUTES – Regulamentos, normas impositivas e não meramente facultativas ou que as partes tenham apenas o direito de utilizar. Cláusulas contratuais cuja obrigatoriedade é marcada por se usar a palavra *shall* (deve ser) em vez de *may* (*pode ser*).

MANHOOD – Maioridade legal. *V.* **Legal Age**, **Majority**.

MAN OF STRAW – DS. MC. Testa-de-ferro, alguém que embora pareça actuar numa transacção em interesse e nome próprios, o faz na verdade por conta de um terceiro que prefere ficar no anonimato.

MANPOWER CONTROL – EC. PF. Controlar o potencial humano de um país ou empresa, por forma a racionalizar a mão de obra disponível e as projectadas metas económicas ou de produção.

MANSLAUGHTER – CR. Homicídio não intencional, sem premeditação, mas não necessariamente atribuível a negligência. *V.* **Heat of Passion**, **Homicide**.

MARGIN – DC. MC. B. 1. Margem de lucro, diferenças entre custos de produção e preços de venda unitários ou entre preços de compra e de venda; **2.** Margem mínima de segurança de um investimento; **3.** Cobertura, provisão de fundos. *V.* **Margin Account**.

MARGIN ACCOUNT – MC. Conta aberta por um corrector para registar operações a descoberto, ou seja, compras de valores mobiliários com fundos adiantados ao cliente pelo próprio corrector. *V.* **Margin Requirements, Account**.

MARGIN BUYING – MC. Compra de valores mobiliários, em que parte do pagamento é feito imediatamente em dinheiro e o restante, através de adiantamento concedido pelo próprio corrector.

MARGIN CALL – MC. Pedido de cobertura de fundos feito pelo corrector ao cliente.

MARGIN REQUIREMENTS – MC. 1. Limites legais periódicos que regulam os limites de crédito possíveis de ser concedidos no âmbito da **margin buying; 2.** Saldo mínimo de **margin account** a ser mantido por um cliente de um corrector de bolsa.

MARGINAL COST – *EC.* O custo adicional e específico associado ao aumento de uma unidade extra de produção; ou seja, o conjunto de valores dos custos de mão de obra, matérias primas, energia, etc. que a empresa terá que incorrer por unidade/bem extra que vier a produzir.

MARGINAL COST PRICING – Princípio segundo o qual, num modelo de concorrência ideal, o preço de um bem, será igual ao seu **marginal cost**, desde que se assegure a perfeita utilização dos recursos e potencialidades da empresa produtora desse bem.

MARGINAL PROPENSITY – *EC.* Fracção de uma unidade monetária considerada para efeitos comparativos económicos específicos. Principais termos:

1. **marginal propensity to consume and save** – Fracção de uma unidade monetária ganha adicionalmente por um consumidor e que este prefere gastar na compra de bens e serviços em vez de poupá-la;

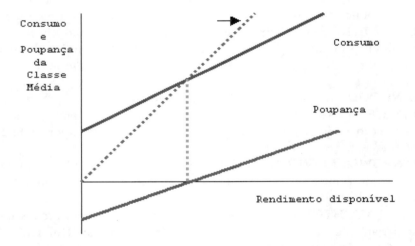

Exemplo de *Marginal Propensity to Consume and Save*

2. **marginal propensity to import** – Fracção de uma unidade monetária que é dispendida na compra de bens e serviços importados;
3. **marginal propensity to tax** – *DF.* Fracção de uma unidade monetária que é gasta no pagamento de impostos;
4. **marginal rate of transformation** – Capacidade percentual de uma economia de alterar a utilização dos seus recursos por forma a produzir novos bens alternativos;
5. **marginal reserve requirement** – *B. EC.* Depósitos compulsórios que os Bancos Centrais impõem aos bancos, empresas de **leasing** e outras instituições financeiras, como meio de limitar os valores de crédito passíveis de conceder ao

público (ou seja, restringir os meios monetários em circulação num país) e indirectamente, a inflação. *V.* **monetary policy;**

6. **marginal utility of money** – Valor subjectivo dado por uma pessoa a uma unidade monetária adicional que recebeu, em função do bem ou serviço que pode adquirir ou da poupança que pode fazer com a mesma unidade monetária.

MARITIME LIEN – *DR.* Direito real (na verdade, um direito de retenção) sobre um navio, com base em créditos por serviços prestados, danos causados a terceiros por deficiente manobra ou navegação do navio, etc. Especialmente invocado por créditos de estiva, limpeza, reparação ou pilotagem do navio. *V.* **Liens**.

MARK – **1.** Cruz ou sinal postos num documento escrito, por um analfabeto ou iletrado, como prova da sua anuência com o conteúdo do mesmo documento; **2.** Apostilha, rótulo ou sinal colado numa mercadoria ou produto por forma a identificar o seu produtor, qualidade, lote, conteúdo, peso, origem, etc.; *V.* **Label; 3.** Marca posta em metais preciosos como ouro e prata para atestar a sua autenticidade.

MARK DOWN – **1.** *DP.* Anotar, tomar notas ou apontamentos; **2.** *DC.* Baixar / reduzir os preços.

MARK OFF – Reduzir / baixar os preços em determinada percentagem ou fracção.

MARKETABLE SECURITIES – **1.** *MC.* Valores mobiliários negociáveis em bolsa ou no mercado secundário; **2.** *CO.* Títulos Negociáveis realizáveis em qualquer momento contra ordem de venda.

MARKET – Qualquer espaço económico onde se encontra a oferta (**offer**) e a procura (**demand**) de bens, produtos e/ou serviços. **Ver Lista de termos no Glossário deste Dicionário (*).**

MARKETING – *DC. PF.* O conjunto de relacionamentos económicos, comerciais, financeiros e jurídicos que aproxima ou coloca em contacto directo, compradores e os vendedores. O **marketing** não se esgota na publicidade (**advertising**), ainda que a inclua – anúncios na imprensa, spots de rádio, anúncios televisivos, campanhas, através de correio (**direct mail**), *web sites*, **e-commerce** são técnicas básicas de **marketing**.

Mas este inclui ainda criar, desenvolver, revitalizar e manter a procura de bens e serviços. Para tal, pressupõe-se o estudo de tácticas e estratégias (**strategic planning**) a longo e médio prazos que envolvem:

- estudos de mercado actual e futuro;
- tendências de ambos mercados;
- perfil do consumidor;
- a qualidade e atractivos do produto, a sua embalagem, armazenamento e comercialização, técnicas de distribuição, técnicas de venda, etc.

Por esse motivo, muitos autores incluem o **marketing** desenvolvido pela própria empresa como parte do seu **goodwill.** *V.* **Advertising Elasticity of Demand**.

MARKETING MYOPIA – *DC.* Tendência de uma empresa se concentrar meramente na faixa de mercado onde trabalha e/ou gama de produtos que oferece, sem aproveitar a oportunidade de alargar a sua actividade a outros mercados ou diversificar a sua produção. *V.* **Marketing.**

Direito de Negócios – Dicionário Inglês-Português

MARKETING STRATEGY – *DC.* Etapas ou fases de realização, implementação e concretização de um plano ou programa de **marketing** concebido por uma empresa.

MARKUP – *DC. CF.* Percentagem ou comissão adicionada ao preço de venda de um bem ou mercadoria.

MARPOL ou **CONVENTION ON THE PREVENTION OF POLLUTION FROM SHIPS** – *ENV.* Conjuntamente com a *International Convention on Oil Pollution, Preparedness, Response and Cooperation* e a *International Convention on Liability and Compensation for Damages in Connection with the Carriage of Hazardous and Noxious Substances by Sea*, bem como os **equator principles** constitui o triângulo básico de convenções e tratados internacionais que regulam os danos, prejuízos e riscos associados com a carga, transporte e descarga marítima e fluvial de petróleo, seus derivados e substâncias químicas e tóxicas em geral. As suas disposições são ainda regulamentadas por diversas Resoluções e Protocolos (num total de quarenta e cinco desde 1948) e pelo Art.194º da **UNCLOS**. *V.* **Hazmat.**

MARSHALLING – *DP. DR.* Concorrência de dois créditos privilegiados ou com garantia real, em que apenas um deles tem um título executivo e o outro beneficia de mais de um desses títulos – neste caso, o segundo credor tem obviamente direito preferencial de executar o bem ou activo. *V.* **Enforcement, Foreclosure.**

MARUYU – *B.* Sistema de depósitos a prazo japonês, semelhante aos nossos certificados de aforro. Opera na cadeia dos estabelecimentos dos correios nipónicos. Atraem benefícios fiscais importantes e destinam-se a captar pequenas e médias poupanças.

MASTER AGREEMENT – *C.* Contrato-padrão composto de termos, definições e cláusulas básicas aplicáveis de forma genérica a dois ou mais contratantes e que é acompanhado de um documento ou contrato complementar com os termos, identificações e condições específicas aplicáveis aos mesmos contratantes. Técnica contratual usada por exemplo em Contratos de Opções, **Swaps** e outros instrumentos derivados. Também denominado **General Terms Agreement**.

MASTER LIQUIDITY ENCHANCEMENTE CONDUIT (ou M-LEC) – *USA. MC. B.* Proposta feita em Outubro de 2007 por três dos maiores bancos norte-americanos no sentido de lançarem conjuntamente uma série especial dos seus próprios valores mobiliários, no valor de cerca de $200 mil milhões de Dólares. Tais recursos serviriam para apoiar **securities** do mercado norte-americano com habitual e comprovado bom desempenho mas cujo **trading** se encontrava afectado devido à alegada crise dos fundos imobiliários (*housing funds*) e outros valores mobiliários.

MATCHED FUNDING – *PF.* Conjugar recursos financeiros em **project finance**, ou seja, para cada unidade monetária (ex. Euro, Dólar. Libra, etc.) financiado por bancos ou instituições financeiras, os accionistas da devedora deverão investir uma quantia equivalente ou superior ou obter outras fontes de financiamento na mesma proporção.

MATCHED ORDER – *USA. MC.* Acordo prévio entre dois ou mais correctores (**brokers** ou **dealers**) de vender e comprar no mesmo dia ao mesmo preço, um volume razoável de determinado valor mobiliário para dar a falsa ideia no mercado que esse título está a ser activamente transaccionado quando na verdade se passa o oposto. **V. Sarbanne-Oxley Act (ou SOX).**

MATERIAL – Importante, relevante, influente, com mérito, relacionado directamente com o tema ou assunto em análise.

Principais termos:

1. **material evidence** – *DP.* Prova escrita ou oral, importante para o desenrolar de um processo judicial;

2. **material fact** – Facto (i) cuja ocorrência é importante ou fundamental para a existência jurídica (**consideration**) de um contrato ou compromisso obrigacional; (ii) que aumenta consideravelmente o risco a ser assumido pelas partes; (iii) que, a ser conhecido pelas partes, as levaria a não celebrar o contrato ou a sujeitá-lo a outras cláusulas ou condições;

3. **material representation** – 1. *C.* Declaração importante de uma parte contratual e que serve de pressuposto básico para que as demais partes celebrem o mesmo contrato; *V.* **Misrepresentation; 2.** *DP.* Depoimento em juízo cuja substância é por demais relevante, ao ponto de, a não ser verdadeiro, dar origem a acção judicial por crime de difamação ou perjúrio.

MATERNITY RIGHTS – *DT.* Conjunto de direitos atribuídos à mulher trabalhadora na sua condição de mãe. Estes direitos diferem substancialmente entre o Reino Unido e os EUA, seja:

- quanto ao período mínimo de contrato de trabalho que concede direito à licença de parto (**maternity leave**);
- quanto ao subsídio especial relativo às despesas com o parto e assistência médica (**maternity allowance**);
- seja ainda ao número de dias de licença remunerada, para atender a situações de emergência com filhos menores (**maternity urgency leave**).

MATRIMONIAL HOME – *UK.* Domicílio conjugal; o local de habitação permanente e contínua de marido e mulher na constância do matrimónio. No caso de haver apenas um domicílio, qualquer dos cônjuges tem o direito de exigir que o outro o receba no mesmo, desde que demonstre faltarem-lhes os meios financeiros para poder habitar outro local e, não ter dado origem ao conflito que originou a sua saída/expulsão do domicílio comum. **V. Alimony.**

MATRIX – 1. *DS.* Estrutura administrativa de uma empresa, departamento ou serviço, pela qual determinados funcionários ou trabalhadores respondem simultaneamente, a mais de uma hierarquia ou supervisor (ex. chefe de divisão responsável pelo acabamento de um produto, responder ao departamento de controlo de qualidade, departamento de custos e departamento de entregas ao cliente final); 2. *EC.* Sistema ou modelo de métrica económico-financeira. *V.* **Boston Matrix no Glossário deste Dicionário (*).**

MATTER – 1. Tema, assunto, matéria, ocorrência; 2. *DP.* Factos relevantes num processo judicial ou numa negociação. *V.* **Cause of Action.**

Direito de Negócios – Dicionário Inglês-Português

Termos associados:

1. **matter of privacy** – Factos confidenciais ou de divulgação restrita, seja de índole pessoal/familiar, seja de carácter interno de uma empresa (segredos industriais, estratégias de vendas ou de investimentos, etc.), seja ainda relativos a operações no mercado de capitais (**inside information**). *V.* **Privacy;**

2. **matter of record** – 1. *DP.* Factos registados em tribunal ou constantes dos autos e cuja prova é consequentemente de fácil acesso e reprodução; **2.** *DS.* Factos constantes de acta ou sujeitos a registo em livro de empresa, entidade colectiva ou instituição;

3. **matter of substance** – *V.* **Material**.

MATURITY – Data de pagamento, vencimento.

MATURITY TRANSFORMATION – *PF. B.* Refinanciamento que prorroga os vencimentos originais. *V.* **Rescheduling, Refinancing**.

MAVERIK RISK – *PF. CF.* Risco de prolongar por período de tempo excessivo o processo de investimento numa empresa ou sector de produção na esperança de melhorias de mercado.

MEAN REVERSION – *MC.* Tendência para que Acções com baixa rentabilidade venham a ter alta rentabilidade no futuro e vice-versa.

MEANS – 1. Meios, instrumentos ou formas intermediárias que possibilitam atingir um determinado objectivo ou finalidade; **2.** Recursos económicos e financeiros, riqueza.

MEASURE OUT – *DR.* Delimitar os limites e confrontações de um imóvel.

MEDIATION – Intervenção de um terceiro na resolução de uma disputa ou litígio. *V.* **Arbitration**.

MEDICAID – *USA.* Programa de seguro de assistência médica às classes menos favorecidas. *V.* **Insurance (*)**.

MEDICARE – *USA.* Programa idêntico ao **Medicaid** mas destinado a pessoas idosas (mais de 65 anos de idade). *V.* **Insurance (*)**.

MEDIGAP – *USA.* Apólices de seguro vendidas a empresas para complementar as margens de assistência médica não cobertas pelo **Medicare**. *V.* **Insurance (*)**.

MEETING – Reunião, assembleia. Alguns termos associados:

1. **called meeting** – Reunião ou assembleia que foi devidamente convocada nos termos da lei ou dos estatutos de uma empresa;

2. **general meeting** – Assembleia-Geral de sócios ou accionistas; *V.* **General Assembly, Shareholders Meeting;**

3. **regular meeting** – Reunião de membros de um Conselho de Administração (**board of directors**), Conselho Fiscal, Assembleia-Geral, convocadas para dia e hora prevista na lei ou nos estatutos de empresa pública ou privada;

4. **meeting of creditors** – Reunião ou Assembleia Geral de credores; *V.* **Bankruptcy, Insolvency;**

5. **meeting of minds** – Consenso, acordo, unanimidade de pontos de vista ou de opiniões conducente à celebração de um contrato, tomada de uma deliberação ou efectuar uma transacção.

MELLOW OUT – Ter uma atitude mais descontraída, encarar a vida com mais optimismo.

MEMORANDUM OF ASSOCIATION – *UK. DS.* Documento assinado por sete ou mais pessoas ou entidades, cumprindo com certos requisitos impostos pela **companies act** e relativos à constituição de uma entidade colectiva ou empresa.

MENTAL CRUELTY – Comportamento de um cônjuge relativamente ao outro que pode afectar seriamente a saúde física ou mental deste último. Usado em divórcios, muitas vezes na falta de melhor argumento, diga-se de passagem. *V.* **Torts (*)**. Sinónimo – **Mental Suffering.**

MERCHANDISE TRADE ACCOUNT – *EC. FIP. DC.* Cálculo antecipado do volume de importações e exportações de um país para determinado período. *V.* **Balance of Trade**, **Balance of Payments**.

MERCHANDISING – *DC.* Política ou campanha de vendas de uma loja ou estabelecimento e que inclui diversas estratégias para atrair os consumidores – promoções (**sales promotion**), saldos (**sales**), descontos, painéis publicitários internos e externos, apresentação/destaque especial do produto ou bem em local de destaque, etc. **V. Muti-Unit Pricing.**

MERCHANT BANK – *UK.* O mesmo que *Investment Bank* nos EUA.

MERCOSUR – *DIP. EC.* **Intergovernmental Organization** (**INGO**) de cooperação e desenvolvimento económico regional, constituída pelo Brasil, Argentina, Paraguai e Uruguai em 1991. O Chile, a Bolivia, a Colombia, o Equador e o Peru aderiram mais tarde e a Venezuela foi a última a pedir estatuto de país membro em Junho de 2006.

MERGER – *DS.* Fusão de duas ou mais empresas pela qual uma delas (**dominant**) absorve a outra (**passive unit**). Algumas características básicas:

- A empresa **dominant** mantém a sua denominação social e as suas actividades económicas, desaparecendo a segunda e requere-se usualmente a aprovação por maioria especial (**qualified quorum**) qualificada dos accionistas da **passive unit**;
- Em diversos Estados norte-americanos e países da UE, os accionistas que se oponham (**dissidenting shareholders**) têm o direito de ser reembolsados pelo valor das suas acções (**fair value**) após auditoria independente do Activo e Passivo da empresa a ser absorvida;
- Por oposição a **consolidation** em que duas ou mais empresas decidem associar os seus Activos, Passivos, negócios e actividade económica, dando origem a uma nova empresa.

V. **Corporate Governance**, **Accounting Principles**, **Consolidate**, **Amalgamation**, **Mergers and Acquisitions**.

MERGERS & ACQUISITIONS – *MC.* Também conhecida pela sigla **M&As**. Fusões e aquisições, o conjunto de transacções pelas quais uma empresa adquire o controlo de outra, desaparecendo esta última e integrando-se os seus activos e passivos na primeira. *V.* **Merger**, **Consolidation, Private Equity, Take-Over.**

Direito de Negócios – Dicionário Inglês-Português

MERRY-GO-ROUND-TRANSACTIONS – 1. *DC. DS.* Política empresarial de efectuar rotativamente operações de importação e re-exportação de bens, tentando auferir mais valias no mercado de futuros; **2.** *MC.* Compra e venda sistemática dos mesmos valores mobiliários (**securities**); **3.** *DS. CF.* Administração ou gestão de uma empresa de forma indecisa e "cosmética", ou seja, tentando adiar medidas mais drásticas mas necessárias.

METACHRONISM – *EC. CF.* Erro no cálculo de tempo aplicável ou decorrido.

MEZZANINE LOANS – *PF. CF. B.* Conjuntamente com **second lien loans** e **payment in kind loans** (ou PIK), constituem um dos vértices de novas formas de financiamento de empresas envolvidas em financiamentos ou refinanciamentos de grande vulto e que já contraíram outros empréstimos com garantia real (**senior loans/debt**, **secured loans/debt** ou **first degree secured loans**) mas que necessitam ainda de recursos para o seu **financial plan**. Em síntese:

- São empréstimos de alto montante, formas de **subordinated debt** e normalmente por um prazo não inferior a **5 anos;**
- Pagamento de juros e capital de uma só vez (**balloon payment**) após o pagamento de todos os demais empréstimos com prioridade de pagamento; no entanto, o capital dos empréstimos pode ter os seus juros capitalizados, assemelhando-se neste ponto a um **payment in kind loan** ou PIK;
- Envolvem um alto risco de crédito, já que:
  - o baseiam os seus financiamentos na expectativa de crescimento dos negócios da empresa, crescentes **cash-flows** projectados e correspondentes margens de recursos suficientes para pagar os empréstimos anteriores e ainda assegurar um **return on investment** mínimo de bom nível;
  - o não têm qualquer garantia (**unsecured loans**) ou, com alguma frequência, são:
    - – objecto de esquemas complexos de garantias laterais, como por exemplo a caução ou penhor não dos activos e bens da empresa (já dados em garantia aos **senior lenders** ou **senior creditors** como se disse acima) mas sim do capital desta (normalmente da empresa **holding**);
    - – ou podem ser convertidos em capital dessa **holding**, à opção livre dos credores, podendo para o efeito o empréstimo ser acompanhado de **warrants** para efeitos dessa conversão; *V.* **Convertible Debt;**
  - o ainda que precisam para tal do consentimento expresso dos **senior lenders**;
- Em caso de não cumprimento e de cobrança dos empréstimos com garantias, o facto dos credores dos mezzanine loans passarem a controlar o capital (uma forma de **private equity**, no fundo), pode ser benéfica para os dois lados:
  - o do ponto de vista dos **senior lenders**, os novos accionistas tentarão por negociação directa, evitar que os Activos sejam postos à venda em leilão judicial e oferecem alternativas mais atractivas e rápidas aos bancos credores para recuperarem o seu dinheiro;

o do ponto de vista dos novos accionistas, passam a efectivamente controlar a gestão e administração da empresa, de forma mais profissional e técnica (sobretudo no caso dos **institutional investors**).

- O retorno financeiro para este tipo de credores é feito através de pagamento de **front-end fees** mais caros (**V. Fees**) e juros na base de LIBOR ou EURIBOR de 6 meses mais um **spread** (normalmente não inferior a 4%) ou, se se optar por sistema de taxas fixas, juros na faixa média usual dos 13% a 15% ao ano.[40]
- Mas mesmo assim são em média menos caros do que **payment in kind loans** ou PIKs, já que os credores têm a possibilidade de adquirir o capital controlador da empresa, como se explicou acima.
- No caso de OPAs (**V. Public Offers, Take-Over**), estes empréstimos destinam-se a cobrir o pagamento pelo preço de oferta de compra quando este acaba por ser superior ao esperado inicialmente e os financiadores originais não quererem assumir um risco superior ao já incorrido.

V. Subordination, Second Liens Loans, Secured Debt, Secured Loans, Unsecured Debt, Unsecured Loans, Capital.

MICROECONOMICS – *EC*. Parte da economia que se dedica a estudar a interacção entre participantes de mercado, ou seja, produtores e consumidores. Por oposição a **macroeconomics**.

MICRO HEDGE – *MC*. Operação de protecção contra o risco (**hedge**) de um Activo financeiro específico.

MICRO-STATES – *DIP. EC*. Segundo o critério da **ONU** e da **Commonwealth**, os países com menos de 1 milhão de habitantes. Mónaco, Andorra, San Marino, Malta, Barbados e o Vaticano são exemplos. Em Maio de 2005, havia cerca de 37 **Micro-Sates** com a sua maioria (27) sendo membros da **Commonwealth.**

MIGRATION – Imigração, mudança de residência ou local de trabalho dentro do mesmo país.

MINI-MAXI – *MC*. Acordo pelo qual se determina o número mínimo de valores mobiliários a serem vendidos ou subscritos por um **underwriter** numa base de tomada firme (*firm basis*) e o máximo dos mesmos valores mobiliários a serem vendidos ou subscritos na base de melhores esforços (*best efforts basis*). **V. Underwriting**.

MINIMUM WAGE – *USA. DT*. Salário-mínimo. Massachusetts foi o primeiro Estado norte-americano a fixar um salário mínimo (1912). Em Julho de 2007 era de US$5.25 por hora. *V.* **Wages**.

MINT – *FIP*. O equivalente à nossa a Casa da Moeda, departamento público (**mint house**) onde se cunha dinheiro.

MISADVENTURE – *T*. Acidente involuntário; ofensas corporais ou danos causados sem intenção a terceiros. **V. Liability, Insurance, Torts (*).**

---

[40] Dados vigentes do mercado em Julho de 2007.

Direito de Negócios – Dicionário Inglês-Português   420

MISAPPROPRIATION – *CR.* Furto, desvio de dinheiro, desfalque. Pode também referir o uso indevido de propriedade ou bens de terceiros, abusando da boa vontade ou boa-fé do seu proprietário. *V.* **Torts (*)**.

MISBEHAVIOUR – Comportamento incorrecto, descuidado ou ilegal.

MISBRANDING – *DC. CR.* Colocação de rótulos ou etiquetas falsas em produtos ou mercadorias, por forma a iludir o consumidor. *V.* **Mark, Label.**

MISCARRIAGE – **1.** Aborto natural ou acidental; **2.** Má administração.

MISCHARGE – *DP.* Acusação judicial errada ou falsa, sem fundamento. *V.* **Charge, Malicious Abuse of Legal Process.**

MISCHIEF – Problemas ou deficiências que se pretendem resolver ou eliminar, mediante a aprovação de novas leis ou regulamentos.

MISCONDUCT – Acto ilegal, transgressão, desonestidade, não cumprimento de obrigações ético-profissionais. *V.* **Misbehaviour, Torts (*)**.

MISDATE – Data errada colocada num contrato ou documento.

MISDEMEANOUR – *CR.* Crimes menores ou sujeitos a penas correccionais.

MISDIRECTION – *DP.* Informação ou instrução erradamente transmitida por um juiz ao membro de um júri. *V.* **Jury**.

MISFORTUNE – **1.** Infortúnio, azar; **2.** Acidente, calamidade que provoca prejuízos mas que não pode ser imputável a ninguém. *V.* **Acts of God**.

MISLEADING – **1.** Tendente a enganar ou iludir um terceiro; acto ou informação que intencionalmente induz alguém em erro; **2.** Declaração falsa. *V.* **Misrepresentation, Torts (*)**.

MISMATCH – **1.** *CF. B. PF.* Percentagem ou proporção de capitais e outras fontes de financiamento numa operação de **project finance**. **2.** *CO. CF.* Calendarização dos pagamentos e recebimentos de uma empresa.

MISNOMER – Erro na identificação de alguém ou no seu nome completo.

MISREPRESENTATION – **1.** *DC.* Declaração falsa ou que vem a revelar-se não ser verdadeira, feita ou não intencionalmente. Particularmente importante nas "garantias" de boa qualidade oferecidas por certas empresas ou revendedores que afecta seriamente os consumidores; **2.** Declaração contratual (incluída no capítulo de **warranties and statements** de um contrato padrão anglo-saxónico) baseada na qual a outra parte concordou em celebrar o aludido instrumento e que se veio a apurar não ser correcta ou verdadeira. Se for substancial, constitui motivo para o cancelamento do contrato. Sinónimo – **Deceipt**. *V.* **Good Faith, Consideration, Material, Material Fact, Representation**.

MISS OUT ON – Deixar de participar; não aproveitar uma oportunidade; perder uma oportunidade de ter lucro.

MISTAKE – Apreensão distorcida de uma realidade ou falsa suposição de um facto. *V.* **Ignorance, Error, Torts (*)**.

MISTRIAL – *DP.* Julgamento judicial ferido de nulidade por ter sido efectuado em jurisdição errada, haver erros graves na escolha ou funcionamento de um **jury**, estar este irrevogavelmente indeciso (*deadlocked*), erros processuais de substância, não terem sido salvaguardados os direitos básicos do réu, etc.

MISUSE – Abuso no exercício de um direito/autoridade conferida por lei. *V.* **Torts** (*).

MITIGATING CIRCUMSTANCES/FACTORS – *DP.* Atenuantes; factos que têm que ser levados em consideração no julgamento de um réu e que limitam ou reduzem a sua culpabilidade.

MITIGATION OF DAMAGES – *DP.* Doutrina que requer que o infractor, após ter infligido danos ou prejuízos ou ter ofendido um terceiro, pratique todos os actos necessários para limitar os efeitos de tais danos/prejuízos ou ofensas ou, pelo menos, evite que os mesmos se agravem. *V.* **Torts** (*), **Damages**.

MITIGATION OF PUNISHMENT – *CR.* Redução da pena imposta ao réu levando em consideração atenuantes existentes, o bom comportamento do réu ou certos factores supervenientes que comprovam não ter sido o mesmo réu o único culpado no delito ou infracção cometida. *V.* **Mitigating Circumstances**.

MIXED ECONOMY – *EC.* Sistema económico em que a iniciativa privada convive com princípios e métodos comunistas ou socializantes.

MIXED LAWS – Leis que se aplicam a pessoas e a bens.

MIXTION – *DR.* Mistura, confusão ou inter-ligação de propriedades ou bens pertencentes a mais de um titular e que dificultam ou impossibilitam a sua identificação e separação.

MONETARY AUTHORITY – *EC.* Autoridade monetária, entidade pública (normalmente independente do Poder Político) responsável por definir e aplicar as políticas monetárias de um país. São de diversos tipos, sendo os Bancos Centrais e no caso dos EUA, o **Federal Reserve System**, a **SEC**, no Reino Unido o *Bank of England* e na EU, o *Banco Central Europeu* bons exemplos. *V.* **Accommodating Monetary Policy**.

MONETARY BASE – *USA. FIP. EC.* O total das responsabilidades monetárias de um país (moeda em circulação, reservas, etc.).

MONETARY NEUTRALITY – *EC.* Princípio de economia monetária segundo o qual, a percentagem de aumento de moeda em circulação iguala a longo prazo, o nível geral de preços, deixando assim sem alterações apreciáveis a oferta de crédito, a circulação dos meios de pagamento e outras variáveis económicas, nomeadamente, as taxas de juros.

MONETARY POLICY/ POLICIES – *EC.* Administração macroeconómica dos meios de pagamento, da moeda em circulação e das taxas de juros. *V.* **Accommodating Monetary Policy** e **Indexation**.

MONETIZATION OF DEBT – *EC.* Política de administrar e pagar a dívida pública de um país através da emissão de papel moeda. Normalmente, provoca o aumento da inflação.

MONEY – 1. *FIP.* Moedas e papel-moeda emitidos por um Estado ou autoridade monetária e utilizados como formas gerais de pagamento. Exclui usualmente **bonds,** títulos de crédito, confissões de dívida e bens reais; **2.** Capitais internacionais investidos com intuito especulativo (**hot money**); **3.** Todo e qualquer valor de expressão monetá-

Direito de Negócios – Dicionário Inglês-Português

ria ou passível de ser representado em dinheiro. *V.* **Currency**, **Money Supply**, **Narrow Money**, **Note Circulation**.

MONEY-BILL – *FIP.* Lei destinada ao levantamento de fundos ou recursos financeiros junto ao público na forma de impostos, empréstimos compulsórios ou outros instrumentos congéneres.

MONEY LAUNDERING (ou **LAUDERING MONEY**) **AND TERRORISM FINANCING** – *CR. B. MC.* "Legalização" de dinheiro e outros bens obtidos através de actividades criminosas. Uma boa definição foi recentemente dada[41] como sendo *"a intermediação de canais financeiros legítimos para benefício de empresas ilegais, denominadamente através da ocultação da actividade criminosa que esteve na origem dos fundos respectivos"*. De salientar que a UE aprovou em Outubro de 2005 uma 3ª Directiva sobre este tema (IP/05/682) que é suposta ser implementada entre os Estados membros até Dezembro de 2007. *V.* **Laundering Money**.

MONEY MARKET – **1.** *B.* Conjunto de taxas de juros de que o público dispõe nos EUA (*prime rate, Federal Reserve Discount Rate, Federal Funds Rate*), para desconto a um, três e seis meses; **2.** Mercado financeiro que apenas transacciona instrumentos de dívida a curto prazo (até um ano).

MONEY MARKET ACCOUNT (ou **MMA**) – *B. V.* **Account.**

MONEY MARKET FUND – *B. MC.* Fundo de investimento cuja carteira é composta de **commercial paper**, **securities**, **drafts**, certificados de depósito, etc. e cujos juros são creditados mensalmente na conta dos clientes.

O **net asset value** do fundo permanece inalterável (é feito um seguro de risco de crédito como parte das garantias de investimento) e apenas a margem de juros sobe ou desce, conforme as margens de rendimento respectivas. Os juros e remissão dos títulos podem ou não ser utilizados mediante a emissão de cheques.

MONEY ORDER – *B.* **Draft** ou ordem de pagamento emitidos por bancos, serviços dos correios e outras entidades. Substituto do cheque, destina-se normalmente a remessas urgentes de dinheiro.

MONEY SUPPLY – *EC.* Valor global de moeda em circulação num determinado momento. Influi directamente na subida ou descida das taxas de juros. *V.* **Monetary Policy**, **Money**.

MONOPOLIES AND MERGERS ACTS – *UK.* Lei aprovada em 1965 e que regula fusões e incorporações das quais possam resultar situações monopolistas. *V.* **Anti-Trust Laws**, **Merger, Corporate Governance, SOX**.

MONOPOLY – *DC.* Monopólio; produção, compra, venda ou comercialização, a título exclusivo, de um determinado bem, produto ou **commodity**; ser a única entidade a desenvolver uma certa actividade industrial ou comercial. Proibido por lei. *V.* **Anti-Trust Laws**, **Monopsony**.

---

[41] *"the use of legitimate financial channels to facilitate illegal enterprises, in particular by desguising the origin of funds initially derived from criminal activity"*, John Kelley e outros (*The International Lawyer*, vol.34, nº2, American Bar Association, Setembro de 2000.

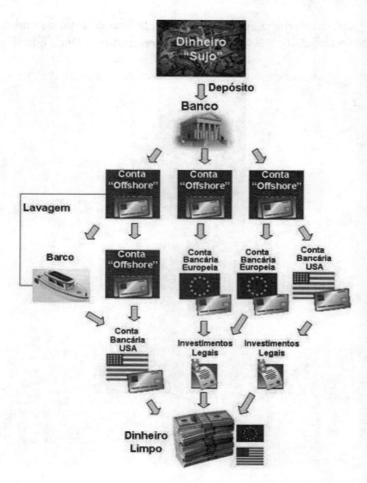

Um exemplo (entre muitos) de como se faz "lavagem de dinheiro".
Diagrama baseado no modelo da *Fraud and Investigation Inc.*

MONOPSONY – 1. EC. DC. Situação de mercado em que existe apenas um comprador de um produto ou bem. Dá-se aqui uma inversão do que ocorre num monopólio, já que o consumidor está naturalmente em condições de ditar reduções substanciais de preços. *V.* **Monopoly. 2.** Situação de mercado em que o excesso de oferta de um mesmo produto, serviço, etc. é tal que, quem passa a "controlar" o mercado é o consumidor.

MONTREAL PROTOCOL (ON SUBSTANCES THAT DEPLETE THE OZONE LAYER) – *ENV.* Actualização e regulamentação, aprovada em 1999 do Protocolo de Montreal de 1998, relativo ao uso de substâncias químicas que afectam/destroem a camada de ozono da estratosfera terrestre. Impõe aos países signatários, a redução de clorofluorcarbonos e seus derivados, por forma a não ultrapassar os níveis de 1995-1997, prevendo-se nova redução não inferior a 50% até 2005 e a eliminação total da emissão daquelas substâncias até ao ano 2010. *V.* **Kyoto Protocol, Greenhouse Effect, Equator Principles.**

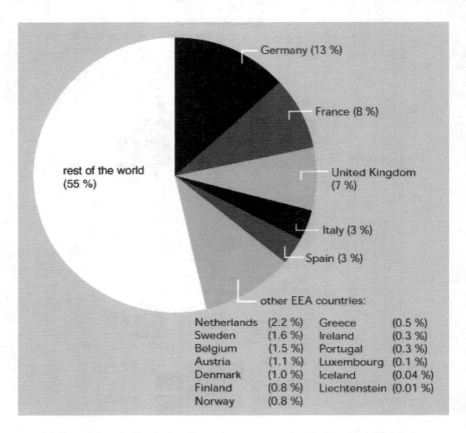

Margem de redução de clorofluocarbonos aprovada pelo *Montreal Protocol*.
Dados da *European Environment Agency*

MOONLIGHTING – *DT.* Termo que se refere a pessoas com um emprego em *full-time* e que são obrigadas a aceitar um segundo emprego, devido à situação estagnada da economia ou porque o nível salarial do primeiro emprego não é suficiente para os seus encargos. *V.* **Labour.**

MOORE´S LAW – *EC.* Princípio de rentabilidade económica aplicada à informática, segundo o qual a capacidade de processamento de dados de uma rede (**network**), duplica a cada 18 meses, embora os seus custos se mantenham constantes. *V.* **Metcalf's Law, Data, Database**.

MOOT – *DP.* Assunto sujeito a controvérsia, discussão e cuja natureza não permite que seja dirimido em tribunal.

MOP UP – 1. Concluir as diligências finais de alguma coisa, terminar; **2.** Ter grande sucesso, obter lucro substancial.

MORAL HAZARD – 1. *PF. CF.* Risco que advém do facto de uma empresa ter necessidade de aumentar a produção nos seus limites máximos e, consequentemente, de utilizar máquinas/equipamentos e mão de obra aos extremos da sua capacidade de produção. Normalmente ocorre numa de duas situações (i) como resposta a uma grande e inesperada procura; ou (ii) para compensar prejuízos incorridos devido a acidentes, avarias das máquinas e equipamentos ou greves, só parcialmente cobertos e ressarcidos por apólices de seguros. **2.** *EC.* Situação em que uma empresa ou parte numa transacção, com mais informação sobre o contexto da mesma, actue de forma menos ética ou inapropriada, ainda que não necessariamente ilegal. *V.* **Assymetric Information**; **3.** *EC.* Tendência segundo a qual as pessoas realizam menos esforço quanto a protegerem os seus bens por estes estarem seguros.

MORAL SUASION – *EC.* Técnicas usadas pelo **Federal Reserve System** (para além de aumentar a sua taxa de desconto, aumentar depósitos compulsórios, etc.), por forma a convencer os bancos a restringir ou diminuir o nível dos seus empréstimos e créditos concedidos. *V.* **Monetary Policy**.

MORATORIUM – *EC.* Moratória, decisão governamental ou judicial de suspender unilateralmente o pagamento de certos tipos de dívidas. Usado em caso de graves crises financeiras ou económicas.

MORS OMNIA SOLVIT – USA. L. *A morte dissolve todos os compromissos ou relações jurídicas.*

MORTGAGE – *DR.* Hipoteca.

MORTGAGE BOND – *DR. MC.* Obrigação (**bond**) garantida por hipoteca ou que representa parte do valor do imóvel dado em hipoteca.

MORTGAGE DEBENTURE – *B.* Empréstimo ou financiamento garantido por **debenture**.

MORTGAGE LOAN – *B.* Empréstimo ou financiamento garantido por hipoteca. *V.* **Loan**.

MORTIS CAUSA – L. *Devido, originado, causado pela morte de alguém.*

MOST FAVORED NATION – *EC. DC.* País que beneficia de condições especiais por parte de outro país quanto à importação por este último dos produtos e bens do primeiro.

MOTION – 1. *DS.* Moção, proposta a ser votada por Assembleia-Geral, reunião de sócios ou outro grupo de pessoas qualificadas; **2.** *DP.* Petição judicial. Principais termos:
1. **motion for a more definite statement** – Pedido de esclarecimento do conteúdo de decisão judicial;
2. **motion for a new trial** – Pedido para ser efectuado novo julgamento, atendendo aos erros ou falhas processuais cometidas; *V.* **Mistrial**.
3. **motion in limine** – Pedido efectuado antes do julgamento (ou antes que se proceda ao interrogatório das testemunhas) de que sejam evitadas certas per-

Direito de Negócios – Dicionário Inglês-Português 426

guntas/temas/questões por serem irrelevantes e, que podem prejudicar gravemente os interesses das partes noutros processos pendentes, etc.;

4. **motion to dismiss** – Pedido efectuado antes do início do julgamento de que o mesmo não seja efectuado, invocando falta de base jurídica para o mesmo, insuficiência de provas, etc.; *V.* **Mistrial**.

5. **motion to suppress** – Pedido de que sejam eliminadas dos autos provas obtidas ilegalmente ou em violação dos princípios e garantias estabelecidas no 4th. *Amendment*. *V.* **Amendment**.

MOVEABLE ASSETS – Bens móveis ou como tal legalmente considerados. *V.* **Assets**.

MOVE OUT – *DR.* Sair, abandonar uma propriedade, deixar de a habitar ou ocupar. Cumprir ordem de despejo. *V.* **Eviction**.

MUDARABA – *B.* Sistema de financiamento em países islâmicos que contornam a vedação de cobrança de juros prevista pelo Alcorão:

(i)   um banco ou instituição financeira transfere para um fundo de investimentos não bancário (que actua como fiel depositário), os recursos necessários para financiar um projecto nesse país islâmico;

(ii)   o fundo de investimentos paga "à cabeça" ao banco ou instituição financeira, determinadas comissões e valores a título de *prestação de serviços* pela análise de crédito e solvabilidade do Projecto, etc. (logo, não são "juros");

(iii) o Banco ou instituição financeira acordam em dividir os lucros resultantes do Projecto de acordo com percentagens a combinar (**profit sharing**); e

(iv)   as margens de sucesso do Projecto são garantidas por fianças prestadas por outros bancos ou OMDs. **V. Lease-back.**

MULTICURRENCY CLAUSE – *C. B.* Cláusula contratual pela qual a devedora pode liquidar as suas obrigações financeiras em duas ou mais moedas pré-seleccionadas.

MULTILATERAL AGREEMENT – *C.* Contrato entre mais de dois Governos, empresas ou partes.

MULTILATERAL INVESTMENT GUARANTEE AGENCY (MIGA) – **OMD**. Organismo afiliado ao Grupo do Banco Mundial, criado em 1988. Tem como finalidade básica a constituição de garantias a longo prazo contra risco político (**long-term political risk**) que cobrem situações de especial importância económica para um investidor estrangeiro (expropriação, moratórias, guerras, estados de sítio, etc.). Presta ainda serviços de consultoria especializados. Tem cerca de 170 países membros (Maio de 2007). *V.* **Mapa Geral da ONU e suas Agências Especializadas no Glossário deste Dicionário (*).**

MULTINATIONAL – *DS.* Empresa de grande dimensão que opera em diversos países, através de conglomerados de diversas subsidiárias ou empresas afiliadas/associadas mas cujo controlo financeiro e administrativo permanecem num país. Os exemplos abundam: *Ford, Michelin, Microsoft, Nestlé, Siemens,* etc. **V. Subsidiary.**

O quadro abaixo tenta descrever graficamente a estrutura mais comum de uma empresa multinacional.

MULTIPLE COUNTS – *CR. DP.* Diz-se de processo judicial em que o réu responde a diversas acusações, cada uma delas potencialmente uma infracção, crime ou violação de direitos de terceiros.

MULTIPLE VOTE SHARES – *DS.* Acções com direito a voto plural, ou com direito a mais de um voto. *V.* **Share**.

MULTI-UNIT PRICING – *DC.* Política de preços em que o preço de um pacote de diversas unidades de um bem ou produto é menor do que o preço individual de cada dessas unidades. Uma das estratégias de sales promotion. *V.* **Merchandising**.

MUNICIPALITY – Embora não corresponda necessariamente aos conceitos de autarquia local ou município, aproxima-se destes quanto a significar uma associação de habitantes de uma determinada região ou área para efeitos de estabelecerem as bases de governo e policiamento local. **V. Public Private Partnerships ou PPPs no Glossário deste Dicionário (*).**

MUNICIPAL SECURITIES – *MC.* Valores mobiliários emitidos por Câmaras Municipais[42] ou demais **municipalities** para efeito de captar fundos para obras e transportes públicos ou outros melhoramentos locais. Um instrumento acessório de Projectos **PPP – Private Public Partnerships** (*). *V.* **Securities, Bonds.**

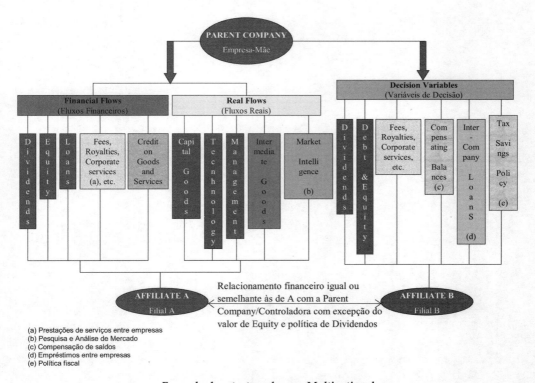

Exemplo da estrutura de uma Multinational

---

[42] Prefeituras, no Brasil.

Direito de Negócios – Dicionário Inglês-Português

MUTILATION – *C.* Destruição parcial ou total de um contrato, documento ou instrumento escrito por forma a que lhe faltem páginas, frases ou quaisquer outros elementos importantes para a sua leitura e compreensão.

MUTUAL FUND – *MC.* Fundo de Investimento operado por um banco/ sociedade de investimentos que recebe, de investidores, fundos para a aquisição de acções, obrigações, **commodities, commercial paper**, etc.

MUTUAL WILLS – Testamentos recíprocos, ou seja, em que A constitui B como seu único herdeiro e B faz o mesmo relativamente a A. Comum entre marido e mulher. *V.* **Will**, **Trusts**.

N

NAAEC (ou NORTH-AMERICAN AGREEMENT ON ENVIRONMENTAL COOPERATION) – *ENV*. Também conhecido como o *side agreement* ao Tratado da **NAFTA**, regula a prevenção, combate e fiscalização das actividades industriais que possam afectar a ecologia e o meio ambiente dos países membros. *V.* **Kyoto Protocol, Montreal Protocol, Environment.**

NAIL DOWN – Concluir uma negociação, terminar uma transacção; concluir um argumento sem deixar margem para resposta.

NAIL WITH – *CR*. Incriminar alguém ou fornecer provas que incriminem um arguido.

NAKED – *B. PF. MC*. Obrigação/compromisso sem protecção contra os riscos inerentes ou sem garantias. *V.* **Hedge, Uncovered, Unhedged**.

NAKED DEBENTURE –*V.* **Debenture**.

NAKED OPTION – *MC*. Compra ou venda de uma **Option** de que o vendedor ou comprador não possuem ainda a titularidade. **V. SOX.**

NAKED SHORT-SELLING – *MC*. Compra ou venda a curtíssimo prazo (normalmente no mesmo dia) de uma **security** em que a mesma é pedida "emprestada", esperando o investidor que na operação, os ganhos da transacção (**capital gains**) lhe permitam repor esse título, sem que tenha alguma vez sido proprietário do mesmo. *V.* **Sarbannes-Oxley Act ,ou SOX.**

NAME – Nome de pessoa; designação social de empresa ou instituição. Exigida por lei, pode apresentar alguns sub-tipos:

1. **christian name** – Nome ou nomes de baptismo (ex. *John, William Edward, Mary Ann*, etc.) sujeitos a registo público;
2. **corporate name** – Designação social de uma empresa e como tal sujeita a registo público;
3. **distinctive name** – Marca ou designação de um produto, bem ou mercadoria que o distingue dos demais do mesmo tipo ou similares (ex: *Coca-Cola*); *V.* **Trademark, Mark, Label**.
4. **family name** – Apelido, nome de família (ex: *Churchill, Roosevelt*, etc.), sujeito a registo público;
5. **full name** – Nome completo, conjunto de **christian names** e **family names**;
6. **generic name** – Nome genérico (e independente da respectiva **trademark**) de um produto, bem ou mercadoria (ex: embora haja diversos tipos de fibras com as respectivas *trademarks* – *Antron, Cantrece*, etc., todas elas são conhecidas simplesmente como *nylon*); *V.* **Label**.

Direito de Negócios – Dicionário Inglês-Português

7. **nickname** – Alcunha.

NAMELY – Designadamente, nomeadamente. Distingue-se de *including* porque este último identifica uma situação, pessoa ou objecto a título exemplificativo (ou seja, insinuando que pode haver outros objectos, pessoas ou situações não mencionadas ou referidas). *Namely* é taxativo em referir aquela situação ou objecto com exclusão de outros.

NAME MARKET – *MC*. Importância do nome, reputação comercial e **credit rating** dos emissores de valores mobiliários ou das entidades que requerem financiamentos.

NARROW DOWN – Delimitar, circunscrever um tema ou assunto.

NARROW MONEY – *B*. Valores pecuniários de relativamente fácil disponibilidade, tais como, depósitos a prazo (**savings accounts**), certificados de depósito, etc. O mesmo que **quasi-money, near money**. Nos países nórdicos europeus *Innskuddskonto*. *V.* **Money**.

NASDAQ – *USA. MC. National Association of Securities Dealers Quotation Association. V.* **Stock Exchanges, Securities**

NATION – Nação, conjunto de pessoas que constituem uma sociedade organizada com as mesmas tradições culturais, religiosas e históricas; que falam a mesma língua e que se distinguem étnica e culturalmente de outras sociedades humanas, ainda que possam compartilhar com estas últimas da mesma forma de Estado ou de Governo.

NATIONAL DEBT – *FIP*. Dívida contraída por um Estado e que é paga com os recursos contribuídos, por força de lei, pelos cidadãos desse Estado (ex: impostos). *V.* **Debt**.

NATIONALIZATION – Aquisição por um Governo ou poder público de uma empresa ou todo um sector económico até então entregue à iniciativa privada ou um determinado grupo de empresas privadas. O oposto de **privatization**. *V.* **Expropriate, Privatization**.

NATIONAL OUTPUT – *EC*. Produção nacional, conjunto de factores e forças produtivas de um país. Sinónimo: **National Product**.

NATIONAL WEALTH – *EC*. Riqueza nacional, poder aquisitivo da população de um país.

NATIVE – 1. Cidadão de um país; 2. *USA*. Natural de um Estado ou cidade; 3. Residente num determinado local. Sinónimo: **native born**.

NATURA 2000 – *UE. ENV. Network* que define o conjunto de áreas geográficas dos países membros da UE, sujeitas à protecção da flora e fauna dos seus *habitats* naturais, seja em função das espécies correspondentes serem raras ou vulneráveis seja por estarem em vias de extinção. Como tal, quaisquer actividades agrícolas ou económicas em tais *habitats* podem ser realizadas mas desde que não os afectem. **Natura 2000** define e demarca as chamadas **Special Protection Areas (SPAs)** quando à protecção e defesa de cerca de 190 espécies de aves e as **Special Areas of Conservation (SACs)** relativas a 250 tipos de *habitats,* 200 espécies de animais e 400 espécies de árvores e plantas (*Directiva Habitat de Maio de 1999*). À data deste Dicionário, **Natura 2000** incluia entre 18% a 20% da superfície terrestre da UE. **V. Environment, Environment Liability, Kyoto Protocol, Greenhouse Effects.**

NATURAL AND PROBABLE CAUSES – *T. CR.* Factos que qualquer pessoa de bom senso pode prever ou antecipar como passíveis de acontecerem pela frequência com que os mesmos ocorrem em circunstâncias semelhantes. *V.* **Torts (*).**

NATURAL OBJECTS – *DR.* Marcos limítrofes com a propriedade de alguém, constituídos por rios, lagos, montanhas, etc.

NATURAL RESOURCES – *DR.* Matérias-primas, minérios ou outras substâncias em estado natural com valor económico após serem extraídas dos seus depósitos naturais. Madeira, minérios, gás, petróleo, carvão, pedras preciosas, ouro e prata são algumas das mais conhecidas. Mais recentemente as marés e cursos de água subterrânea ou de superfície (com potencial valor para irrigação de terras incultas ou geradoras de energia eléctrica) bem como as correntes de vento predominante (energia eólica) são também incluídas nesta categoria. **V. Environment.**

NEAR – 1. Próximo, junto a, adjacente, contíguo; **2.** Com laços de parentesco directos (mãe, pai, filhos, netos, etc.); **3.** De interesse ou directamente relacionado com a pessoa, bens ou negócios de alguém; **4.** Ocorrido há pouco tempo. *V.* **Narrow Money, Money**.

NEAR-MONEY – *B.* Valores pecuniários de fácil disponibilidade, tais como, dinheiro, cheques, depósitos à ordem, depósitos a curto prazo, Valores mobiliários com opção de recompra, etc. *V.* **Narrow Money, Money**.

NECESSITY – Estado de necessidade; circunstâncias ou factos imperativos, urgentes e inadiáveis que levam alguém a praticar um determinado acto que, de outra forma, não teria praticado. Alguma jurisprudência anglo-saxónica enquadra-o no conceito de Força Maior. *V.* **Torts (*), Force Majeure.**

NEEDY – Muito pobre, indigente, pessoa sem quaisquer recursos económicos.

NE EXEAT – *USA. L.* Mandado judicial que proíbe a saída de um arguido da jurisdição onde se encontra a ser julgado, de uma determinada cidade ou do próprio país.

NEGATIVE AMORTIZATION – *B. DR. CO.* Aplicável a empréstimos hipotecários e para aquisição de casa própria em que se usa taxa flutuante de juros (**floating rate**) em vez de taxa fixa (**fixed rate**); quando há um persistente aumento da taxa de juros, a amortização do capital da dívida no curto/médio prazo diminui em vez de aumentar. *V.* **Interest.**

NEGATIVE COVENANTS – *C.* Cláusulas contratuais pelas quais uma parte assume a obrigação de não praticar um determinado acto, de se abster de certa acção, de não fazer qualquer coisa ou actuar de certa forma. Sinónimo **– restrictive covenant**.

NEGATIVE PLEDGE – *C. DR.* Cláusula contratual pela qual a devedora se compromete a não constituir a favor de terceiros, qualquer garantia real ou ónus sobre os seus bens, sem constituir idêntica garantia a favor do credor de tal contrato. Variação de **negative covenant**.

NEGLIGENCE – Negligência, falta de cuidado, falta de atenção, descuido. Quando se trate de negligência em que o agente actuou com enorme desleixo ou falta de cuidado, sem um mínimo de diligência que seriam de pressupor por parte de quem

Direito de Negócios – Dicionário Inglês-Português

possui uma dose normal de maturidade e bom senso, denomina-se **gross negligence**. *V.* **Malpractice, Torts (*), Insurance**.

NEGLIGENT HOMICIDE – *CR.* Morte de alguém devido exclusiva ou principalmente a falta de diligência, incúria, desleixo ou falta de atenção de um terceiro. *V.* **Manslaughter**.

NEGOTIABLE BOND/INSTRUMENT – *MC. DC.* Obrigação, título de crédito ou valor mobiliário ao portador que circula por simples tradição, sem que haja necessidade de informar ou notificar o devedor ou emissor da transferência de propriedade. *V.* **Bond**.

NEGOTIABLE ORDER OF WITHDRAWAL – *B.* Conta bancária sobre cujo saldo se vencem juros. Conta a prazo. *V.* **Account**.

NEMO... – *L. Ninguém...* **Ver Glossário**.

NET – **1.** Valor líquido, valor remanescente após terem sido deduzidos despesas, impostos, encargos, comissões, juros, etc. Alguns termos associados:

1. **net assets** – *PF. CO.* Cálculo contabilístico pelo qual se deduzem as dívidas (**liabilities**) de uma empresa ao valor dos seus Activos Brutos (**gross assets**). *V.* **Assets, SOX;**

2. **net asset value** – *PF. CO.* Cálculo contabilístico do capital de uma empresa ao deduzir o total das suas dívidas (**total liabilities**) a valor de mercado (**market value**) de todos os seus Activos (**total assets**). *V.* **Assets, Liabilities, SOX;**

3. **net balance** – **1.** *DC. CO.* Saldo do produto de venda de um bem após deduzir as respectivas despesas e comissões de venda; **2.** *B.* Saldo de empréstimo bancário após deduzir juros e comissões bancárias devidas "à cabeça" (**flat fees**). *V.* **Fee;**

4. **net collection ratio** – *B.* Rácio que compara os juros recebidos desde o início do ano em curso até à data em que o cálculo é efectuado, comparando-os com a soma desses juros com os juros ainda por receber até ao final do mesmo ano;

5. **net earnings** – *V.* **Earnings;**

6. **net fixed assets** – *V.* **Glossário deste Dicionário (*);**

7. **net free cash flow** (ou **NFCF**) – *CO. CF.* Métrica periódica (normalmente anual) do **cash-flow** disponível de uma empresa após esta ter feito face aos seus compromissos financeiros. Há diversas formas de o calcular – uma das mais simples consiste no resultado de:

   NFCF = **Net income,** mais
   Depreciation, menos
   Capital expenditures.

8. **net income** – *DC. CO. PF.* Lucro líquido. O mesmo que **net profit**; oposto a **net loss;**

9. **net long-term debt** – *DC. CO. PF.* Dívida líquida a longo prazo. *V.* **Debt;**

433   *Direito de Negócios – Dicionário Inglês-Português*

10. **net loss** – *DC. CO. PF.* Perdas ou prejuízos líquidos. Calculam-se ao deduzir todos os prejuízos e perdas sofridos durante um determinado período, do total de receitas e lucros auferidos durante o mesmo período. Oposto a **net income**;

11. **net present value** – *PF. CO* Critério de avaliação da viabilidade económica de um projecto ou investimento. Obtém-se pela soma dos valores actuais dos **cash flows** anuais, deduzindo o investimento inicial. *V.* **Present Value, WACC.** É obtido pela seguinte fórmula de cálculo:

$$NPV = -\frac{Initial\ Investment}{} + \frac{Cash\ Flow\ Year_1}{(1+r)^1} + \ldots + \frac{Cash\ Flow\ Year_n}{(1+r)^n}$$

Onde:

    NPV – é o **net present value** a ser calculado;

    Initial Investment – é o investimento necessário para o arranque do projecto;

    Cash Flow – *V.* **Net Free Cash Flow.**

    r – **Rate of Return**, mais frequentemente utilizado como o custo de capital da empresa, (**WACC**), ainda que outras taxas de actualização possam ser usadas.

    n – o último ano do período de vida do projecto.

    Calcular o **net present value** nem sempre é tarefa fácil, uma vez que pressupõe trabalhar com taxas de juro que se presumem fixas (quando, na realidade, são flutuantes), níveis de inflação sem grandes alterações e que os custos se mantenham dentro do orçamento (**financial plan**) previsto.

12. **net profit, net returns, net revenues** – *DC. CO. PF.* O mesmo que **net income**;

13. **net sales** – *DC. CO. PF.* Resultado líquido de vendas;

14. **net worth** – *V.* **Shareholders´ Equity**;

NEUTRALIZATION – *DP.* Eliminar os efeitos de depoimento de uma testemunha, por força de acareação ou ao demonstrar em juízo que a testemunha está em contradição com ela própria ou com prova documental anexa aos autos que prova o contrário.

NEW INDUSTRIALIZED/INDUSTRIALIZING COUNTRY (ou **NIC**) – *EC.* Países com novo poder de produção industrial. Alguns autores incluem a Coreia do Sul, Taiwan (Formosa), Hong-Kong (antes da sua reintegração na China) e Singapura[43]. Também apelidados até meados dos anos 90, **Asian Tigers.**

NEW YORK STOCK EXCHANGE (ou **NYSE**) – *MC. USA.* Bolsa de Valores de Nova Iorque, também conhecida pela alcunha «**Big Board**". Era à data deste Dicionário, a maior Bolsa de Valores do mundo em volume diário de transacções em Dólares. Sendo um tema de permanente mudança, anotamos abaixo os factos da NSE que nos parecem mais importantes:

- Em finais de 2007, a NSYE representava juntamente com as Bolsas de Valores de Londres (*London Stock Exchange* ou **LSE**) e de Tóquio (*Tokyo Stock Exchange*

---

[43] Cingapura, no Brasil.

ou **TSE**), mais de metade do volume mundial de transacções anual de Valores Mobiliários;

- A NYSE é actualmente operada em associação com **Euronext :**
- É composta de quatro salas de leilão (*trading rooms*), ainda que desde Janeiro de 2007, todas as Acções (excepto em pequenas quantidades ou por preço muito elevado) possam ser transaccionadas directamente por via electrónica;
- O credenciamento a transaccionar a longo prazo na NYSE foi concedido a 1.366 operadores[44], ainda que possam ser concedidas licenças temporárias de um ano;
- Ainda que a NSYE tenha fechado por breve período após o início da 1ª Guerra Mundial (Julho de 1914) [45], os períodos sem dúvida mais dramáticos da sua existência, podem ser identificados em três momentos – **1.** a **Grande Depressão de 1929-1933**; **2.** a **"2ª Feira Negra"** (*Black Monday* – *19 de Outubro de 1987*); e **3.** os trágicos acontecimentos de **11 de Setembro de 2001**:
  1. A queda brutal de cotações da chamada *Black Thursday* (**24 de Outubro de 1929**) seguida do pânico do *Black Tuesday* (**29 de Outubro de 1929**) levou à **Grande Depressão** que se iniciou em 1929;
  2. A **19 de Outubro de 1987**, o **Dow Jones Industrial Average** caíu 508 pontos (uma queda de 22.6%,a maior até então vivida), sendo suspensas as transacções; e
  3. A **11 de Setembro de 2001**,a NSYE encerrou devido aos ataques terroristas.
- Em Abril de 2007 a NYSE anunciou a sua fusão com a *American Stock Exchange.*

NICHE PLAYERS – *V.* **Boutique.**

NICKNAME – Nome de fantasia, pseudónimo. Alcunha. *V.* **Name.**

NIHIL – *L. Nada, total ausência de conteúdo.*

NIHIL LIGATUM – *L. Não existe qualquer obrigação.*

NO BILL – *DP.* Declaração pelo **Grand Jury** de que não há provas nem evidência suficientes para prosseguir com a acusação contra o arguido. *V.* **Jury.**

NO FAULT – *USA.* Apólices de seguro automóvel pelas quais as companhias de seguros são obrigadas a pagar indemnizações até um certo valor em caso de acidente, independentemente de se averiguar se o seu segurado foi ou não culpado pelo referido acidente. Só existente em certos Estados. *V.* **Insurance (*).**

NOLENS VOLENS – *USA. L. Querendo ou não, tendo ou não dado consentimento, tendo ou não anuído.*

NO LIMIT ORDER – *MC.* Ordem de compra ou venda de valores mobiliários ou **commodities** sem qualquer estipulação de preço máximo ou mínimo.

---

[44] Dados de 1953, os últimos conhecidos.

[45] Reabriu nos finais de Novembro do mesmo ano para ajudar na compra de Obrigações do Tesouro de Apoio à Guerra (**war bonds**).

NO LOAD FUNDS – *MC.* Fundos mútuos de investimentos que vendem as suas participações directamente ao público sem cobrança de qualquer comissão.

NOMINAL – **1.** Marginal, relativo, não essencial; **2.** Sem existência real ou física e apenas em nome; **3.** Referido genericamente e sem qualquer especificação ou dado concreto; **4.** Comparativamente menor em relação ao valor ou qualidade que seria de esperar.

NOMINAL ASSETS – *DR. CO.* Activos cujo valor em numerário é difícil de determinar. Ex. O valor exacto de indemnização que se vai receber numa acção judicial que se vai propor ou já em litígio e com boas hipóteses de ganho de causa. *V.* **Assets.**

NOMINAL DAMAGES – *V.* **Damages.**

NOMINAL INTEREST RATE – **1.** *B.* Taxa de juros que não leva em linha de conta, a inflação; **2.** *MC.* Taxa de juros sobre o capital de uma Obrigação (**bond**), identificada no texto desta última. Por oposição à taxa de juros efectiva (**actual interest yield**) auferida pelo titular de uma Obrigação levando em linha de conta o preço que pagou ao adquiri-la à data da referida aquisição e o período de tempo ainda a decorrer até ao resgate final. *V.* **Interest.**

NOMINAL TRUST – *V.* **Trust.**

NOMINATION – Propor alguém como (a) candidato a cargo ou função pública; (b) a prémio artístico, literário ou cinematográfico.

NOMINEE – A pessoa que foi indicada como candidato(a) a tal cargo, função ou prémio.

NOMINEE TRUST – **Trust** constituído a favor de um beneficiário não identificado (ou grupo de beneficiários não identificados). Os **Trustees** devem declarar, no acto de constituição, que os bens imóveis e móveis entregues à sua custódia e administração, têm como finalidade gerar rendimentos a favor dessa pessoa ou pessoas cuja identidade se ignora.

NON-ACCEPTANCE – *DC.* Faculdade do comprador rejeitar os bens ou mercadorias que adquiriu ao verificar no acto de entrega que estas estão deterioradas, incompletas ou não correspondem às características ou especificações que constavam da ordem de compra ou documentos de encomenda. *V.* **Goods.**

NON BAILABLE – *DP. CR.* Crime não susceptível de fiança ou caução judicial que permita a liberdade provisória do arguido. *V.* **Bail.**

NON BIS IN IDEM – *USA. L. Ninguém pode ser acusado ou julgado mais do que uma vez pelo mesmo crime ou facto.* **V. Nemo Bis Punitur Pro Eodem Delicto.**

NONCALL PERIOD – *MC.* Período de tempo durante o qual o titular do valor mobiliário não pode exigir o resgate do capital.

NON-CONTRIBUTORY PENSION – *DT.* Reforma de trabalhadores cujo custo financeiro é inteiramente por conta da empresa empregadora ou entidade patronal.

NONCUMULATIVE DIVIDENDS – *DS.* Dividendo que ao não ser declarado ou pago relativamente a um determinado ano fiscal, não gera para o accionista o direito de o receber conjuntamente com futuros dividendos. *V.* **Dividend.**

Direito de Negócios – Dicionário Inglês-Português

NON-DELIVERY – *DC.* A não entrega no local e dia aprazados, de mercadoria ou bem cuja encomenda e entrega fora devidamente acordada e aceite; incumprimento contratual por parte do vendedor (ou transportador) de contrato de compra e venda. *V.* **Sale, Goods**.

NON-DISCLOSURE – *C. DP.* Recusa em informar ou revelar factos ou entregar documentos a que se estava obrigado contratualmente ou por força de decisão judicial. *V.* **Misrepresentation, Material Fact**.

NON-EQUITY DIRECT INVESTMENT – *PF.* Tipo de investimento de três anos pelo menos, que em vez de render juros, dá direito a comparticipar nos lucros da empresa. *V.* **Profit Sharing**.

NON-GOVERNMENTAL ORGANIZATIONS (ou NGOs) – *DIP.* Embora este termo aparecesse pela primeira vez em 1945 [46], foi só nos finais dos anos 70 que teve a actual expansão. A **ONU** manteve sempre uma atitude encorajadora quanto a reconhecer o papel e função das **NGOs**, exigindo basicamente que:

- fossem independentes de qualquer grupo, partido ou força política (**government control**);
- não assumissem qualquer forma de partido político;
- fossem não lucrativas (**non-profit-making**); e
- não desenvolvessem quaisquer actividades de carácter criminoso ou usassem de violência.

A partir de meados dos anos 80 as **NGOs** proliferaram mas o seu conceito em Direito Internacional Público começou em alguns casos, a ser objecto de certa discrepância já que passaram a incluir algumas antigas **INGOs**. Uma tentativa de sumário da evolução das denominações pode ser encontrada a seguir:

Âmbito	Denominação oficial entre 1945 e os finais dos anos 80	De 1990 aos nossos dias
Local	*National NGO* (ONU)	*Grass-roots, Community Based Organization, CSO- Civil Society Organization.*
Regional (*)	*National NGO* (ONU)	*CSO* ou *local NGO*
Nacional	*National NGO* (geral)	*NGO* ou *CSO*
Regional	*International Non Governmental Organization* (geral)	*NGO* ou *CSO*
Global/ Mundial	*International Non-Governmental Organization (INOs) e Intergovernmental Organizations (INGOS)*	*INGOS, NGO, Major Group ou CSO*

(*) Nos EUA, a nível de cada Estado; no Canadá a nível de cada Província e Território.

---

[46] Como forma de diferenciá-las das **International Non-Governmental Organizations** (ou **INGOs**).

Por outro lado, a proliferação acima referida assumiu tal impacto (**mushrooming effect**) que se torna por vezes difícil identificar numa NGO natureza e independência. *V.* **Desenvolvimento e Lista das mais significativas NGOs no Glossário deste Dicionário (*), Major Groups.**

NON-INSURABLE RISK – Risco não passível de apólice de seguro, seja pelo seu alto valor, seja porque os factos que constituem o possível risco são indefinidos ou incertos. *V.* **Insurance (*)**.

NON-INTEREST BEARING – *B. MC.* Sem direito a juros. *V.* **Bond**.

NON-MARKETABLE SECURITIES – *MC.* Valores mobiliários não negociáveis, fora do mercado. *V.* **Securities**.

NON PERFORMANCE – *C.* Não cumprimento de obrigações contratuais, por negligência ou intencionalmente. Ocasiona o pagamento de perdas e danos, aplicação de multas contratuais, petição judicial de cumprimento específico ou vencimento antecipado do próprio contrato, etc.*V.* **Damages, Default, Arrears, Acceleration**.

NON-PERFORMING LOAN – *B.* Empréstimo cujos pagamentos de capital e juros estão substancialmente atrasados, ou seja, cujo devedor está em mora prolongada e com poucas possibilidades de regularizar os mesmos. *V.* **Default, Arrears, Acceleration**.

NON-PROFIT CORPORATION/ORGANIZATION – *DS.* Instituição ou sociedade sem fins lucrativos. Como tal, podem estar isentas de impostos ou terem benefícios fiscais. **V. Non-Governmental Organization**.

NON PROSEQUITUR – *L. USA. DP. A parte não deu sequência, não tomou a iniciativa, não efectuou a diligência*. Petição judicial requerendo ao tribunal que o processo termine os seus termos devido à inactividade de uma das partes em cumprir diligências que lhe foram determinadas ou que deveriam ser tomadas no seu próprio interesse. *V.* **Nonsuit**.

NON RECOURSE LOAN – *B. PF.* Empréstimo em que não é permitido ao credor tomar nenhuma iniciativa contra o devedor, nomeadamente porque o credor aceitou ter o seu crédito subordinado. **V. Subordinated Loan.**

NON-STOCK CORPORATIONS – *DS.* Instituições sem fins lucrativos (**non-profit corporations**) em que, atendendo ao seu objectivo específico, os respectivos sócios não detêm quaisquer acções ou quotas representativas do capital.

NONSUIT – *DP.* Termo judicial para referir que um processo foi encerrado por não haver causa processual, carência de provas, contínua passividade processual por uma ou ambas as partes, etc. *V.* **Non Prosequitur**.

NON-VOTING COMMON STOCK/SHARES – *DS.* Acções ordinárias sem direito de voto. *V.* **Share**.

NO-PAR SHARE – *DS.* Acção emitida sem valor nominal. *V.* **Share**.

NOSE OUT – *CF. DC. MC.* Ganhar com pequena margem de diferença, obter um pequeno lucro.

NO SHOP PROVISION CLAUSE – *C.* Cláusula que proíbe ou restringe a uma das partes quaisquer novos acordos ou contratos com terceiros relativamente ao mesmo objecto do contrato ora celebrado. Muito usada em contratos de fusões e aquisições,

Direito de Negócios – Dicionário Inglês-Português   438

licenças de uso de marcas e patentes, representação comercial, etc. **V. Mergers and Acquisitions.**

NORDIC EXCHANGE – *MC. OMX AB (Aktiebolaget Optionsmäklarna/Helsinki Stock Exchange).* Empresa sueco-finlandesa que à data deste Dicionário operava as transacções de valores mobiliários de oito Bolsas de Valores – Islândia (**Iceland Stock Exchange**), Dinamarca (**Copenhagen Stock Exchange**), Suécia (**Stockholm Stock Exchange** mas excluindo o *Nordic Growth Market*), Noruega (**Oslo Stock Exchange**), Finlândia (**Helsinki Stock Exchange**, Letónia (**Riga Stock Exchange**), Lituânia (**Vilnius Stock Exchange**) e Estónia (**Tallinn Stock Exchange**). Em Abril de 2007, a *Bolsa de Valores da Arménia* (Yerevan) anunciou a sua adesão. **V. OMX.**

NOTE – **1. B. DC.** Título de crédito pelo qual um devedor (*the maker*) promete pagar a um terceiro (*the payee*) ou à ordem deste, uma determinada quantia numa certa data, a título irrevogável e incondicional. Uma *Note* que não obedeça a tais requisitos é válida e transmissível, mas não negociável bancariamente. Principais tipos:

1. **collateral note** – A *Note* garantida por penhor sobre bens móveis ou direitos de crédito; o mesmo que **secured note**;
2. **demand note** – *Note* pagável a pedido e por iniciativa do *Payee*; por oposição a Note pagável em data certa e determinada (**maturity**);
3. **installment note** – *Note* com pagamentos parcelares e periódicos ou série de *Note* com vencimentos periódicos; típico de vendas a prestações;
4. **joint and several note** – *Note* emitida por mais de um **maker**, que assumem a obrigação do seu pagamento conjunta e solidariamente;
5. **mortgage note** – *Note* garantida por hipoteca;
6. **secured note** – *Note* cujo pagamento é garantido por fiança, aval ou garantia real; o mesmo que **collateral note**;
7. **time note** – *Note* com data de pagamento certo; por oposição a **demand note**;
8. **unsecured note** – *Note* cujo pagamento não é objecto de garantia pessoal ou real;

2. Moeda-papel. Também usada a expressão "**bill**" (*a 20 Dollars bill*).

NOTE CIRCULATION – *FIP. EC.* Moeda fiduciária (ou seja, sem reserva metálica obrigatória; moeda emitida por um Banco Central ou autoridade monetária e que se encontra em circulação.

NOTES PAYABLE – *CO.* Conjunto de títulos de crédito, **notes**, Letras e Livranças cujo pagamento é devido por uma empresa junto a terceiros. Fazem parte do seu Passivo. **V. Liability**.

NOTES RECEIVABLE – *CO.* Conjunto de títulos de crédito, **notes**, Letras e Livranças cujo pagamento é devido por terceiros a uma empresa. Fazem parte dos seus Activos. **V. Assets**.

NOTICE – **1.** Aviso, anúncio, informação; **2.** Ver, reparar, anotar; **3.** Notificação judicial ou extra-judicial (**notify**); **4.** Resultado de tomar conhecimento de um acto, facto ou circunstância. Exigida normalmente que seja feita por escrito. Alguns termos associados:

1. **avertment of notice** – Declaração em juízo que certos factos não podem ser ignorados por uma das partes, já que existe prova nos autos de que esta foi notificada dos mesmos;
2. **notice deposit** – *B.* Depósito bancário com pré-aviso. *V.* **Deposit**;
3. **notice of appeal** – *DP.* Comunicação escrita anexa aos autos processuais de que uma das partes intentou um recurso. *V.* **Appeal**;
4. **notice to appear** – *DP.* Citação, mandado judicial determinando a comparência de um arguido ou testemunha em tribunal. *V.* **Summons**;
5. **notice to creditors** – *DP. DC.* Notificação emitida a todos os credores de uma empresa em processo de falência de que devem apresentar em juízo, prova dos seus créditos por forma a se habilitarem no respectivo processo. *V.* **Bankruptcy**;
6. **public notice** – Edital, publicação em jornais e meios de comunicação social de certos factos, por forma a informar os mesmos ao público em geral.

NOTIONAL DEMAND – *EC.* Procura (**demand**) aparente de bens e serviços. Por oposição a **effective demand**.

NOTING CHARGES – *DC.* Despesas de protesto de uma letra ou outro título de crédito.

NOT NEGOTIABLE CHEQUE – *B.* Cheque nominal.

NOVATION – *C.* Novação, extinção de uma dívida ou obrigação através da criação de uma nova que substitui a primeira. A cessão de direitos (**assignment**) é uma das suas formas.

NOVELTY – Objecção ao registo de uma patente ou marca com fundamento de que o produto ou invento não é novo ou original. *V.* **Trademarks**.

NOXIOUS – *ENV.* Nauseabundo; que incomoda o olfacto.

NUCLEAR-FREE ZONES (ou NFZS) – *ENV.* Regiões do mundo ou conjunto de países que assumiram o compromisso de não desenvolver nem usar armas nucleares. As mais conhecidas incluem a Antártica, as Caraíbas (Caribe, no Brasil) e a América Latina[47].

NUDE CONTRACT – *C.* Contrato em que não existe **consideration**. Sinónimo – **nude pact**. *V.* **Agreement**.

NUGATORY – Fútil, sem validade, ineficaz.

NUISANCE – Acto ou omissão destinado a irritar ou perturbar alguém; a afectar a sua tranquilidade interior (**peace of mind**), presumindo-se que daí se lhe causaram danos ou prejuízos. O caso da poluição sonora insere-se neste conceito. No Reino Unido entretanto, o conceito é mais especificamente relacionado com quaisquer actos que perturbam ou afectam os direitos de um legítimo proprietário no que se refere ao uso, posse ou titularidade do seu bem. *V.* **Torts (*)**.

NUISANCE TAX – *DF.* Imposto cuja fraca ou diminuta rentabilidade não justifica a burocracia e incómodo causados aos contribuintes. *V.* **Tax**.

---

[47] Se bem que neste último caso, Cuba não tivesse assumido, à data deste Dicionário, qualquer compromisso internacional nesse sentido.

Direito de Negócios – Dicionário Inglês-Português

NULL – Nulo, sem efeito ou validade jurídica. Normalmente usado em conjunto na frase *null and void*. Sinónimo – **voidable.**

NULLITY – **1.** Nada, zero; **2.** Acto ou facto sem qualquer validade ou eficácia jurídica e como tal inexistente aos olhos da lei.

NUMBERED ACCOUNT – *B.* Conta de depósito bancário (dinheiro ou valores) apenas identificada por um número e sem qualquer nome que identifique o seu titular, facto que é apenas do conhecimento dum pequeno grupo de funcionários do banco. Prática actualmente criticada por facilitar a legalização de dinheiro ou valores de origem criminosa, nomeadamente de tráfico de drogas. *V.* **Account, Laundering Money**.

NUNC PRO TUNC – USA. L. Decidido desta forma como o deveria ter sido no passado (ou seja, se se tivesse então procedido de forma adequada e conforme os preceitos legais).

NURTURE – Alimentar, cuidar de alguém, tomar conta, educar.

OATH – *DP.* **1.** Juramento; **2.** Declaração solene e formal pela qual alguém promete que (a) irá actuar como testemunha; (b) cumprirá um acto ou desempenhará uma função ou cargo de forma honesta, leal e em plena consciência das responsabilidades assumidas (ao ponto de invocar Deus como testemunha – *so help me God*). Se se constatar que o declarante faltou à verdade, comete crime de perjúrio (**false swearing** ou **perjury**).

OATH OF ALLEGIANCE – *USA.* Juramento solene de obedecer e cumprir as leis de um país ou Governo. Usado nos EUA para adquirir a cidadania americana, por militares ou por certos funcionários públicos superiores ao assumirem as suas funções.

OBJECT – **1.** Coisa, objecto, qualquer realidade apercebida pelos sentidos; **2.** Objectivo, finalidade; **3.** *DP.* Opor-se, objectar em juízo (*objection, your honour!*) a uma pergunta feita a uma testemunha, argumento desenvolvido pela outra parte ou prova que se pretende juntar aos autos.

OBLIGATION – *C. DC.* Obrigação (jurídica, moral, social, etc.). Difere do **commitment** já que esta apenas deriva de lei ou contrato. **Obligor** – Quem assumiu a obrigação; **Obligee** – Quem beneficia da obrigação assumida pelo **Obligor**. Principais termos:
1. **conditional obligation** – obrigação que depende de facto futuro ou de certa circunstância;
2. **joint and several obligation** – obrigação conjunta e solidária;
3. **personal obligation** – obrigação de fazer ou de não fazer e que não envolve nenhum bem de quem assumiu a obrigação;
4. **primary obligation/secondary** ou **accessory obligation** – obrigação principal (ex: pagar um empréstimo) e secundária ou acessória (ex: dar em hipoteca um imóvel para garantir um empréstimo);
5. **pure** (ou **simple**) **obligation** – obrigação incondicional;
6. **real obligation** – *DR.* obrigação que envolve (não necessariamente como garantia) a propriedade ou bens de quem assumiu a obrigação.

OBLITERATION – **1.** Rasgar, destruir, apagar; **2.** Revogar um testamento.

OBLIVION – **1.** Esquecer, olvidar; **2.** Indulto, perdão, amnistia.

OBLOQUY – *DP.* **1.** Repreensão, crítica; **2.** Erro ou falta censurável.

OBNOXIOUS – Altamente reprovável, desagradável; que causa vergonha ou grande embaraço; repulsivo.

OBROGATION – Revogar uma lei ao publicar outra que a substitui.

Direito de Negócios – Dicionário Inglês-Português

OBSCENE – Obsceno, imoral, indecente, atentatório dos bons costumes e da moralidade pública. O conceito tem sido objecto de controvérsias recentes nos EUA quanto a obras de arte e certos espectáculos públicos que exaltam o homossexualismo masculino ou feminino ou pedofilia. *V.* **Offense.**

OBSOLESCENCE – *DR. CO.* Depreciação total do valor de mercado (**market value**) de um bem ou produto devido a desgaste, mudanças nos hábitos do consumidor, não haver manutenção. *V.* **Goods, Depreciation.**

OBSTINATE – **1.** Persistente, teimoso, insistente; **2.** *CR. DP.* Réu acusado de ter tentado por mais do que uma vez consumar uma infracção ou crime, ainda que sem sucesso. Constitui agravante.

OBSTRUCTING JUSTICE – *DP. CR.* Acto que impede ou dificulta o cumprimento das determinações de um tribunal, o esclarecimento da verdade ou a realização de diligências processuais (**withholding of evidence**); ocultar documentos, impedir testemunhas de comparecer em juízo (**hindering witnesses**); tentar subornar ou ameaçar membros do júri (**jury**); impedir ou dificultar a realização de citações ou notificações por parte de oficiais de diligências, etc. Sinónimo – **Obstructing Process.**

OBSTRUCTING MAIL – *USA.* Fraude postal.

OBTAIN – **1.** Obter, conseguir, alcançar através do seu próprio trabalho ou esforço; **2.** Diligenciar, procurar; **3.** Adquirir, fazer seu; **4.** Tomar posse.

OCCUPANCY – *DR.* **1.** Tomar posse e usar um bem adquirido por herança, compra e venda, etc.; **2.** Tomar posse e usar um propriedade que se encontra abandonada; **3.** Arrendar um imóvel. *V.* **Lease, Landlord, Tenant, Occupation.**

OCCUPATION – **1.** *DR.* Posse e uso de bem ou terra que se herdou, comprou ou que estava abandonada; **2.** *DT.* Profissão, emprego, posto de trabalho. *V.* **Occupancy.**

OCCUPATIONAL PSYCHOLOGY – *DT.* Psicologia ocupacional; análise de hábitos e comportamentos individuais ou de grupo, assumidos ou determinados em função do ambiente profissional ou pelo tipo de trabalho dos funcionários de uma empresa.

OFF-BALANCE SHEET – **1.** *B. CO.* Operações bancárias que se baseiam em comissões (**fees**) e não requerem normalmente a sua contabilização nos Activos ou nos depósitos recebidos por um banco (ex: **swaps, options,** cessões de crédito, etc.); **2.** *DC. CO.* Procedimento contabilístico e financeiro (**off-balance sheet financing**) que permite a uma empresa efectuar o lançamento periódico de certas despesas (**expenses**) relativamente a um bem ou direito que usa na sua actividade comercial, mas que juridicamente não constituem sua propriedade (ex. **joint ventures, Research and Development (R&D) partnerships, leasings operacionais, etc).** O seu uso imponderado leva usualmente a resultados fraudulentos ou desastrosos. **V. SOX.**

OFFENSE – *CR.* Termo genérico que inclui crimes de qualquer tipo e graduação penal. Abrange assim **felonies** e **misdemeanours** e podem ser contra pessoas (ex: **murder, manslaughter**); contra o lar, residência ou estabelecimento comercial de alguém (**burglary**); contra bens em geral (**larceny**); contra a moral e os bons costumes (**obscene**); contra a ordem pública, contra o Governo e o poder constituído (**treason**).*V.* **Torts (*).**

OFFER – 1. Propor, sugerir, apresentar para ser aceite ou rejeitado; **2.** Oferta; um dos pontos básicos da economia, mediante a qual bens, produtos, valores mobiliários (**offering**), produtos financeiros e serviços são oferecidos no mercado ao consumidor intermediário ou final, sendo assim um sinónimo de **demand**; **3.** *DP.* Prova (**offer of proof**) que uma parte se propõe apresentar em juízo para defesa dos seus direitos; **4.** *CR.* Ofertas tendentes a corromper uma autoridade pública ou privada. *V.* **Bribery, Kickback.**

OFFER AND ACCEPTANCE – C. Elemento estrutural na formação da vontade das partes num contrato (**mutual assent**). *V.* **Consideration.**

OFFERING – MC. DS. Oferta privada ou pública de valores mobiliários para subscrição ou compra. *V.* **Securities, Offering Memorandum, Prospectus, Underwriting.**

OFFERING CIRCULAR/MEMORANDUM – MC. DS. O mesmo que **prospectus**.

OFFER OF COMPROMISE – DP. Proposta de acordo (seja por qualquer das partes, ou sugerida pelo próprio juiz) por forma a terminar uma acção ou processo judicial.

OFFICER OF THE UNITED STATES – USA. Funcionário público nomeado para cargo de alta responsabilidade (i) pelo Presidente dos EUA e confirmado pelo Senado (ex: embaixadores, membros do **Supreme Federal Court**); (ii) por deliberação do Congresso; (iii) por simples decisão administrativa do Presidente. *V.* **Congress, Supreme Court.**

OFFICIAL – Funcionário público com funções de autoridade civil, administrativa ou militar. O mesmo que **officer.**

OFFICIAL GAZETTE – 1. USA. DC. Publicação periódica do *United States Patent and Trademark Office* dando notícia de registo de patentes e marcas, divulgando legislação e jurisprudência aplicável, etc. *V.* **Patent, Trademarks; 2.** O equivalente ao nosso *Diário da República* (Portugal) ou *Boletim Oficial* (Brasil).

OFFSET – Direito de compensação, de liquidar um crédito e um débito mútuo. O mesmo que **set-off.**

OFFSHORE – 1. MC. B. DF. Relativo a operações financeiras, bancárias e de mercado de capitais efectuadas no estrangeiro, ou seja, fora do país onde se localizam as instituições financeiras ou as empresas que efectuam tais operações; **2.** *DS.* Empresa constituída num paraíso fiscal (**tax haven**) ou em país que concede sérias vantagens contabilísticas e fiscais (**tax planning country**).

OFF-THE-SHELF – DC. Equipamento, máquinas e bens adquiridos em embalagem selada e original, tal como foram fabricados.

OLIGOPOLY – EC. Situação em que poucos produtores oferecem o mesmo produto ou serviços. *V.* **Demand, Supply.**

OLOGRAPH – Documento totalmente manuscrito pelo seu autor.

OMBUDSMAN – Funcionário público ou privado independente que acolhe as queixas e reclamações de cidadãos, consumidores ou trabalhadores de uma empresa[48], contra: (i) abusos de poder hierárquico ou funcional; (ii) tentativas de corrupção, discriminação racial, social ou sexual (**sexual/racial** ou **social harassment**); (iii) deficiências

---

[48] Correspondente em certos casos ao nosso *Provedor.*

dos serviços públicos/privados; (iv) desrespeito dos direitos do consumidor ou emergentes de contratos de trabalho, etc. O *ombudsman* encaminha as suas conclusões aos órgãos administrativos ou superiores competentes para decisão, podendo mesmo, em certos casos, determinar directamente as medidas a tomar para eliminar ou corrigir tais abusos ou deficiências.

OMISSION – Negligência culposa ou intencional no (i) cumprimento dos deveres e funções públicas; (ii) no cumprimento de uma determinação legal ou judicial; (iii) na realização de uma diligência, formalidade ou acto. *V.* **Negligence**, **Torts (*)**.

OMNIBUS – L. *Para todos, geral, público.*

ON ACCOUNT – Por conta de; pagamento parcial de uma quantia por conta ou a ser deduzida do valor global devido.

ON CALL – Pagamento à vista, quando para tal requerido ou solicitado. Sinónimo – **on demand**.

ON DEMAND – Pagamento à vista. *V.* **On Call**.

ONE MAN, ONE VOTE – Princípio constitucional e democrático que estabelece a igualdade de voto entre os cidadãos independentemente da sua raça, sexo ou poder económico.

ONEROUS – C. Diz-se do contrato (**onerous contract**) ou transacção (**onerous deal**) ajustados em termos economicamente desiguais ou desproporcionais, seja por assim ter sido acordado inicialmente ou por força de factores supervenientes.

ONLENDING – PF. B. Linhas de crédito abertas directamente por um banco estrangeiro a um banco ou instituição financeira noutro país, com a finalidade específica destes, por sua vez, repassarem tais fundos a empresas locais para certos financiamentos específicos (crédito agrícola, manufactura, pequena e média empresa, etc.).

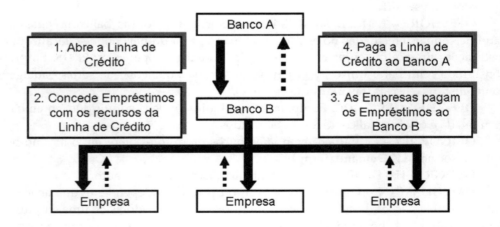

Esquema básico de *Onlending*

Existem assim duas relações de crédito – a primeira, entre o primeiro banco e o banco local pela totalidade da linha de crédito; a segunda, entre esse banco local e a empresa a quem aquele faz o empréstimo com os recursos recebidos do banco estrangeiro. [49] A empresa (ou tomadora final) assume **o risco cambial** mas o banco local é o único responsável pelo pagamento junto ao banco estrangeiro assumindo assim **o risco de crédito.**

OPEN – 1. Abrir, proporcionar, tornar acessível, disponibilizar; **2.** Visível, notório, determinado. Termos mais comuns:

1. **open account** – *B. DC.* **1.** Linha de crédito sem garantia pessoal ou real, meramente baseada na boa experiência de crédito com um determinado cliente; **2.** Fiar, conceder crédito a prazo (comércio). *V.* **Account**, **Overdraft**;
2. **open bid** – Proposta de preços em concurso público em que o concorrente ou licitante se reserva ao direito de baixar a sua proposta, depois de conhecer as propostas dos seus concorrentes. *V.* **Bid**;
3. **open a case** – *DP.* Iniciar um processo judicial;
4. **open the files** – *DP.* Facilitar o acesso, em termos de documentos ou provas necessárias em juízo;
5. **open a judgement** – *DP.* Rever o mérito de uma sentença judicial;
6. **open-end contract** – *C. DC.* Contrato de compra e venda que assegura ao comprador a não alteração de preços durante determinado período de tempo;
7. **open-end credit** – *B.* Crédito rotativo até certo limite máximo;
8. **opening price** – *MC.* Preço de um valor mobiliário oferecido na abertura de uma sessão de Bolsa de Valores;
9. **open market** – *MC.* **1.** Mercado de valores mobiliários emitidos por um governo; **2.** Em geral, o mesmo que **financial market**;
10. **open order** – *MC.* Autorização permanente (ou até ser revogada expressamente) dada por um cliente ao seu corrector para comprar ou vender valores mobiliários dentro de certos preços e quantias máximas e mínimas. *V.* **Broker**, **Securities**;
11. **open out** – *DC.* Desembrulhar, retirar da embalagem;
12. **open up** – **1.** Abrir, revelar, desarquivar; **2.** *DC.* Abrir uma loja para atendimento ou público; **3.** Falar confidencialmente; revelar segredos íntimos;

OPERATING EXPENSES – *CF. CO.* Despesas operacionais, custos decorrentes de manter uma empresa no seu funcionamento normal.

OPERATING RATIO – *PF.* Rácio financeiro que divide custos operacionais (incluindo depreciação) pelo total de receitas. *V.* **Depreciate.**

OPINION – 1. Parecer, laudo ou relatório técnico (de engenharia, contabilístico ou de auditoria, etc.); **2.** Parecer jurídico (**legal opinion**) emitido por um advogado, confirmando que o conteúdo de determinado contrato ou transacção é juridicamente

---

[49] No Brasil ficaram célebres nos anos 60 e 70, os chamados *Repasses* **ou** *Operações 63,* assim conhecidas por o **onlending** ser autorizado e regulado pela Resolução N° 63 do *Banco Central do Brasil.*

válido, constitui obrigação válida entre as partes e que as garantias que asseguram o cumprimento das respectivas obrigações contratuais foram devidamente constituídas e registadas, etc. Pode também referir parecer jurídico sobre tema doutrinal ou jurisprudencial específico; **3.** Parecer ou opinião de um juiz de tribunal colectivo, fundamentando as razões da sua decisão, ao concordar com os seus demais colegas (**concurring opinion**) ou discordando destes (**dissenting** ou **minority opinion**); **4.** Parecer médico sobre o estado de um doente. **Second opinion** – obter um segundo diagnóstico médico ou parecer técnico.

OPPRESSION – *CR.* Crime menor cometido por um funcionário público ou agente de autoridade, que no exercício das suas funções, erradamente inflige ofensas corporais a alguém, o prende sem justa causa ou pratica outro tipo de violação dos direitos do ofendido. *V.* **Misdemeanour, Torts (*).**

OPTION – **1.** *MC.* Uma das modalidades de Mercado de Capitais (**Capital Markets**) que consiste no direito (mas não obrigação) de adquirir ou vender um valor mobiliário ou **commodity**, etc. Este direito adquire-se como valor autónomo e com o seu próprio preço; **2.** *DS.* Direito de vender ou comprar uma posição de capital de uma empresa; **3.** *DC.* Direito de adquirir mais mercadorias ou produtos no âmbito de uma encomenda global; *V.* **Call/Put Option, Interest, Securities, Underlying Assets.**

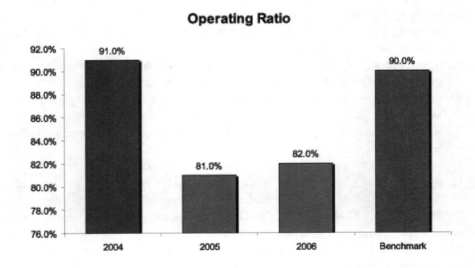

Exemplo de um *Operating Ratio*

ORAL EVIDENCE – *DP.* Prova não documental, declaração de testemunha ou depoente em tribunal. *V.* **Witness**.

ORBITERS – *DIP.* Gíria para designar os refugiados que não têm país que os queira acolher. Uma das tarefas permanentes da ***United Nations High Commission for Refugees (UNHCR).*** **V. Quadro da ONU no Glossário deste Dicionário.(*)**

ORDAIN – 1. Instituir, estabelecer; **2.** Promulgar uma lei ou regulamento; **3.** Ordenar (termo eclesiástico).

ORDEAL – 1. *DP.* A forma antiga de julgamentos criminais segundo a lei medieval inglesa. Para provar a sua inocência, o réu apelava em última instância para o "testemunho de Deus" (***judicium Dei*),** submetendo-se a provas físicas violentas – a do fogo (pegar num ferro em brasa ou caminhar descalço sobre um tapete de carvão ardente) ou da água (mergulhar um braço em água a ferver). Se o réu não apresentasse queimaduras, a sua inocência estava provada[50]; **2.** Dificuldade, problema cuja solução exige grande esforço.

ORDER – 1. Mandado judicial, ordem de prisão; **2.** Instrução obrigatória, determinação de autoridade administrativa; **3.** Classe social (*order of nobles, order of priests*, etc.); **4.** Ordem de pagamento; **5. *DC.*** Encomenda. **Order up** – Encomendar, mandar trazer ou entregar. *V.* **Money Order.**

ORDINANCE – Regulamento, portaria, instrução normativa. Normalmente emitida por autoridade municipal. *V.* **Municipality.**

ORDINARY – 1. Comum, usual, regular; **2.** De acordo com a lei ou com os costumes; **3.** Sem qualquer característica especial ou extraordinária; **4.** Pertencente ou usado por qualquer cidadão. Alguns termos associados:

1. **ordinary care** – *V.* **Care**;
2. **ordinary course of business** – *PF.* Transacções ou operações industriais ou comerciais de acordo com as práticas, usos e costumes do mercado respectivo (por exemplo, sujeito a descontos normais). *V.* **Arm's Length Transaction**;
3. **ordinary negligence** – *V.* **Negligence**;
4. **ordinary profit/loss** – *V.* **Profit**, **Loss**;
5. **ordinary shares** – *DS.* Acções ordinárias, com direito a voto. Sinónimo – **Common Shares**. *V.* **Share**.

ORGANIZED LABOUR – *DT.* Trabalhadores organizados sindicalmente. *V.* **Labour, Union.**

ORIGINAL – 1. Primeiro em ordem, primitivo; **2.** Detentor da sua própria autoridade (ou seja, não dependendo de terceiros para a exercer); **3.** O documento ou contrato efectivamente assinado pelas partes ou emitido por um tribunal ou entidade administrativa com o respectivo selo ou carimbo.

ORIGINAL ISSUE – *MC. DS.* A primeira emissão de uma determinada série de Acções ou Obrigações. *V.* **Share, Bond.**

OUT-OF-COURT SETTLEMENT – *DP.* Acordo extra-judicial. *V.* **Settlement.**

---

[50] Conhecido em Portugal como *ordálias* ou *ordálios.* V. História do Direito Português, Prof. Marcello Caetano, edição póstuma, Verbo Editora, Junho de 1981.

Direito de Negócios – Dicionário Inglês-Português

OUT-OF-POCKET EXPENSES – *C. CO.* Despesas de pequeno montante pagas normalmente com dinheiro.

OUTPUT – *EC. PF.* Os bens e serviços produzidos/prestados, como resultado da utilização de certos recursos económicos básicos (matérias-primas, capital, trabalho, etc.). Estes últimos são consequentemente denominados **inputs**.

OUTSOURCING – *PF.* **1.** Aquisição por uma empresa a terceiros, de matérias-primas, componentes, sub-componentes, peças, etc., em vez de os produzir directamente; **2.** Sub-contratar; contratar sub-empreitadas. Uma das formas mais correntes de diminuir os custos operacionais de uma empresa, autarquia local ou do próprio Governo. Segundo alguns autores, os casos de **Public Private Partnerships (*)** e dos projectos **BOT – Build, Operate and Transfer** inserem-se co conceito *lato sensu* de *outsourcing*.

OUTSTANDING BALANCE – *PF. CO. B.* Saldo ainda disponível e passível de utilização pelo devedor (ex: numa abertura de crédito), caso em que se denomina **outstanding undisbursed balance** ou saldo devedor a ser pago pelo mutuário – **outstanding balance due**. *V.* **Balance**.

OVERAGE LOAN – *PF.* Empréstimo concedido para cobrir aumentos de custo de um Projecto. *V.* **Overrun Cost, Project Funds Agreement**.

OVERCHARGE – Cobrar acima do que é permitido por lei ou permitido por contrato. *V.* **Usury**.

OVERDRAFT – *B.* Saque a descoberto; pode ser efectuado no âmbito de uma abertura de crédito (**overdraft facility**) ou fora do seu contexto. Tecnicamente, ao usar-se um cartão de crédito está a ser utilizado um *overdraft*.

OVERDUE – *B.* Vencido e não pago. **V. Arrears, Default.**

OVERHANG – *MC.* Excesso de oferta de venda de valores mobiliários. *V.* **Securities**.

OVERISSUE – *MC.* Emissão de Acções ou Obrigações para além do que é permitido pelos Estatutos da empresa emissora. *V.* **Issue**.

OVERNIGHT FUNDS – *MC.* Fundos emprestados a curtíssimo prazo, ou seja, a serem pagos no dia útil seguinte. Muito utilizado em compensações de caixa inter-bancária ou em acertos de **cash-flow** de grandes empresas ou dos próprios Governos (caso mais óbvio o dos EUA).

OVERRULE – *DP.* Anular, revogar, alterar substancialmente o teor de uma decisão ou sentença.

OVERRULING THE PRECEDENT – *DP.* Princípio básico de **common law** pelo qual a jurisprudência predominante sobre um certo tema ou assunto, é alterada em função de novos condicionalismos sociais, económicos, culturais ou de essência jurídica.

OVERRUN COST – *PF.* Quantia ou quantias que excedem o custo original de um projecto. *V.* **Project Funds Agreement, Project Cost**.

OVERSEAS PRIVATE INVESTMENT CORPORATION (OPIC) – *USA. OMD.* Uma agência do Governo norte-americano criada em 1971 que apoia o investimento de empresas americanas no estrangeiro e promove o desenvolvimento dos **emerging**

markets. Também emite garantias e apólices de seguros cobrindo diversos riscos de investimento (**political risk, political violence, expropriation,** etc.). V. **Insurance (*) e MIGA.**

OVERSUBSCRIPTION – *MC. DS.* Bom acolhimento pelo público e investidores em geral relativamente à subscrição de determinados valores mobiliários, resultando assim num excesso de procura em relação à oferta. *V.* **Undersubscription, Securities**.

OVERSUPPLY – *EC.* Oferta excessiva de um produto ou serviço, excesso de oferta relativamente à procura. *V.* **Demand, Supply**.

OVERTAXATION – *DF.* Carga excessiva de impostos. *V.* **Tax**.

OVER-THE-COUNTER MARKET – *USA.* Mercado secundário (**secondary market**) de valores mobiliários directamente oferecidos por correctores a possíveis interessados, sem qualquer intervenção da Bolsa de Valores. *V.* **Securities** e **Unlisted Securities Market**.

OVER-THE-COUNTER OPTION – *USA. MC.* Mercado de Opções secundário, fora da Bolsa. *V.* **Options.**

OVERTIME – *DT.* Horas extraordinárias de um funcionário e remuneração auferida relativamente a tal período adicional de trabalho.

OVERTRADING – *DC. DS.* Empresa cujos níveis altos de produção excedeu as suas capacidades financeiras, levando-a a recorrer ao crédito bancário e consequente peso de dívida. *V.* **Debt.**

OVERVALUATION OF ASSETS – *DS. CO.* Sobrevalorização dos Activos (**assets**) de uma empresa muitas vezes feita para "melhorar" o seu balanço/balancete ou anular eventuais saldos parciais negativos da sua contabilidade. *V.* **Appraisal**.

OWE – Estar obrigado a praticar um acto ou efectuar um pagamento.

OWN BRANDER – Proprietário de uma patente ou marca comercial e que, como tal, pode vir a ter responsabilidade cível e criminal junto ao consumidor final, em termos de **product liability**.

OWNER – *DR.* **1.** Proprietário, dono, titular; **2.** Que tem interesses em determinado empreendimento ou negócio. *V.* **Ownership**.

OWNERS´ EQUITY – *PF. DS.* O mesmo que **shareholders´ equity**; aplicado a empresas cujo capital não seja representado por Acções.

OWNERSHIP – *DR.* Direito de propriedade absoluta (propriedade de raiz e usufruto) de um bem ou direito. *V.* **Owner**.

OWNERSHIP INTEREST – **1.** *DS.* Capital próprio. O mesmo que **net worth**; **2.** *DS.* Percentagem de participação numa empresa, **partnership, joint-venture** ou projecto em que há participação de despesas e lucros.

P

PACK – 1. Decidir baseado em falsas aparências; **2.** Iludir, falsear; **3.** Efectuar uma série de diligências com propósitos fraudulentos; **4.** *DP.* Manobrar no sentido de seleccionar como membros de um júri, determinado número de pessoas favoráveis ao réu, usando inclusive de corrupção. *V.* **Jury, Labour a Jury, Torts** (*).

PACKAGING – *DC.* A técnica de concepção **(design)**, produção e processamento de embalagem de um bem ou produto. Pressupõe análises prévias de **marketing**, cumprimento dos requisitos legais aplicáveis (ex. indicação da posologia dos componentes químicos no caso de alimentos, bebidas, medicamentos, etc.), acondicionamento e armazenagem, etc.

PACT – 1. Acordo entre dois países, elaborado de forma mais sumária e menos formal do que um Tratado; por vezes também simplesmente chamado **Protocol** (ex. **Kyoto Protocol**); **2.** Acordo, contrato. Tipos:

1. **nude pact** – Acordo sem qualquer **consideration** e logo, nulo de pleno direito (*null and void*). *V.* **Nude Contract**;
2. **obligatory pact** – Acordo consensual mas sem qualquer prova de ter sido celebrado e que, de uma forma geral, os tribunais não reconhecem;
3. **pact** *de non alienando* – Acordo de não alienar, vender ou ceder bens ou activos sobre os quais foram constituídos direitos reais.

PACTA SUNT SERVANDA – L. Os contratos são para cumprir.

PAID-IN CAPITAL (ou PAID-UP CAPITAL) – *DS.* Capital subscrito e realizado pelos accionistas. *V.* **Share, Capital**.

PAID-IN STOCK – *V.* Paid-In Capital.

PAID-IN SURPLUS – *DS.* Saldo anual positivo de uma empresa, não gerado por lucros que tenha auferido mas antes pelas subscrições de capital dos seus accionistas. *V.* **Profit, Shareholders, Subscription**.

PAIN AND SUFFERING – Termo de **Torts** (*) para designar o conjunto de dor e angústia e tensão física e mental causado a alguém por acto danoso de terceiro.

PAINTING THE TAPE – *USA. MC.* Exagerar dolosamente os números e quantidades de **securities** negociadas por um corrector ou investidor, por forma a dar a ideia de um volume de transacções **(trading volume)** muito superior ao realmente existente. **V. Sarbannes-Oxley Act.**

PALIMONY – Pensão de alimentos **(alimony)** derivado de uma situação não conjugal.

PANEL – *DP.* 1. Membros de um júri **(jury)** seleccionado para um determinado julgamento; **2.** *DC.* Grupo de juízes ou árbitros que analisa e julga um caso ou processo.

Direito de Negócios – Dicionário Inglês-Português 452

PAPER MONEY – *FIP.* Obrigações, certificados de dívida ou títulos de crédito emitidos por um governo ou autoridade monetária em substituição de dinheiro, mas cuja convertibilidade não é assegurada de antemão. *V.* **Legal Tender**.

PAPER PROFITS – *MC. CO.* Lucros de capital (**capital gains**) resultantes da subida de cotação ou de preços do mercado de valores mobiliários mas ainda não transformados em liquidez, atendendo a que o proprietário ou titular dos referidos valores mobiliários ainda não efectuou a sua venda.

PAPER OVER – Conseguir um acordo sem no entanto resolver os pontos que parecem ser fundamentais ou mais importantes.

PAR – *MC.* Igualdade entre o valor de emissão (**nominal value** ou **face value**) de um valor mobiliário e o seu valor de mercado (**market value**). Se o segundo é superior ao primeiro, denomina-se **above par**; se inferior, **below par**. *V.* **Par Value**.

PARACHRONISM – Erro no cálculo de tempo aplicável a um contrato ou na aplicação de uma pena criminal.

PARALEGAL – Pessoa com preparação e educação jurídica básica (mas não advogado nem solicitador) e que ajuda estes na preparação, revisão e elaboração de documentos, pesquisas de doutrina e jurisprudência, etc.

PARAMOUNT – **1.** Muito importante, vital, decisivo, proeminente; **2.** Que ocupa grau ou cargo de muita importância ou responsabilidade.

PARAPHERNALIA – **1.** Conjunto de bens próprios que um cônjuge tem o direito de levar consigo em caso de divórcio ou viuvez, independentemente da sua parte na meação dos bens do casal; **2.** Confusão, conjunto de papéis, documentos ou argumentos que precisam de ser organizados ou estruturados, conforme seja o caso.

PARCEL – **1.** Pequena encomenda ou embalagem; **2.** *DR.* Parcela, pequena área de terreno destacável para efeitos de arrendamento ou de venda.

PARCEL OUT – Distribuir/dividir em peças, partes ou secções.

PARCENER – Co-herdeiro. *V.* **Will**, **Heir**.

PAR CLEARANCES – *B.* Cheques enviados para compensação (**clearing house**) e têm depois depositado o seu valor na conta do depositante sem que o banco cobre qualquer comissão pelos serviços prestados.

PARENT COMPANY – *DS. C. PF.* Empresa que detém participação maioritária ou controladora do capital de outra(s) empresa(s) ou companhia(s). Pode ter como objectivo exclusivo a realização e gestão/administração de tais participações de capital (**holding company**) ou ter outras actividades económicas específicas paralelas (**holding-operating** ou **mixed-holding companies**). *V.* **Affiliate, Mergers and Acquisitions**.

PARI MATERIA – *USA. L. O mesmo tema, o mesmo assunto.*

PARI PASSU – *USA. L. C. CF.* **1.** Proporcionalmente; **2.** Com igualdade de direitos (ou seja, sem preferência). *V.* **Ratable**.

PARI RATIONE – *USA. L. Pelo mesmo motivo, pela mesma razão.*

PARITY – Igualdade em valor ou quantidade.

PARIS CLUB – *FIP. PF.* Título informal das reuniões periódicas efectuadas desde 1956 por Governos e entidades governamentais de países com créditos concedidos a

outros países cujas condições de desenvolvimento económico não lhes permitiu o respectivo pagamento. O *Paris Club*:
   a. examina o estado da economia dos países devedores;
   b. delibera sobre a renegociação dos termos de pagamento das dívidas (ou até o perdão – **debt relief** – das mesmas); bem como
   c. delibera sobre a vantagem/necessidade de conceder novas linhas de crédito (**fresh money**) por forma a melhorar a balança de pagamentos do país devedor (ex: crédito a exportações).

Os créditos de bancos comerciais são renegociados por comités que incluem representantes destes últimos.

PARKING A SECURITY – *MC. DF.* Procedimento punido por lei fiscal segundo a qual um investidor acorda previamente com outro investidor a compra ao primeiro de uma certa quantidade de valores mobiliários (**securities**), guarda-os durante um determinado tempo para pouco depois voltar a vendê-los ao primeiro, criando uma perda (**loss**) que poder deduzir na sua declaração fiscal. A prática é depois "trocada", cabendo ao segundo investidor o mesmo procedimento com o primeiro investidor mas desempenhado papéis opostos (**cross parking**).

PAR OF EXCHANGE – *EC.* Taxa cambial, o mesmo que **exchange rate**.

PAROLE BOARD – *CR.* Comissão de autoridades prisionais e administrativas que analisa o bom comportamento do réu, a sua personalidade e outros factores pessoais e familiares, por forma a decidir se este merece sair em liberdade condicional (**parole**).

PARTIAL LOSS – *CO.* Perda ou destruição parcial de um bem, mercadoria ou propriedade. *V.* **Loss**.

PARTICIPANT – *MC. PF. B.* Instituição financeira que, a convite de outra (*Leader, Co-leader, Manager, Co-manager*, etc.), concorda em participar (i) no lançamento de emissão de Obrigações, subscrição de Acções; ou (ii) na concretização de um empréstimo a longo prazo, a favor de uma certa empresa. O *Participant* adquire assim parte ou percentagem desses créditos, tornando-se um co-obrigacionista ou co-credor da empresa. *V.* **Syndicate, Consortium, Participation Agreement, Lender of Record**.

PARTICIPATING ACCOUNT – *MC. B.* Conta-caução mantida por um investidor junto a um banco como garantia de um contrato de empréstimo feito por esse investidor para financiar aquisições de valores mobiliários (**securities**). *V.* **Account.**

PARTICIPATION AGREEMENT – *MC. PF. B. C.* Contrato entre um *Leader, Co-leader, Manager, Co-manager,* etc. e um **participant** pelo qual este último (i) subscreve parte de uma emissão de valores mobiliários; ou (ii) concede um empréstimo a longo prazo (também chamado **B loan**) e cujo lançamento foi estruturado por aqueles. O contrato estipula que:
   (i) todo o circuito de desembolsos feitos pelos bancos e posteriores pagamentos pela empresa emissora/devedora será canalizado através dos bancos promotores;

Direito de Negócios – Dicionário Inglês-Português   454

(ii) embora estes não assumam responsabilidade (ou solidariedade) quanto ao bom pagamento por parte da devedora, assumem o compromisso de:
- (A) informar periodicamente o **participant** de qualquer facto que possa afectar os interesses deste último;
- (B) enviar-lhe balanços e balancetes e administrar convenientemente as garantias constituídas pela empresa; e

(iii) não tomarão iniciativas drásticas contra a emissora/devedora (ex: declarar antecipadamente vencido o respectivo contrato; propor acções judiciais contra aquela, etc.) sem que sejam ouvidos os **participants** e obtida uma certa maioria (*quorum*) consensual (ex. entre 60 a 75% do total do consórcio bancário). *V.* **Syndicate, Consortium.**

PARTICIPATION FEE – *MC. PF. B.* Comissão "à cabeça", devida a um **participant**. *V.* **Fee.**

PARTIES AND PRIVIES – *C.* Expressão usada para designar as partes principais (**party**) de um contrato, bem como, os outros intervenientes contratuais (**privies**) que ou dão o seu consentimento ao que foi pactuado contratualmente. Ex: contrato de compra e venda de Acções em que um terceiro, também accionista, abre mão dos seus direitos de preferência.

PARTNER – **1.** Sócio; **2.** Membro de uma **partnership**.

PARTNERSHIP – *USA. DS.* Pode ser de três tipos – **General Partnership, Limited Partnership** e **Public Private Partnerships** (*) (ou **PPPs**). Ainda que não sejam consideradas contribuintes individuais (o que não se aplica entretanto às **PPPs**), as *partnerships* têm a sua contabilidade independente da dos seus sócios[51]. No Reino Unido, o termo é usado para a designar uma sociedade com mais de 20 sócios (excepção feita para o caso de advogados, contabilistas, economistas e correctores e **PPPs)**. Termos:

1. **general partnership** – associação contratual (mas não necessariamente sob forma escrita) dos interesses económicos de duas ou mais pessoas ao decidirem explorar ou desenvolver conjuntamente uma actividade profissional, comercial ou industrial com fins lucrativos. A *general partnership*:
   - não tem personalidade jurídica própria (ao contrário do que acontece numa **corporation**) nem constitui entidade jurídica autónoma e independente (**separate legal entity**) dos seus sócios (**general partners**);
   - cada **general partner**, sendo co-titular dessa associação de interesses, actua em nome e representação desta última, vinculando *solidariamente* os demais sócios;
   - não havendo acordo prévio e específico por escrito, a comparticipação nos lucros e perdas é feita *em partes iguais* entre os **general partners**, sem prejuízo entretanto de cada um deles ser *responsável ilimitado* pelas dívidas contraídas;

---

[51] De acordo com estatísticas publicadas em meados de 2005, cerca de 18% do comércio, indústria e prestação de serviços da economia norte-americana estava em mãos de *partnerships*

- por todos estes factores e atendendo à sua fragilidade jurídica, os credores da **general partnership** podem requerer a sua dissolução ou liquidação no caso de morte, insolvência ou falência de qualquer **general partner;**
2. A **limited partnership** tem a sua constituição e estrutura jurídica reguladas pela legislação específica em vigor no Estado onde vai desenvolver as suas actividades económicas. Apresenta dois tipos de sócios:
   - **limited partners** cuja responsabilidade é, em princípio, limitada, desde que não exerçam cargos de gerência e sejam simples investidores financeiros; podem entretanto requerer a dissolução da *limited partnership* caso, sem prejuízo dos direitos de eventuais credores, o rendimento auferido do seu investimento não seja o previamente acordado; e
   - **general partners** (a quem se aplica o regime da **general partnership** acima descrito);
3. **public private partnerships** – Associação económico-empresarial em que instituições públicas (ex. autarquias institucionais e locais), sem capacidade financeira e administrativa de manter serviços de utilidade pública, se associam com empresas privadas para as levar a cabo.**V. Glossário deste Dicionário (*), Corporation, Joint Venture**.

PARTNERSHIP AT WILL – *DS*. **Partnership** por tempo indeterminado e que pode cessar os seus efeitos mediante simples aviso prévio de qualquer dos *partners*.

PARTY – *C. DP*. Pessoa ou entidade que é parte em contrato, negociação, transacção ou processo judicial (neste sentido, tanto designa o queixoso como o réu). Principais termos:
1. **party aggrieved** – *DP*. Parte processual que perdeu uma acção em primeira instância e que interpôs (ou pensa interpor) recurso;
2. **party to be charged** – *DP*. Parte contratual contra a qual se propõe acção executiva;
3. **third parties** – *C*. Quaisquer terceiros que, embora não sejam partes signatárias de um contrato, têm nele interesse directo ou indirecto;

PAR VALUE – *PF. MC*. Valor nominal de emissão de uma **bond, debenture, note** ou outro valor mobiliário. Como é obrigatoriamente impresso na frente do título, é também conhecido por **face value**. *V*. **Par**, **Note, Parity**.

PASS – Principais significados: **1**. Pronunciar uma sentença; **2**. Aprovar, promulgar uma lei; **3**. Concluir um exame contabilístico e aprovar os resultados (*the Auditors passed the accounts*); **4**. Publicar; **5**. Transferir a posse ou propriedade; **6**. Circular moeda falsa (*passing counterfeit money*); *V*. **Money; 7**. Circular, endossar (títulos de crédito); *V*. **Endorsement; 8**. Atravessar a propriedade de terceiro ou via pública; *V*. **Trespass; 9**. Autorização de circulação emitida por entidade competente.

PASS DIVIDEND – *DS*. Não declaração de dividendos pelo Conselho de Administração de uma empresa, contrariando as expectativas criadas. *V*. **Dividend**.

PATCH UP – Reconciliar, resolver um litígio entre terceiros, arbitrar. *V*. **Arbitration**.

Direito de Negócios – Dicionário Inglês-Português

PATENT – 1. Óbvio, aberto, manifesto, evidente; **2. *DC. DR.*** Patente, direito exclusivo conferido a alguém de produzir, comercializar ou vender um determinado bem, tecnologia ou processo de fabrico durante um certo período de tempo (17 anos nos EUA). O registo de patentes nos EUA é efectuado pelo *Patent and Trademark Office – PTO*, organismo federal. No Reino Unido, essas funções cabem ao *Patent Office*. *V.* **Trademarks, Copyrights**.

PATIEN-PHYSICIAN PRIVILEGE – *USA*. Direito de um doente não divulgar a correspondência trocada com o seu médico e de obrigar este a fazer o mesmo, bem como a não divulgar a sua ficha médica, tipo de tratamento a que está sujeito, medicamentos receitados, doenças que sofreu, etc., excepto se imposto por mandado judicial ou se este direito foi prescindido (<u>waived</u>) pelo doente. *V.* **Attorney – Client Privilege, Privacy.**

PATRIMONY – *DR*. Universalidade de bens, direitos e responsabilidades, actuais e futuras, de que uma pessoa ou entidade é titular, por forma a satisfazer as suas necessidades económicas ou atingir os seus objectivos sociais, conforme seja o caso. *V.* **Belongings**.

PATRIOT ACT – *USA*. De seu título completo *"Uniting and Strengthening America by Providing Appropriate Tools Requirements to Intercept and Obstruct Terrorism Acts"* (ou mais simplesmente **"USA Patriot Act"**) foi assinado pelo Presidente George Bush em 26 de Outubro de 2001, depois dos trágicos acontecimentos de 11 de Setembro do mesmo ano. Permite o acesso, intercepção e recolha de documentos, dados informáticos, registos de ligações telefónicas ou de *email*, etc. para proteger a segurança nacional. Altera, suspende e revoga diversa legislação defensora da <u>privacy</u>; algumas dessas revogações e suspensões foram feitas a título transitório (até 31 de Dezembro de 2005, embora esse prazo já tenha sido prorrogado diversas vezes, a última das quais em 9 de Março de 2006), sendo outras revogações feitas a título definitivo. O *Patriot Act* tem naturalmente levantado sérias objecções dos constitucionalistas, designadamente por considerarem que viola o Quarto <u>amendment</u> da Constituição norte-americana.

PATRON – 1. Protector, defensor; **2.** Patrocinador, promotor; **3.** Cliente, freguês.

PAWN – *DR*. Oferecer bens pessoais em garantia de empréstimo ou de dívida para com um terceiro, penhor. *V.* **Pledge**.

PAY – 1. *DT.* Salário, ordenado, comissões, pagamento por trabalho ou serviços prestados; **2. *B*.** Pagamento de dívida, crédito ou financiamento. **V. Lista de termos associados no Glossário deste Dicionário (*)**:

PAYMENT IN KIND LOANS (ou PIK) – *B. CF. CO. MC*. Conjuntamente com <u>second lien loans</u> e <u>mezzanine loans</u>, um dos vértices de novas formas de financiamento de empresas envolvidas em financiamentos ou refinanciamentos de grande vulto e que já contraíram outros empréstimos com garantia (<u>senior loans</u>/<u>debt</u> , <u>secured loans</u>/<u>debt</u> ou **first degree secured loans**) mas que necessitam ainda de recursos para preencher as necessidades do seu <u>financial plan</u>. Em síntese:

- São normalmente empréstimos de alto montante por um prazo não inferior a 5 anos, por investidores de mercado (não por sócios ou accionistas) a uma <u>holding</u>;

- Formas de **subordinated debt** com possibilidade expressa de capitalização de juros mas em que o pagamento destes e do capital é feito de um só vez (**balloon payment**), após o pagamento de todos os demais empréstimos com prioridade de pagamento;
- envolvem um alto risco de crédito, uma vez que:
  - o baseiam os seus financiamentos na expectativa de crescimento dos negócios da empresa, crescentes **cash-flows** e correspondentes margens de lucro e boas perspectivas de gerar recursos suficientes para:
    - i. pagar os empréstimos anteriores (**senior loans**); e
    - ii. ainda assegurar um **return on investment** mínimo de bom nível;
- tendo o credor a possibilidade, caso o *PIK* não seja liquidado no vencimento final, de converter o empréstimo em capital da **holding** ou empresa controladora (**change of control**) mas sujeitos entretanto ao exercício anterior da mesma opção por parte de credores de **mezzanine loans** ou **second lien loans**, conforme seja o caso:
  - o ou podem ser convertidos em capital dessa **holding**, à opção livre dos credores; *V.* **Convertible Debt**;
  - o precisando para tal do consentimento expresso dos **senior lenders** (e até dos credores dos **mezzanine loans** e **second lien loans**, se os houver);
- Em caso de não cumprimento e de cobrança dos empréstimos com garantias, o facto dos credores dos *PIK Loans* (juntamente com os credores dos **mezzanine loans** e **second lien loans**, se os houver) passarem a controlar o capital (uma forma de **private equity**, no fundo), pode ser benéfica para os dois lados:
  1. do ponto de vista dos **senior lenders**, os novos accionistas tentarão por negociação directa, evitar que os Activos sejam postos à venda em leilão judicial e oferecem alternativas mais atractivas e rápidas aos bancos credores para recuperarem o seu dinheiro;
  2. do ponto de vista dos novos accionistas, passam a efectivamente controlar a gestão e administração da empresa, de forma mais profissional e técnica (sobretudo no caso dos **institutional investors**).
- O retorno financeiro para este tipo de credores é feito através de pagamento de **front-end fees** mais caros (**V.** **Fees**) e juros na base de *LIBOR* ou *EURIBOR* de 6 meses mais um **spread** (normalmente não inferior a 5 ou 6%) ou, se se optar por sistema de taxas fixas, juros na faixa média usual dos 16% a 18% ao ano;[52] ou seja, em média mais caros do que os **mezzanine loans** e **second lien loans**;
- No caso de **OPAs** (*V.* **Public Offers**, **Take-Overs**), estes empréstimos destinam-se a cobrir o pagamento do preço de oferta de compra quando este acaba por ser superior ao esperado inicialmente e os financiadores originais não quererem assumir um risco superior ao já incorrido.

---

[52] Dados vigentes do mercado em Julho de 2007.

Direito de Negócios – Dicionário Inglês-Português

V. Subordination, Second Liens Loans, Secured Debt, Secured Loans, Unsecured Debt, Unsecured Loans, Capital.

PEACE OF MIND – O sossego, a estabilidade, o equilíbrio emocional, psíquico e mental de alguém numa situação não conflituosa ou anormal e sem haver a imediata perspectiva de um terceiro a vir perturbar, por actos ou omissões dirigidos contra a pessoa em questão. Conceito básico muito aplicado em **Torts** (*).

PEGGING A CURRENCY – *MC. B.* Fixar a taxa cambial entre uma moeda de um país e uma moeda forte (**hard currency**). O caso das Repúblicas de Montenegro, Macedónia e dos membros da UE que não aderiram ao **Euro** é um exemplo. *V.* **Hard Currency**.

PEGGED PRICE – *USA. MC.* Valor mobiliário ou **commodity** cuja cotação permanece imutável ou flutua apenas dentro de limites muito restritos por acção ou influência de investidores de mercado. Ilegal nos EUA. *V.* **Securities Exchange Act**.

PENALTY CLAUSES – *B. C.* Cláusulas que estabelecem multas ou penalidades contratuais, em caso de incumprimento ou mora.

PENALTY INTEREST – *PF. B. C.* Juros de Mora. *V.* **Arrears**.

PENNY STOCK – *USA. MC.* Valores mobiliários de baixo valor nominal ou de mercado; normalmente de 1 Dólar ou abaixo desse preço.

PENSION FUND – *DT. B.* Fundos de investimento administrados por instituições financeiras independentes que recebem contribuições periódicas de trabalhadores, investem esses recursos em valores mobiliários e outros tipos de investimentos a médio e longo prazos, com o objectivo de garantir aos seus participantes o pagamento de reformas ou complementos de reforma, de certas despesas médicas, de subsídios às respectivas famílias (no caso de falecimento), etc. *V.* **Pension Plan**.

PENSION PLAN – *DT.* Plano de reforma organizado pela própria empresa e por forma a assegurar que o trabalhador continue a receber, até à sua morte, uma remuneração mensal tão próxima quanto possível do seu último salário, com os reajustes devidos por efeito dos aumentos de custo de vida, inflação, etc. *V.* **Pension Fund, Insurance**.

PER CAPITA – *L. Por cabeça, individualmente.*

PERFORMANCE APPRAISAL – *DT.* Sistema de análise contínua de desempenho e de salários e retribuições aos trabalhadores de uma empresa. *V.* **Performace Pay**.

PERFORMANCE BONDS – *V.* **Bond**.

PERFORMANCE FACTORS – *EC. PF.* Conjunto de factores económico-financeiros estrategicamente vitais para a rentabilidade e sucesso de um investimento ou empresa. Inclui, entre outros:

- Preenchimento/cumprimento de objectivos;
- Orçamento controlado/equilibrado; *V.* **Budget, Cost**;
- **Return on investment**;
- **Return on equity**;
- Nível de despesas/custos de produção e operacionais;
- Número adequado de funcionários/trabalhadores;
- Nível adequado de liquidez e de **cash-flow**;

- Actualização da produção em função das flutuações de procura do mercado e rapidez de resposta a tais flutuações;
- Actualização de preços em função da concorrência e da carteira de clientes (**portfolio**); etc. *V.* **Scorecard.**

PERFORMANCE PAY – *DT.* Parte do salário de um operário ou trabalhador que é proporcional ao seu desempenho quantitativo ou qualitativo. *V.* **Performance Appraisal, Profit Sharing.**

PERIPHERAL RIGHTS – Direitos que têm a sua origem noutros direitos.

PERIOD OF DISTRIBUTION – **1.** *MC.* Período de oferta ao público de valores mobiliários por parte dos membros de um consórcio bancário contratado pela emissora para o efeito. *V.* **Syndicate, Bond; 2.** *DS.* Período de distribuição e pagamento de lucros/dividendos. *V.* **Dividends.**

PERISHABLE GOODS – *DR.* Bens ou mercadorias perecíveis, que se estragam ou deterioram com facilidade, que precisam de conservação ou manutenção especiais. *V.* **Goods.**

PERMANENT ASSETS – *PF. CO.* O mesmo que **fixed** ou **capital assets**.

PERMANENT INVESTMENTS – *MC. B.* Investimentos que asseguram um determinado rendimento e cujos titulares normalmente não pretendem ceder, vender ou transaccionar. Caso típico de investimentos em bens imóveis, títulos representativos de hipotecas, **perpetual bonds**, etc. *V.* **Bond, Mortgage.**

PERMIT – Documento que autoriza o seu portador a desenvolver uma actividade pessoal ou económica (ex: *building permit*) ou a praticar certo tipo de actos, etc. *V.* **License.**

PERPETUAL BOND – *USA. PF. MC.* Título de investimento típico de quem deseja assegurar um rendimento periódico, já que usualmente é uma Obrigação emitida pelo Governo, não sendo o seu capital redimível mas cujos juros são calculados a uma taxa flutuante actualizada cada seis meses. Note-se que o facto de o capital não ser redimível, não significa que a Obrigação não seja negociada no mercado. Também conhecida como **Non-redeemable Government Bond**. *V.* **Bond**.

PERPETUAL FLOATING RATE NOTE – *USA. PF. MC.* Variação da **perpetual bond**, com as mesmas características básicas só que emitida na forma de **note**.

PER SE – *L. Individualmente, por si mesmo, por si próprio.*

PERSONAL INCOME (ou **DISPOSABLE PERSONAL INCOME)** – *EC.* O conjunto de todos os rendimentos recebidos por uma pessoa mas deduzindo-se os valores das contribuições feitas por esta a título de impostos, previdência social, fundo de desemprego ou quantias semelhantes.

PERSONAL INJURY – *DC. T.* Ofensas pessoal ou moral (mas excluindo ferimentos e ofensas corporais – **bodily injury**) causadas por prisão sem fundamento (**false arrest**), **malicious prosecution**, expulsão ou despejo ilegal, violação da privacidade (**privacy**), impropérios, insultos, etc. mas excluindo ainda as ofensas que resultem de **advertising**, publicações, emissões de rádio e televisão. **V. Insurance (*) e Torts (*).**

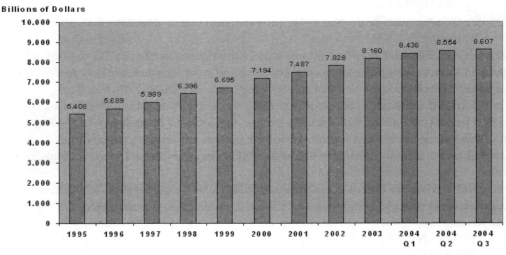

Exemplo gráfico do *Personal Income* nos EUA até Março de 2004
Fonte: Bureau of Internal Statistics

PERSONAL JURISDICTION – *DP.* Jurisdição de um tribunal sobre uma pessoa ou empresa; por oposição à jurisdição sobre bens e propriedades. *V.* **Jurisdiction**.

PERSONAL LIABILITY – Responsabilidade individual de alguém e pela qual respondem os seus bens pessoais. *V.* **Liability**, **Torts (*)**.

PERSONAL SECURITY – *C. B.* Por oposição a **collateral**; qualquer garantia pessoal (aval, fiança, etc.) pela qual a obrigação da devedora é assegurada juridicamente por um terceiro. *V.* **Aval**, **Guaranty**, **Corporate Guarantee**.

PETER PRINCIPLE – *DT.* Estabelecido por Lawrence Peter (1919-1990) e sempre considerado parte verdade, parte simples comentário humorístico, considera que o *crescimento e promoção profissional de um funcionário, no seio da estrutura da sua empresa, tem como limite, o nível da sua própria incompetência.* Pressupõe a criação contínua de vagas em postos de escala hierárquica superior ao ocupado pelo funcionário e a que este chega, não porque o seu desempenho o justifique mas devido apenas a critérios de antiguidade ou porque essas vagas tendem a ser preenchidas num movimento centrípeto, ou seja, sem recorrer ao mercado de trabalho externo. Esta tendência leva a que o funcionário deixe de ser promovido quando atinge um nível funcional claramente superior ao das próprias capacidades.

PETITION – *DP.* Petição, requerimento escrito dirigido a uma autoridade, tribunal ou entidade oficial. **Petitioner** – Requerente, quem emite a petição.

PETROBOND – 1. *MC.* Certificados de participação num investimento de prospecção ou exploração petrolífera que dão direito ao seu titular a uma determinada quantidade de petróleo; **2.** *MC.* **Bonds** ou instrumentos de dívida cujo pagamento principal está indexado aos preços de venda de petróleo na data de resgate.

PETRODOLLARS – *MC.* Depósitos em **Eurodollars** feitos por países exportadores de petróleo ou pelos seus cidadãos.

PETTY CASH FUND – *DS.* Fundos de caixa para pequenas despesas correntes (ex: correio, táxis, material de escritório, etc.). *V.* **Imprest Account**.

P4 – *PF. Purpose, People, Planet, Probity (or Purity of Principles).* Sistema de análise de gestão empresarial relativamemte recente e que se baseia em quatro princípios: (1) ter um objectivo sólido em mente (**Purpose**); (2) selecccionar accionistas conscientes e responsáveis que controlem a empresa, bem como uma equipa idónea e competente para o realizar e uma rede de bons clientes (**People**); (3) produzir e actuar no mercado com respeito pela protecção do meio ambiente onde se vive (**Planet** – *our world, our home)*; e (4) com honestidade e ingreridade (**Probity**). *V.* **Sustainable Development, Accountability, Transparency, Scorecard (*)**.

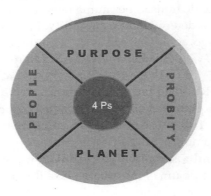

Representação gráfica do Sistema P4

PHASE IN – Introduzir uma medida legislativa, económica ou política, de gradual e lenta. *V.* **Phase-Out**.

PHASE OUT – Encerrar ou extinguir um acto legislativo, uma medida económica ou financeira de forma gradual e lenta. *V.* **Phase In**.

PHISHING – *MC. CR.* O uso com intenções criminosas de *email*, *web sites* e outros meios electrónicos pelos quais se tenta obter dados pessoais de possíveis vítimas de burlas (ex. número de cartões de crédito ou de Multibanco, **PIN**s, Cartões de Contribuinte, Bilhetes de Identidade, etc). *V.* **Scienter, Torts (*), Privacy,**

PICK APART – *DS.* Desmontar, separar e depois eliminar o que seja de menor valor ou funcionalidade. Usa-se na reestruturação financeira ou operacional de uma empresa ou no caso de **mergers** e **spin-off,** em que se encerram, liquidam ou se fecham empresas de um determinado grupo por se considerarem menos lucrativas. *V.* **Private Equity**.

Direito de Negócios – Dicionário Inglês-Português   462

PIDGEON – *USA. DS.* Ainda que mais usado para designar os políticos norte-americanos liberais que tentam por meio de negociação resolver diferendos militares, o termo começa a ser também crescentemente utilizado para referir os administradores, e accionistas controladores de uma empresa que tentam evitar conflitos directos ou indirectos relativamente a concorrentes de mercado, assumindo sempre uma atitude moderada, flexível e pretensamente razoável. Por oposição a **hawk**.

PIGGYBACK FINANCING – *PF. DS.* Análise económico-financeira de um projecto a ser financiado, cujos elementos poderão ser utilizados para o financiamento de projecto similar ou do mesmo sector económico. *V.* **Project Finance**.

PIN (ou PERSONAL IDENTIFICATION NUMBER) – *B.* Código de identificação pessoal de um utente, que lhe permite segurança no acesso e utilização de serviços bancários informáticos, como por exemplo o Multibanco.

PINK BOOK – *UK. EC. V.* Balance of Payments, **Blue Book**.

PISCARY – *EC.* Direito de pesca, actividade piscatória.

PIT – *MC.* Local físico de transacções numa Bolsa de Mercadorias onde se concentram os correctores de uma determinada **commodity**. Na Bolsa de Chicago, por exemplo, existem sete *Pits* – trigo, milho, cereais, soja, óleo de soja, carne e carne de porco.

PLACEMENT – *MC.* Colocação no mercado de valores mobiliários. *V.* **Securities**, **Issue**.

PLACE OF DELIVERY – *DC.* Local de entrega.

PLAINTIFF – *DP.* O queixoso, o Autor de uma acção judicial. *V.* **Defendant**.

PLAIN VANILLA – 1. *B. PF.* Operação bancária/financeira padrão, típica, sem aparente complexidade, complicações ou características especiais; **2. *MC.* swap** clássica (também denominada **vanilla swap)** que consiste em trocar as responsabilidades de pagamento a 5, 6 ou 7 anos de um empréstimo a taxa flutuante por pagamentos a taxa fixa, embora ambos na mesma moeda.

PLANT – *PF.* Unidade fabril, fábrica, unidade industrial.

PLANT ASSETS – *PF.* Máquinas, equipamento, edifícios, ferramentas, todos os Activos incluídos numa fábrica/unidade fabril com exclusão do terreno onde aqueles estão localizados. *V.* **Assets**.

PLEADINGS – *DP.* As petições, contestações, réplicas, tréplicas, requerimentos, recursos e demais documentos escritos apresentados pelas partes em tribunal e relativos a uma acção ou diligência judicial.

PLEDGE – *DR.* Penhor ou caução. Usado para bens móveis ou direitos. Alguns termos associados:

a. **pledge agreement** – *C.* Contrato de Caução ou Penhor;
b. **pledgee** – *DR.* A parte em cujo nome e benefício é constituída a caução/penhor. *V.* **Collateral, Lien**;
c. **pledgery** – *DR.* Garantia, assumir solidariamente a obrigação de um terceiro. *V.* **Guarantee**;
d. **pledgor** – *DR.* A parte que constitui a caução/penhor. *V.* **Collateral, Lien**.

PLENARY JURISDICTION – *DP.* Jurisdição absoluta e incontestada de um tribunal sobre um processo ou sobre as pessoas ou temas nele envolvidas. *V.* **Jurisdiction**.

PLOTTAGE – *DR. DF.* Sistema de avaliação imobiliária de lotes de terreno urbanos que, por serem contíguos, permitem ao seu proprietário a realização de conjuntos habitacionais ou centros comerciais de maiores proporções e, como tal, sujeitos a mais valias.

PLOW BACK – *PF. DS.* Reinvestir em novos investimentos os lucros obtidos, ao invés de os distribuir em forma de dividendos ou comparticipação entre os sócios. *V.* **Reinvestment, Risk**.

PLOW INTO – *MC.* Assumir um compromisso com responsabilidade e seriedade.

PLUNDER – *CR.* Pilhagem, assalto e roubo generalizado.

PLURALITY – Saldo ou diferença de votos pelos quais, um candidato político foi eleito. Note-se que se tratando apenas de dois candidatos, o termo correcto será referir que foi eleito em termos de **majority**.

PLUTONIUM – *ENV.* Plutónio, elemento metálico produzido por reactores nucleares, podendo aliás ser utilizado como combustível nuclear. É muito perigoso – emite radiações *alfa* e se uma partícula por mais pequena que seja se instala num pulmão, produz cancro. Se for absorvido em forma líquida, tende a espalhar-se pelos tecidos ósseos e daí para a medula óssea provocando leucemia. Nagasaki foi destruída por um bomba de plutónio.

POCKET VETO – *USA.* Verdadeiro direito de veto do Presidente dos EUA ao deixar terminar um período legislativo sem assinar nem rejeitar um projecto de lei que lhe foi enviado pelo Congresso. *V.* **Congress**.

POINT – **1.** Tema, assunto específico; **2.** Ponto de vista; **3.** *USA. MC.* Escala de avaliação de valores mobiliários. Neste sentido, point tem o significado que lhe é dado pelo tipo de valor mobiliário ou cotação de mercado de que se trate. Assim:
- quando se trate de Acções, *one point* corresponde **a 1 Dólar**;
- quando se trate de Obrigações, *one point* corresponde **a 10 Dólares**;
- porém, em termos de subida ou descida média dos índices de Bolsas de valores, *one point* é apenas isso mesmo – *one point*. Ou seja, se o índice **Dow-Jones Industrial Average** desceu de 945.34 para 944.34, desceu um ponto mas sem que isso signifique que tenha descido 1 Dólar.

POLICY – **1.** Princípios gerais de Governo, do Poder Legislativo ou de Administração Pública; **2.** Apólice de seguro. *V.* **Insurance (*)**.

POLICY GUIDELINES – *PF.* Regulamento operacional ou de princípios de gestão, aprovados pelos sócios controladores ou Assembleia-Geral de uma empresa que está (ou pretende) a desenvolver um projecto de valor económico substancial. Também conhecido como **operational guidelines**.

POLICYHOLDER – Segurado; titular de apólice de seguro. *V.* **Insurance (*)**.

POLICY OF INSURANCE – Apólice de Seguro. *V.* **Insurance (*)**.

POLISH OFF – **1.** *EC.* Consumir, acabar por completo; **2.** Limpar; **3.** Derrotar, ultrapassar; **4.** Concluir os últimos detalhes de uma negociação ou investimento.

POLITICAL BUSINESS CYCLE – EC. Escola de macro economia que analisa o pretenso rigor e eficácia de algumas políticas monetárias e fiscais de Governos, atendendo a que parte das mesmas são ciclicamente influenciadas ou distorcidas por critérios de oportunismo político, sobretudo em época de eleições. Os defensores desta escola identificam dois sub-ciclos:
1. cerca de 3 a 4 semanas antes das eleições (para manter as rédeas do Poder ou de o conquistar, conforme o caso); e
2. logo após os resultados eleitorais (para mostrar que se cumpriram as chamadas *"promessas de comícios"*).

O exemplo abaixo, por nós elaborado e baseado em dados recolhidos nos finais dos anos 90 junto à OCDE, usa na verdade um critério mais rigoroso (*Escola de Yale*) usando 3 sub-períodos – 1. pré-eleitoral; 2. eleitoral efectivo; e 3. após as eleições. Aqui está representado graficamente o caso padrão de um país da UE em que num determinado ano da década de 90, o partido político então no Poder ganhou as eleições, dando-se o reverso quatro anos mais tarde.

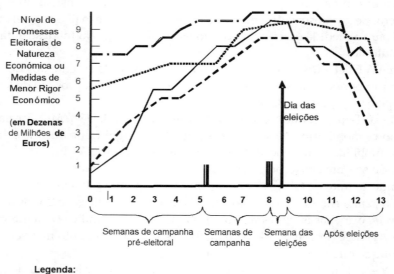

Exemplo de um *Political Business Cycle*

De notar também:

- que o Partido então na oposição, eleva substancialmente o nível das suas promessas no desejo de desalojar o Partido no poder; e
- que o Partido no poder ao ver "confirmada" a confiança do eleitorado e renovado o seu mandato por mais 4 anos (*"Four more years!"*, EUA), tende a "esquecer" mais rapidamente as suas promessas, voltando a aplicar os seus planos económicos e financeiros de longo prazo.

POLITICAL RISK – *PF. DC.* V. **Insurance (*), OPIC, MIGA.**

POLL – **1.** Analisar, entrevistar individualmente um conjunto de indivíduos; **2.** Interrogar individualmente os membros de um júri, após ser conhecido o seu veredicto, por forma a confirmar que concordam com o mesmo (*polling the jury*); **3.** Uma pessoa, um indivíduo; **4.** Lista de eleitores; **5.** Conjunto de pessoas que forma uma mesa eleitoral ou que posteriormente procede à contagem dos votos. *V.* **Jury.**

POLLUTION – *ENV.* Poluição; o que nos relatórios das Nações Unidas (1998) e da UE (2004) foi basicamente definido como:

- a contaminação do meio ambiente e das condições da vida humana, animal e vegetal (*contamination of the human, animal and plants living conditions*);
- através:
  - o da disseminação de matérias primas, outros materiais e substâncias industriais e/ou radioactivas (*by means of discharge of industrial and/or radioactive raw materials, materials or substances*);
  - o da emissão de gazes e fumos (*gas and smoke emissions*), bem como;
  - o do despejo não controlado de lixos e dejectos (*the uncontrolled dumping of waste materials and remains*).

V. **Equator Principles, Environment, Montreal Protocol, Kyoto Protocol.**

POLYGRAPH – *DP. CR.* Máquina que relaciona as reacções neurológico-cerebrais a factos verdadeiros e falsos; o chamado *detector de mentiras*. Usado nos EUA apenas se o arguido ou suspeito aceitar, de livre vontade, sujeitar-se a tal exame.

POLYOPSONY – *EC.* Mercado com escassez de procura, com poucos compradores. *V.* **Demand.**

POLYPOLY – *EC.* Mercado com escassez de oferta, com poucos vendedores. *V.* **Supply.**

POOL – *V.* **Cartel.**

PORTFOLIO – **1.** *MC.* Carteira de títulos e valores mobiliários; **2.** *B.* Carteira de empréstimos e operações de crédito; **3.** Carteira de clientes.

POSITIVE COVENANTS – *V.* **Covenants.**

POSSESSION – *DR.* Posse, usufruir consciente e concretamente da propriedade de um bem ou direito, com exclusão de quaisquer outras pessoas. Distinguem-se a **actual possession** (posse consciente e efectiva, real, actual de um bem ou direito) e **constructive possession** (intenção de possuir futura e conscientemente um bem ou direito). *V.* **Hold, Occupancy, Ownership.**

Direito de Negócios – Dicionário Inglês-Português

POSSIBILITY – Possibilidade (*likelihood*), eventualidade, facto incerto mas com probabilidades de se vir a verificar; expectativa de direitos. Pode ser **near** (ou **ordinary**) – herdar os bens do meu avô que se encontra em estado de coma; e **remote** (ou **extraordinary**) – herdar os bens da minha noiva se vier a casar com esta e ela morrer antes de mim, não havendo filhos.

POST-DATED CHECK – *B.* Cheque emitido com data futura, cheque pré-datado.

POST DIEM – *USA. L. No dia seguinte a certa data pré-definida ou aprazada.*

POST HOC – *USA. L. Depois disto, após este facto.*

POUR IT ON – **1.** Exagerar muito; **2.** Acelerar em grande ritmo; intensificar muito.

POWER – Expressão com diversos significados dependendo do seu uso jurídico, económico, social, político ou financeiro. Algumas das formas mais comuns da sua utilização:

1. Direito, capacidade, titularidade;
2. Autoridade, poder, faculdade de governar (**political power**) ou de administrar, gerir;
3. Dispor, vender (**power of alienation**, **power of sale**), doar, transmitir, comprar, adquirir (**power of acquisition**);
4. Constituir garantias reais ou onerar os seus bens e activos;
5. Nomear representantes, procuradores ou gestores (**power of appointment**);
6. Livre disponibilidade da pessoa de mudar de residência, de emprego, de estado civil, de sexo, ou de nacionalidade;
7. Criar e cobrar impostos (**power of taxation**);
8. Disponibilidades financeiras, riqueza (**economic power**);
9. Poder de negociação (**bargaining power**);
10. Capacidade de gerar lucros ou tornar produtivo, gerando lucro (**earning power**);
11. Forma de energia (eléctrica, hidroeléctrica, térmica, eólica, atómica, etc.).

V. **Authority, Capacity, Utilization**.

POWER OF ATTORNEY – *C.* Procuração, instrumento escrito de mandato. Pode ser genérico (**general**) ou específico (**special**). *V.* **Proxy**.

PRACTICE – **1.** Acção repetida e habitual; **2.** Sucessão de actos do mesmo tipo, características ou efeitos (*practices*); **3.** Exercício de uma profissão (*practice of law, practice of medicine*).

PRAESUMPTIO JURIS ET DE JURE – *L. Presunção que não admite prova em contrário. V.* **Praesumptio Juris Tantum, Presumption**.

PRAESUMPTIO JURIS TANTUM – *L. Presunção que admite prova em contrário. V.* **Praesumptio Juris Et De Jure, Presumption**.

PREAMBLE – *C.* Intróito, preâmbulo dos factos que motivam ou explicam as partes terem concordado em celebrar o contrato que se segue. *V.* **Recitals**.

PRECEDENT – **1.** *DP.* Jurisprudência anterior aplicável ao processo ou caso em juízo; **2.** Experiência anterior, antecedente. *V.* **Overruling the Precedent**.

PRECEPT – Ordem, mandado, determinação emanada de uma autoridade ou entidade judicial ou oficial. *V.* **Writ, Order**.

PREEMPTIVE RIGHTS – *DS*. Direito de preferência (*preemption*) outorgado pelos estatutos, pacto social de uma empresa ou por lei a um accionista ou sócio e pelo qual este último tem o direito prioritário (relativamente a terceiros estranhos à empresa) de adquirir novas Acções, participações de capital da referida empresa, por forma a não diminuir (**dilution**) a sua participação no capital daquela. *V.* **Corporate Governance.**

PREFERRED CREDITOR – Credor com direito a ser pago prioritariamente, seja pelo tipo de garantias reais constituídas a seu favor, seja por determinação da lei. *V.* **Bankruptcy**.

PREFERRED DIVIDEND – *V.* **Preferred Shares**, **Dividend**.

PREFERRED HABITAT THEORY – *MC*. Teoria de matemática financeira que defende que a taxa de juros de Obrigações (**bonds**) a longo prazo, tende a ser o resultado da soma da média de taxas de juro a curto prazo, vigentes durante a existência dessa **bond**, acrescida de um **premium** relativo à sua procura/oferta.

PREFERRED SHARES /STOCK – *DS. V.* **Share**.

PREJUDICE – Preconceito, opinião contrária ou desfavorável, favoritismo, parcialidade que pode levar a um conflito de interesses (**conflict of interest**) ou até ferida de ilegalidade. Alguns termos relacionados:

1. **prejudice of judge** – *DP*. Parcialidade de um juiz que beneficia uma das partes ou prejudica claramente a outra parte;
2. **prejudicial error** – *DP*. Erro de facto ou de direito que afecta ou prejudica substancialmente os interesses de uma das partes e que, ao ser confirmado, obriga à realização de novo julgamento. *V.* **Error**, **Mistrial**;
3. **prejudicial publicity** – *USA. DP*. Faculdade de um juiz eliminar ou restringir o acesso por parte dos membros de um júri, a quaisquer notícias divulgadas pelos meios de informação quanto ao desenrolar do processo judicial em curso. *V.* **Jury**, **Veredict**.
4. **without prejudice** – *C*. Termo contratual ou documental pelo qual se ressalva expressamente que determinado acto ou declaração de uma parte, foi praticado ou feito com ressalva específica dos direitos dessa mesma parte. *V.* **Bias**;

PRELIMINARY HEARING – *DP*. Audiência prévia do arguido em função da qual o juiz decidirá se há base jurídica para o mesmo ser processado judicialmente. *V.* **Hearing**.

PRELIMINARY INJUCTION – *DP*. Medida cautelar. *V.* **Injuction**.

PRELIMINARY WARRANT – *DP*. Mandado judicial que determina a comparência de um arguido em tribunal para ser objecto de uma primeira inquirição. *V.* **Preliminary Hearing**.

PREMISES – 1. *DP*. Os factos ou argumentos já apresentados, a matéria jurídica já desenvolvida; **2.** *DR*. Instalações, área adjacente à casa ou aos principais edifícios que constituem a propriedade de alguém; **3.** Oficinas, garagens, estábulos, escritórios, etc.

Direito de Negócios – Dicionário Inglês-Português

PREMIUM – 1. Prémio, galardão; **2.** *MC.* Bónus, pagamento de quantias adicionais (a título de dividendos, comissões, percentagens) que incitem um investidor a subscrever determinado valor mobiliário ou a celebrar uma determinada apólice de seguro.

PREPAID INCOME – *CO.* Rendimento pago antecipadamente. *V.* **Income**

PREPAYMENT – *PF. B. MC. C.* Pagamento antecipado de um empréstimo/financiamento ou de determinada parte dos mesmos. Normalmente o pagamento antecipado só é possível mediante o pagamento simultâneo de uma multa contratual (**prepayment penalty**/**fee**); seja precedido de aviso escrito prévio da devedora; e inclua a quantia relativa aos juros incidentes sobre essa parte de capital até à data de pagamento antecipado. .

PREPAYMENT FEE – *PF. B. MC. C.* Também conhecido como **prepayment penalty**. No caso de empréstimos a taxa fixa, tem como justificativa o facto do banco ter captado fundos a taxas de juros flutuantes, havendo assim uma descompensação financeira que pretende reajustar. *V.* **Fee**.

PREROGATIVE – Direito exclusivo e especial conferido por lei. *V.* **Immunity**, **Privilege**.

PRESCRIBE – 1. *DR.* Conferir o direito de propriedade ou de uso e fruição, assumindo-se que o seu titular sempre exerceu tais direitos de forma ininterrupta e pacífica; **2.** Estabelecer, determinar, ordenar, regulamentar de forma obrigatória; **3.** Receitar (medicamentos, tratamento médico); **4.** Aconselhar, dar parecer técnico.

PRESCRIPTION – 1. *UK. DR.* Prescrição aquisitiva de direitos. *V.* **Status of Limitations**; **2.** Receita médica.

PRESENT INTEREST – *DR.* Faculdade de alguém ser reintegrado na posse ou propriedade de um bem, tendo em consideração a legitimidade dos direitos por ele invocados. *V.* **Interest.**

PRESENT VALUE – *PF. B. CO.* O valor actual de um financiamento ou pagamento a ser efectuado no futuro, assumindo determinados pressupostos da taxa de juros aplicável. Também conhecido como **discounted value**. *V.* **Net Present Value**.

PRESS AHEAD – 1. Ir em frente, avançar; **2.** Executar um plano, pôr em acção.

PRESS ON – 1. Apressar alguém a fazer ou decidir alguma coisa; **2.** Continuar uma viagem.

PRESS UP – 1. Passar a ferro (**ironing**); **2.** *MC.* Atropelar, ultrapassar de forma violenta os demais concorrentes ou investidores num determinado Projecto, ficando com a totalidade do investimento ou transacção de valores mobiliários.

PRESUMPTION – *DP.* Presunção legal ou judicial, ou seja, assumir um facto por força de lei ou de decisão judicial, ficando por conta da parte contra quem tal presunção é estabelecida, fazer prova em contrário. Alguns termos associados:

  a. **conclusive presumption** – Facto que se assume como líquido e certo a partir de determinada prova sumária. Por ex: em determinadas jurisdições estaduais dos EUA, constitui *conclusive presumption* que um menor de sete anos não pode cometer um crime doloso, ou seja, intencional;

b. **presumably** – Provavelmente, razoável de ter assumido; credível até prova em contrário;

c. **presumption of death** – Presumir a morte de alguém após o seu desaparecimento sem qualquer notícia sobre o seu paradeiro durante um largo período de tempo (normalmente, sete anos consecutivos);

d. **presumption of innocence** – Princípio sagrado do Direito Anglo-saxónico pelo qual se presume legalmente que o arguido é inocente até ficar iniludivelmente provada a sua culpa (*beyond any reasonable doubt*);

e. **presumptive** – Como conclusão ou consequência de se ter estabelecido uma presunção.

PRETERMISSION (ou PRETERMIT) – Preterir, dar preferência a outrem em detrimento de uma parte (ex: eliminar os filhos de uma herança).

PRE-TRIAL CONFERENCE – *DP.* Reunião ou conferência que, por iniciativa do juiz, se efectua antes do julgamento por forma a que os advogados das partes, o ministério público e o próprio juiz possam objectivar os temas que irão ser debatidos, inventariar as provas que irão ser produzidas e assegurar que não haverá medidas meramente dilatórias. Também conhecido como **pre-trial hearing**. *V.* **Hearing**.

PREVARICATION – **1.** Actuar de maneira falsa, sem escrúpulos, mentir; **2.** Ocultar um crime ou provas decisivas do mesmo; **3.** *UK.* Falsa acusação, falsa declaração ou prestação deliberada de prova evasiva ou incompleta. *V.* **Misrepresentation**.

PREVENT – **1.** Impedir, opor-se, evitar; **2.** Obstruir, proibir, vedar o acesso, não permitir a prática de um acto. *V.* **Injunction**.

PRICE EARNINGS RATIO – *MC. DS.* Rácio entre a cotação de uma Acção/Obrigação e os dividendos/juros e demais benefícios financeiros gerados por aquelas. Por oposição a **earnings price ratio**.

PRICE FIXING – *EC.* Pré-marcação, pré-determinação de preços (ou definição de preços máximos e mínimos) de certos bens e produtos entre as empresas produtoras ou que os comercializam, por forma a controlar o mercado e prejudicar a concorrência. *V.* **Anti-Trust Laws**.

PRICE INDEX – *EC.* Cálculo de preços médios de bens e produtos por comparação com a média de preços verificados em ano ou anos anteriores. *V.* **Average**.

PRICE SUPPORTS – *EC.* Políticas governamentais tendentes a impedir que o preço de certas mercadorias, bens ou **commodities** caíam abaixo de certos níveis mínimos, usando para tal, empréstimos subsidiados, reduções ou isenções fiscais, compras massivas por parte de entidades oficiais, etc.

PRIMA FACIE – *L.* À *primeira vista, aparentemente.*

PRIMARY – **1.** Primeiro (por ordem de inscrição ou registo); **2.** O primeiro, o mais importante, chefe; **3.** Principal causa ou efeito.

PRIMARY MARKET – *MC.* Mercado financeiro onde são lançados novos valores mobiliários a serem oferecidos a investidores institucionais. *V.* **Emerging Market**.

PRIME RATE – *PF. B.* Taxa de juros aplicável a créditos de boa qualidade, a clientes de primeiro nível (logo uma taxa de juros potencialmente baixa ou reduzida).

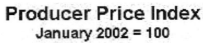

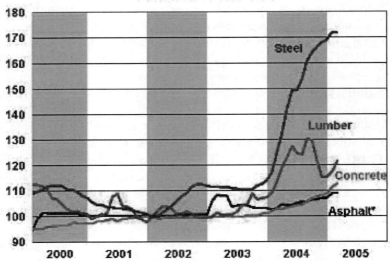

Exemplo de *Price Index* comparativo de materiais de construção

PRINCIPAL – **1.** *B.* O capital de um empréstimo/financiamento; **2.** Importante, destacado, com maior autoridade ou poder económico; **3.** Superintendente ou director de uma escola ou colégio; **4.** *B.* Pessoa ou entidade em cujo nome e representação actua o **agent**. *V.* **Agency**.

PRIOR – **1.** Que antecede, anterior; **2.** Que tem preferência em termos de execução judicial (*prior lien, prior mortgage*); **3.** Que tem preferência, que prevalece em função de idade, sexo ou grau hierárquico ou social. *V.* **Lien, Priority of Liens, Mortgage, Previous**.

PRIORITY OF LIENS – *DR.* Direito de preferência na execução e pagamento conferido por lei aos credores com garantias reais que tenham registado em primeiro lugar tais garantias (penhor, hipoteca, etc.). *V.* **Lien Secured Loans, Pledge, Mortgage**.

PRISONERS' DILEMMA – *USA. ENV. CR. DS.* Cálculo de probabilidades estatísticas que embora começasse por ser aplicado a criminosos comuns, é hoje em dia também usado para determinar o grau de punição de duas ou mais empresas acusadas conjuntamente de práticas irregulares quanto ao meio ambiente, nas áreas de mercado de capitais, **corporate governance**, etc. *V.* **Glossário deste Dicionário**.

PRIVACY – *USA.* Um dos conceitos mais relevantes da cultura anglo-saxónica e corolário dos direitos e liberdades fundamentais do cidadão, e das empresas. A sua amplitude vai desde:

(i) o direito de não interferência, ingerência ou intromissão na vida pessoal, seja pelo poder público seja pelos cidadãos e empresas e instituições;

(ii) à prerrogativa de fazer as escolhas de forma de vida individual, familiar e social (caso de pessoas físicas) ou forma de gestão e administração (caso de pessoas colectivas) que melhor aprouver dentro dos padrões morais, sociais e legais aplicáveis;

(iii) a não estar sujeito a divulgação ou conhecimento público de factos ligados à sua vida pessoal (*unwarranted publicity*) ou profissional (**attorney–client privilege, patient-physician privilege**); ou mais sinteticamente,

(iv) o direito de fazer aquilo que melhor aprouver com o seu património, desde que ao fazê-lo não esteja a infringir qualquer preceito legal (*the right to dispose of the assets and be let alone provided no law is breach in so doing*).

A violação de **Privacy** nos EUA ganhou uma importância particularmente séria no que se refere à divulgação não autorizada, abusiva ou mesmo fraudulenta de correio e comunicações electrónicas (**E-mail, VoIPs, Mobile Devices**, etc.), arquivos informáticos (**files**); extractos informáticos de contas bancárias; extractos informáticos de pedidos de crédito e sua aprovação ou recusa; extractos bancários da utilização de cartões de crédito e respectivos códigos de acesso (**PIN**), etc. Embora punida e regulada pelo *Privacy Act de 1974* e *Uniform Trade Secrets Act de 1979*, a defesa da Privacy sofreu sérias restrições por parte das autoridades norte-americanas, enquadradas nas medidas de segurança ligadas aos trágicos acontecimento de 11 de Setembro de 2001 (**Patriot Act**). Dados recentes [53] indicam que de Janeiro de 2006 a Julho de 2007, cerca de 150 milhões de **Personally Identifiable Information** (ou **PPIs**) de consumidores norte-americanos foram incorrecta e abusivamente utilizados, subtraídos ou roubados por meio informáticos. A violação de *Security* dá origem a diversos tipos de **Torts** (*). V. **Phishing, Phishing, Scienter**.

PRIVATE EQUITY – *PF. CF. MC.* Forma de investimento por parte de **hedge funds**, fundos de investimento e outros tipo de investidores profissionais (**institutional investors** ou **private equity firms**) ao:

- adquirir o controlo (**takeover**) ou participação substancial do capital de uma empresa ou grupo de empresas que apresenta menor desempenho, margem reduzida de lucros e resultados, etc.;
- por forma a participar da sua administração;
- introduzir as reformas operacionais e financeiras necessárias e posterior venda no mercado dessa empresa/ou grupo de empresas auferindo das mais valias daí derivadas;
- podendo ou não tomar tais iniciativas via Ofertas Públicas e **hostile takeovers**;

---

[53] "*Identity Theft Revisited*", J. Anthony Vittal, in "Privacy", revista GP Solo, American Bar Asssociation, Julho/Agosto de 2007, Vol. 24, nº 5, Chicago, pag.48.

Direito de Negócios – Dicionário Inglês-Português   472

Se por um lado a **private equity** apresentou até aos finais dos anos 90, aspectos positivos (maior poder de fiscalização dos corpos gerentes existentes, maiores dividendos, controlo de custos, etc.), tem por outro merecido algumas reservas quanto ao cumprimento estrito por estes investidores das regras de **corporate governance**. A própria OCDE (Junho de 2007) rejeitou a ideia de um *"Código de Private Equity"*, optando ao invés pelo aconselhamento aos profissionais desta área no sentido de se restringirem aos princípios gerais e concretos da **corporate governance** já existentes.

Por outro lado, em Outubro de 2007, atendendo ao número de financiamentos feitos a nível internacional junto a diversos bancos por grupos de **private equity**, que depois entraram em mora ou incumprimento (juntamente com os **hedge funds**), a OCDE e o **BIS** mostram ainda mais preocupação quanto à disciplina a impor a este tipo de investidores.

PRIVATE INTERNATIONAL LAW – Direito Internacional Privado. Mais conhecido nos EUA como **conflict of laws**.

PRIVATE PLACEMENT – *MC. V.* **Placement**.

PRIVATUM COMMODUM PUBLICO CEDIT – *USA. L. O interesse público prevalece sobre o interesse privado.*

PRIVILEGE – 1. Direito excepcionalmente atribuído a uma pessoa, empresa, classe profissional atribuindo-lhes determinadas prerrogativas não extensíveis aos demais cidadãos, empresas, classes profissionais, etc.; **2. CR.** Imunidade, não imputabilidade criminal. *V.* **Privacy, lmmunity, Torts (*)**.

PROBABLE CAUSE – O mesmo que **reasonable cause**. *V.* **Cause**.

PROBABLE CAUSE HEARING – *V.* **Preliminary Hearing, Hearing**.

PROBATE – *DP.* Processo judicial para analisar e decidir da validade jurídica de um testamento ou para nomear um administrador temporário da massa de bens que constituem uma herança. *V.* **Will, Heirs**.

PROBATION – 1. *DP.* Prestação de prova judicial (testemunhal, documental, etc.); **2.** *DT.* Período de teste ou experiência de um funcionário recém-contratado; **3. CR.** Liberdade condicional (**parole**) sob supervisão de um funcionário judicial (**probation officer**) que vela pela integração social do ex-presidiário, seu bom comportamento, assiduidade aos postos de trabalho, etc.

PRO BONO – *USA. L. Serviços prestados gratuitamente* (nomeadamente, de assistência jurídica).

PROCEDURAL LAW – *DP.* Lei processual (civil, criminal, fiscal, administrativa, etc.).

PROCEDURE – 1. Formalismo processual, processar uma diligência judicial ou administrativa; **2.** *DP.* O mesmo que **procedural law**.

PROCEEDINGS – 1. *DP.* Denominação genérica de quaisquer diligências processuais, actos judiciais das partes, do juiz e dos demais intervenientes num processo; **2.** *DP.* Acção judicial; **3.** Medidas administrativas ou de gestão financeira.

PROCEEDS – PF. CO. Meios ou recursos financeiros, rendimentos, rendas, dinheiro, preço ou outras formas de pagamento efectivamente recebidas. Termo bastante associado a **cash-flow**. *V.* **Money, Liquid Assets**.

PROCESS – 1. EC. Conjunto de actos, operações, métodos, técnicas intermediárias e de **marketing** conducentes à realização de um objectivo ou produção final de um bem/mercadoria; **2. DP.** Acção Judicial. *V.* **Litigation**.

PROCESS AGENT – DP. C. Pessoa ou entidade nomeada contratualmente para receber citações ou notificações em nome de uma das partes, sobretudo quando esta última não reside ou não tem escritórios ou domicílio na jurisdição onde a futura acção judicial será proposta.

PROCESS SERVER – DP. Oficial de diligências incumbido de citar as partes de um processo judicial. *V.* **Summons**.

PROCHRONISM – Erro nas datas de um documento ou prazo ao antecipar a data real dos mesmos.

PROCURATION – 1. UK. Procuração ou instrumento de mandato não judicial; **2.** Actuar como representante (*agent*) de alguém, devidamente autorizado por escrito. *V.* **Attorney in Fact, Agency, Proxy**.

PROCUREMENT – 1. C. FIP. Venda ou abastecimento de bens, mercadorias ou tecnologia ao Governo ou a entidades da administração pública. Processado segundo concurso público (**bid** ou **tender**) sujeito;

- à melhor oferta; e
- ao cumprimento de cadernos de encargos, termos de oferta e regulamentos específicos que assegurem a boa qualidade dos bens, mercadorias ou serviços, a igualdade de oportunidade de participação por parte de todos os concorrentes, fiscalização pelas entidades públicas da qualidade e quantidades dos bens, estabelecimento de multas pelo não cumprimento dessas e de outras condições, etc.;

2. DS. DR. O mesmo do sub-parágrafo acima mas por parte de uma empresa, aplicando os princípios de boa e justa práticas de mercado, livre concorrência sem favoritismos nem conflitos de interesse. *V.* **Corporate Governance**.

PRODITION – CR. Traição, acto deliberadamente praticado para enganar, iludir ou prejudicar alguém.

PRODUCT – 1. EC. Bens ou mercadorias prontas para entrega ou para venda; **2.** Rendimento, renda, lucro, dividendo, resultado de investimento financeiro. *V.* **Yield, Income, Product Liability**.

PRODUCT LIABILITY – DC. O conjunto de dispositivos legais que defendem e protegem os direitos do consumidor ao criar e regular as responsabilidade civis e criminais do produtor, fabricante, distribuidor, retalhista e comerciante, quanto à qualidade, segurança e não periculosidade no consumo, uso ou utilização do bem ou mercadoria postos à venda. Em Direito Anglo-Saxónico representa uma das áreas mais desenvolvidas de **Torts** (*). *V.* **Strict Liability, Quality**.

Direito de Negócios – Dicionário Inglês-Português

PRODUCT LIABILITY INSURANCE – *DC.* Seguro contra reclamações e pedidos de indemnização relativamente à qualidade, consumo e uso de um bem ou produto. **V. Insurance (*).**

PROFIT – *MC. DS.* Lucro, ganho de capital, dividendos, juros. *V.* **Profit, Yield, Dividends, Capital Gains.**

PROFIT AND LOSS ACCOUNT – *V.* **Account, Financial Statements**.

PROFIT MARGIN – *MC. V.* **Margin**.

PROFIT SHARING (ou INCOME SHARING) – **1.** *C. PF.* Contratos de financiamento pelos quais, os credores de uma empresa apenas levam uma taxa de juros básica, ficando a demais compensação financeira por conta de comparticipação nos lucros da empresa, seja na forma de lucros brutos **(gross profits)**, lucros líquidos **(net profits)**, resultados de vendas brutas ou líquidas; resultados de exportações brutas ou líquidas, etc. Se tal tipo de financiamento é incorporado com participação de capital e subsequente **put option** do investidor (pelo qual esse investidor vende a sua participação de capital), constitui uma das formas usuais de **private equity; 2.** *PF. DS.* Acordo entre investidores (seja ou não em regime de **joint-venture)** pelo qual se comparticipam os custos, as perdas e os lucros de um determinado empreendimento ou investimento, em proporção aos valores investidos; **3.** *C.* Contratos de prestação de serviço com uma empresa pelos quais os prestadores de serviços ou consultores apenas são pagos por um valor simbólico ou simples reembolso de despesas, sendo a parte remanescente paga numa percentagem dos lucros da empresa auferidos pelo sucesso do projecto **(success fee)**, aplicando um dos critérios citados no parágrafo 1 acima; **4.** *MC.* Valores mobiliários cujo pagamento de dividendos, juros ou formas de retribuição de investimento segue os critérios do parágrafo 1 acima. *V.* **Quasi-Equity, Fees.**

PROJECT COMPLETION – *PF.* Uma das fases mais importantes do ciclo de **project finance** em que se faz um dos primeiros testes decisivos para apurar se o projecto em causa foi ou não um sucesso total, parcial ou falhou os seus objectivos. Normalmente divide-se em duas partes, cujo conteúdo depende obviamente de projecto para projecto:

1. **physical completion** – constatar que todas as edificações fabris da empresa estão concluídas, os equipamentos máquinas montados e a funcionar, as infra-estruturas (água, electricidade, etc.) também prontas e em funcionamento e, que a empresa cumpriu com todas as normas e regras de meio ambiente, segurança e saúde pública, etc.; a esta fase segue-se normalmente,

2. **financial completion** – verificar que os rácios financeiros previstos contratualmente estão a ser cumpridos, os **cash flows** e a liquidez nos níveis acordados, que não houve novos endividamentos além dos permitidos, que a empresa já tem uma margem de vendas e lucros líquidos dentro do previsto, etc. **Para maiores desenvolvimentos deste tema *V.* o Glossário deste Dicionário (*).**

PROJECT COST – *PF. B.* Conjunto de elementos económicos e financeiros que representam a totalidade dos custos previstos ou orçamentados de um projecto. Contrapõe-se a **financial plan** (plano financeiro) onde se agrupam os recursos financeiros que vão fazer face a tais custos. Um *Project Cost* pode ser mais ou menos complexo conforme a natureza e amplitude do projecto a que se refere; de qualquer forma, os seus componentes mais comuns são:

- preço do terreno, área ou edifício onde a construção e montagem da fábrica ou instalações fabris vão ter lugar;
- preços dos materiais de construção e mão de obra;
- preços dos equipamentos e máquinas; custos de instalação, funcionamento e manutenção;
- matérias primas e derivados;
- salários e pagamentos associados, impostos e segurança social;
- **royalties,** custos de energia, de transporte, de distribuição, etc.

Item	Total
	($ million equivalent)
Plant and Equipment	74.64
Civil Works and Erection	18.88
Vehicles and Administrative Costs	0.92
Financing Costs	3.21
Contingency	3.00
Interest during Construction	3.20
Working Capital	1.50
Pre-operating Expenses	1.00
Export Credit Deposit	3.85
TOTAL PROJECT COST	110.20

Exemplo de um *Project Cost* relativo a um projecto petroquímico "greenfield" de 1988.

O não cumprimento de um **financial plan** (ou melhor, o exceder-se o custo previsto) pode trazer graves consequências para o Projecto e para a empresa que decidiu efectuá-lo (**overrun cost**). *V.* Project Finance, Project Funds Agreement, Project Completion (*).

PROJECT FINANCE – *PF.* Embora literalmente se traduza por "Financiamento de Projectos", foi, é e tende a ser muito mais do que isso, já que inclui diversos ramos de Direito (de sociedades comerciais, fiscal, administrativo, de mercado de capitais, bancário, etc.), Economia, Gestão, Contabilidade, Auditoria, **marketing**, etc. Lista meramente exemplificativa dos principais tipos de *Project Finance*:

(i) projectos de raiz, ou seja, começados do zero (**greenfield projects**);

Direito de Negócios – Dicionário Inglês-Português   476

(ii)   projectos com infra-estruturas (água, electricidade, esgotos, etc.) assegura-
        das ou pré -instaladas (**brownfield projects**);

(iii)   refinanciamento (**refinancing**);

(iv)   restruturação (**restructuring**);

(v)   infra-estrutura (**infrastructure**);

(vi)   privatizações (**privatization**);

(vii)   **Build Operate and Transfer – BOTS**;

(viii) projectos de reciclagem, ecológicos e de meio-ambiente, (e nestes, a compra
        e venda de quotas de poluição) e de segurança e saúde pública;

(ix)   associações e fusões com outras empresas (**mergers**) ou de compra do capi-
        tal controlador de outras empresas (**take over**);

(x)   associação de empresas públicas ou de serviços de utilidade pública com
        empresas privadas (**PPPs -Private and Public Partnerships (*)**), etc.

V. **Corporate Finance**.

PROJECT FUNDS AGREEMENT – *PF. CF. B.* Contrato pelo qual os sócios maioritários de uma empresa se comprometem com o banco financiador a conceder empréstimos adicionais (ou efectuar e subscrever novos aumentos de capital) pelo valor que
se torne necessário para cobrir um aumento de custo (**overrun cost**) e assegurar que o
Projecto seja concluído física e financeiramente (**project completion**). Variações: **Sponsors Support Agreement** e **Financial Support Agreement**. *V.* **Deficiency**.

PROSPECTUS – *MC. B. PF.* Folheto, circular ou outra forma de publicação destinada ao público e aos investidores em geral, no cumprimento dos princípios da lei
aplicável e de **corporate governance**, pelo qual, a título meramente exemplificativo:

- se indicam as características gerais de valores mobiliários a serem emitidos, bem
  como a análise do desempenho financeiro da empresa ou do grupo económico a
  ela associado, incluindo a sua liquidez, solidez de investimentos e margens de
  lucro;
- identificam-se as finalidades a que se destinam os recursos provenientes da
  subscrição de tais valores mobiliários;
- identificam-se os corpos directores e de gestão da empresa a sua idoneidade e
  inexistência de conflitos de interesses;
- fazem-se detalhadas análises do mercado respectivo; bem como do regime jurídico aplicável, com especial ênfase na área fiscal.

A emissão de um *Prospectus* junto ao público em geral, é regulada nos EUA, pela
Securities and Exchange Commission (SEC). No Reino Unido, as normas reguladoras
da omissão de prospectus são basicamente idênticas. De notar que numa decisão de
1998, a SEC deliberou que a apresentação informática de um documento com o teor de
um prospectus, via *Internet*, carecia de valor jurídico (*Caso Bloomberg*). *V.* **Offering Circular, Institutional Investors, Financial Statements, Auditor, Securities**.

PROVISION – *C.* Cláusula ou dispositivo contratual. O mesmo que **covenant**.

PROXY – Procuração informal, normalmente usada para actos jurídicos simples
ou sem compromissos especiais. *V.* **Power of Attorney**.

PUBLIC DOMAIN – Obras artísticas, literárias, musicais, *software*, etc., sobre as quais não existem direitos de autor (**copyrights**) ou de propriedade intelectual e que, como tal, podem ser livremente copiadas e utilizadas.

PUBLIC PRIVATE PARTNERSHIPS (ou PPPs) – Parcerias Público Privadas; forma de cooperação empresarial entre autoridades, autarquias públicas e empresas privadas, onde estas últimas financiam, constroem e asseguram a manutenção de obras e serviços de utilidade pública (saúde pública, transportes, abastecimento de água, gestão de resíduos, etc.) *V.* **análise detalhada no Glossário deste Dicionário (*) e Partnership.**

PUNITIVE DAMAGES – Elementos básico de **Torts** (*), opõe-se a **compensatory damages**. Acto ou omissão de um arguido que deliberada e intencionalmente prejudicou gravemente os interesses de terceiro, levam a uma especial preocupação por parte do tribunal, e este aplica multas de alto valor financeiro para tentar evitar a repetição de tais actos ou omissões. *V.* **Damages, Scienter.**

PUT OPTION – *MC. V.* Opção/direito (mas não obrigação) de vender a um terceiro um valor mobiliário ou participação de capital, a um determinado preço (**strike price**), numa certa data, através de **warrant** ou outra forma contratual. *V.* **Option.**

PYRAMID SELLING – **1.** *DC.* Técnica de **marketing** de vendas com uma estrutura crescente de responsáveis (ex. o director geral de vendas de uma empresa contrata 3 sub-directores, entregando a cada um deles uma área regional; estes contratam **n** responsáveis por cada distrito, que por sua vez contratam **y** sub-responsáveis por cada concelho, etc.); **2.** *DC.* Análise estatística da procura e oferta de um bem acima ou abaixo do valor de mercado (**market value**).

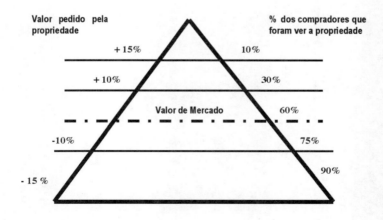

Exemplo (2006) de uma *Pyramid Selling* do sector imobiliário (habitação) na área de Aveiro

Q

QUADRIPARTITE – *C.* Contrato ou escritura notarial compostos de quatro documentos básicos.

QUALIFIED – **1.** Apto, que preenche os requisitos necessários, que torna elegível; **2.** *C.* Alteração num texto ou documento com o intuito de restringir o seu sentido ou significado ou de não o tornar tão amplo; **3.** Inclusão num parecer jurídico ou **legal opinion** de ressalva quanto à eficácia ou validade de certa cláusula ou termo do documento sobre o qual tal parecer é emitido.

QUALIFIED PLAN – *DT. DF. DC.* Plano levado a cabo por uma entidade empregadora que atribui benefícios de reforma (**retirement**) aos seus empregados, com vantagens fiscais (**tax benefits**) para ambas as partes. Na esfera do empregador, as contribuições para o fundo constituem despesas fiscalmente aceites; na esfera do empregado estes depósitos estão isentos de impostos até ao momento em que esses direitos são atribuídos (momento da reforma). Adicionalmente, a tributação sobre ganhos obtidos sobre esses depósitos é normalmente diferida pelo período acumulado das contribuições. O tema ganha acuidade quando a empresa tem ou contratou com seguradoras, planos privados de complemento de reforma. **V. Insurance (*), Taxes.**

QUALIFIED PRIVILEGE – *DP.* Imunidade criminal de que beneficiam certas profissionais (ex: advogados e juízes em suas arguições em juízo) relativa a comentários ofensivos à dignidade de um terceiro, desde que feitos sem o intuito de prejudicar tal terceiro e sem malícia. **V. Torts (*).**

QUALIFIED QUORUM – *DS.* Percentagem ou número mínimo de votos necessários para aprovação de certas deliberações sociais especiais ou de maior gravidade de uma empresa ou instituição, acima do simples critério de maioria simples, ou seja 51%. **V. Absolute Majority, Quorum.**

QUALITY – *DC.* Requisitos básicos, impostos por lei ou por política da própria empresa, relativamente à qualidade, durabilidade, funcionamento, segurança e consumo dos bens, produtos e serviços (**sale and/or supply of goods**) que são objecto de actividades comerciais, e da venda ao público, (*consumers sales*). **V. Product Liability.** Principais termos associados:

    a. <u>**quality assurance**</u> – *DC.* Conjunto de procedimentos, políticas e estrutura administrativa mantida por uma empresa para assegurar, em todas as fases ou etapas de produção e venda, o nível da qualidade dos seus produtos ou serviços;

    b. <u>**quality audit**</u> – *DC.* Inspecção da qualidade dos produtos ou serviços de uma empresa, feita por entidades independentes, especialmente contratadas para o efeito;

Direito de Negócios – Dicionário Inglês-Português

c. **quality control** – *DC*. Inspecção da qualidade dos produtos ou serviços de uma empresa, feita pelas autoridades competentes e/ou pela própria empresa;

d. **quality costs** – *DC*. As despesas e custos incorridos com a inspecção, verificação e correcção de eventuais problemas na qualidade dos bens, produtos e serviços oferecidos por uma empresa.

QUARTER – 1. A quarta parte de alguma coisa; **2.** A quarta parte de um ano (**fiscal quarter**), ou seja, um período trimestral; **3.** A quarta parte de 1 Dólar, ou seja, 25 centavos.

QUASI CONTRACT – *C. DP.* Vínculo obrigacional criado por lei na ausência de contrato entre as partes. Aplicado nos EUA pelos tribunais nos casos de enriquecimento sem causa (**unjust enrichment**).

QUASI-EQUITY – *PF. CO.* Contrapõe-se a **debt** e a **equity**. Forma contabilística que originalmente assume a forma transitória de dívida mas, com características especiais (nomeadamente, dos riscos especiais que envolve) que a aproximam da **equity,** onde acaba por ser contabilizada de forma definitiva. Exemplos: empréstimos convertíveis em Acções, empréstimos subordinados, suprimentos adiantamentos por conta de futuras subscrições, etc. *V.* **Subordination, Goodwill, Going Concern**.

QUASI-MONEY – *V.* **Near-Money**.

QUERY – *DP.* Questão, pergunta, interrogação. **Question mark** – ponto de interrogação.

QUICK ASSETS – *PF.* Valores que podem rapidamente ser convertidos em dinheiro (ex: contas a receber a curto prazo, valores mobiliários negociáveis, etc.). *V.* **Current Assets, Assets**.

QUICK ASSET RATIO – *PF.* O mesmo que **acid ratio** ou **current ratio**.

QUIET ENJOYMENT – *DR.* Direito de uso e posse de um bem imóvel que a lei assegura ao respectivo proprietário ou arrendatário.

QUI PRO QUO – *L. Alguma coisa em troca de outra, um facto contrabalançado por outro.*

QUIT – 1. Sair, desocupar (**quit the premises**); **2.** Desistir, abandonar um leito ou causa; **3.** *CR*. Ser declarado inocente, absolvido; **4.** *DT.* Demitir-se de um emprego (**quit the job**).

QUI(S) TACET, CONSENTIRE VIDETUR – *USA. L. Quem cala, consente.* Nos finais do Império Romano, os glosadores acrescentaram *Qui tacet cum loqui potest et debt consentire videtur*, ou seja, "*Quem cala, podendo e devendo falar, entende-se que consente*".

QUORUM – *DS.* O número de participantes, eleitores, membros de um Conselho de Administração ou outro órgão que necessita estar presente (i) para se iniciar uma reunião; (ii) para votar ou tomar uma deliberação. *V.* **Qualified Quorum.**

QUOTA – 1. Proporção, parte proporcional (*a sales quota, market quota*); **2.** *DC.* Restrições na importação de mercadorias estrangeiras (*import quota*).

QUOTATION – 1. Transcrição verbal ou oral de um texto, comentário, frase ou opinião como reforço de um argumento; **2.** *MC.* Indicação dos preços de mercado de

Valores mobiliários ou **commodities**; **3. B.** Indicação das taxas de juro aplicáveis a um empréstimo. Algumas vezes abreviado como "*quote*".

QUOTING BANKS – *PF. B. C.* Sistema pactuado contratualmente para definir a taxa flutuante periódica aplicável a um empréstimo a longo prazo. As partes identificam previamente certos bancos (**interest determination date**) para empréstimos do mesmo tipo. A nova taxa flutuante trimestral/semestral, etc., corresponde à média aritmética das taxas de juros informadas. Hoje em dia praticamente substituído por sistemas de consulta electrónica como a **Reuters Euribor/Screen Libor Page** e **Telerate.**

R

RACE-NOTICE RECORDING STATUTES – *USA. DR.* Legislação (cada Estado norte-americano tem a sua própria) que estabelece o princípio de prioridade da data e ordem de entrada quanto ao registo (**recording act**) de aquisição e alienação de bens imóveis.

RACKETEERING – *CR.* Forma organizada (ou seja, envolvendo um grupo de criminosos) de extorquir dinheiro ou bens de um terceiro.

RACK-RENT – *DR.* Aluguer ou renda de imóvel (i) com todo o seu recheio; (ii) excessivo, que vai muito além do valor económico do bem alugado/arrendado.

RADIATION – *ENV.* Radiação, um dos fenómenos cujos efeitos atingem profunda e fatalmente a vida animal e humana. As suas formas mais comuns são as causadas pelo urânio e o electromagnétismo (infra-vermelho, ultra violeta e a radiação cósmica). Crescente motivo de preocupação mundial, que se estende aos trágicos efeitos causados pelo deficiente manuseamento e tratamento da energia atómica e do **greenhouse effect**. As Conferências da ONU de 1976, a Convenção de Viena de 1985, o Protocolo de Montreal de 1987 e o **Kyoto Protocol**, são apenas alguns exemplos das medidas internacionais que tentam enfrentar este sério problema de saúde mundial. *V.* **Equator Principles, Environment.**

RAIDER – *DS. MC.* Empresa ou individuo que, tirando partido do facto de uma empresa ter **assets** subavaliados ou estar a debater-se com problemas de liquidez, adquire o capital de voto desta ou ameaça fazê-lo sob a forma de **hostile takeover**.

RAISE – 1. Apresentar, comunicar uma interpretação, entendimento ou assunto (*raise an issue*); **2.** Propagar, anunciar, tornar público; **3.** Juntar, reunir quantias, valores, esforços, iniciativas, em função de um projecto; **4.** *MC.* Aumentar o valor de um valor mobiliário ou de crédito.

RAISED CHECK – *B.* Cheque cujo valor de emissão foi alterado sem autorização do emitente e por meios fraudulentos.

RAISE REVENUE – *DF.* Aumentar as receitas públicas (ex.: através de novos impostos).

RAKE OFF – *DS. CR.* Participar dos lucros de forma ilegal.

RALLY – *MC.* Subida de cotações numa Bolsa de Valores após queda significativa daquelas, devido à atitude do mercado quanto ao estado geral da Economia. *V.* **Capital Gains. Technical Rally.**

RAMPING – *MC.* Política de auto-investimento de uma empresa para melhorar a procura e compra de um valor mobiliário por ela emitido ao adquirir no mercado,

Direito de Negócios – Dicionário Inglês-Português

quantidades razoáveis deste último. Se o mercado reage positivamente, acelerando por sua vez a procura global e consequente subida de cotações, a empresa atinge um duplo objectivo – melhorar a procura global e realizar uma mais valia ou ganho de capital ao vender os lotes adquiridos. Nem todas as legislações permitem tal prática.

RANDOM SAMPLE – *EC.* Amostra/colheita de dados sem ordem sistemática ou critérios pré-estabelecidos. *V.* **Random Numbers**.

RANDOM WALK – *MC.* Teoria que defende que em certos períodos, as cotações de alguns valores mobiliários mudam sem qualquer critério predefinido ou lógica de investimento.

RANDON – *ENV.* Rádon, um tipo de gás radioactivo que se origina naturalmente da decomposição de elementos instáveis das rochas. Infiltrando-se no solo, pode facilmente atingir as partes inferiores das casas e edifícios (fundações, pilares, etc.) provocando cancro de pulmão nos seus habitantes e moradores. Uma das formas de combater o rádon é a instalação de ventiladores em caves e garagens de prédios mais antigos. *V.* **Equator Principles, Environment.**

RANK CORRELATION COEFFICIENT – *EC.* Observação de duas variáveis económicas associadas, classificando-as por ordem decrescente de importância e comparando-a com prévias classificações de ordem entre essas mesmas variáveis.

RANKING OF CREDITORS – *V.* **Bankruptcy**.

RANSON – *CR. T.* Quantia paga a título de resgate de pessoa ou bem que foi raptada ou roubado, conforme seja o caso. *V.* **Kidnapping, Torts (*)**.

RAPINE – *T. CR.* Acto violento pelo qual é roubada ou se esbulha a propriedade de alguém. *V.* **Torts (*)**.

RATABLE – Proporcional, distribuído de acordo com uma certa proporção ou rácio. *V.* **Pari Passu**.

RATCHET EFFECT – *EC.* **1.** Teoria pela qual os consumidores teriam maior facilidade em readaptar os seus hábitos de consumo quando os seus proventos aumentam, em detrimento de quando estes diminuem; **2.** Mudança irreversível de variáveis económicas (salários, preços, taxas cambiais, etc.) cuja imediata reversão é improvável quando os factores económicos que forçaram a tal mudança cessam os seus efeitos. Ex. se um aumento geral de salários se ficou a dever a certas pressões económicas é improvável que o nível de salários (**wages**) caia a curto prazo quando tais pressões diminuam.

RATE – Valor relacionado com outro ou que lhe é proporcional. Assim:

1. **exchange rate** – é a proporção das cotações entre duas moedas;
2. **interest rate** – é a proporção entre os juros cobráveis e o capital mutuado;
3. **rate of return** (ou **return on investment**) – **1.** *PF. MC.* Percentagem anual de lucro obtido num investimento, financiamento ou aluguer. **2.** *PF* a taxa de actualização dos **cash flows** utilizados para o cálculo de um **net present value**. *V.* **Rate, Return, WACC**;
4. **return on assets** – o rendimento obtido através da utilização do equipamento, máquinas ou demais activos de uma empresa;

5. **return on equity** – o rendimento de uma empresa calculado com base no lucro líquido anual, por unidade ou percentagem de capital, etc.

RATE IT IN – *MC.* Ter lucros substanciais ou de grande vulto. *V.* **Profit, Yield**.

RATE LEVEL – *USA. EC.* Tarifas de consumo de serviços públicos (ex. electricidade), aplicadas de acordo com o nível de consumo do consumidor. Assim, a um maior nível de consumo de energia eléctrica, por exemplo, cabe uma taxa unitária mais reduzida.

RATE OF TIME PREFERENCE – *EC.* Teoria macroeconómica pela qual, dependendo do nível social e de educação de um consumidor, este tem uma taxa negativa de preferência (**negative rate of time preference**) e não tende a dar prioridade ao consumo imediato de certos bens e serviços ou, quando muito, a fazê-lo apenas em certas circunstâncias; o contrário aplica-se a pessoas com taxa negativa de preferência (**positive rate of time preference**). *V.* **Marketing, Reference Group.**

RATE OF TIME PREFERENCE SECTOR DE CONSUMO DE TABACO		
	Fumadores	Não Fumadores
Com Ensino Básico	42,15%	29,33%
Com Ensino Secundário	32,17%	16,21%
Com Diploma Superior	19,36%	65,35%
Mudança de Emprego nos 2 últimos anos	44,45%	34,11%
Divorciados	22,59%	8,72%
Desempregados	25,37%	20,05%
Homens	16,44%	42,58%
Mulheres	32,07%	24,71%
Pesquisa de 2001 num Estado do *Midwest* dos EUA		

Exemplo de *Rate of Time Preference* (consumo de tabaco).

RATIO – *PF. MC.* Rácio, proporção, graduação entre dois valores económicos ou financeiros. Fórmulas de cálculo matemático (**ratio analysis**) pelas quais se pode periodicamente, testar a liquidez de uma empresa, a sua capacidade de endividamento, de pagamento das suas obrigações financeiras, o nível dos maus créditos por ela concedidos, o equilíbrio ou desequilíbrio entre o seu capital e dívida, os seus encargos, a sua competitividade, estabilidade da sua mão de obra, margens de custos, etc. Alguns exemplos:

- **acid ratio; arrears ratio;**
- **current ratio;**
- **debt to equity ratio; debt service coverage ratio;**
- **earning assets ratio;**
- **leverage ratio; liquid ratio; long-term debt to equity ratio;**
- **return on assets; return on equity; return on investment**; etc.

RATIO COVENANT – *C. PF.* Cláusula contratual pela qual se impõe o cumprimento pela empresa devedora de certos **ratios** mínimos

RAW MATERIALS – *DR. DC.* Matérias-primas, matérias/produtos básicos. *V.* **Goods**.

REACTION FUNCTIONS – *EC.* Modelos económicos que tendem a antecipar decisões de mercado em função das decisões tomadas por um concorrente no mercado. *V.* **Oligopoly**.

READJUSTMENT – *PF. DS.* Reorganização financeira e administrativa de uma empresa efectuada por iniciativa dos seus próprios accionistas, sem qualquer interferência dos seus credores ou tribunais. *V.* **Refinancing, Rescheduling, Restructuring**.

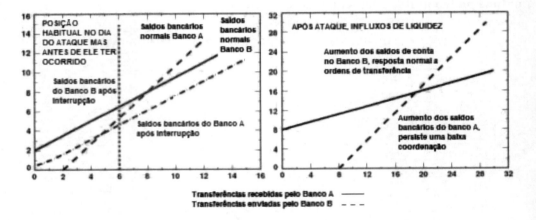

Exemplo de *Reaction Functions* – aplicável no caso aos trágicos acontecimentos de Nova Iorque em 11 de Setembro de 2001 (em Milhões de Dólares). De notar a forte transferência de saldos do Banco B para o Banco A, em função do Banco A apresentar maior segurança para os seus clientes devido ao seu *Credit Rating* ser superior. Comportamento padrão que poderá antecipar uma decisão de mercado em situações semelhantes.

REAL ACCOUNTS – *UK. CO.* Contas ou sub-contas contabilísticas que registam Activos (**assets**) e Passivos (**liabilities**) de uma empresa, posteriormente reflectidos, de forma consolidada, no balancete ou balanço (**financial statement**). *V.* **Account**.

REAL ESTATE – *DR.* Terra, propriedades, edifícios, construções e tudo o que de forma permanente lhes pertença ou faça parte integrante (esgotos, instalações eléctricas, etc.).

REAL ESTATE BROKER – *DR.* Corrector de imóveis. *V.* **Broker**.

REAL EVIDENCE – Exame físico ou técnico de um bem/equipamento mas sem efectuar testes de funcionamento.

REALIGNMENT – *EC.* Processo enquadrado no Sistema Monetário Europeu quando, antes da fase do **Euro**, se realinhavam as variações cambiais dos países membros quando a cotação de alguma delas excedia as margens de flutuação (**floor values**) permitidas. Caso, por exemplo, da Peseta, da Lira e da Libra Esterlina em 1992.

REAL INTEREST RATE – 1. *B.* Taxa de juro real, ou seja, descontada da taxa de inflação ocorrida no período da sua aplicação. Ex: se a taxa de juros cobrada por um banco é de 5%, mas a inflação durante o período em que a mesma é cobrada é de 2%, a *real interest rate* é de 3% na óptica do banco e de 7% na óptica do devedor. **2.** *B.* Taxa de juros reajustada devido a inesperadas subidas de preços ou da inflação e que reflecte o verdadeiro custo financeiro de conceder um empréstimo. *V.* **Interest Rate, Rate.**

REAL INVESTMENT – *DR. PF.* Investimento em bens imobiliários, fábricas, plantas, equipamento, máquinas, etc. ou em bens de utilidade pública (ex.: escolas, barragens). **V. PPPs.**

REALIZABLE ACCOUNT – *CO.* Conjunto de lançamentos contabilísticos relativos aos (i) valores obtidos com a venda de **assets** (bem como das despesas inerentes a tais vendas) e (ii) montantes respeitantes ao pagamento de dívidas aquando da liquidação de uma **partnership**. *V.* **Account.**

REALIZABLE ASSET – *CO. PF.* O mesmo que **liquid asset** ou **current asset**. *V.* **Asset, Current Ratio.**

REALIZED PROFITS AND LOSSES – *CO.* Procedimento contabilístico segundo o qual um lucro/perda são lançados nos livros da empresa a partir do momento em que esta emite a factura relativa aos bens/serviços prestados, independentemente da sua boa cobrança e do respectivo preço ter sido com ou sem margem de lucro efectivo. **V. Accrual Basis.**

REAL MONEY BALANCES – *EC.* Valores pecuniários que se encontram nas mãos do público pelo poder aquisitivo que representam e não pelo rendimento que podem gerar se forem investidos.

REAL TERMS – *PF.* Valor pecuniário de um bem/mercadoria, levando em linha de consideração as naturais flutuações de preços, resultantes da inflação ou de indexação da economia. *V.* **Inflation, Indexation, Real Value.**

REAL VALUE – *EC.* Valor expresso em **real terms**. Alternativamente, pode ser usado o critério do **Constant Dollar Value**. Por oposição a **Nominal Value.**

REAL WAGES – *EC.* Valor reajustado dos salários por indexação à média do aumento de preços ou outro critério definido por autoridades públicas. Por oposição a **Nominal Wages**. *V.* **Wages.**

REAPPRAISER – *DR.* Avaliador de um bem ou propriedade, atendendo a que os primeiros avaliadores não chegaram a um acordo ou o nível técnico destes é considerado por um tribunal, de mérito duvidoso ou questionável.

REASONABLE – Juntamente com **fair** e **common**, é um dos conceitos mais amplos e complexos do Direito Anglo-Saxónico. **1.** Moderado, próprio, correcto, adequado às circunstâncias; **2.** Apropriado, tendo em vista as finalidades em causa; **3.** Pensar, falar e actuar de acordo com os comandos da razão, de forma racional e inteligente. **Ver no Glossário deste Dicionário a lista do principais termos derivados (*).**

Direito de Negócios – Dicionário Inglês-Português

REASON TO KNOW – Acto ou facto que, ao ser levado ao conhecimento de uma pessoa de mediana inteligência, levaria esta a acreditar nos mesmos e a actuar (ou não actuar) em conformidade, por forma a não causar prejuízos a terceiros. *V.* **Should Know, Knowledge, Good Faith**.

REASSESSMENT – 1. *DR. DF.* Reavaliar uma propriedade ou bem para efeitos fiscais; **2.** Reavaliar, reanalisar uma situação.

REBATE – *DC.* Desconto que leva em consideração o facto do pagamento ser feito em dinheiro, ou o grande volume da compra, etc.

REBUT – *DP.* Afectar, destruir, anular o argumento ou prova da parte contrária.

RECALL – *DP.* Remover, mudar, retirar um agente de autoridade ou juiz de uma determinada função pública.

RECALL A JUDGMENT – *DP.* Cancelar, revogar um julgamento judicial devido a erros factuais ou de matéria de prova. **Reverse a Judgment** – quando tal cancelamento é atribuído a erros de direito.

RECEIPTS AND PAYMENTS ACCOUNT – *UK. CO.* Lançamentos contabilísticos dos valores recebidos e pagos em dinheiro, ou seja, sem considerar operações a crédito, desvalorizações, depreciações, etc.

RECEIVABLES – *DC. CO.* Contas a receber, valores devidos pelo fornecimento de bens/mercadorias ou pela prestação de serviços. *V.* **Account receivables, Acid Test**.

RECEIVER – 1. Destinatário, consignatário; **2.** *DP.* Curador, administrador da massa falida.

RECEIVERSHIP – *DC.* Massa de bens que se encontram sob a administração e responsabilidade do curador ou administrador da massa falida. *V.* **Bankruptcy**.

RECKLESS DRIVING – *USA. CR.* Ofensas corporais, danos e/ou prejuízos causados pela condução perigosa ou irresponsável de veículos. No Reino Unido, **dangerous driving** é o termo jurídico correspondente. **Hit and run** – acidente com colisão ou atropelamento, seguido da fuga do condutor responsável. *V.* **Damages, Torts (*)**.

RECITALS – *C.* Preâmbulo de um contrato no qual as partes descrevem os antecedentes, os pressupostos, eventuais relações jurídicas anteriores, as razões, os motivos que as levaram a assinar o referido contrato. *V.* **Consideration**.

RECOGNITION LAG – *EC.* Termo de política monetária e fiscal, pelo qual se refere o tempo decorrido entre o momento ideal de uma nova política monetária ou fiscal e a data concreta em que tal política entra em vigor.

RECOMMENDATION – Deliberação ou decisão de órgão colegiado, conselho, consultor ou painel arbitral de carácter não obrigatório mas, que devido ao seu peso técnico e profissional é em largo número de vezes seguido pelos corpos deliberativos ou administrativos da entidade ou empresa a quem foi dirigida.

RECOURSE – *DC.* Direito de exigir o pagamento ou cumprimento de uma obrigação decorrente da co-responsabilidade de um endossante, fiador ou avalista de uma letra ou título de crédito, caso o devedor principal não o faça. *V.* **Factoring**.

RECTIFICATION – *DP.* Autoridade reconhecida a um tribunal ou painel arbitral no sentido de poder alterar ou modificar os termos de um contrato/documento celebrado entre duas ou mais partes e que a manter-se como está, ou perderia todo o seu sentido ou causaria dano irreparável a uma ou mais partes.

RECRUITMENT AND SELECTION – *DT.* Recrutamento e selecção, o departamento de Recursos Humanos (**human resources** ou apenas **HR**) de uma empresa que lida com (i) a escolha de mão de obra em função da oferta de emprego (**job offer**); (ii) em função do perfil dos cargos a ocupar (**job specification**); e (iii) atendendo aos requisitos profissionais dos candidatos (**job profile**). *V.* **Research and Development**.

RECYCLING – *ENV.* Reciclagem, reaproveitamento industrial de materiais e substâncias já utilizadas e que, de outra forma, constituiriam apenas lixo de que se tem que dispor, afectando directa ou indirectamente o meio ambiente. Uma das formas mais actuais é a reciclagem de pneus, veículos fora de circulação (**End of Life Vehicles** ou **ELVs**), óleos, embalagens de plástico e derivados, etc. *V.* **Equator Principles, Environment**.

REDEEMABLE SHARES – *DS.* Acções (ordinárias ou preferenciais) remíveis ou resgatáveis pela empresa emissora, seja por iniciativa do accionista/investidor, seja por iniciativa da própria empresa. Se o volume for substancial pode ocasionar uma redução significativa de capital (**capital reduction**), devendo então a empresa constituir uma reserva especial para o efeito (**capital redemption reserve**), por forma a assegurar os direitos dos credores. *V.* **Capital, Shares, Reserves/Reserve Requirements**.

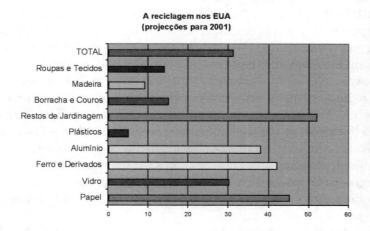

Exemplo de estatística de reciclagem projectada para o ano 2001 nos EUA
por categoria de produto/bem a ser reciclado (Unidade:Toneladas)

REDEMPTION – *DS. MC.* Amortização do capital de Acções, Obrigações, outros títulos ou valores mobiliários. *V.* **Shares, Securities**.

REDISCOUNTING – *B.* Redesconto bancário; desconto de letra ou outro título de crédito já previamente descontado junto a um banco e que este, para atender a proble-

Direito de Negócios – Dicionário Inglês-Português   490

mas de liquidez ou de constituição de reservas obrigatórias, desconta novamente junto a um Banco Central ou outro banco. *V.* **Discount**.

REDISTRIBUTION – *EC.* Política de redistribuição de riqueza, favorecendo as classes de menor poder económico. Uma das formas mais clássicas consiste em criar impostos de maior peso para as classes com maior rendimento (**regressive tax**) e, isentar/permitir aos demais contribuintes deduções substanciais à sua matéria colectável.

RED TAPE – *USA. DT.* Descrição demasiadamente rígida e minuciosa de um cargo ou função e que acaba por desincentivar o funcionário ou trabalhador correspondente.

REDUNDANCY – *DT.* Perda de emprego atendendo a que (i) a profissão ou especialização do trabalhador já não é necessária ou usada no mercado de trabalho; (ii) não existem mais postos de trabalho na área onde reside o trabalhador em causa.

REFERENCE BANK – *B.* Banco escolhido por outro banco para indicar num empréstimo de taxa flutuante (**floating rate loan**) qual a taxa de juro aplicável durante certo período de tempo (normalmente, um semestre). O mesmo que **Quoting Bank**. *V.* **Interest Rate.**

REFERENCE GROUP – Grupo ou camada social com quem um determinado indivíduo se identifica, tentando imitar os seus padrões de comportamento, usos e costumes, etc. A identificação de reference groups em termos de consumo é obviamente importante em termos de estratégias de **marketing**. **V. Rate of time Reference.**

REFER TO DRAWER – *B.* Termo escrito no verso de um cheque cujo pagamento foi recusado pelo banco sacado devido a: falta de fundos do emitente (**drawer**); falência do emitente; contra-ordem dada pelo emitente; ou erro ou omissão do próprio cheque (data errada, quantia numérica e por extenso não conferem, etc.).

REFINANCING – *PF. B.* Uma das formas de **project finance**, caracterizada pela tentativa de redução do peso dos encargos financeiros (**debt**) de uma empresa através:

- (i) da liquidação antecipada de empréstimos e outras formas de dívida através de novos créditos/empréstimos/emissão de Obrigações a taxas de juros menos onerosas e/ou prazos de pagamento mais dilatados;
- (ii) o mesmo acima descrito mas em que a remuneração de capital é feito através de comparticipação de lucros (**profit sharing**); e/ou
- (iii) da capitalização de juros vencidos (quando tal é permitido por lei) e da conversão de dívida em capital.

V. **Reschedule/Rescheduling, Mezzanine Loans, Payment in Kind Loans (ou PIKs), Second Lien Loan**.

REFLATION – *EC.* Política monetária tendente a expandir a economia, através da redução das taxas de juros, diminuição dos impostos, programas de investimentos públicos, aumento do **money supply**, etc. *V.* **Accommodating Monetary Policy**.

REFUGEE CAPITAL – *B. MC.* Capital estrangeiro (público ou privado) investido a curto prazo noutro país cujo mercado oferece taxas de juros mais altas. *V.* **Interest Rate.**

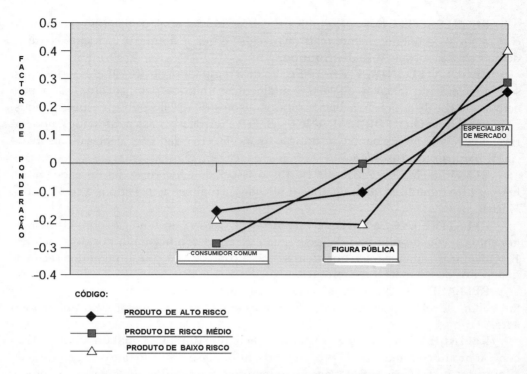

Exemplo de quadro de *Reference Groups* por (i) tipo de consumidor
e (ii) categoria do bem/produto oferecido

REGISTERED COMPANY – *UK DS*. Empresa registada na Conservatória de Registo Comercial (**Registrar of Companies**) nos termos do **companies act**. Podem ser de três tipos;
(i) sociedade pública de responsabilidade limitada (**public limited company**);
(ii) sociedade privada de responsabilidade limitada (**private limited company**);e
(iii) sociedade privada de responsabilidade ilimitada (**private unlimited company**).

REGISTERED NAME – *UK DS*. Nome ou denominação social registados para uma empresa constituída no Reino Unido, sendo condição *sine qua non* para a sua constituição, devendo fazer parte do respectivo **memorandum of association**. *V.* **Companies Act**, **Registered Company**.

REGISTER OF CHARGES – *UK. DS*. Sector do **Registrar Office of Companies** que regista as garantias reais e ónus constituídos sobre o património das empresas. *V.* **Registered Company**.

REGISTERED OFFICE – *UK. DS*. Sede de uma empresa constituída e registada no Reino Unido. *V.* **Companies Act, Registered Company, Memorandum of Association**.

Direito de Negócios – Dicionário Inglês-Português

REGRESSIVE TAX – *DF.* Política fiscal segundo a qual, a matéria colectável de classes sociais economicamente mais favorecidas é maior do que a incidente sobre as demais classes sociais. *V.* **Redistribution**.

REGULATED INDUSTRIES – *EC.* Política reguladora de actividades industriais, seja directamente (através de leis/regulamentos emitidos pelo governo), seja pela actividade fiscalizadora de agências ou organismos de direito público especializados.

REGULATORY FORBEARANCE – *B. FIP.* Prerrogativa das autoridades monetárias não declararem um banco/instituição financeira em estado de falência ou insolvência. *V.* **Bankruptcy**, **Insolvency**.

REINVESTMENT RISK – *B. PF.* Risco associado à incerteza das taxas de juros a longo prazo quando se queira reaplicar recursos actualmente investidos a curto prazo. *V.* **Risk**.

RELATIVE INCOME HYPOTHESIS – *EC.* Teoria económica sobre o comportamento do consumidor padrão, pela qual este actua condicionado por dois factores: **1.** o nível dos seus recursos financeiros; e **2.** a comparação com o nível dos recursos financeiros dos demais consumidores.

RELEASE – **1.** Quitação; reconhecer que um pagamento foi recebido; **2.** Libertar, soltar, devolver à liberdade; **3.** Imprimir, editar, pôr a circular pelo público em geral.

RELIABILITY – **1.** *PF. DR.* O período de tempo durante o qual um determinado bem ou produto oferece ao seu proprietário a utilidade e proveito que este procurou ao adquiri-lo; **2.** *DT.* Grau de confiança que merece um operário, funcionário ou gerente em função do seu desempenho, honestidade e espírito de equipa.

RELIEF – **1.** *DF.* Valores ou quantias (**tax relief**) que podem ser deduzidos dos rendimentos declaráveis para efeitos de impostos; **2.** *DC.* Indemnização/compensação financeira ou de outra ordem entregue a uma parte contratual, por forma a evitar uma situação de enriquecimento sem causa/ilícito e à custa alheia. *V.* **Restitution**.

RENVOI – *DIP.* A devolução de competência de jurisdição de uma ordem jurídica, devolvendo-a para outra que lhe remeteu um processo judicial como sendo da alçada da primeira. *V.* **Jurisdiction**.

REPATRIATION – **1.** Regresso, forçado ou voluntário, de uma pessoa ao país do seu nascimento; **2.** *PF. B.* Garantia dada aos credores de empréstimos em moeda estrangeira de que as autoridades monetárias do país a que pertence a empresa financiada, irão autorizar e permitir o pagamento do capital, juros e comissões desses empréstimos na moeda estrangeira em que o empréstimo foi denominado, nas respectivas datas de vencimento e nos locais que foram contratualmente fixados.

O mesmo se diga quanto às garantias dadas aos subscritores estrangeiros de capital, no que se refere ao pagamento de dividendos, lucros e resgates de capital.

REPAYMENT – *PF. B.* Pagamento do capital de empréstimo/financiamento. Por oposição a **payment** que designa genericamente o pagamento de capital e juros ou só juros.

REPLACEMENT COST – *E. DC.* Custo de reposição, renovação ou substituição de um **fixed asset** de uma empresa. *V.* **Asset.**

REPLACEMENT INVESTMENT – *PF.* Investimento destinado a substituir e renovar uma fábrica, unidade fabril ou equipamentos que se tornaram obsoletos. *V.* **Project Finance.**

REPOSITIONING – *DC.* Alterar a apresentação, embalagem, imagem, conteúdo ou marca de um produto. *V.* **Marketing.**

REPRESENTATION – 1. *DP.* Declaração (normalmente escrita ou, se feita oralmente, de forma solene e sendo transcrita em acta ou documento semelhante); **2. *C.*** Série de declarações de carácter jurídico feitas unilateralmente (**warranties and statements**) à outra parte contratual e que levam esta, numa base de boa fé, a celebrar o contrato em causa. A sua violação, constitui facto grave (**misrepresentation**) que pode levar à anulação pura e simples do contrato por falta de **consideration**.

REQUIRED RESERVE RATIO – *EC. B.* Rácio de depósitos a prazo que são periódica e compulsoriamente depositados por um banco ou instituição financeira junto a um Banco Central ou autoridade monetária, como instrumento de controlo dos meios de pagamento, circulação monetária, oferta de crédito, etc. *V.* **Reserves, BIS.**

RESEARCH AND DEVELOPMENT – *PF. DS.* Área ou departamento de uma empresa, dedicado à pesquisa científica, técnica (pura ou direccionada) ou ao desenvolvimento e aperfeiçoamento dos seus próprios produtos e serviços. Mais vulgarmente conhecida pela sigla "R&D", constitui uma das chamadas áreas de apoio (*support areas*) de uma empresa de carácter industrial ou comercial. Há dois sectores distintos no **R&D**: **1.** a **invention** (descoberta e criação de novos produtos ou novas técnicas / processos de produção); e **2.** a **innovation** (estudo e desenvolvimento das formas e processos de utilização e comercialização desses novos produtos ou técnicas). Dependendo dos custos envolvidos, as áreas de R&D (mais frequentemente a *invention*) são frequentemente objecto de **outsourcing**. *V.* **Recruitment and Selection.**

RESCHEDULE, RESCHEDULING – *PF. B.* Revisão dos termos e condições de pagamento de uma dívida, por forma a estender por períodos mais dilatados o referido pagamento ou diminuir o valor das amortizações e eventualmente, reduzir a taxa de juros incidente. Distingue-se de **refinancing**, já que a dívida é a mesma e apenas acordado o realinhamento do perfil dos encargos financeiros da devedora. *V.* **Refinancing.**

RESERVATION WAGE – *DT.* Salário mínimo que um trabalhador está disposto a aceitar numa situação económica estabilizada. *V.* **Wages.**

RESERVES/RESERVE REQUIREMENTS – *EC. B.* Reservas bancárias obrigatórias. Podem ser exigidas no âmbito de políticas monetárias (ou seja, como forma de reduzir os meios de pagamento em circulação) ou como forma de garantir que os bancos estão em condições de honrar os saques e levantamentos de depósitos pelos quais são responsáveis. **Actual reserves** – Conjunto de depósitos que, embora passíveis de serem utilizados por uma instituição financeira para conceder crédito a seus clientes, são alocados como valores estrategicamente indisponíveis para tais efeitos. *V.* **Hidden Reserve, BIS.**

Direito de Negócios – Dicionário Inglês-Português

RESOLUTION – *DS.* As deliberações de um órgão colegiado, de uma entidade ou empresa (ex. Assembleia Geral, **Board of Directors**, etc.).

RESTITUTION – *DC.* Ramo do Direito das Obrigações que estuda as formas de compensar, indemnizar e repor a situação económica e contratual de quem foi vítima de um enriquecimento ilícito ou sem justa causa. *V.* **Strict Liability, Relief, Torts (*), Strict Liability.**

RESTRICTIVE COVENANTS – *C.* O mesmo que **negative** e **positive covenants**.

RESTRICTIVE PRACTICES COURT – *UK. DC.* Organismo público que regula e fiscaliza as políticas empresariais que atentam contra os princípios de livre concorrência, de combate aos monopólios de mercado, fixação de preço, políticas de distribuição e de comercialização (**restrictive trade agreements**) ou outras práticas que actuem em detrimento do interesse público. *V.* **Anti-Trust, Monopoly**.

RESTRUCTURING – *PF. DS.* Conjunto de diligências e iniciativas de uma empresa para melhorar a sua eficiência, margem de lucros, redução de custos, modernizar a sua produção, etc. Dependendo da sua natureza e profundidade pode vir a ser um modalidade de **project finance**, sobretudo quando envolve a mudança de participação no capital de empresas associadas, a eliminação de algumas destas últimas, etc. *V.* **Rescheduling, Takeover, Spin-off, Merger, Buy-out, Mergers and Acquisitions**.

RESWITCHING – *DS.* Possibilidade de uma empresa usar ciclicamente, dualidade de técnicas de produção – uma para épocas de recessão (e consequente queda de vendas) e outra para épocas de crescimento económico (e proporcional aumento de vendas).

RETAILER – *DC. DS.* Empresa que compra directamente ao produtor e armazena nas suas instalações, **stocks** razoáveis de um determinado produto ou gama de produtos para venda. Alguns *retailers* podem ainda se encarregar da embalagem e transporte dos produtos (ex. armazéns frigoríficos) mas a maioria apenas recebe e vende o produto ao consumidor no estado em que se encontra, podendo assim oferecer uma margem de desconto sobre os preços finais. Termos derivados:

a. **retail cooperative** – cooperativa de consumidores;
b. **retail outlet** – estabelecimento ou loja para venda de produtos ao consumidor final;
c. **retail services mix** – conjunto de políticas de **marketing** oferecidas por um *retailer* aos seus consumidores por forma a fidelizá-los (serviços de restaurantes em locais anexos, estacionamento grátis, políticas de descontos, etc.).

RETAIL PRICE INDEX – *UK. EC.* Usado no Reino Unido para as mesmas finalidades do **Consumer Price Index** nos EUA.

RETAINED EARNINGS – *DS. CO.* Receitas e rendimentos de uma empresa ainda não distribuídos sob a forma de dividendos.

RETENTIONS RATIO – *PF. DS. CO.* Parte dos resultados financeiros de um exercício económico que a empresa reaplica no seu negócio e actividades, em vez de os distribuir como lucros ou dividendos. *V.* **Ratio.**

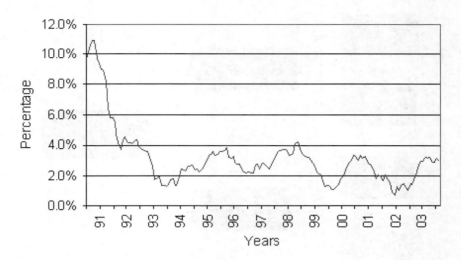

Mapa do *Retail Price Index*. Fonte: devon.org

RETIREMENT – *DT.* Reforma, aposentadoria. Pode ser voluntária (**optional retirement**) ou obrigatória (**compulsory retirement**). V. **Insurance** (*).

RETURN – *PF. MC.* Rentabilidade financeira de um investimento, de um negócio ou de um valor mobiliário. Geralmente apresentado em valor percentual, corresponde ao quociente entre os ganhos ou perdas geradas por um investimento, Activo ou negócio e o montante aplicado ou investido no mesmo. *V.* **Capital Gains, Rate, Rate of Return, Return on Assets, Return on Equity, Return on Investment**. Algumas variantes:
1. **average annual return** – Os lucros gerados por uma carteira de negócios numa base anual. Se o período de retorno é maior ou menor do que um ano, esta taxa é convertida numa taxa de retorno anual (**annual return**);
2. **risk-free return** – Taxa de retorno de um investimento sem risco. Exemplo, investimento em títulos de tesouro;
3. **cumulative total return** – Total dos ganhos: **1.** gerados por um valor imobiliário durante um período de tempo. **2.** de um investimento (inclui dividendos, juros, mais valias, gerados entre datas diferentes);
4. **expected return** – Projecção/Valor estimado do retorno de um investimento usando factores de cálculo apropriados. *V.* **Capital Asset Pricing Model.**

RETURN ON ASSETS (ROA) – *PF.* Lucro líquido (ou seja, deduzidos os impostos incidentes) por cada unidade monetária investida nos activos de uma empresa. *V.* **Return, Return on Equity, Return on Investment**.

RETURN ON EQUITY (ROE) – *PF.* Também conhecido por **earnings per share**. Lucro líquido (ou seja, deduzidos os impostos incidentes) por cada unidade monetária de capital subscrito de uma empresa. *V.* **Rate of Return, Return, Return on Assets, Return of Equity, Return on Investment, Risk.**

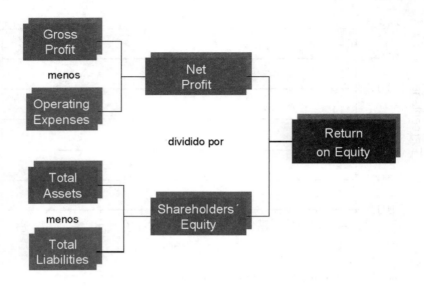

Esquema de cálculo do *Return on Equity*

RETURN ON INVESTMENT (ROI) – *PF.* Análise da rentabilidade média de um investimento. Uma das partes fundamentais de **corporate finance** e **project finance**. Passível de ser calculado a partir de diversas fórmulas e equações. *V.* **Glossário deste Dicionário** (*).

REVALUATION – 1. *EC.* Recalcular o valor de uma moeda em função de uma paridade cambial mais elevada; 2. *PF. DF. CO.* Reavaliação dos Activos de uma empresa através de auditoria independente ou por uma autoridade fiscal, por forma a actualizar os mesmos em função do valor de mercado, base de tributação ou outro critério. *V.* **Depreciation**.

REVENUE – *PF. CO.* As receitas em dinheiro obtidas por uma empresa provenientes da venda dos seus bens ou serviços. A base de um **cash-flow**. **Revenue Account** – *CO.* O mesmo que **profit and loss account**. *V.* **Account**.

RIDER – *C.* Alteração de parágrafo ou cláusula contratual ainda em fase de redacção e negociação; 2. *C.* Aditamento contratual. 3. *DC.* Aditamento a apólice de seguro (**policy**) que altera o contexto da cobertura (**coverage**) dos riscos assumidos. *V.* **Insurance** (*).

RIGHT OF FIRST REFUSAL – *DS. MC.* Direito de preferência por parte de accionistas (ou titular de uma **call option**) de adquirir Acções ou outros valores mobiliários propostos serem vendidos por outros accionistas, terceiros ou pela outra parte da **call option**. Definido contratualmente, estatutariamente ou por imposição legal. *V.* **Preemptive Rights**.

RIGHT OF WAY – *DR.* Direito de servidão (passagem, águas, etc.).

RIGHTS ISSUE – *DS. MC.* Emissão de novas acções representativas do capital de uma empresa. *V.* **Shares**.

RITGHTSIZING – *DS. PF.* Reestruturação de uma empresa, por forma a aumentar a sua eficiência, qualidade de trabalho e reduzir custos de produção, podendo ou não levar a cortes salariais ou despedimentos. *V.* **Restructuring**.

RISK – **1.** Risco, grau assumido e aceite de incerteza relativamente a uma transacção ou investimento; **2.** *DC.* Risco assumido (ou **peril**) por uma companhia de seguros ao contratar uma apólice; **V. Insurance (*)**; **3.** *MC. PF.* Grau assumido e aceite de incerteza associado a **return on assets**, **return on equity** ou **return on investment**. Alguns termos derivados:

a) **risk aversion** – *MC.* Ponto em que o investidor decide não incorrer em riscos adicionais relativamente a um investimento apesar das expectativas de lucros substanciais de que poderia beneficiar;

b) **risk capital** – *DS.* O risco assumido pelos investidores/subscritores de capital de uma empresa de que esta não tenha êxito e se possa perder o capital investido. *V.* **Capital**;

c) **risk premium** – *MC.* Percentagem de juros (**spread**) que resulta da diferença entre as taxas de juros de Obrigações com riscos de solvabilidade/pagamento e as taxas de juros de Obrigações cujo risco de solvabilidade / pagamento inexiste (**default-free bonds**). *V.* **Bond**;

d) **risk structure of interest rates** – *MC.* Relação comparativa das diversas taxas de juro de valores mobiliários com idênticos prazos e datas de pagamento. *V.* **Bond, Interest Rate**.

ROLL-UP COUPON – *MC.* Cupão de juros sobre o capital de uma Obrigação (**bond**) capitalizado no seu vencimento, por forma a aumentar o valor do capital da mesma. *V.* **Capitalization**.

ROLL-OVER CD – *B.* Certificado de depósito bancário cujo capital é dividido no seu vencimento em parcelas menores, por forma a facilitar a sua colocação no mercado secundário.

ROLL-UP FUND – *MC.* Fundo de investimentos **offshore** cuja carteira é basicamente constituída por **roll-up coupons** por forma a evitar incidências fiscais de mais-valias (**capital gains tax**). A capitalização é entretanto considerada matéria colectável para efeitos de **income tax**. *V.* **Tax**.

ROUNDING ERROR – *PF. CO.* Na tentativa de simplificar cálculos e operações de matemática financeira, é usual proceder a arredondamentos "à maior", ou seja, em que por exemplo, o valor 1.85 seja "arredondado" para 2. Mas supondo que temos 3 factores.

1.84	arredondado para 2
1.74	arredondado para 2 e
1.88	também arredondado para 2.

vemos o que valor real (1.84+1.74+1.88=5.46) difere bastante do "arredondado" (2+2+2=6).

Direito de Negócios – Dicionário Inglês-Português

ROUND-TRIPPING – *MC. CO.* Venda de um Activo ou produto a outra empresa com quase imediato direito de recompra. Prática usada para gerar artificialmente aumento de vendas e de receitas.

ROYALTY – *DC.* Pagamento de direitos de autor a um inventor, criador de uma técnica, autor literário ou artístico, em troca do direito de usar tal técnica ou invenção ou publicar essa obra literária ou artística. Representa, normalmente, uma percentagem sobre as vendas. O termo também é usado para referir pagamentos devidos ao dono de uma propriedade onde uma concessionária efectua trabalhos de prospecção e exploração de recursos naturais, minérios, etc. Na indústria de petróleo, os *royalties* são normalmente pagos em espécie, ou seja em quantidades de petróleo produzido e extraído.

RUNAWAY INFLATION – *EC.* O mesmo que **Hyperinflation.** *V.* **Inflation**.

S

SALARY – *EC. DT.* Remuneração salarial mensal; por oposição a remuneração com base horária (**hourly rate wages**). Nos EUA é comum ser-se contratado por um período contínuo de 52 semanas (ou 12 meses), renovável. *V.* **Wages**.

SALE AND LEASE BACK –O mesmo que **leaseback**.

SALES – *DC.CO.* Troca de mercadorias ou serviços pela sua contraprestação em dinheiro. **V. Lista de Termos no Glossário deste Dicionário (*)**.

SALES MAXIMIZATION HYPOTHESIS – *EC.* Teoria económica pela qual o objectivo máximo de uma empresa deve ser o volume de vendas ainda que com lucro mínimo. Opõe-se a **profit maximization hypothesis**.

SAMPLING – 1. Amostragem; *V.* **Sale by Sample**; 2. *EC.* Processo estatístico de escolha e selecção de informações de um conjunto global (population) de dados.

SAMURAI BONDS – *MC.* Obrigações (**bonds**) emitidas no Japão em Ienes mas exclusivamente destinadas a investidores não residentes.

SARBANNE-OXLEY ACT – *USA. MC. CO. DS.* **Public Company Accounting Reform and Investment Protection Act**, lei de 30 de Julho de 2002 que disciplinou nos EUA, os requisitos de auditoria e contabilidade de empresas cotadas em Bolsa (**public companies**) bem como a divulgação cíclica (**disclosure**) da informação financeira de tais empresas, de forma a proteger mais adequadamente os accionistas e investidores (**corporate governance**). Teve como origem os conhecidos escândalos da *Enron*, *Tyco*, *WorldCom*, etc. Como forma de evitar e antecipar tais escândalos, quaisquer funcionários ou trabalhadores de empresas que tomem conhecimento de sérios indícios de actos ilegais desta natureza, podem apresentar denúncias (**whistle-blowing**) junto à **OSHA**. No entanto, uma decisão recente (Junho de 2007) do Supremo Tribunal Federal determinou o abrandamento de algumas restrições, já que as mesmas davam origem a repetidas acções judiciais de alguns investidores contra correctores, **underwriters** e outros intermediários financeiros. *V.* **Accounting Principles**.

SATISFICING – *DT. EC.* Teoria pela qual os corpos sociais e funcionários superiores de uma empresa tendem a apresentar um crescente desempenho profissional até atingirem o máximo do crescimento das suas carreiras, procurando a partir desse momento desenvolver actividades mais ligadas ao seu lazer.

SAVINGS – *EC.* Poupança, aforro. Em termos puramente económicos e por simples exclusão de partes, todos os recursos financeiros não aplicados ao consumo de bens/serviços que são postos a render.

Direito de Negócios – Dicionário Inglês-Português

SAVINGS ACCOUNT – *USA. B.* Conta de poupança. Normalmente não se admitem cheques sacados contra este tipo de conta. *V.* **Account**.

SAVINGS AND LOAN ASSOCIATIONS – *USA. B.* Instituições financeiras de tipo cooperativo que aplicam os seus recursos em empréstimos hipotecários por forma a garantir um rendimento relativamente seguro aos seus depositantes. Entraram em séria crise de liquidez nos anos 90, forçando o **Federal Reserve** e o governo norte-americano a planos de emergência para o sector.

SAVINGS BONDS – *USA. MC.* Títulos de aforro/poupança emitidos pelo Governo norte-americano. O seu valor facial é de até 10.000 Dólares. *V.* **Bond**.

SCAB – *DT.* Furar uma greve. *V.* **Strike**.

SCALPING – *USA. MC.* Recomendação de um **broker** que um seu cliente compre um certo valor mobiliário ou *securities* e vende o mesmo imediatamente com lucro, ao saber que a notícia da compra é conhecida do mercado e os preços das cotação subiram.

SCAPEGOAT – Bode expiatório, parte a quem se imputam facilmente as culpas de uma situação ou a responsabilidade de um facto.

SCARCITY – *EC.* Escassez; falta de um bem, mercadoria ou serviço para atender à procura dos consumidores. **Scarcity of Foreign Exchange –** escassez de divisas e moeda estrangeira. Sinónimo – **shortage**. *V.* **Foreign Exchange**.

SCHEDULE – 1. Plano de trabalho, agenda; **2.** Horário; **3.** Lista, tabela; **4.** Formulário; **5.** Anexo contratual.

SCIENTER – *USA. MC.* A disposição mental de um **broker**, investidor ou administrador de empresa que cometeu irregularidades no mercado de valores mobiliários (**securities**) de forma intencional, dolosa ou fraudulenta. Para algumas autoridades monetárias norte-americanas a simples negligência (**negligence**) ou falta de cuidado (**reckless**) não constitui ter havido *scienter. V.* **Inside Trading, Affinity Fraud, Phishing, Boiler Rooms, Cherry Picking, Churning, Flipping, Faudster, Friends and Family, Lulling.**

SCORECARD (ou BALANCED SCORECARD ou simplesmente BSC) – *EC. CF. PF.* Sistema métrico de estratégia e desempenho empresarial introduzido em 1992 por *Robert S. Kaplan* e *David Norton*. Proporciona aos gerentes e analistas financeiros de uma empresa o acompanhamento "dinâmico" e activo dos seus objectivos estratégicos e desempenho geral e sectorial (**business performance**) a médio e longo prazos, analisando os indicadores apropriados à empresa em causa (**tailored made analysis**). Foi revisto e actualizado tanto pelos seus autores como por economistas que expandiram o seu âmbito original. *V.* **para maiores detalhes, o capítulo especial no Glossário deste Dicionário (*)**.

SCRIP – *MC.* Cautela provisória de Acções ou de outros valores mobiliários. *V.* **Securities**.

SEARCH COSTS – *DT. EC.* Custos e despesas incorridas por um trabalhador à procura de emprego; só são efectuadas enquanto as expectativas de sucesso excedem o peso económico que representam.

SEASONAL UNEMPLOYMENT – *DT*. Desemprego que ocorre em determinadas épocas do ano. *V.* **Unemployment**.

SECOND LIEN LOAN – *PF. CF. B*. O mesmo tipo de empréstimos com as características dos **mezzanine loans** e **payment in kind loans** (ou **PIK**), ou seja, de alto risco de crédito, concedidos a 4 ou 5 anos, com período de carência de pelo menos 1 ano e cujo pagamento periódico de capital e juros é efectuado apenas quando o saldo de **cash-flows** seja suficiente para a liquidação dos emprestimos com prioridade. Os *Second Lien Loans* gozam de um direito de garantia sobre tais saldos mas subordinado ao bom pagamento dos demais créditos com melhor graduação – no fundo assegurando primeiro o **debt service**. Podem entretanto ser convertidos em capital da empresa devedora; o retorno financeiro é feito normalmente através de pagamento de **front-end fees** mais caros (*V.* **Fees**) e juros na base de **LIBOR ou EURIBOR** de 6 meses mais um **spread** não inferior a 4 ou 5% (ou, em regime de taxas fixas, 12% a 14% ao ano).[54] Mas são em média menos caros do que **payment in kind loans** ou **PIKs**, já que os credores têm a possibilidade de executar as garantias que possuem, ainda que de grau inferior. *V.* **Subordination, Liens, Secured Debt, Secured Loans, Unsecured Debt, Unsecured Loans, Capital**.

SECONDARY MARKET – *MC*. **1.** Mercado de valores mobiliários já emitidos e subscritos que podem ser novamente transaccionados; **2.** Mercado paralelo de valores mobiliários não cotados em bolsa. Proibido em diversos países em função dos princípios de **corporate governance**.

SECRETARY OF THE TREASURY – *USA*. Secretário do Tesouro, equivalente a Ministro das Finanças.

SECTION – **1.** *C*. Cláusula contratual; **2.** Sub-organização administrativa, secção. *V.* **Article**.

SECURED DEBT/LOAN – Dívida/empréstimos cujo pagamento é assegurado por garantia real (penhor ou hipoteca) ou garantia pessoal (fiança, aval, etc.). Por oposição a **unsecured** bond/**Lender** ou **unsecured creditor**. *V.* **Liens, Mezzanine Loans, Payment in Kind Loans (PIKs), Second Lien Loans, Senior Loans**.

SECURITIES – *MC*. Designação genérica de valores mobiliários, ou seja, de investimentos representados por títulos ou instrumentos documentais que outorgam ao seu titular, direitos de accionista ou de credor (ou ambos) relativamente a uma empresa, companhia ou outra entidade de direito público ou privado. Nos EUA (**securities act** de 1933), abrange:

- Acções (**shares**), Obrigações (**bonds**), **Notes;**
- Títulos do Tesouro (**treasury bills**), **Debentures** e **Warrants;**
- instrumentos de confissão de dívida (**evidence of indebtedness**);
- certificados: (i) de co-titularidade em contratos de compartipação de lucros (**profit-sharing agreements**); (ii) de participação em fundos de investimento baseados em garantias reais (**collateral-trust certificates**); (iii) de subscrição

---

[54] Dados vigentes do mercado em Julho de 2007.

Direito de Negócios – Dicionário Inglês-Português

e contratos de investimento; e (iv) de compropriedade de Activos (**assets**) ou quaisquer documentos que outorgam o direito de subscrever, adquirir ou participar em quaisquer dos títulos acima indicados.

V. **Option, Securitization, Securities and Exchange Commission**.

SECURITIES ACT – *USA. MC.* Aprovado em Maio de 1993 e subsequentemente alterado, o *Securities Act* estabelece dois princípios básicos: 1. a transparência dos factos económico-financeiros das empresas; e 2. as medidas que impedem e combatem actividades fraudulentas.*V.* **Securities, Securities Exchange Act, Corporate Governance, Transparency Directive.**

SECURITIES AND EXCHANGE COMMISSION (SEC) – *USA. MC.* Instituição de direito público federal criada em 1934, responsável pela aplicação do **Securities Act** de 1933 e do **Securities Exchange Act** de 1934 bem como de diversa outra legislação específica do Mercado de Capitais. As responsabilidades da **SEC** dividem-se em três grandes áreas:

a) Assegurar a total transparência de todos os dados e informação relativos a **securities** oferecidas para subscrição/compra pelo público;

b) Propor acções judiciais contra arguidos de actividades fraudulentas; e

c) Registar quaisquer emissões de **securities** destinadas a oferta pública.

A **SEC** também acompanha e fiscaliza o cumprimento pelas empresas emissoras dos princípios estabelecidos no **Securities Act** (nomeadamente, a distribuição de relatórios de balanços e contas anuais, balanços e balancetes, pareceres dos Auditores sobre tais documentos, etc.). *V.* **Corporate Governance, Inside Trading, Capital Markets, Privacy**.

SECURITIES COMPANY – *USA. MC.* Companhia cuja finalidade estatutária básica é a de deter e administrar as participações de capital em empresas coligadas e subsidiárias. *V.* **Holding**.

SECURITIES EXCHANGE ACT – *USA. MC.* Lei federal aprovada em Junho de 1934 e alterada posteriormente, que visa combater e punir ilegalidades praticadas no mercado de valores mobiliários e estabelecer *"princípios justos e equitativos de mercado"*. *V.* **Securities Act, Securities and Exchange Commission, Margin Account, SOX**.

SECURITIZATION – *MC. B.* Processo de converter Activos financeiros sem liquidez imediata (ex.: créditos contratuais, facturas, etc.) em valores mobiliários (**bonds**, **notes**, etc.) negociáveis no mercado. A instrumentalização pode ser traduzida no esquema abaixo.

Duas notas adicionais: **1.** após a conclusão da primeira parte (caução/penhor, subscrição e entrega dos fundos à empresa), o banco agente remete periodicamente para os investidores, os subsequentes pagamentos de juros e capital por parte da empresa; e **2.** o Banco acciona a execução dos Activos, caso os valores mobiliários não sejam pagos na data do seu vencimento. A *securitization* começou por ser aplicada no sector interbancário como cessão de créditos (por forma a elevar as plataformas de liquidez do banco cedente) mas é hoje prática corrente de mercado sobretudo por parte de empresas dos chamados **emerging markets** que de outra forma não têm meios locais de financiamentos a longo prazo (**long term financing**) ou se os têm, estão sujeitos a taxas de juro muito altas. *V.* **American Deposit Receipts.**

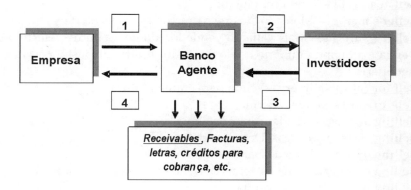

1. A Empresa entrega ao Banco em caução/penhor os recibos, facturas, etc. e emite os valores mobiliários;
2. O Banco Agente recebe a caução/penhor e coloca os valores mobiliários junto aos Investidores, assegurando que a margem de garantia real é suficiente para cobrir o seu pagamento quando devido;
3. Os Investidores subscrevem os valores mobiliários e fazem o pagamento ao Banco Agente;
4. O Banco Agente entrega os fundos à Empresa.

Esquema de funcionamento de *Securitization*

SECURITY – *MC. DR.* **1.** Título de crédito, valor mobiliário; **2.** Garantia de obrigações contratuais ou não contratuais (penhor, caução, hipoteca, etc.); **3.** Estabilidade, segurança.

SEGMENTED MARKETS THEORY – *EC. MC.* Teoria económica, segundo a qual, o mercado de Obrigações (**bonds**) com diferentes datas de pagamento é segmentado, ou seja, levando a que a taxa de juros de uma Obrigação com determinada data de pagamento é exclusivamente condicionada pela oferta e procura dessa mesma Obrigação.

SEIZURE – **1.** *DP.* Arresto, penhora de bens; **2.** Trombose, acidente cardiovascular (AVC).

SELF-CHECK – *B.* Cheque depositado ou apresentado a pagamento no banco sobre o qual foi emitido. Obviamente, um self-check não vai à compensação.

SELF DEFENSE – *V.* **Torts** (*).

SELF-EMPLOYMENT INCOME – *DT.* Rendimento auferido por um trabalhador por conta própria ou profissional liberal.

SELF-SUSTAINED GROWTH – *EC.* Economia que apresenta um ritmo de crescimento constante ao ponto de não precisar de ajuda exterior.

SELL – *DC.* Venda, vender. Principais termos:
   a. **selling out** – *MC. B.* Direito de um corrector fechar a conta de um cliente ou, de um banco cancelar um empréstimo concedido a um corrector, devido, em ambos os casos, a não terem sido cobertos os saldos negativos de **margin accounts**;

Direito de Negócios – Dicionário Inglês-Português

b. **sell at a discount** – *MC.* Venda abaixo do valor nominal; *V.* **Discount**.
c. **sell at a premium** – *MC.* Venda acima do valor nominal; *V.* **Premium**.
d. **sell at a profit** – Venda com lucro;
e. **seller's market** – Mercado em que a procura excede a oferta;
f. **seller's surplus** – Mais valia do vendedor, diferença entre o efectivo preço de venda e a quantia mínima que o vendedor estaria disposto a aceitar, se fosse necessário;
g. **sell for future delivery** – Venda para entrega futura;
h. **sell forward** – Vender a termo;
i. **selling at a loss** – Vender com prejuízo;
j. **selling costs/expenses** – Despesas de venda;
k. **selling off** – Venda ao desbarato, liquidação;
l. **selling overhead** – Custos gerais de venda ou comercialização;
m. **selling price** – Preço de venda;
n. **sell on trust** – Venda a crédito, a prestações.

SENIOR DEBT/SENIOR LOAN – Créditos ou financiamentos que têm direito de prioridade no seu pagamento, em função das garantias reais ou pessoais que foram constituídas a seu favor. Sinónimo de **secured debt** ou **secured loan** e antónimo de **junior debt/ loan** ou **unsecured debt/loan**. *V.* **Debt. Payment in Kind Loans (ou PIKs), Second Lien Loans, Mezzanine Loans**.

SERIAL BONDS – *MC.* Obrigações (**bonds**) com múltiplas datas (trimestral, semestral, etc.) de resgate de capital, por forma a que em data seja amortizada uma percentagem do seu capital, acrescido dos juros correspondentes. De salientar que toda a emissão pode ter a mesma taxa de juro ou haver taxas de juros decrescentes para cada um dos saldos remanescentes da emissão após o resgate de uma percentagem de capital.

SERVICE OF DEBT (ou DEBT SERVICE) – *B. PF.* Pagamento de dívida; é mais concretamente usado em relação à capacidade da devedora pagar, pontual e totalmente, o capital e juros de um empréstimo ou financiamento. *V.* **Debt, Debt Service Coverage Ratio**.

SERVICES CONTRACT – *C. DT.* Contrato de prestação de serviços com um trabalhador ou funcionário que não é um profissional liberal nem autónomo.

SERVICES LEVEL AGREEMENT (ou SLA)– *C. DC.* Contrato que regula de forma consistente e ordenada, a relação entre (i) produtor e clientes; (ii) empresas associadas (**joint ventures**); ou (iii) departamentos ou sectores da mesma empresa ou grupo de empresas. O âmbito deste tipo de contrato é amplo; **1.** rapidez das respostas a pedidos de cotações de preços por parte dos clientes; **2.** definição prévia de política de preços padrão; **3.** política padrão de prazos de construção, fabrico, entrega e montagem; **4.** nível de qualidade mínima; **5.** pesquisa permanente de preços da concorrência, etc.

SET-OFF – *DC. C.* Compensação de direitos e obrigações recíprocas entre duas partes até ao valor equitativo a partir do qual o saldo credor apenas pende para o lado de uma das partes.

SETTLEMENT – MC. B. 1. Liquidação de saldos devedores e credores mútuos entre duas partes; **2.** Liquidação de saldos em compensação bancária; **3.** Liquidação de múltiplas transacções de compra e venda entre correctores de Bolsa; **4.** Data em que, preenchidos determinados requisitos e condições prévias, duas ou mais partes concluem uma compra e venda ou outra transacção; **5. DP.** Acordo extra judicial, transacção extra judicial.

SETTLEMENT DATE – Dia aprazado para liquidação.

SETTLEMENT PLACE – Local onde a liquidação terá lugar. *V.* **Closing**.

SET-UP – 1. CR. Conluio entre duas ou mais pessoas para prejudicar ou enganar alguém; **2.** Montar, equipar, instalar, construir, edificar; **3.** Estabelecer-se, começar um negócio.

SEXUAL HARASSMENT – *V.* **Harassment, Torts (*)**.

SHADOW PRICE – EC. Preço de uma determinada mercadoria ou serviço se a concorrência estivesse estabelecida em condições ideais no que se refere à dicotomia de oferta e procura. Opõe-se a **market price**.

SHADOW TOOL HIGHWAY – PF. *V.* **Build, Operate and Transfer (BOT)**.

SHAKE-OUT – 1. DT. Despedimentos para redimensionar a mão-de-obra de uma empresa e adaptá-la ao seu efectivo volume de produção ou para reduzir despesas; **2. MC.** Pânico numa Bolsa de Valores com os investidores a tentarem vender os seus títulos a qualquer preço; **3. EC.** Crise económica que elimina ou afecta seriamente pequenas e médias empresas.

SHAKE-UP – DS. Reestruturação de uma empresa que envolve a mudança dos seus administradores e corpos gerentes. **V. Restructuring.**

SHARE – 1. Parte, porção, resultado de divisão entre mais do que uma parte ou titular; **2. DS.** Acção, título que representa uma unidade do capital de uma sociedade por acções. Principais termos:

a. **bearer shares** – Acções ao portador;
b. **nominative shares** – Acções nominativas;
c. **share capital** – Capital por Acções;
d. **share escrow account** – Depósito de Acções em caução;
e. **shareholder** – Accionista;
f. **share issue** – Emissão de Acções;
g. **share option** – *V.* **Call Option, Put Option**;
h. **share premium** – Prémio de emissão, diferença entre o preço de emissão de uma Acção e o seu valor nominal;
i. **share price** – Valor de cotação de uma Acção;
j. **share price index** – Índice de cotação de Acções;
k. **share register** – *UK.* Livro de Registo de Acções nominativas;
l. **shares without par value** – *USA.* Acções sem valor nominal;
m. **share warrant** – Certificado de opção de compra/venda de Acções; *V.* **Warrant**.

SHAREHOLDERS´ EQUITY – DS. PF. Embora existam diversos conceitos, uma definição padrão inclui habitualmente o somatório:

Direito de Negócios – Dicionário Inglês-Português

- das quantias pagas como subscrição de capital de uma empresa;
- de suprimentos;
- dos empréstimos dos accionistas e sócios para futura conversão em subscrição de capital (ainda que a título transitório, estes elementos sejam mais apropriadamente enquadrados em **quasi-equity**);
- das reservas obrigatórias e facultativas, mas depois de deduzir de tais montantes:
  a) valores de impostos a pagar (mesmo os impostos vincendos);
  b) valores de dividendos a pagar;
  c) valor de **goodwill** e outros **intangible assets**;
  d) saldos negativos da conta de Lucros e Perdas (excepto se tal dedução já tiver sido feita noutras partes do balanço).

V. **Capital, Losses, Profit, Return on Equity e Glossário deste Dicionário (*).**

SHAREHOLDERS´ MEETINGS – *DS.* Assembleias Gerais de sociedades por acções.

SHARE RETENTION AGREEMENT – *PF. C. DS.* Contrato pelo qual os sócios controladores de uma empresa assumem (conjunta e solidariamente) o compromisso para com terceiros (nomeadamente, credores) de manter em seu nome, um certo número mínimo de Acções ou percentagem de capital daquela, enquanto um financiamento concedido por tais credores não tiver sido liquidado. Usado como forma de assegurar aos credores que a devedora não sofrerá alterações substanciais no seu controlo de capital e administração que ponha em causa a capacidade de liquidar os seus compromissos. Pode ou não ser casado com o chamado **project funds agreement**. *V.* **Mezzanine Loans, Second Lien Loans, Payment in Kind Loans, Project Finance.**

SHERMAN ANTI-TRUST ACT – *USA. DC.* Uma das peças fundamentais das **anti-trust laws**. Aprovada em 1890 (e complementada por diversa legislação posterior), estabeleceu os princípios básicos de combate aos monopólios, concentrações de mercado e defesa de concorrência leal. *V.* **Monopoly.**

SHIFT IN DEMAND – *EC.* Qualquer alteração na procura pelo consumidor de um produto/serviço, que não seja influenciada pelas mudanças nos respectivos preços. *V.* **Demand**.

SHIPMENT – *DC.* Embarque, transporte de mercadoria. **Shipping Order** – *DC.* Ordem de embarque.

SHIPSET – *DC.* Sistema informático entre uma empresa e um cliente pelo qual o cliente recebe a cada entrega ou embarque de mercadoria, uma lista detalhada dos artigos dessa entrega ou embarque.

SHORT – **1.** Pequeno, baixo de estatura (*shorty*); **2.** Limitado, com pequena capacidade económico-financeira, de baixa liquidez; **3.** Curto (em termos de tempo ou duração – **short-term**). V. **Lista de Termos associados no Glossário deste Dicionário (*).**

SHORT-SELLING – *USA. MC.* V. **Lista de Termos associados a "Short" no Glossário deste Dicionário (*).**

SHORT-TERM DEBT – *PF. B.* Dívida a curto prazo, (ou seja, normalmente até um ano).

SHORT-TERM LIABILITIES – Passivo a curto prazo. *V.* **Debt, Liabilities**.

SHOULD KNOW – Facto genérico que se pressupõe ser do conhecimento de uma pessoa de mediana inteligência/comportamento equilibrado e que leva esta a agir (ou não agir) de acordo com essa informação para evitar prejuízos a terceiros. Distingue-se de **reason to know** porque esta última lida normalmente com factos mais específicos. *V.* **Knowledge**.

SHUT DOWN POINT – *CF. EC.* Situação em que uma empresa tem menos prejuízo ao parar a sua produção do que prosseguir com a mesma. Ocorre: 1. a curto prazo, quando o preço dos seus produtos é menor do que o custo de produção médio variável; e 2. a longo prazo, quando o referido preço é menor do que custo de produção médio global.

SIGHT DEPOSIT (ou **SIGHT FUNDS**) – *B.* Depósito à ordem. O mesmo que **current account** ou **demand deposit**. *V.* **Account**.

SILENT PARTNER – *DS. V.* **Partnership**.

SINGLE-USE GOODS – *EC. DR.* Bens de utilização única, perecíveis, que deixam de existir ao serem consumidos (ex.: bebidas, tabaco, comida). *V.* **Goods**.

SINKING FUND – *B. MC.* Criação de um fundo onde são depositadas periodicamente, por uma empresa, quantias provenientes dos seus lucros e destinadas à amortização de dívida a longo prazo ou garantir o resgate de acções preferenciais. O fundo é normalmente administrado por uma instituição bancária independente ou por um **trustee**. Uma variante consiste numa empresa investir os fundos em depósitos a prazo para aquisição de **bonds** ou de Acções emitidos por ela própria, o que leva à compensação já que a empresa ao comprar a sua própria dívida, extingue-a. *V.* **Securitization**.

SISTER COMPANIES – *DS.* Empresas controladas pela mesma **holding** ou pelos mesmos accionistas.

SKY ROCKETING – Subida vertiginosa (i) da produção e venda de um produto ou (ii) da cotação de um valor mobiliário num curto período de tempo.

SLANDER – *V.* **Torts (*)**.

SLEEPING PARTNER – *V.* **Partnership**.

SLUGGISH DEMAND – *EC.* Procura fraca, amplamente excedida pela oferta. *V.* **Demand**.

SLUMPFLATION – *EC.* Crise económica em que diminuiu a produção e os investimentos, há depressão mas apesar de tudo, a inflação continua alta. Fase subsequente à **stagflation**. *V.* **Inflation**.

SLUSH FUNDS – *DS.* Fundos destinados a finalidades ilegais ou pouco ortodoxas e que, como tal, não são contabilizados. Correspondente ao chamado *"saco azul"* ou *"caixinha"* (Brasil).

SMALL AND MEDIUM-SCALE ENTREPRISES – *PF. DS* Empresas cujo (i) capital; e/ou (ii) volume de negócios; e/ou (iii) número máximo de operários/funcionários não excedem determinados limites predefinidos para beneficiar de certo tipo de financiamentos, incentivos ou isenções/reduções ficais. **Ver análise mais detalhada no**

Direito de Negócios – Dicionário Inglês-Português

Glossário deste Dicionário, Agency Credit Line, Unlisted Security Market, Over-the-Counter Market.

SMUGGLE ou SMUGGLING – Contrabando.

SNOW (ou SUPER NEGOTIABLE ORDER OF WITHDRAWAL ACCOUNT) – *B.* Conta bancária com saldo mínimo obrigatório elevado e cuja taxa de juros é igualmente superior às taxas de juros oferecidas para os demais depósitos bancários. *V.* **Account**.

SOCIAL – Social; pertinente aos interesses de um país, comunidade ou à sociedade humana em geral. Termos associados:

1. **social accounting** – *CO.* Processo contabilístico que determina o impacto social positivo da actividade económica de uma empresa ao comparar os benefícios sociais dessa actividade com os seus custos de produção. *V.* **Accounting**;

2. **social engineering** – Políticas económico-sociais centralizadoras postas em prática de forma coordenada, por forma a alcançar uma maior redistribuição de riqueza e maior justiça social. É um dos pilares filosóficos da **common law**; *V.* **Welfare**;

3. **social optimum** – *EC.* Situação económica ideal; quando o uso e aproveitamento dos recursos de uma sociedade ou país consegue gerar o máximo de bem-estar e progresso para os seus cidadãos;

4. **social rate of return** – *EC.* Grau do benefício auferido pelos cidadãos de um país na utilização de bens e serviços públicos. Especialmente usado no que se refere a comunicações, transportes e serviços de saúde e assistência social;

5. **social security** – *USA. DT.* Denominação popular do Sistema de Previdência Social dos EUA (oficialmente, *Old Age Survivor Disability and Health Insurance*). Criado em 1935, através do **Social Security Act**.

SOCIAL WELFARE – *EC.* Bem estar social. *V.* **Social Optimum**.

SOFT CURRENCY – *EC.* Moeda ou divisa sujeita a frequentes flutuações nos mercados cambiais internacionais. Por oposição a **hard currency**.

SOFT GOODS – *V.* **Goods**.

SOFT LOAN – *B.* Empréstimo a juros bonificados. *V.* **Loan**.

SOFT MONEY – **1.** *EC.* Papel-Moeda (por oposição a moeda metálica); **2.** Divisa sujeita a grandes flutuações. O mesmo que **soft currency**.

SOLE DISTRIBUTOR/LICENCEE – *DC.* Distribuidor / concessionário exclusivo.

SOLICITOR – *UK.* Advogado. *V.* **Barrister**.

SOUND – Correcto, que aplica os procedimentos ou regulamentos aplicáveis, de acordo com as práticas aconselháveis. Termos:

a. **sound accounting practices** – *CO.* De acordo com as práticas e procedimentos contabilísticos correctos;

b. **sound commercial practices** – Que pratica concorrência leal e política de preços correcta;

c. **soundness of a business** – Solidez de uma actividade económica, solvabilidade de uma empresa.

SOURCES AND USES OF FUNDS STATEMENTS (ou **FUNDS-FLOW STATE-MENTS**) – *CO.* Demonstrações financeiro-contabilísticas que mostram as origens dos recursos em dinheiro recebidos por uma empresa e o destino que a mesma lhes dá no seu dia a dia operacional.

SOURCES OF INCOME – *EC.* Fontes de rendimento. **V. Income.**

SOURCING – *EC. PF* As fontes ou origens dos fornecimentos (**supply**) de que uma empresa carece para a sua actividade económica (matérias-primas, semi-produtos, embalagens, etc.).

SPATIAL MONOPOLY – *EC.* Monopólio de mercado devido a factores geográficos (ex.: o concorrente mais próximo de uma empresa está localizado a grande distância e os seus custos de transporte seriam muito elevados para poder competir localmente). **V. Monopoly, Anti-Trust Laws**.

SPECIAL DRAWING RIGHTS (SDRs) – *FIP.* Direitos de saque por parte dos países membros do Fundo Monetário Internacional, para reajustes estruturais das suas reservas monetárias. Consiste na emissão de um certificado que faz as vezes de ouro em termos de reservas monetárias e que tem como base os câmbios de algumas moedas básicas como a libra, o Dólar, o Euro, o Iene, etc. Fixado diariamente em função das cotações em Londres das referidas moedas. **V. International Monetary Fund**.

SPECIFICATIONS – Caderno de encargos.

SPEED-UP – *EC.* Acelerar, aumentar a produção sem acréscimo de salários.

SPIN-OFF – *DS. MC.* O termo é hoje em dia usado de uma forma genérica, podendo designar entre outras modalidades:

- A transferência de Activos de uma empresa para outra recém-constituída, a troco de Acções do capital desta última;
- A distribuição entre os accionistas de uma **holding** do capital de uma sua subsidiária, a título de comparticipação de lucros. Neste último aspecto, distingue-se de **split-off**. **V. Subsidiary, Restructuring, Private Equity**.

SPLIT – **1.** Dividir, distribuir; **2.** Desunir, separar. Alguns termos derivados:

a. **split-off** – *DS.* Distribuição entre os accionistas de uma **holding** do capital de uma subsidiária em troca de Acções da própria **holding**. **V. Subsidiary, Spin-Off, Restructuring**;

b. **split pricing** – *DC.* Venda do mesmo produto/bem a preços diferentes, em função da sua embalagem ou devido a políticas de **marketing** (ex. conquista de um novo mercado);

c. **split shares** (ou **split-up**) – *DS.* Desdobramento ou fraccionamento de capital. Se uma empresa decide alterar o valor nominal das suas Acções de 20 Euros para 5 Euros, cada accionista irá receber 4 Acções novas por cada uma das antigas;

d. **split the difference** – Fechar uma transacção pelo valor médio entre o preço oferecido e o pedido.

SPONSOR – **1.** *PF.* Promotor, o sócio controlador da empresa ou grupo empresarial que toma a iniciativa de financiar, realizar ou concretizar um projecto; **2.** Patrocinador,

Direito de Negócios – Dicionário Inglês-Português

quem contribui financeiramente para um concurso/competição /programa televisivo ou radiofónico através de publicidade ou de subsídios. *V.* **Project Funds Agreement**.

SPOOFING – *USA. DC. MC. CR.* Imitação informática fraudulenta (**mimicking**) de *web sites* (**spoofed sites**) de bancos e instituições financeiras (inclusive com cópia dos logótipos, gráficos, campanhas normais de **marketing**, etc. dos bancos e instituições financeiras em causa. Os criminosos, a título de promoverem campanhas, e promoções pedem os dados pessoais (nomes, números de **social security**, endereços, números de contas bancárias, números de cartões de crédito, etc.) das pessoas que recebem as correspondentes mensagens via **e-mail**. Após recolherem tais dados, adivinha-se o que se segue – saques fraudulentos das contas dessas pessoas via **ATM Machines** ou de transferências informáticas, utilização de identidades falsas, etc. *V.* **Privacy, Sarbannes-Oxley Act, Phishing, Scienter.**

SPOT CHECK – *EC.* Fazer uma sondagem estatística.

SPOT DELIVERY (ou **SPOT TRADING**) **– *DC.* 1.** Entrega imediata de mercadoria/bem; **2.** Entrega de mercadoria a pronto pagamento.

SPOT EXCHANGE RATES – *B.* Taxas cambiais à vista. Por oposição a **forward exchange rates**.

SPOT MARKET – *MC.* Mercado de **commodities** para entrega imediata. Por oposição ao mercado em que as transacções de **commodities** são feitas para entrega futura (**futures market**);

SPOT RATE – *B. PF.* Taxa de juros oferecida no mercado, num determinado momento, para depósitos ou empréstimos efectuados na mesma data. *V.* **Interest Rate**.

SPOT TRANSACTION – *B.* Taxa cambial entre duas moedas cotadas no mercado para troca imediata de depósitos bancários nas referidas moedas.

SPREAD – *B. MC.* Pode ter seis significados básicos:
1. margem entre o preço de oferta e de compra de um valor mobiliário;
2. margem entre o preço fixo de um valor mobiliário sujeito a oferta pública e os fundos líquidos pagos à instituição emissora. *V.* **Underwriting;**
3. margem entre os valores (**strike price**) de uma **put option** e uma **call option;**
4. margem de preços no mercado de **commodities** no período de dois meses (seja no mesmo mercado ou em mercados diferentes);
5. em arbitragem cambial, a margem entre a cotação da mesma moeda em dois mercados diferentes; e
6. taxa de juros adicional que acresce à taxa básica flutuante (ex: *EURIBOR* + 2.5%). *V.* **Base Rate.**

SPREAD(ING) THE RISK – *MC.* Diversificar o risco de investimento de uma carteira. *V.* **Risk**.

SPUR ON – *MC.* Motivar um investidor a continuar a sua política/prática de adquirir valores mobiliários.

SPURT – *MC.* Subida/recuperação inesperada de um preço ou cotação de valor mobiliário.

SQUARE DEAL – Transacção honesta, concluída em termos justos para as partes envolvidas. *V.* **Fair Price**.

STABLE EQUILIBRIUM – *EC.* Situação da estabilidade económica de um país ou mercado que não se deixa influenciar pela actuação de factores exógenos. *V.* **Social Optimum**.

STAFF ASSOCIATION – *USA. DT.* Associação de funcionários para defesa de interesses comuns mas sem ter a índole de sindicato (**union**) ou de poder discutir políticas salariais.

STAG – *MC.* Especulador financeiro que se inscreve para subscrever um número exagerado de Acções a serem colocadas no mercado, na esperança de que essa tendência se comunique a outros investidores e com isso o preço de emissão suba no mercado. Se assim ocorre, o mesmo investidor vende as Acções a que tenha direito com lucro (assumindo que subscreveu a simples preço de emissão).

STAGFLATION – *EC.* Associação de três fenómenos típicos de uma crise económica: aumento geral de preços (inflação), queda de produção de bens e serviços e consequente aumento de desemprego. *V.* **Inflation**, **Slumpflation**.

STAKE – *DS.* Quota de participação numa empresa ou negócio. *V.* **Interest**.

STAMP TAX – *DF.* Imposto de selo. *V.* **Tax**.

STANDARD GOLD – Ouro cujo toque é o normal para os fins a que se destina. Usualmente de 14 quilates (aproximadamente 583.3 milésimos) e 18 quilates (750 milésimos). Por oposição a **pure gold** ou **fine gold** que corresponde a 24 quilates (1000 milésimos). *V.* **Bullion**.

STANDARD OF LIVING – *EC.* Nível de vida. Normalmente, definido em termos de produto *per capita* e do grau de consumo de certos produtos e serviços básicos. *V.* **Welfare State**.

STAND-BY ARRANGEMENT – 1. *FIP.* Acordo de crédito contingente, concedido pelo Fundo Monetário Internacional a um país membro pelo qual este pode efectuar saques até a um certo limite de crédito, durante determinado período de tempo, desde que adopte um conjunto de medidas macroeconómicas indicadas e aceites em documento independente (**letter of intent**). *V.* **International Monetary Fund**, **Special Drawing Rights**, **Structural Adjustment Facility**.

STAND-BY LETTER OF CREDIT – *DC.* Carta de crédito emitida para garantir a execução de um contrato ou de uma obrigação. *V.* **Performance Bonds**, **Letter of Credit**.

STAND-BY LOAN/CREDIT LINE – *B. PF.* Empréstimo/linha de crédito utilizável caso ocorram certas condições contratualmente previstas. Exemplos mais comuns são o aumento inesperado no custo de um projecto (**overrun costs**) e a não concretização de outras fontes de financiamento previstos no **financial plan** original, etc. *V.* **Loan**, **Agency Credit Line**.

STAND-BY UNDERWRITING – *MC.* Compromisso por parte de uma instituição financeira de colocar junto ao público, uma emissão de valores mobiliários durante um certo período de tempo; no final do mesmo (normalmente 30 dias), a instituição finan-

Direito de Negócios – Dicionário Inglês-Português

ceira tem que adquirir os valores mobiliários não subscritos, de acordo com um preço unitário já estabelecido. Mais utilizado em venda de Acções com direitos de preferência. *V.* **Underwriting. Securities**.

STAPLE COMMODITY – *MC.* Produto ou mercadoria principal de um país ou região (ex.: vinho do Porto na região do Douro).

START-UP COSTS – *PF.* Custos e despesas de "arranque" de um projecto ou de constituição de uma empresa. *V.* **Greenfield Project**.

STATE BANK – *USA. B.* Banco autorizado (**chartered**) a fazer negócios num determinado Estado Norte-Americano.

STATEMENT – **1**. Exposição, discurso, declaração; **2**. *CO.* Prestação de contas (*statement of expenses*); **3**. *B.* Extracto de conta bancária (*statement of account*); **4**. *CO.* Balanço (*financial statement*).

STATE´S EVIDENCE – *USA. DP. CR.* Diz-se da prova incriminatória/testemunho obtidos pela cooperação voluntária ou induzida de um réu indiciado por crime porque está a ser conjuntamente julgado com outros incriminados. Tal cooperação é prestada com a promessa pelas autoridades judiciais de redução de pena ou mesmo perdão concedido ao "colaborante".

STATIONARY STATE – *EC.* Situação económica ideal, em que toda a produção de bens e serviços é consumida, ou seja, em que oferta e procura se igualam.

STATUTE OF WESTMINSTER – *UK.* Legislação Constitucional de 1931, pela qual foram estabelecidos os conceitos de *"Dominions"* (ex. Canadá, Austrália, Nova Zelândia) e *"colonies"*, sendo que aos primeiros, passou a ser possível aprovar e emitir legislação de âmbito internacional (ou seja, extra territorial). Ficou ainda previsto que nenhuma legislação do Reino Unido se aplicaria aos *Dominions*, excepto se com a sua concordância expressa.

STATUTORY LAW – Leis que constam de códigos, leis e decretos publicados oficialmente. Por oposição a **common law**.

STATUS OF LIMITATIONS – *DP.* Prescrição; período de tempo estabelecido por lei para intentar/propor uma acção/recurso judicial ou exercer um direito sob pena de o perder (*the law will not help those who sleep on their rights*). Nos EUA, embora cada Estado tenha os seus próprios dispositivos legais, o *status of limitations*, é em geral, de seis anos contados da data da violação do direito ou do não cumprimento contratual. Já do ponto de vista de Direito Fiscal, 3 anos é o prazo médio de prescrição. *V.* **Abandonment, Laches**.

STAY OF EXECUTION – *UK. DP.* Medidas processuais ou judiciárias que suspendem o processo de execução por parte de um credor.

STEPPED-RATE BOND – *MC.* Obrigação com taxa de juros progressivos. *V.* **Bond**.

STOCK – **1**. *DC.* Existências; bens ou mercadorias em armazém disponíveis para produção ou para venda; **2**. *DS.* Capital social de uma empresa, seja ou não expresso em Acções. *V.* **Capital**; **3**. *MC. DS.* Acção, título representativo de participação no capital de uma sociedade. Neste sentido o mesmo que **share**. Lista de termos:

1. **Stockbroker** – *MC.* Corrector de Bolsa. O mesmo que **Broker;**
2. **Stock Certificate** – *DS.* Certificado representativo de Acções. *V.* **Certificates, Share;**
3. **Stockbuiling** – *CO.* Acumulação de existências. **V. Stock;**
4. **Stock Dividends** – *DS. MC.* O mesmo que **bailout stock;**
5. **Stock Evaluations** – *CO.* Avaliação de existências;
6. **Stock Exchanges** – *MC.* Bolsas de Valores;
7. **Stock of Money** – *EC.* O mesmo que **money supply;**
8. **Stock Options** – *DS. MC.* Direito contratual de adquirir Acções ou partici-pações no capital de uma empresa, mediante o pagamento de um preço pré-fixado ou cujo critério de cálculo esteja clausulado no respectivo contrato. *V.* **Option;**
9. **Stock Ratings** – *MC.* Classificação gradativa da qualidade, liquidez e constân-cia do valor de Acções ordinárias ou preferenciais. As *stock ratings* de *Standard & Poor* (uma das mais aplicadas no mercado) refere por ordem decrescente: *A +*, a mais alta; *A*, alta; *A*, acima da média;
   B + , média; *B* , abaixo da média; *B –*, baixa; *C*, a mais baixa
   Critério similar é usado para Obrigações (**bonds**);
10. **Stockrights** – *DS.* O mesmo que **preemptive rights;**
11. **Stock-Taking Inventory** – *CO.* Inventário meramente contabilístico. Por opo-sição a **overhauling of stock** (inventário físico);
12. **Stock Watering** – *MC. DS.* Empresa que fez sucessivas emissões de Acções para que o seu valor de mercado acabe por ser superior ao valor real do seu património líquido. *V.* **Net Assets**.

STRADDLE OPTION – *C. MC.* Combinação de um **put** e **call options** em que o preço acordado é normalmente o do mercado na data do exercício dos respectivos direitos. *V.* **Options**.

STRAIGHT LOAN – *B.* Empréstimo sem qualquer garantia, concedido na base de simples confiança no cliente e tendo em vista os seus bons antecedentes quanto ao pagamento das suas obrigações. *V.* **Unsecured Loan/Lender.**

STRATEGIC LINK ANALYSIS (ou SLA) – *DC.* Processo que mede o **rating** de frequência com que um **website** é consultado, seja de forma directa seja via de **links** com outros **websites**.

STREAM – *PF.* **1.** O fluxo, a transferência de fundos financeiros numa empresa; **2.** Movimento de vendas de uma empresa; seja com tendência de aumento (**up stream**) seja de baixa (**down stream**).

STRIGENCY – *B. PF.* Período em que a escassez da oferta de crédito (devido a políticas monetárias ou de mercado) é grande.

STRIKE – *DT.* Greve, fazer greve. Termos derivados:
1. **strike funds** – *DT.* Fundos de auxílio aos grevistas;
2. **strike notice** – **1.** *DT.* Pré-aviso de greve; **2.** *MC.* Pré-aviso do exercício de uma Opção (**option**);

Direito de Negócios – Dicionário Inglês-Português 514

3. **strike pay** – *DT.* Subsídio de greve;

4. **striker** – *DT.* Grevista.

STRIKE PRICE – *MC.* Preço a que é exercido o direito de compra ou venda por meio de um **warrant** ou Opção (**option**).

STRICT LIABILITY – *USA. UK. DC. CR. T.* Responsabilidade objectiva, ou seja, mesmo sem haver dolo ou negligência. A simples periculosidade ou risco associado a certas actividades económicas, industriais (ex. transporte de explosivos) ou profissionais, tem levado os tribunais a imputar responsabilidade civil a quem as desempenha e causa prejuízos a terceiros. Matéria objecto de abundante controvérsia nos EUA, leva em alguns casos uma empresa a ser considerada como responsável pelos actos ilícitos de um seu funcionário (ainda que a empresa não tenha nenhum envolvimento no caso), apenas porque esta detém maior poder económico (**deep pocket**) para ressarcir os prejuízos sofridos pelo terceiro. *V.* **Torts** (*). **Insurance.**

STRUCTURAL ADJUSTMENT FACILITY – *FIP.* Linha de crédito proporcionada desde 1986 pelo Fundo Monetário Internacional a países em vias de desenvolvimento, a taxas de juros mais acessíveis e por períodos mais longos do que os previstos noutras formas de assistência financeira providenciadas pelo FMI. *V.* **Special Drawing Rights**.

STRUCTURAL DEFICIT – *EC.* Situação macroeconómica gerada pelo excesso de despesas públicas relativamente às receitas recebidas pelo Estado. Antecede normalmente uma expansão de política fiscal. Caso de Portugal à data deste Dicionário. *V.* **Deficit**.

STRUCTURAL FUNDS – *EC.* Fundos estruturais, destinados ao desenvolvimento das áreas mais pobres e carentes da UE.

STRUCTURAL UNEMPLOYMENT – *EC. DT.* Desemprego provocado pelo arrefecimento geral da economia ou inexistência prolongada de procura de bens ou serviços numa determinada região ou sector industrial. *V.* **Unemployment**.

SUBORDINATED CREDITS/LOANS – *DC. V.* **Subordination, Payment in Lind Loans (ou PIKs), Mezzanine Loans, Second Lien Loans.**

SUBORDINATED DEBT – Créditos sujeitos a **subordination**. *V.* **Payment in Lind Loans (ou PIKs), Mezzanine Loans, Second Lien Loans.** .

SUBORDINATION – *DC.* Graduar um crédito, investimento ou financiamento para que só seja pago após um determinado tipo de crédito (ou todos os demais créditos existentes) terem sido liquidados, seja por deterem garantias reais ou pessoais de menor graduação (ex. 2º, 3º, 4º graus, etc.), seja por não ter qualquer tipo de garantia (**unsecured debt**/**loan**). *V.* **Payment in Lind Loans (ou PIKs), Mezzanine Loans, Second Lien Loans**.

SUBROGATION – *DC.* Sub-rogação, substituição do devedor por terceiro. Exige o consentimento do credor. *V.* **Assignment**.

SUBSCRIPTION – *DC. MC.* **1.** Oferta de compra de acções feita por um investidor directamente à empresa em causa ou aos seus representantes legais; pode ser feita antes da constituição da empresa (**before incorporation**) ou depois desta (**after incorporation**); **2.** Compromisso de adquirir Acções de uma empresa (seja pelo exercício de direitos de preferência, oferta pública ou oferta de venda simples) e de pagar o preço de tal aquisição. *V.* **Share**, **Capital**.

SUBSCRIBED CAPITAL – *DS.* Capital subscrito de uma empresa. *V.* **Capital**.

SUBSIDIARY – *DS. PF.* Empresa cujo capital de voto é controlado directa ou indirectamente por outra empresa. *V.* **Holding, Affiliate**.

SUBSIDY – *EC.* Subsídio, ajuda financeira por parte do Estado ou entidade pública a determinada empresa ou sector económico. O mesmo que **subvention**. **Subsidized Loan** – *B.* Empréstimo a juros bonificados.

SUBSISTENCE – *EC.* O nível mínimo de consumo de bens e serviços de que carece uma comunidade.

SUBVENTION – *V.* **Subsidy**.

SUMMONS – *DS.* Citação judicial, notificação da distribuição de acção/ processo judicial.

SUNK COSTS – *CO.* Custos de investimento perdidos e não recuperáveis de uma empresa relativamente a equipamento, máquinas e infra-estruturas necessárias à produção de um bem ou mercadoria.

SUNRISE INDUSTRIES/STOCK – *DS. MC.* Indústrias emergentes; Acções novas no mercado da Bolsa e com bom potencial de rendimento.

SUOMEN PANKKI – *DIP. B.* Banco da Finlândia, com as funções de Banco Central. Em inglês é conhecido como **Finlands Bank** ou **Bank of Finland. V. Hex.**

SUPPLIER – *DC.* Fornecedor, vendedor de matéria-prima ou de equipamento/ máquinas.

SUPPLY – *EC.* Oferta, fornecimento, abastecimento de bens e/ou serviços. *V.* **Demand**.

SUPPLY AND DEMAND – Oferta e procura. *V.* **Demand**.

SUPPLY AGREEMENT – Contrato de fornecimento.

SUPPLY CURVE – *EC.* Curva estatística que demarca a relação entre as quantidades de oferta e procura, quando as demais variáveis económicas são constantes. *V.* **Demand, Supply**.

SUPPORT LETTER – *B.* Variação de **comfort letter**. O seu conteúdo refere que os seus signatários (normalmente, sócios controladores de uma empresa) tomarão as diligências necessárias (designadamente, usando o seu direito de voto) para que tal empresa cumpra as suas obrigações financeiras. *V.* **Best Efforts Letter**.

SUPREMACY CLAUSE – *USA.* Referência ao Artigo VI da Constituição dos EUA segundo a qual a lei federal prevalece sobre a lei dos Estados. *V.* **Amendment**.

SUPREME COURT – *USA. DP.* O Artigo III, Secção 1 da Constituição dos EUA refere que o Poder Judicial do país está centralizado (*vested in*) no Supremo Tribunal, bem como, nos demais tribunais de alçada inferior que venham a ser criados pelo Congresso. O Supremo Tribunal é constituído pelo *Chief Justice of the United States* e pelo número de *Associate Justices* que venha a ser definido pelo Congresso. A nomeação dos juízes é de competência do Presidente dos EUA, após parecer favorável do Senado. Entre as incumbências do Supremo Tribunal estão a análise:

Direito de Negócios – Dicionário Inglês-Português

(i)   da constitucionalidade das leis federais e estaduais;
(ii) da constitucionalidade das obrigações e compromissos assumidos pelos EUA nos termos de convenções e tratados internacionais;
(iii) das pendências que afectem embaixadores; e
(iv) a resolução de litígios entre os Estados federados bem como quaisquer casos ou diferendos de que os EUA sejam parte activa ou passiva.

SURPLUS – 1. *EC.* Excesso de oferta relativamente à procura, assumindo-se que os preços se mantêm constantes. Só com a descida de preços desaparecerá o surplus; **2.** *FIP.* Saldo positivo num orçamento público; **3.** *CO.* Excedente do activo sobre o total do passivo e capital, ou seja, situação líquida de uma empresa.

SURVEY – Inquérito, pesquisa de opinião, levantamento de dados.

SUSPENSE ACCOUNT – *B. CO.* Conta provisória, conta transitória. *V.* **Account**.

SUSPENSION OF PAYMENTS – *V.* **Insolvency**.

SUSTAINABLE DEVELOPMENT – *DIP. EC. ENV.* Um dos conceitos[55] mundialmente mais analisados e comentados, poderá ser talvez definido como *o equilíbrio (balance) entre as necessidades actuais de subsistência e desenvolvimento económico e social da humanidade e a protecção e defesa do meio ambiente (enviroment) das futuras gerações, por forma a assegurar a estas últimas, iguais ou maiores possibilidades de subsistência e desenvolvimento.* Ou seja, em que ambos os vectores desta complexa mas vital equação cresçam agora e no futuro, de forma ponderada, racional mas inevitável. Ou como foi definido pela *Brundtland Commission* da ONU, o *"desenvolvimento que preenche as necessidades da actual geração sem comprometer a capacidade das gerações futuras de preencherem as suas"*.[56]

Entende-se de forma pacífica que *Sustainable Development* assenta em quatro princípios fundamentais – 1. **environmental sustainability**; 2. **economic sustainability**; 3. **social sustainability**; e 4. **political sustainability,** que nos parecem auto-explicáveis e cujo desenvolvimento não nos cabe no âmbito deste Dicionário.

Bastará talvez anotar que *sustainable development* não se confunde com **Green Development** já que este dá total e ampla primazia e prioridade à protecção e defesa do meio ambiente em detrimento das facetas económicas, sociais e políticas. *V.* **Environment, Kyoto Protocol, Environemtal Impact Assessment.**

SWAP – *MC.* Uma das formas mais comuns de **hedging**:

(i)   contra flutuações de taxas cambiais (**currency swaps**) – um contrato recíproco de compra e venda entre duas partes de determinadas divisas, com a obrigação de inverter essa obrigação em determinada data e à mesma taxa de câmbio, ficando assim coberto o risco de desvalorização sofrida por qualquer dessas divisas;

---

[55] Segundo os autores mais consagrados, o termo terá aparecido pela primeira vez em 1980, no relatório publicado pela *World Conservation Strategy*. Mas só ficou de certa forma consagrado a partir de 1987.

[56] *"development that meets the needs of the present generation without compromising the ability of future generations to meet their own needs."*

(ii) contra aumentos de taxas de juros (**interest rate swaps**) em que uma parte aceita efectuar os pagamentos de juros a taxa flutuante assumidos pela outra parte junto a um banco/credor, desde que esta última assuma idêntica obrigação quanto a pagamentos de juros a taxa fixa a que a primeira parte se comprometeu junto a outro banco/credor;

(iii) que garanta a rentabilidade mínima de certos valores mobiliários (**substitution swaps**);

(iv) que assegure a melhoria da qualidade de uma carteira de investimentos (**portfolio swaps**);

(v) que possibilite a diminuição do efeito fiscal sobre mais valias ou ganhos de capital, etc.

São também usuais, acordos de *swaps* (**swap agreements**) entre Bancos Centrais que funcionam como verdadeiras linhas de crédito recíprocas, a curto prazo e até certo montante, de forma a permitir que possam intervir nos mercados cambiais em defesa da própria divisa nacional ou para outros efeitos financeiros.

SWEEP ACCOUNT – *B.* Acordo entre um Banco e um seu cliente pelo qual o primeiro investirá de forma sistemática em sistema **overnight**, os saldos ociosos existentes na conta bancária do segundo. *V.* **Account**.

SWIFT – *B. Society for Worldwide International Financial Transactions*, sistema informático internacional para operações cambiais, pagamentos, transferências, transacções financeiras, etc.

SWING CREDIT – *B.* Crédito interbancário e recíproco, a descoberto.

SWITCH – 1. *MC.* Troca (venda, seguida de compra) de valores mobiliários constantes de uma carteira de investimentos (**portfolio**) por forma a melhorar a sua rentabilidade global; 2. *B.* Troca de sistema de juros (de taxa flutuante para taxa fixa ou vice-versa) no decurso de um empréstimo ou emissão de Obrigações (**bonds**); normalmente à opção do banco ou da entidade emissora dos títulos. *V.* **Interest Rate.**

SWITCH TRANSACTION – *DC.* Processar uma exportação através de um terceiro país a fim de evitar um problema cambial ou fiscal.

SYNDICATE – *B. MC.* Consórcio bancário ou empresarial organizado para financiar um investimento que necessita grandes capitais ou é de especial complexidade técnica ou industrial.

Termos associados:

1. **syndicated issue** – Emissão de **bonds** colocada ou assegurada (**underwritten**) através de um consórcio bancário;

2. **syndicated loan** – Empréstimo feito por um consórcio bancário. *V.* **A Loan**, **B Loan**, **Participant**.

SYNDICATION FEE – *B.* Comissão paga aos elementos de um consórcio bancário (**consortium, syndicate**) por organizarem e coordenarem o financiamento que levou à sua formação. *V.* **Fee.**

T

T-ACCOUNT – *CO*. Forma gráfica de lançamento contabilístico dos Activos e Passivos de uma empresa. Os Activos são inscritos no lado esquerdo do "T" e os Passivos, no seu lado direito. *V.* **Accounting**.

TABLE (To) – Suspender a aprovação ou publicação de uma lei atendendo a motivos supervenientes.

TACIT MORTGAGE – *USA. DR*. Hipotecas constituídas no Estado da Louisiana, em certos casos por força da lei e sem que seja necessário acto expresso das partes. *V.* **Mortgage**.

TAIL, ESTATE IN – Em Direito de Sucessões, o processo exclusivo de herança por linha vertical a favor de um descendente (filhos, netos, bisnetos, etc.), em vez da massa de bens ser distribuída por todos os herdeiros em geral. *V.* **Heirs**.

TAKE – **1.** Deitar mão a, privar alguém da posse/propriedade de alguma coisa (ainda que legalmente); **2.** Empreender, fazer, realizar (*taking initiative*); **3.** Herdar, receber uma herança (*taken by inheritance*); **4.** Adquirir (*take an interest on*). *V.* **Interest**; **5.** Retirar uma oferta de compra ou venda, desistir de um argumento em juízo, retratar-se (*take back*).

TAKE CARE OF – **1.** Tomar conta de; **2.** Cuidar de alguém; **3.** Pagar uma conta. *V.* **Care**.

TAKE EFFECT – Efectivar, entrar em vigor, realizar-se, entrar em funcionamento. *V.* **Conditions of Effectiveness**.

TAKE-OVER – *DS*. Assumir o controlo de capital, a administração, a direcção, a gerência, o controlo de um activo, empresa ou negócio. Pode ser pré-acordado (**friendly take-over**), ou efectuado em termos de mercado e contra a opinião e vontade de alguns accionistas e directores (**hostile take-over**) mas, em qualquer dos casos em cumprimento das regras de **corporate governance**. *V.* **Buy-out, Take-Over Bid, Dawn Raid**.

TAKE-OVER BID – *DS. MC*. Oferta de compra de Acções ou valores mobiliários de uma empresa por forma a assumir o seu controlo. Pode ser incondicional (**unconditional bid**) em que o preço oferecido será pago independentemente do número de Acções oferecido, e condicional (**conditional bid**) em que o preço oferecido só será pago se forem oferecidas Acções que assegurem a maioria do capital de voto. *V.* **Tender Offer, Buy-out, Hostile Takeover, Dawn Raid**.

TAMPERING WITH JURY – *DP. CR*. Tentar influenciar um júri por corrupção, ameaças ou ofensas. *V.* **Bribery, Jury**.

TANGIBLE ASSETS – *PF. DR.* **1.** Activos com forma física, susceptíveis de serem vistos, tocados, usados, manuseados; **2.** Bens corpóreos. Por oposição a **intangible assets**. *V.* **Assets**.

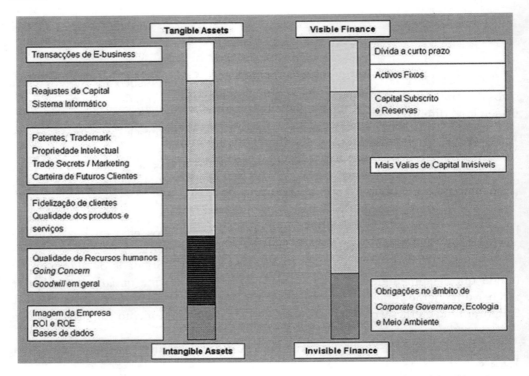

Exemplo de *Tangible Assets* comparados com *Intangible Assets*

TANSHI COMPANY – *MC.* Instituição financeira Japonesa que actua no **money market**.

TAP ISSUE – *UK. MC.* Emissão de Obrigações pelo Governo Britânico a serem subscritas por grupos pré-seleccionados de investidores, por forma a influenciar o preço de mercado. *V.* **Bonds, Securities**.

TAPPING – *CR. DC.* Escuta e gravação de: **1.** conversas ou mensagens telefónicas, telegráficas ou através de correio electrónico (**E-mail**); **2.** Conversas, diálogos ou reuniões, através de telefone ou via satélite.

TARGET COMPANY – *MC.* A empresa que se pretende financiar ou que é alvo de uma oferta pública de acções, **take-over** ou **buy-out**.

TARGET PRICING – *EC.* Política empresarial de definir primeiro a margem de lucro a obter e só posteriormente fixar o preço de um produto/ bem, por forma a se atingir a desejada margem de lucro. *V.* **Profit**, **Net Profit**.

TARIFF – *DF.* Imposto pago pela importação (**duty**) de um bem. Principais termos:
1. **antidumping tariff** – Imposto sobre importações cuja taxa é calculada por forma a evitar que o preço das mercadorias importadas (incluindo o imposto) seja inferior ao seu preço de custo (das mesmas mercadorias) no país importador;
2. **autonomous tariff** – Imposto sobre importações fixado por lei e não com base em acordos comerciais;
3. **preferential tariff** – Imposto sobre importações com taxa reduzida, por forma a beneficiar os produtos de determinado país;
4. **protective tariff** – Imposto sobre importações cujo objectivo principal é o de proteger produtos de produção nacional de idêntica natureza;
5. **revenue tariff** – Imposto sobre importações destinado a criar receitas para os serviços alfandegários. *V.* **Tax.**

TAX – *DF.* Imposto, tributo. Sendo esta matéria das mais complexas no âmbito da legislação fiscal tanto do Reino Unido como dos EUA, **indicam-se no Glossário deste Dicionário apenas alguns dos termos mais comuns (*).**

TECHNICAL BATTERY – O mesmo que **malpractice**. Dor, mal-estar físico provocado acidentalmente por um médico ao tratar um paciente e que se entenda ser de tal intensidade/gravidade que excede o razoável (**reasonable**) que seria de esperar pelo doente ao consentir o tratamento. *V.* **Battery, Punitive Damages, Torts (*).**

TECHNICAL ERRORS – *DP.* Falhas ou erros cometidos no decurso de um julgamento mas que não afectam os direitos dos litigantes nem a validade do processo. *V.* **Error**.

TECHNICAL RESERVES – *CF. CO.* Reservas financeiras feitas por uma empresa (ex. companhia de seguros) para cobrir futuros prejuízos ou riscos de certa natureza. **V. Reserves.**

TECHNOLOGICAL UNEMPLOYMENT – *DT. EC.* Desemprego causado pela introdução e uso de novas tecnologias ou equipamento.

TECHNOLOGY TRANSFER – *EC.* **1.** Transferência de tecnologia criada e desenvolvida por um laboratório/departamento técnico de uma empresa para uso geral na produção dessa empresa ou empresa associada; **2.** *USA.* Transferência de tecnologia desenvolvida em departamentos públicos.

TELERATE – *USA. B.* Serviço informático que provê os seus assinantes com as cotações diárias, semanais, mensais, etc. e taxas de juro flutuantes, de Acções, Obrigações, **commodities** e outros valores mobiliários.

TELLER – **1.** *B.* Funcionário bancário que recebe e faz pagamentos; **2.** Funcionário dum órgão legislativo ou assembleia municipal que conta os votos de uma deliberação ou moção.

TEMPORARY DETENTION FOR INVESTIGATION – *V.* **Torts (*).**

TEMPORARY DISABILITY – *DP. DT.* Incapacidade temporária que impossibilita alguém de comparecer ao posto de trabalho ou cumprir as suas obrigações (ex: comparecer a uma audiência judicial). Considera-se também como o respectivo período de convalescença (**healing period**).

Direito de Negócios – Dicionário Inglês-Português

TEMPORARY RESTRAINING ORDER – *DP.* Determinação/mandado judicial proibindo ou vedando a prática de certos actos, a deslocação para fora da comarca ou cidade de uma testemunha ou parte, a disponibilidade de certos documentos, etc. Tem que ser (i) justificada, (ii) urgente e por (iii) um período curto de tempo.

TENANCY – *DR.* Em geral, o conjunto de direitos de uso, posse e fruição atribuídos a um arrendatário ou inquilino (**tenant**) relativamente ao imóvel por ele alugado/arrendado. **Ver Lista de principais tipos no Glossário deste Dicionário.**

TENANT´S FIXTURES – *DR.* Benfeitorias feitas pelo arrendatário e que, ao terminar o contrato de arrendamento/aluguer, este pode retirar ou levar consigo, desde que não afecte o valor económico do imóvel.

TENDER – 1. *DP.* Oferta de dinheiro para que uma parte desista de prosseguir com uma acção judicial; **2. *MC.*** Oferta de compra em dinheiro irrevogável e incondicional: (i) como parte de um concurso público; (ii) em leilão judicial; (iii) em Bolsa de Valores; **3.** Em **common law**, o compromisso assumido pelo réu de estar sempre disposto a pagar as quantias e cujo pagamento se peticiona em juízo e desde que o réu venha a perder a acção judicial.

TENDER OFFER – *MC.* Oferta (sujeita ou a um preço mínimo ou a um preço máximo) de compra de Acções, Obrigações (**bonds**) ou outras **securities** feita directamente por uma empresa seus accionistas ou titulares de valores mobiliários de outra sociedade com o objectivo de controlar esta última. A oferta tem que ser anunciada publicamente e, em certos casos, através de cartas individuais. No fundo um **take-over bid**. *V.* **Take-Over.**

TENDER PANEL – *B. PF.* Grupo de bancos convidados a fazer parte de um consórcio bancário que irá subscrever uma emissão de valores mobiliários. *V.* **Syndicate, Participant.**

TENOR – *MC.* Período de tempo entre a emissão e a data de vencimento de **securities**.

TERM – 1. *C.* Período de tempo, duração de um contrato ou obrigação (*a term lease*); **2.** Palavra, frase, expressão.

TERM ASSURANCE (ou **TERM INSURANCE**) – Seguro de vida que vigora apenas durante um determinado período de tempo, ou seja, não sendo pago qualquer prémio se o segurado falecer antes ou depois de tal período. *V.* **Insurance (*).**

TERM BONDS – *MC.* Séries diferentes de Obrigações cujas condições de emissão prevêem que o pagamento ocorra na mesma data. *V.* **Bond.**

TERM OF OFFICE – Duração de um mandato de um político ou funcionário público.

TERM STRUCTURE OF INTEREST RATES – *MC.* Relação entre o rendimento de uma Obrigação (**bond**) ou outro tipo de **securities** e o período de tempo que decorre até à amortização do capital da mesma Obrigação ou valor mobiliário.

TERMS OF TRADE – *FIP. EC.* Relação entre as políticas de preços de importação e de exportação de um país ou economia. *V.* **Balance of Trade.**

TERMINAL MARKET – *MC.* Mercado de **commodities** numa praça comercial que não o local/mercado de produção de tais **commodities** (ex: Londres em vez de Chicago, relativamente a algodão).

THEORY OF PURCHASING POWER PARITY (PPP) – Teoria económica que defende que as taxas de câmbio entre duas moedas acabarão por reflectir os efeitos das alterações das políticas de preços entre os mesmos países. *V.* **Exchange Rate**.

THEORY OF SUPPLY – *EC.* Escola de macro-economia segundo a qual uma empresa que pretenda maximizar os seus lucros deve oferecer os seus produtos aos preços mais altos de mercado, se assim o permitirem as condições gerais da economia e a concorrência. *V.* **Supply**.

TIEBOUT MODEL – *EC.* Modelo macro-económico que relaciona os comportamentos individuais dos cidadãos de um país, região nas suas escolhas de consumo de bens e serviços públicos, por forma a se poder determinar o melhor equilíbrio de fornecimento dos referidos bens e serviços a serem oferecidos por esses países e regiões.

Exemplo de um quadro de *Telerate* – a linha de curva no topo, indica as médias de alta; a linha de curva subjacente, as médias em baixa.

TIME DEPOSIT – *B.* Depósito bancário cujo saque/utilização requer aviso prévio. *V.* **Deposit**.

TIME SERIES DATA – *EC.* Recolhas de dados estatísticos relativas a uma variável económica e correspondentes a períodos de tempo alternativos (ex: cada 2 meses, anual, etc.).

TODARO MODEL – *EC.* Modelo económico que analisa e estabelece as causas que levam aos êxodos das populações rurais para as grandes cidades ou áreas metropolitanas, à procura de melhores condições de trabalho e oportunidades de emprego. O caso indiscutível de Porto e Lisboa (no caso de Portugal) e Rio de Janeiro e São Paulo (no caso do Brasil).

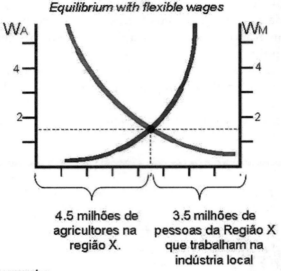

Exemplo de *Todaro Model*. Aplicado no caso a uma região do norte da Polónia em que as populações se deslocam para as grandes cidades, nomeadamente Varsóvia.

TOOL – **1.** *DF.* Portagem; taxa paga pelo uso de um serviço público; **2.** *DR.* Ferramenta; **3.** *EC. CF.* Instrumentos de métrica/controlo económico.

TORTS – *T.* Conceito básico de responsabilidade civil extracontratual anglo-saxónica, é basicamente a violação de um direito cuja reparação se exige. Com base no princípio de que qualquer prejuízo causado a alguém constitui um procedimento punível por lei e, como tal, reparável (excepto se se demonstrar que houve justa causa na acção que provocou/levou a tal prejuízo), o objectivo dos *Torts* é o de acertar os prejuízos e compensar justamente quem os sofreu. *V.* **Glossário deste Dicionário (*).**

TOTAL LIABILITIES – *PF. CO.* Conjunto de **current liabilities, contingent liabilities, long-term debt, secured debt, unsecured debt**, etc., de uma empresa, ou seja, o valor global de dívidas e responsabilidades da mesma empresa para com terceiros. *V.* **Debt.**

TOTAL RESERVE – *EC.* Receita global, ou seja, o valor conjunto da quantidades de bens/produtos vendidos por uma empresa pelo seu preço unitário de venda.

TOUTING – *USA. MC.* Contactar e promover a venda de **securities** sem o vendedor ou promotor se identificar que o está a fazer como profissional de mercado e como tal a ser pago para tal.

TOXIC TORT – *T. ENV.* **Tort** (*) relativos a danos e prejuízos causados pela utilização/manuseamento/transporte/carga e/ou descarga de substâncias tóxicas, explosivas ou altamente poluidoras. *V.* **Hazmat, Environment.**

TRADE – *DC.* Comércio; actividade económica intermediária entre a produção de bens e serviços e o seu consumo. Principais termos associados:

1. **trade adjustment assistance** – *USA.* Indemnizações (limitadas) dadas a trabalhadores, de indústrias, que perderam os seus empregos devido à concorrência de empresas estrangeiras;
2. **trade barrier** – *DC.* Obstáculos/políticas que contrariam a livre comercialização e circulação de bens e mercadorias;
3. **trade inside fee** – *MC.* Diferença entre o preço de oferta de compra de um valor mobiliário (incluindo a comissão do corrector) e o mesmo preço, deduzido de tal comissão. *V.* **Fee**;
4. **trademarks** – *DC.* Marcas, nomes/denominações comerciais de bens e produtos sujeitos a registo. *V.* **Patents**;
5. **trade restrictions** – *V.* **Trade Barrier**.

TRADE OFFS – **1.** *EC.* Uso alternativo de recursos económicos para atingir certos objectivos macro-económicos; **2.** Referência a que para se ganhar uma nova característica ou imagem de mercado de um produto, tem por vezes que se sacrificar outra característica ou imagem do mesmo produto.

TRADE SECRETS – *DC.* Dados e informações importantes na posse e propriedade de uma empresa e cujo permanente acesso restrito e/ou confidencialidade são vitais. O seu universo é vasto: (i) equipamentos, maquinaria; (ii) processos e técnicas de fabrico, engenharia industrial, química, bioquímica e genética; (iii) **design** e arquitectura; (iv) criação, produção e respectivos desenhos, plantas e fórmulas; (v) tecnologia em geral, patentes e marcas; (vi) planos estratégicos de investimento, produção, vendas e **marketing**, etc.

Nos EUA, a jurisprudência dominante considera haver ou não um *trade secret* em função dos seguintes factores:

- Se tais dados e informações são do conhecimento (i) de terceiros e denominadamente da imprensa e meios de media em geral; (ii) geral ou usual dos seus funcionários e trabalhadores;
- Das medidas de protecção e defesa tomadas pela empresa proprietária de tais dados (designadamente os guardados em arquivos informáticos); *V.* **Protecting Business Data**;

Direito de Negócios – Dicionário Inglês-Português   526

- O valor de tais dados para concorrentes ou participantes de mercado e os custos dispendidos pela empresa para conseguir tais tecnologias, dados e conhecimentos;
- A facilidade ou dificuldade com que produtos idênticos podem ser produzidos e colocadas no mercado. *V.* **Privacy.**

TRANSACTION – **1.** *DC.* Operação comercial ou de negócios; **2.** *DS.* Relatórios e memorandos internos relativos a reuniões de gerência ou de funcionários superiores de uma empresa.

TRANSACTIONS APPROACH – *EC.* Teoria monetária pela qual:

$$M \times V = P \times T$$

em que

"M" significa a moeda em circulação no momento de cálculo;
"V" significa a velocidade com que a moeda troca de mãos;
"P" significa o preço médio de vendas de cada valor "T"; e
"T" significa o número de transacções verificadas numa economia durante o período de cálculo.

TRANSFER PAYMENT – *EC.* Quantias pagas por um Estado aos seus cidadãos sem contrapartida económica directa. A iluminação pública é um exemplo.

TRANSPARENCY DIRECTIVE – *MC. DS.* Directiva de Transparência da UE (2004/109/EC), um dos pilares de **Corporate Governance** na União Europeia. Tem como objectivo aumentar o livre e amplo conhecimento dos procedimentos, decisões e contexto das actividades de **Capital Markets** na UE, por forma a melhorar a defesa dos direitos dos investidores (**investor protection**) e eficiência das operações com valores mobiliários (**securities**). Cada Estado membro introduziu os seus próprios regulamentos, com especial incidência na emissão de valores mobiliários admitidos a cotação e transaccionados nos mercados da UE.

TREASURY BILLS – *USA. V.* **United States Government Securities**.

TREASURY NOTES – *USA. V.* **United States Government Securities**.

TRESPASS / TRESPASS TO CHATTELS /TO LAND – *V.* **Torts (*).**

TRUTH IN LENDING – *USA. B.* Lei aprovada em 1968 (*Truth in Lending Act*) que protege os direitos do consumidor e estabelece, que os bancos/instituições financeiras devem informar a taxa de juro específica aplicada aos créditos concedidos aos seus clientes.

TRUST – *DC. MC.* Dois conceitos: **1.** Associação de empresas com o objectivo de eliminar ou reduzir a concorrência e conseguir uma posição de destaque ou controlar um mercado. Neste sentido consiste na celebração de um contrato (**trust agreement**), pelo qual o capital controlador das principais empresas envolvidas que actuam nesse mercado-alvo (**target market**) é transferido para as mãos de um Conselho de Administradores (**board of trustees**), sendo emitidos em troca, certificados de participação. Uma vez efectuada a troca de títulos, o **board of trustees** (cuja composição é, em princípio, proporcional às participações de cada empresa participante) detém amplos poderes para:

- nomear e demitir os directores e membros dos **board of directors** das participantes;
- definir as políticas do grupo de empresas assim formado quanto à produção, comercialização e distribuição, divisão de sub-áreas do mercado a controlar, distribuição de lucros e dividendos, etc.; e
- tomar se necessário medidas drásticas por forma a que uma ou mais empresas cessem ou suspendam as suas actividades, objectivando concentrar estrategicamente a produção/ distribuição nas demais empresas. Neste sentido, estamos claramente no âmbito das **anti-trust laws**;

2. Como escreveu Blackstone, *"um património ou massa de bens e direitos entregue confiadamente por alguém à gestão e administração de uma segunda parte para que esta última cumpra as determinações/a vontade da primeira ou consiga auferir rendimentos e lucros que essa primeira parte não saberia por si mesma, retirar de tal património ou bens"*.[57] Há assim pelo menos três partes envolvidas:

- (i) quem o constitui (**trustor, donor, grantor** ou **settlor**);
- (ii) o beneficiário do *Trust* ou a cujo favor o mesmo foi constituído (**beneficiary**); e
- (iii) quem aceita a função de administrar e gerar rendimento dos bens ou direitos que constituem o *Trust* (**trustee**). Tanto pessoas físicas de confiança do *Trustor*, como bancos, instituições filantrópicas, etc.

  Os motivos que levam à constituição de *Trusts* são diversos :
  - necessidade de garantir a filhos menores (no eventual falecimento dos pais) que o património familiar não será dissipado por parentes menos escrupulosos;
  - garantir rendimentos certos e periódicos quando o **trustor** se reformar ou adoecer;
  - assegurar a concretização ou continuação de uma obra filantrópica, humanitária ou cultural, etc.

Ver a lista dos principais tipos de *Trusts* **no Glossário deste Dicionário.**

TURNING POINT – *EC*. Momento em que a tendência depressiva de um ciclo económico cessa os seus efeitos e se inicia uma fase de recuperação. *V.* **Business Cycle.**

---

[57] William J. Blastone, *Torts and Nuisance*, Oxford Press, Londres, 1999, 4ª edição.

U

UBERRIMA FIDES – *L. USA. C. DC. Demonstrando a mais absoluta boa fé*, a *maior das honestidades* e *franquezas*. Filosofia básica de qualquer contrato ou apólice de seguro. **V. Insurance.**

UBIQUITY – Estar em todo o lado, omnipresente. Diz-se, figurativamente, da lei e da sua aplicabilidade.

U-FORM ENTERPRISE – *DS.* Forma de gestão empresarial em que todas as decisões/deliberações de maior peso dos negócios e vida da empresa são tomadas pelos quadros superiores da mesma (**top-management**).

ULTERIOR – *CR.* Ocultado intencionalmente, não comunicado deliberadamente a alguém ou ao tribunal. *V.* **Error.**

ULTIMATE BENEFICIARY – *V.* **Trust.**

ULTIMATE FACTS – *DP.* Argumentos/provas/evidências essenciais para uma acção judicial ou nomeadamente, para a defesa de um réu.

ULTRA – **1.** Fora de, para além de, em excesso; **2.** Principais tipos:

1. **damages ultra** – prejuízos cujos valores excedem o pagamento compensatório ordenado por um tribunal;
2. **ultra reprises** – após ter deduzido despesas e custos;
3. **ultra vires** – actos de administração e gerência que excedem os poderes outorgados pelos estatutos de uma empresa; actos não autorizados estatutariamente.

UMBRELLA FUND – *MC.* Fundos de investimentos que investem noutros sub-fundos de investimento e assim diversificam as suas carteiras (**portfolios**) por países, **hard currency**, sectores económicos ou de produção de forma mista ou complementar, ou seja, diminuem o risco e ampliam as oportunidades de ganhos de capital e garantem uma plataforma mínima de rendimento. *V.* **Investment Fund.**

UNACCRUED – *MC.* Não devido, cujo pagamento ainda não se venceu.

UNAMBIGUOUS – Apenas com uma única interpretação; indiscutível.

UNAMORTIZED COST – *CO.* Custo de aquisição histórico de um activo fixo (**fixed asset**) sem considerar qualquer depreciação até à data de cálculo. *V.* **Depreciate, Assets.**

UNANIMOUS – *DS.* Por unanimidade. Não significa necessariamente que todos os presentes votaram a favor ou contra uma proposta – por vezes, apenas se quer referir que ninguém se opôs ao resultado de uma votação. **V. Quorum.**

UNAPPROPRIATED PROFIT – *DS. CO.* Parte do lucro de uma empresa que não é pago como dividendo nem lançado contabilisticamente a uma finalidade específica. *V.* **Profit**.

UNASCERTAINED – *C. DP.* Não conhecido com precisão ou segurança.

UNASSENTED SECURITIES – *MC. DS.* Accionistas ou titulares de **bonds** que discordam de um plano de reorganização financeira de uma empresa, da associação com outra sociedade, do pedido de falência ou insolvência. Também conhecido como **dissent shareholders** ou **dissent bondholders**. *V.* **Chapter XI, Hostile Take-Over**

UNANTICIPATED INFLATION – *EC.* Inflação causada por factores económicos exógenos e, como tal, não passível de ser prevista ou antecipada. *V.* **Inflation, Stagflation, Slumpflation**.

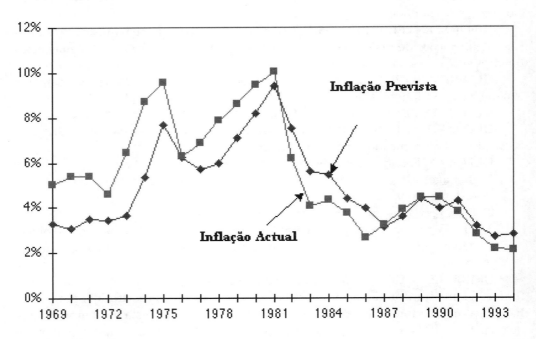

Exemplo de *Unanticipated Inflation* de um país da Europa Central

UNAUTHORIZED – **1.** Sem estar devidamente autorizado, sem licença; **2.** Principais tipos: **unauthorized signature** – endosso de um documento sem ter poderes para tal; e **unauthorized use** – utilização de um veículo sem autorização do respectivo proprietário. *V.* **Larceny**.

UNAVOIDABLE CAUSE – Um facto que qualquer homem de mediana inteligência, normal prudência e razoável comportamento não pode evitar ou prevenir em circunstâncias idênticas. *V.* **Reasonable**.

UNBUNDLING – *DS. MC.* Aquisição de um grupo empresarial ou empresa de razoáveis dimensões, para (i) se manter a referida empresa ou unidades produtivas, ou (ii) efectuar-se o desmantelamento/venda das unidades ou empresas (em parcelas ou no seu todo). *V.* **Spin-off, Private Equity**.

UNBUNDLING OF FINANCIAL RISKS – *PF.* Análise separada e individualizada de riscos financeiros.

UNCALLED CAPITAL – *PF. DS.* Parte do capital autorizado de uma empresa ainda por subscrever. *V.* **Capital**.

UNCERTAINTY – Situação que deriva de um factor económico ou jurídico não ser conhecido ou ser vago e, como tal não se poder aferir os riscos assumidos ou consequências resultantes.

UNCLAIMED BALANCES – *B.* Saldos de contas bancárias que não são utilizados nem sacados pelos depositantes de um banco durante um largo período de tempo. O mesmo que **unclaimed deposits**. *V.* **Abandonment**.

UNCLEARED EFFECTS – *B.* Período em que as facturas de um cliente de um banco entregues a este último para efeitos de cobrança (**collection**), aguardam que esta última se efectue.

UNCOMMITTED FACILITY – *B.* Acordo informal entre um banco e um seu cliente, pelo qual o primeiro concorda (mas sem qualquer obrigação da sua parte) em conceder um empréstimo ao segundo. Se tal empréstimo acaba por ser efectuado, é normalmente feito a curto prazo e sob a forma de **overdraft**. *V.* **Commitment, Overdraft**.

UNCOVERED – *MC.* Responsabilidade financeira a curto ou longo prazos sem contra-partida do ponto de vista de cobrir os riscos inerentes assumidos. *V.* **Hedge, Unhedged, Naked**.

UNCONDITIONAL DISCHARGE – 1. *CR.* Libertação de um preso após ter cumprido a sua sentença, sem ficar sujeito a qualquer controlo policial ou judicial; **2. *C.*** Dar quitação de uma dívida. *V.* **Release**.

UNCONSCIONABLE AGREEMENTS – *C.* Contratos com cláusulas unilaterais em que a parte prejudicada pode pedir em tribunal para ser revogado no todo ou em parte. *V.* **Unconscionability**.

UNCONSCIONABILITY – *C.* Cláusulas contratuais extremamente unilaterais e leoninas que colocam uma das partes em séria desvantagem económica ou lhe podem causar prejuízos substanciais. Nos EUA as possibilidades são diversas, citando-se apenas como exemplos:

- a aplicação de pesadas penalidades no caso de não cumprimento por uma das partes, não existindo entretanto qualquer penalidade se o não cumprimento se ficar a dever à outra parte;
- a escolha múltipla de jurisdições à exclusiva opção de uma das partes, etc.;
- A *unconscionability* está também ligada ao facto das cláusulas serem escritas em letra minúscula ou de forma deliberada em difícil localização no contexto contratual.

Direito de Negócios – Dicionário Inglês-Português

UNCONTROLLABLE IMPULSE – *CR. DP.* Obsessão, fixação psíquica intensa e incontrolável que leva alguém a cometer um determinado acto criminoso. **V. Torts (*).**

UNDERCAPITALIZATION – *DS. PF.* Empresa cujo capital e reservas são insuficientes para a dimensão dos seus negócios e actividades económicas, ou seja, empresa com problemas de liquidez. *V.* **Capital, Reserves.**

UNDERDEVELOPED COUNTRY – *EC. V.* **Less Developed Country.**

UNDEREMPLOYMENT – *EC. DT.* Situação em que as qualificações profissionais dos trabalhadores excedem o tipo de trabalho por eles produzido ou em que as ofertas de trabalho são apenas em **part-time.**

UNDERGROUND ECONOMY – *EC.* **1.** Economia paralela, mercado paralelo em que serviços, bens e mercadorias são oferecidos numa economia sem controlo ou altamente inflacionária; **2.** Mercado negro.

UNDER INSURANCE – *DR.* Seguro de um bem abaixo do seu valor real ou de mercado. Potencialmente causado pelo tipo de risco que se pretende cobrir. **V. Insurance (*).**

UNDERLYING ASSETS – *MC.* Valor mobiliário que está subjacente ou ligado, faz parte de outro valor mobiliário cotado em Bolsa. Ex: Acções, Obrigações, **options**, etc., que são objecto de um **warrant**.

UNDERLYING BONDS – *MC.* Obrigações garantidas por hipoteca ou outras granatias reais de primeiro grau que asseguram ao seu titular o direito preferencial de pagamento relativamente a outros **bondholders**. *V.* **Bond.**

UNDERLYING MORTGAGE – *DR.* Hipoteca em grau superior a outras hipotecas sobre o mesmo bem, assegurando assim, o pagamento prioritário do respectivo crédito. *V.* **Mortgage.**

UNDERLYING SECURITY – *MC.* Valor mobiliário que deve ser entregue ao corrector ao exercer uma Opção. *V.* **Options.**

UNDERSIGNED – *C.* Referência em contrato à(s) parte(s) que assina(m) o mesmo no final. *V.* **Agreement.**

UNDERSTANDING – **1.** *C.* Sinónimo de entendimentos escritos ou verbais baseados nos quais um contrato ou transacção irá ser efectuado(a); **2.** Concordância ou assentimento com determinada parte ou cláusula de um contrato ou documento; **3.** Compreensão, entendimento, interpretação, conclusão. *V.* **Agreement.**

UNDERSUBSCRIPTION – *MC. DS.* Fraco acolhimento pelo público e investidores em geral quanto à subscrição pelo mercado de um valor mobiliário, resultando assim um excesso de oferta em relação à procura. *V.* **Oversubscription.**

UNDERTAKING – **1.** *C.* O mesmo que obrigação ou dever mas projectados no futuro, ou seja, compromissos assumidos hoje para cumprir futuramente (a curto, médio ou longo prazo); **2.** *C.* Promessa, compromisso de fazer alguma coisa ou praticar um determinado acto; **3.** Oferta ou proposta de determinada diligência em processo judicial, caso a outra parte concorde noutra determinada diligência ou concessão; **4.** *CO.* Sinónimo de **liabilities**, ou seja, obrigações de pagamento ou com reflexo monetário e que estão registadas contabilisticamente.

UNDER THE RULE – *USA. MC.* Membro da **New York Stock Exchange** que se encontra em estado de insolvência ou falência e que não pode assumir os seus compromissos para com os seus clientes. *V.* **Insolvency, Bankruptcy**.

UNDERTONE – *MC.* A tendência geral de valores de cotação de um valor mobiliário, não levando em consideração as flutuações decorridas durante um dia, mas apenas ao final do mesmo.

UNDERWRITER – *MC.* **1.** Segurador; quem avalia o risco envolvido com a emissão de uma apólice de seguro e, posteriormente, a emite. *V.* **Insurance (*)**; **2.** Quem efectua um **underwriting**.

UNDERWRITING – **1.** *MC.* Há basicamente dois tipos:
1. **firm underwriting** – compromisso de um banco/instituição financeira de subscrever um determinado valor mobiliário emitido por um cliente, caso o público não o faça e pela quantia ou número de títulos não subscritos (conhecido entre nós como *"de tomada firme"*); e
2. **best efforts underwriting** – o banco/instituição financeira limita-se a divulgar e promover a colocação desses títulos junto ao público mas sem qualquer compromisso de subscrição posterior (*"melhores esforços"*).

Exemplo de um movimento anual de *Firm Underwritings* de Acções

2. *DC.* O processo de analisar, aceitar ou rejeitar riscos de seguros (**insurance risks**) e de os classificar a fim de lhes atribuir os prémios a pagar por cada categoria. *V.* **Insurance (*)**.

UNDERWRITING FEE – *MC.* Comissão paga aos bancos coordenadores (**lead-banks**) que fizeram um **firm underwriting** numa emissão de valores mobiliários. *V.* **Fee**.

UNDISCHARGED BANKRUPT – *UK. DP.* Insolvente, pessoa/empresa cujo estado de insolvência declarado judicialmente ainda não terminou. *V.* **Bankruptcy**.

Direito de Negócios – Dicionário Inglês-Português

UNDISCLOSED AGENCY – *DC*. Actos praticados ou negociações efectuadas por um Agente com um terceiro, sem que o primeiro se identifique nessa qualidade mas em que assume todas as responsabilidades inerentes. *V.* **Agency, Agent**.

UNDISCLOSED FACTORING – *DC*. **Factoring** em que o vendedor de bens ou prestador de serviços não deseja que os seus clientes saibam da existência de um *Factor*, ou seja, que as suas facturas estão a ser objecto daquela modalidade financeira.

UNDISCLOSED PRINCIPAL – *MC*. Investidor que actua através de um correc-tor, com expressa indicação de que deseja ficar anónimo. Em consequência, o corrector é obrigado a revelar tal circunstância antes de efectuar a respectiva compra ou venda. *V.* **Agency, Agent, Broker, Principal.**

UNDIGESTED SECURITIES – *MC*. Valores mobiliários emitidos e colocados no mercado, excedendo a sua procura. Também significa o conjunto de **securities** na mão de bancos e especuladores de mercado que aguardam o melhor momento para os nego-ciar na bolsa.

UNDISPUTED – *DP*. Inquestionável; impossível de contestar ou de negar. Distin-gue-se de **unequivocal**.

UNDIVIDED PROFITS – Lucros (**profits**) que ainda não foram repartidos ou dis-tribuídos pelos sócios ou partes de um contrato. O mesmo que **undistributed profits**.

UNDIVIDED RIGHT – *DR*. Título indivisível de propriedade sobre um bem, seja pela natureza deste último, seja por força de lei. Condomínio ou comunhão de um bem, cabendo a cada um dos seus proprietários uma fracção ou permilagem indivisível.

UNDUE – **1.** *C*. Impróprio, não adequado; **2.** Ilegal; **3.** *C*. Diz-se de uma obriga-ção financeira cujo pagamento ainda não é exigível (*the instalment of that loan remains undue*).

UNDUE INFLUENCE – *CR. DP*. Maquinação ou coacção tendentes a controlar a vontade de uma pessoa, por forma a que esta seja levada a praticar um acto que não praticaria caso não fosse sujeita a tais pressões. Tem especial acuidade jurídica quando a maquinação ou coacção são exercidas sobre um menor, pessoa doente, debilitada, sujeita a perturbações mentais ou cuja personalidade é sobejamente conhecida como fraca. *V.* **Torts** (*).

UNEARNED SURPLUS – *MC*. São conhecidos três tipos:
(a) **donated surplus** – Benefícios a favor de uma empresa advindos da entrega pelos sócios de contribuições em espécie mas não relacionadas com a subscri-ção de Acções;
(b) **paid-in surplus** – Valores ou prémios adicionais pagos pela subscrição de cada Acção de uma empresa e a seu favor; e
(c) **revaluation surplus** – Valores adicionais que resultam da reavaliação de Acti-vos acima do respectivo preço de aquisição.

UNEMPLOYMENT – *USA. DT*. Desemprego. Quatro tipos básicos:
1. **cyclical** – Emprego de curta duração associado à queda temporária da activi-dade económica;

2. **seasonal** – Emprego de curta duração associado com as flutuações de procura e oferta de certos produtos conforme a época do ano;
3. **frictional** – Emprego de curta duração associado com a rotatividade normal de certo tipo de mão de obra; e
4. **structural** – Emprego a longo prazo mas dependente da baixa de produção de sectores da indústria, comércio, serviços ou devido ainda à automatização de certas fases de produção. *V.* **Hidden Unemployment, Technological Unemployment**.

UNEMPLOYMENT INSURANCE – *DT.* Seguro contra desemprego. Nos EUA foi criado pelo **Social Security Act** *of 1935*, garantindo o pagamento de subsídios a pessoas despedidas. Tais subsídios são pagos semanalmente assegurando um mínimo de subsistência, devendo entretanto o desempregado comprovar às autoridades que tem estado activamente à procura de novo emprego. A maioria dos Estados norte-americanos paga tais benefícios durante um período de 13 a 16 semanas; em 2005 esse período foi alargado para 26 semanas. Excepcionalmente, em caso de graves crises de desemprego, o subsídio pode ser prorrogado mas não excedendo nunca um total de 39 semanas. *V.* **Social Security, Insurance**.

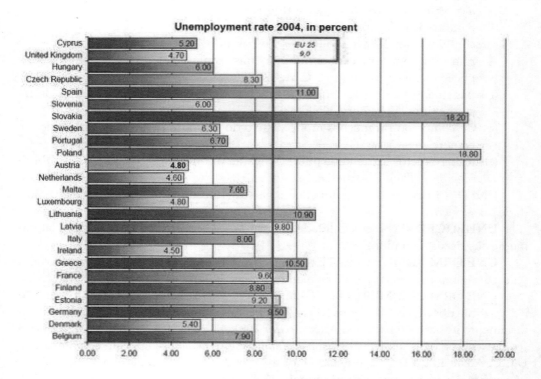

O desemprego na Europa em 2004, com base nos dados do *Eurostat*

Direito de Negócios – Dicionário Inglês-Português

UNENCUMBERED – *DR*. Livre de qualquer ónus, hipoteca, penhor, etc.

UNEQUAL – Desigual, discriminatório, unilateral, injusto. Note-se que não é sinónimo de **innapropriate**, que significa desajustado, impróprio para determinada finalidade.

UNEQUIVOCAL – *DP*. Sem dúvida, facilmente demonstrável, claro, simples. Quando o grau de clareza de um facto é de *absolutely unequivocal* é sinónimo de **undisputed**.

UNERRING – *UK*. Infalível, incapaz de erro ou falha.

UNEXCEPTIONAL – Sem qualquer falta ou omissão, não sujeito a qualquer crítica.

UNEXPECTED – Não esperado, não previsto, facto que ocorre sem qualquer aviso ou previsão.

UNFAIR COMPETITION – *DC*. 1. Termo genérico que se refere a toda e qualquer conduta ou procedimento desonesto ou fraudulento no campo industrial ou comercial, esteja ou não envolvida uma situação de **monopoly**; **2.** Prática ilegal de substituir no mercado, os produtos de um concorrente pelos do infractor ou de afectar/prejudicar de forma clara e substancial, a produção, distribuição e comercialização dos produtos do concorrente. Pode incluir :

   (a) a cópia ou imitação (**counterfeiting**);

   (b) a infracção de direitos de marcas e patentes;

   (c) conluios com outros produtores, distribuidores ou comerciantes do mesmo ramo ou com fornecedores de matérias primas, por forma a prejudicar os negócios do concorrente; *V.* **Cartel**;

   (d) pagamentos de "luvas" ou gratificações a empregados e funcionários de tal competidor; *V.* **Bribery**, **Kickback**.

   (e) descontos ou promoções muito abaixo do custo de produção/ distribuição/ comercialização; e,

   (f) todos os actos tendentes a iludir e enganar o consumidor de tal produto (*deceiving the public*). *V.* **Anti-Trust Laws**, **Fair**.

UNFIT – Inadequado, incompetente, não qualificado para uma particular finalidade ou serviço.

UNHEDGED – Responsabilidade financeira sem coberura ou protecção relativamente aos riscos assumidos.

UNIFORM BUSINESS RATE (UBR) – *UK*. *DF*. Imposto autárquico pago sobre a valorização imobiliária de estabelecimentos e lojas. *V.* **Tax**.

UNIFORM COMMERCIAL CODE (U.C.C.) – *USA*. *DC*. Código federal colocado à disposição dos diversos Estados Norte-Americanos que podem ou não aplicá-lo voluntariamente nos seus territórios. Alterado em 1981, 1996 e 2004/5, cerca de 49 Estados (com excepção de *Louisiana, District of Columbia e Virgin Islands*) aplicam actualmente o U.C.C. Ao aceitar o U.C.C., o Estado Norte-Americano em causa, aceita a revogação e não aplicação de diversas leis individuais.

UNIFORM LIMITED PARTNERSHIP ACT – *USA. DS*. Aprovado em 1916 e alterado em 1976, cerca de 46 Estados adoptaram a sua versão inicial e apenas 2, a última versão. *V.* **Partnership**.

UNINCOPORATED BUSINESS – *DC*. Negócio ou empreendimento de um comerciante em nome individual. O comerciante assume responsabilidade ilimitada.

UNINCORPORATED ASSOCIATION – *DS*. Grupo de pessoas ou entidades que se associam voluntariamente, sem constituir qualquer sociedade ou empresa para a realização de um objectivo ou propósito comuns. Usado por vezes, para dar corpo a iniciativas com fins filantrópicos ou humanitários. *V.* **Joint Venture**.

UNION – *UK. USA. DT*. 1. Sindicato; organização de trabalhadores constituída para defesa dos interesses da classe quanto:

- à negociação salarial e de condições de trabalho com as suas entidades patronais;
- a obter legislação mais adequada aos interesses dos trabalhadores; ou ainda a promover serviços aos seus associados a mais baixo custo e em melhores condições.

Principais tipos nos EUA:

(a) **closed union** – Sindicato cuja jóia / preço de inscrição é deliberadamente muito cara por forma a restringir o número de associados;

(b) **company union** – Sindicato patrocinado pela própria entidade patronal;

(c) **craft union** – Sindicato composto por profissionais do mesmo ramo tais como, carpinteiros, canalizadores, etc., independentemente da empresa e do Estado Norte-Americano onde trabalham;

(d) **credit union** – *V.* **Índice próprio**;

(e) **independent union** – Sindicato formado por empregados de uma determinada empresa que não é afiliado a qualquer federação de sindicatos;

(f) **industrial union** – *USA*. Sindicato de trabalhadores de uma determinada indústria independentemente da empresa e do Estado Norte-Americano onde trabalham;

(g) **local union** – Sindicato dos trabalhadores de uma determinada empresa mas que pressupõe a sua filiação num sindicato a nível nacional.

UNION/NON-UNION DIFFERENTIAL – *EC. DT*. Estudo económico das médias salariais de trabalhadores sindicalizados e dos não sindicalizados. De tais estudos, conclui-se, o respectivo grau de dinamismo e capacidade representativa (**ability to bargain**) dos sindicatos. *V.* **Union**.

UNISSUED SHARES – *PF. DS*. Acções cuja emissão já foi autorizada mas ainda não emitidas. *V.* **Shares**.

UNISSUED SHARE CAPITAL – Capital autorizado mas não emitido. *V.* **Capital**.

UNITARY TAXATION – *USA. DF*. Forma de incidência fiscal sobre multinacionais americanas praticada em certos Estados. Os impostos são calculados com base: a. nos lucros auferidos por tais empresas nas suas operações internacionais; e b. nos salários / encargos sociais pagos e activos possuídos pelas mesmas empresas no Estado que cobra tal imposto. *V.* **Tax**.

Direito de Negócios – Dicionário Inglês-Português

UNIT BANKING – *USA. B.* Sistema bancário em que o banco opera como sociedade única, sem subsidiárias nem agências. Destinado, principalmente a bancos de pequeno porte.

UNIT OF ACCOUNT – *EC.* Diz-se de qualquer padrão que sirva para medir um valor, nomeadamente, o valor de bens e serviços. Tal sistema valorativo coincide, na maioria dos casos, com a unidade monetária, a moeda do país a que a Economia em análise se insere. O ouro é outro bom exemplo.

UNITED NATIONS – Organização das Nações Unidas, em português ONU. Principais organismos e órgãos da ONU:

- **UNCDF –** *United Nations Capital Development Fund;*
- **UNCSTD –** *United Nations Conference on Science and Technology for Development;*
- **UNCTAD –** *United Nations Conference on Trade and Development;*
- **UNDP –** *United Nations Development Programme;*
- **UNEP –** *United Nations Environment Programme;*
- **UNESCO –** *United Nations Educational, Scientific and Cultural Organization;*
- **UNICEF –** *United Nations Children's Fund;*
- **UNIDO –** *United Nations Industrial Development Organization;*
- **IMF –** *International Monetary Fund;*
- **The World Bank Group (IBRD, IFC, IDA, MIGA e ICSID).**

Mapa da Estrutura da ONU no Glossário deste Dicionário (*).

UNITED STATES GOVERNMENT SECURITIES – *USA. MC.* Valores mobiliários que constituem obrigações <u>dos EUA</u> e dívida cujo pagamento é assegurado pelas autoridades federais. Principais tipos:

1. **<u>certificates of indebtedness</u>** – Tipo de valor mobiliário a curto-prazo (um ano). Não é actualmente emitido, tendo sido substituído gradualmente pelos **<u>treasury bills</u>**;
2. **<u>treasury bills</u>** – Valores imobiliários emitidos com desconto e sem pagamento de juros. Assim, o investidor aufere rendimento destes títulos pela diferença entre o preço de compra e o de venda. Este lucro não é considerado **<u>capital gain</u>** para efeitos de impostos; *V. Bonds e em especial Zero Bounds*.
3. **<u>treasury notes</u>** – Obrigações emitidas a prazo não inferior a um ano nem superior a dez anos, com direito a juros. Normalmente, são emitidas a 2, 4 e 5 anos;
4. **<u>united states bonds</u>** – Obrigações emitidas a longo-prazo, normalmente, superior a 10 anos.

UNIT-MANAGED COSTS – *PF. CO.* Custos de produção e operacionais de uma empresa que, por razões orçamentais, são atribuídos e fixados individualmente aos departamentos, divisões ou unidades de produção da mesma empresa; por oposição a atribuir tais custos de forma global (**centrally-managed**).

UNIT RULE – *MC. CO.* Avaliação de **<u>securities</u>** ao multiplicar o número total em carteira pelo preço de venda de cada um desses títulos e sem considerar quaisquer outros factores de avaliação económica ou de investimento. *V.* **Portfolio**.

UNITY OF TITLE – *DR.* Compropriedade, forma conjunta e indivisível como os comproprietários são titulares dos respectivos direitos de propriedade.

UNIVERSAL – *CR.* Relativos a um conjunto global, pertencentes a todos sem excepção. Tem um sentido mais amplo do que *"general"*.

UNIVERSAL BANK/BANKING – *B.* Banco de serviços múltiplos, que opera simultaneamente na área comercial, de investimento, de desenvolvimento, mercado de capitais, etc.

UNIVERSAL SUCCESSION – Herança universal, em que todos os direitos, bens e activos pertencentes ao falecido são herdados por uma única pessoa ou entidade; paralelamente, tal pessoa ou entidade recebe também todas as dívidas, ónus e responsabilidades que recaíam anteriormente sobre esse conjunto de direitos, bens e activos.

UNJUST ENRICHMENT – Conhecido entre nós como *Enriquecimento sem Causa*. Consiste no princípio de que ninguém deve enriquecer injustificadamente à custa de terceiros, devendo restituir-lhes os valores que se tornem necessários por forma a restabelecer o equilíbrio entre as partes em causa, desde que tal restituição não seja proibida por lei ou viole os princípios de ordem pública.

UNLAWFUL – Ilegal, contrário à lei, vedado por lei.

UNLIMITED COMPANY – *UK. DS.* Empresas ou sociedades cujos sócios assumem responsabilidade ilimitada.

UNLIMITED MORTGAGE – *DR.* Hipoteca sem limite de valor garantido. Usada para garantir o pagamento de emissão de Obrigações cujas taxas de juros são variáveis, evitando à empresa emissora, as despesas e custos inerentes à alteração e actualização sistemática do valor da garantia real constituída. *V.* **Mortgage**.

UNLISTED COMPANY – *DS.* Sociedade cujas Acções não estão cotadas nem negociadas em Bolsa. O mesmo que **unquoted company**.

UNLISTED SECURITY – *MC.* Valor mobiliário não cotado ou negociado em Bolsa e como tal, não negociado directamente ou ao balcão (*over the counter*).

UNLISTED SECURITY MARKET (ou **U.L.M.**) – *MC.* Mercado de valores mobiliários não cotados ou negociados em Bolsa. Normalmente usado para títulos emitidos por pequenas e médias empresas (**SMEs**). Tem diferentes denominações – no Reino Unido (*Unlisted Securities Market*) e nos EUA (*Over-the-Counter Market* ou *Third Market*). O sistema é operado nos EUA pela **NASDAQ**. Em França é conhecido por *marché des valeurs mobilières non inscrites à la cote officielle* (para **SMEs**) e desde 1983, como *marché hors cote*, para qualquer tipo de empresa.

UNPAID CHEQUE – *B.* Cheque devolvido após ter sido enviado a compensação (**clearing**) e não ser pago por falta de provisão.

UNQUALIFIED OPINION – Parecer contabilístico, jurídico ou técnico sem ressalvas ou objecções. Por oposição a **qualified opinion**. *V. Opinion.*

UNQUOTED COMPANY – *V.* Unlisted Company.

UNREALIZED PROFIT (ou **LOSS**) – *CO.* Lucro (ou perda) resultante meramente de se ter mantido a propriedade ou posse de um Activo, em vez de o vender ou realizar em dinheiro. *V.* **Profit**, **Loss**.

Direito de Negócios – Dicionário Inglês-Português

USA PATRIOT ACT – *USA. V.* **Patriot Act, Privacy**.

UNSEASONED – **1.** Sem experiência, novato (*unseasoned person*); **2.** *MC.* Que ainda não alcançou o rendimento ou eficácia que seriam de esperar (*unseasoned investment*).

UNSECURED CREDITOR/LENDER – *DR. CF. CO. B.* Credor sem qualquer tipo de garantia real ou pessoal. Por oposição a **secured creditor/ lender**. *V.* **Subordination, Junior Debt, Junior Loan, Junior Creditor, Payment in Kind Loans (ou PIKs), Mezzanine Loans, Second Lien Loans**.

UNSECURED DEBT – *DR. CF. CO. B. V.* **Debt, Subordination, Junior Debt, Junior Loan, Junior Creditor, Payment in Kind Loans (ou PIKs), Mezzanine Loans, Second Lien Loans, Quasi- Equity**.

UPWARD STOCK – *MC.* Subida no valor de mercado de valores mobiliários.

UPSTREAM LOAN – *DS.* Empréstimo concedido por uma subsidiária à sua empresa-mãe ou **holding**. Uma forma de **inter-company loans**.

URANIUM – *ENV.* O metal pesado quer se usa como combustível nuclear ou armamento nuclear (na forma do isótopo U-235). Uma das principais ameaças ao meio ambiente consiste no tratamento e destino final a dar aos resíduos deste metal.

USAGE – Uso, hábito, prática frequente e contínua numa determinada localidade, comunidade ou sociedade, por forma a se presumir que seja do conhecimento das partes de um contrato. Não se confunde com "**custom**" que tem carácter obrigatório; de notar ainda que "**customs**" são as autoridades fiscais alfandegárias.

Uns e outros (**usages and customs**) são a base primordial da **common law**.

USE – **1.** Usar, utilizar, pôr ao serviço de alguém ou de si próprio; **2.** *DR.* Ocupar; **3.** Objectivo, finalidade; **4.** Empregar, dar emprego a alguém; **5.** *DR.* Gozar, desfrutar, beneficiar-se. **6.** *DR.* Receber rendimentos ou proventos necessários à subsistência diária. Principais tipos:

1. **contingent use** – Uso limitado/condicionado à ocorrência de determinados factos;
2. **exclusive use** – Se abrangido por marcas (*trademarks*) e patentes, o uso exclusivo de uma marca por parte de quem efectuou o respectivo registo; se incluído em prescrição aquisitiva ou usucapião, o direito exclusivo de utilizar um bem sem a participação ou intrusão seja de quem for;
3. **executed use** – O uso adquirido por reintegração na propriedade ou posse por ordem judicial;
4. **shifting use** – Uso temporário e limitado de um bem pendente de uma condição.

USEFUL LIFE – *CO.* Período de tempo durante o qual um determinado bem, máquina ou equipamento está apto a funcionar e a gerar rendimento produtivo. *V.* **Depreciate, Asset**.

USE IMMUNITY – *DP.* Ordem judicial pela qual alguém é obrigado a depor, revelando factos que o podem eventualmente incriminar, mas com a condição de que tais factos não podem ser usados posteriormente contra o declarante.

USUFRUCT – *DR.* Usufruto, o direito de usufruir de um bem, incluindo receber os seus rendimentos e rendas, colher os seus frutos e produtos, fazer colheitas, etc. Principais tipos:

1. **imperfect usufruct** – Usufruto que exclui os rendimentos ou frutos que sejam inúteis ou inaproveitáveis pelo usufrutuário;
2. **perfect usufruct** – Usufruto que pode ser gozado pelo usufrutuário sem mudar, alterar, modificar ou reparar o bem usufruído, ainda que o mesmo se venha a deteriorar ou careça de melhoramentos;
3. **quasi usufruct** – Usufruto em que é vedado ao usufrutuário o consumo de bens, apenas podendo usá-los.

USURPATIO – *DR.* A interrupção de usucapião ou prescrição aquisitiva (**status of limitations**) por acto do legítimo proprietário do bem. Não se confunde com **usurpation**, acto ou actos pelo qual se priva, ilegal e temporariamente, alguém dos seus direitos de propriedade.

UTILITY – *DC.* 1. Valor de uma marca ou patente; **2.** A capacidade de ser útil para finalidades de negócios ou de comércio; **3.** Se usado no plural (**utilities**), refere normalmente os serviços de fornecimento de água, electricidade e aquecimento incluídos num contrato de arrendamento;

UTMOST CARE – O mesmo que **highest care**, o máximo dos cuidados e cautelas que se devem e se podem tomar numa determinada circunstância. *V.* **Care.**

UTMOST RESISTANCE – *CR.* A resistência, os esforços para evitar a consumação de uma violação sexual por parte da vítima, deixando evidente que o acto ou violência sexual foi praticado contra a sua vontade e participação.

UTTER – *CR.* 1. Emitir e pôr em circulação um cheque falsificado; **2.** Publicar ou anunciar um facto que se vem a verificar ser falso ou tendente a enganar ou defraudar terceiros; **3.** Atestar e declarar a boa qualidade de um determinado bem por forma a enganar o comprador.

V

VACANCY – 1. DT. Posição/posto/emprego em aberto, por preencher, sem titular ou pessoa nomeada para o efeito; **2.** Anúncio em hotel ou pensão informando que há (*Vacancy*) ou não há (*No Vacancy*) quartos disponíveis.

VACANT – DR. Vazio, não ocupado, por preencher. Pressupõe, quanto a terras e imóveis em geral, terem sido os mesmos abandonados pelo seu proprietário/arrendatário.

VACATE – C. Anular, cancelar, rescindir. Tornar inválido ou fazer com que perca a eficácia jurídica.

VACUITY – Não ter sentido, não ter uso; nulidade.

VAGRANCY – 1. Em **common law**, situação de desempregado, sem meios económicos mas com capacidade física para o trabalho mas que se vê forçado a viver da caridade alheia; **2. CR.** Ocupar um lugar público para pedir esmola ou com propósitos imorais (ex: prostituição).

VALIDATION – DP. Confirmar ou provar que uma determinada transacção, operação ou documento foi efectuada ou celebrado de acordo com os respectivos requisitos legais.

VALIUM HOLIDAY – MC. Feriado, o dia em que as Bolsas estão fechadas e não há cotações. Também conhecido por **valium picnic**.

VALORIZATION – MC. Diligências para obter uma cotação mais alta para certo tipo de **commodity**, através da acção de um governo ou política, em vez de se actuar por simples regras de mercado.

VALUATION – DR. Avaliar, apurar o valor de um determinado Activo ou bem. *V.* **Appraisal**.

VALUE-ADDED – 1. DS. CO. PF. Componente do preço de venda de um bem ou produto directamente relacionado com o seu custo incorrido numa determinada fase de produção ou comercialização; *V.* **Tax. 2. EC.** Indicador que mede a actividade económica real da empresa; o valor acrescentado pela empresa a um produto ou serviço. Através dos factores de produção, capital e trabalho, uma empresa transforma essas factores em produtos intermédios e depois em produtos finais para venda. Ao fazê-lo, está a acrescentar *mais valia* aos produtos em transformação, o que se pode traduzir pela diferença entre o preço a que a empresa compra as matérias-primas e o preço a que irá vender o seu produto final. Quanto ao valor da empresa em si mesmo como consequência dessa mais valia ver **Earning Power**.

Direito de Negócios – Dicionário Inglês-Português 544

VALUE-ADDED STATEMENT – *UK. DS. CO. PF.* Relatório contabilístico-administrativo emitido por certas empresas britânicas para informar o mercado e os seus accionistas da sua boa "saúde" económica, ao detalhar o valor colectivo e agregado da combinação de capital/mão-de-obra/tecnologia e outros factores. *V.* **Corporate Governance**.

VALUE-ADDED TAX – *DF.* Imposto que recai sobre o **value added** acrescido em cada fase de produção em vez de incidir sobre o preço final de venda. *V.* **Tax**.

VALUE DATE – 1. *C.* Data em que uma determinada operação ou transacção é efectuada; **2. *B.*** Data em que os fundos de um empréstimo são postos à disposição de um cliente, por crédito em conta.

VALUE FOR MONEY AUDIT – *FIP.* Auditoria de entidade ou departamento públicos ao comparar os seus custos de funcionamento e a eficiência dos serviços por eles prestados ao público. *V.* **Auditor**.

VALUE IMPAIRED – *B.* Empréstimo cujo pagamento está em dúvida ou oferece reservas quanto à sua liquidação. Nos EUA, os Bancos são obrigados a classificar contabilisticamente como *value impaired* quaisquer operações financeiras cujo pagamento de juros está em mora há mais de seis meses.

VALUE TO THE BUSINESS – *FIP. CO.* Valor de um Activo equivalente ao menor de (i) custo de reposição ou (ii) valor de venda. Assume-se, em princípio, o custo de reposição (**replacement cost**) já que a maioria dos bens é substituível. Não o sendo ou não valendo economicamente a pena substitui-lo, usa-se então o valor de venda (**net recoverable account**). *V.* **Assets**.

VALUED POLICY – Seguro cujo prémio reembolsável é fixado previamente. **V. Insurance.**

VARIABLE LIFE ASSURANCE – Apólice de seguro de vida em que o segurado pode alterar o montante da apólice. **V. Insurance.**

VARIABLE RATE – *B. PF.* Taxa de juros variável, recalculada periodicamente (normalmente, de 6 em 6 meses). Composta da taxa de juros básica (**floting rate**) e de um **spread**. O caso mais divulgado entre nós é o da EURIBOR.

VARIABLE RATE MORTGAGE – *B. DR.* Empréstimo hipotecário sujeito a taxa flutuante. *V.* **Variable Rate**, **Mortgage**.

VARIABLE RATE NOTE – *MC.* Obrigação (**bond**) com taxa de juros definida periodicamente (ex., uma margem percentual fixa acima da **EURIBOR**). Distingue-se da **floating rate note** porque, nesta última, a margem percentual não é fixa e depende antes das condições de mercado nas datas de fixação de juros.

VARIATION MARGINS – *MC.* Lucros ou perdas diárias em mercado de Opções e Futuros tendo como base, o preço final de pregão (**closing price**) do dia em causa. *V.* **Options**.

VAULT – *B.* Cofre-forte. São de três tipos quando mantidos por um banco: **money vaults**, **record vaults** e **storage vaults**. Os dois últimos destinam-se à guarda de documentos históricos ou de especial valor para os seus depositantes. **Vault Cash –** Dinheiro guardado no cofre de um banco, de um dia para o outro.

VELOCITY OF CIRCULATION – *EC.* Número de vezes que uma unidade monetária troca fisicamente de mãos durante um determinado período de tempo. Corresponde ao resultado apurado ao calcular o total de dinheiro gasto durante esse período a dividir pelo total de moeda em circulação no mesmo período. *V.* **Money**.

VELVET – *MC.* Lucro facilmente obtido; lucro líquido de quaisquer despesas; lucro obtido através de investimento especulativo.

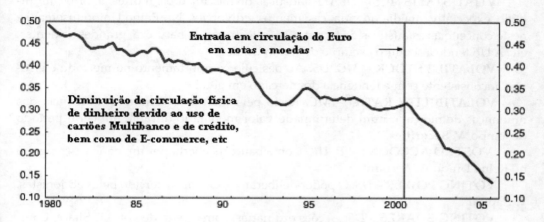

Exemplo da crescente queda da *Velocity of Circulation* de moeda. Os eixos verticais correspondem a percentagem por 1 milhão de habitantes. Caso de um país da América Central.

VENTURE CAPITAL – *PF. MC.* **1.** Capital de risco; **2.** Financiamento que envolve um alto grau de risco, mas que oferece potencialmente um lucro substancial. Especialmente usado em indústrias de tecnologia avançada. *V.* **Capital**.

VENTURE CAPITAL FIRM – *DS.* Intermediário financeiro que coordena os recursos dos seus sócios e os seus próprios fundos para ajudar empresários a começar um novo negócio ou actividade económica.

VENTURE CAPITAL TRUST – *PF. MC.* <u>Trust</u> constituído para investimentos de <u>venture capital</u>.

VERTICAL COMBINATION – *DS.* Coordenação entre duas ou mais empresas que actuam no mesmo ramo de negócio mas a diferentes níveis de produção. Ex: coordenação entre um fabricante e um comerciante de móveis.

VERTICAL INTEGRATION – *DS.* Empresa que tem algum poder (a) de influenciar factores que podem condicionar a sua produção; ou (b) sobre os mercados para que produz. *V.* **Vertical Disintegration**, **Merger**.

VERTICAL SPREAD – *MC.* Também conhecido como **price spread**. Estratégia do mercado de **Options**, pela qual se compra uma Opção a determinado **striking price** e simultaneamente se vende outra Opção ao **striking price** imediatamente seguinte (seja inferior ou superior ao primeiro).

Direito de Negócios – Dicionário Inglês-Português

VIEW TO RESALE – *CO. DS.* Técnica contabilística de excluir de um balanço consolidado a aquisição de uma subsidiária atendendo a que esta só foi adquirida para a finalidade de revenda. *V.* **Consolidated Accounts.**

VISIBLES – *EC.* Receitas geradas por exportação, e pagamentos de importações, por oposição a receitas/pagamentos por serviços. Elemento fundamental da balança comercial (**balance of trade**).

VITAL STATISTICS – *USA.* Estatísticas de nascimentos, mortes, abortos, fertilidade, expectativa média de vida, casamentos e divórcios. No Reino Unido inserem-se neste conceito as estatísticas de terramotos, catástrofes da natureza, grandes acidentes, etc. A UE tende a seguir o exemplo do Reino Unido.

VOLATILE STOCK – *MC. DS.* Acções cujo comportamento no mercado é erróneo, inconsistente com a tendência do mercado em geral.

VOLATIBILITY RATIO – *MC.* Rácio pelo qual se determina a influência das mudanças de mercado num determinado valor mobiliário durante um certo período de tempo. **V. Securities.**

VOSTRO ACCOUNT – *B. UK.* Conta bancária aberta por um banco estrangeiro no Reino Unido. *V.* **Account**.

VOTING POWER – *DS.* O poder deliberativo, de voto, exercido pelos accionistas. *V.* **Capital**.

VOTING SHARES – *DS.* Acções ordinárias, com direito de voto. *V.* **Share**, **Capital**.

VOUCHER – **1.** Recibo, qualquer suporte documental de pagamento de dinheiro; **2.** *CO.* Comprovativo de pagamento antecipado de certas despesas de transporte ou hospedagem.

VOUCHER CHECK – *B.* Tipo especial de cheque que identifica na sua margem esquerda a sua finalidade. Quando emitido para o pagamento de contas ou facturas, apresenta a vantagem de identificar, imediatamente, as mesmas, vinculando assim a utilização do cheque.

WAFER SEAL – Selo notarial que autentica um documento; normalmente, na forma de um pequeno disco vermelho estrelado.

WAGE AND PRICE GUIDEPOSTS – *USA. EC.* Conjunto de medidas de controlo voluntário de salários e preços apresentado na Administração Kennedy por forma a combater a inflação: (a) o aumento de salários não deveria, em princípio, exceder (mas antes acompanhar) o aumento de produtividade; (b) redução de preços se houvesse aumento de produtividade acima do previsto inicialmente, já que isso equivaleria a aumentos salariais correspondentes; (c) inversamente, os preços aumentariam se o aumento de produtividade ficasse abaixo do esperado originalmente.

WAGE CLAIM – *DT.* Reivindicação salarial.

WAGE-PUSH INFLATION – *EC.* Inflação causada por aumento de salários; aumento geral de preços de artigos de consumo provocado por aumentos de salários superiores aos da produtividade gerada pela mão-de-obra. *V.* **Inflation**.

WAGE RATE – *DT. EC.* Taxa, percentagem de salários comparado com o custo de produção.

WAGES – *DT. EC.* Salários, ordenados, pagamento de prestação de serviços ou de trabalho calculado em base semanal ou mensal. *V.* **Salary**.

WAIVER – *PF. C. B.* Acto (que pode ou não provocar alteração contratual) pela qual uma parte:
- concorda por escrito em abdicar de determinados direitos contratuais ou revogar certas cláusulas ou não aplicá-las nalguns casos inicialmente previstos;
- em só exigir determinados rácios financeiros em certas circunstâncias específicas;
- em permitir que o devedor pratique (ou se abstenha de praticar) certos actos ou possa assumir dívidas que contratualmente lhe eram vedadas, etc.

O *waiver* é no fundo um consentimento expresso do credor, permitindo ao devedor não entrar em **default**; é emitido caso a caso; não constitui precedente para casos futuros; e tem que ser precedido por carta do devedor solicitando o *waiver* ao credor e explicando detalhadamente as razões, os motivos pelos quais o mesmo deve ser concedido.

WAIVER OF NOTICE – *DS.* De acordo com os Estatutos de muitas empresas, é necessário um número mínimo de directores/administradores (ex: 2/3) para efectuar uma reunião do **board of directors**. Este requisito pode entretanto ser "**waived**" por escrito se os estatutos tal permitirem mediante a anuência de todos os directores (mesmo aqueles cuja comparência não será viável). Impõe-se ainda que o número de directores que efectivamente compareçam à reunião seja o mínimo fixado por lei.

Direito de Negócios – Dicionário Inglês-Português

WALL STREET – *MC.* 1. Rua de Nova Iorque onde se localiza a *New York Stock Exchange*; **2.** A própria *New York Stock Exchange*; **3.** A comunidade bancária, financeira e de mercado de capitais de Nova Iorque.

WAREHOUSE – *DC.* Armazém geral, entreposto.

WAREHOUSING (ou DATA WAREHOUSING) – Guarda e manutenção informática diária de dados (***data warehouse***), *web sites*, *web pages* e outros arquivos importantes por forma a permitir fácil acesso, análise e processamento por parte de empresas e instituições. Normalmente sub-contratada (**outsourced**) a uma empresa informática especializada e cuja capacidade de armazenagem e nível de segurança têm que ser de comprovada qualidade. Leve-se em linha de conta que, devido ao fenómeno actual de globalização, a empresa pode ter a sua *web site* localizada noutro continente ou muito distante do local onde a empresa que faz o *warehousing* se encontra. Por esse facto se explica a necessidade de confidencialidade e segurança permanentes.[58] Também se usa o termo ***Server Housing***.

WARNING STRIKE – *DT.* Greve de advertência.

WARRANT – *MC. PF. DC.* 1. Documento (cautela de penhor) que acompanha o conhecimento de depósito de mercadorias efectuado em **warehouses**, título comprovativo da propriedade das mercadorias; **2.** Título que concede a accionistas o direito de subscrever novas acções a determinado preço e dentro de certo prazo; **3.** Valor mobiliário que confere ao titular o direito (mas não a obrigação) de comprar (**call warrant**) ou vender (**put warrant**), a um determinado preço (**strike**/ **exercise price**), um determinado Activo (**underlying asset**). Essa compra ou venda pode ser feita numa data determinada (modalidade europeia) ou até uma precisa data (modalidade norte-americana). A compra pressupõe que o investidor aguarda que o preço do **underlying asset** seja superior ao do **strike price**; o **put warrant** pressupõe o contrário; *V.* **Option**; **4.** Garantia.

WARRANT BOND – *DS. MC.* Obrigação (**bond**) emitida com um **warrant**. Dois tipos: **1. Bond with Bond Warrant** (Obrigação com **warrant** em anexo comprovando a garantia do seu pagamento); e **2. Bond with Equity Warrant** (Obrigação com **warrant** em anexo que assegura direitos adicionais de subscrição de capital).

WARRANT INTO GOVERNMENT SECURITIES ou WINGS – *MC.* warrant que assegura ao seu portador a compra, dentro de um determinado prazo, de títulos do Tesouro Norte-Americano (**treasury bills**), com um determinado juro e vencimento.

WARRANTY – *DR. C.* Declaração prestada ou "garantia" assegurada pelo vendedor ou parte contratante, relativamente a certos aspectos da venda objecto do contrato. Ex: qualidade e quantidade dos bens objecto de venda, sua localização, propriedade plena de quem vende, capacidade jurídica do vendedor, etc. *V.* **Statements and Warranties**.

WASH SALE – *USA. DR. MC.* Venda fictícia, pela qual o próprio vendedor adquire o que vende.

---

[58] Os dados da ABA de Novembro de 2007 indicavam que só uma empresa americana de *warehousing* mantinha cerca de 19 mil milhões de arquivos à sua custódia.

WASTING ASSET – *DR. PF.* Activo perecível e cuja duração não pode ser prolongada por muito mais tempo. *V.* **Asset**.

WATERED STOCK – *MC.* Acções "aguadas", ou seja, cujo valor contabilístico é superior à quantia que efectivamente poderia ser paga pelas mesmas no caso de liquidação da respectiva empresa emissora.

WATCH LIST – *MC.* Lista de valores mobiliários que as autoridades ou a própria empresa correctora fiscalizam com especial atenção por se suspeitar de possíveis irregularidades ou ilegalidades.

WAY-OUT – Saída, solução para um problema.

WEALTH – Riqueza, prosperidade financeira.

WEAR AND TEAR – *DR. PF.* Desvalorização de um bem causado pelo seu uso e consequente desgaste. *V.* **Depreciate**.

WEIGHT BIAS – Argumento tendencioso. *V.* **Bias**.

WEIGHTED AVERAGE – *CO. EC.* Média ponderada.

WEIGHTED AVERAGE COST OF CAPITAL (WACC) – *CF.* Custo médio do capital (**capital**) de uma empresa, em função da percentagem dos (i) capitais próprios, e da (ii) dívida (**debt**) no total do capital. Calcula-se como sendo o resultado de:

$$WACC = Ke \times \frac{E}{D + E} + Kd \times \frac{D}{D + E} \times (1 - t)$$

Onde:

Ke taxa de retorno exigida / esperada pelo accionista / detentor de capital. *V.* **WACC**.
Kd taxa média de financiamento do capital alheio;
E **equity**, ao valor de mercado;
D capital alheio (**debt**);
t taxa de imposto sobre lucros. *V.* **Tax (income tax e capital gains tax)**

WEIGHTED INDEX NUMBER – *CO.* Número-índice ponderado.

WEIGHTING FACTOR/SYSTEM – *CO.* Factor / sistema de ponderação.

WELFARE STATE – *EC.* Estado que proporciona aos seus cidadãos bem estar e justiça social.

WHEN ISSUED SECURITY – *MC.* Valor mobiliário vendido sob condição, ou seja, sem ainda terem sido emitidas nem obtidas as autorizações necessárias. Os **treasury bills** são negociados e vendidos nestes termos.

WHISTLE-BLOWING – 1. *USA. DT.* Queixas e denúncias apresentadas por funcionários ou trabalhadores de empresas que revelem sérios indícios de ilegalidades ou irregularidades que violem as leis em geral, as regras de Mercado de Capitais ou os princípios de **corporate governance**, causando com isso naturais prejuízos. Uma das consequências dos escândalos financeiros da *Enron, Tyco, WorldCom*, etc. As queixas e denúncias devem ser apresentadas na **OSHA**; 2. *DF.* Denúncias de fraudes ou irregularidades fiscais que são compensadas pelas autoridades fiscais com prémios pecuniários ou dedu-

Direito de Negócios – Dicionário Inglês-Português

ções especiais nas declarações fiscais dos denunciantes. Em voga nos anos 30 nos EUA e parte do Reino Unido. *V.* **Privacy, Inside Trading, Corporate Governance, Scienter.**

WHITE COLLAR WORKERS – *DT.* Funcionários de áreas administrativas ou de escritórios de uma empresa. Por oposição a **blue-collar workers**.

WHITE KNIGHT – *MC. DS.* Pessoa ou investidor que faz uma oferta de aquisição (**take-over bid**) em melhores condições económicas do que as anteriormente feitas por um terceiro (**black knight**). *V.* **Take-Over.**

WHOLESALE AND RETAIL TRADE – *DC.* Comércio a retalho. *V.* **Trade.**

WHOLESALE BANKING – *B.* **1.** Operações/transacções entre grandes bancos e/ou instituições financeiras; **2.** Operações/transacções inter-bancárias, em geral; **3.** Serviços bancários prestados a empresas (ex: pagamento de salários).

WHOLESALE DEPOSIT – *B.* Grandes depósitos bancários feitos por multinacionais, fundos de investimento ou empresas de grande porte. *V.* **Deposit.**

WHOLLY-OWNED SUBSIDIARY – *DS.* Subsidiária totalmente controlada (normalmente de 90% para cima) por outra empresa. *V.* **Subsidiary.**

WIDE PRICES – *MC.* Grande margem/variação entre o preço de oferta de um valores mobiliário (**bid**) e o correspondente preço de venda (**asked price**). Ex: se a **bid** foi €10 e o *asked price* é €14, pode-se dizer que é um *Wide Price*.

WILD CAT SECURITIES – *USA. MC.* Valores mobiliários altamente especulativos, fraudulentos ou sem qualquer valor. *V.* **Securities, SOX.**

WILL – Testamento, documento escrito pelo qual alguém dispõe dos seus bens *mortis causae*, assumindo-se que o testador está em plenas faculdades mentais e se trata de um acto de sua livre e espontânea vontade.

WILFULL MISCONDUCT – *CR. T.* Procedimento doloso contra os interesses ou a pessoa de terceiro. É deliberado ou intencional e desvia-se dos comportamentos normalmente esperados por quem respeita os direitos alheios. Motivo contratual para invocar danos e prejuízos. *V.* **Loss, Negligence, Torts (*).**

WINDFALL LOSS/PROFIT – *MC. PF.* Perda/Lucro imprevisível. *V.* **Loss.**

WINDING UP – *DS.* Liquidação de uma empresa, seja voluntariamente ou devido a falência. *V.* **Bankruptcy, Insolvency.**

WINDOW DRESSING PRACTICES – *CO.* Operações ou lançamentos contabilísticos artificiais usados por algumas empresas para melhorar "cosmeticamente" o resultado dos seus balanços (ex: aumentar o coeficiente de liquidez aparente). **V. Corporate Governance.**

WIPE OFF – *B.* Extinguir, liquidar, cancelar (ex: *wipe off a loan*). *V.* **Write Off.**

WITHDRAWAL – *B.* Utilização de fundos, saque, levantamentos de depósitos de contas bancárias.

WITHHOLDING TAX – *DF. V.* **Tax.**

WITHOUT PREJUDICE – *C.* Sem prejuízo, não obstante; termo contratual em que se deixa claro que o conteúdo de uma cláusula ou condição não prejudica outro direito contratual ou legal ou o teor de outro dispositivo do mesmo contrato. Sinónimo – **Notwithstanding.**

WITHOUT RECOURSE – *C.* Sem co-responsabilidade; sem a solidariedade de terceiros; sem fiadores ou avalistas. *V.* **Factoring**.

WITNESS – *DP.* **1.** (**To**) Testemunhar, depor a favor ou contra alguém; **2.** Testemunha.

WORK ENVIRONMENT – *DT.* Ambiente de trabalho; condições gerais de luminosidade, segurança, salubridade e amigável convívio de trabalho nas instalações de uma empresa. Tanto nos EUA como no Reino Unido constitui ainda obrigação da entidade empregadora ter um *work environment* que assegure ausência de discriminação racial, religiosa, sexual ou social.

WORK FORCE – *DT.* Mão de obra. Sinónimo – **Labour force**.

WORKING ASSETS – *CO.* Capital circulante. *V.* **Assets**, **Working Capital**.

WORKING CAPITAL – *PF. CO.* Capital de Giro, Capital Circulante. *V.* **Capital**, **Working Assets**.

WORKING CAPITAL RATIO – *PF. CO.* Rácio financeiro em que se divide o Activo disponível ou realizável a curto prazo pelo Passivo imediato ou exigível a curto prazo. Critério de solvabilidade.

WORKING RATIO – *FP. CO.* Rácio financeiro de rentabilidade e exploração, apurado ao dividir despesas em dinheiro com mão de obra (*cash working expenses*) por receitas de exploração (*operating revenues*).

WORK LOAD – Carga de trabalho, volume de trabalho.

WORKOUT ARRANGEMENTS – *PF.* Medidas e diligências tomadas por um grupo de credores internacionais, no sentido de ajudar na restruturação financeira de uma empresa sua devedora, includindo a renegociação de prazos mais dilatados para pagamento dos seus créditos (**rescheduling**). *V.* **Rescheduling**.

WORLD BANK – Banco Mundial. *V.* **IBRD**, **World Bank Group**.

WORLD BANK GROUP – Designação informal do conjunto de *OMDs* que, embora juridicamente independentes do **IBRD** (**International Bank for Reconstruction and Development**) têm como função comum propiciar o desenvolvimento económico dos países membros menos favorecidos. Note-se, que um determinado país pode ser membro do **IBRD** e não o ser das demais *OMDs*. Constituem actualmente parte do chamado **World Bank Group**: **IBRD**, **IFC**, **MIGA**, **IDA** e **ISID**. **Ver Mapa da Estrutura da ONU no Glossário deste Dicionário (*).**

WORLD GOLD COUNCIL – *MC.* Organismo fundado em 1987 pelos principais produtores de ouro.

WORLD TRADE ORGANIZATION – *EC. DT.* Organização Mundial de Comércio. Entidade que em 1 de Janeiro de 1995 substituiu o **G.A.T.T.**

WORLD WIDE WEB – A ligação ou união de documentos de hipertexto produzido pelos servidores *http* do mundo inteiro. Os documentos da WWW são escritos em **HTML** (*Hypertext Markup Language*) e são identificados como **URL** (*Uniform Resource Location*). *V.* **Privacy, Patriot Act.**

WRIT – *MC.* Mandado, ordem judicial.

WRIT OF EXECUTION – *DP.* Mandado de penhora.

WRIT OF SUMMONS – *DP.* Citação judicial.
WRITE DOWN – *DS. CO.* Amortizar parcialmente uma dívida.
WRITE OFF – *DS. CO.* Amortizar totalmente uma dívida. ***V.* Wipe Off.**
WRONG CIVIL PROCEDURE – *V.* Torts (*).

X

X-DIVIDEND – *MC*. O mesmo que "**ex dividend**". Acções que são compradas sem direito a quaisquer dividendos relativamente a anos anteriores ou em curso. **V. Bonds, Dividend, Cum Dividends**.

X-RIGHTS – *MC*. Sem direitos. O mesmo que **ex-rights**.

X-WARR – *MC*. Sem **warrants**. O mesmo que **ex-warrant**.

YANKEE BOND – *USA*. Obrigação emitida nos EUA em US Dólares mas negociada e vendida fora deste país.

YARD – **1**. Medida de comprimento correspondénte a 3 pés (*feet*) ou 36 polegadas (*inches*), ou **0,914 metros**; **2**. *DR*. Área não construída de uma casa, usada normalmente para jardim, plantação ou área de lazer familiar. Como usualmente fica nas traseiras da casa é também conhecida por *"backyard"*.

YEAR – Ano, período de 365/366 dias. Distingue-se em:
1. **calendar year** – de 1 de Janeiro a 31 de Dezembro;
2. **fiscal year** – período de 12 meses consecutivos, definido por lei ou pela própria empresa (caso dos EUA) como o seu ano de negócios para efeitos contabilísticos.

YEARLY INCREASE – Aumento anual.

YEAR-TO-YEAR GROWTH RATIO – *FIP*. Taxa de crescimento anual.

YEAS AND NAYS – *USA*. Votos a favor e contra no Congresso dos EUA ou qualquer outra assembleia legislativa. *Calling the yeas and nays* é chamar cada senador ou representante a pronunciar--se oralmente sobre a matéria sujeita a voto. *V.* **Congress**.

YELLOW DOG CONTRACT – *USA*. *DT*. Contrato de trabalho pelo qual o empregador impõe como condição que o candidato não se filie em qualquer sindicato (**union**), sob pena de despedimento imediato. Ilegal hoje em dia.

YIELD – **1**. Dar passagem a alguém, dar preferência, deixar passar à frente; **2**. Desistir, abandonar; **3**. *PF. MC*. Os dividendos (**dividends**), rendimento (**revenue**), lucro (**profit**) ou ganho de um investimento (**capital gain**). Tipos principais:
1. **current yield** – Juro de um valor mobiliário calculado sobre o seu valor de mercado. *V.* **Profit**, **Gain**.
2. **nominal yield** – Juro de um valor mobiliário calculado como percentagem do seu valor de emissão (**par value**);

YIELD CURVE – *PF. MC*. Gráfico desenhando a "curva" da rentabilidade de um certo investimento até ao seu resgate.

YIELD GAP – *MC*. Diferença entre o dividendo médio anual de uma Acção e o rendimento médio anual de uma **gilt-edged security** a longo prazo.

YIELD TO MATURITY – **1**. *MC. B*. Taxa de juro que equaciona o valor actual (*present value*) de pagamentos de capital e juros de um empréstimo. No caso de Obrigações, é calculado levando em linha de conta:
a. os juros anuais;

b. a diferença entre o preço de aquisição e o valor de resgate; e
c. o período de tempo da Obrigação (desde a sua emissão ao seu resgate).

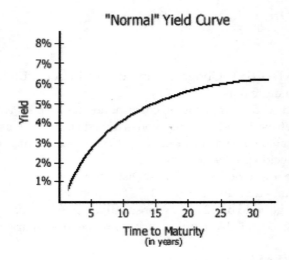

Exemplo de *Yield Curve*

2. MC. CF. Rendimento de um investimento, valor mobiliário ou aplicação financeira, calculado desde a data da sua aquisição até à data do respectivo vencimento, resgate ou pagamento final. Sinónimo – **Yield to Redemption**

YIELD TO REDEMPTION – *MC. V.* **Yield to Maturity**.

YIELD UPON INVESTMENT – *PF. MC.* Percentagem de lucro comparada com o custo do investimento, levando em consideração o tempo decorrido entre a data do investimento e a data em que tal lucro ou dividendo foi efectivamente recebido.

Z

ZEALOUS WITNESS – *DP.* Testemunha que na ânsia de "ajudar" a parte de quem é testemunha, põe em causa o valor do seu depoimento por suspeita de parcialidade.

ZERO-BASED BUDGETING – *PF. CO.* Técnica contabilística de re-examinar e pôr à prova os valores calculados dos custos de produção relativamente a cada área ou departamento de uma empresa, elaborando um novo orçamento sectorial de base, ou seja, como se não existisse qualquer cálculo ou orçamento prévio. *V.* **Budget.**

ZERO COUPON BOND – *MC.* Obrigação que não paga juros mas que é negociada com desconto e vendida ao preço de emissão. *V.* **Bond**, **Face Value**.

ZERO DEFFECTS – *PF.* Política empresarial de qualidade absoluta dos seus produtos, da necessidade de criar consciência junto aos seus trabalhadores de que os produtos têm que ser fabricados, embalados e entregues ao consumidor final sem quaisquer defeitos.

ZERO RATE GOODS – *DF.* Bens isentos do equivalente ao IVA.

ZINC – *ENV.* Zinco, metal pesado que é indispensável para toda uma série de processos industriais. Embora não tão tóxico como o chumbo, cádmio e mercúrio, altas concentrações de zinco são especialmente prejudiciais a plantas aquáticas (impedindo a fotossíntese).

ZIP CODE – *USA.* Código Postal composto de um número de cinco algarismos, escrito a seguir ao endereço. Indica o Estado e cidade/área respectivas (os 3 primeiros algarismos) e a estação dos correios/zona postal a que pertence o destinatário (2 últimos algarismos).

ZONE THEORY – *DR.* Área ou faixa aérea vertical sobre uma propriedade, acima da qual, é permitido sobrevoar sem afectar os interesses do proprietário.

ZONING – **1.** A divisão de uma área urbana ou de uma cidade em circunscrições administrativas; **2.** Conjunto de regulamentos administrativos que disciplina o tipo de edifícios e imóveis que podem ser construídos em certas áreas urbanas definindo as dimensões de tais edifícios e imóveis, tipo de desenho arquitectónico, materiais de construção, espaços entre edificações, respeito pelo conjunto estético envolvente, etc. V. Separata a cores anexa a este Dicionário.

Z-SCORES – **1.** *EC.* Conjunto de rácios cujas médias ponderadas indicam a probabilidade de uma empresa entrar em falência ou insolvência; **2.** Comparação de uma estatística genérica de dados sociais, de mercado, financeiros e económicos com uma recolha de dados específicos da mesma natureza e obter assim exemplos de possíveis desvios ou do cumprimento da tendência genérica anotada em primeiro lugar (**standardization**).

PARTE III

GLOSSÁRIO

**Termos Derivados e Associados
Listas de Sub-Termos
Cláusulas Padrão,
Quadros e Temas com
Maior Análise e Desenvolvimento**

NOTA PRÉVIA

Este Glossário tenta:

- Complementar tanto quanto possível o texto de alguns verbetes de maior complexidade que justificam maior desenvolvimento. Tenta-se dar assim ao leitor pesquisador e tradutor a opção de apenas consultar o respectivo texto no corpo do Dicionário, ou, se assim preferirem, aprofundar o seu conceito;

- Indicar listas de *sub-conceitos derivados* ou *associados* ao termo em título.

- Apresentar quadros e mapas que poderão ajudar a visualizar alguns mecanismos e conceitos que dificilmente poderão ganhar a necessária clareza no contexto "frio" de um parágrafo;

- Informar o leitor, a título exemplificativo, as ***INGOs*** e ***NGOs*** mais representativas das áreas de desenvolvimento humano e social, económico-financeiro; controlo e protecção do meio ambiente e ecologia; melhoria dos meios de prevenção e tratamento de epidemias; direitos humanos; igualdade de direitos das minorias, etc.;

- Proporcionar algumas definições padrão de termos jurídicos de contratos anglo-saxónicos que mais frequentemente me foram solicitados e que, por isso, constituem apenas um resultado de experiência pessoal cujo mérito o leitor melhor julgará.

Recorde-se por último que tal como no texto básico do Dicionário, os termos e as palavras sublinhadas a negrito (ex. **net profit**, **goodwill**, **Board of Directors**, etc.) referem-se a conceitos já definidos nas Partes I e II deste Dicionário, sendo aqui repetidas para facilitar a tarefa do leitor.

ÍNDICE

ABREVIATURAS MONETÁRIAS
ACCELERATION PRINCIPLE
ACCOUNTING PRINCIPLES
ACTUAL
ADJUSTMENT
AFFIRMATIVE (or POSITIVE) COVENANTS
AGGREGATE
AGREEMENTS/CONTRACTS
AMENDMENTS (USA CONSTITUTION)
ANNUAL
ANTI-TRUST LAWS
ARREARS RATIO
ASSETS
AUDITING TERMS
BANK
BASKET OF CURRENCIES
BOOK VALUE (CAPITAL)
BOSTON MATRIX (BCG Matrix)
BRAND
BUDGET
BUSINESS PLAN
BUY
CARRIAGE
CAUSE
CERTIFICATE
CLOSE
COMMON
CONSUMER PRICE INDEX
CORPORATE GOVERNANCE
CURRENT ASSETS
CURRENT LIABILITIES
DEED
EQUATOR PRINCIPLES
EXPORT
FAIR
FEASIBILITY STUDY
GOING CONCERN
GOODS

GOODWILL
GROSS NATIONAL PRODUCT (GNP)
GUARANTEE
HABEAS CORPUS
HEIRDOM (or HEREDITY)
HIDDEN
IGNORANCE
ILLEGAL
IMPOSSIBILITY
INSURANCE
INTERNATIONAL ACCOUNTING STANDARDS (IAS)
INTERGOVERNMENTAL ORGANIZATIONS (IGOS)
JOINT
JUDGEMENT
JUST – IN – TIME
LARCENY
LEGAL
LOAN/INVESTMENT /CREDIT LINE AGREEMENTS
MALICIOUS
MANAGEMENT
MARKET
NEMO
NET FIXED ASSETS
NON GOVERNMENTAL ORGANIZATIONS (NGOS)
ORGANIZAÇÃO DAS NAÇÕES UNIDAS (Organograma Básico)
PAY
PPP – PUBLIC PRIVATE PARTNERSHIPS
PRISONNER´S DILEMMA
PROJECT COMPLETION DATE
REASONABLE
RETURN ON INVESTMENT (ROI)
SALES
SCORECARD (BALANCED)
SECURITIES
SHAREHOLDER´S EQUITY
SHORT
SMALL AND MEDIUM-SIZED ENTERPRISES (SMES)
TAX
TORTS
WORKING CAPITAL

ABREVIATURAS MONETÁRIAS

PAÍS		MOEDA	SIGLAS		
Inglês	Português	(Inglês)	[59]	Símbolo	[60]
Afghanistan	Afeganistão	Afghani	AFA	Af	AFN
Albânia	Albânia	Lek	ALL	—	ALL
Algéria	Argélia	Dinar	DZD	DA	DZD
Angola	Angola	Kwanza	AON	Kz	AOA
Antigua and Barbuda	Antigua e Barbuda	East Caribbean Dollar	XCD	EC$	XCD
Argentina	Argentina	Peso	ARP	$	ARS
Arménia	Arménia	Dram	—	դր.	AMD
Austrália	Austrália	Dollar	AUD	$A	AUD
Austria	Áustria	Euro	EUR	€	EUR
Azerbaijan	Azerbeijão	Manat	—	m, ман. ou man	AZN
Bahamas, The	Bahamas	Dollar	BSD	BS$	BSD
Bahrain	Barém	Dinar	BHD	BD	BHD
Bangladesh	Bangladesh	Taka	BDT	Tk ou ৳	BDT
Barbados	Barbados	Dollar	BBD	BDS$	BBD
Belarus	Bielorrússia	Rubel	—	Br	BYR
Belgium	Bélgica	Euro	EUR	€	EUR
Belize	Belize	Dollar	BZD	BZ$	BZD
Benin	Benin	Franc	XOF	CFAF	XOF
Bermuda	Bermudas	Dollar	BMD	BD$	BMD
Bhutan	Butão	Ngultrum	BTN	Nu	BTN
Bolívia	Bolívia	Boliviano	BOB	Bs	BOB
Botswana	Botswana	Pula	BWP	P	BWP
Brasil	Brasil	Real	BRR	R$	BRL
Brunei	Brunei	Dollar	BND	B$	BND
Bulgária	Bulgária	Lev	BGL	лв	BGN
Burkina Faso	Burkina Faso	Franc	XOF	CFAF	XOF
Burundi	Burundi	Franc	BIF	FBu	BIF
Cambodia	Camboja	Riel	KHR	CR	KHR

---

[59] Baseado em *"Currency Units of Various Countries and Areas"*, IMF, Março de 2007.

[60] Baseado na ISO 4217 actualizada – norma internacional emitida pela *International Organization for Standardization* (ISO) que descreve os códigos das moedas a utilizar pela banca e pelos negócios em geral.

Direito de Negócios – Dicionário Inglês-Português

PAÍS		MOEDA	SIGLAS		
Inglês	Português	(Inglês)		Símbolo	
Cameroon	Camarões	Franc	XAF	CFAF	XAF
Canada	Canadá	Dollar	CAD	$ or C$	CAD
Cape-Verde	Cabo Verde	Escudo	CVE	C.V. Esc	CVE
Central African Republic	República Centro Africana	Franc	XAF	CFAF	XAF
Chad	Chade	Franc	XAF	CFAF	XAF
Chile	Chile	Peso	CLP	Ch$	CLP
China	China	Yuan	CNY	Y	CNY
Costa Rica	Cost Rica	Cólon e Dólar	CRC e USD	CRC	CRC -USD
Cyprus [61]	Chipre	Euro		€	EUR
Croatia	Croácia	Kuna	—	Kn	HRK
Dennmark	Dinamarca	Krone		Kr	DKK
Estónia, Republic	Estónia	Kroone	—	KR	EEK
Fiji	Fiji	Dollar	FJD	FJ$	FJD
Finland	Finlândia	Euro	EUR	€	EUR
France	França	Franc	EUR	€	EUR
Gabon	Gabão	Franc	XAF	CFAF	XAF
Gambia, The	Gâmbia	Dalasi	GMD	D	GMD
Georgia	Geórgia	Lari	—	—	GEL
Germany	Alemanha	Euro	EUR	€	EUR
Ghana	Ghana	Cedi	GHC	C	GHC
Greece	Grécia	Euro	EUR	€	EUR
Greenland	Grooenlândia	Krone	DKK	Kr	DKK
Grenada	Ilha de Granada	Dollar	XCD	EC$	XCD
Guadaloupe	Guadalupe	Euro	EUR	€	EUR
Guatemala	Guatemala	Quetzal	GTQ	Q	GTQ
Guinea	Guiné	Franc	XOF	GF	GNF
Guinea-Bissau	Guiné-Bissau	Franc	XOF	CFAF	XOF
Guyana	Guiana	Dollar	GYD	G$	GYD

---

[61] De notar que à data deste Dicionário e desde 1 de Janeiro de 2008, o Euro foi adoptado pela República de Chipre. Porém como a parte leste da ilha é ainda ocupada pela Turquia, único país que reconheceu esse território como república independente, não se conhece ao certo qual moeda usada oficialmente na parte leste da ilha.

Direito de Negócios – Dicionário Inglês-Português

PAÍS		MOEDA	SIGLAS		
Inglês	Português	(Inglês)		Símbolo	
Haiti	Haiti	Gourde	HTG	G	HTG
Honduras	Honduras	Lempira	HNL	L	HNL
Hungary	Hungria	Forint	HUF	Ft	HUF
Iceland	Islândia	Krona	ISK	Kr	ISK
India	Índia	Rupee	INR	Rs ou Rp	INR
Indonesia	Indonésia	Rupiah	IDR	Rp	IDR
Iran, Islamic Republic of	Irão	Rial	IRR	Rls	IRR
Iraq	Iraque	Dinar	IQD	ID	IQD
Ireland	Irlanda	Euro	EUR	€	EUR
Israel	Israel	New Sheqel	ILS	NIS (₪)	ILS
Italy	Itália	Euro	EUR	€	EUR
Jamaica	Jamaica	Dollar	JMD	J$	JMD
Japan	Japão	Yen	JPY	¥	JPY
Jordan	Jordânia	Dinar	JOD	JD	JOD
Kazakhstan	Cazaquistão	Tenge	—	T	KZT
Kenya	Quénia	Shilling	KES	KSh	KES
Korea, Democratic People´s Rep. of	Coreia do Norte	Won	KPW	-	KPW
Korea, Republic of	Coreia do Sul	Won	KRW	W	KRW
Kuwait	Kwait	Dinar	KWD	KD	KWD
Kyrgys Republic	Quirguistão	Som	KGS	Som	KGS
Lao People´s Democratic Republic	Laos	Kip	LAK	KN ou ₭	LAK
Látvia	Letónia	Lats	Lati	Ls	LVL
Lebanon	Líbano	Pound	LBP	LL	LBP
Lesotho	Lesoto	Loti	LSL	L ou M	LSL
Liberia	Libéria	Dollar	LRD	L$	LRD
Libya	Líbia	Dinar	LYD	LD	LYD
Liechtenstein	Liechtenstein	Franc	CHF	Fr	CHF
Lithuania	Lituânia	Lita	LTL	Lt	LTL
Luxembourg	Luxemburgo	Euro	EUR	€	EUR
Macedonia	Macedónia	Dinar	MKD	MDen	MKD
Madagascar	Madagáscar	Ariary	MGF	-	MGA

Direito de Negócios – Dicionário Inglês-Português

PAÍS		MOEDA	SIGLAS		
Inglês	Português	(Inglês)		Símbolo	
Malawi	Malaui	Kwacha	MWK	**MK**	MWK
Malaysia	Malásia	Ringgit	MYR	**RM**	MYR
Maldives	Maldivas	Rufiyaa	MVR	**Rf**	MVR
Mali	Mali	Franc	XOF	**CFAF**	XOF
Malta	Malta	Euro	EUR	€	EUR
Martinique	Martinica	Euro	EUR	€	EUR
Mauritania	Mauritânia	Ouguiya	MRO	**UM**	MRO
Mauritius	Maurícias	Rupee	MUR	**Rs ou Rp**	MUR
México	México	New Peso	MXP	**Mex$**	MXN
Micronesia, Federated States of	Estados Federados da Micronésia	Dollar	USD	**$ ou US$**	USD
Moldova	Moldávia	Leu	MDL	**MDL**	MDL
Mónaco	Mónaco	Euro	EUR	€	EUR
Mongolia	Mongólia	Tugrik	MNT	**Tug**	MNT
Montenegro[62]	Montenegro	Euro	EUR	€	EUR
Montserrat	Montserrat	Dollar	XCD	**EC$**	XCD
Morocco	Marrocos	Dirham	MAD	**DH**	MAD
Mozambique	Moçambique	Metical	MZM	**Mt ou MTn**	MZN
Myanmar	Myanmar	Kyat	MMK	**K**	MMK
Namíbia	Namíbia	Dollar	NAD	**N$**	NAD
Nepal	Nepal	Rupee	NPR	**Rs ou Rp**	NPR
Netherlands	Holanda	Euro	EUR	€	EUR
Netherlands Antilles	Antilhas Holandesas	Guilder	ANG	**NAƒ, NAf, ƒ, ou f**	ANG
New Caledonia	Nova Caledónia	Franc	XPF	**F**	XPF
New Zealand	Nova Zelândia	Dollar	NZD	**$NZ**	NZD
Nicaragua	Nicarágua	Córdoba	NIO	**C$**	NIO
Niger	Niger	Franc	XOF	**CFAF**	XOF
Nigéria	Nigéria	Naira	NGN	**N**	NGN
Norway	Noruega	Krone	NOK	**Kr**	NOK
Oman	Omã	Rial Omani	OMR	**RO**	OMR

---

[62] A República de Montenegro adoptou o Euro unilateralmente em Fevereiro de 2003 ainda que (observação pessoal do autor nas vezes que se deslocou ao país em missão profissional), a quase totalidade dos Euros em circulação eram alemães e austríacos.

PAÍS		MOEDA	SIGLAS		
Inglês	Português	(Inglês)		Símbolo	
Pakistan	Paquistão	Rupee	PKR	PRs	PKR
Panamá	Panamá	Balboa	PAB	B	PAB
Papua New Guinea	Papua e Nova Guiné	Kina	PGK	K	PGK
Paraguay	Paraguai	Guaraní	PYG	G	PYG
Peru	Peru	Nuevo Sol	PEN	S/.	PEN
Philippines	Filipinas	Peso	PHP	P	PHP
Poland	Polónia	Zloty	PLZ	Zl	PLN
Portugal	Portugal	Euro	EUR	€	EUR
Qatar	Qatar	Riyal	QAR	QR	QAR
Romania	Roménia	New Leu	RON	—	RON
Rússia	Rússia	Ruble	RUR	Rub	RUB
Rwanda	Ruanda	Franc	RWF	RF	RWF
Serbia [63]	Sérvia	Dinar	DIN	Din	RSD
Saint Kitts and Nevis	S. Kitts	Dollar	XCD	EC$	XCD
Saint Lucia	Stª Lúcia	Dollar	XCD	EC$	XCD
Saint Vicent & the Grenadines	S.Vicente e Grenadinas	Dollar	XCD	EC$	XCD
Sao Tome and Principe	São Tomé e Príncipe	Dobra	STD	Db	STD
Saudi Arabia	Arábia Saudita	Riyal	SAR	SR	SAR
Senegal	Senegal	Franc	XOF	CFAF	XOF
Seychelles	Seychelles	Rupee	SCR	SR ou SRe	SCR
Sierra Leone	Serra Leoa	Leone	SLL	Le	SLL
Singapore	Singapura	Dollar	SGD	S$	SGD
Slovak Republic	Eslováquia	Koruna	SKK	Sk	SKK
Slovenia	Eslovénia	Euro	EUR	€	EUR
Solomon Islands	Ilhas Salomão	Dollar	SBD	SI$	SBD
Somalia	Somália	Shilling	SOS	So. Sh	SOS

---

[63] Até Fevereiro de 2008, o Euro era usado no *Kosovo* em simultâneo com o Dinar. Após a recente declaração unilateral de independência e separação da Sérvia, a definição da moeda nacional ainda não estava oficializada à data deste Dicionário.

Direito de Negócios – Dicionário Inglês-Português

PAÍS		MOEDA	SIGLAS		
Inglês	Português	(Inglês)	'	Símbolo	
South Africa	África do Sul	Rand	ZAR	R	ZAR
Spain	Espanha	Euro	EUR	€	EUR
Sri Lanka	Sri Lanka	Rupee	LKR	SL, Rs, SLRs OU SLRs)	LKR
Sudan	Sudão	Pound	SDD	LSd	SDD
Suriname	Suriname	Dollar	SRG	$	SRD
Swaziland	Suazilândia	Lilangeni	SZL	L ou E	SZL
Sweden	Suécia	Krona	SEK	SKr	SEK
Switzerland	Suiça	Franc	CHF	Sw F	CHF
Syrian Arab Republic	Síria	Pound	SYP	S£	SYP
Tajikistan	Tajiquistão	Somoni		TJS	TJS
Tanzania	Tanzânia	Shilling	TZS	T Sh	TZS
Thailand	Tailândia	Baht	THB	B	THB
Togo	Togo	Franc	XOF	CFAF	XOF
Tonga	Tonga	Pa´anga	TOP	T$	TOP
Trinidad and Tobago	Trinidade e Tobago	Dollar	TTD	TT$	TTD
Tunísia	Tunísia	Dinar	TND	DT	TND
Turkey	Turquia	New Lire	TRL	YTL	TRY
Turkmenistan	Turquemenistão	Manat	TMM	m	TMM
Uganda	Uganda	Shilling	UGX	USh	UGX
Ukraine Republic	Ucrânia	Karbovanets	UAK	Krb	UAK
United Arab Emirates	Emiratos Árabes	Dirham	AED	Dh	AED
United Kingdom	Reino Unido	Pound sterling	GBP	£ ou £stg.	GDP
United States	Estados Unidos	Dollar	USD	$ ou $US	USD
Uruguay	Uruguai	Peso	UYU	Ur$	UYU
Uzbekistan	Usbequistão	Som	-	Som	UZS
Vanuatu	Vanuatu	Vatu	VUV	Vt	VUV
Venezuela	Venezuela	Bolívar	VEB	Bs	VEB
Viet Nam	Vietname	Dong	VND	D	VND
Western Samoa	Samoa Ocidental	Tala	WST	WS$	WST

PAÍS		MOEDA		SIGLAS	
Inglês	Português	(Inglês)		Símbolo	
Yemen, Republic	Iémen	Dinar Rial	YDD YER	YD YRIs	YDD YER
Zaire[64] (*)	Zaire (*)	Franco	-	Fr	CDF
Zambia	Zâmbia	Kwacha	ZMK	Zk	ZMK
Zimbabwe	Zimbabwe	Dollar	ZWD	Z$	ZWD

1. A República Checa, a Dinamarca, a Estónia, a Letónia, a Lituânia, a Hungria, a Polónia, a Eslováquia, a Suécia e Reino Unido não participam na moeda única.

2. Em Janeiro de 2008, Chipre, Bulgária e Malta aderiram ao Euro não havendo até à data deste Dicionário confirmação de que tenham sido efectivamente emitidas moedas e notas em Euros. O mesmo se diga quanto à Eslovénia que aderiu em 2007.

3. A Dinamarca, a Estónia, a Letónia, a Lituânia e a Eslováquia são membros do **Mecanismo de Taxas de Câmbio II** (MTC II), ou seja, as suas moedas estão indexadas ao Euro.

ACCELERATION PRINCIPLE

Este princípio macro-económico estabelece que a procura de bens de equipamento sofre um efeito mais que proporcional, relativamente à procura dos bens finais por eles produzidos. A sua fórmula matemática corresponde a:

$$\Delta K = a \times (y_t - y_{t-1}) + b \times k$$

em que, relativamente ao período do cálculo em análise:

"ΔK" corresponde à procura de bens de produção;

"a" corresponde ao coeficiente capital / produto;

"$y\ t$" corresponde à produção verificada ao final do respectivo período;

"$y\ t-1$" corresponde à produção verificada no início do mesmo período;

"b" corresponde ao parâmetro de amortização de capital; e

"k" corresponde ao <u>stock</u>. **V. Capital, Assets.**

---

[64] Actualmente, *República Democrática do Congo*.

Direito de Negócios – Dicionário Inglês-Português

ACCOUNTING PRINCIPLES

Baseiam-se em oito conceitos básicos aqui dispostos por simples ordem alfabética[65]:

1. **conservatism**: em caso de dúvida ou incerteza, deve-se optar por uma solução que tenha o menor impacto favorável sobre os lucros líquidos (**net profit**);
2. **consistency**: a não ser em casos excepcionais devidamente justificados, devem ser sempre aplicadas as mesmas políticas contabilísticas nos sucessivos anos económicos;
3. **disclosure**: todos os dados e informações necessárias à elaboração dos balancetes, balanços e emissão do relatório a apresentar, devem ser revelados e identificados;
4. **historical costs**: Os Activos e Passivos devem ser registados contabilisticamente ao seu custo de aquisição (Activos) ou pelo valor de dívida à data em que esta foi contraída (Passivos);
5. **matching revenue and expense**: deve-se presumir que, em princípio, o custo de aquisição de bens e serviços está directamente relacionado com as receitas que os mesmos irão produzir no futuro;
6. **materiality**: cada componente dos Activos e Passivos deve ser lançado individualmente caso a sua omissão influencie os resultados finais dos balancetes, balanços ou relatórios financeiros onde devem estar incluídos;
7. **revenue realization**: as receitas só devem ser lançadas quando se conclui o processo que as gerou e quando é determinável o seu valor e data de recebimento; e
8. **substance over form**: se existe contradição ou inconsistência entre valores financeiros e económicos e os termos dos contratos e instrumentos jurídicos que lhes deram origem, deve-se dar preferência aos primeiros em detrimento dos segundos, excepto em caso de clara violação legal (nomeadamente das normas de **corporate governance**), erro, negligência ou fraude (nomeadamente fiscais);

ACTUAL

Principais termos derivados:

1. **actual authority** – *DC*. Relações jurídicas de representação comercial ou de agência (**agency**) e dos poderes delegados pelo representado (**principal**) ao representante (**agent**) para que este actue em nome do primeiro, por via contra-

---

[65] **Fonte: W.BANK, IMF e OCDE**

tual (**agency agreements**), por procuração (**power of attorney**) ou na prática de actos de comércio ou formalidades usuais na actividade comercial (ex. contratação de cláusula de seguro de transporte de mercadorias a serem enviadas ao cliente final); **V. Agency**;

2. **actual cash value** – *PF. CO.* O valor em numerário de um bem em condições normais de mercado e negociado por partes que actuam de boa fé. Sinónimos: **fair cash value** e **fair market value**;

3. **actual change of possession or ownership** – *DR.* Mudança ou transferência efectiva de propriedade de um bem móvel ou imóvel, denominadamente pelo uso de letreiros, *outdoors*, anúncios em jornais ou outras formas de divulgação pública;

4. **actual cost** – *DR. PF. CO.* O preço real de um bem (**asset**) ou mercadoria (**goods**) contratado ou celebrado entre duas partes de boa fé mas sem corresponder necessariamente ao **actual cash value** ou **fair market value**, já que o preço acordado depende da capacidade negociadora das partes. Em termos contabilísticos pode entretanto ter um significado diferente ao identificar o valor registado desse bem ou mercadoria, depois de levar em consideração quaisquer descontos, depreciação ou formas de pagamento (total ou diferido);

5. **actual damages** – *DP. CR.* Os prejuízos e danos efectivamente sofridos pela parte queixosa e autora de uma acção judicial (ex. conta do hospital paga por quem sofreu um acidente de automóvel; conta da reparação do veículo, etc.), sem considerar os danos morais e demais indemnizações que foram peticionados (ex. lucros cessantes devido à suspensão das actividades profissionais do sinistrado); **V. Damages** e **Torts (*)**;

6. **actual loss** – *DC.* O prejuízo efectivo que resultou da perda total ou substancial de um bem ou direito; **V. Torts (*)**;

7. **actual market value** – *DR. DC.* O preço a que uma mercadoria é oferecido livremente aos clientes em geral e em clima de livre concorrência, ou seja, sem monopólios ou contratos de exclusividade;

8. **actual notice** – *DP.* Comunicação ou notificação efectivamente entregue ao seu destinatário; **V. Notice**;

9. **actual practice** – *DT.* Actividade profissional devidamente autorizada (ex. médicos e advogados) ou credenciada (com base em diplomas ou certidões de escolaridade);

10. **actual reserves** – *B.* Conjunto de depósitos embora passíveis de serem utilizados por uma instituição financeira para conceder crédito a seus clientes, são alocados como valores estrategicamente indisponíveis para tais efeitos. **V. Reserves**;

11. **actual residence** – O local onde uma pessoa ou empresa vivem ou exercem a sua actividade mas que não é o seu domicílio legal;

Direito de Negócios – Dicionário Inglês-Português

12. **actual use** – *DC. DR.* Utilização de um bem por um terceiro (ex. automóvel emprestado a um parente ou amigo) e a título gratuito. Termo usado na indústria de seguros;

13. **actual value** – *DC. CO.* Termo com diversos significados, dependendo das circunstâncias em que é usado: pode ser sinónimo de **actual market value**, **actual cash value**, **fair market value**, etc. Ou seja, preço resultante da livre negociação das partes em termos de mercado; preço de um bem resultante da sua penhora e venda em leilão judicial, etc.; **V. Fair market value**, **Reasonable market value**;

14. **actuals (physicals)** – *MC.* **Commodities** que podem ser adquiridas e efectivamente usadas. Por oposição a **commodities** transaccionadas em mercado de futuros e representadas por documentação que pode ser objecto de compensação e consequente anulação.

ADJUSTMENT

Lista de alguns termos derivados:

1. **adjustment bonds** – *MC.* Obrigações cuja taxa de juros depende de diversos factores: de se concluir com sucesso uma fusão ou associação com outras empresas; do efectivo apuramento de lucros acima de certo valor ou percentagem; do aumento de vendas após campanha publicitária ou época de saldos, etc. Alguns autores classificam-nas como uma forma de **quasi-equity**; outros classificam-no como forma indirecta de **contingent fee** ou **success fee**. V. **Fees, Bond**;

2. **adjustment credit** – *USA. B.* Linha de crédito concedida pelo **Federal Reserve System** a bancos de pequeno ou médio porte para resolver problemas de liquidez destes últimos;

3. **adjustment lag** – *DS.* Aumentos de capital de uma empresa em função de determinadas variáveis económicas (ex: aumento das taxas de juro, variações cambiais, etc.). V. **Share, Capital**;

4. **adjustment securities** – *DS. MC.* Valores mobiliários (**securities**) emitidos como consequência da reorganização de uma empresa, das suas subsidiárias ou afiliadas ou de um grupo económico.

AFFIRMATIVE (ou POSITIVE) COVENANTS

Lista não exaustiva das *"obrigações positivas"* ou *"de fazer"* que normalmente fazem parte das cláusulas de contratos financeiros anglo-saxónicos:

Cláusula XXX Obrigações de Fazer (**affirmative covenants**). Excepto se [*nome do credor/instituição financeira*] acordar de outra forma, a Empresa obriga-se:

- a conduzir e gerir o Projecto e as suas actividades [*comerciais/ industriais*] em boa fé, de forma diligente (**due diligence**) e de acordo com as melhores práticas financeiras e de negócios (**sound financial and business practices**) e utilizar as quantias do Financiamento exclusivamente para o Projecto;
- manter actualizados os registos de contabilidade, controlo de custos e sistema de informação de gestão (**management information system**) e livros de caixa apropriados que mostrem a situação financeira da Empresa e os resultados das suas actividades [*comerciais/industriais*] e operações (incluindo o progresso do Projecto), de acordo com os princípios de contabilidade geralmente aceites em [**país**] e ali aplicados de forma consistente;
- assim que possível mas, em qualquer caso, no prazo de ......(...) dias após o encerramento de cada Ano Fiscal (**fiscal year**), entregar a [*nome do credor/instituição financeira*] cópias dos Balanços Auditados (**audited financial statements**) em [*moeda*] relativamente a esse Ano Fiscal (que estejam em conformidade com os seus livros de contabilidade, preparados de acordo com os princípios de contabilidade geralmente aceites em [**país**] e ali aplicados de forma consistente), conjuntamente com cópia da correspondência sobre a gestão da Empresa e outras comunicações enviadas pelos **Auditors** [66] à Empresa, relativamente à situação financeira e contabilística desta última bem como quanto ao seu sistema de controlo de custos e fluxos e caixa (*); e a Empresa autoriza por escrito os **Auditors** a comunicar a qualquer momento e directamente com [*nome do credor/instituição financeira*] quaisquer dúvidas ou esclarecimentos que [*nome do credor/instituição financeira*] queira solicitar quanto a esses dados.

(*) ALTERNATIVA (caso se tratar de um Grupo Económico):

- e um relatório dos **Auditors** sobre as transacções financeiras entre a Empresa, suas Subsidiárias e companhias Associadas (*each Subsidiary and affiliated companies*);
- informar [*nome do credor/instituição financeira*] por correio registado ou por fax no prazo nunca inferior a .... (...) dias da convocação de uma Assembleia Geral de Accionistas [e do seu Conselho de Administração (**Board of Directors**)] especificando a respectiva ordem de trabalhos (**agenda**);
- entregar, quando para tal razoavelmente solicitada, a [*nome do credor/instituição financeira*] toda e qualquer informação relativa às actividades [*comerciais/*

---

[66] Correspondente em Portugal a **Revisores Oficiais de Contas** (**ROCs**) ou **Técnicos Oficiais de Contas** (**TOCs**) e no Brasil a **Auditores** e **Contadores**, estando as funções e competências respectivas definidas pelas correspondentes legislações. Por tal motivo, mantivemos aqui a denominação genérica de **Auditors**.

Direito de Negócios – Dicionário Inglês-Português

industriais] e operações da Empresa bem como autorizar os representantes de [*nome do credor/instituição financeira*] a visitar, nas horas normais de expediente, os escritórios e instalações da Empresa e pedir e obter as informações e dados que sejam pertinentes;

- assim que seja razoavelmente possível, informar [*nome do credor/instituição financeira*] quaisquer alterações na natureza e dimensão do Projecto ou nas actividades [*comerciais/industriais*] ou operações da Empresa ou de qualquer facto, condição ou circunstância que possa afectar de forma substantiva (**materially and adversely affect**) a gestão e operação do Projecto ou o prosseguimento dos negócios e operações da Empresa;
- manter, aplicar e operar o Projecto de acordo com a regulamentação dos **Equator Principles,** bem como dos melhores padrões e procedimentos de meio ambiente e cumprir com as leis e regulamentos de segurança no trabalho, saúde pública e protecção do meio ambiente de [*país*];
- caso [*nome dos Auditores*] deixem de ser os **Auditors** da Empresa, seleccionar, nomear e manter como seus **Auditors**, outra firma ou pessoa de reconhecida independência e competência técnica, mediante informação prévia por escrito remetida a [*nome do credor/instituição financeira*];
- obter e manter em vigor (e, quando aplicável, renovar) todas as autorizações, licenças e aprovações necessárias para a realização, operação e conclusão do Projecto, bem como as relativas às actividades [*comerciais/industriais*] e operações da Empresa e cumprir com todos os termos, condições e restrições dessas autorizações, licenças e aprovações;
- segurar e manter em vigor apólices de seguros com uma Companhia de Seguros de boa reputação, o negócio e actividades [*comerciais/industriais*] e operações da Empresa bem como os seus Activos Fixos (**fixed assets**) que possam ser segurados contra todos os tipos de riscos e prejuízos (utilizando neste caso o critério de custo de total substituição ou reparação, conforme seja o caso), incluindo sem limitar, propriedades, imóveis, construções, edificações, equipamentos e máquinas, avarias mecânicas, responsabilidade de/e contra terceiros, responsabilidade pela qualidade de produção (**product liability**), acidentes de trabalho bem como quaisquer outros seguros obrigatórios nos termos da lei em vigor; **V. Insurance (*).**
- manter, durante toda a vigência deste Financiamento:
  1. um **Debt to Equity Ratio** de ......;[67]
  2. um **Current Ratio** de .....;
  3. um **Debt Service Coverage Ratio** de .....;

---

[67] Ou, conforme os casos "não inferior a ..." (**not less than**...)

AGGREGATE

Principais denominações compostas:

1. **aggregate amount** – Saldo global, quantia global;
2. **aggregate demand** – *EC.* Procura global de bens ou serviços durante um certo período; **V. Demand**;
3. **aggregate discount/rebate** – *EC.* Desconto anual sobre o valor global de compras oferecido por um produtor final de bens ou serviços aos seus agentes comerciais e clientes (também conhecido como **overriding discount**);
4. **aggregate expenditures** – *PF.* Total de despesas/custos;
5. **aggregate output** – *EC.* Total de bens produzidos ou serviços prestados por um país;
6. **aggregate price level** – *EC.* Média de preços da totalidade de bens produzidos e serviços prestados por um país;
7. **aggregate project cost** – *EC.* Custo global de um projecto; **V. Project Cost;**
8. **aggregate supply** – *EC.* Fornecimento global de bens e serviços durante um certo período; **V. Supply;**
9. **aggregate value** – Valor total, valor agregado.

AGREEMENTS/CONTRACTS

Lista exemplificativa dos principais tipos de contratos usados em **project finance**:

1. **agency agreement** – Contrato de intermediação ou agenciamento. **V. Agency**;
2. **call option agreement** – Contrato de opção de compra por parte da própria empresa (ou de terceiros) das Acções ou percentagens do seu capital detidas por certos accionistas ou sócios, após a conclusão com êxito do projecto ou ao expirar uma determinada data; **V. Option, Call Option, Project Completion**;
3. **consultant agreement** – Contrato de prestação de serviços entre a empresa e um consultor especializado, seja (i) na fase preliminar de um projecto; (ii) durante o seu acompanhamento, e para assegurar a sua conclusão atempada; (iii) para constatar que a tecnologia e **know-how** continuam a ser usados de forma adequada; ou (iv) para que a empresa obtenha as fatias de mercado e os lucros originalmente previstos. **V. Consultant, Outsourcing;**
4. **contract for service** – Contrato de prestação de serviços com profissional liberal, trabalhador autónomo ou firma em nome individual. Esta característica é básica do ponto de vista de Direito Fiscal e de Direito de Trabalho para o distinguir de **services contract** em que a prestação de serviços é feita por trabalhador numa relação jurídica de emprego ainda que temporário. No **contract for service** pode haver sub-contratação por parte do profissional liberal ou firma

individual desde que obtida a anuência de quem contratou os respectivos serviços; pode ou não coincidir com um **consultant agreement**; **V. Outsourcing;**

5. **credit line agreement** – Contrato de linha de crédito; normalmente usado para financiar as exportações ou importações da empresa; facilitar o seu fluxo de caixa (**cash flows**) ou atender a outras necessidades financeiras de curto a médio prazos, podendo ser rotativa (*revolving*) ou não. Normalmente não exige um controlo de vinculação de recursos tão restrita como num **investment agreement** ou mesmo certos **Loan Agreements**; **V. Credit Line, Loan Agreement, Investment Agreement;**

6. **escrow account agreement** – Há dois tipos básicos:
   a. Contrato de caução de conta bancária vinculada onde são depositados periodicamente os valores de vendas e facturação da empresa (**proceeds**), por forma a que uma determinada percentagem dessas quantias seja utilizada para o pagamento prioritário dos empréstimos contraídos pelo banco em causa; típico de financiamento de projectos de exportações;
   b. Contrato de custódia junto a um terceiro idóneo (normalmente um banco de boa reputação no mercado) de determinados documentos jurídicos, valores mobiliários e depósitos monetários de duas ou mais partes, como fase preliminar de um investimento ou transacção final e enquanto se aguarda a conclusão das respectivas negociações. Uma vez concluídas com sucesso, todos esses valores (i) são devolvidos integralmente e em espécie às partes originais; ou (ii) trocados entre as mesmas partes, conforme tenha sido acordado caso a caso. Em caso de insucesso, apenas a alternativa (i) acima indicada é aplicada; **V. Account e Escrow Account;**

7. **fade – out agreement** – **V. Índice próprio;**

8. **guarantee agreement** – Contrato de fiança/aval/garantia pessoal. **V. Guarantee (*);**

9. **investment agreement** – Contrato de financiamento com vinculação expressa, específica e detalhada das condições e requisitos a cumprir para a utilização dos recursos;

10. **lease agreement** – Contrato de arrendamento. **V. Leasing;**

11. **lease back agreement** – Contrato pelo qual uma instituição financeira compra um equipamento ou unidade fabril de uma empresa, em simultâneo com o arrendamento comercial e compromisso de revenda desse equipamento ou unidade fabril à empresa vendedora, amortizando esta última a cada pagamento, uma permilagem da propriedade dos mesmos bens; **V. Índice próprio;**

12. **leasing agreement** – Contrato de arrendamento comercial com opção de compra, sendo o preço dessa opção meramente simbólico ou não inferior a 25% do valor de aquisição do bem. **V. Leasing;**

13. **loan agreement** – Contrato de empréstimo, com ou sem vinculação de recursos. **V. Índice próprio;**

14. **phase-in agreement** – **V. Fade Out Agreement;**

15. **pledge agreement** – Contrato de caução/penhor. **V. Pledge**;
16. **project funds agreement** – **V. Índice próprio**;
17. **purchase and sales agreement** – Contrato de compra e venda seja a pronto seja a prestações (*deferred payment*); **V. Instalments**;
18. **put option agreement** – Contrato de opção de venda à empresa (ou a terceiro) por parte de accionistas ou sócios dessa empresa das suas Acções ou percentagens do capital, após a conclusão com êxito do projecto ou expirar uma determinada data; **V. Option, Put Option**;
19. **retainer's agreement** – Uma variante do **consultant's agreement** mas objectivando (i) serviços de ordem jurídica, financeira, engenharia, etc; (ii) de avaliação do desempenho dos máquinas e equipamentos; (iii) análise do nível de vendas e de **marketing** da empresa, etc. O serviços são pagos através de uma entrada inicial e em prestações subsequentes mediante cumprimento de certas etapas (ex. entrega à empresa e aceite por esta de relatórios pelo consultor); **V. Consultant's Agreement**;
20. **services contract** – **V. Contract for Service**;
21. **shareholders agreement** – Acordo parassocial;
22. **share retention agreement** – **V. Índice próprio**;
23. **stand-by agreement** – Contrato em que se põe à disposição da empresa uma linha de crédito ou financiamento mas apenas em caso (i) dos custos de um Projecto excederam os orçamentos; ou (ii) para atender à expansão faseada de actividades. **V. Credit Line**.
24. **supply agreement** – Contrato de fornecimento de bens, equipamento, máquinas ou serviços relacionados. **V. Supply**;

V. Consideration, Disclosure e Mapa (*) da Estrutura Básica dos Contratos Financeiros em Direito Anglo-Saxónico neste Glossário.

AMENDMENTS (USA CONSTITUTION)

As alterações à Constituição dos Estados Unidos da América (1787) previstas no seu Artigo V, podem ser propostas pelo Congresso dos EUA para posterior ratificação pelos cinquenta Estados, quando 2/3 terços dos respectivos órgãos legislativos (**congress** e **house of representatives**) ou 2/3 dos órgãos legislativos de todos os Estados, convoquem uma assembleia especial (*convention*) para discutir e aprovar tal alteração. Uma vez aprovado o texto do **Amendment,** este só entra em vigor quando tiver sido ratificado por 3/4 dos votos dos órgãos legislativos dos 50 Estados. Até à corrente data foram aprovados 27 **Amendments**[68], dos quais destacamos os principais:

• **Primeira (1791)**: Reconhece a liberdade de culto religioso, de imprensa e de expressão (oral e escrita);

---

[68] A lista completa pode ser encontrada na 1ª edição deste Dicionário.

Direito de Negócios – Dicionário Inglês-Português　　　　　　　　　　　　　　　　　580

- **Quarta (1791)**: Direito dos cidadãos não serem abusivamente sujeitos a buscas, invasões de propriedade ou apreensão de documentos. Os mandados judiciais para tal efeito só serão emitidos após evidência de causa provável (**probable cause**) de facto ilegal ou criminoso e desde que se faça a identificação dos cidadãos e lugares objecto das buscas e apreensão. Actualmente discutida a sua validade e aplicação em função do **Patriot Act**;
- **Quinta (1791)**: Constituição obrigatória de **grand jury** para acusação formal de um crime; direito básico de ninguém ser obrigado a testemunhar contra si próprio, nem ser preso ou sujeito a pena de morte sem o devido processo judicial; nem ter os seus bens expropriados sem justa indemnização; **V. Grand Jury**;
- **Sexta (1791)**: Direito a julgamento público e através de **jury** imparcial escolhido no Estado onde o suposto crime foi praticado; direito do arguido ser previamente informado da natureza e tipo de crime de que é acusado, ter o direito a escolher testemunhas a seu favor e de constituir advogado de defesa; **V. Jury**;
- **Nona (1791)**: Os direitos estabelecidos na não podem prejudicar a aplicação e vigência de outros direitos tradicionalmente outorgados aos cidadãos;
- **Décima (1791)**: Os poderes e funções que não forem objecto de delegação ao governo federal através da Constituição, manter-se-ão como prerrogativas de cada Estado;
- **Décima-Terceira (1865)**: Abolição da escravatura;
- **Décima-Oitava (1919)**: Proibição de fabrico e consumo de bebidas alcoólicas (*Lei Seca*);
- **Décima-Nona (1920)**: Extensão às mulheres do direito de voto;
- **Vigésima-Primeira (1933)**: Revogação do 18° **Amendment** (*Abolição da Lei Seca*);
- **Vigésima-Segunda (1951)**: Limitação nos mandatos de reeleição do Presidente;
- **Vigésima-Quarta (1964)**: Qualificação para ser eleitor;
- **Vigésima-Sexta (1971)**: Idade mínima para exercer o direito de voto (18 anos).

ANNUAL

Principais termos compostos:

1. **annual crop** – *EC.* Safra anual, colheita anual;
2. **annual general meeting** – *DS. UK.* Assembleia Geral Ordinária de Accionistas realizada uma vez por ano para aprovação de balanço, contas e resultados; **V. Shareholders´ Meetings, Annual Report**;
3. **annual income** – *EC.* Rendimento anual;
4. **annual interest rate** – *B. PF.* Taxa anual de juros; **V. Interest;**
5. **annual percentage rate (APR)** – *B.* O custo financeiro (juros e comissões) de um empréstimo, expresso em percentagem. **V. Interest, Fees**;

6. **annual percentage yield (APY) –** *B.* Os juros anuais auferidos por um depósito a prazo (com base num cálculo de 365 dias). **V. Interest, Yield, Return on Investment;**
7. **annual rate of growth** – *EC.* Taxa anual de crescimento;
8. **annual report** – *DS.* Relatório anual de uma empresa preparado pelo seu **Board of Directors** e apresentado à respectiva Assembleia-Geral de accionistas para aprovação; **V. Shareholders´ Meetings, Annual General Meeting;**
9. **annual yield** – *EC.* Rendimento anual. **V. Return on Investment, Return on Equity, Yield;**
10. **annual wages** – *EC. DT.* Salário anual.

ANTI-TRUST LAWS

Legislação que visa a defesa da concorrência leal e restringe a constituição de monopólios bem como de associações e iniciativas de grupos de interesses que afectem ou prejudiquem ilegalmente a livre actividade económica. Equivalente no Reino Unido à *Competition Policy,* consiste hoje em dia nos EUA num complexo conjunto legislativo e regulamentar que têm o **Sherman Anti-Trust Act**, o **Clayton Act** , o **Federal Trade Commission Act** (incluindo as suas alterações) e o **Export Trade Act** como pedras angulares. Alguns dos textos mais importantes aprovados desde 1933[69] incluem:

* **Communications Act de 1934** – aplicação das *Anti-Trust Laws* aos meios de comunicação social;
* **Wheeler-Lea Act de 1938** – altera o **Federal Trade Commission Act** de forma a abranger a publicidade relativamente a produtos alimentares e medicamentos; **V. Advertisement;**
* **O´Mahoney, Kefauver-Celler Act de 1950** – introduz várias alterações ao **Clayton Act** e proíbe a aquisição por parte de empresas concorrentes, de outras empresas que desenvolvem Activos no mesmo ramo de actividade económica;
* **Automobile Disclosure Act de 1958** – obriga à identificação detalhada do preço unitário dos componentes de automóveis novos;

Em 1982, alguns importantes princípios jurídicos foram estabelecidos pela *Anti-Trust Division of the Department of Justice,* nomeadamente o conceito de *"alta concentração de mercado"* (**high market concentration**).

A época de ouro *Anti-Trust* foi certamente a que decorreu entre 1937 e 1942, quando os recursos judiciais de empresas norte-americanas contra as punições de que eram alvo, esbarravam na sistemática recusa pelo **U.S.Supreme Court** de lhes dar provimento. A globalização da economia e a constatação de que, em alguns casos, da sua aplicação resultava afinal a perda de competitividade por parte das empresas norte-americanas

---

[69] A 1ª edição deste Dicionário inclui a lista completa.

Direito de Negócios – Dicionário Inglês-Português

face à concorrência estrangeira, afectaram a rigidez de tal jurisprudência. No entanto, o recente caso da *Microsoft*, e as actividades menos ortodoxas de certos sectores de **private equity** reavivaram o tema. **V. Administered Price, Dissolution, Monopoly and Monopsony.**

ARREARS RATIO

Base de cálculo:

$$AR = \frac{TFM}{TF}$$

Em que:

"*AR*"   corresponde ao **Arrears Ratio** a ser calculado;

"*TFM*"   corresponde ao total dos mesmos financiamentos ou créditos com pagamentos em mora por mais de *n* dias (usualmente 30 dias), e

"*TF*"   corresponde ao total de financiamentos concedidos e utilizados ou o total de crédito concedido a clientes.

Note-se que no caso de bancos e instituições financeiras, se "*AR*" exceder uma determinada percentagem, o respectivo Banco Central obriga a constituir reservas especiais para "créditos duvidosos". Quanto a empresas não financeiras a constituição de provisões (sobretudo em empresas cotadas na Bolsa) é também prática recomendada mas sempre em cumprimento dos respectivos Estatutos. **V. Arrears, Excess Reserves.**

ASSETS

Lista de termos derivados ou associados:

(a) **accrued asset** – Activo resultante de rendimentos devidos mas ainda não recebidos (ex. dividendos aprovados mas ainda não distribuídos);

(b) **asset in hands** – Activo que se encontra depositado à guarda obrigatória ou voluntária de terceiros para efectuar certos pagamentos (ex. Activos nas mãos de administradores de **Trusts** ou **Funds**; de administradores da massa de bens em caso de insolvência, falência ou de heranças, etc.); **V. Personal Assets;**

(c) **assets per descent** – Parte dos Activos de um herdeiro que lhe cabem da quota-parte da herança e pela qual o mesmo herdeiro é igualmente responsável no que se refere às dívidas herdadas do "*de cujus*":

(d) **capital assets** – Em Direito Anglo-Saxónico a larga maioria dos Activos são, por natureza, **capital assets**, ou seja, Activos cuja titularidade e posse têm regime permanente ou a longo prazo e indeterminado. Por exclusão de partes, não o são (e entram na categoria de **ordinary assets**) todos os Activos:

1. Em regime transitório (ex. bens detidos para efeitos de revenda como actividade económica normal – caso de revendedor de automóveis usados; mercadorias em **stock**; contas a receber; bens usados em regime de **leasing** normal ou que efectuaram **lease-back**, etc.); ou

2. Por estarem sujeitos a lei específica. No caso de Direito Fiscal dependendo da sua regulamentação, o mesmo Activo pode num ano fiscal ser considerado **capital asset**, no ano fiscal seguinte passar a **ordinary asset** ou posteriormente até pertencer simultaneamente às duas categorias;

(e) **commercial assets** – O conjunto de propriedades, bens, numerário e participações sociais (capital subscrito) ou de negócios de uma empresa ou de um comerciante em nome individual;

(f) **current assets** – Activo Circulante ou Corrente; o conjunto de bens e valores mobiliários que podem ser convertidos rapidamente em numerário; **V. Na Parte II deste Dicionário (em "Assets") Quick Assets e Liquid Assets, e a definição contratual específica (*);**

(g) **dead assets** – Activos improdutivos; que não geram qualquer rendimento (equipamento obsoleto, terra adjacente a uma fábrica sem qualquer uso ou periodicamente inundada pelas águas do mar ou de um rio, etc.);

(h) **depreciable assets** – Activo amortizável. **V. Revaluation**;

(i) **earning asset** – Os Activos de uma empresa que contribuem directamente para a produção e lucros da mesma empresa;

(j) **equitable assets** – Activos sobre os quais pesa o ónus de um pagamento. Exemplo – alguém que ao fazer o seu testamento, faz doação de uma propriedade a um herdeiro ou legatário com a obrigação deste efectuar certos pagamentos cíclicos a terceiros, deduzindo dos rendimentos gerados por essa propriedade, os respectivos valores;

(k) **fixed assets** – Activo Fixo, Activo Imobilizado; bens que se destinam à produção e como tal não disponíveis em princípio para venda, excepto no caso de modernização, falência, liquidação ou insolvência; **V. Gross Fixed Asset Formation**;

(l) **frozen assets** – Activos particularmente difíceis de vender ou realizar em numerário por força de regras de mercado, da lei ou de sentença judicial;

(m) **intangible assets** – Conjunto de direitos, licenças, autorizações, concessões, políticas e técnicas de gestão e administração que podem beneficiar a futura produção e operações de uma empresa, contribuindo para melhorar ou manter a sua potencialidade de gerar lucros (**earning power**). Não tendo existência física, incluem:

-   direitos de marcas e patentes;
-   **copyrights, franchisings** e **royalties**;
-   fórmulas e processos de fabrico, distribuição e comercialização;

Direito de Negócios – Dicionário Inglês-Português

- nível qualitativo e quantitativo de atendimento ao público (*fidelização do cliente*);
- carteira média de clientes tradicionais; e
- **Goodwill.**

Podendo ser adquiridos de terceiros, os **intangible assets** dividem-se em:

(i) *non identifiable intangible assets* que englobam todos os *intangible assets* que não podem ser separados de um negócio no seu todo (ex. **goodwill** e custos de organização); e

(ii) *identifiable intangible assets* que têm a sua identificação e autonomias próprias (direitos de marcas e patentes, **royalties**, **copyrights**, etc.).

Até aos recentes escândalos da *Enron, Tepco e Parmalat*, etc., a *Goodwill* era amortizável mas depois disso passou a ser proibida; **V. Tangible Assets;**

(n) **liquid assets** – O mesmo que **current assets**;

(o) **net assets** – Margem pela qual o Activo excede o Passivo; **V. Debt, Net Profit e Liabilities;**

(p) **net operating assets** – Margem dos valores em numerário e demais activos convertíveis em dinheiro após terem sido liquidadas as dívidas e passivos correntes (**current liabilities**);

(q) **nominal assets** – Activos cujo valor em numerário é difícil de determinar. Ex. o valor da indemnização que se pensa ir receber numa acção judicial com boas hipóteses de ganho de causa e que se vai propor ou já está em litígio;

(r) **ordinary assets** – Todos os Activos que, por exclusão de partes, não são **capital assets;**

(s) **personal assets** – Bens e activos de uma massa insolvente ou falida que são entregues ao respectivo administrador para efectuar os pagamentos obrigatórios;

(t) **tangible assets** – Activos com forma física, reais; susceptíveis de serem vistos, usados, manuseados; bens corpóreos;

(u) **quick assets** – O mesmo que **current assets** e **liquid assets**;

(v) **real assets** – Bens imobiliários. De notar que a sua classificação em muitos Estados Norte-Americanos depende da chamada *fidelização do cliente* e do **urban-assortment**, ou seja, se uma determinada loja posta à venda ou a trespassar, foi tradicionalmente um restaurante e agora passa a ser um banco, a categoria continuará a ser a de **real asset** mas aí já inserida noutra categoria específica, o que pode ser importante em termos de avaliação quanto a impedir a concentração do mesmo tipo de **real assets** numa mesma área. Assim sendo, em certos Estados dos EUA existem:

i. **traditional real assets** – os que mudam de proprietário mas não de ramo;

ii. **similar real assets** – mudam de actividade ou ramo mas ainda em actividades similares. (Ex. consultório de dentista para clínica psiquiátrica, etc); e

iii. **new (ou renewed) real assets** – mudança radical de ramo ou actividade.

AUDITING TERMS

(w) **wasting assets** – Bens cujo valor operacional e de produção é praticamente nulo seja por depreciação acima de parâmetros de uso, por exaustão de matéria-prima (ex. minas cujos depósitos esgotaram), seja ainda porque as patentes ou tecnologias se tornaram obsoletas. [70]

AUDITING TERMS

Lista de alguns dos principais termos:

1. **attest** – Declaração da qual se tiram conclusões sobre factos descritos ou relacionados por um terceiro;
2. **audit committee** – Conselho de Auditores composto por membros independentes do **board of directors** de uma empresa a quem se confia as funções de Auditoria; **V. Corporate Governance;**
3. **auditing around the computer** – Efectuar análises de Auditoria com base nos dados informáticos de uma empresa;
4. **auditing through the computer** – Efectuar testes de controlo de Auditoria relativamente aos dados informáticos de uma empresa, a partir de *software* específico instalado nos computadores desta última;
5. **audit procedures** – Conjunto de análises, testes e procedimentos de um Auditor efectuados de forma a assegurar a realização e conclusão de uma Auditoria;
6. **audit program** – **Audit procedures** desenvolvidos de acordo com fases e diligências previamente definidas;
7. **audit risk** – Risco incorrido pelo Auditor ao não ressalvar ou anotar dados incorrectos ou incompletos dos balanços ou balancetes de uma empresa;
8. **audit trail** – Referência a uma fonte documental ou financeira sobre a qual o Auditor desenvolveu a sua análise;
9. **bank confirmation** – Correspondência remetida por uma empresa a um Banco pedindo que este confirme o saldo da sua conta bancária, movimentos detalhados dessas contas, valores de empréstimos disponíveis e utilizados, valores de juros pagos e vincendos, etc.;
10. **confirmation** – O mesmo que **bank confirmation** mas dirigido a uma entidade não bancária, ou seja, correspondência remetida por uma empresa a um seu fornecedor, prestador de serviços ou cliente, pedindo que estes confirmem dados relativos às respectivas compras e vendas, créditos e débitos, etc.;
11. **continuing auditor** – Auditor de uma empresa por largo período de tempo;

---

[70] Nota especial: a lista de expressões e termos anglo-saxónicos quanto a **Assets** é tão vasta e mutável, que se recomenda a consulta directa ao verbete específico e próprio, caso o mesmo não seja aqui encontrado.

Direito de Negócios – Dicionário Inglês-Português

12. **evidence** – Todo e qualquer facto ou documento que possa ter impacto na opinião do Auditor quando este emitir o seu parecer sobre se a empresa auditada cumpre com os **Generally Accepted Accounting Principles** ou os **International Accounting Principles (IAS),** conforme aplicável;

13. **internal auditor** – Funcionário interno de uma empresa, encarregado de certas funções de fiscalização interna – boa gestão e aplicação dos recursos, cumprimento das práticas contabilísticas adequadas, etc. – tudo no âmbito dos termos de **corporate governance.** O **internal auditor** tende a ser independente e tem inclusive a faculdade de convocar uma Assembleia Geral Extraordinária de Accionistas caso os seus pedidos de informação ou recomendações sejam repetidamente ignorados pelo **Board of Directors** ou demais corpos do **senior management** da empresa;

14. **irregularities** – Dados e declarações falsas ou omissões intencionais dos balanços e balancetes de uma empresa com propósito fraudulento ou de ocultar desvios financeiros;

15. **kiting** – Desfalque, desvio de fundos através do saque dos mesmos de uma conta bancária e depósito noutra conta bancária ou simples ordem de transferência de uma para outra conta, sem registar contabilisticamente a primeira transacção;

16. **lapping** – Desvio temporário de fundos recebidos de um cliente e não lançados imediatamente a crédito na contabilidade da empresa;

17. **negative accounts receivable confirmation** – **Confirmation** a que o fornecedor ou cliente de uma empresa só precisa responder, caso os dados contidos na carta da empresa não confiram com os de tal fornecedor ou cliente;

18. **operational audit** – Exame exaustivo dos procedimentos operacionais e administrativos de uma empresa, por forma a informar os corpos gerentes desta quanto ao cumprimento interno das suas políticas administrativas, códigos de procedimento, normas de controlo e fiscalização, etc.;

19. **opinion shopping** – Pedir o parecer de um segundo Auditor quando o **Board of Directors** ou outro órgão de administração da empresa discorda da opinião do seu Auditor relativamente a um balanço ou balancete;

20. **performance audit** – Exame exaustivo dos procedimentos de gestão e administração de uma empresa, por forma a apurar se os quadros superiores desta desempenham as suas funções de uma forma eficiente e responsável;

21. **principal auditor** – Auditor que se encarrega dos principais temas e aspectos relativos à gestão financeira e contabilística de uma empresa, enquanto outros Auditores assumem a análise e revisão dos demais componentes;

22. **program audit** – Auditoria relativa a operações e transacções enquadradas num determinado programa/plano de investimentos de uma empresa;

23. **related party transactions** – Operações e transacções entre uma empresa e pessoas ou entidades que têm o potencial poder económico ou de negócios de influenciar as decisões de tal empresa;

24. **responsible party** – Administradores e quadros superiores de uma empresa responsáveis pelos dados e informação prestada em balanços e balancetes.

BANK

Principais termos derivados ou associados:

1. **advising bank** – Banco que notifica outro de que foi efectuado um crédito na sua conta;
2. **bank acceptance** – Saque efectuado contra uma conta de um banco e por este aceite;
3. **bank account** – V. **Account;**
4. **bank advance** – O mesmo que **bank loan;**
5. **bank balance** – **1.** Saldo de conta bancária a favor do seu titular; **2.** Saldo positivo ou negativo de um banco após compensação bancária. **V. Clearing Agreement, Automated Clearing House;**
6. **bank call** – Obrigação de um banco apresentar num determinado prazo a uma autoridade monetária, o seu balanço e demais informações contabilísticas, tendo ou não sido notificada para o efeito;
7. **bank charter** – Autorização emitida por autoridade monetária para que um banco inicie as suas operações e capte recursos junto ao público. **V. Articles of Association;**
8. **bank charter act** – *UK.* Lei britânica votada em 1844, que regulou a emissão de moeda pelo *Bank of England*. Também conhecido por *Peel's Act*. **V. Bank of England;**
9. **bank clearing** – Compensação bancária. **V. Clearing Agreement, Automated Clearing House;**
10. **bank clearings** – Conjunto de cheques e valores de pagamento apresentados para compensação. **V. Clearing Agreement;**
11. **bank credit** – Notificação ou informação dada a um cliente de que foi aprovado um empréstimo e que em consequência pode utilizar os fundos à sua disposição;
12. **bank debit** – Total de movimentações, saques e cheques utilizados a débito da conta de um cliente;
13. **bank discount rate** – Forma de cálculo e pagamento de juros bancários em que estes são deduzidos "à cabeça". Assumamos por exemplo um empréstimo de €2.400.000 a um ano com uma taxa de juros de 15%. Ao usar este sistema, os juros (€ 360.000) são deduzidos logo do capital, ou seja, deixando na conta à disposição do cliente € 2.040.000. Isso leva a que a taxa efectiva de juros seja de 17,647% (€ 360.000 a dividir por € 2.040.000) e não de 15%. As normas da *Regulation Z do* **Federal Reserve System** obrigam os bancos norte-americanos

a informar os seus clientes qual a taxa de juros efectiva, o mesmo se passando nos termos das Directivas Bancárias da UE. **V. Interest Rate**;

14. **bank draft** – Cheque ou ordem de pagamento sacados por um banco sobre ele próprio ou uma sua subsidiária. Meio de pagamento de liquidez pré-garantida utilizada pelos clientes do banco para operações de grande vulto ou de características especiais (ex: pagamento de impostos). **V. Cashier's Check**;

15. **bank note** – Letra ou livrança emitida por um banco contra um devedor (ou ao portador) que este tem que pagar contra a sua apresentação e que tem o propósito de criar um meio de liquidez no mercado. Hoje em desuso;

16. **bank of issue** – Banco autorizado a emitir moeda, função hoje reservada a Bancos Centrais como se sabe;

17. **banker's acceptance** – Ordem de pagamento remunerável no respectivo vencimento, sacada por um credor contra o seu devedor e aceite pelo banco deste último. Garantida a sua liquidez, é utilizada como instrumento de dívida a curto-prazo por empresas ligadas à importação e exportação. Pode ser negociada no mercado secundário através de desconto. **V. Acceptance**;

18. **banker's lien** – Direito de retenção pelo qual um banco pode liquidar dívidas em mora de um cliente ao apropriar-se e imputar tal dívida outros valores nele depositadas por esse cliente, desde que sobre estes não incida já qualquer outro tipo de garantia real. **V. Lien**;

19. **bank failure** – Insolvência técnica de um banco, ou seja, quando este se encontra impossibilitado de pagar aos seus depositantes, embora mantenha reservas financeiras suficientes. Nos EUA, *failed banks* podem cair sob a administração directa da **Federal Deposit Insurance Corporation (FDIC**);

20. **Bank for International Settlements (BIS)** – *FIP*. Instituição financeira internacional que tem como principal função, a coordenação de pagamentos e operações entre Bancos Centrais. Com sede em Basileia, Suiça, todos os Bancos Centrais europeus (excepto o da então URSS) subscreveram o seu capital. À data de publicação deste dicionário:

    (i) 55 Bancos Centrais[71] são membros do **BIS** (o Banco de Portugal, o Banco Central do Brasil e o Banco Central Europeu são membros), sendo que os Bancos Centrais dos chamados países "fundadores" (Inglaterra, EUA, França, Bélgica, Alemanha e Itália) têm a prerrogativa de nomear dois membros do **Board of Directors**;

    (ii) o **BIS** tem ainda funções estatísticas relativas às contas externas de cada Banco Central, mercado de ouro, do **Euro** e ainda de rácios bancários de ajuste de capital (**capital adequacy ratios**);

21. **bank guarantee** – Fiança bancária. **V. Guarantee, Guaranty**;

---

[71] A admissão do Banco Central da República da Sérbia estava à data deste Dicionário a ser analisada; também ignorada nesta data a filiação dos Bancos Centrais da República de Montenegro e do novo Estado do Kosovo.

22. **bank holding companies** – *DS.* Empresas que detêm o controlo accionista ou de capital de um ou mais bancos. No Reino Unido refere-se a qualquer empresa que detém mais de 50% do capital de um banco;

23. **bank holiday** – *B.* Feriado bancário. **V. Banking Day, Business Day;**

24. **banking business** – *USA.* Segundo o **Federal Reserve System** *"o conjunto de actividades bancárias caracterizadas por aceitar depósitos, conceder empréstimos e prestar serviços financeiros".* Estão excluídos os depósitos de **Trust Funds. V. Trust;**

25. **banking day** – Dia em que os bancos estão abertos ao público em determinada praça. **V. Bank Holiday, Business Day;**

26. **banking syndicate** – Consórcio bancário. **V. Syndicate;**

27. **banking turnover** – Movimento bancário, volume de negócios de um banco;

28. **bank loan** – Empréstimo bancário a curto ou médio prazo (normalmente, a menos de um ano), com taxa fixa ou flutuante e amortizações periódicas e iguais. Pode ter a forma de **mútuo** (com os fundos a serem depositados de uma só vez na conta do mutuário) ou **linha de crédito** (utilizações de acordo com os pedidos da empresa e até ao limite fixado). Neste último caso pode ainda ser ou não rotativa. **V. Loan, Credit Line, Security;**

29. **bank of england** – *UK. Banco da Inglaterra.* Criado em 1694 é considerado a primeira sociedade anónima conhecida sob a forma de banco (*public bank*). Enquadrado em 1946 na estrutura jurídico-económica do Estado (quando o seu capital foi nacionalizado e considerado como parte do Tesouro Britânico), cessou também a sua actividade de banco comercial e assumiu funções de Banco Central e de principal financiador do Governo;

30. **bank overdraft** – Saque a descoberto ou baseado numa linha de crédito. **V. Overdraft;**

31. **bank rate** – *EC.* Taxa de desconto aplicada por um Banco Central para atender às faltas de liquidez dos bancos comerciais e do respectivo sistema bancário;

32. **bank secrecy act** – *USA.* Lei federal de 1970 (oficialmente, *"Currency and Foreign Transactions Reporting Act"*), pela qual bancos e outras instituições financeiras são obrigadas a informar as autoridades federais aduaneiras e fiscais (*Internal Revenue Service* ou *IRS*) de quaisquer transacções monetárias / cambiais que excedam dez mil dólares. A lei obriga os cidadãos norte-americanos a informar o *Treasury Department* da abertura e operação de quaisquer contas em moeda estrangeira no exterior;

33. **credit unions** – *USA.* Instituições financeiras que actuam como **savings banks** (mas algumas emitem cheques) e cujos membros são exclusivamente funcionários de uma determinada empresa, sindicato ou entidade corporativa; e

34. **savings bank** – *USA.* Banco que recebe depósitos a prazo, efectua empréstimos, concede créditos (normalmente empréstimos hipotecários e para aquisição de casa própria) mas não emite cheques para uso dos seus clientes;

BASKET OF CURRENCIES

Basket of Currencies

asset and option info table	t_505
exercise price	500
rate and FX vlt table	t_506
correlation matrix	t_577
value (settlement) date	
expiry date	
option type	1
number of random trials	20000.5
output table type	2

t_505 - asset and option info table

currency code (1= payout, 2= reference)	FX rates	weights	Foreign risk free rates	FX volatility	
1	0.82000	121.94160	4.39%	7.65%	CAD
2	0.08667	1153.80000	8.69%	8.40%	MXN
2	1.27972	78.14203	3.39%	8.80%	EUR
2	0.00945	10582.10250	0.66%	8.65%	JPY
2	0.12082	827.65000	2.29%	3.20%	CNY

Weights

100*(1/FX rates)	Unitary Sum. (weights*FX Rates)
121.9512195	100.0
1153.8	100.0
78.14203252	100.0
10582.1025	100.0
827.65	100.0
	500.0

t_506 - rate and FX vlt table

currency code	rate - annual - Actual/365	FX volatility	
1	4.34%	0.000%	CAD
2	5.28%	7.650%	USD

t_577 - correlation matrix

	CAD per one unit of USD	USD per one unit of CAD	USD per one unit of MXN	USD per one unit of EUR	USD per one unit of JPY	one unit of CNY	
corr col 1	corr col 2	corr col 3	corr col 4	corr col 5	corr col 6	corr col 7	
1	0	0	0	0	0	0	
0	1	-1	-0.206	-0.506	-0.352	-0.024	CAD per one unit of USD
0	-1	1	0.206	0.506	0.352	0.024	USD per one unit of CAD
0	-0.206	0.206	1	0.213	0.224	-0.002	USD per one unit of MXN
0	-0.506	0.506	0.213	1	0.577	0.014	USD per one unit of EUR
0	-0.352	0.352	0.224	0.577	1	0.178	USD per one unit of JPY
0	-0.024	0.024	-0.002	0.014	0.178	1	USD per one unit of CNY

Basket XXXX Type ZZZZ Options

fair value	accuracy of fair value	Delta of CAD	Delta of MXN	Delta of EUR	Delta of JPY	Delta of CNY
15.38835876	0.248789084	72.81842196	679.692551	50.57925611	8034.751156	535.3336014

Exemplo de *Basket Hedging*.

BOOK VALUE (Capital)

Tipo de cláusula padrão de alguns contratos anglo-saxónicos:

"O termo "**Book Value** significa, na data do seu respectivo cálculo, o somatório de:

(a) a quantia paga ou registada como paga em [*moeda*] do capital emitido (**issued share capital**) de [*nome da empresa*]; e

(b) a quantia em [*moeda*] registada a favor de [*nome da empresa*] das suas reservas (incluindo sem limitação, as reservas legalmente obrigatórias, as previstas nos Estatutos, conjuntamente com os respectivos rendimentos retidos (**retained earnings**), a reavaliação de Activos, fundos de reserva para resgate de capital (**capital redemption reserve**) e quaisquer saldos credores da conta de lucros e perdas); mas após deduzir destes valores; e

(c) (A) quaisquer quantias destinadas ao pagamento de dividendos ou de impostos (incluindo impostos diferidos), atribuíveis a **goodwill** ou outro tipo de Activos Intangíveis (**intangible assets**) e (B) qualquer saldo devedor da conta de lucros e perdas;

tudo como constante e descrito nos Balanços Auditados (**Audited Financial Statements** ou nos Balancetes Trimestrais (conforme seja o caso) de [*nome da empresa*] relativos ao período que termine na data do respectivo cálculo".

BOSTON MATRIX (BCG Matrix)

A matriz BCG tem sido utilizada como meio de fundamentar o **desenvolvimento da estratégia de uma empresa.** Uma das preocupações reside em como a empresa se pode **financiar,** já que as necessidades e formas de financiamento são diversas, dependendo do tipo e dimensão de actividade que se pretende imprimir num certo momento. Logo, se a empresa procurar um desenvolvimento rápido do seu negócio (ex. via novas tecnologias) as necessidades de financiamento serão diferentes das que apenas pretendem consolidar a posição no mercado, melhorar a eficiência ou diminuir o perfil da sua dívida a longo prazo, etc. Isto permite-nos concluir que as estratégias financeira e de crescimento económico terão sempre que se conjugar o mais possível.

Ou seja, **quanto maior for o risco do negócio, maior deverá ser teoricamente o retorno financeiro implícito** e **vice-versa**.

A matriz propõe quatro tipos padrão de produtos ou famílias de produtos, identificados em gíria de mercado como,

- **cash cows** (vacas leiteiras);
- **dogs** (cachorros);
- **stars** (estrelas); e
- **question marks** (pontos de interrogação).

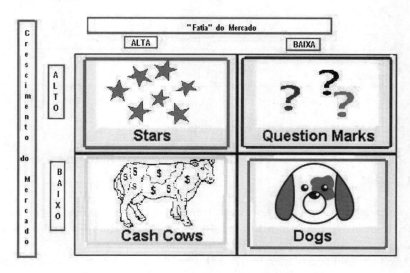

Exemplo gráfico dos 4 tipos de empresas da matriz BGC

Direito de Negócios – Dicionário Inglês-Português

As causas e efeitos e etapas da actividade económica de cada tipo de empresa podem ser sintetizadas abaixo:

Stars		Question Marks	
Crescimento		Lançamento	
Risco do Negócio:	Alto	Risco do Negócio:	Muito Alto
O risco Financeiro precisa de ser:	Baixo	O risco Financeiro precisa de ser:	Muito Baixo
Projecto Financiado por:	Capital Próprio	Projecto Financiado por:	Capital Próprio
Retorno do Investimento:	Nominal	Retorno do Investimento:	Nulo
Cash Cows		Dogs	
Maturidade		Declínio	
Risco do Negócio:	Médio	Risco do Negócio:	Baixo
O risco Financeiro pode ser:	Médio	O risco Financeiro precisa de ser:	Alto
Projecto Financiado por:	Capital Próprio e Dívida	Projecto Financiado por:	Dívida
Retorno do Investimento:	Elevado	Retorno do Investimento:	Total

Vejamos agora um sumário de cada categoria:

<u>Question Marks</u>:

1. A empresa posicionada neste quadrante, encontra-se <u>na fase inicial</u> do seu ciclo de desenvolvimento mas ainda não está estabilizada no mercado – como tal, requer um substancial investimento inicial;
2. O financiamento é realizado (i) por investidores de capitais próprios que conhecem o risco do mesmo, procurando em contrapartida maiores retornos financei-

ros no futuro ou (ii) por bancos que normalmente lastreiam o seu risco de crédito com garantias adequadas. Quanto aos primeiros, a questão está em saber se tais investidores querem esse "futuro" no máximo de 2 a 3 anos ou se têm a prudência de alargar tal prazo;

3. Nesta fase, a empresa tem que tomar *uma decisão*: arrisca e tenta entrar na classe das **Stars** ou desiste do negócio.

Stars:

1. Ainda que já se consigam atingir boas *performances* no mercado, o nível de risco do negócio mantém-se elevado porque ainda estamos numa *fase de arranque*, o mercado ainda se mantém bastante *volátil* e com uma *concorrência* muito apertada;

2. Mas é uma fase do *ciclo de desenvolvimento* em que será relativamente mais fácil encontrar investidores (seja de capitais próprios, seja bancos/instituições financeiras) porque os primeiros sinais positivos já foram dados;

Cash Cows:

1. Os negócios já atingem a *fase de maturidade* (baixo risco); o investimento necessário é já diminuto; e, o retorno financeiro para os investidores *é bom e regular*;

2. As empresas deste tipo podem ainda ter algumas áreas que são **question marks** mas apontam para *reforçar* as suas imagens de **cash cows** ou, indo mais longe, querem ser **stars**, incorrendo entretanto nesse caso, nos riscos inerentes das novas áreas a explorar;

Dogs:

1. Fase de *declínio* de uma empresa ou duma área vital do seu negócio;

2. É mais difícil encontrar investidores mas aqui corre-se o risco de enfrentar quem esteja habituado a incorrer maiores riscos (**private equity**), mas exigindo em contrapartida maior poder de decisão na empresa, podendo inclusive vender as unidades, sectores e subsidiárias de menor lucro ou margem operacional (**take over, split over**);

3. Fase em que, normalmente, se recorre a *refinanciamento* (**debt**), redução de custos e eventualmente, centralizar a actividade nos produtos de maior venda ou de *margem de lucro mais segura*, caso a empresa não tenha entretanto cedido à participação de investidores de **private equity** acima mencionados.

Direito de Negócios – Dicionário Inglês-Português

Em conclusão:

- qualquer que seja a actividade e a carteira de negócios de uma empresa, o objectivo da **matriz BCG** é o de dar uma imagem gráfica da composição das referidas carteiras, bem como ajudar a delinear a melhor estratégia para o desenvolvimento equilibrado daquelas;
- Numa fase mais desenvolvida, a **matriz BGC** analisa como a empresa reinveste a respectiva liquidez, relacionando tal gestão de caixa com a função de cada unidade ou departamento de produção (**allocation**) e os planos estratégicos globais da empresa.;
- Nesta alternativa, a **BCG Matrix** tem sido aplicada com êxito (sobretudo quando acompanhada do instrumento de análise empresarial **Scorecard**), para corrigir desvios à filosofia estratégica de empresas, melhorando a rentabilidade de custos e aumentando a produtividade;
- De notar por último que esta técnica de análise pode igualmente ser aplicada à carteira de produtos de uma empresa ou às diversas empresas participantes no mesmo grupo económico.

BRAND

Lista de termos associados e derivados:

a) **brand attitude** – Reacção do consumidor a uma nova marca;

b) **brand extension/transference** – Utilização de uma marca existente para novos produtos;

c) **brand leader** – Marca líder num mercado;

d) **brand loyalty** – Preferência do consumidor pelo uso de uma marca; a chamada *fidelização do cliente*; parte da **Goodwill**;

e) **brand mark** – Desenho, cor, logotipo associados à marca de um produto (ex. o leão nos automóveis *Peugeot*, o veleiro nas garrafas de whisky *Cutty Sark*, a maçã nos computadores *Apple*);

f) **brand name** – A frase, o nome que identifica um produto;

g) **brand preference** – Preferência do consumidor por uma marca; parte de *Goodwill*;

h) **brand share** – Acordo entre empresas no sentido de usar conjuntamente uma marca;

i) **brand switching** – Mudança por parte dos consumidores relativamente a uma marca, passando a comprar produtos de outra;

j) **brand value** – O valor comercial e patrimonial de uma marca, no conjunto dos activos de uma empresa. **V. Assets, Goodwill**.

BUDGET

Lista de principais termos:

1. **budget appropriation** – Dotações/créditos orçamentais;
2. **budget line** – Limite orçamental;
3. **budget management** – Gestão orçamental;
4. **budget policy** – Política orçamental;
5. **budget restrain** (or **budget ceiling**) – Limites impostos pelo orçamento;
6. **master budget** – Orçamento geral e centralizado, de que fazem parte diversos outros sub-orçamentos ou planos financeiros;
7. **sales budget** – Previsão de vendas em carteira;
8. **selling costs budget** – Orçamento de custos associados à venda de produtos (mão de obra, distribuição, publicidade, etc.);
9. **budget line (consumer)** – *EC.* Fórmula matemática financeira para calcular o limite máximo do poder aquisitivo do consumidor dentro de um controlo equilibrado das suas receitas ou rendimentos, ou seja:

$$Y = (A \times PA) + (B \times PB)$$

onde

Y = Rendimento/receitas do consumidor;
A = Quantidade do bem "A" em oferta no mercado;
B = Quantidade do bem "B" em oferta no mercado;
PA = Preço do bem "A"; e
PB = Preço do bem "B".

BUSINESS PLAN

Plano de negócios, investimentos e actividades de uma empresa ou instituição[72], de maior ou menor complexidade mas que normalmente descreve e fixa:
- os seus objectivos :
  - a curto;
  - médio; e
  - longo prazos;
- custos, despesas e respectivo regime de controlo;
- salários;
- previdência social;

---

[72] Não se confunde com **business strategy** em que a planificação é estruturada por sectores, áreas e departamentos da empresa ou instituição.

Direito de Negócios – Dicionário Inglês-Português

- estratégias:
  - o de investimento
  - o de produção;
  - o fiscais;
  - o de **marketing**;
- **cash-flows** (projectados)
  - o curto;
  - o médio; e
  - o longo prazos;
- planos de vendas:
  - o de carteira de produtos ou serviços existentes;
  - o de carteira de novos produtos ou serviços;
- políticas de preços;
- conquista de mercados;
- financiamentos de Capitais Próprios;
- financiamentos de Capitais Alheios;
- serviços de dívida:
  - o curto;
  - o médio; e
  - o longo prazos;
- margens projectadas de lucro bruto (**gross profit**);
- margens projectadas de lucro líquido (**net profit**);
- margens projectadas de **Return on Equity** e **Return on Investment**;
- **Earning Assets Ratio**, etc.

Dependendo da natureza, volume e complexidade do projecto em causa, um *Business Plan* pode ser elaborado e aprovado:
- plurianualmente (3, 5 ou 7 anos – caso dos **greenfield projects**, **brownfield projects** e, em especial, de infraestrutura); ou
- nos demais casos, simplesmente anual.

BUY

Principais termos:

1. **buy–back** – *DR. MC.* Recompra por uma empresa de Activos (**assets**) ou valores mobiliários que a empresa vendera ou cedera a terceiros, também a título oneroso. *V.* **Lease Back, Assets, Securities;**
2. **buy–down** – *B.* Pagamento parcial antecipado de empréstimo hipotecário para evitar pagamento de juros;
3. **buy-in** – *DS.* Aquisição de uma **Holding** (ou de 51% do direito de voto no capi-

tal de uma empresa) por gestores e/ou administradores de outra empresa que decidiram abrir o seu próprio negócio. *V.* **buy-out;**

4. **buy-out** – *DS. PF.* Aquisição da maioria de capital de voto de uma empresa pelos próprios empregados (**Employee Buy-Out**) ou pelo seus directores/gerentes (**Management Buy-Out**). *V.* **Buy-in;**

5. **buy–up** – *DC.* Açambarcamento; tentativa de monopolizar o consumo de um produto, provocando a sua escassez de oferta ao público com intuito e finalidade especulativa. *V.* **Anti-Trust Laws, Bilateral Bargaining, Bilateral Monopoly, Corporate Governance;**

6. **buyer behaviour** – *EC.* O conjunto dos comportamentos, reacções e preferências dos consumidores em função das diversas motivações que os condicionam ou influenciam (**marketing**, publicidade, quebra ou subida do poder aquisitivo, políticas monetárias e de crédito, etc.);

7. **buyer (in the ordinary course of business)** – *DR. DC.* Comprador de boa fé que adquire de um terceiro um bem, acreditando que este é o legítimo proprietário do referido bem;

8. **buyer´s market** – *EC. MC.* Mercado em que a oferta excede a procura, criando assim uma vantagem para o consumidor que provavelmente beneficiará de uma redução dos preços (oposto- **seller´s market**);

9. **buyer´s option** – *MC. PF.* V. **Call Option;**

10. **buyer´s surplus** – *EC. DC.* Mais-valia, lucro do comprador;

11. **buying on margin** – *MC.* Comprar **securities** pagando-as parte em dinheiro, parte através de empréstimo concedido pelo próprio corrector. Por oposição a **buying outright**;

12. **buying outright** – *MC.* Compra e venda de **securities** em dinheiro e contra entrega imediata; por oposição a **buying on margin**;

13. **buying rate of exchange** – *B.* Cotação de compra de divisas. Por oposição a **Seller´s Rate of Exchange**, ou seja, cotação de venda de divisas.

CARRIAGE

Principais termos:

a) **air carrier** – transportadora aérea;
b) **carriage by air** – transporte/frete aéreo;
c) **carriage by rail** – transporte/frete ferroviário;
d) **carriage by road** – transporte/frete rodoviário;
e) **carriage by sea** – transporte/frete marítimo;
f) **carrier** :
    a. transportador(a), empresa que transporta mercadorias, bens ou pessoas;
    b. concessionária de serviços telefónicos;

Direito de Negócios – Dicionário Inglês-Português

g) **carrier's lien** – direito de retenção conferido ao(à) transportador(a) relativamente à bagagem e/ou mercadorias transportadas enquanto não for pago o respectivo frete ou preço de transporte; **V. Liens**;

h) **carrying cost** – custo de transporte;

i) **common carrier** – transportador de pessoas ou mercadorias sem regime de exclusividade ou prioridade;

j) **private carrier** – transportador de pessoas ou mercadorias em regime de exclusividade ou prioridade.

CAUSE

Lista de Principais Termos:

1. **cause in fact** – Um facto ou evento sem o qual outro acontecimento básico não teria ocorrido. *V. Causa Causae Causati*;

2. **cause list** – *UK*. Lista de acções ou processos judiciais distribuídas num juízo ou vara judicial; equivalente nos EUA a **Calendar of Causes**;

3. **cause of action** – Fundamentos, factos que conferem o direito de requerer o apoio da lei ou de um tribunal;

4. **cause of injury** – O facto ou evento que causou directamente dano físico a alguém;

5. **efficient cause** – O facto que por si só seria suficiente para explicar e justificar um argumento ou outro facto que foi arguido; e

6. **probable cause** – O facto cujo alto índice de probabilidade leva à conclusão de ter sido a consequência do dano alegado em juízo.

CERTIFICATE

Lista das principais expressões derivadas ou associadas:

a) **certificate of acknowledgment** – Certidão notarial, judicial ou pública que autentica (i) que um documento foi assinado de livre vontade entre as partes e na presença do competente juiz ou notário; (ii) que um documento é cópia genuína de um original; ou (iii) a comparência de um réu ou testemunha em tribunal;

b) **certificate of amendment** – Certidão em que se comprova que os estatutos de uma empresa ou que o texto de um contrato foram alterados;

c) **certificate of authority** – *USA. DC*. Documento emitido por uma entidade pública (ex: *Secretary of State)* autorizando uma empresa estrangeira a abrir os seus escritórios e a fazer negócios nos EUA. Também conhecido como **certifi-**

cate of public convenience and necessity quando a empresa é autorizada a explorar uma actividade de interesse público sendo essa actividade objecto de regulamentação específica do Governo. **V. Charter;**

d) **certificate of birth** – Certidão de nascimento;

e) **certificate of deposit** – **1. B.** Documento emitido por um banco que comprova ter recebido determinada quantia em depósito e que a mesma será paga ao depositante no final de certo prazo ou quando solicitado; **2. DC.** Documento que prova ter certa mercadoria sido depositada num Armazém Geral. Distingue-se do **warrant** por não ser um título de propriedade. **V. Warehouse;**

f) **certificate of incorporation** – **DC.** Documento (normalmente público) relativo à constituição de uma empresa; compõe-se de um certo número de termos e condições (**articles of incorporation**) assinados pelos futuros sócios (*incorporators*) e registados junto a departamento público competente (**comptroller**). Distingue-se do **charter** que é uma autorização legislativa para constituição e que outorga poderes de representação a certas pessoas. **V. By-Laws, Comptroller, Articles of Association;**

g) **certificate of indebtedness** – **USA.** Certificado de endividamento; basicamente usado para finalidades fiscais;

h) **certificate of insolvency** – **DC.** Certidão que atesta que uma empresa está insolvente ou falida. **V. Insolvency, Bankruptcy;**

i) **certificate of insurance** – Certidão em como uma empresa ou pessoa está coberta por uma apólice de seguro. **V. Insurance (*);**

j) **certificate of occupancy** – **USA. DR.** Certidão em como um determinado edifício já construído ou a construir cumpre com o respectivo plano de edificação urbana, municipal ou zona de urbanização;

k) **certificate of participation** – **UK.** Obrigação (**bond**) emitida por uma autarquia municipal ou institucional, garantida por caução de antecipação das receitas ou impostos a serem recebidos por tal autarquia;

l) **certificate of registration** – **UK. DS.** Certificado de registo de uma **limited partnership**. Caso uma **partnership** não esteja registada, assume-se que é legalmente uma **general partnership**. **V. Partnership;**

m) **certificate of shares** (ou **stock**) – **DS.** Documento emitido por uma empresa identificando a parte de capital (número e tipo de Acções ou quotas, respectivos dividendos, etc.), detida por determinado accionista ou sócio;

n) **certificated stocks** – **MC.** Quantidades de bens ou mercadorias cujo depósito em armazém é autenticado por Bolsa de **commodities**;

o) **certified check** – **B.** Cheque visado. **V. Cashier's check;**

p) **certified copy** – Cópia autenticada de um documento e que, por esse facto, tem o valor jurídico de um original;

XYZ COMPANY

5 Year Operating Projections

	Year 1	Year 2	Year 3	Year 4	Year 5
Sales:					
Food	$ 1,706,484	$ 1,774,743	$ 1,845,733	$ 1,919,562	$ 1,996,345
Beverage	552,045	574,127	597,092	620,976	645,815
TOTAL SALES	2,258,529	2,348,870	2,442,825	2,540,538	2,642,159
Cost of Sales:					
Food	546,075	567,918	590,635	614,260	638,830
Beverage	150,155	156,162	162,409	168,905	175,662
TOTAL COST OF SALES	696,230	724,080	753,044	783,165	814,492
Gross Profit	1,562,299	1,624,790	1,689,781	1,757,373	1,827,668
Payroll:					
Salaries & Wages	584,311	607,684	631,991	657,271	683,561
Employee Benefits	133,043	138,364	143,899	149,655	155,641
TOTAL PAYROLL	717,354	746,048	775,890	806,926	839,203
PRIME COST	1,413,583	1,470,128	1,528,934	1,590,091	1,653,695
Other Controllable Expenses:					
Direct Operating Expenses	104,197	107,323	110,543	113,859	117,275
Music & Entertainment	3,000	3,090	3,183	3,278	3,377
Marketing	36,000	37,080	38,192	39,338	40,518
Utilities	51,000	52,530	54,106	55,729	57,401
General & Administrative Expenses	116,641	120,141	123,745	127,457	131,281
Repairs & Maintenance	21,600	22,248	22,915	23,603	24,311
TOTAL OTHER CONTROLLABLE EXP.	332,439	342,412	352,684	363,265	374,163
CONTROLLABLE PROFIT	512,507	536,330	561,207	587,182	614,302
Occupancy Costs & Depreciation					
Occupancy Costs	196,712	200,646	204,659	208,752	212,927
Depreciation & Amortization	84,038	84,038	84,038	84,038	84,038
Other (Income) Expenses					
Other (Income)	(4,800)	(4,944)	(5,092)	(5,245)	(5,402)
Interest Expense	52,547	48,720	44,574	40,085	35,223
Other Expense	2,400	2,472	2,546	2,623	2,701
NET INCOME BEFORE INCOME TAXES	181,610	205,398	230,482	256,930	284,816
ADD BACK:					
Depreciation & Amortization	84,038	84,038	84,038	84,038	84,038
DEDUCT:					
Loan Principal Payments	(46,117)	(49,945)	(54,091)	(58,580)	(63,442)
CASH FLOW BEFORE INCOME TAXES	219,530	239,491	260,430	282,388	305,412

PROJECTED INVESTMENT RETURNS

	Year 1	Year 2	Year 3	Year 4	Year 5
Distributable Cash Flow Percent *	70%	80%	90%	90%	90%
Distributable Cash Flow	$153,671	$191,593	$234,387	$254,149	$274,871
Cash Distribution:					
Investment Partner/Member (LLC)	$115,253	$143,695	$145,921	$127,075	$137,435
Operating Partner/Member (LLC)	$38,418	$47,898	$88,466	$127,075	$137,435
Investment Partner/Member (LLC) Returns:					
Net Investment After Cash Distributions - End of Year	$259,747	$116,052	$0	$0	$0
Payback Period	2.5 yrs.				
Annual Return on Investment (before tax)	30.7%	38.3%	38.9%	33.9%	36.6%
Average Annual Return on Investment	35.7%				

* It may be advantageous to retain a portion of the cash flow in the business for working capital, capital improvement reserves or other reasons.

INVESTMENT ASSUMPTIONS

Total Equity Investment	$400,000
Operating Partner/Member (LLC)	
Equity Contribution	$25,000
Cash Distribution Ratio Before Investor Payback*	25%
Cash Distribution Ratio After Investor Payback	50%
Investment Partner/Member (LLC)	
Equity Contribution	$375,000
Cash Distribution Ratio Before Investor Payback	75%
Cash Distribution Ratio After Investor Payback	50%

* Investor "Payback" is the point at which the investor recoups 100% of their Equity Contribution.

Exemplo de *Business Plan*

CLOSE

Lista de termos associados:

a) **close company** – *UK. DS.* Sociedade cujo capital é controlado por cinco (ou menos) accionistas ou cujos activos, em caso de liquidação podem ser redimidos em não menos de 50% (ou maior percentagem) por um número não superior a cinco accionistas;

b) **close corporation** – *DS.* Sociedade por Acções de capital fechado, ou seja, não cotado em bolsa de valores. **V. Corporation**;

c) **close mortgage** – *DR.* Hipoteca em primeiro e único grau, ou seja que não admite outros credores hipotecários. **V. Charge, Lien**;

d) **close out** – Liquidação de empresa ou de parte substancial dos seus negócios;

e) **closed-end fund** – *MC.* Fundo de investimento de cujo capital faz parte um determinado número de Acções não remíveis que podem ser vendidas ao preço de emissão e negociadas no mercado **over-the-counter** como se fossem simples Acções ordinárias. **V. Over-the-Counter Market**;

f) **closed fund** – *MC.* Fundo de Investimentos ou Fundo Mútuo que já não pode oferecer valores mobiliários para venda ao público. Normalmente um indício claro de que a gestão dos activos (**assets management**) desse Fundo apresenta problemas;

g) **closed shop** – *DT.* Empresa que apenas contrata trabalhadores sindicalizados. Hoje em dia ilegal nos EUA;

h) **closing** – *DR. C.* Últimas etapas e formalidades documentais de contratos ou outros instrumentos jurídicos por forma a que possam ser assinados pelas partes. As custas de tais diligências são chamadas **closing costs**;

i) **closing arguments** – *DP.* Alegações finais dos advogados num processo judicial, fazendo um sumário dos pontos de prova produzidos a favor ou contra o réu e justificando as razões pelas quais o mesmo deve ser condenado ou declarado inocente;

j) **closing entry** – *CO.* Lançamentos contabilísticos de encerramento;

k) **closing price** – *MC.* Última cotação do dia numa Bolsa de Valores.

COMMON

Lista de termos associados:

a) **common carrier** – Transporte público, acessível a qualquer cidadão; **V. Carrier**.

b) **common good** – De benefício geral, de interesse público;

c) **common grounds** – Linha de pensamento usual, baseada em simples bom senso (**common sense**);

Direito de Negócios – Dicionário Inglês-Português

d) **common land** – *DR.* Terra usada por uma aldeia ou comunidade (ex: baldios usados para pastoreio ou alimentação de gado, os parques e florestas nacionais);
e) **common law** – V. Índice específico, **Civil Law**;
f) **common ownership** – *DR.* Compropriedade;
g) **common rights** – Os direitos de que gozam todos os cidadãos independentemente de sexo, raça ou religião (ex: os direitos estabelecidos na respectiva Constituição);
h) **common sense** – Bom senso; o raciocínio prudente e objectivo que a maioria das pessoas desenvolve perante uma determinada situação;
i) **common share** – *DS. C.* Acção ordinária com direito de voto;
j) **common trust** – *DS.* Administração conjunta de dois ou mais pequenos grupos económicos por razões de controlo de custos. [73]

CONSUMER PRICE INDEX

Se por exemplo, usarmos 2006 como o ano base, o **consumer price index** para o bem *"v"* em 2007 será[74]:

$$CPI = \frac{\Sigma(Pv_{07} \times Qv_{06})}{\Sigma(Pv_{06} \times Qv_{07})}$$

em que

CPI = **Consumer Price Index** a ser calculado;
Pv 07 = Preço de "v" em 2007;
Pv 06 = Preço de "v" em 2006;
Qv 06 = Quantidade de "v" em 2006; e
Qv 07 = Quantidade de "v" em 2007.

É usual calcular o **CPI** usando um conjunto de bens e serviços padrão, ou seja, consumidos por larga maioria da população de um país (mas nunca inferior a 80%).

CORPORATE GOVERNANCE

O interesse dos investidores e do público em geral pela **Corporate Governance** atingiu um nível muito significativo em todo mundo. Tentámos apresentar o tema com a necessária clareza mas em síntese.

---

[73] Tal como **fair** and **reasonable**, a palavra "**common**" é uma das mais usadas em inglês e como tal, esta lista é meramente explificativa.

[74] Fórmula usada pela NYSE. Outras fórmulas de cálculo: *Índice de Laspeyres, Índice de Paasche, Índice de Fisher, Índice de Valores*.

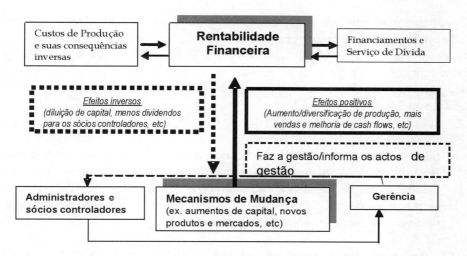

Exemplo de diagrama de *Corporate Governance* económico

Para já haverá que destacar existirem dois conceitos de *Corporate Governance*:
1. económico; e
2. de transparência, igualdade e protecção de direitos na estrutura institucional e operativa da empresa, tanto interna como externa.

1. **Conceito económico:** ramo da economia de empresa que analisa as formas de assegurar e incentivar que a gestão administrativa, financeira, de **marketing**, de produção e comercial de uma empresa sejam eficientes, directas e práticas. Para tal usam-se diagramas, esquemas e planificações métricas ou exponenciais que permitam o respectivo acompanhamento periódico. Entre os aspectos a considerar e a controlar, incluem-se:
   a. as políticas e estratégias previstas a curto, médio e longo prazos;
   b. manter um ritmo e nível de gestão que assegure o fluxo crescente e flexível ao mercado;
   c. o efectivo e racional controlo de custos;
   d. manter fluxos de caixa (**cash flows**) e de liquidez adequados;
   e. aplicar preços de mercado levando sempre em conta a concorrência leal de terceiros;
   f. manter bons níveis de qualidade de produção e distribuição dos produtos ou serviços prestados;
   g. manter um nível moderno e actualizado da tecnologia adequada;
   h. encurtar os circuitos de comunicação e decisão entre as áreas estratégicas, de produção, de distribuição e de vendas;
   i. assegurar a estabilidade dos trabalhadores (**work force**); e
   j. assegurar a satisfação do consumidor final, etc.,

Direito de Negócios – Dicionário Inglês-Português

tudo com o objectivo de assegurar a melhor margem possível de retorno financeiro de um investimento (**rate of return**).

Como simplesmente definiu *The Journal of Finance* (1998), *"Corporate Governance é o conjunto de processos pelos quais os investidores e entidades financiadoras podem assegurar de uma forma equilibrada, constante e progressiva, as mais valias dos seus investimentos ou financiamentos"*.

Neste ponto bastará acrescentar que:

a. outros instrumentos de métrica económica que uma empresa hoje dispõe (ex. **Boston Matrix** (*), **Scorecard** (*)) são a tradução fiel dos objectivos e estratégias deste conceito de *Corporate Governance*; e

b. como se pode deduzir, esta primeira tipologia de *Corporate Governance* não deixa de ser complementar da segunda.

2. **Conceito de transparência e igualdade institucional e operativa**: a melhor definição nesta segunda alternativa (e mais conhecida) parece ser a sugerida pela OCDE[75]:

"(..) sistema pelo qual as empresas são administradas e controladas, que assegura a **distribuição justa, correcta e responsável** *dos* **direitos e responsabilidades** *dos diversos participantes da empresa – desde os seus corpos sociais e de administração, de gestão nos seus diversos níveis, aos seus accionistas ou sócios, investidores, auditores internos e externos e demais intervenientes nos negócios da empresa – e estabelece as* **regras, normas e procedimentos nas deliberações e tomada de decisões da empresa.** *Ao proceder assim, pretende-se atingir e cumprir os objectivos da empresa a curto, médio e longo prazos e assegurar os meios de fiscalizar e acompanhar o desempenho da actividade da empresa"*.

De uma maneira mais simples, há autores que a definem como *"democracia empresarial no mundo da crescente globalização"*.[76] Os elementos e requisitos básicos de **Corporate Governance** segundo a **OCDE** são os seguintes:

I.   **Igualdade de direitos dos sócios/accionistas** nas respectivas categorias de participação no **capital**, com especial destaque para a defesa e protecção dos accionistas minoritários;

---

[75] *OECD Principles of Corporate Governance*, 2004.

[76] Mas verdade se diga também que *Corporate Governance* tem sido por vezes levada a um certo exagero. É quase rotina hoje em dia as queixas de empresas quanto aos custos operacionais excessivos, devido ao número diminuto mas activo de accionistas (normalmente investidores institucionais e de **private equity**) que exige frequentes e complexas listas de questões e pedidos de dados como simples manobras especulativas de mercado.

II. **Salvaguarda dos direitos dos outros investidores** (ex. titulares de Obrigações (**bonds**), Opções (**Options**), etc.);

III. **Igualdade e transparência no acesso a ampla e clara informação** (*disclosure and transparency*) sobre a empresa, as suas operações, actividades e resultados por forma a beneficiar todos os accionistas e demais investidores (excepto no que seja informação confidencial, denominadamente direitos de patentes, **know-how, copyrights**, etc.);

IV. **Definição rigorosa dos direitos e deveres dos Administradores, Directores, gerentes e órgãos com poder de deliberação ou fiscalização**, por forma a que a Assembleia Geral de Accionistas (**General Assembly**) tenha o poder de nomear, demitir e pedir responsabilidades aos membros do **Board of Directors**, demais órgãos internos com poder deliberativo ou de fiscalização, Auditores, etc.;

V. **Evitar e prevenir toda e qualquer forma de conflito de interesses**, directo e indirecto, seja do **Board of Directors,** da gerência (**management**) e dos accionistas em geral;

VI. **Nomeação pela Assembleia Geral de Accionistas** (sob proposta do **Board of Directors**) **de dois Auditores – um interno e outro externo,** ambos independentes e devidamente credenciados;

VII. **Honestidade, Integridade e Comportamento Éticos** (*code of conduct*) por parte do **Board of Directors** e demais órgãos deliberativos e fiscalizadores bem como da gerência e funcionários em geral;

VIII. **Controlo e fiscalização das remunerações** (directas e indirectas) dos membros do **Board of Directors**, gerência e demais órgãos deliberativos e fiscalizadores em geral; e

IX. **Adopção de medidas anti-corrupção internas** bem como quanto a fornecedores, entidades públicas, etc. por meios de informação e denúncia.

Não compete a este Dicionário deslindar os diversos temas e questões que actualmente se debatem na área de *Corporate Governance* mas parece de algum interesse para o leitor que se sintetizem alguns pontos que à data desta publicação e após a chamada *TEPW phase*[77], parecem ser os mais cadentes entre os juristas, economistas e analistas de mercado:

1. Para lá das respectivas leis aplicáveis, alguns dos princípios acima referidos são agora desenvolvidos e detalhados através de "*códigos*" ou "*políticas padrão*" adoptadas pelas Assembleias-Gerais de Multinacionais bem como empresas de grande ou médio porte[78] cotadas em Bolsa, sendo estes textos depois aprova-

---

[77] Fase *Tepco, Enron, Parmalat e Worldcom*
[78] Em Setembro de 2007, segundo o *World Business Observer*, eram cerca de 2.200 o número das empresas que tinham adoptado este tipo de "códigos" ou "políticas padrão" a nível mundial.

Direito de Negócios – Dicionário Inglês-Português

dos e fiscalizados pelas autoridades de mercado, o que constitui progresso assinalável;

2. É crescente à escala mundial, o número de redes de base de dados (*multi-investment or multi-vendor environment databases*) actualizadas permanentemente com os últimos detalhes da legislação e regulamentação de *Corporate Governance* aplicável em diversos países bem como dos *"códigos"* e *"políticas padrão"* das empresas cotadas nas Bolsas de Valores;

3. O acesso a estas bases de dados mundiais não só permite uma análise mais ponderada dos riscos globais, nacionais (**country risk**) e específicos de investimento em **securities** como uma informação adequada dos direitos e das obrigações que os investidores assumem (**assumed corporate obligations**);

4. A legislação básica normalmente contida nessas bases de dados inclui:
   a. **Sarbanes-Oxley Act**;
   b. **Bill 198** do Canadá;
   c. **Combined Code and Turnbull Report** e **Companies Bill** do Reino Unido;
   d. **Loi de Securité Financière** da França;
   e. **KonTraG-Law for Control & Transparency** e o **Código de Corporate Governance** da Alemanha;
   f. sem esquecer a **Transparency Directive** e a futura **Directiva on Statutory Audit** da UE;

5. Mas levanta-se a questão de saber na prática em que medida é que algumas disposições de *Corporate Governance* são exequíveis em determinados países, atendendo às suas características sociais, económicas e jurídicas;

6. Como se questiona cada vez mais, se formas de investimento como **hedge funds**, **offshore** **fund companies** e certas modalidades de **Private Equity** não deveriam ser também objecto de disciplina rigorosa de *Corporate Governance*.

7. E se assim for, qual a alternativa mais viável: por meio de legislação específica (a nível de Directiva da UE ou tratado internacional, por exemplo) ou no âmbito da lei geral aplicável no país em questão?

8. A nível global, um bom exemplo aparentemente a seguir é o da experiência japonesa[79] no sentido de:
   I. restringir as participações cruzadas de capital (**cross-shareholdings**) entre bancos e empresas suas clientes [80] ou entre empresas não financeiras mas coligadas entre si;
   II. limitar o número de membros dos **Board of Directors** que foram ou ainda são funcionários ou gerentes da empresa[81] em questão, forçando à existência de um número obrigatório de, pelo menos, dois membros independentes;

---

[79] Código Comercial Japonês de 2002, com as alterações subsequentes.

[80] Sendo que os Bancos ao actuarem como consultores financeiros das empresas, viam estas apenas como clientes e não como empresas de que eram accionistas.

[81] Prática conhecida como *jugyoin kenmu torishimariyaku*.

III. criar três Conselhos ou corpos sociais – **1.** um **Board of Directors; 2.** um Conselho de Gestão (**senior management**) e **3.** um Conselho de Fiscalização ou de Supervisão (**Supervisory Council**) que (a) revê as políticas estratégicas e a longo prazo da empresa; (b) bem como a actuação dos dois outros órgãos sociais; e (c) encaminha para a Assembleia Geral as suas recomendações ou, se necessário, informa ou denuncia às autoridades de mercado quaisquer eventos que constituam irregularidades ou violações dos Estatutos [82] que não foram corrigidas.

9. E por último, boa parte dos autores inclina-se para recomendar que os princípios de *Corporate Governance* sejam também aplicados a empresas públicas.

V. Auditor, Disclosure, Transparency, Bonds, Options, Capital Markets.

CURRENT ASSETS

Definição padrão usada em alguns contratos financeiros anglo-saxónicos:

The term "**Current Assets**" means the aggregate of the Company's (i) **cash;** (ii) **marketable securities;** (iii) **trade** and **other receivables realizable within one (1) year;** (iv) **inventories;** and (v) **prepaid expenses** which are to be charged to income within one year".

(O termo "Activo Circulante" significa a soma (i) das disponibilidades da Empresa; (ii) dos seus valores mobiliários realizáveis a curto prazo; (iii) dos seus créditos junto de clientes e outros títulos cobrados no prazo de um (1) ano; (iv) das existências; e (v) das despesas pré-pagas que são contabilizadas nos resultados no ano seguinte (custos diferidos)".

CURRENT LIABILITIES

Definição padrão usada em alguns contratos financeiros anglo-saxónicos:

"the term "**Current Liabilities**" means the aggregate of all liabilities of the Company falling due on demand or within **one (1) year**, including (i) the aggregate amount of **trade financing;** and (ii) the portion of **Long-term Debt** falling due within **one (1) year**".

(O termo "Passivo Circulante" significa o total de todas as responsabilidades da Empresa que se vencem à vista ou no prazo de um (1) ano, incluindo a parte de dívida

---

[82] Este modelo é agora conhecido como *iinkai-to setchi gaisha* (empresa com três Conselhos).

Direito de Negócios – Dicionário Inglês-Português

a fornecedores; e (ii) a parte de dívida a longo prazo que se vence no prazo de um ano (1) ano").

DEED

Lista dos principais tipos:

1. **deed absolute** – Transfere toda a propriedade, posse e domínio útil de um bem sem quaisquer contrapartidas. Por oposição a **mortgage deed**;
2. **deed for a nominal sum** – O mesmo que **deed of gift**;
3. **deed of covenant** – **1.** Documento independente dos demais pelo qual se clausulam determinadas condições e termos aplicáveis ao **Deed** principal; **2. UK. DF.** Documento pelo qual se transferem os rendimentos entre as respectivas partes, por forma a serem pagos menos impostos (ex: doações a instituições de caridade que o doador pode deduzir para efeitos fiscais);
4. **deed of gift** – Documento celebrado sem qualquer pagamento pelo bem transferido;
5. **deed of partnership** – Escritura de constituição de uma **partnership**;
6. **deed of release** – Documento pelo qual se cancela ou se dá baixa de uma hipoteca ou outra forma de garantia real;
7. **deed of separation** – **UK.** Documento pelo qual o marido destaca ou separa certos bens que passam a pertencer exclusivamente à sua mulher. Antecede geralmente o processo de divórcio;
8. **defeasible deed** – Documento pelo qual se clausula que a transferência de propriedade do bem pode reverter para o vendedor ou doador;
9. **deed without consideration** – V. Deed of Gift;
10. **mortgage deed** – Sujeita a livre transferência da titularidade do um bem imóvel ao pagamento de dívida a favor do credor identificado nesse documento. **V. Mortgage.**

EQUATOR PRINCIPLES

Conjunto de princípios, regras e políticas de defesa e salvaguarda das populações, comunidades e meio ambiente criadas em 2002 (e revistas em 2006) pela **IFC – International Finance Corporation**, uma afiliada do Grupo do Banco Mundial (**V. IBRD**).

Adoptadas voluntariamente à data deste Dicionário por cerca de quase duas centenas de bancos e instituições financeiras de diversos países[83], o seu objectivo é tornar as partes de um financiamento ou investimento (entidades financiadoras e financiadas ou investidoras e investidas) globalmente responsáveis (*socially responsible*) pelos

---

[83] Entre os quais Portugal e Brasil.

efeitos que possam afectar as comunidades humanas, o meio ambiente e os ecossistemas (*potential social and environmental effects*) onde a realização de projectos industriais ou de natureza similar se efectuam. Assim sendo, as empresas quando solicitam tais financiamentos ou investimentos são obrigadas a provar a tais bancos e instituições financeiras:

i. antecipadamente, que cumprem ou irão cumprir com os requisitos dos **equator principles** e como tal se qualificam (**eligible borrower**) a serem financiadas; e

ii. periodicamente [84], que continuam a cumprir com tais princípios, sendo fiscalizadas por técnicos especializados das entidades financiadoras ou consultores independentes, sob pena de incorrerem em **clean-up costs**, multas contratuais e eventualmente, até no vencimento antecipado (**acceleration**) do financiamento.

Síntese básica:

- Aplicáveis:
  i. a qualquer projecto industrial cujo **project cost** seja igual ou superior ao equivalente a 10 milhões de Dólares norte-americanos;[85] e
  ii. a projectos de prestação de serviços e de consultoria técnica;
- Identificação e classificação prévia do projecto em causa como sendo de alto risco ou risco moderado (**A and B Categories**);
- Realização de um **Social and Environmental Assessment**, cuja lista de requisitos e de medidas a tomar, varia conforme a natureza do projecto;
- Levar em consideração as leis e regras de protecção social, ecológicas e do meio ambiente do país em questão; mas quando estas sejam menos rigorosas, a empresa financiada terá que aceitar voluntariamente a aplicação das *IFC Performance Standards;*
- Preparação e implementação de (i) um Plano de Acção (***Action Plan*** ou **AP**) e de (ii) um **management system** para pôr as condições e requisitos do **Social and Environmental Assessment** em funcionamento, ambos com plena aprovação da entidade financiadora;
- Divulgação (**Consultation and Disclosure**) prévia junto ao público em geral e às **NGOs** em particular, das características e contexto de todos os projectos tipo A e, se aplicável, de Tipo B a financiar, aceitando as sugestões razoáveis que sejam feitas;
- Permitir que autarquias locais e demais autoridades das comunidades locais (**grievance mechanism**) possam acompanhar o projecto e a sua conformidade com os princípios e políticas acordadas;

---

[84] No mínimo uma vez por ano.

[85] Alguns autores, face à crescente desvalorização do Dólar, têm sugerido a transformação desta quantia em Euros.

Direito de Negócios – Dicionário Inglês-Português

- Revisão independente de todos os **projectos tipo A**;
- Inclusão nos contratos de financiamento de cláusulas padrão no que se refere ao cumprimento dos **equator principles**, *IFC Performance Standards* bem como da legislação nacional aplicável.

V. **Greenfield Projects, Expansion, Project Finance, Environmental Impact Assessment, Eligible Borrower.**

EXPORT

Principais termos associados:

1. **export bounty** – subsídio às exportações;
2. **export commodities** – mercadorias para exportação; V. **Commodities**;
3. **export credit insurance** – seguro de crédito à exportação;
4. **export earnings** – receitas de exportações;
5. **export-enclave economy** – economia dependente da exportação de um único produto;
6. **export finance** – crédito/financiamento de exportações;
7. **export incentives** – incentivos à exportação;
8. **export lead-growth** – crescimento económico baseado no aumento de exportações;
9. **export license** – licença, autorização para exportação;
10. **export oriented** – tendo as exportações como principal objectivo;
11. **export parity price** – preço paritário de exportações;
12. **export proceeds** – o mesmo que **export earnings**;
13. **export processing zone** – zona franca industrial para exportação; V. **Free Zone**;
14. **export shortfall** – insuficiência do volume de exportações;
15. **export subsidy** – o mesmo que **export bounty**.

FAIR

Como referido, juntamente com **common** e **reasonable**, *Fair* é uma das expressões mais amplas e diversificadas em Direito Anglo-Saxónico. Lista de principais termos derivados:

1. **fair and impartial jury** – *DP*. Todos os membros de um **jury** têm que ser imparciais, actuarem apenas em obediência à sua consciência e pondo de lado quaisquer factores que os impeçam de tomar uma decisão objectiva e justa;
2. **fair and impartial trial** – *DP*. Julgamento em que os direitos básicos do réu são devidamente assegurados e que utiliza todas as técnicas e argumentos jurídicos a que o réu tem direito para provar a sua inocência;

3. **fair and reasonable value**, **fair market value**, **fair value** – *DR. DC. MC.* O valor pelo qual um determinado bem pode trocar de mãos numa compra e venda, desde que ambas as partes actuem livremente e com um razoável conhecimento das características do bem, estado de conservação e funcionamento, presumindo-se ainda a inexistência de vícios ocultos, deterioração ou estado absoleto desse bem. Pressupõe-se ainda:
   (a) a compra e venda ser efectuada em dinheiro ou forma equivalente;
   (b) a transferência da titularidade do bem seja feita logo após o pagamento do preço;
   (c) o preço reflicta monetariamente o valor económico do mais adequado uso de tal bem por parte do comprador; e
   (d) se leve em consideração o preço pagável por um bem equivalente no mesmo mercado ou área onde a transacção tem lugar.
4. **fair and valuable consideration** – *DR.* Valor financeiro adequado para uma propriedade ou bem tendo em vista as suas características (no caso de bens imóveis, por exemplo, a localização, confrontações, limites e área) e utilização económica;
5. **fair averaging** – *DF.* O cálculo médio mensal de vendas de um pequeno produtor ou comerciante, tendo em vista a comparação com os níveis de vendas de tal produtor ou comerciante em períodos equivalentes no passado;
6. **fair cash value** – V. **Fair market value**;
7. **fair comment** – *DP.* Declaração de uma das partes em litígio ou do seu advogado com base nas provas documentais já exibidas, na lei aplicável ou tirando partido de eventuais contradições ou discrepâncias verificadas no julgamento;
8. **fair competition** – *DC.* Concorrência leal, ou seja, pressupondo a inexistência de guerra de preços; propaganda enganosa ou indutiva a erro, ausência de promoções ou descontos anormais no mercado, monopólio directo ou indirecto, etc. **V. Anti-Trust, Competition**;
9. **fair on its face** – Documento público, escritura, certidão, certificado, alvará, licença, etc. cuja falsidade substancial ou formal não pode ser demonstrada, excepto em caso de fraude, erro grosseiro ou falsificação;
10. **fair persuasion** – Argumento, conselho, diálogo, conversa dirigida a uma pessoa ou pessoas, sem coacção, ameaça ou expedientes demagógicos, tendente a demonstrar determinado ponto de vista (económico, comercial, financeiro, etc.) mas cujas finalidades e objectivos acabam por ter implicação legal;
11. **fairness on equal time** (ou **equal time doctrine**) – Significa, relativamente à imprensa e aos media em geral, o chamado *direito de resposta*, ou seja, o direito de alguém de usar em sua defesa, do seu nome e reputação, o mesmo espaço de jornal ou o mesmo tempo radiofónico ou televisivo utilizado anteriormente contra si ou os seus interesses;

Direito de Negócios – Dicionário Inglês-Português   612

12. **fair war and tear** – *CO. DF.* Desgaste normal e adequado de um bem. **V. Asset, Goods, Depecriation.**

FEASIBILITY STUDY

Os **feasibility studies** são a fase preliminar de **project finance** ou de um financiamento de grandes dimensões. Incluem, com maior ou menor detalhe:
- a análise macro-económica do país ou região onde o projecto irá ter lugar;
- estudos de mercado micro e macro-económico;
- sumário do sistema jurídico e judicial do país onde o investimento irá ter lugar e do risco (**credit risk**) político e comercial existentes;
- capacidade de exportação ou ritmo geral de vendas;
- avaliação dos Activos e Passivos existentes (casos de reestruturação e privatização);
- projecções financeiras do que pode vir a ser a actividade económica do projecto e sua capacidade de gerar lucros, uma vez concluído; **V. EBIAT, EBITD, EBITDA, EBT;**
- recomendação da tecnologia e equipamento mais adequados;
- cálculo do custo estimado do projecto (**project cost**);
- cálculo do Plano Financeiro (**financial plan**) mais ajustado às necessidades reais da empresa em causa;
- estudos do impacto ambiental, ecológico e da segurança das comunidades vizinhas da área do projecto, etc.

Certas **OMDs** efectuam os próprios **feasibility studies** dos projectos que poderão vir a financiar. Em caso de êxito, o estudo é distribuído entre os possíveis investidores, podendo, conforme o caso, fazer mesmo parte integrante do **prospectus** ou **offering circular** a ser distribuído pelo mercado. **V. Equator Principles.**

GOING CONCERN

Como se disse no corpo do Dicionário, ao ser avaliada uma empresa assume-se que esta continua a sua actividade de forma regular e contínua, o que, em si mesmo, representa um Activo e valor económico específico. Por outro lado uma empresa que desenvolve regularmente os seus negócios, não está em princípio a antever a venda dos seus **assets** fixos ou imobilizados pelo que os mesmos podem ser contabilizados ao seu valor de aquisição (**historical cost**). O conceito tem assim especial importância quanto à avaliação dos Activos de uma empresa – se é dito que *assets are a property of going concern*, terão obviamente um valor diferente do que resultaria se os mesmos estiverem em liquidação. A análise de **going concern** leva em consideração, entre outros, a inexistência ou não ocorrência:

- de prejuízos operacionais (__operating losses__), __cash-flow__ negativos, liquidez insuficiente, capital e reservas inadequadas, etc. **V. Capital**, **Reserves**;
- de atrasos ou mora no pagamento de (i) obrigações financeiras e (ii) dividendos; **V. Arrears, Dividends**;
- de vendas ou cessão de Activos importantes da empresa;
- de perturbações no funcionamento da empresa (greves, paragem de produção por falta de matéria-prima, etc.);
- de acções ou processos judiciais cujo provável desfecho acarrete prejuízos substanciais para a empresa ou seus principais accionistas;
- de perda, caducidade ou revogação de patentes, licenças de operação e funcionamento, alvarás, etc.;
- de perda ou redução substancial da carteira de clientes; e
- de __Acts of God__ ou __Force Majeure__ não cobertos por seguro, etc. **V. Accounting Principles**.

GOODS

Lista de principais tipos:

1. __capital goods__ – máquinas e equipamento industrial utilizado para a produção de bens finais;
2. __consumer goods__ – bens adquiridos para uso e consumo pessoal ou familiar (ex. tabaco, sabão, etc.);
3. __environmental goods__ – bens que embora de uso doméstico ou pessoal, trazem poupança e benefícios para o meio ambiente e saúde pública (ex. painéis solares, energia eólica, etc.);
4. __durable goods__ – bens com uma vida útil razoavelmente ampla embora de uso diário (ex. frigorífico doméstico);
5. __fungible goods__ – bens fungíveis; que podem ser facilmente substituíveis já que são consumidos em género e não em espécie (café, chá, pão, etc.);
6. __hard goods__ – bens de consumo cuja vida útil é superior à dos __durable goods__ (ex. automóvel);
7. __soft goods__ – bens de consumo cuja vida útil é intermédia, relativamente aos demais (ex. cortinas, lençóis).

GOODWILL

Conceito reconhecido pela primeira vez pelos tribunais ingleses em 1743, continua a ser algo discutível quanto à sua extensão e precisão conceptual entre os técnicos de auditoria e contabilidade tanto anglo-saxónicos como europeus (com alguma acuidade

Direito de Negócios – Dicionário Inglês-Português

quanto a Portugal). Propomos assim defini-lo, indicando os factores que são pacificamente aceites:

- Faz parte dos chamados **Intangible Assets** conjuntamente com os direitos de marcas e patentes, **copyrights**, valor de trespasse, etc.;
- Trata-se de um valor "não físico" e que por exceder o seu **book value** é contabilizado independentemente dos seus valores "físicos" e dificilmente poderia obviamente existir numa empresa que tenha iniciado recentemente as suas actividades;
- Definido sinteticamente pela maioria dos autores como *the earning power of a business* [86], um conceito mais recente apresenta-o como *a capitalização de lucros acima da taxa de rendimento normal do investimento físico, descontado a uma determinada taxa superior à taxa de juros então prevalecente no mercado.*
- Tem algumas afinidades com o conceito de **Going Concern**, mas não se identifica com este;
- Sendo mais reconhecido no Reino Unido do que nos EUA como demonstrativo do crescimento económico graças a uma boa administração (**good management**), as suas características especiais e certas "liberalidades contabilísticas" de algumas empresas[87], levam por outro lado as autoridades fiscais e auditores responsáveis a ver o seu conceito e utilização com crescente reserva[88];

Uma (entre diversas) das formas de calcular a *Goodwill* consiste em determinar o saldo ou valor residual ao deduzir ao valor da empresa em causa, os Activos Líquidos da mesma sendo ambos os valores, determinados a preços de mercado. Forma de cálculo:

$$GW = VVE - TAL$$

onde,

GW = **Goodwill** a calcular
VVE = Valor de venda da empresa a preços de mercado
TAL = Total dos activos líquidos da empresa a preços de mercado

V. Assets, Tangible Assets, Earning Power.

---

[86] *A potencialidade geradora de lucro de uma empresa.*

[87] Ficou conhecida nos EUA nos anos 80 e 90, a prática de algumas empresas atribuírem apenas um valor simbólico (por vezes um dólar ou uma libra esterlina) ao *goodwill* nos seus balanços, mas quando queriam melhorar o aspecto geral dos seus resultados, apresentarem então valores substanciais.

[88] Sobretudo após as crises financeiras da *Enron, Parmalat, Tepco,* etc.

GROSS NATIONAL PRODUCT (ou GNP)

Produto Nacional Bruto, também denominado **Gross Domestic Product** ou **GDP,** consiste no total dos valores nominais de bens, mercadorias e serviços produzidos pelos residentes de um país no decurso de um determinado ano. Calculado a partir de:

$$GNP = C + I + G + NX + REX$$

Onde,

GNP = **Gross National Product** a ser calculado;
C = Consumo Interno;
I = Investimento;
G = Aquisições e serviços contratados pelo Poder Público/Governo; e
NX = Exportações líquidas (**net exports**).
REX = Rendimentos recebidos do exterior, deduzidos os rendimentos enviados para o exterior (ex. remessas dos emigrantes). Ficam excluídas as transferências correntes com vista à especulação cambial como é o caso das permanentes injeções de dinheiro dos Bancos Centrais do Japão, Coreia e China para manter alto o Dólar e defender assim o valor das suas exportações.

GUARANTEE

Principais tipos:

1. **absolute guarantee** – obrigação incondicional do garante que efectuará o pagamento caso o devedor principal não o faça;
2. **collateral guarantee** – obrigação do fiador/avalista de pagar certas indemnizações ao credor caso o devedor não pague total e pontualmente a sua obrigação;
3. **conditional guarantee** – obrigação assumida pelo fiador/avalista de efectuar o pagamento em substituição do devedor principal certas circunstâncias – em função de notificação prévia; terem-se esgotado todas as diligências razoavelmente necessárias que levem o devedor principal a pagar (*reasonable due diligence*); terem-se exaurido as soluções alternativas pré-acordadas contratualmente, etc.;
4. **continuing guarantee** – o fiador/avalista estende a sua obrigação de pagar em nome e representação do devedor a uma série de transacções ou negócios com o mesmo devedor e credor;

Direito de Negócios – Dicionário Inglês-Português

5. **guarantee** e **suretyship** – apesar de serem usados como sinónimos, não o são – o primeiro pressupõe solidariedade entre o devedor principal e o fiador/avalista; o segundo, refere-se a obrigações inter-relacionadas mas independentes;

6. **guarantee company** – empresa cujo objectivo social é emitir fianças e avales a favor de terceiros contra o pagamento de uma comissão; e

7. **special guarantee** – fiança ou aval que é emitido para benefício e uso exclusivo de determinada entidade ou pessoa, ou seja, não transmissível.

HABEAS CORPUS

Instituto de Direito Penal frequentemente mencionado nos EUA e em Direito Europeu pelo qual se asseguram certos direitos básicos ao réu ou arguido, nomeadamente a liberdade de réu detido sem culpa formada ou sujeito a prisão ilegal. Principais conceitos:

1. *habeas corpus ad prosequendum* – direito do réu preso ser transferido para outra jurisdição onde o alegado crime foi cometido e, como tal, competente para julgar o caso;

2. *habeas corpus ad subjiciendum* – mandado judicial que ordena à autoridade policial competente que apresente o arguido em tribunal. É o mais comum de todos os **habeas corpus** e destina-se a determinar a legalidade da prisão a que o arguido está sujeito e não o mérito dos factos ou crimes de que este é acusado;

3. *habeas corpus ad testificandum* – mandado judicial ordenando à autoridade policial competente para apresentar o arguido em tribunal para que este preste depoimentos sobre os factos de que é acusado;

4. *habeas corpus cum causa* – transferência dos autos judiciais para tribunal de alçada superior com jurisdição sobre o caso em análise; **V. Jurisdiction;**

5. *habere facias possessionem* – *DP.* mandado judicial que determina à autoridade policial que acompanhe e ajude o autor da acção de retomada de posse, a ser reintegrado na posse do bem imóvel ou móvel de que foi despojado. Também denominado **Habere Facias.**

HEIRDOM (ou HEREDITY)

Herança, aquisição de bens e direitos via *mortis causa*. Termos associados:

1. **família herciscunda** – herança em fase de partilhas;

2. **heir forced** – herdeiro legítimo e, como tal, não pode ser deserdado por força de lei;

3. **heirloomis** – bens e objectos de valor sentimental, que passam de geração em geração no seio de uma família;

4. **heirs** – herdeiros legítimos, a quem a lei confere o direito de suceder nos bens e direitos deixados por alguém que faleceu sem testamento. **V. Will**;
5. **heirship** – condição/situação de herdeiro. **V. Will**;
6. **herciscunda** – *USA. L.* a ser dividido, a ser objecto de partilhas;
7. **herciscundae** – acção judicial de partilhas;
8. **hereditaments** – conjunto de bens susceptíveis de serem herdados, sejam corpóreos ou incorpóreos, direitos, expectativas de direitos, etc.;
9. **heritage** – património que pode ser objecto de futura herança;
10. **mankind heritage** – património da humanidade (caso de Sagres, Sintra, Pirâmides do Egipto, Muralhas da China, Amazónia, etc.).

HIDDEN

Lista dos principais termos associados:

1. **hidden assets** – *DR. CF. CO.* Bem altamente depreciado em termos contabilísticos e cujo valor de mercado (**market value**) excede em muito o valor lançado nos livros respectivos;
2. **hidden defect** – *DR.* Vício redibitório; defeito, erro de funcionamento, imperfeição não facilmente identificável ou detectável no bem adquirido e pelo qual o vendedor é responsável;
3. **hidden reserve** – *B. CO.* Reservas constituídas mas que não são indicadas no balancete de um banco. Também conhecidas como **off balance sheet reserves** ou **secret reserves**; não são permitidas a empresas não financeiras já que afectam a respectiva matéria colectável. **V. Reserve Requirements**;
4. **hidden tax** – *DF.* Imposto indirecto, inserido no preço de um bem ou serviço, por forma a que o consumidor não se aperceba da sua carga fiscal, atribuindo-o a aumento geral de preços. Caso típico do preço por litro de gasolina na maioria dos países. **V. Tax**;
5. **hidden unemployment** – *EC. DT.* Conjunto de trabalhadores que durante uma recessão económica e perante repetidas tentativas falhadas de encontrar emprego, deixam de procurá-lo e passam a não ser incluídos nas estatísticas das taxas de desemprego. **V. Unemployment**.

IGNORANCE

Para o sistema anglo-saxónico, **ignorance** é independente da sanidade psíquica da pessoa, já que esta pode estar em perfeitas condições mentais e desconhecer um facto ou acontecimento; como tal distingue-se de **error** e de **mistake** atendendo a que (i) **ignorance** é a simples falta de informação ou desconhecimento; (ii) **mistake** é a apreen-

Direito de Negócios – Dicionário Inglês-Português

são distorcida de uma realidade; e (iii) **error**, ainda que em alguns casos possa ter sido causado por **ignorance**, não esgota este se apenas existir desconhecimento. Principais termos associados:

1. **accidental ignorance** – desconhecimento de um facto que não se prende directamente com o contrato ou acto jurídico em análise e consequentemente, não constitui **consideration** dos mesmos;
2. **culpable ignorance** – resulta de negligência (*failure to exercise reasonable care*) em informar-se ou ter conhecimento de um facto ou acto, tanto mais quando os mesmos são acessíveis à maioria das pessoas. **V. Negligence;**
3. **essential ignorance** – desconhecimento de factos ou das características básicas de uma transacção que não se teria realizado caso os mesmos fossem do conhecimento das partes;
4. **involuntary ignorance** – desconhecimento que não resulta de escolha ou passividade da pessoa, nem poderia ter sido resolvido através de diligências comuns ou normais. Ex. desconhecer o texto de uma lei ainda por promulgar ou publicar mas que irá em breve ter um impacto decisivo num investimento ou processo judicial;
5. **nonessential ignorance** – o mesmo que **accidental ignorance. V. Consideration;**
6. **voluntary ignorance** – desconhecimento que poderia facilmente ser evitado com um mínimo de diligência (**due diligence**) mas sem que haja propriamente falha ou descuido. **V. Torts(*).**

ILLEGAL

Lista de termos associados:

1. **illegal entry** – *CR.* Designação aplicável a emigração clandestina, seja porque o emigrante entrou no país sem documentação; porque tentou evitar a fiscalização das autoridades ou porque falsificou a documentação;
2. **illegal interest** – *B.* Usura, juros acima dos que são permitidos por lei. **V. Interest;**
3. **illegality clause** – *B. PF.* Cláusula de contrato de financiamento pelo qual o credor estrangeiro pode pedir o vencimento antecipado ou mesmo cancelar o contrato, caso nova legislação do seu país o proíba de conceder ou manter tal financiamento. **V. Maintenance Amount;**
4. **illegally obtained evidence** – *USA. DP. CR.* Prova documental ou testemunhal obtida ilegalmente pelas autoridades em violação dos direitos do réu ou acusado. Ex. busca e apreensão de objectos em casa do réu sem mandado judicial. **V. Amendments to the Constitution, Bill of Rights.**

IMPOSSIBILITY

Lista de principais termos associados:

1. **legally impossible act** – Acto impossível por força de lei (ex. testamento por parte de um menor de 5 anos);
2. **legally possible but impracticable act** – Acto viável de praticar mas que, por contingências alheias à vontade das partes, se tornou na prática impossível (ex: perante a destruição de um bem objecto de compra e venda não se encontrar bem substituto; doença grave de quem se comprometeu a prestar determinados serviços, etc.);
3. **physically impossible act** – Acto fisicamente impossível. Pode ser **absolute** (ex. parar o movimento de rotação da Terra) ou **relative/impossible in fact** (ex. exigir o pagamento de uma dívida por parte de quem faleceu há mais 100 anos);
4. **practical impossible act** – Acto que pode ser praticado mas apenas a largos e pesados custos para quem o realiza;

INSURANCE

Lista de principais termos associados:

1. **accounts receivable policy** – Seguro que cobre os prejuízos de uma empresa a quem se torna impossível cobrar os pagamentos dos seus clientes devido à destruição por terceiros dos documentos (em papel ou via informática) da sua contabilidade interna; **V. Accounts Receivable, Loss of Documents;**
2. **actual total loss** – Perda total de uma propriedade ou bem cobertos por seguro. Ocorre alternativamente numa de quatro situações:
   a. a propriedade ou bem estão totalmente destruídos;
   b. o segurado está totalmente despojado do bem;
   c. a mercadoria apresenta um grau tão elevado de deterioração que não corresponde a um mínimo das características da mercadoria descrita na apólice de seguro; ou
   d. no caso de navios, foi colocado um aviso de "desaparecido" (*"missing"*) no **Lloyd's,** considerando-se a partir desse momento que tanto o navio como a sua carga são consideradas como totalmente perdidos;
3. **additonal insured** – Pessoa ou empresa que embora não sendo titular de uma apólice de seguro é nomeada como beneficiária dos respectivos pagamentos quando ocorre um facto coberto pela mesma apólice; de uso frequente no caso de créditos hipotecários; **V. Mortgage;**

Direito de Negócios – Dicionário Inglês-Português 620

4. **adjuster** – Representante de uma companhia de seguros que acerta com um segurado os detalhes dos prémios e indemnizações a serem pagos;
5. **all risk** – Seguro contra todas as perdas e danos em propriedades e bens imóveis mas excluindo os casos previstos na respectiva apólice;
6. **assigned risk** – Risco assumido pelo Estado e repassado por força de lei a empresas seguradoras;
7. **blanket insurance** – *USA*. **1.** Seguro do conjunto de propriedades e bem imóveis de uma empresa, independentemente da sua localização; **2.** Seguro de saúde (**health insurance**) que cobre um conjunto de pessoas (funcionários de uma empresa, membros da mesma família, atletas de um clube desportivo, etc.);
8. **builder´s risk coverage form** – *USA*. Apólice de seguro que cobre um edifício em construção;
9. **business income coverage form** – Seguro que cobre lucros cessantes e outras despesas incorridas por uma empresa;
10. **business interruption insurance** – Seguro que cobre as perdas resultantes de uma empresa cessar ou reduzir as suas actividades devido a acidente nas suas instalações, fábricas, máquinas ou equipamentos;
11. **business liability** – Seguro que cobre globalmente os riscos básicos de uma empresa: acidentes de trabalho, ferimentos, fogo, segurança, terramoto, furtos ou roubos de matéria-prima e stocks, etc;
12. **business personal property** – Seguro de recheio dos escritórios e instalações de uma empresa (*contents*): mobílias, equipamento, computadores, mercadorias, matérias-primas e outros bens usados na actividade dessa empresa;
13. **cancelable policy** – Apólice de seguro que pode ser cancelada pela seguradora ou segurado mediante notificação enviada à outra parte nos termos previstos nessa apólice;
14. **cash surrender value** – Quantia que o segurado tem o direito a receber da seguradora ao redimir a sua apólice de seguro de vida (**life insurance policy**) que prevê tal possibilidade;
15. **claim** – **1.** Pedido pelo segurado de que a seguradora efectue um pagamento coberto pela respectiva apólice; **2.** A quantia desse pagamento;
16. **claimant** – Quem apresenta um **claim**;
17. **COBRA** *Consolidated Omnibus Budget Reconciliation Act* – *USA*. Lei pela qual os planos de seguros de saúde de empresas com 20 ou mais empregados, devem continuar a beneficiar durante 18 meses após o despedimento, os funcionários que se demitiram ou foram demitidos bem como os seus dependentes.
18. **coinsurance** – Em seguro parcial (**underinsured**) de imóveis ou de saúde, a margem de cobertura de prejuízos que deve ser assumida pelo segurado; no caso de seguros de saúde também conhecido como *percentage participation*;
19. **collision coverage** – Cobertura de dados sofridos pelo veículo do segurado e resultantes de colisão com outro veículo ou objecto;

20. **comprehensive coverage** – Designação clássica para cobertura de riscos de fogo, roubo, vandalismo, precipitação e queda (ex. derrube de muros, pedras que caiem, etc.) e outros riscos;

21. **conditionally renewable** – Contrato de **health insurance** que prevê que o segurado pode renovar o seguro até uma certa data ou idade, mediante acordo da seguradora;

22. **consequential loss** – Prejuízo que resulta indirectamente de um risco não coberto por seguro; **V. Loss;**

23. **cover: 1.** Contrato de seguro; **2.** Incluir um risco num contrato ou apólice de seguro;

24. **coverage** – O conjunto de riscos cobertos por um contrato de seguros;

25. **coverage trigger** – Verificar se o contexto e os termos de uma apólice de seguro caiem no âmbito de pedido de pagamento de um segurado (**claim**);

26. **credit insurance** – Seguro de crédito; **V. Factoring;**

27. **disability insurance** – Tipo de seguro de saúde que paga mensalmente uma determinada quantia ao segurado atendendo a que este se encontra incapacitado para o trabalho por doença ou acidente; **V. Health insurance;**

28. **evidence of insurability** – Atestado médico que demonstra não estar um candidato apto a contratar um seguro de saúde;

29. **fidelity bond** – Apólice de seguro pelo qual a seguradora reembolsa uma empresa pelos prejuízos sofridos causados pelos actos de empregado ou funcionário desonesto;

30. **guaranteed renewable policy** – Apólice de seguro pelo qual o segurado garante que a seguradora não a pode cancelar desde que pague devidamente os respectivos prémios (normalmente até aos 50 anos de idade) mas permitindo à seguradora que altere ciclicamente o valor dos prémios a pagar;

31. **health insurance** – Seguro de saúde; inclui normalmente o reembolso de despesas médicas e de hospitalização bem como de quantias pagas no âmbito de **disability insurance**; também conhecidas (**UK**) como **A&S – Accident & Sickness Insurance**);

32. **held covered** – Aceitação provisória de incluir um determinado risco numa apólice de seguro mas sujeito a confirmação por parte da seguradora

33. **hired automobile** – Seguros de carros alugados ou em sistema de **leasing;**

34. **HMO – Health Maintenance Organization** – *USA*. Tipo de cooperativa de seguros de saúde que mediante o pagamento de uma mensalidade, cobre os riscos inerentes de saúde do segurado. Os médicos e enfermeiras das HMO são seus funcionários e as instalações médicas, de tratamento e hospitalares são sua propriedade. Noutros casos, as HMO sub-contratam (**outsourcing**) médicos e hospitais;

35. **IBNR (Incured But Not Reported) claims reserve** – *CO*. Constituição de reservas por uma companhia de seguros para cobrir indemnizações a serem pagas mas ainda não reclamadas pelos segurados. **V. Reserves;**

Direito de Negócios – Dicionário Inglês-Português

36. **insurable interest** – O mesmo que **insurable risk;**
37. **insurable risk** – Risco aceitável de ser coberto por um contrato de seguro, Deve cumprir com o seguintes requisitos:
    a. ser um risco razoável, legítimo e admitido por lei; ou seja, que esse risco não resulta apenas de um acto fútil (ex: uma aposta) ou criminoso (*faço um seguro de vida porque vou matar fulano e este pode reagir, matando-me*);
    b. definir o valor preciso a ser segurado e que o mesmo seja ponderado e não minúsculo ou meramente simbólico;
    c. ser acidental e não doloso ou intencional;
    d. pertencer a um grupo homogéneo e típico de riscos;
    e. ser possível calcular o custo de aceitar e manter o seguro;
    f. a seguradora ser capaz de calcular as probabilidades de ter que indemnizar o segurado;
38. **insurance agent/broker** – Agente, corrector de seguros;
39. **insurance policy** – Apólice de seguro;
40. **insurance premium** – Os pagamentos periódicos pagos pelo segurado para manter válida a **insurance policy;**
41. **insured** – O segurado;
42. **insurer** – A companhia de seguros, a seguradora;
43. **joint life policy** – Seguro de vida em que se faz o pagamento ao primeiro dos segurados que vem a falecer;
44. **key man/key employee insurance policy** – Seguro de vida de um funcionário ou director importante para uma empresa, assegurando assim à empresa empregadora uma indemnização no caso do seu falecimento.
45. **liability insurance** – Seguro contra os riscos de perdas e prejuízos causados por uma empresa a terceiros devido à **negligence** da primeira;
46. **life insurance** – Seguro de vida;
47. **long-term care insurance** – Seguro que cobre tratamentos médicos e de recuperação física e mental a longo prazo; normalmente numa clínica especializada (**nursing facility**) ou na casa do próprio segurado com acompanhamento diário de médicos e enfermeiras;
48. **malpractice insurance** – V. Malpractice;
49. **managed care** – Plano de saúde em que a seguradora separa as actividades de tratamento médico, hospitalização e de enfermagem (totalmente cobertos) e os que apenas são cobertos parcialmente (ex. transporte ao local de tratamento);
50. **mortgage insurance** – Seguro de vida que garante o pagamento do saldo de um empréstimo de casa própria se o financiado vier a falecer; **V. Mortgage;**
51. **peril** – Usado pela primeira vez em 1906, este termo significa o perigo, o risco que é assumido ao contratar um seguro; **V. Risk;**
52. **political risk** – Seguro de risco político; utilizado por parte de investidores estrangeiros em países de instabilidade política por forma a garantir o reem-

bolso do seu investimento em caso de expropriação, destruição, repatriação de capital e/ou dividendos, etc. Para além de companhias de seguros especializadas, a **OPIC** e a **Multilateral Investment Guarantee Agency (MIGA)**, desempenham um papel importante ao garantir o risco político a longo prazo;

53. **professional liability insurance** – V. **Malpractice**;

54. **reinsurance** – Resseguro; transmissão de parte do **peril** ou **risk** de um seguro a outra companhia de seguros. Constitui uma parte importante da indústria de seguros sobretudo em projectos de grande valor financeiro, nomeadamente os de infra-estrutura;

55. **risk based capital** – *USA*. Sistema implementado nos EUA e que vem sendo introduzido noutros países (Canadá, Japão, Austrália, etc), segundo o qual os requisitos mínimos de capital de uma companhia de seguros são baseados nos riscos em que esta incorre. **V. Underwriter;**

56. **stress testing** – Ferramenta de avaliação do risco incorrido por uma seguradora na gestão dos seus Activos para fazer face a potenciais responsabilidades. Normalmente, incluem testes de sensibilidade e testes de cenários (**best**, **medium** e **worst scenarios**) sobre factores que influenciam a posição financeira da seguradora face às suas responsabilidades (ex. movimentos das taxas de juro).

INTERNATIONAL ACCOUNTING STANDARDS–IAS [89]

Como se disse no corpo do Dicionário, **International Accounting Standards – IAS**, são um conjunto de normas de contabilidade internacionais emitidas pelo IASC (*International Accounting Standards Committee*) entre 1973 e 2001. Com início de actividade em 29 de Junho de 1973, o IASC surgiu de um acordo entre associações profissionais de contabilidade da Alemanha, Austrália, Canadá, EUA, França, Holanda, Japão, México, Reino Unido e Irlanda. Em Março de 2001, foi constituída a *IASC Foundation,* uma entidade sem fins lucrativos, sediada no Estado norte-americano de Delaware e que actua como *parent entity* do *International Accounting Standards Board – IASB*, sediado em Londres, por si mesmo e desde então, um organismo independente com o poder exclusivo de emissão de normas de contabilidade.

Com esta reestruturação as normas passam a designar-se de **International Financial Reporting Standards – IFRS**, não obstante as IAS coexistirem com as IFRS, sob a alçada da Estrutura Conceptual.

O objectivo da Estrutura Conceptual -"*the Framework for the preparation and presentation of the Financial Statements*", é o de estabelecer os conceitos de base que devem estar subjacentes à preparação e apresentação das Demonstrações Financeiras (**Financial Statements**) pelos utilizadores externos. O **Framewok**,

---

[89] Contributo da Drª. Lucinda Dias Fernandes dos Santos.

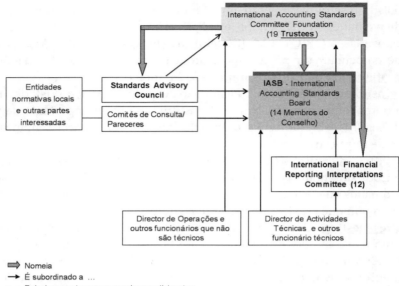

Estrutura do *IASC Foundation*. Fonte: www.iasb.org

a. não é uma Norma Internacional de Contabilidade;
b. em caso de conflito entre a Estrutura Conceptual e uma norma do IASB, deve prevalecer a norma do IASB;
c. composto por quatro elementos:
   1. Objectivos da informação financeira, baseada no pressuposto da especialização (**Accrual Basis**) e da continuidade (**Going Concern**);
   2. Características qualitativas que determinam a utilidade da informação financeira (compreensibilidade, relevância, fiabilidade e comparabilidade);
   3. Definição, reconhecimento e valorização dos elementos a partir dos quais as Demonstrações Financeiras são elaboradas;
   4. Conceito de capital e de manutenção de capital.

Actualmente o conjunto normativo contabilístico do IASC/IASB assenta nos seguintes pilares:

Lista de International Accounting Standard – IAS:

IAS 1: Apresentação de *Financial Statements* (Demonstrações Financeiras) que foi revista em 2003. **V. Finantial Statements**;

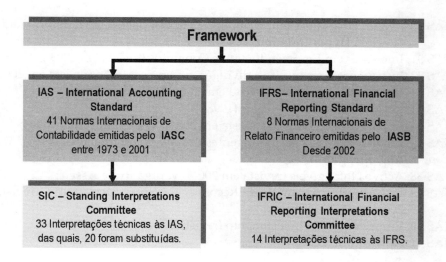

Pilares do Normativo Contabilístico Internacional (IASC/IASB)

IAS 2: Inventários (revista em 2003); **V. Inventory**;
IAS 7: Demonstrações de Fluxos de Caixa (revista em 1992)**: V. Cash-Flows**;
IAS 8: Resultados Líquidos do Período, Erros Fundamentais e Alterações nas Políticas Contabilísticas (revista em 2003);
IAS 10: Acontecimentos após a Data do Balanço (revista em 2003);
IAS 11: Contratos de Construção (revista em 1993);
IAS 12: Impostos sobre o Rendimento (revista em 2000). **V. Income Tax**;
IAS 14: Relato por Segmentos (revista em 1997);
IAS 16: Activos Fixos Tangíveis (revista em 2003). **V. Assets**;
IAS 17: Locações (revista em 2003);
IAS 18: Crédito (revista em 1993). **V. Revenue**;
IAS 19: Benefícios dos Empregados (revista em 2002) – **V. Fringe Benefits**;
IAS 20: Contabilização dos Subsídios do Governo e Divulgação de Apoios do Governo (reformatada em 1994); **V. Subsidies**;
IAS 21: Os Efeitos de Alterações em Taxas de Câmbio (revista em 2003). **V. Exchange Rate**;
IAS 23: Custos de Empréstimos Obtidos (revista em 1993); **V. Costs**;
IAS 24: Divulgações de Partes Relacionadas (revista em 2003);
IAS 26: Contabilização e Relato dos Planos de Benefícios de Reforma (reformatada em 1994); **V. Retirement**;
IAS 27: Demonstrações Financeiras Consolidadas e Separadas (revista em 2003). **V. Consolidation**;
IAS 28: Investimentos em Associadas (revista em 2003); **V. Subsidiaries, Associated Companies**;

Direito de Negócios – Dicionário Inglês-Português

IAS 29: Relato Financeiro em Economias Hiperinflacionárias (reformatada em 1994). **V. Hyper Inflation**;

IAS 31: Interesses em Empreendimentos Conjuntos (revista em 2003);

IAS 32: Instrumentos financeiros: divulgação e apresentação (revista em 2004);

IAS 33: Resultados por Acção (revista em 2003). **V. Profits, Share**;

IAS 34: Relato Financeiro Intercalar (1998);

IAS 36: Imparidade de Activos (revista em 2004). **V. Capital Impairment**;

IAS 37: Provisões, Passivos Contingentes e Activos Contingentes (1998). **V. Contingente Liabilities**;

IAS 38: Activos Intangíveis (revista em 2004); **V. Ingantible Assets**;

IAS 39: Instrumentos Financeiros: Reconhecimento e Mensuração (revista em 2004);

IAS 40: Propriedades de Investimento (revista em 2003);

IAS 41: Agricultura (2001).

Lista de **International Financial Reporting Standards – IFRS**:

IFRS 1: Adopção pela primeira vez das normas internacionais de relato financeiro;

IFRS 2: Pagamento com Base em Acções;

IFRS 3: Concentrações de actividades empresariais. **V. Anti-trust**;

IFRS 4: Contratos de seguro. **V. Insurance**;

IFRS 5: Activos não correntes, detidos para venda e unidades operacionais descontinuadas;

IFRS 6: Exploração e Avaliação de Recursos Minerais;

IFRS 7: Instrumentos Financeiros: Divulgação de Informações;

IFRS 8: Segmentos operacionais[90];

As normas IAS/IFRS foram adoptadas pela UE a partir do 1 de Janeiro de 2005[91] com o objectivo de harmonizar as demonstrações financeiras consolidadas publicadas pelas empresas europeias com títulos admitidos à negociação em mercados regulamentados. Actualmente vários países (incluindo o Brasil) apresentam projectos oficiais de convergência das normas contabilísticas locais com as normas IAS/IFRS.

Portugal

Em Portugal, a transposição do Regulamento emitido pela UE resultou no Decreto de Lei 35/2005 de 17 de Fevereiro, o qual introduziu uma alteração no normativo con-

---

[90] Data prevista de entrada em vigor: 01.01.2009.
[91] *Regulamento (CE) n.º 1606/2002 do Parlamento Europeu e do Conselho, de 19.07.2002.*

tabilístico em Portugal. Em matéria de Princípios Contabilísticos Geralmente Aceites, passam então a coexistir em Portugal dois referenciais:

- o O Plano Oficial de Contabilidade (POC) e as Directrizes Contabilísticas (DC);
- o As **International Accounting Standards** (IAS), as **International Financial Reporting Standards (IFRS)** e as respectivas interpretações técnicas.

Perante uma situação ou operação contabilística em concreto, o normativo contabilístico português, em particular a Directriz Contabilística n.º 18, estabeleceu a seguinte hierarquia na aplicação dos princípios contabilísticos em Portugal:

1.º Plano Oficial de Contabilidade;
2.º Directrizes contabilísticas;
3.º Normas internacionais de contabilidade (IAS/IFRS) adoptadas pela UE;
4.º Normas internacionais de contabilidade (IAS/IFRS) emitidas pelo IASB, e respectivas Interpretações Técnicas.

Na prática, actualmente vigora o seguinte enquadramento para as contas consolidadas e individuais:

Entidades	Contas Consolidadas		Contas Individuais	
	POC	IAS/IFRS	POC	IAS/IFRS
Entidades cujos valores estejam admitidos à negocia ção num mercado regulamentado da UE (i.e., entidades com t ítulos cotados em Bolsa)	**OBRIGATÓRIO** Obs.: Para efeitos fiscais	**OBRIGATÓRIO**	**OBRIGATÓRIO** Obs.: Para efeitos fiscais	**FACULTATIVO** Obs.: Condicionada à certificação legal das contas. Entidades sujeitas a supervisão da CMVM, **OBRIGATORIO*** para os exercícios que se iniciem, em ou após, 1 **Janeiro 2007.**
Entidades sem t ítulos cotados em Bolsa	**OBRIGATÓRIO** Obs.: Para efeitos fiscais	**FACULTATIVO** Obs.: Condicionada à certificação legal das contas.	**OBRIGATÓRIO** Obs.: Para efeitos fiscais	**FACULTATIVO** Obs.: Condicionada à certificação legal das contas.

* Regulamento 11/2005 da CMVM de 3 de Novembro de 2005

Enquadramento da Contabilidade em Portugal

Actualmente a Comissão de Normalização Contabilística encontra-se a preparar um novo modelo contabilístico, intitulado de *Sistema de Normalização Contabilística* (SNC), cuja data de aplicação em Portugal está prevista para o início do ano 2009. Ins-

Direito de Negócios – Dicionário Inglês-Português

pirado nas **International Accounting Standards** (IAS) e nas **International Financial Reporting Standards (IFRS),** este novo modelo contabilístico visa substituir o Plano Oficial de Contabilidade (POC) e toda a legislação complementar. A nível europeu, o IASB está a desenvolver um projecto denominado **SME – "Small and médium entities"**, cujo objectivo é o de estender a aplicação das IAS/IFRS a entidades de menor dimensão.

De acordo com dados de 2005[92], a nível europeu este projecto afecta cerca de 5 milhões de empresas, enquanto que a obrigatoriedade de elaboração de contas consolidadas pelos grupos cotados, abrangia cerca de 7.000 empresas europeias.

INTERGOVERMENTAL ORGANIZATIONS (ou IGOs)

Excluindo a ONU e os seus múltiplos organismos, bem como a União Europeia, uma lista meramente exemplificativa de **IGOs** incluiria as seguintes [93]:

- o **African Union** – a antiga *Organization of African Unity*, Organização da Unidade Africana que inclui os PALOPs;
- o **Asian Development Bank (ADB)**
- o **Asian Productivity Organization (APO)**
- o **Asia-Pacific Economic Cooperation (APEC)**
- o **Association of Southeast Nations (ASEAN)**
- o **Baltic Marine Environment Commission**
- o **Bank for International Settlements** (BIS)
- o **Caribbean Community (CARICOM)**
- o **Commonwealth of Independent States** (CIS)
- o **Commonwealth** Secretariat (COMSEC), que inclui Moçambique.
- o **Economic Community of West African States (ECOWAS)**
- o **European Bank for Reconstruction and Development** (EBRD)
- o **European Civil Aviation Conference (ECAC)**
- o **Gulf Cooperation Council**
- o **Inter-American Development Bank** (IABD, IDB)
- o **Inter-American Tropical Tuna Commission (IATTC)**
- o **International Centre for the Study of the Preservation and the Restoration of Cultural Property (ICCROM)**
- o **International Civil Defense Organization (ICDO)**

---

[92] *Rodrigues, João – Adopção em Portugal das Normas Internacionais de Relato Financeiro*, Áreas Editora 2005.

[93] Algumas delas já mencionadas na parte de Abreviaturas deste Dicionário e como tal sublinhadas. Por outro lado especial incluimos nesta lista, menção dos casos em que achámos ser de especial interesse a participação de Portugal, dos Palops e/ou do Brasil.

- o **International Cocoa Organization (ICCO),** de que o Brasil é membro.
- o **International Coffee Organization (ICO),** de que Angola e Brasil são membros.
- o **International Cotton Advisory Council** (ICAC), de que o Brasil é membro.
- o **International Council for the Explopration of the Sea (ICES).**
- o **International Hydrographic Organization** (IHO).
- o **International Institute of Refrigeration.**
- o **International Lead and Zync Group.**
- o **International Maritime Satellite Organization (INMARS).**
- o **International Natural Rubber Organization (INRO),** de que o Brasil é país membro.
- o **International Nickel Study Group.**
- o **International Olive Oil Council (IOOC),** de especial interesse quanto à indústria de produção de azeite em Portugal.
- o **International Organization for Migration (IOM).**
- o **International Pepper Community (IPC).**
- o **International Rubber Study Group (IRSG),** de que o Brasil é membro.
- o **International Sugar Organization (ISO),** de que o Brasil é membro.
- o **International Telecommunication Sattelite Organization (INTELSAT).**
- o **International Whaling Commission (IWC).**
- o **Latin American Integration Association (ALADI).**
- o **North Atlantic Treaty Organization (NATO).**
- o **Northwest Atlantic Fisheries Organization NAFO).**
- o **Organization for the Economic Cooperation and Development** (OECD).
- o **Organization of American States (OAS).**
- o **Organization of Petroleum Exporting Countries** (OPEC).
- o **Western European Union** (WEU).

V. **Non-Governmental Organizations ou NGOs.**

JOINT

Lista de termos associados:

1. **joint account** – 1. *DS.* Uma **partnership** ou **joint venture** temporária. **2.** *B.* Conta bancária conjunta, de que são titulares duas ou mais pessoas; **3.** *MC.* Contas gráficas abertas por membros de um consórcio bancário que efectuou um **underwriting** para compôr entre si as suas respectivas posições durante o período de oferta ao público. *V.* **Account, Consortium;**
2. **joint action** – *DP.* Acção judicial movida por dois ou mais autores contra um ou mais réus;
3. **joint and several** – *C.* Obrigação conjunta e solidária;

Direito de Negócios – Dicionário Inglês-Português

4. **joint bond** – *MC.* **Bond** que embora emitida por uma determinada empresa, constitui também uma responsabilidade solidária de outra empresa ou coberta por garantias reais oferecidas por essa outra empresa;
5. **joint endorsement** – *DC.* Endosso conjunto de um título de crédito pelos seus sacadores ou sacados, conforme seja o caso;
6. **joint enterprise** – *DS.* Também chamada **common enterprise;** conjunto de empresarial com um objectivo comum, ainda que cada empresa mantenha a sua própria estrutura, poder financeiro e administrativo e actividades comerciais ou industriais. Os elementos básicos de uma *joint enterprise* são:
   - acordo expresso entre os membros que a constituem quanto aos objectivos e actividades paralelas e/ou simultâneas a desempenhar;
   - definição clara de tais objectivos ou propósitos;
   - complementaridade ou igualdade de interesses económicos entre as diversas entidades; e
   - igual direito de participar nas decisões comuns e de administrar ou gerir a *joint enterprise*; *V.* **Joint Venture;**
7. **joint financing** – *B. PF.* Desembolso simultâneo a uma devedora por dois ou mais credores de parte dos seus respectivos empréstimos, de acordo com uma proporção pré-determinada de valores. *V.* **Matching Funds;**
8. **joint liability** – *DP.* Direito de uma parte poder chamar outro co-obrigado a participar numa acção em que é réu;
9. **joint products** – *EC.* Produtos derivados de uma mesma matéria-prima (ex. gasolina, gasóleo, parafina, demais derivados do petróleo). *V.* **Goods;**
10. **joint-stock company** – *DS.* Empresa que apresenta características mistas de uma sociedade por Acções e de uma **partnership**, também chamada por vezes *partnership with transferable shares;*
11. **joint tort** – Ocorre quando duas ou mais pessoas são recíproca e mutuamente responsáveis, causando-se prejuízos e danos recíprocos. *V.* **Torts (*).**

JUDGMENT

Principais Termos:

1. **agreed judgment** – acordo entre a parte sancionado pelo juiz e que, como tal, passa a ter a força executiva de uma sentença;
2. **alternative judgment** – decisão judicial em que o juiz deixa à decisão de uma das partes (ou ambas), o cumprimento da mesma;
3. **arrest of judgment** – suspensão ou revogação da sentença que, se fosse cumprida causaria um grave erro legal (ex. reconhecer após a sentença ter sido emitida que o tribunal não tem jurisdição);

4. **conditional judgment** – sentença que será executada se a parte condenada não praticar certo acto dentro de determinado período de tempo fixado pelo tribunal (ex. executar uma hipoteca se a dívida não fôr liquidada num mês);

5. **default judgment** – sentença emitida sem a comparência do réu às audiências apesar de devidamente citado para o efeito. Também conhecido por *judgment in absentiam*;

6. **deficiency judgment** – sentença em que se executa e se vende um bem do devedor, por forma a pagar apenas o saldo reclamado pelo credor;

7. **dormant judgment** – acção judicial cujos trâmites têm estado suspensos por período de tempo tão prolongado que embora a mesma não tenha ainda prescrito, requere a revisão dos autos;

8. **final judgment** – sentença que decide sobre todos os aspectos – factuais, jurídicos, etc. – em discussão entre as partes. Note-se que um *final judgment* não significa que não se possa recorrer do mesmo – na verdade, só *final judgments* são susceptíveis de recursos em **federal courts**;

9. **interlocutory judgment** – decisão sobre uma questão ou aspecto parcial, lateral ou de detalhe no contexto de uma acção judicial;

10. **judgment creditor** – o credor que obteve sentença condenatória a seu favor mas que ainda não foi pago;

11. **judgment debt** – dívida cujo pagamento apesar de contestado em tribunal, este acabou por condenar o devedor a efectuar;

12. **judgment debtor** – réu que foi condenado a pagar ao credor uma determinada quantia que entretanto ainda não foi liquidada;

13. **judgment execution** – documento público que certifica o conteúdo de uma sentença condenatória e que habilita o oficial de diligências a penhorar os bens do réu e a vendê-los por forma a pagar ao credor;

14. **judgment in rem** – sentença que define o estatuto jurídico ou a titularidade de um direito, propriedade ou bem;

15. **judgment of assets in futuro** – decisão judicial contra o herdeiro ou testamenteiro que, de momento, não dispõe ainda dos bens objecto de tal decisão;

16. **judgment on merits** – sentença sobre o fundo da questão, levando em linha de conta todas as provas, testemunhos, documentos e factos alegados em juízo. Por oposição a *default judgment, interlocutory judgment* ou *agreed judgment*;

17. **judgment recovered** – petição do réu alegando em juízo que o pedido do autor já foi entretanto plenamente satisfeito e não há qualquer fundamento para que se prossiga com o processo. Usado como expediente dilatório;

18. **junior judgment** – acção judicial que foi começada ou decidida após ter sido deliberado outro processo contra o mesmo réu;

19. **money judgment** – sentença condenatória de pagamento em dinheiro;

20. **personal judgment** – sentença impondo ao réu a obrigação de um certo pagamento que deverá ser feito a partir dos próprios bens e Ativos; por oposição às sentenças em que o pagamento deverá ser feito exclusivamente a partir de

Direito de Negócios – Dicionário Inglês-Português

certos e determinados fundos (ex. **trusts**) ou forçando à venda de determinada propriedade ou bem.

JUST- IN-TIME

Técnica japonesa de **production management** pela qual só se encomendam partes de máquinas, equipamentos, peças e matérias-primas na medida em que são necessárias para a produção, em vez de os encomendar ou armazenar com antecedência.

Entre outras, apresenta a vantagem de poupar os custos de armazenagem ao compará-los com as eventuais flutuações de preços no mercado de tais **stocks**. V. separata cores no final deste Dicionário.

LARCENY

Lista de Principais Termos:

1. **compound larceny** – Roubar/furtar o bem da casa do seu proprietário (o que constitui agravante); opõe-se a **plain larceny**, em que não há invasão de casa alheia;
2. **constructive larceny** – Situação em que o criminoso embora não tivesse decidido roubar o bem no momento em que o desviou, tem um comportamento posterior que acaba por revelar tal intenção;
3. **grand larceny** – Roubo, furto de bens ou mercadorias cujo valor exceda 100 mil Dólares;
4. **larceny by bailee** – Roubo/furto por um **bailee** de bem que lhe foi confiado;
5. **larceny by extortion** – Roubo ou furto de um bem através de:
   a) agressão (ou simples ameaça) física ou moral contra o seu proprietário ou membros do seu agregado familiar;
   b) ameaça de denunciar (**blackmail**, **exortion**) um assunto pessoal que pode causar prejuízos ao proprietário ou pessoa do seu agregado familiar;
   c) actuar como se fosse autoridade policial ou semelhante;
   d) greve ou boicote contra o proprietário do bem;
   e) ameaça de prejudicar o proprietário ao ir depor (ou não depor) em juízo em causa de interesse deste último; ou
   f) qualquer outra forma de prejudicar ou afectar o proprietário.
6. **larceny of property lost, mislaid or delivered by mistake** – Roubo de um bem que se sabe ter sido perdido ou extraviado pelo seu proprietário legítimo ou que foi entregue a um terceiro por engano.
   V. Torts (*).

LEGAL

Principais termos anglo-saxónicos associados ou derivados:

1. **legal age** – Maioridade; idade pela qual uma pessoa é considerada como plenamente capaz de exercer os seus direitos e obrigações.[94] **V. Lawful Age**;
2. **legal aid** – *DP.* Assistência judiciária; nomeação de defensor oficioso para réus de reduzidas capacidades financeiras;
3. **legal assets** – *DR.* Parte dos bens de uma herança que, por definição legal, é directamente vinculada ao pagamento de dívidas (nomeadamente, fiscais e judiciais) bem como de quaisquer responsabilidades anteriormente contraídas pelo *de cujus.* **V. Assets**;
4. **legal capital** – *USA. DS.* A parte de **equity** que não pode ser reduzida nem diminuída através do pagamento de dividendos. **V. Shareholders´ Equity, Capital**;
5. **legal capacity to sue** – *DP.* Capacidade judiciária, capacidade jurídica de propor acções em juízo;
6. **legal cause** – Causa ou conjunto de causas que motivaram prejuízos ou danos pessoais ou patrimoniais a um terceiro. **V. Torts (*), Consideration**;
7. **legal dependent** – Pessoa que nos termos da lei aplicável depende pessoalmente ou economicamente de alguém, seja por parentesco, idade, seja por incapacidade legal;
8. **legal entity** – *DS.* Entidade, pessoa colectiva (excluindo-se assim as pessoas físicas) que têm personalidade e capacidade jurídicas reconhecidas por lei, podendo assim contratar, assumir responsabilidades, ser accionada e accionar judicialmente, etc.;
9. **legal evidence** – *DP.* Todo o tipo de documentos, testemunhos e demais elementos de prova que atestem factos ou alegações de um arguido. **V. Illegally Obtained Evidence**;
10. **legal excuse** – *CR. DP.* Factos que justificam determinado acto considerado criminoso ou ilegal (ex: matar alguém em auto-defesa);
11. **legalized nuisance** – Edifícios, construções, edificações que constituiriam **nuisance** mas não o sendo por terem sido devidamente autorizadas pelas autoridades públicas competentes. Ex: construir uma morgue ou penitenciária junto a uma área residencial. **V. Nuisance, Torts (*)**;
12. **legal notice** – *DP. DS.* Actos de que a lei obriga a publicação de forma a serem do conhecimento público;

---

[94] Note-se que sobretudo nos EUA isso não significa que as leis de cada Estado não fixem critérios especiais e menos longos para adquirir a maioridade relativamente a certos actos ou procedimentos (exemplo: venda de bebidas alcoólicas; casamento; ser órfão de ambos os pais, etc.

Direito de Negócios – Dicionário Inglês-Português

13. **legal owner** – *DR.* O legítimo proprietário de um bem ou titular de um direito real. Pode incluir situações em que se possui um bem ou direito em nome de terceiros (ex: como *trustee*). **V. Trust, Beneficial Owner;**

14. **legal person** – Qualquer pessoa ou entidade com personalidade e capacidade jurídica. São de dois tipos – pessoas físicas (**natural person**) e pessoas colectivas (**juristic person**). **V. Corporation, Partnership;**

15. **legal process** – Factor que exclui ou atenua a responsabilidade civil. **V. Torts** (*);

16. **legal proceedings** – *DP.* Série de medidas que podem ser tomadas legalmente ou sob a protecção de um tribunal, para defender ou restabelecer um direito ou executar um mandado judicial. **V. Litigation;**

17. **legal representative** – *DS.* Quem actua em nome e representação de uma entidade colectiva ou empresa de acordo com os respectivos estatutos, procuração ou outra forma de mandato. **V. By-Laws, Power of Attorney;**

18. **legal reserve** – *EC. CO. B.* Reserva de liquidez obrigatória para bancos, instituições financeiras, companhias de seguros, empresas concessionárias de serviços públicos, etc., de forma a fazerem face a pagamentos devidos aos seus depositantes, segurados ou clientes. Nem todo o valor das **legal reserves** é constituído por dinheiro ou depósitos em dinheiro, levando-se em linha de conta também a natureza dos **earning assets** e a maior ou relativa facilidade de transformá-los em liquidez imediata, se necessário. **V. Assets, Reserves;**

19. **legal residence** – Domicílio legal. Por oposição a **temporary residence**. **V. Green card;**

20. **legal tender** – *FIP.* Notas, moedas e outras formas de emissão monetária que constituem instrumentos legais obrigatórios de liquidação de obrigações pecuniárias e, como tal, não podem ser recusadas. Distinguem-se dois tipos: **1. unlimited legal tender** e **2. limited legal tender**. No Reino Unido, por exemplo, as notas emitidas pelo *Bank of England* e as moedas de 1 e 2 Libras são **unlimited legal tender**, ou seja, podem ser usadas para o pagamento de dívidas de qualquer montante; em contrapartida, os credores de quantias que excedam 10 Libras não são obrigados a aceitar o pagamento em moedas de 20 ou 50 centavos, assim como, os credores de quantias que excedam 5 Libras não são obrigados a aceitar o pagamento em moedas de 10 ou 5 centavos (**limited legal tender**). Não existem tais restrições nos EUA nem ao que sabemos, na UE.

LOAN/INVESTMENT/CREDIT LINE AGREEMENTS

Qualquer contrato de empréstimo ou financiamento pode ser naturalmente mais ou menos complexo em função das características do projecto ou empreendimento em causa. Os contratos anglo-saxónicos deste tipo (**Loan Agreements, Investment Agreements** ou **Credit Line Agreements**) não são excepção já que podem variar substancialmente conforme:

a. haja um ou mais devedores (**co-borrowing**);
b. haja um ou mais credores; **V. Consortium, Syndicate**;
c. se use **taxa de juros fixa** ou **flutuante**; **V. Interest Rate**;
d. haja **maior ou menor vinculação dos recursos** a determinadas finalidades pré-estabelecidas e consequente faculdade do credor fiscalizar a devida utilização dos mesmos pelo devedor;
e. se refira a empréstimo a curto, médio ou longo prazos, sendo que normalmente o **longo prazo** é o denominador comum em **project finance**;
f. haja ou não simultânea subscrição de capital (**equity subscription**) da empresa financiada por parte dos bancos credores e dos mecanismos de venda desse capital (**exit mechanisms**), uma vez que o financiamento esteja liquidado ou certa data seja atingida;
g. a descrição das condições acordadas quanto à:
   (1) eficácia/entrada em vigor (**conditions of effectiveness**); e
   (2) utilização ou saque (**conditions of disbursement**) impostas pelo credor;
h. haja ou não **garantias** e, em caso afirmativo, o tipo de garantia constituída (pessoal ou real); **V. Secured Loan**;
i. os factos e circunstâncias (**events of default** ou **acceleration**) que podem ser considerados como não cumprimento por parte do devedor e outorguem o direito de vencimento antecipado ao credor; etc.

Normalmente este tipo de contratos é dividido em **articles** e estes subdivididos em **sections** ou **clauses**, segundo a ordem abaixo:

I.   Antecedentes e Considerandos; **V. Consideration**;
II.   Definições não financeiras; destas há que destacar a lista de outros contratos acessórios entre as partes ou terceiros, mas fundamentais que sejam assinados para que o **Loan/Investment Agreement** seja válido. Uma lista padrão de tais contratos inclui:
   - **Share Retention Agreement**;
   - **Project Funds Agreement**;
   - **Guarantee Agreement**;
   - **Put Option Agreement**;
III. Definições financeiras; **V. Rácios, Debt, Shareholder's Equity**;
IV.   Descrição do Projecto, **project cost** e **financial** ou **business plan**;
V.   Empréstimo, seu valor e a que finalidade se destina;
VI.   Taxas de juro, formas de cálculo e incidência, datas de pagamentos de juros e capital, juros de mora, pagamento antecipado;
VII. **warranties e representations** – declarações básicas que confirmam alguns dos Antecedentes e Considerandos, identificam a natureza jurídica das par-

Direito de Negócios – Dicionário Inglês-Português 636

tes e divulgam alguns dados económico-financeiros do devedor; **V. Misre-presentation;**

VIII. Condições de saque ou desembolso; **V. Condition of Disbursement;**

IX. Obrigações de fazer (positivas); **V. Positive Covenants;**

X. Obrigações de não fazer (negativas); **V. Negative Covenants;**

XI. Factos de Incumprimento e Vencimento Antecipado; **V. Acceleration, Events of Default;**

XII. Comunicações, Casos de Força Maior, escolha de Jurisdição, Lei Aplicável (**Governing Law**);

XIII. Anexos.

MALICIOUS

Lista de principais termos associados:

1. **malicious abuse of legal process** – *DP.* Processo judicial contra alguém por motivos fúteis ou insignificantes. Sinónimo – **Mischarge. V. Torts (*);**
2. **malicious injury** – *CR.* Ofensa corporal infligida intencional e deliberadamente. Pressupõe fortes sentimentos de ódio ou ressentimento. **V. Torts (*);**
3. **malicious intent** – *CR.* Dolo intencional mas sub-reptício, ou seja, de forma não evidente à primeira vista. **V. Torts (*);**
4. **malicious mischief** – *CR.* Destruição de um bem de terceiro de forma intencional, deliberada e violenta. Pressupõe também sentimentos de ódio/ressentimento. **V. Torts (*);**
5. **malicious prosecution** – *CR.* **Mischarge**. **V. Torts (*);**

MANAGEMENT

Lista dos principais termos associados:

1. **management and workforce** – Patronato e empregados;
2. **management/managerial accounting** – *CO.* Contabilidade de gestão; **V. Accounting;**
3. **management buy-in** – **V. Buy-in;**
4. **management buy-out** – **V. Buy-out;**
5. **management consultant** – Consultor de gestão;
6. **management contract** – Contrato de administração/gestão;
7. **management control** – Controlo de gestão;
8. **management fee** – *B.* Comissão de administração de empréstimo. Cobrada uma vez por ano, para cobrir os custos do banco credor com a supervisão do estado financeiro da empresa devedora e do empréstimo concedido. **V. Fee;**

9. **management game** – Gestão administrativa simulada;
10. **management information system** – *PF.* Sistema de gestão automatizado, provido dos necessários meios informáticos;
11. **management performance** – Resultados de gestão;
12. **managerial slack** – Situação em que a gestão de uma empresa não se coaduna com o objectivo de obter o maior lucro possível;
13. **management statistics** – Estatística operacional;
14. **management stock** – Acções com direitos especiais de voto, designadamente o de nomear os corpos administrativos e de gerência de uma empresa; **V. Golden Shares**.

MARKET

Termos associados:

1. **market boom** – *MC.* Subida inesperada e súbita da cotação de Acções. *V.* **Market Crash, Upward Stock, Bull Market;**
2. **market borrowers** – *FIP.* Designação dada pelo **IMF** (FMI) aos países cujo desenvolvimento económico lhes permite emitir e colocar fundos nos mercados de capitais internacionais;
3. **market capitalization** – *MC. DS.* Cálculo do valor global de todas as Acções de uma empresa emitidas e subscritas; obtido ao multiplicar o preço de Acção no mercado pelo número total de Acções emitidas e subscritas. *V.* **Securities;**
4. **market clearing** – *EC.* Mercado em equilíbrio; ou seja, em que a quantidade da oferta pelos produtores é igual à procura pelos consumidores;
5. **market crash** – *MC.* Descida súbita e inesperada das cotações de Acções. *V.* **Market Boom, Downward Stock, Bear Market;**
6. **market exit** – *DC.* Abandono de um segmento de mercado por parte de uma empresa como estratégia para melhorar a sua competitividade geral, os seus resultados comerciais ou simples controlo de custos; **V. Market strategy;**
7. **market-linked CD** – *CF. MC.* Certificado de depósito bancário cujo rendimento está indexado aos ganhos de capital de determinadas Acções predominantes no mercado (**blue chips**);
8. **market maker** – *MC. B.* Intermediário financeiro que oferece, simultaneamente preços de compra e de venda para determinada moeda ou Valor Mobiliário. O mesmo que **stock jobber** no Reino Unido;
9. **market money** – *B.* O mesmo que **money market;**
10. **market order** – *MC.* Ordem de compra ou venda de um valor mobiliário (**securities**) ao melhor preço possível de mercado;
11. **market niche** – *V.* **Market Segment;**

Direito de Negócios – Dicionário Inglês-Português

12. **market positioning** – *EC.* A situação comparativa no mercado de um produto ou serviço relativamente aos produtos e serviços idênticos oferecidos pela concorrência. *V.* **Market Niche;**

13. **market power** – *EC.* Capacidade de uma ou mais empresas industriais influenciarem os preços de mercado;

14. **market price** – *EC.* Preço de um bem resultante dos movimentos de livre oferta e procura. Estatisticamente, o ponto onde a curva de procura intersecta a curva de oferta. *V.* **Demand**, **Supply;**

15. **market quotations** – *MC.* Referências mais recentes de preços de compra e de venda de valores mobiliários ou de **commodities** em Bolsa ou fora dela. *V.* **Securities;**

16. **market segment** – *EC.* O mesmo que **market niche;**

17. **market share** – *EC.* Percentagem de vendas de um bem, feitas por uma empresa num determinado mercado comparativamente: (a) ao total dos bens semelhantes oferecidos pela concorrência nesse mercado; (b) ao total das vendas da mesma empresa;

18. **market skimming pricing** – *EC.* Política de preços altos aplicados a um produto que por ser novo no mercado (logo, sem concorrência) ou por ser dirigido a uma faixa de consumidores de grande poder aquisitivo, permite aumentar os lucros da empresa, como forma de compensar perdas ou lucros menores noutros produtos por ela oferecidos;

19. **market strategy** – *EC.* Conjunto de políticas de micro-economia e economia de empresa para conseguir um equilíbrio entre a oferta (**offer**) e a procura (**demand**) de um produto ou serviço;

20. **market structure** – *EC.* Conjunto de características definidoras de um mercado. Composto por:
    a. concentração de oferta (**seller concentration**);
    b. variedade de produtos para oferta (**product differentiation**); e
    c. medidas proteccionistas (**barriers to entry**). *V.* **Demand;**

21. **market value** – *EC.* O preço mais elevado de um bem ou mercadoria que, num determinado momento, um comprador está disposto a pagar e um vendedor disposto a receber, pressupondo-se que:
    • ambos estão amplamente informados sobre o preço médio do bem/mercadoria em análise; e,
    • que o período de oferta do referido bem/mercadoria foi razoável (ou seja, nem demasiadamente curto nem muito prolongado). *V.* **Goods, Evaluation;**

22. **market yield** – *MC.* Rendimento corrente de um valor mobiliário ou outra forma de investimento.

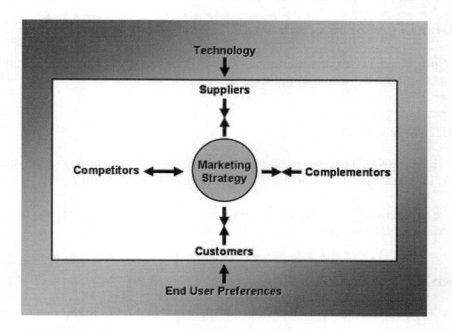

Exemplo de organograma do esquema básico de *Market Strategy*. Fonte – IMA

NEMO

São diversos os brocardos em Latim, usados no Direito Anglo-Saxónico e denominadamente nos EUA. Citamos apenas os mais representativos:

1. **_nemo agit seipsum_** – *Ninguém pode ser parte e seu próprio juiz;*
2. **_nemo bis punitur pro eodem delicto_** – *Ninguém pode ser julgado duas vezes pelo mesmo crime;*
3. **_nemo debet essere judex in propria causa_** – *Ninguém pode ser juiz em causa própria;*
4. **_nemo debet in communione invitus teneri_** – *Ninguém é obrigado a permanecer como sócio numa empresa;*
5. **_nemo debet locupletari ex alterus incomodo_** – *Ninguém se pode locupletar à custa alheia, ninguém pode enriquecer injustamente por conta de terceiros;*
6. **_nemo de domo sua extrahi potest_** – *Ninguém pode ser forçado a sair da sua própria casa.* Aforismo latino equivalente ao anglo-saxónico **My home my castle**;
7. **_nemo ex consilio obligatur_** – *Um simples conselho não constitui obrigação ou vínculo jurídico;*
8. **_nemo potest sibi debere_** – *Ninguém pode ser devedor de si próprio;*

Direito de Negócios – Dicionário Inglês-Português

NET FIXED ASSETS

Nota: Não há conceito uniforme. Dois exemplos, dos quais o primeiro é sumário e o segundo mais adequado à complexidade do financiamento:

I – <u>Versão sintética</u>

"the term **Net Fixed Assets** means the aggregate of the Company's plants, immovable equipment and machinery less accumulated **<u>depreciation</u>**".

* *o termo Activos Fixos Líquidos* [95] *significa o total das instalações fabris ou de produção, equipamento e máquinas da Empresa deduzindo a sua depreciação acumulada".*

II – <u>Versão mais pormenorizada</u> (diferença entre *valor de mercado* e *valor auditado*)

"the term **Net Fixed Assets** means the aggregate of the Company's plants, immovable equipment and machinery less accumulated depreciation; provided that in the event of a substantial difference between the value of such plants, immovable equipment and machinery as expressed in the audited financial statements of the Company and the then existing **<u>market value</u>**, the market value may be used for the relevant calculation if confirmed in writing to the Bank by the Auditors".

* *o termo Activos Fixos Líquidos* [96] *significa o total das instalações fabris ou de produção, equipamento e máquinas da Empresa deduzindo a sua depreciação acumulada, mas levando em consideração que no caso de haver um saldo substancial entre o valor de tais instalações fabris ou de produção, equipamento e máquinas tal como expresso nos balanços auditados da Empresa e o seu valor de mercado então existente, este último pode ser usado para determinação do valor de cálculo, se tal fôr confirmado por escrito pelo Banco e pelos Auditores"*

NON-GOVERNMENTAL ORGANIZATIONS (ou NGOs)

Na sua crescente multiplicidade, as **NGOs** podem,
* ser locais, regionais ou globais;
* ter estruturas simples ou de hierarquias complexas, a nível multinacional;
  V. **Major Group**;

---

[95] Ou *Imobilizado Líquido.*
[96] Ou *Imobilizado Líquido.*

Direito de Negócios – Dicionário Inglês-Português

- ser pacifistas, anti-bélicas e ambientalistas (**environment**);
- de protecção dos direitos humanos, direitos da mulher, direitos do consumidor e direitos de minoriais raciais, étnicas e religiosas;
- ajuda humanitária e de desenvolvimento social e económico;
- padrões éticos profissionais e de investimento;
- educação, ciência e cultura, etc.

Com o desenvolvimento das comunicações, mesmo os grupos de limitada actividade local (**grass-roots organizations** ou **community based organizations**), expandiram-se mediante coligações e redes de associações com outras **NGOs** de maior cobertura (**international umbrella NGOs**), aproveitando uma estrutura comum ainda que com objectivos diferentes. Por outro lado parece claro que a fonte embrionária das **NGOs** é a chamada "sociedade civil" (**civil society**) que cobre um vasto espectro de camadas sociais, insatisfeitas com:

- a habitual rotatividade política bi-partidária no poder na maioria dos países de regime democrático;
- a primazia que a classe política em geral dá à luta meramente partidária e falsa abordagem dos reais problemas que atingem a comunidade internacional; e
- os altos interesses económicos e financeiros de algumas multinacionais e grandes empresas.

Como pode ser então definida correctamente uma **NGO**? Um conceito que nos parece mais correcto é o de *"uma associação independente de voluntários que actua em grupo e de forma contínua, tendo um objectivo comum de interesse público que não envolva assumir directa ou indirectamente poder político, obter lucro ou desenvolver actividades ilegais ou criminosas"*. [97] Alguns dados adicionais:

- Um número crescente de **NGOs** aceita e defende o conceito e aplicação de **sustainable development** e como tal colaboram intensa e pontualmente com as autoridades, instituições financeiras e empresas industriais, o que tem dado os seus frutos;
- Entre as causas do número mais recente de **NGOs** parece inquestionável o desmembramento da Europa de Leste e desaparecimento da URSS;
- Uma relativa minoria de **NGOs** aceita o princípio democrático de que qualquer pessoa se poder tornar um membro de pleno direito. Mas outras distinguem assinantes ou patrocinadores (**supporters** ou **sponsors**) que providenciam os fundos (**fund raising**) mas não tomam parte nas decisões e acção da **NGO**: caso comum das **NGOs** que combatem a pobreza ou lutam pelo meio ambiente.

---

[97] **Christof Galli,** *Non-Governmental Organizations (NGO) Research Guide*, Duke Universtity Libraries, Bostok, 2005, Boston.

Direito de Negócios – Dicionário Inglês-Português

Note-se que neste caso, não poucas vezes as próprias autoridades contribuem e ajudam as **NGOs;** noutros casos, as **NGOs** exigem algums pre-requisitos para se tornar membro: caso de sindicatos, grupos científicos e profissionais, grupos religiosos, etc.;

- Começam-se a levantar perguntas em algumas instâncias internacionais quanto à origem dos fundos de algumas **NGOs,** havendo nomeadamente algumas suspeitas de **<u>Laundering Money</u>** e de **lobbies** essencialmente políticos; **V. Corporate Governance;**
- Por último, há que distinguir as **ONGs** que foram admitidas e aceites pela **ONU** e colaboram com esta (sendo inclusive consultadas pela **ONU**) e as que não se incluem nesse grupo.

Ressalvando-se, tal como referido no corpo do Dicionário, a actual diluição e certo menor rigor conceptual em Direito Internacional Público entre **<u>INGOs</u>** e **NGOs**, pede-se ao leitor a sua benevolência ao deparar eventualmente com a repetição de uma Organização (i) seja entre esta lista das principais **NGOs** credenciadas junto à **ONU** [98] e a que acima se indicou quanto às **INGOs;** (ii) seja dentro desta própria lista, mas inserida em diversas áreas de actividade[99]; seja por último (iii) devido ao facto de algumas delas mudarem entretanto o nome como resultado de uma fusão ou incorporação, fenómeno algo frequente:

I – *Ajuda Humanitária/Combate à Fome e à Pobreza*

- **Action Against Hunger (AICF/USA)**
- **Action Aid**
- **Action Aide Aux Familles Démunies**
- **African-American Society for Humanitarian Aid and Development (ASHAD)**
- **ATD Fourth World**
- **Adventist Development and Relief Agency International (ADRA)**
- **American Council for Voluntary International Action/Interaction**
- **Association for Aid and Relief (Japan)**
- **Association Internationale de Lutte Contre la Pauvreté et Pour le Developpement**
- **Baptist World Aid (BWA)**

---

[98] Baseada na lista publicada pela Delegação da ONU em Genebra, Suiça, Junho de 2007. De notar que é meramente exemplificativa e apenas se incluiram as de maior amplitude ou utilidade. Todas estas NGOs podem ser consultadas através dos seus respectivos Web sites. **As NGOs portuguesas, brasileiras e dos PALOPs estão assinaladas em tipo de letra especial.**

[99] Veja-se como exemplo, o caso da *NAN – No to Alcoholism & Drug Addiction* que está incluída no sector de *Crianças e Jovens* e no sector de *Combate à Droga e Estupefacientes*

- **Bread for the World**
- **CARE International**
- **CARITAS Internationals**
- **Catholic Organisation for Relief and Development (CORDAID)**
- **Catholic Relief Services – USA Catholic Conference, INC.**
- **Comparative Research Programme on Poverty (CROP)**
- **Direct Relief International**
- **Doctors of the World**
- **Doctors Without Borders**
- **EAPN** [100]
- **End Hunger Network**
- **Episcopal Church of the USA/Presiding Bishop's Fund for World Relief (PBFWR)**
- **Foodfirst Information and Action Network (FIAN)**
- **Food for the Hungry**
- **Ford Foundation**
- **International Aid**
- **International Islamic Charitable Organization**
- **Low Income Families Together (LIFT)**
- **National Anti-Poverty Organization (NAPO)**
- **Nurses Across the Borders – Humanitarian Initiative (NAB-HI)**
- **Oxfam**
- **Red Contra la Extrema Pobreza (RECEPAC)**
- **Salvation Army, The**
- **The Hunger Project (THP)**

II – *Ciência, Artes e Cultura*

- **Academia Internazionale di Arte Moderna**
- **Academy for Future Science (AFFS)**
- **American Anthropological Association (AAA)**
- **American Association for the Advancement of Science (AAAS)**
- **American Institute for Conservation of Historic and Artistic Works**
- **Association de Sauvegarde des Monuments et Sites**
- **European Federation for Intercultural Learning**
- **Institute of Cultural Affairs (ICA)**
- **International Centre for the Study of the Preservation and Restoration of Cultural Property (ICCROM)**
- **Organization of World Heritage Cities**

---

[100] Existe uma *EAPN Portugal.*

Direito de Negócios – Dicionário Inglês-Português

III – Combate ao Alcoolismo, Crime, Droga e Estupefacientes

- **A-Clinic Foundation**
- **African Council on Narcotics**
- **AIDS Awareness Group**
- **Alcohol and Drug Foundation (ADF)**
- **American Society of Criminology**
- **Anti-Narcotic Drug Association**
- *Associação Brasileira Comunitária para a Prevenção ao Abuso de Drogas (ABRAÇO)*
- *Associação Desafio Jovem de Moçambique*
- *Associação para Reabilitação de Toxicodependentes, SER* [101]
- *Brasileiros Humanitários em Ação (BRAHA)*
- **Center for Alcohol and Drug Research and Education**
- **Crime Stoppers International (CSI)**
- **Drug Free America Foundation**
- **European Cities Against Drugs (ECAD)**
- **European Confederation of Police (EUROCOP)**
- **International Association Against Drug Trafficking and Drug Abuse (IADTDA)**
- **International Centre for Asset Recovery (ICAR)**
- **International Institute for Prevention of Drug Abuse**
- **NAN (No to Alcoholism & Drug Addiction)**
- **Narcotics Anonymus World Services (NAWS)**
- *Portuguese Association for Victim Support (APAV)* [102]
- **S.O.S. Attentats, S.O.S. Terrorism**
- **SOS Drugs International**

IV – Crianças e Jovens

- **Adolescent Health and Information Projects**
- **Advocates for Youth**
- **Alliance to End Childhood Lead Poisoning (AECLP)**
- **All-Russian Social Fund – "Russian Children's Foundation"**
- **Arab Council for Childhood and Development**
- **Association for Assistance to Families with Disabled Children**
- **Center for International Cooperation**
- **Childreach**
- **Child Health Foundation**

---

[101] Castro Verde, Portugal.
[102] Lisboa, Portugal·

- **Children Rights**
- **Children's Defense Fund**
- **Christian Children's Fund**
- **Coalition to Stop the Use of Child Soldiers**
- **Défense des Enfants – INTERNATIONAL**
- *Ecological Youth of Angola (Angola)*
- **Good Neighbors International**
- **NAN (No to Alcoholism & Drug Addiction)**
- **Surgical Aid to Children of the World**
- **The Secretariat of Youth for Habitat International Network**

V – *Desarmamento*

- **Abolition 2000**
- **International Campaign To Ban Landmines**
- **International Center on Nonviolent Conflict (ICNC)**
- **NGO Committee on Disarmament**
- **Nuclear Age Peace Foundation**

VI – *Desenvolvimento Sustentado* (*sustainable development*)

- **Africa Club (for Integrated Development)**
- **African Development Institute (ADI)**
- **African Youth Network for Sustainable Development**
- **Association "for Sustainable Development"**
- **Association of New Alternatives of Development**
- **Catholic Agency for Overseas Development (CAFOD)**
- **Center for Sustainable Development in the Americas (CSDA)**
- **Centro para la Participación y el Desarrollo Humano Sostenible (CEPAD)**
- **Earth Charter**
- **Education With Enterprise Trust**
- **Good Neighbors International**
- **International Agency for Economic Development**
- **International Centre for Sustainable Cities (ICSC)**
- **International Institute for Sustainable Development (IISD)**
- **Institute for Development Research (IDR)**
- **Resources for the Future**
- **Society For International Development (SID)**
- **Sustainable Development Network**
- **Vienna International Community on Sustainable Development (VICOSD)**

Direito de Negócios – Dicionário Inglês-Português

VII – *Direitos da Mulher*

- Advancing Women
- African Women Empowerment Guild
- African Women Jurists Federation
- African Women´s Association
- African Women´s Development and Communications Network – FEMNET
- Agir pour les Femmes en Situation Précaire
- All China Womens´s Federation (ACWF)
- All India Women´s Conference (AIWC)
- Alliance for Arab Women
- American Medical Women's Association
- Asean Confederation of Women´s Organizations
- Asia-Pacific Forum on Women, Law and Development (APWLD)
- Asian Women in Cooperative Development Forum (AWCF)
- Asian Women´s Human Rights Council (AWHRC)
- Asian-Pacific Resource and Research for Women
- *Associação de Mulheres Contra a Violência (AMCV)*[103]
- Association Européenne Contre les Violences Faites aux Femmes au Travail (AVFT)
- Association Femme et Developpement
- Association pour la Défense des Droits de la Femme et de L'enfant (ADDFE)
- Association pour la Participation des Femmes au Développement
- Avance
- A Woman´s Voice International
- Black Women's Agenda, INC.
- Comisión Latinoamericana para la Defensa de los Derechos de la Mujer (CLADEM)
- European Union of Women (EUW)
- Feminist Majority Foundation
- Fondation Mondiale pour les Femmes
- Global Fund for Women (GFW)
- INFG – International Network for Girls
- Medical Women's International Association (MWIA)
- National Organization of Women (NOW)
- Open Society
- The League of Women Voters
- Third World Movement Against the Exploitation of Women
- Women´s Against Rape

---

[103] Uma NGO Portuguesa (Lisboa)

- **Women's Federation for World Peace**
- **Women Trafficking and Child Labour Eradication Foundation (WOTCLEF)**
- **World Young Women's Christian Association**

VIII – *Direitos Humanos*

- **Agir Ensemble pour les Droits de L'Homme**
- **American Civil Liberties Union (ACLU)**
- **Amnesty International**
- **American Humanist Association**
- **Anti-Racism Information Service (ARIS)**
- **Anti-Slavery International**
- **Arab Organization for Human Rights (AOHR)**
- **Asamblea Permanente por los Derechos Humanos (APDH)**
- **Asociación Negra de Defensa y Promoción de Derechos Humanos (ASONEDH)**
- **Association for the Prevention of Torture (APT)**
- **Center of Concern**
- **Center for Justice and International Law (CEJIL)**
- **Center for Victims of Torture**
- **Centro para la Investigación y Promoción de los Derechos Civiles (CIPDC)**
- **Centro de Investigación y Promoción de los Derechos Humanos (CIPRODEH)**
- **Coalition to Abolish Slavery and Trafficking (CAST)**
- **Comisión Ecuménica de Derechos Humanos (CEDHU)**
- **Committee to Protect Journalists (CPJ)**
- **China Society for Human Rights Studies (CSHRS)**
- **Infants du Monde – Droits de l'Homme (EMDH)**
- **Human Rights Watch (HRW)**
- **Human Rights Watch Americas**
- **IACERHRG (The International Association "CAUCASUS: Ethnic Relations, Human Rights, Geopolitics")**
- **Inter-American Center for Human Rights**
- **International Center for Human Rights and Democratic Development (ICHRDD)**
- **International Human Rights Law Group**
- **International Immigrants Foundation – International Cultures Mission**
- **Justice et Paix**
- **Open Society**
- **PEN International Writers Union – American Center**
- **Physicians for Human Rights (PHR)**

Direito de Negócios – Dicionário Inglês-Português

- *Pro Dignitate Foundation for Human Rights*[104]
- **Resource Center of the Americas**
- **Simon Wiesenthal Center**
- *Serviço Brasileiro de Justiça e Paz (SEJUP)*
- **Servicio Paz y Justicia, America Latina**
- **The International Society for Human Rights (ISHR-IGFM)**

IX – *Educação*

- **Academic and Professional Programs for the Americas (LASPAU)**
- **Academy for Educational Development (AED)**
- **African American Islamic Institute**
- **AIESEC/Student exchange**
- **American Educational Research Association (AERA)**
- **Association d'Alphabetisation**
- **Association for Childhood Education International (ACEI)**
- **Association for the Advancement of Education (AAE)**
- **Association of World Education**
- **Association Universelle Pour L'Esperanto**
- **Education With Enterprise Trust**
- **Education International**
- **European Federation for Intercultural Learning**
- **Global Education Associates**
- **International Council for Adult Education**
- **International Reading Association**
- **Partnership for Educational Revitalization in the Americas (PREAL)**
- **Pathways To Peace**
- **The Franklin and Eleanor Roosevelt Institute**
- **World Learning**

X – *Ética Social, Profissional e Deontologia*

- **American Humanist Association**
- **Arab Center for the Independence of the Judiciary and the Legal Profession (ACIJLP)**
- **Center for Cognitive Liberty and Ethics**
- **The Wyndom Foundation**
- **Transparency and Accountability Network (TAN)**

---

[104] Umà NGO Portuguesa (Lisboa)

XI – Família

- **Action Aide Aux Familles Démunies**
- **American Mothers**
- **Association for Assistance to Families with Disabled Children**
- **China Family Planning Association**
- **Family Action Foundation**
- **Family Health International**
- *Family Welfare in Brazil Civil Society (BEMFAM)*
- **Federation for Women and Family Planning**
- **Focus on the Family**
- **Low Income Families Together (LIFT)**
- **National Council on Family Relations**

XII – Leis, Advocacia e Assistência Jurídica

- **Academy of Criminal Justice Sciences (ACJS)**
- **Advocacy Institute**
- **Advocates for Youth**
- **African Canadian Legal Clinic (ACLC)**
- **Africa Legal Aid**
- **African Society of International and Comparative Law (ASICL)**
- **African Women Jurists Federation**
- **Al-Haq, Law in the Service of Man**
- **American Bar Association (ABA)**
- **American Foreign Law Association**
- **American Society of International Law (ASIL)**
- **Andean Commission of Jurists (ACJ)**
- **Arab Lawyers Union (ALU)**
- **Avocats sans Frontiéres France (ASF FRANCE)**
- **Center for Justice and International Law (CEJIL)**
- **Center for Development of International Law (CDIL)**
- **Environmental Law Institute (ELI)**
- **European Centre for Law and Justice**
- **Inter-American Bar Association**
- **International Association of Lawyers Against Nuclear Arms (IALANA)**
- **International Association of Penal Law (IAPL)**
- **International Center for Not-for-Profit Law**
- **International Law Institute**
- **The International Bar Association**

Direito de Negócios – Dicionário Inglês-Português

XIII – *Meio Ambiente e Ecologia*

- **Advisory Committee for the Protection of the Sea**
- **African Wildlife Foundation (AWF)**
- **Agir en Faveur de l'Environnment**
- **Air and Waste Management Association (AWMA)**
- **American Forest Foundation (AFF)**
- **American Forest and Paper Association (AF&PA)**
- **American Water Resources Association (AWRA)**
- **American Water Works Association (AWWA)**
- **Amigos de las Americas**
- **Asian Environmental Society**
- *Associação Brasileira de Recursos Hídricos (ABRH)*
- **Asociación Interamericana de Ingeniería Sanitaria y Ambiente (AIDIS)**
- **Association of State and Interstate Water Pollution Control Administrators (ASIWPCA)**
- **China Environmental Protection Foundation**
- **Consejo Nacional de Industriales Ecologistas (CONIECO)**
- *Cultura Ecológica (Brasil)*
- **Dogal Hayati Koruma Dernegi – Society for the Protection of Nature (Turquia)**
- **Earth Charter**
- **Earth Council**
- **Earth Network**
- **Earth Summit Watch**
- **Earth Times**
- *Ecological Youth of Angola (Angola)*
- **Ecotrust**
- **Energy and Environmental Research Center (EERC)**
- **Environmental Assessment Association (EAA)**
- **Environmental Development in the Third World (ENLF)**
- **Environmental Law Institute (ELI)**
- **Environmental Resources Management (ERM)**
- *Fundação Sos Mata Atlântica*
- **Global Environment & Technology Foundation**
- **Greenpeace International**
- **Ground Water Foundation**
- **INPE Environmental Geochemistry**
- **Instituto Nacional de Biodiversidad (INBIO)**
- **International Association for Impact Assessment (IAIA)**
- **International Centre for Sustainable Cities (ICSC)**
- **International Council for Local Environmental Initiatives (ICLEI)**

- **International Drought Information Center**
- **International Institute for Environment and Development (IIED)**
- **International Society of Tropical Foresters (ISTF)**
- **International Union for the Conservation of Nature and Natural Resources (IUCN)**
- **International Water Resources Association (IWRA)**
- **National Wildlife Federation (NWF)**
- **Nature Conservancy**
- **One World**
- **Population Environment Balance**
- *Plataforma Transgénicos Fora do Prato* [105]
- **Society for Conservation and Protection of Environment (SCOPE)**
- **State of the World Forum for Emerging Leaders**
- **The Healing Forest Conservancy**
- **The Oceanic Society**
- **Trust for Public Land**
- *Quercus – Associação Nacional de Conservação da Natureza* [106]
- **Wildlife Conservation Society (WCS)**
- **Wildlife Society**
- **World Conservation Monitoring Centre (WEC)**
- **World Environment Center (WEC)**
- **World Resources Institute (WRI)/ Center for International Development and Environment**
- **Worldwatch Institute**
- **World Water Council**
- **World Wildlife Fund (WWF)/Conservation Foundation**
- **Worldwide Fund for Nature (WWF)**

XIV – Money Laundry e Corrupção

- **Agence Algerienne de Lutte contre la Corruption (AACC)**
- **Association Against Money Laundering**
- **Crime Stoppers International (CSI)**
- **International Centre for Asset Recovery (ICAR)**
- **Standing Committee on Extortion and Bribery, ICC**
- **Probidad**
- **Transparency International (TI)**

---

[105] OGN Portuguesa, criada em 1999 para combate ao consumo de **Genetically Modified Organisms** ou **GMO**s

[106] Lisboa.

ONU – ORGANIZAÇÃO DAS NAÇÕES UNIDAS – Organograma Básico (*)

Conselho de Segurança (**) — **Assembleia Geral** — **Conselho Económico e Social** — **Secretariado** — **Conselho de Trustees** — **Tribunal Internacional de Justiça**

Principais Programas e Fundos:

- **UNCTAD** - United Nations Conference on Trade and Development
- **UNDCP** - United Nations Drug Control Programme
- **UNEP** - United Nations Environment Programme
- **UNICEF** - United Nations Children's Fund
- **UNDP** - United Nations Development Programme
  1. **UNIFEM** – United Nations Development Fund for Women
  2. **UNV** – United Nations Volunteers
  3. **UNCDF** - United Nations Capital Development Fund
- **UNFPA** - United Nations Population Fund
- **UNHCR** - Office of United Nations High Commissioner for Refugees
- **WFP** - World Food Programme
- **UNITAR** - United Nations Institute for Training and Research
- **UNRISD** - United Nations Research Institute for Social Development
- **INSTRAW** - International Research and Training Institute for Advancement of Women
- **OHCHR** - Office of the United Nations High Commissioner for Human Rights
- **UNAIDS** - Joint United Nations Programme on HVI / AIDS (SIDA)

Agências Especializadas:

- * **ILO** – International Labour Organization
- * **FAO** - Food and Agriculture Organization of the United Nations
- * **UNESCO** – United Nations Educational, Statistic, Scientific and Culture Organization
- * **WHO** - World Health Organization
- * **WORLD BANK GROUP** :
  1. **IBRD** - International Bank for Reconstruction and Development
  2. **IFC** - International Finance Corporation
  3. **MIGA** - Multilateral Investment Guarantee Agency
  4. **IDA** - International Development Association
  5. **ICSID** - International Centre for Settlement of Investment Disputes
- * **IMF** - International Monetary Fund
- * **ICAO** - International Civil Aviation Organization
- * **IMO** - Internacional Maritime Organization
- * **ITU** - International Telecommunications Union
- * **UPU** - Universal Postal Union
- * **UNIDO** - United Nations Industrial Development Organization
- * **WIPO** - World Intellectual Property Organization
- * **INFAD** - International Fund for Agricultural Develop.
- * **WMO** - World Meterologícal Organization

Comités e Comissões Sectoriais:

- Direitos Humanos
- Ciência e Tecnologia de Desenvolvimento
- Direitos das Mulheres
- Prevenção de Crime
- Sustainable Development
- Estatística
- Desenvolvimento Social, etc.

Comités e Comissões Regionais:

- Econ. Commission for Africa – **ECA**
- Econ. Commission for Asia and Pacific - **ESCAP**, etc.

Outras Organizações Relacionadas:

- * **WTO** – World Trade Organization
- * **IAEA** - International Atomic Energy Agency (***)

(*) Este mapa descreve apenas as instituições, fundos e programas de carácter social, desenvolvimento económico e financeiro . As setas em linha cheia, referem uma relação de supervisão directa ; as de linha tracejada, de apoio e coordenação.

(**) Sob a análise, fiscalização e Supervisão do Conselho de Segurança.

- U4 Utstein Anti-Corruption Resource Centre
- Zero-Corruption Coalition (ZCC)

XV – *Paz e Segurança Internacionais*

- **Abolition 2000**
- **Asian Buddhists Conference for Peace**
- **African Peace Network**
- **Bureau International de la Paix**
- **Canadian Voice of Women for Peace (VOW)**
- **Center For International Cooperation**
- **Fundación Oscar Arias para la Paz**
- **GCS (Global Cooperation Society) International**
- **Institute of World Affairs**
- **International Campaign To Ban Landmines**
- **Pathways To Peace**
- **Pax Christi International – Mouvement International pour la Paix**
- **Pax Romana (MIIC-ICMICA)**
- **Peace Brigades International (PBI)**
- **We the Peoples (A Peace Messenger Initiative)**
- **Women's Federation for World Peace**
- **The Lifebridge Foundation**
- **The World Peace Prayer Society**
- **The Wyndom Foundation**
- **U.S. Institute for Peace (USIP)**

XVI – *Populações (Minorias Étnicas. Emigrantes e Comunidades Indígenas)*

- **Action for Integrated Rural and Tribal Development Social Service (AIRTDS)**
- **ADALAH – Legal Center for Arab Minority Rights in Israel**
- **Asian Migrant Center (AMC)**
- **Coalition for Amazonian Peoples and Their Environment**
- **Conseil des Associations des Immigrés en Europe**
- **Fundación Maya (FUNMAYA)**
- **Inter-American Indian Institute**
- **International Organization of Indigenous Resource Development**
- **National Association for the Advancement of Colored People (NAACP)**
- **National Congress of American Indians (NCAI)**
- **Organización Negra Centroamericana (ONECA)**

Direito de Negócios – Dicionário Inglês-Português

- *Parlamento Indígena da América (Brasil)*
- *Sem Fronteiras: Conselho Indigenista Missionário (CIMI) (Brasil)*
- **Society for Threatened Peoples**
- **The Wittenberg Center for Alternative Resources**

XVII – *Recursos Humanos, Desenvolvimento Social e Humano*

- **Action pour le Developpement de L'Afrique à la Base**
- **African Business Round Table**
- *Associação Angolana de Actividades Sociais*
- **Association Femmes Enfants et Développement**
- **Association of Women Entrepreneurs of Small Scale Industries**
- **Centro de Relaciones Internacionales y Cooperación Internacional (CIDOB)**
- **German Agro Action (Deutsche Welthungerhilfe) (DWHH)**
- **Grassroots Organization Operating Together in Sisterhood (GROOTS)**
- **International Council on Social Welfare**
- **The Society for the Psychological Study of Social Issues (SPSSI)**
- **World Economic Forum**

XVIII – *Refugiados*

- **African Refugees Foundation**
- **American Refugee Committee (ARC)**
- **Association d'Aide aux Refugiés, Japon (AAR, JAPAN)**
- **Association of Refugees and Displaced Persons of the Republic of Bosnia--Herzegovina**
- **Association pour l'Étude du Probléme Mondial des Refugiés**
- **Episcopal Migration Ministries (EMM)**
- **Immigration & Refugee Services of America (IRSA)**
- **International Catholic Migration Commission (ICMC)**
- **International Organization for Migration (IOM)**
- **International Immigrants Foundation – International Cultures Mission**
- **Refugees International (RI)**

XIX –*Religião*

- **Africa Muslims Agency (AMA)**
- **Association Internationale Pour la Liberté Religieuse**
- **Buddah's Light International Association (BLIA)**

Direito de Negócios – Dicionário Inglês-Português

- Centre of the World Religions
- Fondation Bouddhiste Internationale
- Lutheran World Federation (LWF)
- The World Council of Independent Christian Churches
- World Muslim Congress

XX – _Resolução de Conflitos_

- Federation EIL, Worldwide Network of The Experiment in International Living
- Institute of World Affairs
- IACERHRG – (The International Association "CAUCASUS: Ethnic Relations, Human Rights, Geopolitics")
- Legacy International

XXI – _Saúde e Pesquisa Médica_

- Action Health Incorporated
- African Action on AIDS [107]
- Aging Research Center
- AIDS Information Switzerland (AIS) (SIDA, em português)
- Alan Guttmacher Institute (AGI)
- Albert Schweitzer Institute
- Alliance Nationale contre le SIDA (ANCS)
- All-Russian Society of Disabled People (ARSDP)
- American Medical Women's Association
- Association d'Aide aus Enfants Cancereux
- Association for Assistance to Families with Disabled Children
- Center for International Health and Cooperation (CIHC)
- Direct Relief International
- Disabled People´s International (DPI)
- Doctors of the World
- Doctors Without Borders/Médecins Sans Frontières (MSF)
- Global Network of People Living with HIV/AIDS
- Helen Keller International

---

[107] Como se sabe AIDS, **Acquired immune deficiency syndrome** ou **acquired immunodeficiency syndrome** corresponde em português a SIDA- **Síndrome de Imune-Deficiência Adquirida.**

Direito de Negócios – Dicionário Inglês-Português

- Interchurch Medical Assistance (IMA)
- International Committee of the Red Cross (ICRC)
- International Eye Foundation (IEF)
- International Medical Corps (IMC)
- National Institute of Health (NIH)
- Nurses Across the Borders – Humanitarian Initiative (NAB-HI)
- Surgical Aid to Children of the World

PAY

Lista de termos associados:

1. **payables** – *CO*. O mesmo que **accounts payable**;
2. **pay back** – *B*. Pagar dinheiro emprestado; compensar monetariamente;
3. **pay day** – 1. *MC. USA*. O mesmo que **settlement day**; 2. *UK*. O último dia para efectuar o pagamento de transacções efectuadas na Bolsa de Valores de Londres. *V.* **Settlement**.;
4. **payee** – Pessoa em cujo nome é feito o pagamento ou emitida uma **note**, **promissory note**, **bill of exchange** ou cheque;
5. **pay for** – *CR*. "Pagar" por crime cometido (cumprir pena de prisão, pagar uma multa, ser executado por crime de morte, etc.);
6. **paying agent** – *MC. B.* Banco responsável pelo pagamento de juros ou dividendos aos subscritores de uma emissão internacional de valores mobiliários;
7. **paying bank** – *B*. Banco sobre o qual um cheque foi emitido e por cujo pagamento é responsável, desde que a respectiva conta de depósitos tenha provisão suficiente;
8. **payout date** – *MC. B*. Data em que se efectua um pagamento periódico dos juros de uma Obrigação ou dividendos auferidos por uma Acção. Também designada por **distribution date**. *V.* **Dividends, Interest**;
9. **payroll accounts** – Registos individuais dos salários brutos e líquidos de cada operário ou funcionário, especificando os valores descontados, sua natureza, etc.; *V.* **Account**;
10. **pay to bearer** – *B. MC*. Cheque, título de câmbio ou valor mobiliário cujo capital, juros ou dividendos são pagáveis ao portador. *V.* **Bearer**;
11. **pay to order** – *B. MC*. Cheque, título de câmbio ou valor mobiliário cujo capital e/ou juros/dividendos são pagáveis apenas à pessoa ou entidade em cujo nome foi emitido ou endossado (ex: *Pay to Order of John Smith*); pagamento nominativo.

PPP – PUBLIC PRIVATE PARTNERSHIPS [108]

As PPP, como definido por Blake [109] refere uma *forma de cooperação económico-financeira entre autoridades públicas e operadores privados onde estes últimos fornecem meios para financiar, construir, assegurar a manutenção de serviços públicos (educação, saúde pública, transportes, abastecimento de água, gestão e processamento de resíduos, etc.) e as entidades públicas concedem as áreas e rede de saneamento necessárias à construção/edificação dos projectos ou prestação de serviços e fiscalizam a sua disciplina, controlo e bom desempenho.* As razões são conhecidas – boa parte dos Estados enfrenta uma crescente pressão de dois factores opostos mas convergentes:

- de um lado, a necessidade de prestar maior diversidade e qualidade de serviços às populações e público em geral; e
- de outro, as crescentes limitações orçamentais (**V. Budget**), com regras de controlo orçamental emanadas por entidades superiores[110].

Surgiu assim o conceito de *engenharia financeira* de promover o envolvimento do sector privado na prestação de serviços públicos, aos quais até então o acesso lhe estava vedado, permitindo deste modo o envolvimento dos operadores privados com as autoridades públicas numa relação com experiência acumulada[111]. Em muitas infra-estruturas promovidas por autoridades públicas, foram estabelecidos contratos de concessão ou de simples empreitada:

- alguns contratos de concessão (**V. Bid**) que requerem maior volume financeiro, levaram a projectos tipo **BOT – Build Operate and Transfer** (exemplo da *Ponte Vasco da Gama* e das *SCUTS*);
- outros, a transferência de gestão (ex. *hospital Amadora-Sintra*); e
- numa última alternativa, contratos de empreitada ou sub-empreitada pontuais, com algumas naturais e conhecidas limitações[112].

De uma ou outra forma, a experiênca levou a uma interessante partilha dos riscos dos projectos, em duas perspectivas:

1. as autoridades públicas asseguravam a boa e devida continuidade da construção e operação das infra-estruturas e gestão da prestação de serviços públicos essenciais; e

---

[108] Capítulo elaborado pelo Sr. Dr. Jorge Humberto Fernandes Mota.

[109] Blake, Nick, ***Pros and cons of Public Private Partnerships: increasingly governments are using Public Private Partnership (PPPs) to finance public infrastructure projec***ts" Australian Nursing Journal 11(8: 15), Australian Nursing Federation, Março de 2004.

[110] No caso de Portugal, é o caso do ***PEC- Pacto de Estabilidade e Crescimento.***

[111] *"Governments have many mechanisms for providing public goods and services, from direct delivery to "outsourcing" to franchised delivery through private monopoly. Many of these mechanisms involved partnerships with the private or nonprofit sector (...)",* (Forrer, John (2002), ***"Private finance initiative: a better public-private partnership?"***, *The Public Manager*, Junho).

[112] Em não poucos casos, a falta de liquidez de empreiteiros e sub-empreireiros (Portugal, Grécia, México, Brasil e Polónia) pelo atrasos de pagamento por parte do próprio Estado ou autarquia levou à paragem e não conclusão de diversas obras públicas, como se sabe.

Direito de Negócios – Dicionário Inglês-Português

2. os operadores económicos tinham a oportunidade de explorar e alargar a sua actividade a novos mercados.

Mas, para que este mecanismo funcione, parece ser essencial:

- o compromisso das partes quanto à concepção, montagem e operação do projecto em causa; e
- que seja criada uma base legal segura e de certa forma padronizada (tipo "*Lei de Bases*") que regule o relacionamento entre as partes.

Deixando de lado por não caberam no contexto deste Dicionário, alguns dos temas mais académicos como por exemplo as diferenças entre privatizações e PPPs, os PPPs e a divisão de lucros (**profit sharing**), etc, interessará antes enfatizar que estas:

- têm na sua base, o estabelecimento de uma parceria, em que se conjugam as possíveis sinergias das partes envolvidas ("*the sum is greater than the parts*");
- se estendem a áreas de actividade económica até então da exclusiva responsabilidade das autoridades públicas;
- devem ser realizadas, quando se provar que a sua utilização promove eficiência[113] e lucro (*value for money* – **VFM**)).
- para que se possa avaliar a eficiência e os possíveis ganhos das PPPs relativamente à contratação tradicional, pode ser construído um Comparador do Sector Público (CSP ou *Public Sector Comparator* (PSC)) que "*describes in detail all costs if the project was procured directly by the public sector*"[114].

Quanto a uma análise das vantagens, desvantagens e obstáculos que se apresentam às PPPs:

I – Vantagens

- São uma forma de "contornar" as restrições orçamentais e de endividamento que os Estados actualmente enfrentam, permitindo retirar alguma pressão sobre os seus Orçamentos;
- Evitam a consolidação do crescimento da dívida pública (**public debt**) causada pelos projectos correspondentes;

---

[113] "*Public-private partnerships (PPPs) combine the deployment of private sector capital and, sometimes, public sector capital to improve public services or the management of public sector assets. By focusing on public service outputs, they offer a more sophisticated and cost-effective approach to the management of risk by the public sector than is generally achieved by traditional input-based public sector procurement*" (Gerrard, Michael B. (2001), "**What are public-private partnerships, and how do they differ from privatizations?**", Finance & Development – A quarterly magazine of the IMF 38(3), Setembro).

[114] Akintoye, A., M. Beck e C. Hardcastle (2003), "**Public-Private Partnerships: Managing Risks and Opportunities**", Blackwell Science, p.127

- Permitem aumentar o número de projectos e iniciativas públicas; ou seja, com a mesma dotação orçamental poder ser possível conceber e lançar mais projectos de interesse público;
- Melhoria da eficiência e da eficácia através de:
  a. Inovação;
  b. Optimização dos custos
  c. Melhor uso dos recursos (infra-estruturas);
  d. Optimização da partilha de responsabilidades entre o sector público e o sector privado;
- Permitem a transferência da quase totalidade do risco do projecto para o sector privado;

Ou seja e em linhas mais gerais:

1. Redução do custo total ao longo da vida dos Activos. Existindo uma combinação de funções e tarefas da responsabilidade do sector privado associado (ex. **design**, a construção e o financiamento das infra-estruturas), o Estado tende a preocupar-se menos com os custos de curto prazo e mais com o facto da construção ser adequada, duradoura, de qualidade e os serviços pontual e qualitativamente prestados;
2. Propicia-se um aumento da autonomia dos serviços a prestar;
3. A responsabilidade passa a ser bi-compartilhada por investidores privados e pelo sector público, dando maior visibilidade perante o público em geral; **V. Corporate Governance**; e
4. Criação adicional de rendimento – devido à maior capacidade de inovação e ao dinamismo comercial do sector privado, na tentativa de captarem novos clientes, as entidades privadas tentam inovar procurando serviços adicionais e facultativos que geralmente trazem maior valor acrescentado. Pode entretanto levar à **over-commercialization**, como se indica abaixo.

II – Desvantagens

- Risco de incumprimento dos prazos e de diminuição dos padrões de qualidade dos serviços;
- Risco de omissão de detalhes de construção e conservação ou de refazer padrões de serviços, o que mais tarde vem a onerar fortemente o projecto em si mesmo;
- Risco de incompatilidades entre a mentalidade e sistemas burocráticos dos gestores e funcionários públicos e os gestores privados da PPP em análise[115];

---

[115] O que em Portugal já deu alguns exemplos menos agradáveis, como se sabe.

Direito de Negócios – Dicionário Inglês-Português

- Implica e exige:
  - o Maiores custos financeiros;
  - o Estabilidade política a longo prazo.
  - o Não deixa de ser referido que, em alguns casos, os projectos PPPs custam mais do que se fossem executados através do método tradicional, já que o Estado tem que assegurar os lucros das entidades privadas para que existam participantes nos concursos públicos que envolvem custos elevados;
  - o Alguma dificuldade na experiência nacional no sector público para organizar, negociar e contratar este novo tipo de concursos;
  - o Na tentativa de regulamentar exaustivamente as situações emergentes, limita-se por vezes a liberdade de iniciativa e de mudança da entidade;
  - o Dificuldades operacionais. Exemplo: os bancos e instituições financeiras obviamente querem manter os seus clientes na expectativa de lucros quando realizam PPPs, mas quando é necessário eventualmente refinanciar um PPP devem comunicar esse refinanciamento à entidade pública e, esta deveria em princípio, beneficiar da parte dos lucros correspondentes, o que não tem ocorrido;

De referir ainda que as vantagens e desvantagens das PPPs foram objecto de um óptimo *research survey* de 2005[116] que identificou:

1. quatro vantagens:
   a. *better project technology and economy*;
   b. *greater benefit to the public*;
   c. *public sector avoidance of regulatory and financial constraints*; e
   d. *public saving in transaction cost"*;
2. três desvantagens:
   a. *inexperience of the public and private sectors*;
   b. *the over-commercialisation of projects*; e
   c. *high participation cost and time for participant"*.

Acrescentaríamos do nosso lado quanto às desvantagens: **political uncertainty and corresponding lack of discipline**.

III – Obstáculos

Identificam-se três grupos:

1. **Estruturais** – frequentes as vezes que se tem que proceder à revisão das competências das entidades públicas (a nivel nacional, autárquico e institucional) que participam na cooperação e gestão de uma PPP;

---

[116] Li, Bing, A. Akintoye, P. J. Edwards e C. Hardcastle (2005), *"Perceptions of positive and negative factors influencing the attractiveness of PPP/PFI procurement for construction projects in the UK: Findings from a questionnaire survey"*, Engineering, Construction and Architectural Management 12(2): 125-148.

2. **Legais e Judiciais** – bastará notar a frequência com que hoje em dia em Portugal, a acção ou actividade de um projecto são paralizadas por força de medidas cautelares (ex. *obras no Marquês do Pombal, encerramento de matermidades,* etc.); e
3. **Políticos** – existem ainda muitos estratos e sectores da sociedade civil portuguesa que se mostram ainda algo adversos à participação de entidades privadas em sectores fundamentais da vida social. Factor a que o calendário eleitoral (períodos de eleições obrigatórias) e eventuais mudanças de controlo partidário não são alheias. Mas "por outro lado, *há quem tema que as PPP se tornem um factor de distorção das decisões públicas de financiamento, privilegiando projectos que possam oferecer uma maior rentabilidade e/ou maior desorçamentação a curto prazo, em detrimento de projectos mais urgentes sob o ponto de vista social* (...)"[117].

Uma última palavra para acrescentar que apesar das vantagens e da iniciativa política demonstrada em 2001-2002, quanto a se colocar em marcha um plano de PPP's na área da saúde a nível nacional (objectivando requalificar num curto período de tempo um elevado número de equipamentos hospitalares), o referido plano não teve a concretização desejada. Ao contrário, alguns dos projectos que inicialmente teriam sido pensados numa base de PPP's, passaram a assumir formas de **BOT's**, o que acaba por não supreender.

PRISONERS´ DILEMMA

Como se disse no texto do Dicionário consiste no cálculo estatístico de probabilidades usado para determinar o grau de punição de empresas acusadas conjuntamente de práticas ilegais ou irregulares.

Base do raciocínio – duas empresas sem terem qualquer espécie de controlo de capital entre si ou associação de negócios, violaram a lei e são passíveis de pesadas multas ou mesmo da prisão dos seus directores. Há duas hipóteses básicas (confissão ou não confissão de culpa) e três sub-hipóteses complementares (confissão ou não confissão conjunta ou individual).

Sub-hipótese nº1 – Ambas as empresas confessam. Multa provável e individual: US$6 milhões. Total: **US$12 milhões.**

Sub-hipótese nº 2 – A empresa A confessa e a empresa B não confessa ou vice-versa. Multa provável: US$1 milhão para a empresa que confessou, US$6 milhões para a empresa que não confessou. Total: **US$7 milhões**. De salientar que o factor comparativo

---

[117] Amaro, João Pontes (2004), *"Modelos de Parcerias Público-Privadas"*, in Manual Prático de Parcerias Público Privadas, Segurado, N., Albuquerque, P., Paixão, R., NPF – Pesquisa e Formação: 101-126, p. 117).

Direito de Negócios – Dicionário Inglês-Português

aplicado pela autoridade monetária (a confissão de uma das empresas arguidas e a não confissão da outra) tende sempre a atenuar a punição da outra;

Sub-hipótese nº 3 – Ambas as empresas negam. Multa individual. US$5 milhões. Total: **US$10 milhões**.

Pode parecer um paradoxo mas estatisticamente tem sido comprovado que a entidade pública fiscalizadora do meio ambiente ou do mercado de capitais quer claramente no 1º caso dar um severo e imediato exemplo, enquanto que no 3º caso (não confissão) a discussão judicial prolongada, argumentação técnica e suas possíveis dúvidas e atenuantes têm levado a uma menor punição global.

Conclusão: um dilema:
1. Ainda que individualmente a confissão por apenas uma empresa, resulta numa menor multa total (Sub-hipótese n.º 2);
2. no caso de ambas,
   a. se as duas empresas confessam, acabam por ter maior impacto penalizador na Sub-hipótese n.º 1 (confissão conjunta)
   b. do que na Sub-hipótese n.º 3 (não admissão conjunta de culpa).

E quanto à prisão dos directores e gestores, a lógica punitiva tem sido basicamente a mesma.

PROJECT COMPLETION DATE (FINANCIAL COMPLETION)

"o termo "Data de Conclusão Financeira do Projecto" (**Project Financial Completion Date)** significa, após o Banco ter declarado a Conclusão Financeira do Projecto, o último dia do mês no qual os seguintes requisitos tiverem sido cabal e totalmente cumpridos:

(A) a Empresa tiver entregue ao Banco (i) uma notificação assinada pelo seu legítimo representante (e a que se anexaram todos os dados relevantes) relativa ao período de … trimestres consecutivos; e o relatório de um auditor independente aceitável para o Banco, que certifiquem que durante esse período:
   (1) a média do **working capital** da Empresa ao final de cada trimestre não foi inferior a …….. Euros (€……….);
   (2) o resultado líquido de vendas (**net sales)** não foi inferior a …….. Euros (€……….);
   (3) os seguintes rácios financeiros foram cumpridos:
      (i) um **Debt Service Coverage Ratio** de……;
      (ii) um **Long-Term Debt to Equity Ratio** de …..;
      (iii) (…)

(B) não ocorreu nem ocorre qualquer incumprimento contratual (**event of default**); e

(C) o Banco enviou uma comunicação escrita à Empresa confirmando o recebimento da notificação da Empresa e que a informação nela contida foi aceite por aquele."

REASONABLE

Como se disse no corpo do Dicionário, juntamente com **Fair** e **Common**, **Reasonable** é um dos conceitos mais amplos e complexos do Direito Anglo-Saxónico. Lista de alguns termos:

1. **reasonable act** – Acto que se espera seja praticado por uma pessoa ponderada e de bom senso de acordo com as circunstâncias ou dados específicos da situação;

2. **reasonable and probable cause** – *CR.* Os factos que podem justificada e razoavelmente levar uma pessoa a suspeitar que outra cometeu um crime e, por tal motivo, prendê-la;

3. **reasonable belief** – *CR.* O mesmo que **reasonable and probable cause**;

4. **reasonable care** – O grau de cuidado que um **reasonable man** exerceria na circunstância/situação em análise; **V. Care**;

5. **reasonable cause** – *DP. CR.* Motivo que pode levar uma autoridade a dar ordem de prisão sem mandado judicial; pressupõe evidência clara de factos que levantam a forte suspeita (i) de que um crime foi praticado; e (ii) que o arguido o praticou;

6. **reasonable doubt** – *USA. DP.* Qualquer dúvida de um membro de um **jury** ou do juiz relativamente a falha ou falta de provas, desde que essa dúvida não seja exagerada ou descabida e sim levantada por alguém medianamente inteligente e honesto. Como bem se definiu em *US Versus Chas. Pfizer & Co, Inc, "dúvida que leve um homem prudente a hesitar antes de tomar uma decisão no seu próprio interesse"*;

7. **reasonable force** – *USA. DP.* Grau de força física ou armada apropriada, justificada e absolutamente necessária para garantir o cumprimento da lei ou evitar a prática de um crime;

8. **reasonable grounds** – De forma razoável, provável, lógica, baseada em bons e sólidos argumentos;

9. **reasonable man doctrine** – Procedimento padrão, procedimento que seria de esperar por parte de uma pessoa sensata, prudente, de boa fé e mediana inteligência (de certa forma equivalente ao *bom pai de família*);

10. **reasonable notice** – *DP.* Notificação ou comunicação escrita transmitida com razoável antecedência e contendo a informação necessária para que a pessoa notificada possa usar os meios contratuais ou legais adequados na defesa dos seus interesses ou cumprimento das suas obrigações;

MAPA ESTRATÉGICO analítico

Nome da Empresa: NormaOffice

Período do BSC: Janeiro 2008 a ...

Nº	Objectivo Estratégico	Indicadores	Métrica	Meta para o ano 2008	1.º Trim.	2.º Trim.	3.º Trim.	4.º Trim.	Acções / Iniciativas	Responsável
FINANÇAS										
F1	Maximizar o lucro do negócio	ROI - *Return On Investment*	ROI = Resultados líquidos / Activo LíquidoTotal	8%	8%	8%	8%	8%	Implementação do controlo de gestão interno	Direcção Financeira
F2	Aumento da Margem Bruta das vendas	% de crescimento das Margens Bruta das Vendas	(Margens Bruta das Vendas - Ano n / Margens Bruta das Vendas - Ano n - 1 - 1) × 100	15%	15%	15%	15%	15%	Implementação controlo de gestao interno; optimização da negociação de preços a montante	Direcção Comercial
F3	Melhoria da actividade comercial e estrutura de custos	Variação % Custos Fixos Operacionais / Vendas	((Custos Fixos Operacionais - Ano n / Vendas - Ano n) / (Custos Fixos Operacionais - Ano n-1 / Vendas - Ano n-1) - 1) × 100	-10%	-10%	-10%	-10%	-10%	Implementação do orçamento anual e controlo efectivo dos custos e respectivos desvios	Direcção Financeira
CLIENTES										
C4	Retenção de clientes	Nº de clientes que deixaram de adquirir os nossos produtos	N.º de clientes	0	0	0	0	0	Acompanhamento dos clientes	Direcção Comercial
C5	Crescimento da base de clientes de média e grande dimensão	% de vendas a clientes de média e grande dimensão	(Vendas de clientes de média e grande dimensão / Vendas totais) x 100	60%	60%	60%	60%	60%	Acompanhamento das Vendas / clientes	Direcção Comercial
C6	Consolidar posicionamento de credibilidade técnica e de serviço junto dos clientes	Índice de satisfação	85% das respostas de índice de satisfação "elevado"	85%	85%	85%	85%	85%	Implementar questionario de satisfação a clientes e entrevistas	Direcção Comercial
PROCESSOS INTERNOS										
P7	Cumprimento dos prazos de entrega	N.º de dias entre data de encomenda e data de entrega	Data de entrega efectiva - Data da encomenda	1 dia	1 dia	1 dia	1 dia	1 dia	Implementar controlo de n.º de dias de entrega	Direcção de Logística
P8	Aumentar o número de serviços oferecidos	Novos serviços introduzidos	Numero de novos serviços introduzidos	8,00	2,00	2,00	2,00	2,00	Implementar oferta de serviços mais alargada	Direcção Comercial
P9	Melhorar a gestão de stock	Prazo médio de retenção de existências (dias)	(Saldo de Existências / Custo das mercadorias vendidas)*365	30 dias	30 dias	30 dias	30 dias	30 dias	Controlo de stocks	Direcção de Logística
APRENDIZAGEM E CONHECIMENTO										
A10	Competências técnicas e "skills" da equipa de vendas (conhecimento do produto vs concorrência e mercado)	Nº de horas médio de formação técnica anual (horas) *per capita*	Média Anual (Horas de formaçao / n.º colaboradores)	40 horas / colaborador	10 horas / colab	20 horas / colab	30 horas / colab	40 horas / colab	Levantamento de necessidades de formação internas e implementação de plano de formaçao	Direcção de Recursos Humanos
		Feed-back do cliente sobre a equipa de vendas	85% das respostas de indice de satisfação "nivel 5"	85%	85%	85%	85%	85%	Implementar questionario de satisfação a clientes e entrevista (escala de 0 a 5)	Direcção Comercial
A11	Antecipar as necessidades dos mercados-alvo	Tempo dispendido com os clientes para identificar as suas necessidades (horas/mês)	Horas dispendidas / mês	400 horas	100 horas	100 horas	100 horas	100 horas	Reforço das visitas a clientes	Direcção Comercial
A12	Gestão eficiente da equipa de vendas	Média Anual de Vendas por vendedor	Média anual (Vendas / n.º vendedores)	20.000 € /vendedor	5.000 € /vend	10.000 € /vend	15.000 € /vend	20.000 € /vend	Implementação de Controlo de vendas por vendedor (relatorio de vendas)	Direcção Comercial
		Desvio face a objectivos de vendas definidos para cada vendedor	((Vendas Efectivas - Objectivo de vendas) / objectivo de vendas) x 100	10%	10%	10%	10%	10%	Implementação de Controlo de vendas por vendedor (relatorio de vendas)	Direcção Comercial
		Taxa de sucesso / concretização de "prospects" / concursos (orçamentos realizados)	(N.º de propostas apresentadas / N.º de adjudicações) x 100	90%	90%	90%	90%	90%	Implementação de Controlo de propostas adjudicadas	Direcção Comercial

11. **reasonable suspicion** – O mesmo que **reasonable** e **probable cause**;
12. **reasonable time** – Período de tempo razoável que permita a alguém cumprir as suas obrigações contratuais ou legais.

RETURN ON INVESTMENT (ROI)

Análise da rentabilidade média de um investimento obtida ao calcular:

Critério A:

$$ROI = Capital\ Turnover \times Margin\ as\ a\ percentage\ of\ sales$$

em que,

ROI	**Return on Investment** a ser calculado;
Capital Turnover	**Índice de Rotação de Capital**: Rácio entre o **capital usado** (**Capital Employed**) para vendas e o **valor bruto das vendas** (**Gross Sales**) por ele geradas;
Percentage of Sales	**Percentagem do Lucro nas Vendas**: Rácio entre o **Lucro Líquido** (**net profit**) e **o produto de vendas** obtido durante o período de cálculo;

Critério B:

$$ROI = \frac{Sales}{Capital\ Employed} \times \frac{Net\ Profit}{Sales}$$

em que,

ROI	**Return on Investment** a ser calculado;
Capital Employed	**Capital usado para vendas** durante o período de cálculo. Pode consistir alternativamente:
	i. no Total de Activos (**Total Assets**);
	ii. no Total de Activos (**Total Assets**) menos Dívida a Curto Prazo (**Current Liabilities** ou **Short-term Debt**); ou apenas
	iii. na **Shareholders´ Equity**.
Net Profit	**V. Definição própria;** e
Sales	**Volume de vendas** efectuadas durante o período de cálculo.

SALES

Principais termos:

1. **sale at best** – Venda ao melhor preço possível;
2. **sale by auction** – Venda por hasta pública ou leilão; *V.* **Auction;**
3. **sale by instalments** – Venda a prestações; *V.* **Instalment;**
4. **sale by sample** – Venda com base em amostra; *V.* **Sample;**
5. **net sales** – Resultado líquido de vendas, ou seja, após terem sido deduzidos os custos de produção e impostos incidentes;
6. **sale contract** – Contrato de venda. Também usado **sale and purchase agreement;**
7. **sale by weight** – Venda a peso;
8. **sale fees** / **sale charges** – Despesas de vendas;
9. **sale for cash** – Venda a dinheiro;

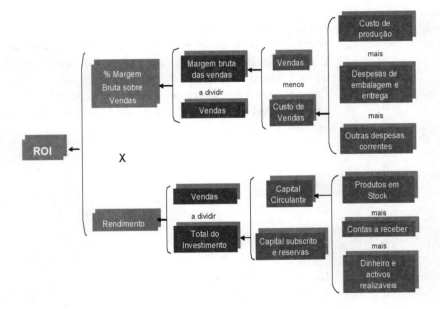

Esquema de cálculo do *ROI* – Método DuPond

10. **sale for future delivery** – Venda para entrega futura;
11. **sale on commission** – Venda à comissão; venda efectuada por um terceiro que recebe uma comissão pela sua intermediação;
12. **sale on credit** – Venda a crédito;

13. **sale on return** – Venda à consignação;
14. **sales agency** – Empresa que promove as vendas dos produtos ou serviços de outra empresa;
15. **sale under cost** – Venda a preço abaixo do custo;
16. **sales force** – Equipa de vendas, departamento de vendas e de promoção de vendas (através de estrutura interna ou externa) de uma empresa;
17. **sales forecasting** – Previsão/antecipação de vendas;
18. **salesman** – Vendedor;
19. **sales proceeds** – Receitas de vendas;
20. **sales tax** – *DF.* Imposto sobre vendas/consumo; o equivalente ao IVA. *V.* **Tax**.

SCORECARD (BALANCED) [118]

Como se disse no corpo do Dicionário, o **Balanced Scorecard** foi desenvolvido por *Kaplan* e *Norton* em 1992, tendo sido revisto em publicações posteriores. O seu objectivo era claro – *"proporcionar aos administradores das empresas um amplo sistema que traduza a visão e a estratégia da empresa, através de um conjunto de indicadores de actuação".*

O modelo assenta assim na ideia de que numa empresa, a simples análise exclusiva de rácios (**V. Ratios**) e indicadores financeiros não permite ter uma visão estratégica e dinâmica da empresa mas apenas uma visão curta do presente ou quanto muito, algo estática. Neste sentido, o **Balanced Scorecard** caracteriza-se por:

a. Transformar a missão e a estratégia em objectivos e indicadores organizados em quatro perspectivas equilibradas: **Financeira, Clientes, Processos Internos e Conhecimentos e Aprendizagem**;

b. Proporcionar uma *estrutura e linguagem* que comunique a estratégia a toda a empresa;

c. Apresentar num simples documento, uma série de indicadores que fornecem uma visão completa do desempenho da Empresa bem como as *causas e consequências* do êxito presente e futuro;

d. Dar ênfase à prossecução dos objectivos financeiros e *incluir os indutores de acção* para os alcançar, ou seja, reflectindo o investimento nas restantes perspectivas.

Tentámos sintetizar o que acima fica dito, no esquema abaixo:

O **Balanced Scorecard** ao utilizar Mapas Estratégicos (**Roadmap**) traduz a estratégia em termos operacionais, estabelecendo *relações de causa-efeito* entre os objectivos delineados para cada perspectiva.

Apresentamos abaixo um exemplo desenvolvido para uma empresa comercial cuja estratégia está orientada para:

---

[118] Tema desenvolvido pelos Drs. Lucinda Dias Fernandes dos Santos e Jorge Humberto Fernandes Mota.

i. **Aumento das receitas**, com base no aumento do número de operações com os clientes actuais e na busca de novos clientes de média e grande dimensão;
ii. **Melhoria da Produtividade**, baseada na eficiência e na qualidade do serviço.

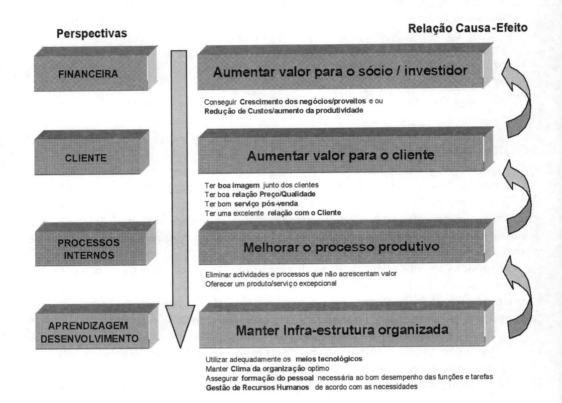

Esquema de construção do *Balanced Scorecard*

Paralelamente ao **Roadmap**, neste exemplo foi construído um Mapa Estratégico analítico, no qual são detalhados os objectivos definidos para cada perspectiva. Constitui uma ferramenta de operacionalização do **Roadmap**, uma vez que no mesmo, são definidos para cada objectivo:
- o *indicador* a utilizar e a respectiva *métrica*;
- a *quantificação do objectivo*;
- o *período de controlo* (ex. mensal, trimestral, etc.);
- as *iniciativas a desenvolver* para cumprimento do objectivo (plano de acções);
- a designação do *responsável* pelo controlo do objectivo e cumprimento do plano de acções.

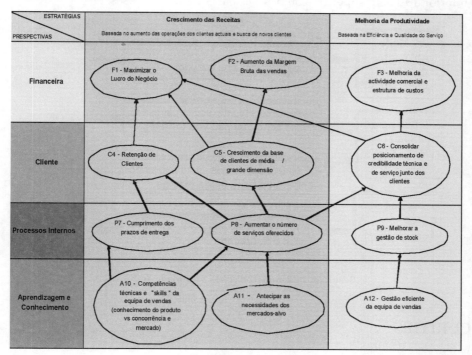

Exemplo de Mapa Estratégico – *Roadmap*

A experiência na implementação do **Balanced Scorecard** pode ser sintetizada no esquema seguinte:

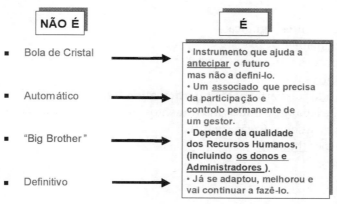

Esquema-síntese do que é e não é o BSC

Direito de Negócios – Dicionário Inglês-Português

Por último, apresentamos as reacções às apresentações a PMEs de programas Scorecard, reveladas por inquérito de 2005 [119] que representou um rastreio de um grupo não inferior a 10 nem superior a 50 pessoas em cerca de 63 países:

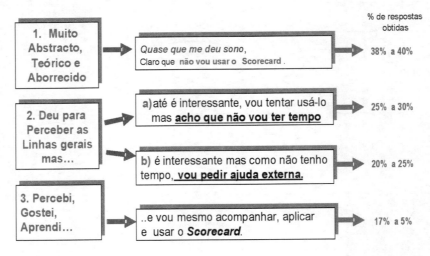

Resultados de inquérito sobre a utilidade do BSC

SECURITIES

Como se disse no verbete próprio, o conceito de "**Securities**" como sinónimo de valores mobiliários, é muito amplo. A lista abaixo, além de ser exemplificativa, destina-se a contrato de corretagem de valores mobiliários. Outros contratos (ex. contratos de futuros, **hedging, escrow accounts, investment funds**, etc.) poderão exigir maior ou menor precisão de conceitos.

"o termo **Securities** significa:
- Acções **(shares)**;
- Participações de Capital **(stocks)**;
- **Debentures**;
- Certificados de participação (**participation term certificates)**;
- **bills of exchange** e outros instrumentos similares, negociáveis em mercado;
- Títulos de tesouro **(treasury bills)**;
- Obrigações **(bonds)**;
- **Warrants;**

---

[119] *Overseas Data Group*, Londres, Janeiro de 2006.

- Opções (**Options**) e valores mobiliários resultantes do seu exercício, incluindo outras Opções;
- Instrumentos que constituam garantias reais (**liens**) sobre Activos (**assets**); instrumentos de confissão de dívida (**debt**) e demais documentos passíveis de serem negociados em bolsas de valores (**stock exchanges**) ou por outra forma admitida por lei".

SHAREHOLDERS´ EQUITY

"o termo "Capital Social" (**Shareholders´ Equity**) significa o somatório, à data do respectivo cálculo:
- (i) do valor subscrito e pago (ou contabilizado como tal) das Acções (**shares**) ou quotas (**stock**) do **capital** da Empresa;
- (ii) o valor das reservas (**reserves**) da Empresa; mas após deduzir deste somatório:
  - (A) quaisquer quantias contabilizadas e devidamente alocadas em separado que se destinam a **dividends** e impostos (**taxation**) ou classificadas como **goodwill** ou outros **intangible assets**; e
  - (B) qualquer saldo devedor na conta de lucros e prejuízos (**profit and loss account**) e de valores da desvalorização (**impairmen**t) do capital e subscrito e pago da Empresa";

SHORT

Alguns termos derivados:

1. **shortage** – O mesmo que **scarcity**;
2. **short bills** – *DC*. Títulos de crédito com vencimento a trinta dias;
3. **shortcoming** – Insuficiência, deficiência, falha, incapacidade;
4. **short covering** – *MC*. Compra de valores mobiliários para cobrir uma venda a descoberto; **V. Securities;**
5. **short delivery** – *DC*. Entrega de mercadoria quantitativamente inferior à encomendada ou à que consta da documentação que a acompanha;
6. **shorthand** – Estenografia, taquigrafia;
7. **short-run** – *EC*. Período curto de tempo que não permite a uma empresa alterar todos os factores de produção;
8. **short-run profits** – Lucros temporários, a curto prazo. *V.* **Profits;**
9. **short-run elasticity of demand** – *EC*. Percentagem na mudança de procura de bens e serviços provocada, a curto prazo, por alterações de um por cento (1%) nos respectivos preços. *V.* **Demand, Long Term Elasticity of Demand;**

10. **short-run elasticity of supply** – *EC*. Percentagem na mudança de oferta de bens e serviços provocada, a curto prazo, por alterações de um por cento (1%) nos respectivos preços. *V.* **Supply**;
11. **short-run equilibrium** – *EC*. Equilíbrio económico a curto prazo de uma empresa quando a sua produção durante esse período manteve sem aumento, os respectivos custos;
12. **short-selling** – *MC*. Compra e venda do mesmo valor mobiliário numa operação a curto prazo para tirar partido de esperadas flutuações em Bolsa (cotação em baixa seguida de alta):

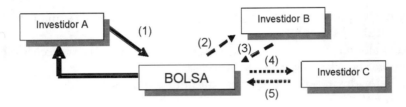

(1) O investidor A acredita que as cotações das Acções da Empresa X, (actualmente a €10), vão cair temporariamente. Pede emprestado ao seu corrector 100 Acções daquela empresa para vendê-las na Bolsa e coloca simultaneamente uma ordem de recompra quando a cotação chegar a €5 por Acção;
(2) O investidor B compra as Acções a €10 (ou seja, num total de €1.000); Investidor A recebe o preço de venda;
(3) Como tinha sido antecipado pelo investidor A, as cotações começam a cair. Quando chegam a €7.50, o investidor B manda vender. O investidor C compra e paga. O investidor B perde €2.50 por Acção;
(4) As cotações continuam a baixar e chegam a €5. O investidor C manda vender com receio que desçam mais ainda. Perde €2.50 por Acção;
(5) O investidor A efectiva a sua oferta de recompra, paga €5.00 e devolve as 100 Acções ao corrector. Lucra €5.00 por Acção.

SMALL and MEDIUM-SIZED ENTERPRISES (SMSE´s)

Atendendo ao lado indissociável das características macro-económicas, de desenvolvimento regional e de estrutura empresarial resultante das conjunturas sociais e económicas de cada país, os conceitos de **SMSEs** obviamente diferem de caso para caso. Os EUA e Reino Unido não são excepção e tanto quanto sabemos, só a União Europeia tem sistematicamente proposto uma política unificadora para os seus Estados membros. De uma forma geral, os critérios qualificativos são mistos:
• valores máximos de (i) **total dos activos líquidos** e (ii) **número de trabalhadores**;

- (i) **volume máximo anual de negócios** (bruto ou líquido) e (ii) **número máximo de trabalhadores**;
- a combinação dos três critérios (1. **total dos activos liquidos**; 2. **número de trabalhadores** e 3. **volume de negócios anual**).
- A que é adicionado normalmente um **critério de independência**, ou seja, que a empresa em causa não tenha mais do que uma certa percentagem do seu capital detido directa ou indirectamente por quaisquer entidades públicas, instituições financeiras, companhias de seguros ou empresas privadas de grande porte.

Vejamos agora alguns casos individuais:

I. Reino Unido [120]

UK	N.º trabalhadores	Volume de Negócios	Total dos activos Liquidos
Small company	< 50	≤ £ 5.6 Milhões	≤ £ 2.8 Milhões
Medium-sized company	< 250	≤ £ 22.8 Milhões	≤ £ 11,4 Milhões

Este critério não é uniformemente aplicado, havendo estatutos específicos (sectoriais) para a Escócia e País de Gales que mudam em média a cada dois anos. A regulamentação dispõe ainda que, em média, não mais de 15% do capital deste tipo de empresas pode ser detido directa ou indirectamente por quaisquer entidades públicas, bancos ou instituições financeiras ou conglomerados económicos de grande porte.

II. União Europeia [121]

UNIÃO EUROPEIA	N.º trabalhadores	Volume de Negócios	Total dos Activos Liquidos
Medium-sized enterprise	< 250	≤ 50 Milhões Euros	≤ 43 Milhões Euros
Small enterprise	< 50	≤ 10 Milhões Euros	≤ 10 Milhões Euros
Microenterprise	< 10	≤ 2 Milhões Euros	≤ 2 Milhões Euros

A Comissão Europeia recomenda (mas não obriga) aos Estados-Membros, ao BEI (Banco Europeu de Investimento) e ao FEI (Fundo Europeu de Investimento) que apliquem uma definição comum de micro, pequenas e médias empresas. Em contrapartida,

---

[120] Fonte: *"The Companies Act 1985 (Accounts of Small and Medium-sized Enterprises and Audit Exemption) (Amendment) Regulations 2004"*.

[121] Fonte: Recomendação da Comissão Europeia *2003/361/EC* de 6 de Maio 2003.

Direito de Negócios – Dicionário Inglês-Português

a conformidade dessa definição é obrigatória em matéria de incentivos públicos que possam beneficiar as empresas. A regulamentação propõe ainda que não mais de 25% a 15% do capital das **SMSEs** seja detido directa ou indirectamente por quaisquer entidades públicas, bancos ou instituições financeiras ou conglomerados económicos de grande porte.

III. Estados Unidos da América

No caso dos EUA, a legislação definidora dos critérios de uma <u>**SMSE**</u> é, em princípio, prerrogativa de cada Estado ainda que o Governo Federal tenha emitido legislação básica.[122] Mesmo assim é pragmaticamente impossível apresentar aqui as descrições dos requisitos dos 50 Estados norte-americanos pelo que optámos por uma descrição genérica:

1. Um dos critérios básicos mais ou menos uniforme é que a empresa não deve ter mais de **500 trabalhadores**, o que por si só o afasta bastante do critério europeu, como a própria OCDE e o Banco Mundial reconheceram;[123]

2. Por outro lado, alguns dos critérios-pilotos para qualificar a empresa como receptora de empréstimos com taxa reduzida de juros, benefício de emissão de fianças e demais incentivos financeiros, são estabelecidos pela **Small Business Administration**, instituição pública federal criada pelo <u>**Small Business Act. V. OPIC;**</u>

3. A **Small Business Administration** estabelece seguidamente sub-critérios específicos;
   a. por áreas sectoriais: agricultura, comércio, educação, saúde, transportes, meio ambiente, defesa nacional, informática, etc; e
   b. com base na igualdade de oportunidade (<u>**equal opportunity**</u>) mas com alguma primazia para as minorias étnicas (<u>**affirmative action**</u>)[124];

4. Por seu lado, cada Estado tem os seus próprios critérios para as SMES locais beneficiarem de programas de ajuda e apoio não dependentes da **Small Business Administration** [125] e aplicando alguns dos conceitos de **equal opportunity** e **affirmative action** de acordo com as respectivas legislações;

---

[122] *Small Business Act* de 30 de Julho de 1953

[123] *Micro-Small and Medium Enterprises – A Collection of Published Data,* 2004.

[124] Ou seja mantendo rácios em que, em princípio, para cada **X** SME financiada num determinado sector e determinado Estado por pessoas de não raça branca ou exclusivamente masculina, **Y** empresas do mesmo sector ou com maioria de capital ou de gerência feminina, etc., devem ser financiadas.

[125] Exemplos: Estado da Califórnia no que se refere a agricultura; Estado de Oregon quanto a indústrias de madeira; Estado de Novo México quanto a gado e pecuária em geral; Estado de Washington (área de Seattle) quanto a informática e *software*, etc).

5. De salientar ainda a presença e grande influência de **lobbies** sectoriais (ex. *WIPO- World International Property Organization*) que estabelecem os seus próprios critérios quanto a SMSEs nas respectivas áreas de negócios.

IV. Nações Unidas

Muitos são os estudos e relatórios que a ONU (através da **UNECE**) elaborou sobre este tema, pelo que remetemos para o mais recente (2005):

UNECE	N.º trabalhadores	Volume de Negócios	Total do Resultado Liquido Anual
Medium-sized enterprise	< 250	≤ 40 Milhões Euros	≤ 27 Milhões Euros
Small enterprise	< 50	≤ 7 Milhões Euros	≤ 5 Milhões Euros
Microenterprise	< 10	≤ 1 Milhão Euros	≤ 0,5 Milhões Euros

TAX

Lista de termos mais comuns:

1. **ad valorem tax** – Imposto pago sobre o valor de um imóvel ou outro bem, após ter sido devidamente avaliado pelas autoridades fiscais;
2. **capital gains tax** – Imposto sobre ganhos de capital, sobre os lucros obtidos pela venda de bens de capital; *V.* **Capital Gains**;
3. **consumption tax** – Imposto incidente sobre o consumo de bens/ serviços; *V.* **VAT**;
4. **direct tax** – Imposto directo e devido pessoalmente por alguém (ex: IRS). Opõe-se a **indirect tax** que, embora pago por um contribuinte, se pressupõe seja "repassado" para um terceiro, geralmente um consumidor/comprador/ usuário;
5. **estate tax** – Imposto sobre Sucessões;
6. **excess profits tax** – O equivalente ao antigo Imposto Complementar;
7. **gift tax** – Imposto sobre doações; *V.* **Gift**;
8. **gross receipts tax** – Imposto devido sobre o total de vendas (em vez de lucros líquidos);
9. **income tax** – O equivalente ao IRS ou IRC;
10. **indirect tax** – *V.* **Direct Tax**;
11. **local taxes** – Impostos autárquicos;
12. **luxury taxes** – Impostos incidentes sobre a produção, compra e venda de produtos considerados de luxo;
13. **payroll tax** – *DT.* Imposto directamente deduzido pela empresa do salário dos seus empregados e depois encaminhado por aquela às entidades fiscais;

Direito de Negócios – Dicionário Inglês-Português

14. **sales tax** – Imposto devido sobre o valor de mercadorias ou serviços, numa base proporcional do seu valor. Nos EUA, como não é um imposto federal, a sua percentagem varia em cada Estado; *V.* **VAT**;
15. **stamp tax** – Imposto de selo;
16. **stock transfer tax** – *USA. MC.* Imposto pago em certos Estados Norte-Americanos sobre a transferência de Acções e participações de capital, mesmo quando não haja mais valias; *V.* **Capital Gains;**
17. **surtax** – Imposto adicional pago sobre certos tipos de rendimentos, como direitos de autor, dividendos, **royalties**, juros sobre **bonds** e **notes**, etc.; pago quando tais rendimentos excedem um determinado valor/percentagem;
18. **tax allowance** – O mesmo que **tax credits**;
19. **tax avoidance** – Parte do **tax planning**, seja ao minimizar o impacto fiscal pelo uso de:
    (i)   deduções autorizadas por lei (**tax credits** ou **tax allowances**);
    (ii) benefícios e incentivos fiscais; ou
    (iii) estruturando os negócios de uma empresa a longo prazo para que a incidência fiscal seja reduzida; *V.* **Tax Evasion**;
20. **tax capacity** – Capacidade de um Estado cobrar impostos dos seus cidadãos em função dos respectivos rendimentos ou receitas;
21. **tax court** – Tribunal fiscal;
22. **tax credits** – Deduções que o contribuinte é autorizado a fazer de acordo com a legislação fiscal em vigor;
23. **tax deductible** – Quantia ou receita sobre as quais é legalmente possível deduzir uma percentagem para efeitos de declarações fiscais *V.* **Tax Credits**;
24. **tax deposit certificate** – *UK.* Certificado de depósito emitido pelas autoridades fiscais britânicas (*Inland Revenue*) a favor de um contribuinte que efectuou tal depósito, imputando-o ao pagamento antecipado de certos impostos;
25. **tax disincentive** – Aumento de impostos que pode levar os contribuintes a não aumentarem a sua produção ou as suas horas de trabalho;
26. **tax expenditure** – Despesa que pode ser deduzida do imposto final a pagar; *V.* **Tax Credits**;
27. **tax evasion** – Redução (ou tentativa de redução) de impostos em dívida através de meios ilegais;
28. **tax exempt** – Isento de impostos;
29. **tax–free** – **1.** Não sujeito a imposto; **2.** Lojas localizadas em aeroportos, portos marítimos ou fluviais isentas de **sales tax** sobre os produtos vendidos; *V.* **VAT**;
30. **tax haven** – "Paraíso fiscal"; país ou região onde se estabeleceu um regime de isenções fiscais para certos tipos de investimentos (ou redução substancial da respectiva matéria colectável). *Cayman Islands* e *Bahamas* são alguns desses "paraísos"; *V.* **Tax Shelter**;
31. **tax holiday** – Isenção ou redução temporária de impostos;

32. **tax incidence** – **1.** Matéria colectável; **2.** *EC.* O contribuinte (como factor económico);
33. **tax levy** – A quantia total a ser colectada como pagamento de um imposto;
34. **tax lien** – *DR.* Ónus criado por lei sobre as propriedades e bens do contribuinte relativamente a quaisquer dívidas fiscais não pagas por aquele;
35. **tax loss** – Prejuízo que uma empresa pode levar à conta de anos fiscais futuros para abater eventuais lucros então realizados;
36. **tax multiplier** – *EC.* Teoria macro-económica pela qual os recursos colectados por um Estado têm efeito multiplicador ao serem reaplicados no circuito económico;
37. **taxpayer** – Contribuinte;
38. **tax planning** – Estrutura e planificação antecipada dos lucros e prejuízos de uma empresa por forma a diminuir o seu impacto fiscal;
39. **tax purchaser** – Quem compra uma propriedade ou bem numa hasta pública realizada pelas autoridades fiscais ao executar judicialmente a venda de bens apreendidos a contribuintes relapsos;
40. **tax rebate** – Devolução de quantias pagas além do que era devido fiscalmente;
41. **tax relief** – Deduções fiscais estabelecidas por leis especiais ou com finalidades específicas; *V.* **Relief**;
42. **tax shelter** – Área ou sub-área de actividade económica onde é possível reduzir ou diferir o pagamento de impostos; *V.* **Tax Haven**;
43. **tax structure** – *EC.* Política de distribuição entre as diversas camadas sociais das obrigações fiscais, por forma a se obter uma repartição equitativa;
44. **tax year** – O mesmo que **fiscal year**;
45. **taxation** – A incidência de impostos, o processo de calcular, cobrar e pagar impostos;
46. **transfer tax** – *DS.* O mesmo que **stock transfer tax**;
47. **undistributed profits tax** – Imposto criado para obrigar as empresas a declarar e pagar dividendos aos seus accionistas; incide sobre o total de lucros acumulados quando este excede determinado valor ou percentagem;
48. **withholding tax** – *V.* índice próprio.

TORTS

I – Conceito

Originário de longa data do Reino Unido mas com grande e substancial desenvolvimento próprio nos EUA, embora obviamente seja também usado nos países da **Commonwealth** com excepção de Moçambique. Embora passível de várias definições, **Tort** é basicamente uma violação de um direito individual cuja reparação é protegida por lei. Neste sentido, não distante dos conceitos de responsabilidade civil extra-con-

Direito de Negócios – Dicionário Inglês-Português

tratual. Mais sinteticamente, baseia-se no princípio de que qualquer prejuízo causado a alguém, constitui um procedimento punível por lei e, como tal, reparável, excepto se se demonstrar que houve justa causa na acção que provocou ou levou a tal prejuízo (*any harm done to another person is wrong and calls for redress, for repair unless justification for it can be shown*)[126].

Os **Torts** podem também ser definidos pela negativa já que **não são**.

(A) crimes;

(B) incumprimento de obrigações contratuais;

(C) não podem ser invocados aquando da violação de direitos de investidores ou accionistas;

(D) nem são usados para dirimir questões de Direito Bancário, Financeiro ou de Direito Comercial.

Excluído este contexto, o objectivo dos **Torts** é o de acertar os prejuízos e compensar justamente quem os sofreu (*to adjust losses and to afford compensation for injuries sustained by one person as the result of the unreasonable conduct of another*)[127] – **V. Reasonable**.

Os **Torts** têm um impacto significativo na vida e economia individual dos cidadãos, mas mormente nos EUA, na responsabilidade civil das empresas. Essa a razão básica de os termos incluído neste Dicionário. Curiosamente e devido ao fenómeno de globalização, os **Torts** começam a ter alguma implicação concreta na própria União Europeia e até em Portugal.

II – Origens

Bebendo as suas origens no âmbito da **Common Law** [128], a crescente complexidade dos interesses pessoais e públicos nem sempre compatíveis (*clashes of the activities of persons living in a common society*) que desde o Séc. XVI agitaram o mundo anglo-saxónico, teve como consequência (sobretudo no caso da sociedade norte-americana) um progressivo e grande alargamento conceptual dos **Torts**, ao ponto da comunidade jurídica mundial estar hoje dividida e mesmo perplexa perante o papel talvez exagerado que eles assumiram na vida quotidiana.

Oriundo do Latim (*Tortus = virado, virado do avesso, desviado*), é de notar que o termo foi usado, num contexto similar, ao longo dos tempos mesmo noutras comunidades jurídicas mais próximas da nossa [129] – a expressão *les usages tortes* é usada por exemplo no século XII em França e na Inglaterra como sinónimo de *errado, ilegal*. O mesmo se diga

---

[126] **Jonathan William-Halloway,** *Modern Torts*, London University Press, página 21, 6ª edição, 2004, Londres.

[127] Mesmo autor e obra, página 26.

[128] Master Brighton de Oxford (Séc. XIV) já afirmava que *torts are the shield of the common people.*

[129] Nivelle de la Chaussé, 1692-1754: *Quand tout le monde a tort tout le monde a raison*; Philippe Néricault, 1680-1754: *Les absents ont toujours tort.*

em Portugal – ver as *Ordenações Afonsinas* e *História de Direito Português*, Prof. Marcello Caetano, edição póstuma, Verbo Editora, Junho de 1981.

A preocupação em evitar e combater danos e prejuízos causados a terceiros, leva a conceitos específicos de **Torts**, seja porque a acção do ofensor foi intencional e deliberada (**V. Punitive Damages**), seja por enquadrar a maior ou menor capacidade económica da parte em absorver ou reparar o prejuízo (**capacity of bearing losses**). V. **Strict Liability**.

III. Tipos

Distinguem-se classicamente dois grandes ramos de **Torts**: os relacionados com **Pessoas** e os relacionados com **Bens**.

A. TORTS RELACIONADOS COM PESSOAS

(Intentional Interference with the Person)

a. **assault**: Acto que fere ou atinge uma pessoa mentalmente (*the interest in freedom from apprehension of a harmful or offensive contact with the person by act against his mental disturbance of his personal integrity*). Ou seja, há **uma invasão mental** que afecta a **peace of mind** do ofendido;

b. **battery**: Direito de uma pessoa não ser tocada fisicamente contra sua vontade (*the right in freedom from intentional and unpermitted contacts with a person*). Não pode ser solicitado, induzido ou por alguma forma permitido ou consentido pelo queixoso;

c. **defamation**: Verdadeira fusão de dois **Torts** (**libel** e **slander**), consiste nos actos verbais ou escritos, pelos quais se questiona a reputação ou o bom nome de alguém. Como se disse acima, apresenta dois sub-tipos:
   1. **libel** (a comunicação feita por escrito, incluindo-se nesta, desenhos, caricaturas, etc.); e
   2. **slander** (a comunicação feita verbalmente);

d. **extreme outrage**: No fundo, uma variante (grave) da **Infliction of Mental Distress**, ou seja, quando o acto do ofensor excedeu todas as perspectivas, todos os limites da decência, tudo o que seria razoável de admitir *in a decent society*;

e. **false imprisonment**: Também chamado de **false arrest**, não se reduz (embora inclua) ao caso de colocar alguém injustificadamente numa prisão, já que abrange ainda o não permitir a uma pessoa sair de sua casa ou local, e ainda o ser forçado a acompanhar o ofensor numa viagem ou percurso prolongado;

f. **(infliction of) mental distress**: A lei tem sido lenta em aceitar este **Tort** que nasce de ameaças intencionais contra a chamada **peace of mind**, o sossego inte-

Direito de Negócios – Dicionário Inglês-Português

rior, a calma de espírito (ao contrário de **assault**, que pode ser causado por simples negligência). Tal lentidão deriva da dificuldade da sua prova quanto a perdas, danos e prejuízos (*mental pain or anxiety the law cannot value, it is too subtle and speculative to be capable of measurement*). Note-se aliás, que algumas vezes, **infliction of mental distress** é usado quando não existe qualquer outro **Tort** aplicável ao caso em análise;

g. **malicious prosecution**: A irresponsabilidade intencional em accionar alguém. Os pressupostos são:

(i)   acção criminal proposta contra o ofendido;

(ii) conclusão do processo sendo o ofendido absolvido;

(iii) inexistência de fundamento para a propositura da acção; e

(iv) intenção de prejudicar (**malice**) o ofendido ao fazê-lo responder em juízo. Quando se trata de uma acção cível, os tribunais dividem-se em classificar tal acto de **Wrongful Civil Proceedings** (que dá direito a ser indemnizado mas não constitui em si mesmo um **Tort**) e **malicious prosecution**, ainda que muitos juristas achem que o termo *"prosecution"* deva ser reservado para procedimentos de ordem criminal, preferindo o termo **Misuse of Legal Procedure**;

h. **sexual harassment**: Sem dúvida, o mais famoso dos **Torts** dos tempos actuais, até porque o seu conceito se vem alargando nos EUA. Inclui a solicitação de actos sexuais explícitos ou implícitos, comentários grosseiros ou depreciativos relativos ao sexo do ofendido, à sua inaptidão para determinadas profissões ou actividades, anedotas de cunho sexual, críticas à forma de vestir ou de comportamento social próprias do sexo da pessoa ofendida, etc. As situações deste tipo de **Tort** são tão diversas (e por vezes anedóticas) que é praticamente impossível descrevê-las com mais detalhe. Uma das suas variantes é o **racial harassment**, auto-explicativo ao que supomos;

i. **trespass**: O mais antigo e tradicional dos **Torts**, usado para todo e qualquer prejuízo causado por acto(s) de terceiros que afectem a **peace of mind**.

B. TORTS RELACIONADOS COM BENS

(*"Intentional Interference with Property"*)

a. **conversion**: Existe **conversion** quando alguém é acusado de, ao ter encontrado um bem, em vez de procurar quem é o seu legítimo proprietário e devolvê-lo, passar a usá-lo como se do próprio fosse. De notar que embora *the trover* (quem o encontrou) invoque a sua boa-fé (ou seja, que *não sabia* que o bem pertencia a outrem), tem ainda que demonstrar que fez tudo ao seu alcance para encontrar o seu legítimo proprietário (**reasonable due diligence**). **Conversion** está hoje limitado a bens de grande valor ou importância ou à compra de bens roubados por parte de terceiros de boa fé;

b. **trespass to chattels**: Variante do **trespass to land**, mas específico quanto a bens, animais, objectos, utensílios, ferramentas, máquinas ou posses de terceiro para os destruir, danificar ou fazer uso indevido dos mesmos;

c. **trespass to land**: Dos **Torts** mais tradicionais quanto a bens ou à propriedade em geral (*exceptionally simple and rigorous*). Mesmo nos mais antigos conceitos da **common law**, qualquer entrada ou passagem não autorizada pela terra, casa ou propriedade de alguém era considerada **Trespass**. Divide-se em 3 sub-tipos:

   1. **trespass to land (por negligência não culposa)**: entrada ou passagem pela propriedade alheia não intencional e sem que haja actividade perigosa (*extra-hazardous activity*) mas que mesmo assim, causa prejuízos; **V. HAZMAT;**

   2. **trespass to land (por negligência culposa)**: entrada ou passagem pela propriedade alheia não intencional mas envolvendo *extra-hazardous activity* e que causa prejuízos.

   3. **trespass to land by intent**: entrada ou passagem pela propriedade alheia intencional mesmo *sem* causar prejuízos.

Note-se, que o **trespass to land** é extensivo, não apenas, ao causador da invasão, mas também, ao seu **household**, conceito que agrega ao "causador" do acto, o seu agregado doméstico, incluindo portanto, os seus familiares, empregados e até amigos.

III. FACTORES QUE ISENTAM OU ATENUAM A RESPONSABILIDADE POR TORTS

(*Defenses*[130] *Against Torts*)

a. **arrest without warrant**: Os detalhes do **arrest without warrant** são complexos e caberiam na verdade mais em Direito Criminal do que em **Torts**. Seja como for, relaciona-se com a possibilidade de um cidadão comum poder prender, ou seja, evitar um crime ou evitar que um crime tome dimensões mais amplas;

b. **consent**: Se o ofendido consentiu na invasão da sua propriedade ou no acto lesivo que foi praticado, não há **Tort**. Ou seja, *volenti non fit injuria*. Mas tem que haver uma proporcionalidade entre o acto praticado e o consentimento a que o mesmo tenha dado lugar. Ex.: quem consente em entrar no ring de box sabe certamente que vai ser atingido por socos mas não concordará em ser morto à pancada;

c. **defense of others**: O direito de se poder defender a família, bem como os seus empregados e amigos contra qualquer ataque. Aplicam-se aqui os mesmos princípios da **self-defence**, ou seja, **apparent necessity e reasonable force;**

---

[130] Em inglês do UK, "defences".

Direito de Negócios – Dicionário Inglês-Português

d. **defense of property**: Outra variação da **self-defence** – se o chefe de família pode defender os seus parentes, os membros do seu "**household**", porque não poderia defender o **household** propriamente dito? Aplicam-se aqui os mesmos princípios de **apparent necessity e reasonable force**;

e. **discipline**: É o chamado *poder moderador* atribuído ao pai, à mãe, ao professor, ao superior hierárquico. Aliás, um tema controverso nos EUA o de saber se um filho ou filha podem invocar um **Tort** contra seus pais e se estes podem ainda invocar **discipline**;

f. **forcible entry on land**: Direito de alguém entrar à força em terra ou proprie-dade alheia e ocupá-la, alegando que ela lhe pertence e que foi esbulhada pelo actual ocupante ou que foi alugada mas que o inquilino deixou de lhe pagar a renda. Em desuso;

g. **legal process**: Actos públicos (ex: mandados judiciais) praticados por ordem de um tribunal ou autoridade. Desde a ordem de prisão, à penhora de bens, hipoteca de imóveis, buscas e apreensões domiciliares. Pressupõe o uso de **reasonable force**;

h. **mistake**: Tem que constituir um **unavoidable mistake**, isto é, um erro que não poderia ser evitado;

i. **necessity**: Semelhante ao conceito de "estado de necessidade" no nosso Direito Civil;

j. **privilege**: Refere-se à imunidade que isenta alguém da responsabilidade por um **Tort**. (ex: imunidades diplomáticas e consulares);

k. **recapture of chattels**: O direito de recuperar o que foi roubado, o que foi tirado à força e contra a vontade do proprietário. É no entanto por vezes difícil iden-tificar o que se deve entender por **reasonable force** quanto a recuperar o que nos pertence;

l. **self-defense**: O conceito não pressupõe que a pessoa só o possa usar caso esteja a ser fisicamente atingida pelo ofensor; pelo contrário, o seu conceito é mais amplo – *the right of self-defence arises not only where there is real danger, but also where there is a reasonable belief that it exists* (é o que se chama **apparent neces-sity**) e está ainda condicionado aos meios de resposta, a meios de defesa ade-quados (**reasonable force**) usados pelo ofendido;

m. **temporary detention for investigation**: Se é verdade que apenas as autori-dades policiais ou judiciais podem determinar a prisão de alguém, existem situações excepcionais que podem justificar esse direito, ainda que exer-cido por simples cidadãos. Ex.; caso do dono de estabelecimento comercial com justificada suspeita de um cliente ter furtado um produto (*shoplifting*) preparar-se para sair da loja sem pagar ou de ir danificar as instalações ou mercadorias.

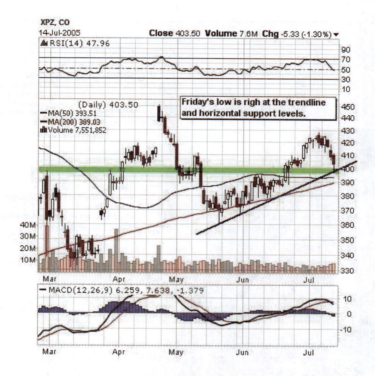

Exemplo de um *Candlestick chart*. Fonte: *International Free Chart Samples*

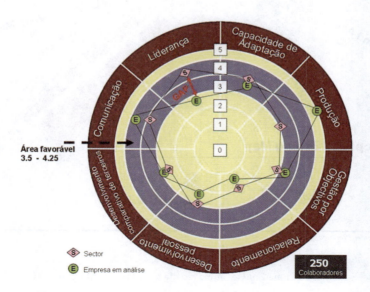

Exemplo de *Gap Analysis* quanto às reacções dos trabalhadores de uma empresa

Direito de Negócios – Dicionário Inglês-Português 684

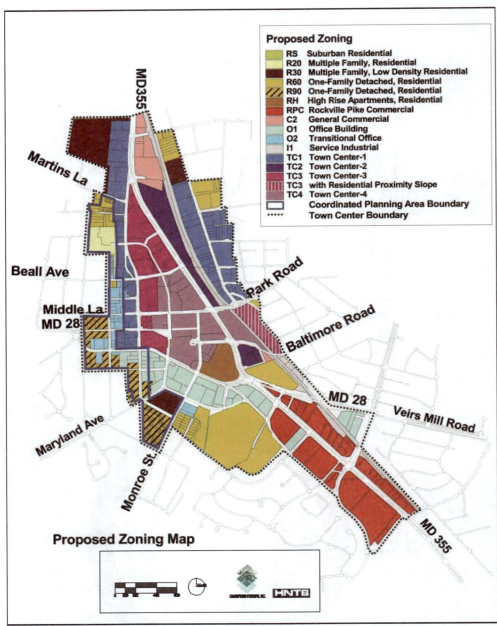

Exemplo de uma *Zoning*, numa cidade no Estado de Maryland, EUA

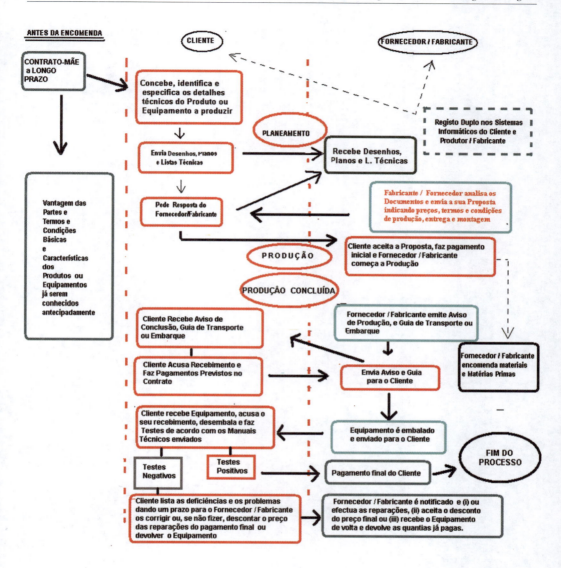

Diagrama de um exemplo de uma operação *Just in Time*. Aplicado no caso a uma produtora de equipamentos de refrigeração industrial

PARTE IV

BIBLIOGRAFIA

A lista abaixo indica algumas das obras consultadas na elaboração e revisão desta 3ª Edição. Atendendo ao excelente nível técnico das mesmas, desnecessário será acrescentar que são indicadas a titulo meramente exemplificativo, havendo sem dúvida muitas mais de igual ou maior mérito:

ABREVIATURAS

Abbreviations Dictionary, Desola, Ralph. Elsevier North-Holland, Inc., New York, 2001.

Acronyms, Initialisms and Abbreviations Dictionary, Gale Research Co., Detroit, 1987 (3 Vols.).

Business Acronyms, Gale Research Co., Detroit, 1998.

Pugh´s Dictionary of Acronyms and Abbreviations: Abbreviations in Management, Technology and Information Science, American Library Association, Chicago, Illinois, 1991.

World Guide to Abbreviations of Organizations, Gale Research Co., Detroit, 1993.

ANTITRUST

Antitrust, Lawrence Anthony Sullivan, West Publishing Co., S. Paul, Minn., 1987.

Antitrust Law and Economics in a Nutshell, Gelhorn, West Publishing Co., St. Paul, Minn., 1996.

Antitrust Law Handbook, William C. Holmes, Clark Boardman Co., Ltd., New York, 2002.

Economics and Federal Antitrust Laws, G. Hovenkamp, Student Edition, West Publishing Co., S. Paul, Minn., 1989.

Poder Económico: Exercício e Abuso, José Inácio G. Franceschini, José Luís V. de A. Franceschini, Editora Revista dos Tribunais, S.Paulo, Brasil, 1985.

ARBITRAGEM

A Execução em Portugal de Decisões Arbitrais Nacionais e Estrangeiras, Prof. Dr.ª Paula Costa e Silva, *Revista da Ordem dos Advogados*, Ano 67, págs. 629 a 682, Ordem dos Advogados, ISSN 0870-8188, Setembro de 2007, Lisboa.

Direito de Negócios – Dicionário Inglês-Português

A Guide to Arbitration and Litigation in Central and Eastern Europe, Neil Aitker and Charles Spragge. Cameron McKenna, London, 1998.

Arbitration, A. Hassler, Clark Boardman Co., Ltd., New York, 1990.

Arbitration and Renegotiation of International Investment Agreements, Wolfgang Peter, Martinus Nijhoff Publishers, Dordbrecht (the Netherlands), Boston/Lancaster, 1996.

Arbitration in Long-Term Business Transactions, H.M. Holtzmann, C.M. Schmitthoff, Dobbs Ferry & London, 1984/85.

Le Droit de l´Arbitrage en Europe, International Chamber of Commerce, ICC Services SARL, Paris, 1997.

Regulation of the ICC Arbitration Court, International Chamber of Commerce, ICC Services SARL, Paris, 2006.

Waiver of Immunity in Arbitration, G. Melander, SVJT, Estocolmo, 1975.

BANCOS E OPERAÇÕES BANCÁRIAS

Bancos de Fomento, W. Diamond, Fondo de Cultura Economica, Ciudad de Mexico, Mexico, 1995.

Bank for International Settlements, Relatórios Anuais de 1997 a 2005, BIS Edition, Basle, Suiça.

Bank Security Documents, J.R. Lingard, LLB (London), Butterworths, Londres-Edimburgo, 1988.

Banking Supervision Around the World, Richard Dale, New York, Group of Thirty, 1982.

Bank-und Börserecht, Herbert Schönle, 4ª. Edição, C.H. Becksche Verlagsbuchhandlung, Munique, 1996.

Central Banking, M.H. de Kock, New York, St. Martins Press, 1974.

Central Banks (The), M. Deane & R. Pringle, The Penguin Group, Viking Penguin, New York, 1995.

City Clearing House (The): Payment, Returns and Reimbursement, D. Andrews, The Banking Law Journal, 1952.

Crisis in American Banking (The), Lawrence H. White, New York, Group of Thirty, 1993.

Derecho del Mercado Financiero (El), J. Fernandéz-Armesto, Luis de C. Bertrán, Editorial Civitas S.A., Madrid, 1992.

Developing Law of Participation Agreements (The), S. Armstrong, the Business Lawyer, 1978.

Direito Aplicável às Operações Bancárias Internacionais, Prof. Dr. Luís de Lima Pinheiro, *Revista da Ordem dos Advogados*, Ano 67, págs. 573 a 627, Ordem dos Advogados, Setembro de 2007, ISSN: 0870-8118, Lisboa.

Direito Bancário, Lauro Muniz Barreto, Editora Universitária de Direito, Ltda., S. Paulo, 4ª Edição, 1975.

Droit de la Banque, C. Gavalda e J. Stoufflet, Presses Universitaires de France, Col. Thémis, Paris, 1984.

Economics in Modern Banking, D.H. Gowland, Londres, Edward Elgar, 2002, 3ª Edição.

Evolving Role of Central Banks, (The), International Monetary Fund, IMF, Washington, D.C., 2002.

EU Banking and Insurance Insolvency, Gabriel S. Moss (Editor), Bob Wessels (Editor), B. Wessels (Editor), 2002, 2ª edição, Oxford University Press, New York.

Federal Reserve System, Beckhar, B. Haggott, New York, American Institute of Banking, Columbia University Press, 3ªdição, 2002.

Federal Reserve System: Purposes and Functions (The), Federal Reserve Board of Governors, 9ª Edição, Washington, D.C., 1999.

Financial Markets and Institutions, F. Thygerson, Harper Collins, New York, 1995.

Financial Markets, Institutions and Money, Frederic S. Mishkin, Harper Collins, New York, 2ª edição, 2004.

Floating Rates and Money Market, McCann and Fisher, Rand McNally & Co., Chicago, 1990.

How Central Banks Manage Their Reserves, M.S. Mendelsohn and R. Pringle, New York, Group of Thirty, 1982.

Introduction au Droit Bancaire, Henry Cabrillac, Faculté de Droit et des Sciences Economiques de Montpellier, Dalloz, Paris, 1965.

Legislación Bancaria, 36ª Edição, Editorial Porrúa, S.A., Ciudad de Mexico, Mexico, 1991.

Money, Banking and Public Policy, H. Barger, Columbia University, Rand McNally & Co., Chicago, 5ª ediçao, 1997.

Money International, Fred Hirsch, Londres, Allen Lane, 3ª edição, 1999.

Money Market (The), Marcia Stigum, 3ª Edição, Business One Irwin, Homewood, Illinois, 1990.

Money Markets – The International Prespective, J.S.G. Wilson, London/New York, New York University Press, 1993.

Monnaie (La), Michelle de Mourgues, Economica, 3ª Edição, Paris, 1993.

Restructuring Banks and Enterprises – Recent Lessons from Transition Countries, (World Bank Discussion Paper) Michael S. Borish, Millard F. Long, Michel Nöel, IBRD, Washington D.C., 1995.

Retrospective on the Bretton Woods System (A), Bordo, Michael D. & Eichengreen, Chicago, NBER/University of Chicago Press, 1993.

Techniques Bancaires (Les), Jacques Branger, Presses Universitaires de France, Col. Que Sais-je ?, 2ª Edição, Paris, 1975.

Direito de Negócios – Dicionário Inglês-Português

What Exactly is a Loan Participation ?, A. Hutchins, Rut. Commercial Law Journal, Chicago, 1978.

CONTABILIDADE E AUDITORIA

Accounting and Law in a Nutshell, Fiflis & Kripke, West Publishing Co., S. Paul, Minn., 2005.

Accounting for Business Lawyers, Fiflis & Kripke, West Publishing Co., S. Paul, Minn., 1999.

Adopção em Portugal das Normas Internacionais de Contabilidade, João Rodrigues, 2.ª Edição Áreas Editora, 2005.

Auditing, an assertions approach, Donald Reilly, William Glezen, Wiley

Auditing and Assurance services, an integrated approach, Arens, Elder & Beasley, Prentice Hall.

Contabilidade de Gestão, António Campos Pires Caiado, 2003, 3ª ed., Lisboa, Áreas Editora.

Essentials of Accounting, Robert N. Anthony, 3ª Edição, Addison-Wesley Publishing Company, London/Amesterdam/Don Mills, Ontario/ Sidney, 1984.

La Contabilità dei Professionli, Daniele I Balducci, Edizioni FAG Milano, 2005, quarta edizione.

Management and Cost Accounting, Drury, J. C., 5ª edição (2000), *International Thompson Business Press*, Londres.

Management Accounting, Hansen, D. e Mowen, M., 2000, 5ª ed., USA, South-Western College Publishing.

Modern Auditing, William C. Boynton, Water G. Kell, John Wiley & Sons, Inc.

Moving Internal Audit Back into Balance: A Post-Sarbanes-Oxley Survey, 2005, Protiviti – Independent Risk Consulting, subsidiária de Robert Half International Inc., New York.

Spreadsheet Check and Control: 47 key practices to detect and prevent errors, Patrick O'Beirne, ISBN 190540400X, Setembro de 2005.

CONTRATOS

Contratos Bancários – Su Significación in America Latina, Sergio R. Azuero, 4ª Edição, Biblioteca Felaban, Bogotá, Colômbia, 1990.

Contracts, Arthur L. Corbin, 8ª Edição, West Publishing Co., St. Paul, Minn., 1994.

Contract Remedies in a Nutshell, G. Friedman, 4ª Edição, West Publishing Co., St. Paul, Minn., 1982.

Formulari di Tutti I Contratti, Daniele I Balducci, 7.ª Edição, Edizioni FAG Milano, 2002.

Frustration and Force Majeure, L. Treitel, Clarendon Press, Oxford, 1994.

Government Contracts In A Nutshell, W. Noel Keves, West Publishing, New York, 2005.

Law of Contract, A. G. Guest, 26ª Edição, Clarendon Press, Oxford, 1984.

Problem in Contract Law, Charles L./ Crystal Nathan M./Prince Harry G. Knapp, Aspen Pub, 2007, ISBN 0735562555.

CORPORATE FINANCE e PROJECT FINANCE

Exchange Arrangements and Exchange Restrictions, Relatórios Anuais de 1993, 1994, 1995 e 1997 (com índices relativos a cada país membro), International Monetary Fund, IMF, Washington, D.C.

EU Public Procurement Law, Christopher H. Bovis, Edward Elgar Publishing, Cheltenham, 2007.

Exploring Corporate Strategy: Text and Cases, Johnson, G., e Scholes, K. (2002), Londres, Prentice Hall – Financial Times.

Financial Risk Management, H. Campbell e H. Kracaw, Harper Collins, New York, 4º Edição, 1999.

Financement des Entreprises, F. Bied-Charreton, J. Raffegeau, 7ª Edição, Éditions Francis Lefebvre, Paris.

Gestão da Produção, Courtois, A., Pillet, M., Martin, C., 2007, 5ª Ed., Lidel – Edições Técnicas.

Foundations of Managerial Finance, S. Gitman, 4ª Edição, Harper Collins, New York, 1997.

International Business Transactions, Ralph H. Folson, Michael W. Gordon, John A. Spanogle Jr., West Publishing Co., St. Paul, Minn., 1986.

Modern Corporate Finance, D. Chambers e A. Lacey, Harper Collins, New York, 1994.

Modern Financial Managing, A. Werner e D. Stoner, Harper Collins, New York, 1994.

Multinational Financial Management, Helen C. Shapiro, 2ª Edição, Allyn and Bacon, Inc, Boston/London/Sydney/Toronto, 1982.

Princípios de Finanças Empresariais, Brealey & Myers, Tradução Portuguesa, 5.ª Edição, MacGraw-Hill.

Principles of Corporate Finance, Richard A. Brealey, Stewart C. Mayers, McGraw-Hill, Inc. New York/St. Louis/S. Francisco/Auckland/Bogota, etc, 4ª Edição, 1991.

Harvard Business Review on Corporate Governance, Walter J. Salmon, Jay William Lorsch, Gordon Donaldson, John Pound, Jay Alden Conger, David Finegold, Edward E. Lawler, Harvard Business Review Paperback Series, 2007.

Principles of Managerial Finance, S. Gitman, 7ª Edição, Harper Collins, New York, 1997.

Direito de Negócios – Dicionário Inglês-Português

Procurement Policies and Rules, European Bank for Reconstruction and Development, EBRD, London, 1996.

Project Finance, a Legal Guide. Graham Vinter, Sweet & Maxwell, London, 2ª Edição, 1998.

CORPORATE GOVERNANCE

Best Practice in Corporate Governance: Building Reputation and Sustainable, Adrian Davies, 2006, Gower Publishing, Ltd, London.

Comparative Corporate Governance: The State of the Art and Emerging Research , Klaus J. Hopt, 1998, Oxford University Press, London.

Corporate Governance and Risk: A Systems Approach, John C. Shaw, 2004, John Wiley and Sons, London.

Corporate Governance, Market Structure, and Innovation, Mario Calderini, Paola Garrone, Maurizio Sobrero, 2003, Edward Elgar Publishing, London.

Corporate Governance: What Can Be Learned from Japan?, Simon Learmount, 2002, Oxford University Press, London.

Principles of Contemporary Corporate Governance , James MacConvill, Mirko Bagaric, Jean Jacques du Plessis, 2005, Cambridge University Press, London.

Theories Of Corporate Governance: The Philosophical Foundations Of Corporate Governance, Thomas Clarke, 2004, 1ª edição, Routledge, Taylor and Francis Group, London.

DICIONÁRIOS E ENCICLOPÉDIAS

Black´s Law Dictionary, H. Campbell Black, M.A., 5ª Edição, West Publishing Co., St. Paul Minn., 1979.

Dicionário Económico e Financeiro, Yves Bernard, Jean-Claude Colli, Círculo de Leitores, (2 Volumes), tradução a partir da 5a. edição Francesa, 1997.

Dicionário Inglês-Portugês de Economia, F. Nogueira dos Santos, 3ª Ed., Publicações Europa-América, Lisboa, 1997.

Dicionário Técnico Contábil Português-Inglês, Martin R. Altman, Ed. Atlas, SA, S. Paulo, Brasil, 1989

Dictionary of Finance and Banking, 2ª Edição, Oxford University Press, Oxford, 1997.

Encyclopedia of Banking and Finance, Charles J. Woelfel, 10ª Edição, Probus Publishing Co., Chicago and Cambridge, 1994.

Entgeltfortzahlungsgesetz (EFZG) – Komentar zum Entgeltfortzahlungsgesetz ubd zu den wesentlichen Nebengesetzen, Jürgen Treber, 2.ª Edição, 2007, Gebunden Verlag Wolters Kluwer, ISBN: 3472066393.

Historical Dictionary of the International Monetary Fund, Norman K. Humphreys, The Scarecrow Press, Inc., Methuen, NJ., & London, 1993.

International Dictionary of Business, Economics, Albert N. Link, Probus Publishing Company, Chicago, Illinois, 1993.

Oxford Dictionary of Quotations (The), 4ª. Edição, Oxford University Press, 1975.

Term Loan Handbook, American Bar Association (Committee on Developments in Business Financing of the Section of the Corporation, Banking and Business Law) Prentice Hall Law & Business, Englewood Cliffs, New Jersey, 1993.

The Concise Oxford Dictionary, Sixth Edition, Oxford University Press, 1976.

Webster's New World Thesaurus, Simon and Schuster, New York, 1971.

Webster's Third New International Dictionary (Unabrigded), Merrian-Webster Inc. Publishers, Springfield, Massachusetts, 1981.

World Bank Glossary (The), (Inglês-Francês e Francês-Inglês) – termos usados pelo IBRD em Project Finance, Public Finance, Privatizações, Infraestrutura etc, IBRD, Washington, D.C., 3ª. Edição, 1991.

World Bank Glossary of Finance and Debt (A), IBRD, Washington D.C., 1991.

World Bank Glossary of Terms in the Economic Analysis of Agricultural Projects (A), IBRD, Washington, D.C., 1994.

World Bank – UNICEF Glossary of Water Supply and Environmental Sanitation (A), Paul J. Byron, UNICEF – IBRD, Washington, D.C., 1987.

DIREITO COMERCIAL

Aspectos Modernos de Direito Comercial, Rubens Requião, 2 Vols., Edição Saraiva, Curitiba, Paraná, Brasil, 1975.

Business Law in the European Union, Christopher Bovis, Sweet & Maxwell, London, 1997.

Commercial Litigation, diversos Autores, Euromoney Legal Publications, London, 1997.

Handbook of the Law Under the Uniform Commercial Code, White & Summers, Warren, Gorham & Lamont, 2ª Edição, Boston, 1980.

International Business Law, August Ray, Prentice Hall, London, 2003.

Negotiable Instruments (Problems and Materials on), Douglas J. Whaley, Little, Brown and Company.

Oil Trading Law, Samir Mankabady, The Petroleum Economist, London, 1997.

Transfer Pricing – an International Guide – diversos Autores, Euromoney Legal Publications, London, 1997.

Uniform Commercial Code Commentary and Law Digest, Thomas M. Quinn, Warren, Gorham & Lamont, Boston, 1978.

DIREITO DE DESENVOLVIMENTO

Investing in Development – Lessons of World of Bank Experience, Warren C. Balm, Stokes M. Tolbert, IBRD/Oxford University Press, 1985.
Global Finance, F. Eng, J. Lees, V. Mauer, Harper Collins, London, 1993.
Principles of International Development Law, Milan Bulagic, Martomis Nijhoff Publishers, Dordrecht/Boston/Lancaster, 1986.
Sustainable Development and Canada: National and International Perspectives, Patrick Kyba, O. P. Dwivedi, Peter Stoett, Rececca Tiessen Broadview Press, 2001, Toronto.
The Nature of Sustainable Development, Sharon Beder, Scribe Publications Pty Ltd, Carlton North, Australia, 1st. Edition, 1996.

DIREITO ECONÓMICO

Droit International Economique, D. Carreau, T. Flory, P. Juillard, 3ª Edição, Librairie Generale de Droit et de Jurisprudence, Paris, 1990.
Economics of Strategy, David Besanko, David Dranove, Mark Shanley, 2nd Edition, Wiley.
Fundamentals of Investing, S. Gitman, 5ª Edição, Harper Collins, New York, 1997.
International Regulation – New Rules in a Changing World Order, Carol C. Adelman, Lehrman Institute, ICS Press, San Francisco, California, 1988.
International Economic Relations – Cases, Materials and Text, John H. Jackson, William J. Davey, West Publishing Co., St. Paul, Minn., 3ª Edição, 1990.

DIREITO FISCAL

Corporate Taxes, a Worldwide Summary, Price Waterhouse, Price Waterhouse World Firm Services, London/New York, 1996 Edition.
Federal Income Taxation, L. Hudson e K. Lind, 2ª Edição, West Publishing Co, St. Paul, Minnesota, 1988.
International Taxation, Rose Hornbook e C. Hornbook, West Publishing Co, St. Paul, Minnesota, 1989.
World Directory of Tax Advisers, diversos Autores, Euromoney Legal Publications, London, 1998.

DIREITOS REAIS

Law of Secured Transactions Under the Uniform Commercial Code, Barkley Clark, Warren, Gorham & Lamont, Boston, 1980.

Real Estate Finance Law, Nelson Hornbook, West Publishing Co, St. Paul, Minnesota, 2ª Edição, 1989.

Secured Transactions, Davenport & Murray, Prentice Hall Law & Business, Englewood Cliffs, New Jersey, 1978.

DIREITO DE SOCIEDADES

Articles of Association, Rosalind Nicholson, Sweet & Maxwell, Londres, 1997.

Guide to European Company Laws, Julian Maitland-Walker, Sweet & Maxwell, Londres, 1997.

Law of Agency and Partnership (The), Harold Gill Reuschlein e William A. Gregory, 2ª Edição, West Publishing, Co., St. Paul, Minn., 2ª Edição, 1989.

Laws of Corporations, Henn Hornbook e Alexander Hornbook, 3ª Edição, West Publishing, Co., St. Paul, Minnesota., 1986.

Management Buyouts, Maurice Dwyer, Sweet & Maxwell, Londres, 1997.

Mergers and Acquisitions, D. Gaughan, Harper Collins, London, 1994.

MEIO AMBIENTE

Harvard Business Review on Green Business Strategy, Harvard Business Review Paperback Series, Harvard Business School Press, Boston.

International Environmental Law, Paula M. Pevato (EDT), Ashgate Pub Co, 2003, ISBN 0754622398.

Selected Environmental Law Statutes, West Publishing Co., St. Paul, Minnesota, 1991.

The Impact of the Equator Principes on Lender Liability: Risks of Responsible Lending, Ryan Christopher Hansen, Curtis Mallet-Prevost, Colt & Mosle LLP, 2006.

World Bank Enviromental Guidelines, IBRD, Washington, D.C., 2005.

MERCADO DE CAPITAIS

American Stockholder (The), J. Livingstone, Yale Law Journal, 6ªedição, 1995.

Capital Markets and Corporate Governance, Nicholas H. Dimsdale, Martha Prevezer, 1994, Oxford University Press, London.

Direito de Negócios – Dicionário Inglês-Português

Derivative Markets, D. Ritchken, Harper Collins, New York, 1ª edição, 1995.

European Capital Markets with a Single Currency, Jean Dermine, Pierre Hillion, 1999, Oxford University Press, London.

Financial Futures Markets, M. Daigler, Harper Collins, New York, 2004.

Financial Institutions and Capital Markets, H. Campbell and F. Kracaw, Harper Collins, New York, 1993.

Fund Management: An International Legal Guide, vários Autores, Euromoney Legal Publications, London, 2002.

Fundamentals of Securities Regulation, L. Loss, Little, Brown & Company, Boston/Toronto, 1988.

Internationalization of the Securities Markets, Report of the Staff of the U.S. Securities and Exchange Commission to the Senate Committee on Banking, etc, Washington, D.C., 1987.

Introduction to SEC (An), K.F. Skollsen, Harper Collins, New York, 1997.

Investments, Bodie, Kane & Marcus, 3rd Edition, MacGraw-Hill, 1996.

Swaps Handbook (The) – Swaps and Related Risks Management Instruments, K. R. Kapner e J. F. Marshall, New York Institute of Finance, 2 Vols., New York/London/Toronto/Sydney/Tokyo/Singapore, 2004-2005.

SEC Compliance, Prentice. – Hall, New York (material information).

PROCESSO CIVIL

Res Judicata in a Nutshell, R. Casa, West Publishing Co., S. Paul, Minn., 1976.

Cases and Materials on Civil Procedure, Cound, Friedenthal & Miller, West Publishing Co., S. Paul, Minn., 1974 (com **Supplements** publicados em 1976,1978 e 1983).

Federal Rules of Civil-Appelate-Criminal Procedure, West Law School Edition, West Publishing Co., S. Paul, Minn., 1978.

Computer-Aided Exercises on Civil Procedure, H. Park, West Publishing Co., S. Paul, Minn., 1976.

Evidence in Trials at Common Law, J. Wigmore, 3a. Edição, Northstar Editors Inc., New Jersey, 1940.

Fundamentals of Procedure, Austin W. Scott., Baker Voorhis & Co., New York, 1922.

SCORECARD

Balanced Scorecard als Instrument zur Strategieumsetzung. Handbuch für die Druck- und Medienindustrie, *Leidig, G. and Sommerfeld, R., 2005,* Bundesverband Druck und Medien (German Printing Association), 1ªedição, Wiesdaden.

The Balanced Scorecard: Translating Strategy Into Action, Robert S. Kaplan, David P. Norton, Harvard Business School Press, 3ª edição, Boston, 1997.

Making Scorecards Actionable: Balancing Strategy and Control, Olve, N., Roy, J. and Wetter, M. (versão em inglês), 2003, Wiley, New York.

O Balanced Scorecard – Um instrumento de gestão para o século XXI, Maria. G. Sousa, Lúcia Rodrigues, 1ª ed., 2002, Editora Rei dos Livros, Lisboa.

Strategy Maps: Converting Intangible Assets into Tangible Outcomes, Robert S. Kaplan, David P. Norton, Harvard Business School Press, 2ª edição, Boston, 2004.

The Strategy-Focused Organization: How Balanced Scorecard Companies Thrive in the New Business Environment, Robert S. Kaplan, David P. Norton, Harvard Business School Press, 1ª edição, Boston, 2001.

TORTS

Accidents, Compensation and the Law, P.S. Atiyah, P. Cane, 4ª Edição, London.

An Introduction to the Law of Torts, J.G. Fleming, 2ª Edição Clarendon Press, Oxford, 1984.

Civil Liability and Compensation for Personal Injury (Report of the Royal Commission on) – The Pearson Report, Command Paper, London, 1978.

Injuries to Persons and Property, Alexander Kionka, West Publishing Co., S. Paul, Minnesota, 1977.

Employer´s Liability at Common Law, J.H. Munkman, 15ª Edição, New York, 1995.

Foundation of Liability in Tort (The), H. Winfield., 8ª Edição, SDL Editors, Washington, 1968.

Law of Torts, William L. Prosser., 3ª Edição, West Publishing Co., S. Paul, Minnesota, 1964.

Law of Torts, J. Pollock, 6ª Edição, Northstar Editors Inc., New Jersey, 1939.

Motive in the English Law of Nuisance, G.H.L. Fridman, Virginia Law Review, Richmond, 1954.

Negligent Acts Causing Pure Financial Loss: Policy Factors at Work, L.L. Stevens, University of Toronto Law Journal, Toronto, Canada, 1973.

Negligent Misrepresentations through Economists´ Eyes, W. Bishop, Law Quarterly Review, London, 1980.

Tort Law, R.W.M. Dias e B.S. Markesinis, 2ª Edição, Clarendon Press, Oxford, 1989.

Torts Without Particular Names, K. Smith., 5ª Edição, Scott & Baker, Boston, 1941.

Twentieth Century Development and Function of the Law of Tort in England (The), H. Street, International and Comparative Law Quarterly, London, 1962.

Physical Loss, Economic Loss and Products Liability, OP.F. Cane, Law Quarterly Review, London, 1979.

Understanding Tort Law, C. Harlow, Clarendon Press, Oxford, 1984.

GENÉRICOS

Casebook Internationales Recht, Kirsten Schmalenbach, 2007, facultas, wuv Universitäts, ISBN 3708900421.

Devil Take the Hindmost: A History of Financial Speculation, Edward Chancellor, Farrar, Straus & Giroux, 1999.

E-Business: Roadmap for Success, Ravi Kalakota, Marcia Robinson, Don Tapscott, Addison-Wesley Information Technology Series, 2005.

Italian Book of International Law, The – Benedetto Conforti, Luigi Ferraro Bravo, Francesco Francioni, Natalino Ronzitti, Giorgio Sacerdoti, 2004, Brill Academic Pub, ISBN 004137432.

The Privacy Payoff: How Successful Businesses Build Customer Trust, Ann Cavoukian Ph.D., Tyler J. Hamilton, McGraw-Hill, New York, 2002.

Turbo-Capitalism: Winners and Losers in the Global Economy, Edward Luttwak, Center for Strategic & International Studies, HarperCollins, 1999, Washington.

Vademecum Referenciado de Legislação Brasileira, Organizador António Carlos Figueiredo, 5.ª Edição, 2007, Primeira impressão, São Paulo.

Vorschläge und Berichte zur Reform des europäischen und deutschen internationalen Gesellschaftsrechts – Vorgelegt im Auftrag der zweiten Kommission des Deutschen Rates für Internationales Privatrecht, Spezialkommission internationales Gesellschaftsrecht, 2007, Redaktion: Hans Jürgen Sonnenberger, 2007, Gebunden Mohr, J. C. B., (Paul Siebeck), ISBN: 3161493079.

Wikinomics: How Mass Collaboration Changes Everything, Don Tapscott, Anthony D. Williams, Portfolio, New York, 1ªedição, Dezembro de 2006.

ÍNDICE

TERMOS DE REFERÊNCIA 17

PARTE I
ABREVIATURAS (Genéricas)

A. 21
B. 31
C. 39
D. 45
E. 49
F. 55
G. 61
H. 65
I. 69
J. 75
K. 77
L. 79
M. 83
N. 89
O. 93
P. 97
Q. 103
R. 105
S. 109
T. 115
U. 119
V. 121
W. 123
X. 125
Y. 127
Z. 129

Direito de Negócios – Dicionário Inglês-Português

PARTE II
DICIONÁRIO

A. 133
B. 183
C. 217
D 261
E. 285
F. 307
G 321
H 337
I 349
J 375
K. 381
L. 385
M 407
N 429
O 441
P. 451
Q 479
R. 483
S. 499
T. 519
U 529
V. 543
W 547
X. 553
Y. 555
Z. 557

PARTE III
GLOSSÁRIO

GLOSSÁRIO 559

PARTE IV
BIBLIOGRAFIA

BIBLIOGRAFIA. 687